走遍全球 GLOBE-TROTTER TRAVEL GUIDEBOOK

东京

Tokyo

日本《走遍全球》编辑室 编著

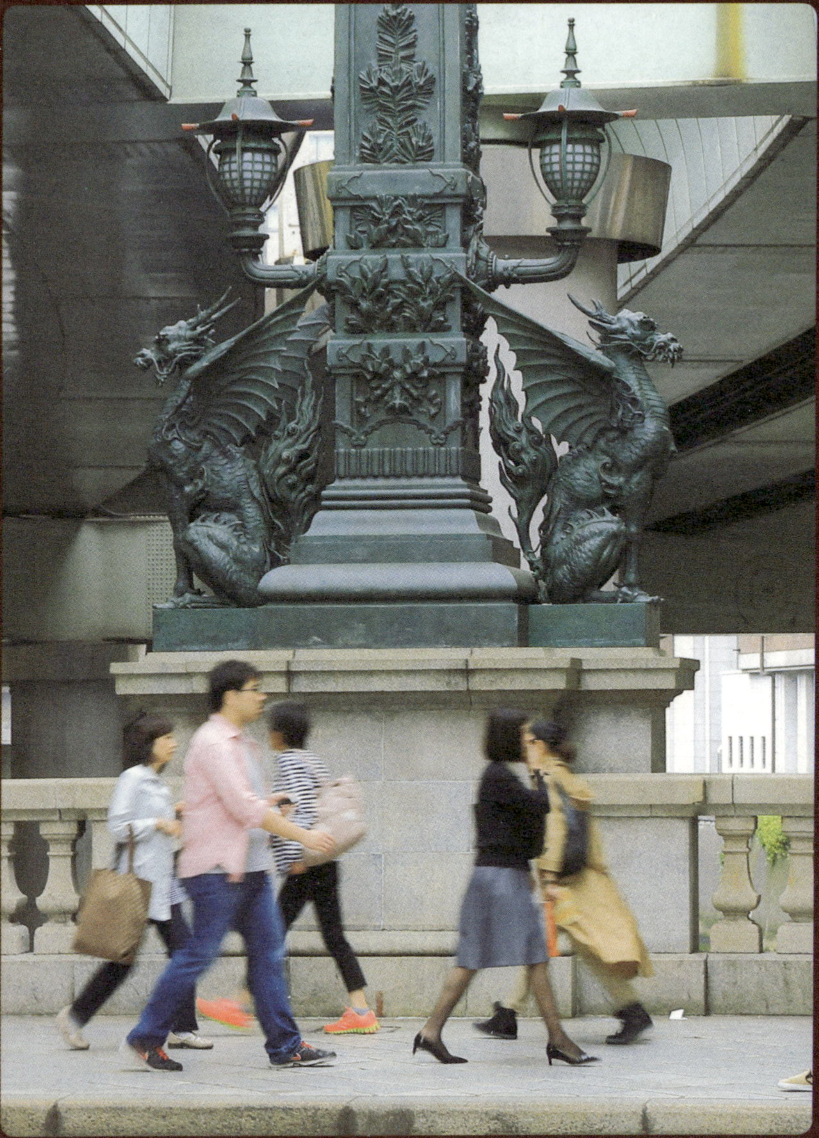

中国旅游出版社

区域指南的使用方法

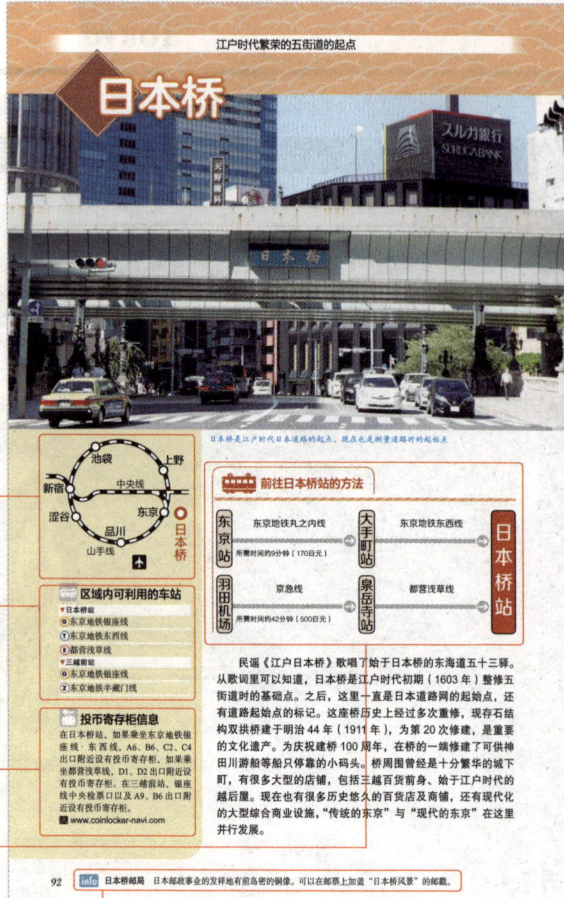
江户时代繁荣的五街道的起点

日本桥

日本桥是江户时代日本道路的起点。现在也是测量道路时的起始点

区域内可利用的车站

▼日本桥站
- Ⓖ东京地铁银座线
- Ⓣ东京地铁东西线
- Ⓐ都营浅草线

▼三越前站
- Ⓖ东京地铁银座线
- Ⓩ东京地铁半藏门线

投币寄存柜信息

在日本桥站，如果乘坐东京地铁银座线·东西线，A6、B6、C2、C4出口附近设有投币寄存柜，如果乘坐都营浅草线，D1、D2出口附近设有投币寄存柜。在三越前站，银座线中央检票口以及A9、B6出口附近设有投币寄存柜。

URL www.coinlocker-navi.com

前往日本桥站的方法

民谣《江户日本桥》歌唱了始于日本桥的东海道五十三驿。从歌词里可以知道，日本桥是江户时代初期（1603年）整修五街道时的基础点。之后，这里一直是日本道路网的起始点，还有道路起始点的标记。这座桥历史上经过多次重修，现存石结构双拱桥建于明治44年（1911年），为第20次修建，是重要的文化遗产。为庆祝建桥100周年，在桥的一端修建了可供神田川游船等船只停靠的小码头。桥周围曾经是十分繁华的城下町，有很多大型的店铺，包括三越百货前身、始于江户时代的越后屋。现在也有很多历史悠久的百货店及商铺，还有现代化的大型综合商业设施，“传统的东京”与“现代的东京”在这里并行发展。

92　info 日本桥邮局　日本邮政事业的发祥地有前岛密的铜像。可以在邮票上加盖“日本桥风景”的邮戳。

显示该区域的大致位置。

显示该区域周边可供利用的车站名。

该区域周边可使用的投币寄存柜相关信息的示例。

显示东京站与羽田机场之间的铁路交通的乘坐方法及大致的乘车时间、票价。有的车站会有多种乘车方法可供选择，所以乘车时间及票价可能也不唯一。所示内容仅供读者参考。

介绍一些冷知识。

数据栏中的符号

MAP 别册 p. 5-A1 表示别册地图上的位置	LO 最终点餐	CC 可以使用的信用卡
	休 固定休息日	A 美国运通卡
	交 乘坐铁路交通工具时的最近车站、最近站口及到达车站所需时间	D 大莱卡
		J JCB
住 地址	IN Check in 时间	M 万事达卡
TEL 电话号码	OUT Check out 时间	V VISA
免费电话	客房数	午餐参考价格
营 营业时间或开门时间	URL URL（省略 http://、https://）	晚餐参考价格

■本书的特色

本书为希望尽情游览东京的读者编写，无论是一日游还是长期旅行都可以从中获益。书中内容充实，旅行者可以从书里发现东京新的魅力，另外编辑部还力图做到让本书更方便阅读及使用。

■关于所载信息的注意事项

编辑部尽可能地致力于刊载最新的正确信息，但是由于当地的相关规则、手续等经常会出现变化，而且对内容的解读也可能出现不同的意见。当因使用本书而产生损失及遇到不便时，如果是基于上述理由或者是在本社无重大过失的情况下，本社将不会承担责任。另外，使用本书时，所载信息及建议是否适合读者自身情况，请读者自行判断并自负责任。

■采访及调查时间

本书根据 2019 年 10~11 月开展的采访调查活动编写而成。另外，之后的追踪调查进行至 2020 年 7 月。所载地址、费用等数据基本都是这一时期内的数据。关于费用，原则上均为不含税的金额，固定休息日省略了黄金周假日、盂兰盆节假日以及新年前后。随着时间的推移，一些数据可能会出现变化，此外，也可能出现为防治新冠肺炎疫情扩大而出现的针对营业时间的调整以及临时停业。鉴于上述情况，建议读者在旅行时事先获取最新的信息。当然，还是建议疫情期间尽量别出国旅行。

住宿设施的各项功能

- 厕所
- 投币洗衣机
- 淋浴
- 商店
- 浴盆
- 冷藏库

坐便、淋浴、浴缸、冰箱为客房内设备，投币洗衣机、商店为住宿设施内设备，当只有洗衣服务时，投币洗衣机图标一半为灰色。商店包括出售酒店内商品的设施

东京

Contents

文化遗产与建筑之旅

287 第三章 历史与文化

313 第四章 美食

353 第五章 购物

369 第六章 夜生活

385 第七章 住宿

小特辑

409 第八章 **旅行的准备与技巧**

走遍全球

东京别册 MAP

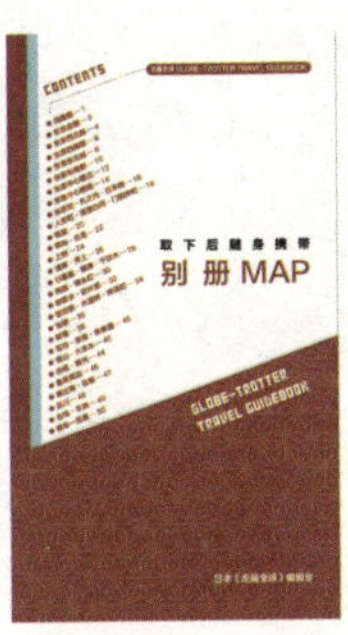

信息看板

金龍山
雷門

东京都都徽

明治22年（1889年）12月，当时的东京市开始使用此标志。昭和18年（1943年）7月，转制为东京都时被继续当作东京都都徽使用，同年11月发布了正式通告。都徽图案为发出六道光芒的太阳，象征着东京是日本的中心。

都旗

底色为江户时期具有代表性的江户紫，中央配以白色的东京都都徽。旗帜纵横比为2∶3，旗中都徽长度为都旗纵向长度的2/3。1964年10月1日制定。

东京都的象征标志

1989年6月1日被定为东京都的象征标志。以东京都的首个字母“T”为图案形状，由三条弧线构成。颜色为绿色，体现了跃动、繁荣、润泽、安宁。

东京都都歌

昭和21年（1946年）10月制定了东京都的都歌，从6532个投稿作品中选中了原田重九创作的歌词。之后在征集以此歌词为基础谱写的曲子时，选中了加须屋博创作的作品，昭和22年（1947年）4月，这支歌曲被正式公布为都歌。

都花　染井吉野樱花

1984年6月，此花被定为都花。染井吉野樱花是江户时期至明治初期居住在江户染井村的花木工匠从山樱改良而来的一个品种。

都树　银杏

东京都都树选定委员会将榉树、银杏、染井吉野樱花树列为备选对象，之后经过东京市民的投票，1966年11月14日公布，银杏被定为都树。

市民鸟　红嘴鸥

1965年10月1日，红嘴鸥被定为“市民鸟”。这种鸟有白色的羽毛、朱红色的喙和脚。每年10月下旬至次年4月，可以在东京湾、隅田川、多摩川上见到来此过冬的鸟群。

都政府办公楼所在地

东京为日本的首都（未经法律认定），都政府办公楼坐落于新宿区。

东京都的面积

2193.96平方公里（包括区、市、郡、岛屿）

※包括争议边境部分

日本的面积

37万余平方公里

东京都的人口

总数　13837033人

男性　6807464人　　女性　7029569人

※住民基本台账

※随着时间推移可能会发生改变

日本的人口

约1亿2616万人

东京都知事

小池百合子（第21任）。东京都知事为东京都的最高行政长官，任期4年。知事任期届满时，会举行东京都知事选举，由东京市民通过投票来选出新的知事。

东京都的财政预算

东京都财政预算的规模可以比肩一些国家。2019年度的普通会计金额达到74610亿日元，税收达到55032亿日元。如果包括特别会计，金额达到149594亿日元。日本全国2019年度的普通会计金额为1014571亿日元，税收为624950亿日元。东京都的财政主要依靠税收。

※数据来自东京都财务局官网

※1日元=0.058元人民币（2021年7月7日）

东京都的构成

【东京都由各区、多摩地区、岛屿三部分组成】

东京都由各区（东京23区，即旧东京市）、多摩地区（多摩26市3町1村）以及岛屿（伊豆群岛、小笠原群岛）三个部分组成。

区（23区）……千代田区、中央区、港区、新宿区、文京区、台东区、墨田区、江东区、品川区、目黑区、大田区、世田谷区、涩谷区、中野区、杉并区、丰岛区、北区、荒川区、板桥区、练马区、足立区、葛饰区、江户川区

多摩地区　市（26市）……八王子市、立川市、武藏野市、三鹰市、青梅市、府中市、昭岛市、调布市、町田市、小金井市、小平市、日野市、东村山市、国分寺市、国立市、福生市、狛江市、东大和市、清濑市、东久留米市、武藏村山市、多摩市、稻城市、羽村市、秋留野市、西东京市

多摩地区　郡（3町1村）……瑞穗町、日之出町、桧原村、奥多摩町

岛屿（11岛）……伊豆群岛9岛（大岛、利岛、新岛、式根岛、神津岛、三宅岛、御藏岛、八丈岛、青岛）、小笠原群岛2岛（父岛、母岛）

【23区大致可分为四个大区】

东京23区又可分为以下四个大的区域。

都心3区……千代田区、中央区、港区

副都心4区……涩谷区、新宿区、丰岛区、文京区

23区西部……品川区、目黑区、大田区、世田谷区、杉并区、练马区、板桥区、北区、中野区

※皇居（江户城）以南的品川区、目黑区、大田区习惯上也被称为城南3区

23区东部……足立区、葛饰区、荒川区、台东区、墨田区、江东区、江户川区

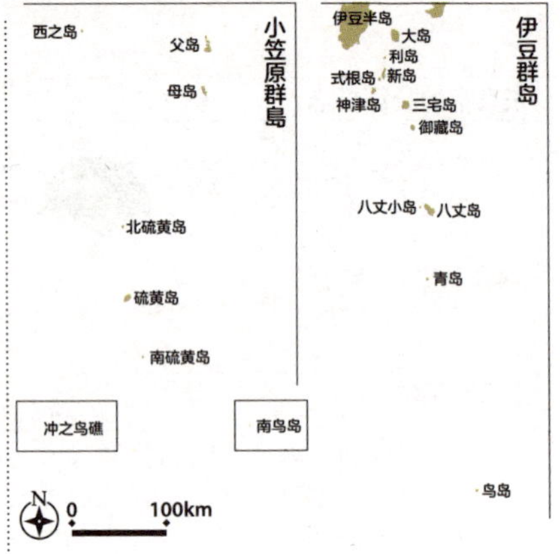

主要的节假日

【都民日】

10月1日	为了让都民在度过一天悠闲的假日的同时提高对自治的认识并促进东京都的发展、增进都民的福祉而设立，1952年10月1日开始实行。一些设施在这一天免费开放。参见东京都官网。

【国家法定节假日】

新年　1月1日	庆祝新年伊始。
成人日 1月的第二个周一	对步入成人的青年们表示祝贺并鼓励他们自觉建立成人意识及养成自力更生的精神。
建国纪念日 2月11日	追思建国，培养爱国意识。
天皇诞生日 2月23日	祝贺天皇的生日。
春分日 3月20日或21日	赞美大自然，关注生物。
昭和日 4月29日	对历经磨难而实现复兴的昭和时代进行追忆并畅想国家的未来。
宪法纪念日 5月3日	纪念日本国宪法颁布实施，祝愿国家发展。
绿色日 5月4日	在亲近自然的同时对自然带给的恩惠表示感谢、培养博爱的心灵。
儿童日 5月5日	在提倡尊重儿童人格、增进儿童幸福的同时，对所有母亲表示感谢。
海洋日 7月的第三个周一 ※2020年为7月23日	对海洋带来的恩惠表示感谢，同时祝愿海洋国家日本繁荣昌盛。
山日 8月11日	提供亲近山峦的机会，对大山带来的恩惠表示感谢。
敬老日 9月的第三个周一	尊敬长年以来对社会做出贡献的老人们并祝愿他们健康长寿。
秋分日 9月22或23日	崇敬祖先，追思故去之人。
体育日 10月的第二个周一	亲近体育，培养健康的身心。
文化日 11月3日	提倡热爱自由、和平，推广文化。
勤劳感谢日 11月23日	尊重劳动，庆祝生产，全体国民互致感谢。

※ 信息来自日本内阁府官网

- “国家法定节假日”为休息日。
- “国家法定节假日”逢周日时，换至距离该法定节假日最近且非法定节假日的日子休息。
- 当前一天及后一天均为“国家法定节假日”时，这一天（仅限非国家法定节假日的日子）为休息日。

东京与日本国内各主要地方城市之间的交通时间

【飞机（从地方机场至羽田机场）】

札幌（千岁）	约1小时35分钟
大阪（伊丹）	约1小时10分钟
广岛	约1小时20分钟
福冈	约1小时35分钟
鹿儿岛	约2小时
冲绳	约2小时25分钟

【新干线（从地方车站至东京站）】

仙台	约1小时40分钟
新潟	约1小时40分钟
名古屋	约1小时36分钟
金泽	约2小时30分钟
新大阪	约2小时36分钟
广岛	约3小时55分钟
博多	约4小时57分钟

气候

23区至多摩东部及伊豆群岛属太平洋沿岸气候，多摩西部属中央高地式气候，小笠原群岛属南日本气候。东京的中心区域大致也位于日本的中心，所以四季变化分明。夏季高温多湿，冬季连续晴天、干燥日子较多。7~9月台风有时会从此经过。

东京气候的一大特点是热岛现象日趋严重。过去一百年间，气温大约上升了3℃。夜晚气温

东京（北之丸公园）与八王子的气温及降水量

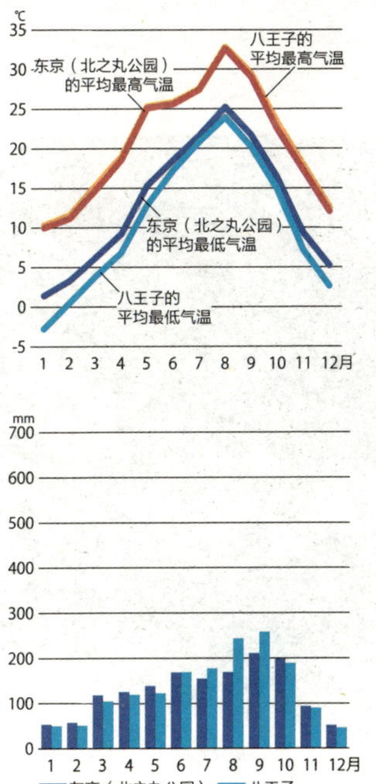

不低于 25℃的炎热天数大约是 40 年前的两倍。

东京都各区与兼具内陆性气候特征的多摩地区的冬季最低气温存在差异，当城市中心区域下雨时，多摩地区经常会下雪。

※ 信息来自气象厅气象统计

安全与纠纷

东京的治安普遍很好，但也有诸如举办大型活动时及万圣节时的涩谷那样的地方，大量人群聚集，遇到这种情况就要注意不要被卷入纠纷。

东京也会发生台风、暴雨等自然灾害。公共交通工具会因此实施有计划的停运，所以一定要关注当地的气象信息。另外，也有可能发生地震。应事先了解在发生地震时该如何行动。

●警视厅

TEL 03-3581-4321（总机）

URL www.keishicho.metro.tokyo.jp/index.html

▶旅行的安全信息与纠纷对策→ p.440

其他

【吸烟】

《东京都防止被动吸烟条例》

2020 年 4 月以后，东京都内的餐饮店原则上都禁止吸烟。如果店内设有专门的吸烟室或电子烟吸烟室，可以在里面吸烟，门口需有相关标识（饮食店禁烟也有义务张贴相关标识）。另外，在东京都内的某些区域，街头、公园等户外场所也禁止吸烟，需要注意。有的市或区规定，在街头吸烟或者扔烟头要按照条例被处以罚款。

●东京都福祉保健局

URL www.fukushihoken.metro.tokyo.jp/kensui/tokyo/kangaekata_public.html（《东京都防止被动吸烟条例》的详细内容）

【扶梯】

在东京乘坐扶梯时，人们已经习惯站在左侧而把右侧空出来，不过日本电梯协会制定的扶梯安全标准规定乘梯时应该静止站立，所以实际上不应该在扶梯上行走。

▶习惯与礼仪→ p.442

本系列已出版丛书
涵盖世界70个国家和地区
巴厘岛
普吉岛 苏梅岛 皮皮岛
帕劳岛
希腊&爱琴海诸岛 塞浦路斯
新加坡
南非
美国西海岸
英国
法国
马尔代夫
美国
新西兰
越南
德国
北欧
捷克 波兰 斯洛伐克
美国国家公园
匈牙利
加拿大
西班牙
斯里兰卡
泰国
美国自驾游
缅甸
墨西哥
意大利
葡萄牙
澳大利亚
塞班
荷兰 比利时 卢森堡
美国西海岸
柬埔寨和吴哥寺
英国
巴西 委内瑞拉
中美洲
印度尼西亚
中欧
土耳其和伊斯坦布尔
克罗地亚和斯洛文尼亚
东京

#01 大江户的文化体验

▶p.16

江户雕花玻璃风铃，在制作此类东京传统工艺品的作坊里，游客可以通过制作体验来了解江户文化。

#02 免费的观景点

▶p.54

有很多观景点，可以欣赏东京高楼林立的街景以及灯火辉煌的夜景。建议去一些并不广为人知的免费观景点，会有意外的收获。

这里有很多东京人也不知晓的魅力

在东京想做的事情 10

了解当地的历史、文化，尝试那些未知的体验。在东京，从早到晚都可以感受这里各种各样的魅力。就算是当地人，也可以不断重新发现东京的乐趣所在。

#07 寻访东京的酒铺与本地啤酒

▶p.64

一定要品尝一下东京当地的精酿啤酒。独具匠心的味道不容错过。

#08 东京起源的美食之旅

▶p.58

有很多美食其实都源自东京。一定要尝一尝这些起源于东京的美食。

#03 品尝文豪美食

▶p.44

东京有很多明治时期至昭和时期的文豪们经常光顾的料理店，现在仍然向顾客提供传统菜肴。可以去品尝一下文豪们喜爱的味道。

#04 东京特色文化遗产之旅

▶p.134 · 142 · 162 · 176 · 206 · 282 · 284

东京有大量的历史文化遗产。从江户时代的古建筑到与新选组有关的史迹，可供游客仔细体验的游览线路有很多。

#05 成年人的隐匿之地

▶p.374

东京的酒吧多如繁星，这里精选出一些店家向读者推荐。其中包括一些不容错过的名店。

#06 游览名著背景地与动漫胜地

▶p.308、310

东京有许多文艺作品、动漫的故事背景地以及与作品有关的地方。可以去看一看自己向往的胜地。

#09 入手老字号店铺精品

▶p.354

日本桥一带有很多历史超过 100 年的店铺。在这些老店购物也是游览东京时的一大乐趣。

#10 前往东京最富人气的祈愿之地

▶p.22

东京都内有很多富有人气的祈愿之地，或许可以给人们在姻缘、事业、财运、学业等方面提供一些帮助。不妨去这些地方看一看。

充满了旅行的乐趣

东京文旅活动月历

（此为常规情况下的信息，疫情期间请注意查询当地最新信息）

1月 | 2月 | 3月 | 4月 | 5月 | 6月

上旬

箱根接力 每年2日至3日两天时间里举办的大学生马拉松接力对抗赛

义士祭 赤穗四十七士长眠的泉岳寺每年举行两次义士祭（义士出发为主复仇的12月14日是冬季的义士祭）

鸟越神社Dondo烧 将新年期间请来的岁神送走的传统仪式。度过新年之后，将新年期间的装饰物集中起来焚烧。据说碰到篝火或者烟雾就能全年无病无灾

大国魂神社暗夜祭 大国魂神社最大的惯例大祭，被指定为东京都非物质文化遗产

东京国际礼品展 日本规模最大的个人礼品及生活用品的国际展览会。每年举办两次，分别在2月及9月召开

神田明神神田祭 神田明神的惯例大祭，是江户三大祭之一

稻荷神社初午祭 每年的初午，也就是2月的第一个午日在稻荷神社举行的祭祀

鸟越神社大祭 鸟越神社的惯例大祭，大约有1360年的历史

东京马拉松赛 始于2007年的马拉松赛

深大寺达摩市场 日本三大达摩市场之一，寺内有100多个摊位

每年3月举行的东京马拉松赛

中旬

世田谷旧货市场 始于1578年的旧货市场。被指定为东京都的非物质文化遗产，除了出售著名的代官饼的摊位，还有700多个出售各种古董、旧货的摊位（12月也举办）

早庆划艇赛 早稻田大学划艇俱乐部与庆应义塾体育会划艇俱乐部在隅田川上举行的划艇对抗赛，历史超过100年

三社祭 浅草神社（→p.156）的惯例大祭

东京故乡祭 可以体验日本的祭祀活动并品尝乡土美食，每年在东京巨蛋举行

东京玩具展 每年6~7月由日本玩具协会主办的玩具展览会

国际酒店·餐厅展 日本能率协会主办的餐饮服务方面的洽谈展览会

东京女孩展 从2005年开始每年举办的日本时尚展

日枝神社山王祭 日枝神社（→p.254）的惯例大祭，是日本三大祭祀之一

波除稻荷神社筑地狮子祭 筑地的波除神社（→p.117）的惯例大祭。主要仪式每3年举行一次

❶梅祭
每年2月开始，东京的梅花就逐渐开放，在主司学业成就的汤岛天满宫等东京都内的著名赏梅处都会举办梅祭

❸春季玫瑰花祭
在保持着大正初期庭园原貌的旧古河庭园进行

下旬

❷东京杜鹃花祭
根津神社是著名的赏杜鹃花之地，每年会有100多种、3000多株杜鹃花竞相开放。4月中旬到下旬是最佳赏花季节

孔子祭（释奠） 每年4月的第四个周日在汤岛圣堂举行的祭祀。届时会供奉酒及蔬菜，以此来颂扬孔子及其学问

游戏市场 每年两次的模拟器游戏活动，分别在春、秋季举行

东京摩托车展 日本规模最大的摩托及其零件的展览会，每年举办3天

❹龟户天神藤祭
东京都内为数不多的著名观藤地点，龟户天神内有15架、100多株藤，4~5月是最佳观赏季节

❺葛饰菖蒲祭
堀切菖蒲园（→p.195）是江户名胜，在观赏菖蒲花的季节会举办观花活动

花祭

- ❶梅祭 2月
- ❷文京杜鹃花祭 4月
- ❸春季玫瑰花祭 4~6月
- ❹龟户天神藤祭 4~5月
- ❺葛饰菖蒲祭 5月中旬~6月中旬
- ❻高幡不动尊紫阳花祭 6~7月初

东京的各个季节有包括江户三大祭在内的许多文化旅游活动。
很多大型活动还会吸引大量的海外游客前来参观。这个月历能够为你制订东京游览计划提供帮助。

7月	8月	9月	10月	11月	12月

入谷牵牛花祭（牵牛花市场） 每年7月6~8日在入谷的鬼子母神（新源寺）举办的牵牛花市场

灯笼果市场 7月9日、10日在浅草寺（→p.156）内举办，摊位超过100个

筑地本愿寺纳凉盆舞大会 从7月最后一周或8月第一周的周三开始，举行4天，是东京著名的盆舞大会

住吉神社佃祭 始自江户时代的住吉神社的惯例祭祀。正式祭礼每三年举行一次

江户川区花火大会 东京两大花火大会之一，每年8月的第一个周六举行（→p.312）

神宫外苑花火大会 在明治神宫外苑举行

都民日 10月1日

明治神宫人形感谢祭 对自己的人偶表示感谢并将其奉纳于明治神宫的祭祀活动

酉市 每年11月的酉日举行。在酉市发源地浅草的鹫神社（→p.158）以及花园神社（→p.226）、大国魂神社（→p.282）等处都有很多人参加

◀江户川区花火大会在江户川的大堤上举行

富冈八幡宫例祭 江户三大祭之一，又名深川八幡祭

葛西临海公园夏日祭 在葛西临海公园（→p.280）举行的具有热带气息的活动

日比谷园艺展 展出专业人士与普通爱好者均可参加的园艺比赛获奖作品

大江户神舆祭 在木场公园举行的以江户下町及神舆为主题的祭祀活动，充满了江户风情

日本桥京桥祭 在行进中沿街表演日本各地传统舞蹈的大江户游行活动

神宫外苑银杏祭 每年11月中旬~12月初举行，此时是观赏黄叶的最佳季节。还有美食摊位

芝大神宫拖沓祭 活动延续10天之久，是日本耗时最长的祭祀活动

东京夜来祭（袋祭） 在池袋举行的夜来祭

国际机器人展 世界上规模最大的机器人贸易展

浅草寺羽子板市场 年末的一道风景，寺内排列着装饰着羽子板的摊位

东京灯光秀 东京的门户——丸之内地区届时会布满彩灯，为圣诞节增添了节日气氛

❻高幡不动尊紫阳花祭 从寺内到山上，有约200种、700株紫阳花竞相开放

东京夜来祭▶

❼秋季玫瑰花祭 在旧古河庭园举行

金鱼祭 在江户川区行船公园举办的以金鱼为主题的祝祭活动

隅田川花火大会 东京（→p.312）两大花火大会之一，每年7月的最后一个周六举行

新宿哎萨祭 哎萨祭是冲绳的传统文化活动，在新宿也成了当地夏季的一道美丽风景

台场夏日祭 在台场彩虹公园举行两天

浅草桑巴狂欢节 在浅草举行的桑巴歌舞游行

品川宿场祭 人们身着江户时代的服装，列队在旧东海道的品川宿行进

神田古书祭 靖国路的人行道上会出现由书店及书架组成的"书籍回廊"，成为秋季的一道风景

东京国际电影节 展映长篇作品的电影节

同人志展销会 每年8月及12月举行

❽菊祭 在明治神宫（→p.132）及龟户天神社等处可以观赏美丽的和菊

▼品川宿场祭是品川区规模最大的文化活动

❼秋季玫瑰花祭 10月

❽菊祭 10月下旬~11月

深度游览东京 享受 经典行程

介绍可有效利用时间、深度游览东京的
两晚三天之旅及一日游。

两晚三天之旅 Day 1 前往东京旅游必去的浅草寺、晴空塔、台场！

12:00

乘电车
约 3 分钟

经过仲见世路时沿街品尝美食，然后前往浅草寺本堂

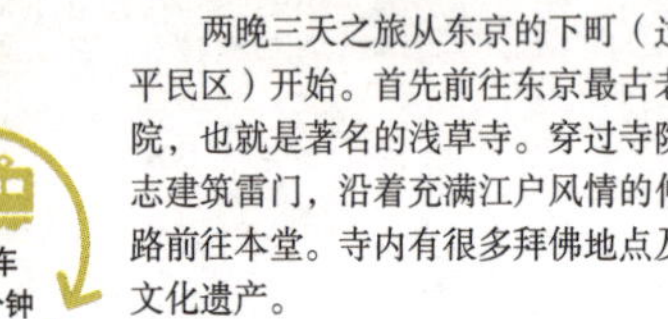

两晚三天之旅从东京的下町（过去的平民区）开始。首先前往东京最古老的寺院，也就是著名的浅草寺。穿过寺院的标志建筑雷门，沿着充满江户风情的仲见世路前往本堂。寺内有很多拜佛地点及重要文化遗产。

详情▶p.156

观光

雷门护身符！

©浅草寺

玻璃幕墙
外面的
美景

观光

13:30

从晴空塔俯瞰东京

从浅草寺向隅田川对岸望去，可以看到下町的新标志东京晴空塔®。观赏完壮美的街景之后，可以在东京晴空塔购物中心®购买特色伴手礼。

详情▶p.164

乘电车
约 45 分钟

东京的
滨海地区

观光

16:00

乘坐新式交通工具百合海鸥线电车前往台场

在新桥换乘百合海鸥线电车，前往位于海边的台场。除了设有许多餐饮店的商业设施，台场还有不少休闲娱乐设施。可以事先选定几个最想去的地点，以更高的效率游览。

详情▶p.266

乘坐电车
约 26 分钟

晚餐

金枪鱼鱼腩寿司的发源地

19:00

品尝正宗的江户前寿司

来到东京，一定要去尝一尝江户前寿司。在从江户时代开始就是五大街道起点的日本桥有许多著名的江户前寿司店。第一天行程结束的晚上，可以去金枪鱼鱼腩寿司的发源地“吉野鮨总店”用餐。

详情▶p.315

两晚三天之旅

Day 2 体验东京特色文化及品尝著名美食！

10:00

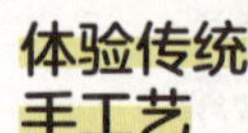

体验传统手工艺

在体验传统手工艺的作坊之中，江户切子作坊尤其受欢迎。在位于墨田区的“隅田江户切子馆”，可以体验制作原创玻璃工艺品。做好的工艺品可以带回去作为礼品送人。

详情▶p.16

乘电车
约 20 分钟

森鸥外等作家
喜欢的味道

12:00

品尝文豪们喜爱的美食

从 JR 上野站 · 御徒町站步行不久，就能到达“伊豆荣 总店”，森鸥外、池波正太郎等作家都很喜欢这家店。这家店一直以来只专注制作江户前鳗鱼，非常值得品尝。

详情▶p.49

乘电车
约 5 分钟

开放感
十足的
敞篷船

13:30

乘坐神田川游船追寻大江户

吃完午饭，可以乘坐从日本桥出发的神田川游船。不仅能看到神田川、隅田川上多座著名桥梁，还能看到江户城石城墙等历史建筑。

详情▶p.42

16:00

步行
约 10 分钟

品尝东京特色甜品

向着银座方向边走边逛，前往“千疋屋总店 日本桥总店 水果店”。到了这家店，要尝一尝源自这里的水果巴菲。会给休闲的时间带来小小的惊喜。

详情▶p.351

18:00

乘电车
约 6 分钟

前往免费的观景台

接下来的目的地是能免费远眺海岸地区的观景点——Caretta 汐留。可乘地铁（需换乘）前往，不过距离并不远，完全可以步行前往。建议选择沿街步行。

详情▶p.54

下町美食 文字烧

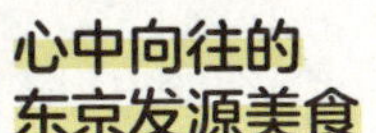

心中向往的东京发源美食

东京发源的下町美食中有一种非常著名的文字烧。如果想要品尝最正宗的味道，就要去文字烧的胜地中央区的月岛。其中历史最悠久的店铺是“文字烧 近堂总店”，所有种类的文字烧都非常好吃。

详情▶p.59

19:00

乘电车
约 4 分钟

21:00

品尝东京本地啤酒

“PITMANS”设有清洲桥酿酒厂，可以品尝到七种不同口味的啤酒。如果是在天气不冷的时候前往，可以选择坐在室外，一边观赏隅田川的景色，一边品尝啤酒。

详情▶p.65

东京的精酿啤酒

两晚三天之旅

Day 3

前往宗教场所参观并乘车观光，最后一天行程也十分充实！

充实

坐落于代代木的明治神宫

9:00

参观宗教场所

明治神宫是东京著名的宗教场所，2020 年迎来了建成 100 周年。虽然位于涩谷区，但是自然环境很好，有很不错的治愈效果。除了本殿，镇守森林、大鸟居、夫妇楠也值得一看。

详情▶p.22、246

乘电车
约 20 分钟

11:30

一定要品尝一下传说中的美味

中午在银座的老店“万福”吃午餐。这家店始于大正时代，最初为路边摊，昭和 4 年（1929 年）在如今的位置开店。现在的店主已经是第三代，但味道没有什么变化。

详情▶p.337

步行
约 13 分钟

13:00

行程的最后是乘坐Hato巴士巡游60分钟

在东京站丸之内南口出发并到达，行驶大约 60 分钟，游客可以在车上观赏东京的各主要景点，很适合当天还要赶新干线或飞机的游客。最大的优点就是可以避开拥挤的人群及换乘电车的烦琐。

详情▶p.84

一天最多有 16 班车开行。只要有空位，即使当天买票乘车也可以

回程

不同主题

东京一日游行程计划

01 寻访著名美食之旅

7:00
在大田市场品尝极品美食

有许多可以吃到新鲜海鲜的餐馆。可以早一点起床，去市场吃早饭。

详情▶p.328

13:00
在具有怀旧情调的咖啡馆追忆昭和时代

在不可不去的具有怀旧情调的咖啡馆“丘”里追忆过去的时光。

详情▶p.345

18:00
体验东京下町风情、品尝月岛文字烧

在极具风情的东京下町，有一种很烫的美食，那就是文字烧。一定要品尝味道正宗的文字烧。

详情▶p.123

02 探访东京历史之旅

10:00
前往历史的宝库——皇居

在皇居可以了解上溯至江户时代的历史并接触大自然。部分设施对外开放。

详情▶p.140

步行约 10 分钟

13:00
游览旧书店及御茶水

神田神保町是世界著名的书店聚集区。这里的历史建筑众多，沿街步行游览也很有乐趣。

详情▶p.204

实地胜于照片的地方

15:00
在mAAch ecute神田万世桥休息

旧万世桥站的站内经过改建，现在有很多商店及咖啡馆。建议在神田川旁边的室外座席稍事休息。

详情▶p.52

03 御朱印巡游与欣赏曲艺之旅

10:00
前往非常特别的东京塔大神宫

东京塔大神宫是东京 23 区内所在位置最高的神社。以求学业成就而闻名。

详情▶p.26

乘电车约 25 分钟

12:30
在高级料亭吃午餐

在著名的高级料亭“赤坂冰川”吃午餐。

详情▶p.325

乘电车约 45 分钟

15:00
欣赏曲艺表演

了解老东京人的气质

在曲艺剧场，可以欣赏始于江户时代的落语以及漫才、漫谈、小品、模仿秀等节目。全年 365 天都有演出。

详情▶p.304

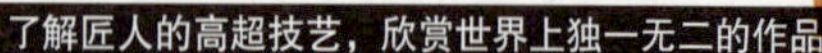

学习大江户文化，体验传统手工艺制作

欢迎首次尝试者

凝结着匠人智慧的独特且精美的工艺品。在继承了传统手艺的作坊里体验手工艺品制作。

01 江户切子

所需时间 90 分钟
费用　4000 日元

什么是江户切子

从江户时代后期传承至今的技法。在玻璃的表面刻上不同角度及深度的花纹作为装饰。

自己动手制作色彩鲜艳、纹饰美观的玻璃杯

墨田江户切子馆

墨田江户切子馆里有许多匠人的工作室及商铺。墨田区对优秀的工匠授予“墨田之星”的称号，这里有 4 位这样的工匠，参观者可以近距离看到工匠高超的手艺，还可以跟工作人员学习切子的技法。实际体验之后，就能体会到雕刻柔和的曲线及富于变化的图案有多困难。这时就会更加佩服工匠们高超的技艺。商铺里除了传统图案的商品，还有以晴空塔等为图案的新商品。据说江户切子源自工匠们在从欧洲进口的玻璃制品上雕刻图案，之后这样的玻璃制品开始受到人们的喜爱。江户切子作为餐具，看上去十分华丽，同时也很好用。

❶ 晴空塔图案“一口啤酒杯”6340 日元　❷ 可盛放热饮的“复古玻璃杯”16500 日元　❸ 隔窗观看制作过程　❹ 馆内商铺　❺ 门口的招牌布帘是该馆的标志

按照玻璃器皿上已经画好的图案沿着纵、横、斜的方向刻出大致轮廓

根据需要变换雕刻的粗度及深度，仔细地雕刻，直至最后完成作品

MAP 别册 p.31-A4
住 墨田区太平 2-10-9　TEL 03-3623-4148　营 周一~周六 10:00~18:00　休 周日、法定节假日　交 从地铁锦糸町站 4 号出口步行 5 分钟　CC MV

02

江户蓝染

所需时间　45 分钟
费用　2000 日元～

使用天然靛青
可同时满足较多的游客进行体验

和也屋

和也屋提供蓝染及机织体验服务，以此来促使游客对日本文化产生兴趣。蓝染体验使用天然靛青作为染料，染出的布对肌肤无害，适合作为礼物馈赠亲友。蓝染体验中最重要的工作就是扎布。把布用橡皮筋扎好后，布上就会出现染料没有渗透进去的部分。这些部分就成为白色的图案。即便制作工序相同，根据橡皮筋位置的不同以及染料渗透状态的不同，整个效果也会截然不同。跟朋友一块参加体验，最终会得到不同图案的作品，这也是很有趣的。

MAP 别册 p.26-A1
住 台东区千束 1-8-10 黑泽大厦 1 层
TEL 03-5603-9169　营 10:00~20:00（需要预约）　休 不定期　交 从筑波 Express 线（后同筑波快线）浅草站 B 出口步行约 6 分钟　CC ADJMV

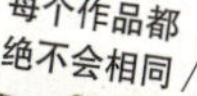

什么是蓝染

一种使用将植物蓝色染料进行发酵后得到的液体来给纤维染色的技法。有 48 层色调。蓝染布料有防臭、防虫、防晒的功效。

Step 1
选择想要制作的图案

Step 2
学习基本的扎法。把布叠成三角形

Step 3
把橡皮筋扎到自己想要扎的地方

Step 4
把布料放入染液中，让染液将布料完全浸泡

Step 5
接触空气后浸上染液的部分就会变蓝，再用水清洗

完成品

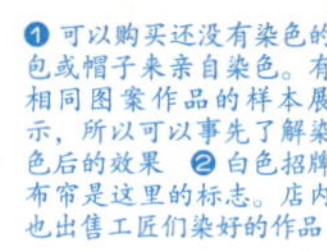

❶ 可以购买还没有染色的包或帽子来亲自染色。有相同图案作品的样本展示，所以可以事先了解染色后的效果　❷ 白色招牌布帘是这里的标志。店内也出售工匠们染好的作品

03 抄和纸

什么是抄和纸

用构树等长纤维植物制作的高强度纸张。手抄有两种，制作小津和纸时，用名为箦桁的工具将溶于水中的纤维捞出，让纤维结合在一起。

亲手制作薄且结实的传统和纸

小津和纸

所需时间 60 分钟
费用 500 日元

小津和纸是有 360 多年历史的和纸专卖店，出售和纸及用和纸制作的商品，还有可体验手抄和纸的工作室。在抄和纸的体验中，除了制作简单的和纸，还可以制作滴水形成纹路的落水纸、色纸以及带押花的和纸。

在工作人员的指导下，体验从抄纸到晾干的整个制作过程。看似简单，但一不小心纸张就会出现褶皱。如果出现这种情况，就只能重新制作。制作纸质薄且均匀的和纸需要注意力高度集中。在做好的和纸上盖上小津和纸的印章，看上去十分雅致。

MAP 别册 p.17-A4
住 中央区日本桥本町 3-6-2 小津本馆大厦 电 03-3662-1184 营 10:00~18:00 休 周日 交 从 JR 新日本桥站 5 号出口步行 2 分钟 CC ADJMV

稍不留神就得重来

Step 1

捞出构树纸浆，前后左右晃动，让纤维结合在一起。纸非常薄，可以有多层

Step 2

把纸贴在专门的加热器上，除去水分。纸张会迅速变干

❶ 有出售书法用纸、手撕画用纸等多种和纸的商店 ❷ 人气手工制作御朱印 880 日元（含税） ❸ 纤袋纸图案钢笔式毛笔 550 日元（含税）。可作为小礼物 ❹ 蓝染风和纸制品

04 江户风铃

所需时间、费用
- ◆体验绘制图案 60 分钟 · 1650 日元（含税）
- ◆体验从吹制玻璃到绘制图案的全过程 80 分钟 · 2200 日元（含税）

什么是江户风铃

过去曾被称为 Glass 风铃、Vidro 风铃。20 世纪 60 年代，因制作工艺历史悠久，这家店的第二代店主将商品改称为江户风铃。

制作音色动听的江户风铃

筱原丸吉风铃

可在店内体验用江户时代传统工艺制作名为“江户风铃”的玻璃风铃。在温度超过 1300 ℃的炉中将玻璃熔化，转动吹杆并向玻璃内吹气，与铸造不同，此时可以听到微妙的声音变化。吹玻璃需要掌握吹气及转杆的技巧，不过不用担心，店主会帮助体验者完成操作。待玻璃的温度降下来之后，将玻璃从吹杆上取下，再用石头进行切削来调整形状。故意将口部做成锯齿状来让风铃可以发出优美的声音，这是江户风铃的一大特点。优美的声音传入耳中，给人带来宁静祥和之感。也可以只体验在风铃上绘制图案，自己制作的风铃均可当天带走。

将熔化的玻璃置于吹杆前端。需要熟练的技术，所以由店主完成

在刚才的玻璃球外再穿上一个熔化的玻璃，然后吹气

在内侧绘制图案。受欢迎的图案是金鱼、花火等

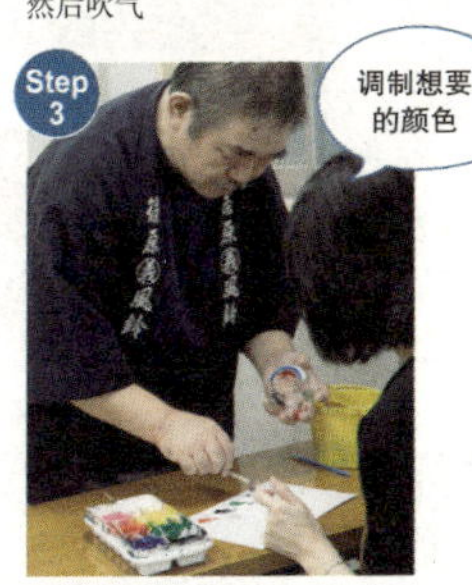

选好想要的图案，然后调制相应的颜色

完成品

可以把自己的心情表现在作品中

MAP 别册 p.25-C3

住 台东区台东 4-25-10 TEL 03-3832-0227 营 10:30~18:00、周日 11:00~17:00 休 周一（绘制图案体验只在周六、周日进行，从吹制玻璃到绘制图案的全过程体验只在指定时间举行）交 从地铁或筑波 Express 新御徒町站 A2 出口步行 1 分钟 CC JMV

05 印染工艺

所需时间	90 分钟 ~120 分钟
费用	布头 2000 日元 托特包 2500 日元 小方绸巾 4500 日元（含税）

什么是江户小纹

在纸样上涂抹防染色的糨糊，然后给布料染色的技法。虽然只有一种颜色，但是有精美的图案。

学习凝结在一块布料之上的传统工艺并进行实践

富田染工艺

富田染工艺创立于明治时期，随后迁移至现在的位置。这是一间专门制作“江户小纹”“江户更纱”等和服用布料的作坊。第五代店主富田笃先生把这些传统图案改成了具有现代特征的图案。他还创立了“SARAKICHI”品牌，除了制作色彩鲜艳的围巾、领带等小件商品之外，还从事皮革制品的染色。其中，“包袱皮装饰布”因成为预订于2021年举办的东京奥运会及残奥会的指定产品而广受关注。

Step 1

把纸样放在布头上，然后均匀地涂抹上糨糊来“设定图案”

Step 2

取下纸样，未被涂上糨糊的部分就形成了图案

Step 3

选一个边缘部位用糨糊涂抹自己的标记

Step 4

被点缀上小花图案的布头

完成品

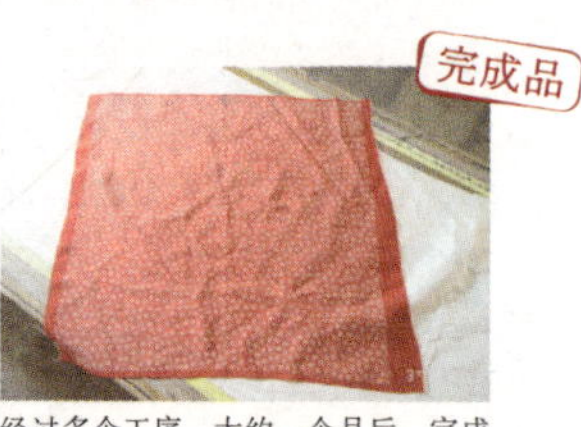

经过多个工序，大约一个月后，完成品可邮寄给游客

MAP 别册 p.12-B1

住 新宿区西早稻田 3-6-14 电 03-3987-0701
营 10:00~12:00、13:00~16:00 休 周六、周日、法定节假日 交 从都营荒川线面影桥站步行 5 分钟 CC AJMV
※ 周六如果来客数量达到 10 人则在 10:00~开始营业（需要预约）

建有东京印染历史博物馆

❶用来染底色的机器 ❷有取得了专利的图样 ❸存放纸样的抽屉 ❹用来定色的蒸箱 ❺被装裱起来的包袱皮装饰布

迷你博物馆

拉扯布匹来染色的地方。染色时让布匹呈悬挂状态

在板上操作间把布料粘贴在背板上，然后放上纸样，涂抹糨糊并着色

新宿区认定的迷你博物馆，展览对外开放

06 染色体验

所需时间 · 费用
◆图样染色体验
120 分钟：费用 2900 日元（含税）

什么是江户更纱

室町至桃山时代传入日本的一种纸样染色技法。采用日本特有的稳健色彩进行配色。通常需要使用 30 多张纸样，最多的时候，要用 300 多张纸样。

Step 1

用 7 种颜色及柔软的鹿毛板刷来染色

Step 2

需要掌握的技巧是肩膀不要僵硬、手法要快

Step 3

14 层纸样一次又一次地操作。在浓淡色彩的相互映衬下，图案逐渐清晰起来

Step 4

为了固定颜色，需要在蒸箱中蒸 15 分钟

与蒸之前相比，色彩更加鲜艳

完成品

制作江户更纱的桌布，颜色十分漂亮

手工染制的蛙嘴式小钱包

用布料制成的戒指 800 日元

深入了解日本的传统文化

印染之乡 落合

江户染色工坊已经有 100 多年的历史，颜色具有异国情调的江户更纱以及图案细密的江户小纹等纺织品在这里得到传承。里面有玻璃墙围绕的工作间以及展示染织物的展厅，在现代空间之中，也能接触传统的和服以及印染文化。这里尤其擅长制作的图案是将花草、鸟兽图案化的更纱花纹，这种沉稳、素朴的图案很适合用在和服及和服腰带上。使用多张纸样反复印染而成的作品，独具情趣，体现了江户时代的气质。染色体验者可以实际观看印染制作过程，还有教授完整的印染技术的染色教室以及定期举办的型染体验活动，参加者非常多。

MAP 别册 p.8-C1
住 新宿区上落合 2-3-6
TEL 03-3368-8133 营 11:00~17:00 ※型染（多层纸样）染色体验在周三、周六 13:00~ 休 周日、周一
交 从地铁中井站 A2 出口步行 4 分钟 CC ADJMV

东京最富人气的祈愿之地5

一些地方，去了之后会感到神清气爽。这样的地方就是所谓的跟自己相合的"能量场"。这里精选出东京都内五处著名的能量场来进行介绍。

城市中心的喧嚣已然不见
庄严的气氛给人以治愈之感

明治神宫

1920年，十分崇敬明治天皇及昭宪皇太后的人们创立了明治神宫。神宫内有被称为"枡形"的88度转角、被装饰于很多地方的猪目纹饰（心形）以及引起很大关注的清正井等被视为吉祥的地点。

MAP 别册 p.14-A1
住 涩谷区代代木神园町1-1 电 03-3379-5511 营 日出～日落（12/31整夜都可参拜），明治神宫御苑3～10月9:00~16:30（6月8:00~17:00）、11月～次年2月（9:00~16:00） 休 无 交 从JR原宿站表参道口步行1分钟

祭神

明治天皇　昭宪皇太后

御朱印→ p.132
博物馆也对外开放→ p.246

神木诞生

治愈

A 守护神森林

过去是一片荒野，可以远眺青山路至大鸟居之间的地带。为了把这里变成森林，种植了日本全国捐献的10万棵树木，形成了现在的守护神森林。

在茂密的森林中行走，能见到摆放着奉纳给神宫的日本酒酒桶的地方。这些酒桶说明这里受到很多人的尊崇

D 夫妇楠

修建时有人捐献的两棵楠木。从远处看，像是一棵大树。至今仍亲密地生长着。

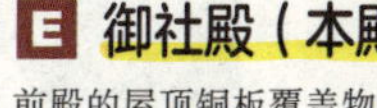

E 御社殿（本殿）

前殿的屋顶铜板覆盖物刚更换过不久，褐色非常好看。这里是敬神之处，如果参拜的话，要事先整理好仪表。

F 草坪广场与龟石

宝物殿前有一片草坪，池畔有龟石守护。这块龟石不仅是吉祥之物，据说还有很强的净化之力，很多人在此顺时针环绕行走并触摸石头。

姻缘

B 大鸟居

高 12 米、宽 17.1 米，是日本最大的木造明神鸟居。据说大鸟居之下的正参道可以帮助人们结下良缘。

G 清正井

据说是加藤清正挖掘的井，每分钟涌出 60 升 15℃左右的清水。风水师认为，清正井位于连接富士山与皇宫的龙脉上。

C 葡萄酒桶

明治天皇实践了“和魂洋才”的理念。基于这个理念，2006 年法国的葡萄酒厂捐赠了这些葡萄酒桶。

H 88 度转角

明治神宫的枡形的角度不是直角而是 88 度。“8”象征着繁荣，穿过这个转角后进行参拜，会增加幸福。

神社里
不可缺少
的枡形

注意！

据说将清澈的泉水涌出水面时的样子拍下来，作为手机待机画面，就能获得能量，但有时水会比较浑浊。

姻缘　事业运　出人头地

坐落于经济、政治中心的庄严社殿以及强大的神猿守护神

日枝神社

坐落于赤坂、永田町地区的日枝神社是德川家康将江户城定为居城时确立的"守护神社"，受到历代将军及庶民的尊崇。现在，也有很多附近的公司职员造访此地，祈求提升事业运及生意兴隆。这个神社的一大特点是在神门及社殿旁边供奉着具有在神与人之间进行沟通的能力而且是山神侍者的猿猴，每年要举行很多传统的祭祀活动，包括江户三大祭之一的"山王祭"。

MAP 别册 p.44-A1

住 千代田区永田町 2-10-5　电 03-3581-2471

营 6:00~17:00　休 无　交 从地铁溜池山王站 7 号出口步行 3 分钟

祭神

大山咋神

●合祭殿内的诸神

国常立神　伊奘冉神　足仲彦尊

❶庄严的社殿。初诣（※）时，前来参拜者众多 ❷神门上有被称为"猪目"的心形辟邪物 ❸外堀路旁安装有电动扶梯的山王桥参道。呈山峰形状的山王鸟居是一种非常少见的鸟居 ❹通往稻荷参道的朱红色千本鸟居与周围的绿色相映成趣

※ 日本过阳历新年，1 月 1 日 ~3 日叫做"初诣"，是日本人的传统习俗，指一年中第一次去神社或寺院参拜

日枝神社的神猿

● **夫妻神猿**

神门处安放着夫妻神猿。"猿"在日语中的发音有"胜利""辟邪""姻缘"的意思，因此很受喜爱。

● **生育宝宝及提升财运**

社殿前也有神猿像，人们可以抚摸公猿祈求生意兴隆，抚摸母猿祈求安产、生子、家庭平安。

猿田彦神社与八坂神社

猿田彦神社与八坂神社都以有利于事业运而闻名，神社内分别供奉着指路神"猿田彦大神"与"素盏鸣尊"。

心形绘马

参拜纪念品也多为与神猿有关的东西。尤其受欢迎的是绘有可爱的神猿插画的心形绘马以及"胜利护身符"。

很适合祈求良缘的神猿绘马

在“东京的伊势神宫”祈求良缘

东京大神宫

由明治天皇亲自决定，于1880年创建的伊势神宫遥拜殿，被称为“东京的伊势神宫”。据说有利于社交、事业等与缘分有关的事，有很多女性到此祈求恋爱成功。现在人们熟悉的神前婚礼就始自东京大神宫，在这种婚礼上，巫女要跳祝祭舞蹈“丰荣舞”，还有舞者身穿蝴蝶式样服装的、东京大神宫特有的“丰寿舞”（→ p.213）。

MAP 别册 p.34-B2
住 千代田区富士见2-4-1 电 03-3262-3566 营 6:00~21:00、纪念品店 8:00~19:00、加盖御朱印 9:00~17:00 休 无 交 从JR饭田桥站西口、地铁饭田桥站A4 · B2a出口步行5分钟

参道

穿过鸟居后，会感到氛围立即不同。寂静的参道通向社殿，存在感很强。每逢周六、周日以及法定节假日，经常有新人在此举行神前婚礼。如果运气好，就能见到伴着雅乐走向神前的新郎、新娘。

走在参道上可以净化身心

心形标识

心形装饰物上有被称为“猪目”的辟邪纹饰。绘有用来辟邪的神社大门及社殿上的装饰。

很多人将其用于手机的待机画面

❶ 初建时坐落于日比谷，1928年迁移至此 ❷“愿大家都得到神的护佑”

❸ 有大约30种与恋爱有关的护身符 ❹ 恋爱占卜签 ❺ 从左至右分别为幸福钥匙护身符1000日元、火箭形恋爱护身符800日元、结缘铃兰护身符800日元

祭神

天照皇大神 丰受大神

【造化三神】

天之御中主神 · 高御产巢日神

神产巢日神

倭比卖命

御朱印→ p.133

祝大家都能结下良缘

神职人员唐松义行先生

饭富稻荷神社

位于神宫之内的神社，供奉着主管衣食住、生意兴隆、家庭富贵之神。因第九代市川团十郎信奉该神，所以有很多艺人到此参拜。

位于神门附近的饭富稻荷神社

❶ 获取可提升运势的力量
❷ 观景台的商店中有很多限定商品

游客众多的观景台之中的神社。感觉跟其他神社很不一样

学业

恋爱

东京 23 区所在位置最高的神社
可以在此祈求人生更上一层楼

东京塔大神宫

位于东京塔第二层平台的神社，也是东京 23 区内所在位置最高的神社。1977 年，为了纪念东京塔建成 20 周年，建立了这座祈求游客安全、健康的神社。神社非常正统，供奉着天照皇大神，据说可以从伊势神宫召唤神灵，有助于考试及恋爱成功。另外，因所处位置很高，所以有很多参拜者来此祈求实现较高的目标以及学业进步。从 2020 年夏季开始，在第二层平台的官方商店 THE SKY 内为游客加盖御朱印。（→ p.132）

MAP 别册 p.14-A2
住 港区芝公园 4-2-8 东京塔第二层平台 TEL 03-3433-5111（东京塔） 营 观景平台 9:00~23:00（入场截至 22:30） 休 无 费 观景平台 1200 日元（高中生 1000 日元，小学生、初中生 700 日元，4 岁以上幼儿 500 日元） 交 从地铁赤羽桥站赤羽桥口步行 7 分钟 CC ADJMV

❸ 御朱印的费用为 300 日元 ❹ 有交通安全、姻缘等 4 种护身符，均为 550 日元 ❺ 东京塔形与心形绘马均为 730 日元

在江户初期的宽永年间被定为府内古社十三社之一

供奉着当地的土地神

为东京历史最悠久的神社之一

幸稻荷神社

东京塔大神宫的本社，距离东京塔不远。最初的社号为岸之稻荷，之后因信奉者及当地居民不断遇到幸运的事情而开始被称为幸稻荷神社。

⛩ 祭神

天照皇大神
御朱印→ p.132

MAP 别册 p.14-A2
住 港区芝公园 3-5-27 TEL 03-3431-8281 营 9:00~17:00 休 无 交 从地铁神谷町站 3 号出口步行 6 分钟

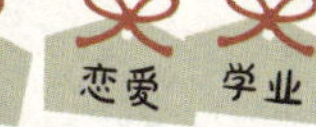

财运 健康 恋爱 学业

每个季节都有自然美景
守护着等等力溪谷的古刹

等等力不动尊（明王院）

明王院位于东京都内唯一的天然溪谷——等等力溪谷，平安时代末期，一名高僧受梦的启发，认为这个水量充沛的瀑布所在地是一个神圣之地，于是开始在此供奉不动明王。因为供奉了可帮助人们实现愿望的不动明王，加之这里自古以来被视为神圣之地，所以现在成为东京著名的宗教场所。溪谷中除了等等力不动尊，还有弁天堂、稚儿大师堂等宗教场所，可以在欣赏自然的同时参观寺庙。

MAP 别册 p.10-B1
住 世田谷区等等力 1-22-47 TEL 03-3701-5405
营 8:00~16:30 休 无 交 从东急大井町线等等力站南口步行 5 分钟 CC ADJMV

本尊

不动明王
弘法大师（稚儿大师堂）

溪谷全长约 1 公里

从大地获取能量

不动瀑布是这里的地标

恋爱 学业

等等力不动瀑布、不动明王与正一位稻荷大明神

瀑布之上有不动明王像，塑像右侧是地藏菩萨像与观音菩萨像，旁边的佛堂中供奉着不动明王及正一位稻荷大明神，周围空气清新。稚儿大师堂（大师堂）旁边有泉水。

受梦的指引而创建的寺院

开运 财运

女神矗立之处

弁天堂明王台

从本堂沿石阶而下，然后向左而行，有一个水池，池中有一个小岛。岛上有供奉着七福神及弁财天的佛堂。氛围非常庄严，知道这里的人并不多。

溪谷深处供奉着弁财天。涂着红漆的桥是标志

有趣的区域体验

充满活力 东京七大著名商店街

东京有很多保持着昭和气息的商店街。如果想要深度游览东京，建议一定要去各地区的商店街看一看。

JR 上野站与御徒町站之间的高架铁路桥下有很多店铺

食品、服装及杂货都很便宜

上野 阿美横商店街

这条商店街被人们爱称为“阿美横”，知名度及来客数在日本都名列前茅。全年人流不断，年末时出售螃蟹、虾等年货，来此采购年货的人非常多。

著名的街边美食有“肉大山”的炸肉饼、可乐饼以及“串串香屋”的烤串等。挂着黄色招牌的“志村商店”，有阿美横著名的巧克力叫卖，很值得一看。

DATA p.152

还有“ABC · MART”等鞋店及体育用品店

Check Point!

位于上野站与御徒町站之间全长 400 米的铁路高架桥下的商店街，有很多出售生鲜食品、服装、杂货的店铺，价格便宜。很多店都可以砍价，可以试一试。

浅草 浅草仲见世

位于浅草的地标、东京最古老的寺庙浅草寺雷门与宝藏门之间长250米的参道上。

在历史悠久的名店汇集的仲见世商店街，品尝各种美食也是游览的乐趣之一。再现了江户时代门前的黄米团子味道的“Azuma”以及手工制作日式煎饼的“壹番屋”等商铺的日本传统小吃都不容错过。不过，这里禁止边走边吃。一定要在店内的用餐区品尝。

DATA p.156

东侧有53家，西侧有35家，共计88家店铺

带有浅草标志图案的人形烧是这里的人气伴手礼

Check Point!

步行游览时一定要品尝浅草寺前面“九重”的炸馒头以及在多家店里都能买到的人形烧。游览仲见世商店街时，要空着肚子去。

东阳町 砂町银座商店街

全长670米的商店街上有大约180家店铺。这条商店街附近，保持着重视邻里关系的下町氛围。来到这里就仿佛乘坐时光机回到了昭和时代。距离最近的电车站约1公里，所以最好选择乘坐巴士前往。

MAP 别册 p.11-A3

住 江东区北砂4-18-14　电 03-3644-5854　营 各店铺不同　休 各店铺不同　交 从地铁西大岛站乘坐都营巴士在北砂二丁目下车

砂町银座商店街经常出现在电视节目中。这里充满着人情味，有一种怀旧的氛围

Check Point!

因电视剧《孤独的美食家》而一夜成名的“Sakai”的金枪鱼肉饼以及烤鸡肉、可乐饼等美食都很好吃。而且多数美食的价格也很亲民。

04 既便宜又好吃的日式甜品令人向往
每逢日期带 4 的日子为缘日（庙会）

巢鸭 巢鸭地藏路商店街

这里被称为“大妈们的原宿”，身着红色“法被”的男子“Sugamon”是这里的官方指定“吉祥物”。商店街内有大约 170 家店铺，拜刺拔地藏尊（→ p.220）的人必须从此经过，所以拜佛的人与买东西的人混杂在一起，整天都很热闹。

游览时一定要品尝酱油味的烧团子“幸福团子”以及巢鸭名吃“盐大福”“金胡麻冰激凌”等日式甜品。

DATA p.220

日期带 4 的日子为地藏尊缘日，有 200 多个露天摊位

Check Point!

商店街内白色的大型物体名为“Sugamon 的臀部”。据说触摸这个臀部，恋爱就能成功，所以非常受女性欢迎。
在附设的服务中心里，出售祈求恋爱成功的绘马。

充满怀旧氛围的下町商店街

谷中 谷中银座商店街

从日暮里站或千驮木站步行 5 分钟可至，是下町的商店街中人气很高的一个。全长 170 米的狭窄道路两旁，排列着 60 余家店铺，有伴手礼店以及出售“丁髷番薯”“乌贼烧”等美食的店铺，很适合边走边吃。

谷中银座商店街以猫多而闻名，所以有形似猫尾部的面包圈等以猫为主题的食物，还能在这里见到许多与猫有关的物体。

DATA p.172

保持着过去的下町情调。有很多既便宜又好吃的美食

Check Point!

谷中银座商店街也是著名的观赏日落的地点。日暮时分，可以从名为夕阳阶梯（→ p.172）的台阶上，俯瞰以夕阳为背景的街区及商店街。

旧日光街道旁历史悠久的商店街

北千住 宿场町路商店街

北千住曾为日光街道上的第一个驿站，当时有很多旅行者往来于此。位于电车站西口的宿场町路北千住（太阳路商店街）有保持着传统风格的干货店、吴服店、鞋店，颇有情趣。

MAP 别册 p.9-B3

住 足立区千住 3-76　电 03-3882-8288　营 各店铺不同
休 各店铺不同　交 从 JR、地铁北千住站西口步行即至

商店街位于旧日光街道旁

Check Point!

商店街的街灯上写着曾经经过千住驿站的大名的名字及家纹。还有的店铺出售与曾经行走在日光街道上的松尾芭蕉有关的商品。

位于商务区的白领商店街

神田 神田西口商店街

始于 JR 神田站西口、全长 300 米的商店街，历史非常悠久。街上的店铺主要为餐饮店，既有传统名店，也有历史较短的新店。在商店街的中间地段，有竹稻荷神社，供奉着神田的守护神。

MAP 别册 p.13-C3

住 千代田区神田 2-13-3　电 各店铺不同　营 各店铺不同
休 各店铺不同　交 从 JR 神田站西口步行即至

位于商务区，距离大手町很近

Check Point!

因为是地处商务区的商店街，所以有很多面向周围白领职员的餐馆，可以吃到既便宜又好吃的美食。亮着红灯笼的烤鸡店，17:00 点以后也可以用餐。

东京的钱汤（浴池）活力四射！

想去体验的怀旧系 & 进化系七处精选钱汤

随着钱汤设施的改进以及世代更替，
最近几年来，日本出现了一股钱汤热潮。
这里介绍一些传统的钱汤以及经过改良的新式钱汤。
※ 入浴费用为含税金额

怀旧情调的钱汤

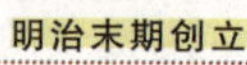

稻荷汤

经常登上电影银幕的古老钱汤

这个钱汤被列入日本物质文化遗产。电影《罗马浴场》中也出现过这个钱汤，至今仍保留着充满了昭和情调的番台（售票的工作人员坐着的高台）。每逢新年伊始都要更换全新的木盆，撞击木盆发出的哐哐声在浴室中回荡，让人感觉很舒服。

MAP 别册 p.12-A2
住 北区泷野川 6-27-14　TEL 03-3916-0523
营 15:00~ 次日 1:15　休 周三　交 从 JR 板桥站东口步行 7 分钟　CC 不可使用

男性工作人员坐在番台上时，女浴室会挂上门帘

入浴费用一览表

12 岁以上	470 日元
6~12 岁	180 日元
未满 6 岁	80 日元

❶常客喜欢的三个水温之一的46.7℃的高温池 ❷清扫得非常干净 ❸钱汤建筑由手艺高超的木工们修建而成 ❹建成于1930年的神殿式建筑

“ぬ”表示浴池的水已经放空，“わ”表示热水已经烧好

❶❷❸❼❽描绘了米纳科斯岛、富士山、台场、日本阿尔卑斯山、大溪地的海水等能够勾起人们美好回忆的地点 ❹1、2层均为浴室 ❺❻具有怀旧情调，但室内设施很现代化且干净整洁

安永2年（1625年）创立

曙汤

仿佛在体验世界旅行

男浴池与女浴池均为两层，按摩浴池、电疗浴池、岩盘浴、加入牛奶的浴池、加入酶的浴池等12种不同风格的浴池可供客人体验。洗浴热水为无色透明的天然温泉。特点是水温不算很高，但可以让人感到从内而外的温暖。

MAP 别册p.9-C4 住 江户川区船堀3-12-11 电 03-3680-5611 营 周一～周三·周五～周六15:30~23:45、周日·法定节假日14:00~23:45 休 周四、每月第1·3个周五 交 从地铁船堀站南口步行5分钟 CC 不可使用

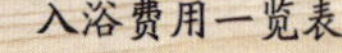

入浴费用一览表

12岁以上	470日元
6~12岁	180日元
未满6岁	80日元
居住在江户川区的65岁以上的老人	230日元

建筑风格特别的

1949年创立

大黑汤

位于从东京晴空塔步行可至的区域内，保持着下町的风情

建筑历史很久，保持了过去的氛围，同时也做到了与时俱进，有采用弱碱性天然温泉的露天浴池以及高浓度的碳酸泉等现代化的设施。除此之外，还有每天更换配方的药浴、桑拿浴、按摩浴池、行走浴池、冷水浴池等设施。可以从露天浴池及木板平台远眺东京晴空塔。

MAP 别册 p.27-C4 住 墨田区横川 3-12-14 TEL 03-3622-6698 营 15:00~次日10:00，周六 14:00~、周日·法定节假日 13:00~ 休 周二（逢法定节假日改至次日）交 从京成押上线、东武伊势崎线、地铁押上站 B2 出口步行 6 分钟 CC 不可使用

入浴费用一览表

12 岁以上	470 日元
中学生	370 日元
6~12 岁	180 日元
未满 6 岁	80 日元
桑拿浴	+200 日元

特别之处

有大小两个露天浴池。抬头可以看见东京晴空塔

跟客人聊天是一件很愉快的事

钱汤

❶浴室里装饰着墨田区的传统手工艺品“江户切子” ❷每个浴池的设备都不一样，所以规定各个浴池均为奇数日对男客人开放、偶数日对女客人开放 ❸有很多游览东京晴空塔的外国游客也会顺便造访这里 ❹一直营业至次日早晨。客人无须太在意时间是这个钱汤的一大特色

1950年创立

荒井汤

可以同时欣赏到晴空塔的照片与富岳三十六景的图画

浴室的一面墙上画着富岳三十六景之一。这幅画不是瓷砖画而是用油漆绘制而成，画风细腻，很值得观赏。淋浴设备的墙壁上则挂着一幅幅晴空塔的照片。这是根据当地客人“想看到建成后的晴空塔”的要求而设。传统与现代相映成趣。

MAP 别册 p.30-A2 住 墨田区本所2-8-7 TEL 03-3622-0740 营 15:10~24:00 休 周三 交 从地铁藏前站 A7 出口步行 8 分钟 CC 不可使用

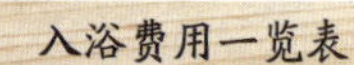

入浴费用一览表

12 岁以上	470 日元
6~12 岁	180 日元
未满 6 岁	80 日元

①④ 瓦屋顶、油漆画、按摩椅、鱼池等颇具怀旧氛围，让人感到很舒适

极具特色的

1957年创立

明神汤

保持着昭和时代的氛围神殿建筑风格的传统钱汤

大门屋檐上的唐破风迎接着客人的到来，更衣室有折上格天井，浴室非常宽阔，有很多客人几乎每天都来洗澡。用木柴烧水，所以洗澡时会感到水很柔和。

MAP 别册 p.10-B1 住 大田区南雪谷 5-14-7 TEL 03-3729-2526 营 16:00~23:00 休 每月 5 · 15 · 25 日（逢周日及法定节假日改至次日） 交 从东急池上线雪谷大塚站南口步行 13 分钟 CC 不可使用

入浴费用一览表

12 岁以上	470 日元
中学生	300 日元
6~12 岁	180 日元
未满 6 岁	80 日元

※购买一张 12 岁以上门票，可免费带两名未满 6 岁者进入

① 坐在番台的老板娘微笑着迎接客人 ② 建筑保持着过去的风貌 ③ 因怀旧情调而经常出现在广告及电视剧中

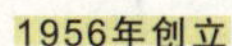

1956年创立

天然温泉 久松汤

时尚的新式浴池

久松汤于2014年进行了改造。改变了一个门帘加一个烟囱的“昭和钱汤”的形象，让钱汤成了一个既时尚又舒适的地方。设有休息厅，还有露天浴池、电疗浴缸以及每月更换的加入迷迭香、柚子等香料的浴池。

MAP 别册 p.8-B1 住 练马区樱台4-32-15 TEL 03-3991-5092 营 周三～下周一 11:00~23:00 休 周二 交 从西武池袋线樱台站北口步行5分钟 CC 不可使用

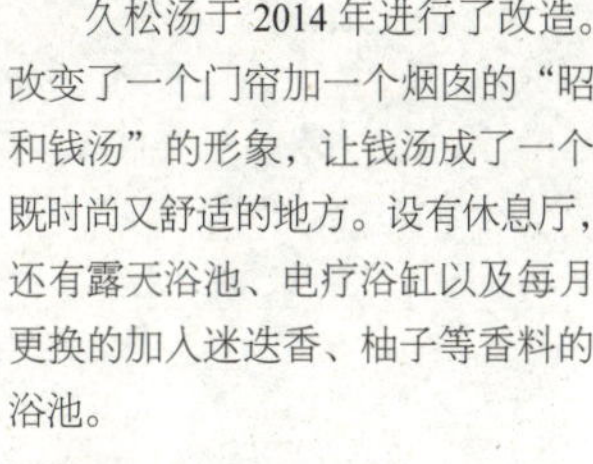

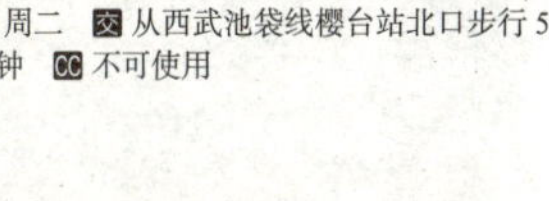

❶ 制造出热水涌出效果的投影映射
❷ 外观也很时尚 ❸ 桑拿室宽敞明亮
❹ 老板风间先生

入浴费用一览表

12岁以上	470日元
中学生	180日元
未满6岁	80日元

钱汤

昭和2年（1927年）创立

宝汤

男浴室内有鲤鱼池 可以在远离喧嚣的氛围中洗浴

男浴室的特别之处是有洁净的走廊及鲤鱼池。浴室中的画为有飞机飞过的富士山，颇具个性。女浴室有带鳉鱼池的中庭，有很好的治愈效果。每逢周三男女浴室互换，女客人也能体验走廊及庭园。

MAP 别册 p.9-B3 住 足立区千住元町27-1 TEL 03-3881-2660 营 15:00~23:30 休 周五 交 从JR北千住站西口乘巴士10分钟 CC 不可使用

入浴费用一览表

12岁以上	470日元
初、高中生	300日元
6~12岁	180日元
未满6岁	80日元

❶ 曾出现在电视剧中的浴室。电视剧与飞机有关，所以墙上的画中在富士山旁边有飞机飞过 ❷ 泡完澡之后可以在走廊上品尝水果牛奶

深受当地居民喜爱的都电（东京都运营的有轨电车）

乘坐东京樱花有轨电车
下町的有轨电车之旅

脆

在商店街品尝极具人气的红生姜天妇罗。口感很脆，略带辣味，非常好吃

“东京樱花有轨电车”是东京仅存的都电。
沿线有很多极具魅力的景点，
可以乘坐都电沿路游览，度过愉快的一天。

东京樱花有轨电车（都电荒川线）是东京现存唯一的都电

“东京樱花有轨电车”（都电荒川线）行驶于三之轮桥与早稻田之间，线路全长12.2公里，全程行驶时间约53分钟。都电曾经有40条线路，现在仅存1条。沿线有很多传统的下町商店街、公园、著名遗址，建议购买一日通票乘车，在中途下车游览。只有一个车厢的都电沿路行驶，与周围的风景融为一体，看上去非常可爱，可以由此感受昭和时代的下町风情。线路旁边种植着玫瑰花及樱花，开花时节会有大量游客前来。

充满昭和风情的商店街

1 Joyful三之轮商店街

位于三之轮桥站附近的商店街，充满了昭和时代的氛围。在400米长的拱廊，排列着副食店及日用品商店等店铺。

推荐 经典线路

1 Joyful三之轮商店街 ▶ 2 三之轮桥站 ▶ 3 三之轮桥纪念馆 ▶ 4 都电纪念广场 ▶ 5 飞鸟山公园 ▶ 6 鬼子母神

都电

划算的一日通票！

如果打算乘坐东京樱花有轨电车，可以购买非常划算的一日通票。

一天之内可以反复乘车，可在三之轮桥纪念馆及都电车内购票。在沿线的一些景点购票时出示该票，可以享受打折优惠。

可以在这里购买车票并获取沿线相关信息！

3 三之轮桥纪念馆

除了出售车票及纪念品，还提供乘车说明、沿线旅游指南。可以买到非常划算的都电一日通票，建议去看一看。

MAP 别册 p.13-A4
住 荒川区南千住 1-12-6
电 03-3816-5700（都营交通客服中心 /9:00~20:00 全年无休）
营 10:00~18:00
休 周二、周三（逢法定节假日时营业）
费 一日乘车通票　成人 400 日元、儿童 200 日元
交 从都电荒川线三之轮桥站步行即至，从地铁三之轮站步行 4 分钟
URL www.kotsu.metro.tokyo.jp/toden

东京樱花有轨电车的始发站

2 三之轮桥站

入选了“关东百站”，浓厚的下町情调很吸引人。站内有三之轮桥纪念馆，很值得一看。

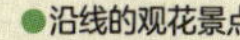
●沿线的观花景点  樱花  玫瑰花

1 2 3

SA 东京樱花有轨电车（都电荒川线）

三之轮桥 — 荒川一中前（Joyful三之轮前） — 荒川区役所前 — 荒川二丁目（结衣森林荒川前） — 荒川七丁目 — 町屋站前

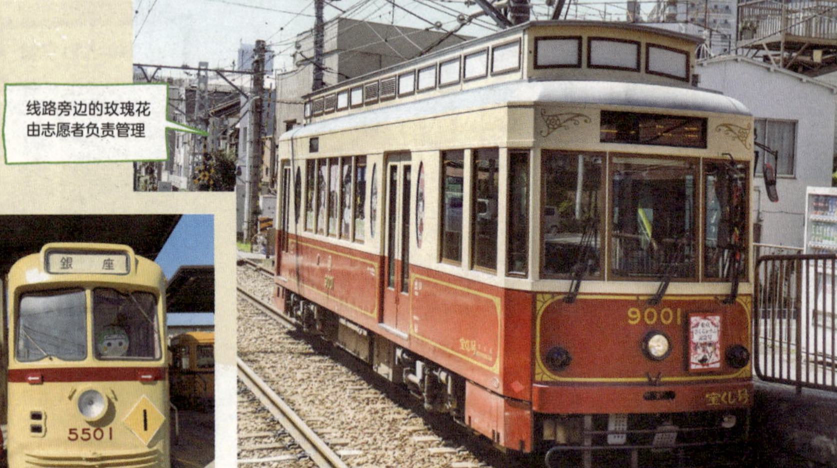

线路旁边的玫瑰花
由志愿者负责管理
9001

銀座
5501

都電おもいで広場

荒川車庫前
7504

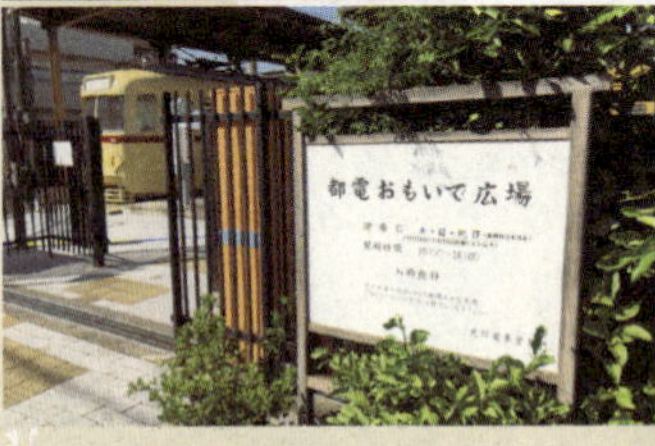

广场上展出着珍贵的旧车厢

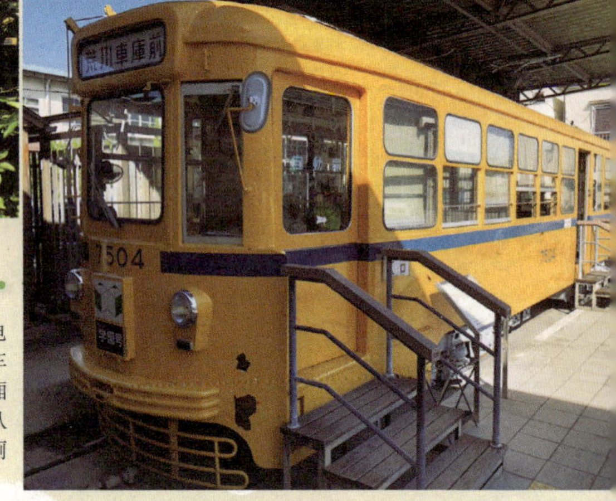

4 都电纪念广场

位于荒川车库前停车场旁边的都电纪念广场上展出着都电全盛时期的旧型车厢，过去的停车场得到完美地再现。车厢内有非常有趣的历史资料及照片，可以从中感受下町的巨大变迁。广场内设有厕所。MAP 别册 p.13-A3

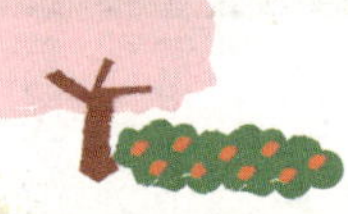

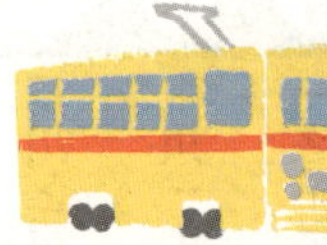

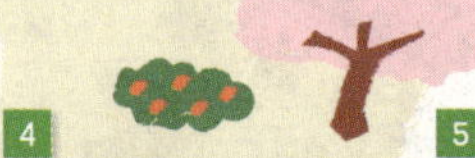

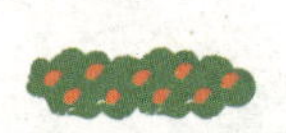

4
5
町屋二丁目
东尾久三丁目
熊野前（东京都立大学荒川校区前）
宫之前
小台
荒川游园地前
荒川车库前
梶原
荣町
王子站前
飞鸟山
泷野川一丁目

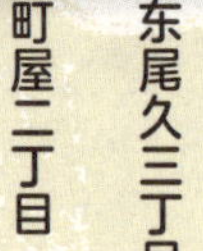

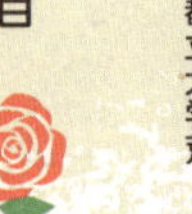

有轨电车行驶在街区之中，与周围的环境融为一体，看上去十分可爱

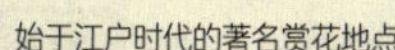

始于江户时代的著名赏花地点

5 飞鸟山公园

东京著名的赏花地点，种植着600多株樱花树。园内可举办文化活动，还有“飞鸟山三家博物馆”，即涩泽史料馆、北区飞鸟山博物馆、纸博物馆也很有人气。DATA p.221

供奉着安产及育儿之神

6 鬼子母神

杂司谷鬼子母神是江户三大鬼子母神之一。始于鬼子母神前都电车站的参道两旁种植着榉树，这些树木也是东京都认定的天然纪念物。DATA p.221

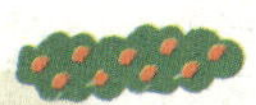

6

西原四丁目 — 新庚申塚 — 庚申塚 — 巢鸭新田 — 大塚站前 — 向原 — 东池袋四丁目（阳光城前） — 都电杂司谷 — 鬼子母神前 — 学习院下 — 面影桥 — 早稻田

乘坐敞篷船探访江户

神田川游船®

从日本桥出发

了解江户时代的城市建设

水都的历史之旅

如果想了解周围遍布河流的水都东京，可以乘坐有导游的河上游船。乘坐神田川游船沿着皇居附近的日本桥、富有情调的神田川以及河面宽阔、有很多桥梁架在河上的隅田川航行，可以看到江户时代的城墙石、空袭造成的火灾遗迹及弹痕、河流遗迹，通过这种方式来了解东京的历史。

从河面上观赏周围的景色，这种感觉非常新鲜。导游会对经过的景点进行详细的讲解，例如有旧铁道省徽章的桥梁以及桥名的由来等，所以乘船时尽量坐在船的前部。

有很多富有个性的桥梁

“在这里办理乘船”

在日本桥旁边办理乘船，然后前往乘船处

神田桥

神田桥的绿色会给人留下深刻的印象。周围是大井町一带的高层写字楼

Start

乘坐游船 NANO1号出发

可乘载40名乘客游船，噪声很小。座椅很软，非常舒适。船内有厕所

学习东京历史的90分钟

锦桥

锦桥的上边是首都高速公路的高架桥，下边是燃气管道专用桥梁

江户城的石墙

组成石墙的石块曾被拆下清洗，但进行复原时却发现无法恢复原样，所以现在看到的石墙有很多缝隙

ROUTE MAP

上野站
浅草寺
东京晴空塔
浅草站
东京晴空塔站
东京巨蛋
水道桥站
圣桥
秋叶原站
万世桥
浅草桥站
隅田川
御茶水站
神田川
两国站
神田站
浅草桥
三越前站
皇居
神田桥
清澄白河站
日本桥川
东京站
日本桥站
隅田川大桥
日本桥乘船处
门前仲町站
N
0
1km

MAP 别册 p.17-B3

住 中央区日本桥1-9先（日本桥川）日本桥乘船处 电 03-5679-7311 营 每天可能不同 休 每月有不同的安排 所需时间 90分钟 费 成人2500日元~，小学生1000日元 交 从地铁三越前站B6出口步行3分钟 CC 不可使用

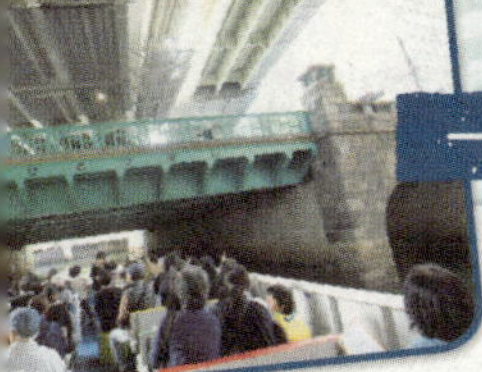

一桥

缓慢通过，头上是首都高速公路

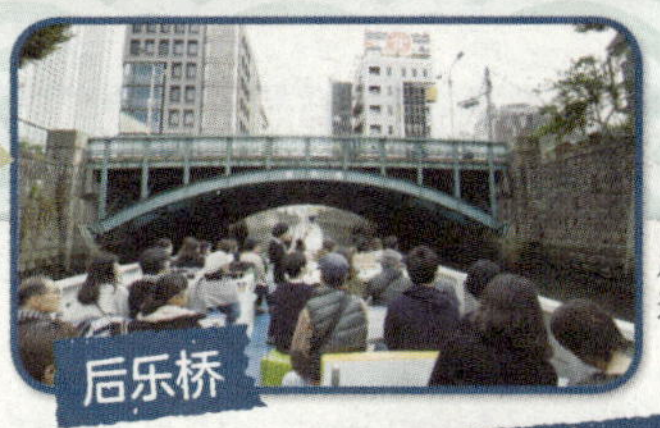

后乐桥

后乐桥的底部及旁边留有弹痕

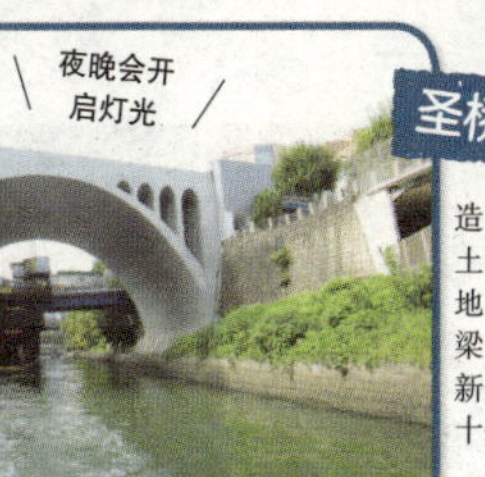

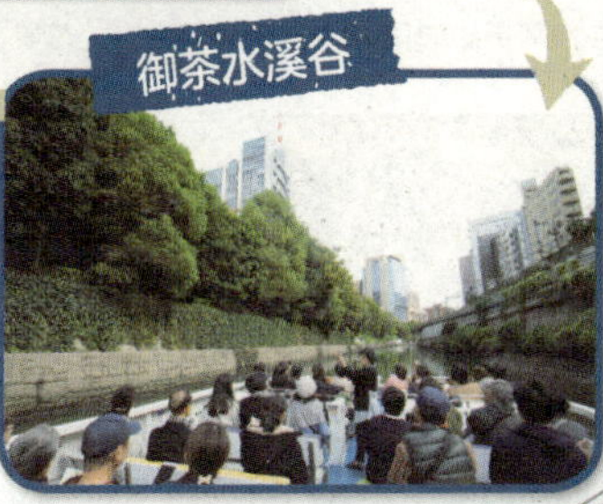

御茶水溪谷

从饭田桥至秋叶原，岸边有很多植物。由仙台藩负责挖掘，所以也被称为仙台堀

圣桥

夜晚会开启灯光

造型很美的混凝土拱桥。关东大地震后重建的桥梁之一。已经重新涂色，看上去十分干净

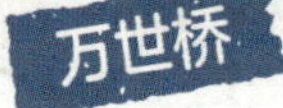

万世桥

万世桥位于秋叶原附近。继续前行不远，有可祈求出人头地的柳森神社，可在船上拜谒

灯笼与红砖建筑充满了怀旧情调

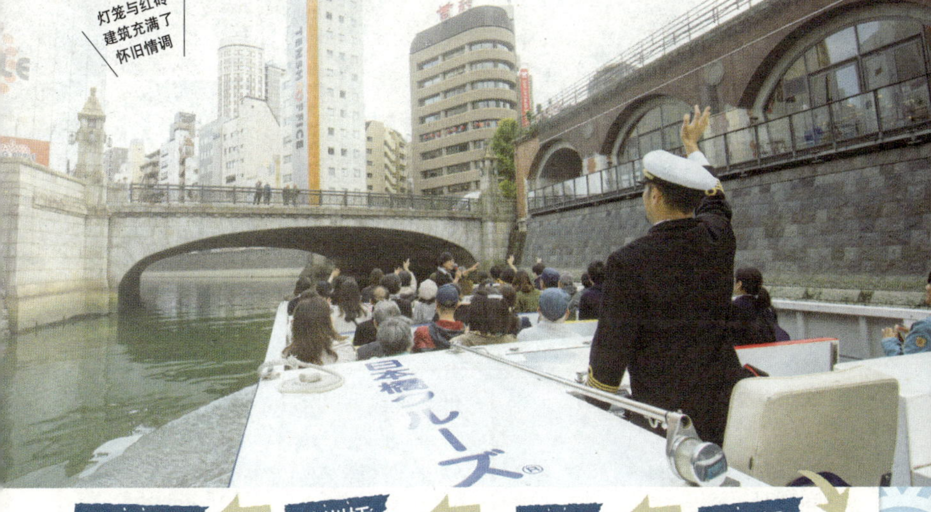

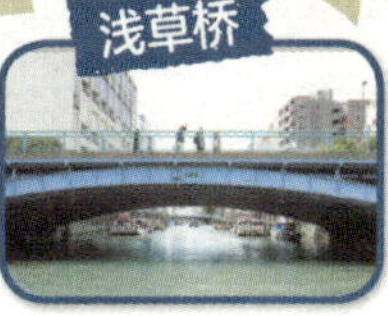

浅草桥

附近有屋形船停泊

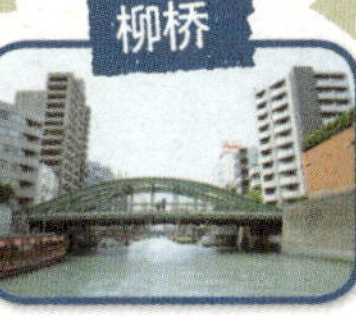

柳桥

过了柳桥就进入隅田川

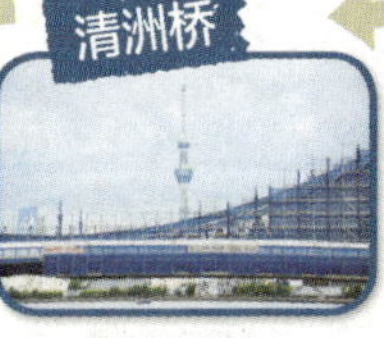

清洲桥

与晴空塔相映成趣

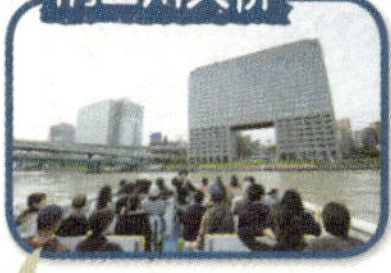

隅田川大桥

水闸及附近的 IBM 大楼是这里的标志

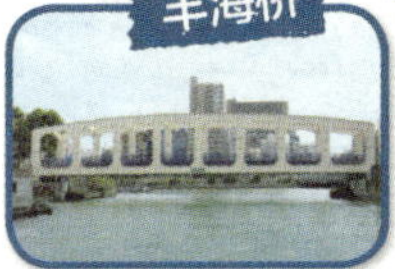

丰海桥

经常出现在影视作品中

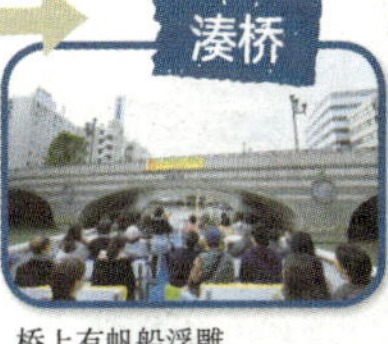

凑桥

桥上有帆船浮雕

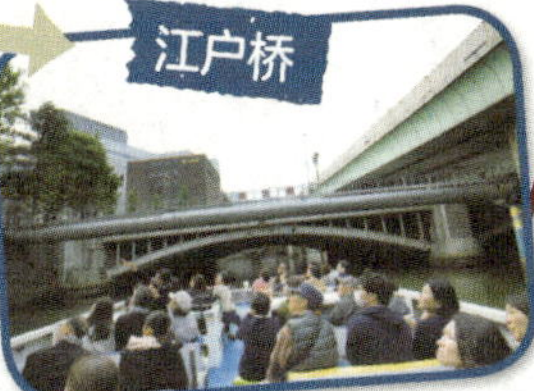

江户桥

日本桥到啦！

Goal

过了东京证券交易所及兜神社就是日本桥

川端康成 · 三岛由纪夫 · 永井荷风 · 江户川乱步 · 池波正太郎 · 森鸥外 · 芥川龙之介

文豪们 喜爱的名店与美食

在文豪会聚的东京，有很多名店，能吃到非常好吃的菜肴。
在回顾历史的同时品尝文豪们喜爱的传统美食。

文豪美食！
炸猪套餐
2900日元（极品）

❶ 肉质松软且味道香甜的炸猪排 ❷ 川端康成的书法作品 ❸❹ 店内宛如资料馆

川端康成

Katsu吉 水道桥店

"Katsu吉 水道桥店"的炸肉排

品尝使用日本国产高级猪肉制作的炸猪排

店内有第一代老板收集的各种古玩及中国的书法作品2000多件，氛围古朴肃穆，颇具古民居的风格。很受欢迎的菲力炸猪排与梅花肉炸猪排，使用产自岩手的高级"岩中豚"。裹上自制的面包屑，用低温炸制，味道鲜美。除此之外，还有该店独创的炸虾排以及应三岛由纪夫的要求而开始制作的以酱油为酱汁的牛排等许多长期以来形成的店内特色菜肴。

川端康成与"Katsu吉"

经过该店客人三岛由纪夫及曾位于日比谷的广东餐馆"山水楼"老板的推荐，川端康成开始到这里吃饭。之后，这家店的老板与川端康成的关系变得非常密切，经常去川端康成家做客。川端康成手书一个"亥"字赠予该店，之后被刻成牌匾挂于店中并保存至今。

MAP 别册 p.35-B3

住 文京区本乡1-4-1全水道会馆大厦B1层 TEL 03-3812-6268 营 11:30~15:30、17:00~22:30，周六 11:30~22:30，周日 · 法定节假日 11:30~22:00 LO 14:30、21:30，周六 21:30，周日 · 法定节假日 21:00 休 无 交 从地铁水道桥站A1出口步行1分钟 CC ADJMV ☀ 1200日元~ ☾ 3000日元~

文豪美食！
鸡肉火锅
1 万日元

❶有4个大小不一的日式雅间及普通的桌椅座位 ❷❸有三种前菜及用来下锅的鸡肉，可以尽情地享受鸡肉的美味

三岛由纪夫

鸟割烹 末源

“鸟割烹 末源”的鸡肉锅

三岛由纪夫
在此吃了最后的晚餐

“鸟割烹 末源”创立于明治 42 年（1909 年）。最著名的菜肴是被称为“Wa”的火锅料理。特点是采用鸡骨已被熬至透明的鸡汤，有浓厚的香味。鸡汤中再加入鸡肉（鸡腿、鸡胸、鸡肝、鸡心等）、鸭肉、特制鸡肉末，然后用火煮熟，吃上一口，满嘴肉香。第一口要用三岛由纪夫喜爱的萝卜泥＋花椒做蘸料，第二口用橙醋做蘸料，第三口可以用自己喜欢的调味料。

MAP 别册 p.15-A3

住 港区新桥 2-15-7 TEL 03-3591-6214 营 11:30~13:30、17:00~22:00 休 周日、法定节假日 交 从 JR 新桥站鸟森口步行 5 分钟 CC ADJMV ☀ 1300 日元~（含税）☽ 套餐 8000 日元~

三岛由纪夫与末源

末源长期以来受到众多名人的青睐。据说战后日本的代表作家、著有《潮骚》《忧国》等作品的三岛由纪夫也曾经常一个人到末源吃饭。1970 年，在他前往位于市谷的自卫队东部方面总监部的前一天晚上，与五名盾之会成员一起在末源吃了鸡肉料理。也就是说，三岛由纪夫选择在这里吃了最后的晚餐。

永井荷风

竹叶亭 总店

“竹叶亭 总店”的鳗鱼

大都市中难得的幽静之处

江户末期创立于新富町的鳗鱼料理店，1924 年迁至现在的地点。来到这里，你会感到时间似乎变慢并且忘记自己身处繁华都市的中心。使用日本国产鳗鱼，调味汁的味道比较清淡。很多老客人选择不加调料的干烤鳗鱼，可以尝到鳗鱼本来的柔和味道。加入浓厚的芝麻调味汁制作的鲷鱼茶泡饭 2000 日元，受欢迎程度仅次于鳗鱼。预订套餐的话，还可以坐在庭园里不多的几个座位。

永井荷风与『竹叶亭』

永井荷风从 1917 年 9 月 16 日到去世前一天的 1959 年 4 月 29 日都写日记（《断肠亭日乘》），日记中经常提到这家店。例如『……晚上又去了银座，在竹叶亭吃了饭』。由此我们可以知道，永井荷风非常喜欢这家店。

MAP 别册 p.20-C2

住 中央区银座 8-14-7 TEL 03-3542-0789
营 11:30~15:00、16:30~21:00 LO 14:30、20:00
休 周日、法定节假日 交 从地铁东银座站 4 号出口步行 7 分钟 CC ADJMV 午 2700 日元～ 晚 2700 日元～

❶在桌椅席用餐无须预约 ❷坚守着传统的第六代老板娘 ❸庭园保持着大正时期的样子 ❹鳗鱼的皮很香、肉很松软，味道给人感觉很有格调。还有用鳗鱼肝做的汤以及咸菜

❶❸ 乱步非常喜欢的天丼，用玉米油炸制的江户前海鳗与虾量很足 ❷❹ 店内展示着许多与江户川乱步等文豪有关的物品

MAP 别册 p.35-C4

住 千代田区神田神保町 1-19 电 03-3291-6222 营 11:00~21:00 休 周一 交 从地铁神保町站 A7 出口步行 3 分钟 CC AJMV（消费 5000 日元以上） ☀ 800 日元～ ☽ 1000 日元～

请尝一尝我们的秘方调味汁

江户川乱步

钵卷

“钵卷”的天妇罗

江户前大海鳗又蓬松又脆
量很大的天丼

天妇罗店“钵卷”创立于 1931 年。最初为荒地上的路边摊，1945 年在现在的地点开店，历史悠久。虽然是“老店”，也是“有文豪光顾的名店”，但是店内氛围却比较轻松随意。

使用黏稠且不易引起烧心感的玉米油，可以把海鳗和虾炸得像开放的花朵。用八方汁及味醂（一种类似米酒的调味料）按照秘传的比例调制成甜味酱汁，但“钵卷”的独特做法是，不把酱汁浇到米饭上，而是浇到天妇罗上。正是这种美味把江户川乱步牢牢地吸引住了。

江户川乱步与『钵卷』

从 1945 年开始，每月 27 日，东京作家俱乐部都要举行被称为『二十七会』的聚会。当时的会员包括井伏鳟二、吉川英治以及江户川乱步等大作家。乱步会把海鳗天妇罗放到米饭之上，然后浇上大量的调味汁，每次吃饭的最后他都要吃这道料理。

文豪美食！
千代田膳
5500日元

❶ 千代田膳中有池波正太郎喜爱的白玉红豆粥　❷❹❺ 店内的书画作品也很值得欣赏　❸ 第二代老板传承了正宗的味道

池波正太郎

花房

“花房”的千代田膳

池波正太郎喜爱的生对虾炸真丈与白玉红豆粥

创立于1964年，池波正太郎从这家店开业起就经常光顾这里。这里的著名美食是千代田膳。在店里开发新菜品的时候，池波正太郎根据当时的地名“千代田村”赋予这道菜能够永远受人喜欢的寓意，起了千代田膳的名字。

随着季节变换，千代田膳的食材也会改变，不过全年都能品尝到池波正太郎喜爱的甜味白玉红豆粥。另外，生对虾炸真丈（真丈，也叫海鲜山药丸子，用鸡肉泥、鱼肉泥、虾肉泥等混以薯类、蛋清制成的胶状食物）也是池波正太郎发明的一道菜。池波正太郎爱饮酒，也是一位美食家，来到这家店，客人可以品尝到他曾经非常喜爱的味道。

MAP 别册 p.24-C1

住 千代田区外神田6-15-5 TEL 03-3832-5387 营 11:30~14:30、17:30~22:00（周六~20:00） LO 14:00、21:00 休 周日、法定节假日 交 从地铁末广町站4号出口步行2分钟 CC ADJMV ☀ 1500日元~ ☽ 5500日元~

池波正太郎与『花房』

有一次，小说家池波正太郎在神田散步时感到口渴，于是掀开了这家店的门帘，这是他第一次来到『花房』，从此便与这家店结下了不解之缘。据说还推出过池波喜爱的梅龙瓜拌豆腐。在店铺的纸袋及包装纸上还能欣赏到池波为这里创作的书画作品。

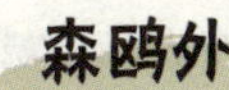

森鸥外

❶除了日式座位，还有西式桌椅座位的雅间 ❷将三河一色产的品牌鳗鱼用熟练的技术烤制成美味

文豪美食！
鳗鱼饭
3300 日元～

伊豆荣 总店

“伊豆荣 总店”的鳗鱼

文豪喜爱的极品鳗鱼饭

自江户时代中期创立以来，一直制作鳗鱼料理。用肉厚味美的三河鳗加以 300 年传承的秘方调味汁烤制而成。打开食盒盖子时会感到眼前一亮，这种视觉上的美感也是品尝这家店的鳗鱼饭时的一大乐趣。

森鸥外与“伊豆荣”

深受谷崎润一郎、池波正太郎等文豪喜爱的料理店。森鸥外不仅经常光顾这里，而且在他的小说《雁》等作品中，伊豆荣也多次登场，可见森鸥外对这里的喜爱程度。

MAP 别册 p.24-B1

住 台东区上野 2-12-22 TEL 03-3831-0954 营 11:30~15:00、17:00~21:00 LO 14:30、20:30 休 新年前后 交 从地铁上野广小路站 A3 出口步行 3 分钟 CC ADJMV 昼 2200 日元～ 夜 2200 日元～

芥川龙之介

浅野屋

“浅野屋”的天妇罗荞麦面

身为火车迷的老板经营的深受当地人喜爱的荞面面馆

创立于 1916 年，现在的老板继承了“浅野屋”的店名，继续经营这家历史悠久的面馆。老板是一个火车迷，可以跟他谈论有关火车的话题。除了荞麦面，还有盖饭可供选择。

MAP 别册 p.13-A3

住 北区田端 6-4-1 TEL 03-3821-1107 营 11:00~15:30、17:00~20:00 休 周日、法定节假日 交 从 JR 田端站北口步行 5 分钟 CC 不可使用 昼 1000 日元～ 夜 1000 日元～

芥川龙之介与“浅野屋”

大正至昭和时期，东京的田端成了当时的文士村。在田端居住了 13 年之久的芥川龙之介以及其他文学家、艺术家经常光顾“浅野屋”。

文豪美食！
天妇罗荞麦面
900 日元（含税）

❶❷摆放着火车相关物件的角落 ❸位于高地道路旁 ❹天妇罗荞麦面，浓厚味美的汤汁用鲣鱼熬制

在东京站及羽田机场购物

值得推荐的东京伴手礼 10种

Noix
（1层）

核桃曲奇萨莱

包裹上焦糖的核桃与充满黄油香味的曲奇，构成独特的口感。6块装972日元（含税）

年轮家
（1层）

Mount baum 确芽

使用黄油风味浓厚的蛋糕坯烤制而成，外层味道香甜，里层味道淡雅。1个1620日元（含税）

森幸四郎
（1层）

森幸四郎的铜锣烧

使用了大量蛋黄并精选了北海道产红小豆及和三盆砂糖制作。5个装1296日元（含税）

青山乳酪
（地下层）

大丸东京店
限定销售

Fromage blanc

加入了白巧克力的乳酪曲奇，口感很脆，入口即化。10块装1080日元（含税）

驹込中里
（地下层）

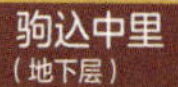

扬最中与南蛮烧

用芝麻油炸制的扬最中与用冲绳产黑糖制作的南蛮烧套装。小盒1340日元（含税）

日本规模最大的商场食品区之一

大丸东京店

与东京站相通的百货商场。在地下层、1层的食品区“脸颊城”，有种类繁多的甜品，很适合作为伴手礼。精选的甜品也很受欢迎。

MAP 别册 p.16-B2

住 千代田区丸之内1-9-1 電 03-3212-8011 营 10:00~20:00（营业日、营业时间都可能有变化）休 无 交 从JR东京站八重洲北口即至 CC ADJMV

可在大丸东京店及羽田机场买到的人气甜品。有老店的著名甜品，也有在其他地方买不到的限定商品，可从中挑选东京伴手礼。

三本咖啡 ×La maison 白金
（Pier 1）

羽田机场限定销售

咖啡巧克力夹心饼

在粗磨咖啡中加入比利时产糖皮巧克力的夹心曲奇。6 块装 1290 日元（含税）

西光亭
（Pier 1，东京食宾馆 钟楼 1 号前）

羽田机场限定销售

核桃曲奇（羽田机场限定包装）

加有糖粉的曲奇，吃起来有爽口之感。包装盒以羽田机场出发大厅为图案。12 个装 1296 日元（含税）

N.Y.C. SAND（东京食宾馆 E 门前、东京食宾馆钟楼 3 号前、SMILE TOKYO）

羽田机场限定销售

N.Y. 焦糖夹心饼（羽田机场限定包装）

糖皮巧克力包裹的味道浓厚的焦糖与曲奇相得益彰。4 块装 540 日元（含税）

资生堂甜品店
（东京食宾馆 E 门前、东京食宾馆钟楼 1 号前）

羽田机场限定销售

乳酪曲奇（抹茶）

羽田机场限定口味，抹茶的风味与乳酪的完美组合。3 块装 999 日元（含税）

可在登机前购买

羽田机场

羽田机场第一、第二航站楼的出发大厅内有很多非常受欢迎的伴手礼店。许多东京著名店铺还特意准备了羽田机场限定商品，乘坐日本国内航班的旅客一定要去看一看。

MAP 别册 p.11-C3 住 大田区羽田机场 电 Pier 1 03-5757-8131 Pier 4 03-5757-8134 东京食宾馆 E 门前 03-5757-8133 东京食宾馆钟楼 1 号前 03-6428-8713 东京食宾馆钟楼 3 号前 03-6428-8716 SMILE TOKYO 03-6428-8725 营 各店铺不同 休 无 交 从京急线羽田机场第一·第二航站楼站，东京单轨电车羽田机场第一航站楼站、第二航站楼站即至 CC 各店铺不同

羽田机场 × 北原 Collection
（Pier 4、SMILE TOKYO）

羽田机场限定销售

HANEDA Airport Toys Sweets Can

有蛋黄酱豆及抹茶牛奶豆等不同口味。共 9 种，每种 540 日元（含税）

历史建筑随处可见

明治时期的车站成了充满情趣的创新空间

"旧万世桥"遗址的再利用

mAAch ecute 神田万世桥

过去，在中央线神田站与御茶水站之间有一个"万世桥站"。建成于明治 45 年（1912 年）的万世桥高架桥为红砖建筑，现在已经成为商业设施，有咖啡馆及商铺。登上具有历史感的阶梯，可以来到由过去的站台改建而成的观景平台，在闲逛的同时能够欣赏到一百年前工匠们的高超建筑技术。

MAP 别册 p.32-C2
住 千代田区神田须田町 1-25-4
TEL 03-3257-8910（总机）
营 各店铺不同
休 不定期
交 从地铁神田站 6 号出口步行 3 分钟

01 旧万世桥站时期的站台已成为观景平台

2013 站台

由车站建成时修建的站台改建成的观景平台。周围有玻璃幕墙的观景平台，旁边就是中央线的线路，可以近距离看见电车从两侧通过。上行电车与下行电车同时经过的场景十分震撼。

02 中央线电车从两侧通过！十分特别的餐厅

白金鱼

位于观景平台的咖啡餐厅。可以看着经过的电车，品尝以鱼为主的各种美味。

TEL 03-6206-8455
营 11:00~23:00，周日、法定节假日 ~21:00
LO 22:00，周日、法定节假日 20:00
CC ADJMV

老建筑中的一道道拱门

连接各个店铺长约150米的走廊上有一道道拱门，是很好的拍照地点。利用旧车站建筑改建而成。

2F 1F 神田川 北走廊 南走廊

N12 N11 N10 N9 N8 N7 N6 N5 N4 N3 N2 N1

S10 S9 S8 S7 S6 S5 S4 S3 S2 S1

保持着建成时的原貌

03 1912 阶梯

从建成时就有的阶梯。结构部分使用了石材，表面是由手艺高超的工匠铺成的瓷砖。

交通博物馆开设时修建的

04 1935 阶梯

铁道博物馆修建新馆时，在1935年修建的阶梯。阶梯表面为水泥。

观赏眼前的神田川与万世桥

05 露天平台

位于建筑北面、面向神田川的细长露天平台。能近距离地观赏万世桥。

有很多极富个性的店铺

商店区

有出售杂货及室内陈设品的生活商店及由侍酒师精选商品的葡萄酒店等店铺，对时尚感兴趣的游客不容错过。

天然宝石与淡水珍珠的首饰

06 neufnoi by Atelier03

材料的质感与手工制作的温度感相融合的首饰在各个年龄层中都很受欢迎。不仅适合日常佩戴，也可作为出席特别活动时的装饰。

TEL 03-6821-0255
营 11:00~20:00
CC ADJMV

餐馆与咖啡馆

有主打骏河湾海鲜的餐馆、使用山形产食材的咖啡馆以及提供10多种炸鸡块的餐馆等众多深受好评的店铺，一个人用餐或多人聚餐都很合适。

使用极品咖啡豆

07 蓝瓶子咖啡 神田万世桥咖啡

从世界各地精选新鲜的咖啡豆，根据不同的种类采用适合的方法进行烘焙。服务生会为客人精心地冲泡每一杯咖啡。

营 8:00~19:00，周六、周日、法定节假日 9:00~19:30
CC ADJMV

啤酒种类丰富

08 常陆野 Brewing lab

可以品尝到多次获奖的精酿啤酒及使用常陆野的食材制作的料理。有厂家直送的Nest beer等10余种精酿啤酒。

TEL 03-3254-3434
营 11:00~23:00，周日、法定节假日 ~21:00 LO 22:30，周日、法定节假日 20:30
CC ADJMV

美丽的夜景与地标建筑尽收眼底！

免费的 观景点 7 个

写字楼与商业设施林立，夜晚的东京灯火辉煌。
在免费的观景点尽情地观赏绚烂的夜景。

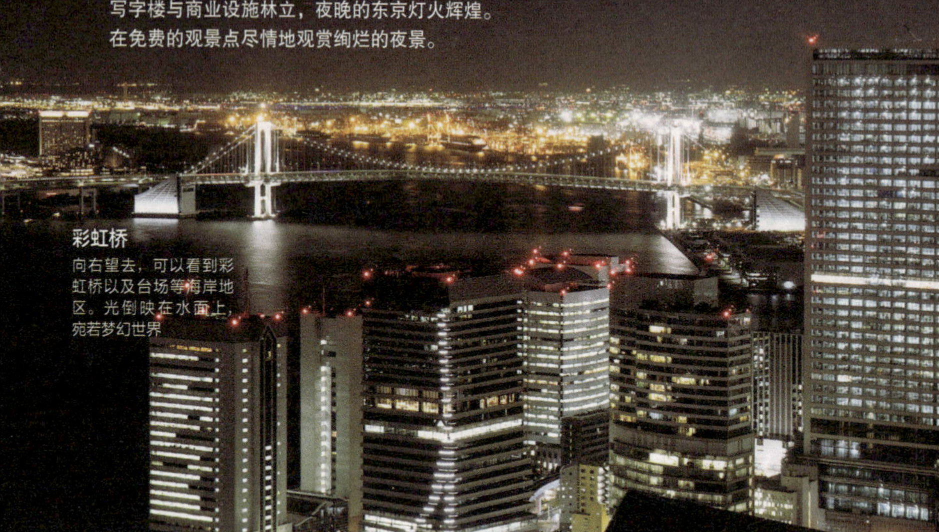

彩虹桥
向右望去，可以看到彩虹桥以及台场等海岸地区。光倒映在水面上，宛若梦幻世界

从 200 米高空
俯瞰海岸地区

Caretta 汐留 SKY VIEW

MAP 别册 p.22-A1
住 港区东新桥 1-8-2 汐留海龟大楼 46 层 电 03-6218-2100 营 11:00~23:00 休 无 交 从地铁汐留站 6 号出口步行即至

汐留海龟大楼 46 层与 47 层的空中餐厅内设有观景区。乘坐从地下 2 层直通 46 层的电梯来到观景区，海岸地区的景色立即透过玻璃窗映入眼帘。电梯墙壁透明，乘电梯上楼的过程中可以观赏丸之内方向的风景。太阳刚刚落下之后，夜幕便开始降临，大楼里及街上的灯光变得明亮起来，这一切让人感觉如同置身幻境一般。夜幕降临之前，从上空观看筑地市场及滨离宫恩赐庭园也是一道不错的风景。餐馆一侧有不同的景观，可以预约窗边座位，一边吃晚饭一边观赏夜景，在这里度过美好的时光（→ p.273）。

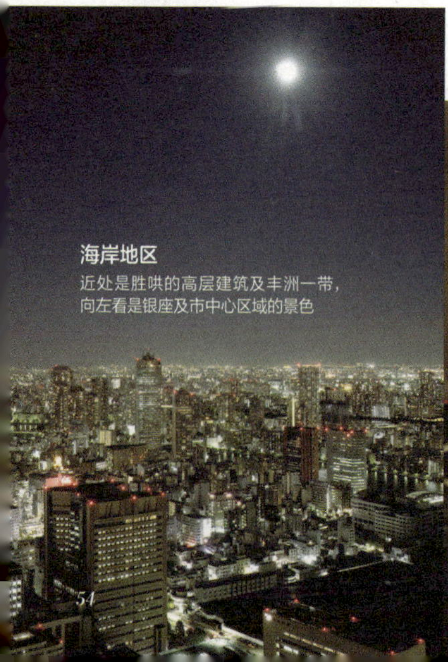

海岸地区
近处是胜哄的高层建筑及丰洲一带，向左看是银座及市中心区域的景色

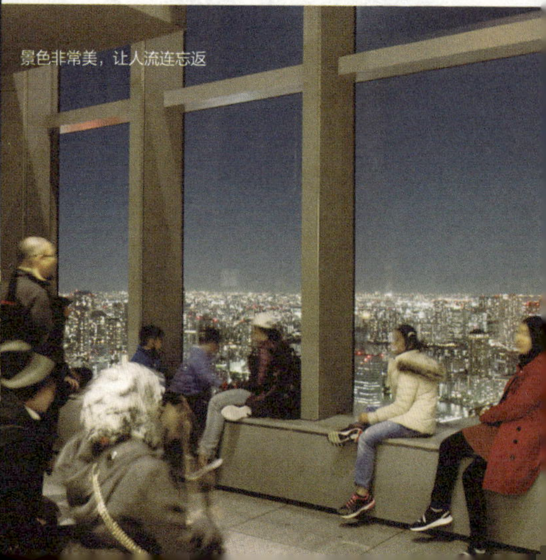

景色非常美，让人流连忘返

东京站 站内灯火辉煌，加上旁边的高层建筑的灯光以及站前过往汽车的灯光、电车线路上的灯光，形成了壮观的夜景

跃动的丸之内夜景

KITTE花园

MAP 别册 p.16-B1

电 千代田区丸之内 2-7-2 KITTE 6 层 住 03-3216-2811 营 11:00~23:00（周日、法定节假日 11:00~22:00） 休 1/1 与法定检修日 交 从 JR 东京站丸之内南口步行 1 分钟

位于日本邮政公司的商业设施“KITTE”屋顶的庭园。有大量的绿色植物，地面上铺着木板，白天来到这里，会感到十分安静，完全不像是在大都市的中心。到了晚上，可以近距离观赏亮起灯光的东京站，景色非常迷人。周围现代化的建筑与历史悠久的车站相映成趣，构成了一道特别的景观。

晴空塔
东边的区域有从底部到顶端都亮起灯光的东京晴空塔以及朝日大厦等建筑

外国人也很喜爱的日本景观

浅草文化观光中心 观景台

位于雷门对面的浅草地区旅游服务中心屋顶上的观景台。1 层为咨询台及外汇兑换处，有很多外国游客。最上层的观景台是一个开放空间，周围是玻璃幕墙围栏，视野开阔。除了可以清晰地看见东京晴空塔，还可以观赏浅草寺及与山门相连的仲见世路的夜景，是一个不可多得的观景点（→ p.160）。

MAP 别册 p.26-B2

住 台东区雷门 2-18-9 浅草文化观光中心 8 层 电 03-3842-5566 营 9:00~20:00（观景台 ~22:00） 休 无 交 从地铁浅草站 2 号出口步行 1 分钟

浅草寺
东京历史最悠久的寺院浅草寺就在附近。仲见世路上灯火通明

观景台内设有咖啡馆，可以坐下来小憩

从距地面 202 米处俯瞰新宿的著名景点

东京都厅观景台

都内的公园、屋顶上的森林

右侧远处可见的是明治神宫内的树林，很多建筑的屋顶都进行了绿化，所以绿色很多，让人都不敢相信这是大都市的中心

距离新宿站很近的东京都厅第一办公楼 45 层为对外免费开放的观景台。分为南观景区与北观景区。如果要观赏东南方向的东京塔、六本木 Hills 等市中心建筑群以及明治神宫内的树林，则南观景区更加适宜。自 2020 年 1 月，北观景区进行了整修，去除了北观景区背面的餐厅，另外，还要在西侧修建可观赏富士山的平台，所以之后从北观景区也能够看到东南方向的景色了。

MAP 别册 p.38-B1

住 新宿区西新宿 2-8-1　东京都厅第一办公楼 45 层　TEL 03-5320-7890
营 9:30~23:00（入场截至 22:30）休 每月第 2 · 第 4 个周一（北）、每月第 1 · 第 3 个周二（南），办公大楼检修日　交 从地铁都厅前站 E1 出口步行 1 分钟

新宿的摩天大楼

仿佛伸手就能触碰到灯火辉煌的新宿公园塔大楼（左）以及东京歌剧城塔大楼（右）

市中心著名景点映入眼帘

惠比寿花园广场塔大楼观景台

所处地势较高，周围没有什么遮挡，可以远眺东京塔、首都高速路、六本木 Hills、彩虹桥等东京著名景点。有了东京塔与晴空塔的点缀，整个风景更加壮观。从 167 米高的大楼上看到的景色，很适合拍成精美的照片。

东京塔

观景台正对着灯火通明的东京塔。左侧还能看见晴空塔的身姿

MAP 别册 p.47-B2
住 涩谷区惠比寿 4-20 惠比寿花园广场塔大楼 38 层
电 03-5423-7111
营 11:00~23:30
休 法定检修日
交 从 JR 惠比寿站东口沿天桥步行 5 分钟

东京塔与晴空塔

世田谷区最好的观景地点之一，面向市中心一侧，可以同时看见东京塔与晴空塔

在三茶地区的地标建筑上观赏美景

天空胡萝卜大楼观景台

2017 年进行了整修并重新开业，从观景台可以远眺市中心地区。除了现代化的城市风景，还能看见保持着昭和情调的餐饮街、西侧的东急世田谷线电车以及世田谷住宅街区等老东京的风景。

MAP 别册 p.10-A1
住 世田谷区太子堂 4-1-1 胡萝卜塔大楼 26 层 电 03-5430-1185 营 9:30~23:00 [截至 2020 年 7 月，观景台营业至 20:00。咖啡馆停业。餐馆 ~21:00（LO 20:00）根据具体情况，有时会缩短营业时间] 休 每月第 2 个周三 交 与东急世田谷线三轩茶屋站直接相通

观赏整个街区的风景

文京市民中心观景台

可以从距地面 105 米的观景台上观赏街区的全景，可以看到小石川植物园、上野公园以及东京大学等位于市中心地区的著名大学。夜晚，可以从观景餐厅观赏东京巨蛋城的灯光，非常漂亮。

MAP 别册 p.35-A3
住 文京区春日 1-16-21 电 03-5803-1162 营 9:00~20:30
休 新年前后、5 月的第 3 个周日 交 从地铁后乐园站 4b 出口步行 1 分钟

新宿副都心的高层建筑群

在晴朗的日子，能看见大楼背后的富士山

晴空塔

没有遮挡视线的建筑，所以能看见晴空塔完整的身姿

Café 红鹿舍的
比萨吐司 ▶p.60

三定的
天妇罗 ▶p.62

银座吉田的 ▶p.63
可乐饼荞麦面

探寻各种美食发源地

非常期待！东京起源的美食

从东京被推广至日本全国的美食多得数不过来。如果了解了美食诞生的故事，品尝时也会别有一番滋味。

炼瓦亭的 ▶p.63
炸猪排饭

你好 总店的 ▶p.62
羽根煎饺子

鸡肉料理 玉秀的
亲子丼 ▶p.61

银座瑞士的
炸猪排咖喱饭 ▶p.61

文字烧店聚集的月岛地区历史最久的店铺，经常出现顾客排队的情况

月岛

文字烧 近堂

1950年创立，第一代女老板开创的文字烧制作方法被传承至今。调味汁与基本的食材都保持着最初的配方，有经典的品种，也有改良的品种，总数超过60种。除了主营的文字烧，还有什锦烧及铁板烧，如果不善于自己动手烧烤，店员可以代劳。对面还有2号店，晚上和周末客人非常多。

MAP 别册 p.23-A4
住 中央区月岛 3-12-10 TEL 03-3533-4555
营 17:00~22:00 周六 · 周日 · 法定节假日 11:30~
LO 21:30 休 无 交 从地铁月岛站 10 号出口步行 3 分钟 CC ADJMV ☀ 1000 日元～
☾ 2000 日元～

点餐率 No.1 的乳酪明太子文字烧 1500 日元

文字烧 近堂的文字烧

元祖

起源History

第一代老板原本经营着驮果子（粗点心）店，附近的小孩都到这里买 5 日元一个的文字烧吃，月岛文字烧店就这样诞生了。这家店在月岛地区的文字烧店中，历史最久，而且保持着最初的味道。

我来教你

\好吃/ 文字烧的做法

制作底圈

1 加油后放入辅料稍微炒一下，制作一个底圈。

将面糊倒入底圈中

2 搅拌面糊，小心地将面糊倒入底圈中。

在铁板上搅拌面糊

3 不时用铲子对面糊进行搅拌，等待面糊冒出气泡。

把辅料混入面糊中

4 用铲子切碎辅料，然后将其混入面糊中并搅拌均匀。

摊平

5 将面糊与辅料摊成饼状，然后撒上调味用的乳酪。

完成

6 从一端开始，用小铲子一点一点地铲起来吃。

❶ 昭和情调的咖啡馆 ❷ 陈设古朴，安静舒适 ❸ 食材使用恰到好处的美味比萨吐司 1000 日元（含税）

亮点在这里！

富有弹性的面包与极具存在感的乳酪相得益彰。

咖啡馆的必备美食
比萨吐司诞生的店铺

有乐町

café 红鹿舍

为了能够让客人以更简单的方式吃到比萨，这家店在日本首个推出了比萨吐司。至今仍是这里极受欢迎的一道美食，松软厚重的面包片上是分量很足的乳酪与辅料，味道非常浓厚。用高温烤箱烤制，烘烤过程中不断调节温度，口感外焦里嫩。这里还会应常客的要求来进行制作，所以餐食的种类不断增加，现在已有 240 多种。

MAP 别册 p.20-A1
住 千代田区有乐町 1-6-8 松井大厦 1 层 电 03-3502-0848 营 9:30~23:45，周六、周日、法定节假日 9:00~ LO 饮料 23:30，食物 23:00 休 无 交 从地铁日比谷站 A4 出口步行 1 分钟 CC 不可使用 ☼ 1000 日元～ ☽ 1500 日元～

用虹吸壶制作的咖啡端上桌后再倒入客人的杯子里

起源 History

创始人的妻子特别喜欢吃意大利餐馆的比萨，所以他就发明了这道美食。用面包代替面饼，经过反复试验，最终获得成功。

完全保留了鸡肉鲜美味道的
高级亲子丼

日本桥

鸡肉料理 玉秀

亮点在这里！

创立于宝历10年（1760年），最初为军鸡锅店。之后一直制作鸡肉料理。可以在这里品尝到过去将军享用的美味。

有着260年历史的鸡肉料理店。揭开碗盖后，香气扑鼻，煮制得非常酥软的鸡肉与富有弹性的鸡蛋会让人食欲大增。除了传统的亲子丼，还有使用东京军鸡的熟成肉制作的新式亲子丼。因为已经完全熟悉了鸡肉的特性，所以才能不断推陈出新。

元祖 亲子丼

①③ 江户时代开始一直坐落于人形町 ② 亲子丼种类丰富

MAP p.18-A1
住 中央区日本桥人形町1-17-10
TEL 03-3668-7651 营 11:15~13:45、17:00~21:30 LO 13:45、20:30 休 不定期 交 从地铁人形町站A2出口步行2分钟
CC ADJMV（午餐不可使用）
☀ 1400日元～ ☽ 7500日元～

起源 History

最初店里制作的是亲子煮，在军鸡锅内放入鸡蛋作为最后的食材，为了让第五代老板的妻子更喜欢吃这道菜，就改成了在米饭上加鸡肉与鸡蛋的亲子丼。

炸猪排咖喱饭是巨人棒球俱乐部的队员想出来的组合

银座

银座瑞士

元祖 炸猪排咖喱饭

创立于1947年的西餐厅。除了咖喱饭，蟹肉奶油可乐饼、牛肉可乐饼也很受欢迎。"元祖炸猪排咖喱饭"是为了那些吃不完普通咖喱饭的客人准备的，使用了60克猪肉。午餐时间选择吃咖喱饭会比较划算。

MAP p.20-A2
住 中央区银座3-5-16 TEL 03-3563-3206 营 11:00~21:00（周日、法定节假日10:30~）LO 20:30 休 不定期 交 从地铁银座站A13出口步行2分钟 CC AJMV ☀ 1300日元~ ☽ 2000日元～

亮点在这里！

一个盘子里有120克猪肉，还有米饭及蔬菜。

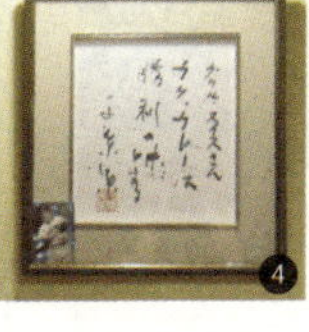

①"千叶先生的炸猪排咖喱饭"1700日元 ②③⑤ 昭和情调的餐馆 ④ 店内有千叶先生的签名

起源 History

巨人棒球俱乐部的千叶茂经常在训练结束后及比赛之前来这里吃饭。他把自己喜欢吃的菜品组合在一起，就形成了炸猪排咖喱饭。炸猪排在日语中与"胜利"谐音，所以千叶茂特别喜欢吃。

❶有打包外卖的天妇罗 ❷除了日式座位，还有桌椅座位 ❸花炸馒头 200 日元 ❹虾与牡蛎或白身鱼的上天丼 1950 日元

天妇罗 元祖

口感柔和的
江户前天妇罗

三定

浅草

亮点在这里！

江户前天妇罗用芝麻油炸制，食用时加入传统的天妇罗酱汁。

现存历史最久的天妇罗店。把用大虾及牡蛎炸成的天妇罗放入天丼酱汁中入味，然后取出放到米饭上，可以说天丼就是平民的奢华美食。用灵岸岛梅花亭的馒头（一种日式甜点）制作的花炸馒头也是这里的著名美食。

MAP 别册 p.26-B2

住 台东区浅草 1-2-2　电 03-3841-3200　营 需问询　LO 需问询　休 每年两次　交 从地铁浅草站 1 号出口步行 1 分钟　CC ADJMV　☀ 1560 日元～　☾ 1560 日元～

起源 History

天保 8 年（1838 年），从三河（现在的爱知县东部）来到江户卖鸡蛋的第一代老板定吉开办了餐饮店，将江户近海的小鱼裹上面糊用油炸，制成天妇罗，深受客人喜爱。不过天丼源自何时目前尚不清楚。

亮点在这里！

为了能够更好地品尝味道，没有使用大蒜。

❶羽根煎饺子 5 个 300 日元 ❷东京都内共有 11 家店铺 ❸每天光煎饺子就要做 12000 个 ❹总店内有 20 个座位。附近有一家面积很大的分店

蒲田是东京著名的饺子店汇集地，
日本的羽根煎饺子就诞生在这里

你好 总店

蒲田

公司创始人、现任董事长独创的羽根煎饺子非常受客人欢迎。为不让蔬菜的水分流失，在制作饺子馅的时候，完全使用刀来剁菜。公司自己加工的猪肉馅，瘦肉与肥肉配比合适，包出的饺子肉汁浓厚。饺子馅里还加入了用鸡架与猪骨熬制的高汤来调味，建议第一口品尝时不要蘸任何调料。

MAP 别册 p.10-C2

住 大田区蒲田 4-24-14　电 03-3735-6799　营 11:30~22:00　休 不定期　交 从京滨急行机场线 · 本线京急蒲田站西口步行 3 分钟　CC MV　☀ 700 日元～　☾ 1500 日元～

起源 History

公司的董事长出生在中国并在中国长大，从大连的水煎包得到灵感，独创了自己的羽根煎饺子。

以可乐饼荞麦面闻名的
银座老店

银座吉田

银座

1885年在银座创立以来，一直都受到喜爱荞麦面的客人们的青睐。极受欢迎的可乐饼荞麦面，与名称完全不同，是一种加入鸡真丈的荞麦面。晚上，还有鱼糕刺身及玉子烧等种类丰富的下酒菜，可以小酌几杯，再来上一碗荞麦面。

MAP 别册 p.20-B1
住 中央区银座6-4-12 KN大厦2层 TEL 03-6264-5215 营 11:30~15:00、17:00~22:00，周六、法定节假日 ~21:00 LO 14:30、21:30，周六、法定节假日20:30 休 周日 交 从地铁银座站C3出口步行3分钟 CC ADJMV ☀ 1000日元~ ☽ 3000日元~

元祖 可乐饼荞麦面

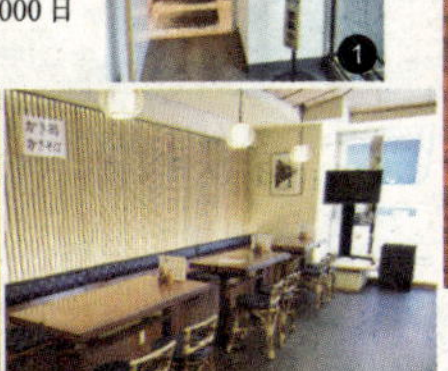

起源 History

追求新潮的第一代老板娘参考当时非常流行的可乐饼，将鸡真丈放在荞麦面上，所谓的可乐饼荞麦面由此诞生。

❶2016年迁移至此 ❷❸店内有日式座位及桌椅式座位 ❹可乐饼荞麦面1100日元。用鲣鱼熬制的浓厚酱汁中加入了柚子，让味道更加可口

历史超过125年
有许多原创西餐菜品

炼瓦亭

银座

❶池波正太郎曾经常光顾 ❷产生于明治时期的蛋包饭2100日元 ❸虾肉很有弹性，面衣很脆。炸大虾2500日元 ❹元祖炸猪排饭2000日元

起源 History

许多原创菜品现在已经进入家庭的日常餐桌。这些菜品让人百吃不厌，所以一直受到人们的喜爱。

创立于明治28年（1895年），店内有浓郁的老式西餐厅的氛围。可以说日本的原创西餐就始于炼瓦亭，翻开菜单会发现有元祖炸猪排饭、炸大虾、炸牡蛎、肉丁洋葱盖饭等许多原创美食。还有产生于明治时期的蛋包饭，都很受欢迎。

MAP p.20-A2
住 中央区银座3-5-16 营 11:15~15:00（LO 14:30）、16:40~21:00（LO 20:30）休 周日 交 从地铁银座站A12出口步行2分钟 CC 不可使用 ☀ 2000日元~ ☽ 2000日元~

元祖 炸猪排饭

东京人也不知道！！

探访东京的本地啤酒与葡萄酒的美食

使用优质材料制作的精酿啤酒与葡萄酒。在这里品尝东京的风土孕育出的浓烈的味道。

❶❷ 穿过庄严的大门是竹林及庭园。共80个座位，部分座位可携带宠物 ❸ 用秩父山脉中的著名水源酿造后低温熟成，口感柔和

深大寺啤酒（皮尔森）

可以在这些地方品尝 Hoppy beverage 深大寺啤酒

品尝深大寺荞麦面的同时来上一杯

雀之宿 调布

雀之宿坐落于深大寺参道旁，可以观赏植物繁茂的庭园并品尝深大寺荞麦面及深大寺啤酒，客人非常多。值得推荐的是天笊荞麦面，1700日元（配有葛饼）。天妇罗口感极佳，很适合与荞麦面及啤酒一起享用。

气派的建筑已有57年的历史，但运营模式却非常平民化，需要购买餐券。共80个座位，可以感受到人与自然的和谐。舒适度非常高。

MAP 别册 p.7-A3
住 调布市深大寺元町5-15-2
TEL 042-486-1188 营 周一至周五11:00~17:00，周六、周日、法定节假日 11:00~18:00 休 无休 交 从京王线踯躅丘站北口乘巴士20分钟 CC 不可使用 ☀ 750日元~

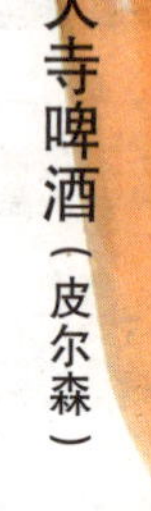

制作荞麦面与酿造啤酒，水至关重要

Hoppy beverage 啤酒

1994年日本修改《酒税法》时，这里率先获得了生产本地啤酒的执照。运用生产啤酒花的技术，开始酿造啤酒。创始人认为“酿造啤酒是男人的浪漫”，这个梦想由第二代老板实现。

❹ 深大寺地区是荞麦的产地，还有丰富的水资源

可以品尝 Hoppy beverage 啤酒的店铺名单

- 日本桥啤酒
  鸡肉料理 玉秀（→p.61）
- 深大寺啤酒
  有“雀之宿”及与深大寺山门相连的各家深大寺荞麦面店
- 赤坂啤酒
  “中国料理竹熊”（港区赤坂2-15-18 西山兴业赤坂大厦1层）
- 调布啤酒
  “Azure”（调布市上石原2-30-20）

还有这些本地啤酒

深大寺啤酒（慕尼黑）

赤坂啤酒（慕尼黑）

赤坂啤酒（皮尔森）

赤坂啤酒（鲁宾罗特）

调布啤酒

日本桥啤酒

与Hoppy beverage有着很深的渊源且冠以地名的啤酒。仿照欧洲的啤酒生产，味道浓厚。

适合与肉类菜品搭配的个性派啤酒

清澄

PITMANS

在这家店，可以一边观赏隅田川的美景一边享用 BBQ，还设有清洲桥酿酒厂，提供新鲜的啤酒，因此深受人们的喜爱。

有以工匠街区为意象的烟熏加苦味的“清澄琥珀”、以河对岸的商人街区为意象的味道圆润的“中洲黄金”以及回味十足的“清洲桥干啤”等 7 种啤酒可供选择，每种啤酒都有极强的个性。还有只限卖 20 桶的季节啤酒，也很值得品尝。

MAP 别册 p.18-B2
住 江东区清澄 1-1-7-LYURO 东京清澄 by THE SHARE HOTELS-2 层 TEL 050-3188-8919 营 7:00~10:00、11:30~15:00、15:00~16:00、17:00~22:30 LO 9:30、14:30、21:30 休 不定期 交 从地铁清澄白河站 A3 出口步行 10 分钟 CC ADJMV ☼ 1000 日元～ ☽ 3000 日元～

❶❷ 可在酿酒厂品尝到刚做好的啤酒 ❸❹ 美式风格的店内设计，共 50 个座位 ❺ 位于“河岸平台”步道旁，价格不贵 ❻ 清澄琥珀（左）与中洲黄金（右）。S 600 日元、M 900 日元、L 1200 日元

酿造 STORY

PITMANS

以“不知道美味啤酒的人生等于犯罪”为理念，建立了使用酵母酿造奥古斯特啤酒的清洲桥酿酒厂。可以品尝到口味细腻且富有个性的啤酒。

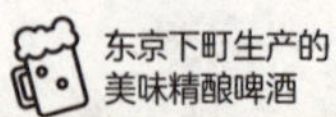

维尔戈啤酒

墨田

主要生产微碳酸水果啤酒的啤酒厂，这种啤酒特别适合不大喜欢喝啤酒的人。精选大麦、啤酒花，采用艾尔啤酒的酿造方法（上层发酵法），从发酵到装瓶，都由下町的酿酒师傅完成。特点是味道香甜、易于饮用、回味爽口。官网上介绍了提供维尔戈啤酒的餐饮店及酒馆。

MAP 别册 p.31-C3
住 墨田区绿 4-8-8 电 03-5600-0181
营 10:00~17:00 休 周六、周日、法定节假日 交 从地铁菊川站 A3 出口步行 9 分钟

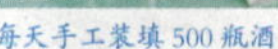
每天手工装填 500 瓶酒

抑制了苦味

浓郁的烘焙香味与层次感

清爽的香味与酸味

使用葡萄酒酵母

酿造 STORY

维尔戈啤酒

为了实现“让更多的人品尝到产自墨田区的本地啤酒”的梦想，于 2000 年创办了这家酒厂。公司名称源自手持麦穗的女神维尔戈（处女座）。

源自银座的
成熟味道的啤酒

本地啤酒八蛮

银座

店内酒厂生产口味清爽、近似水果味道的白啤酒以及味道偏甜的艾尔啤酒。情人节时还会特别推出巧克力艾尔啤酒。

店内的消费采用定额制，老板用当天购入的新鲜食材随意制作 7~8 种菜品，再加上两小时的自由饮酒，一共 4500 日元。店产精酿啤酒控制了酒中的苦味，会让人越喝越爱喝。

酿造 STORY

本地啤酒八蛮

老板去欧洲学习酿造葡萄酒时，在慕尼黑了解到德国的啤酒并被其深深地吸引，所以决定改学啤酒的酿造。回国后，取得执照，在店内设立了啤酒厂。

❶❷ 展示着收集来的 2000 多个杯垫 ❸❹ 店内酿造的啤酒。白啤酒（右）与艾尔啤酒（左） ❺ 老板每天亲自酿制啤酒

MAP 别册 p.21-B3
住 中央区银座 2-14-9 GF 大厦 1 层 电 03-3546-8708 营 周二·周四 12:00~13:00、17:30~23:00、周一·周三·周五 17:30~23:00 休 周六、周日、法定节假日 交 从地铁东银座站 3 号出口步行 4 分钟 CC 不可使用 ☀ 900 日元~ ☽ 4500 日元~

参观诞生于下町的
葡萄酒厂并试饮

深川

深川葡萄酒庄东京

创立于2016年的深川葡萄酒庄东京，从日本国内的山梨、长野、北海道等地购入葡萄来酿造葡萄酒。在海外不被用于酿酒的特拉华及贝利A麝香等葡萄品种，经过这里的酿酒负责人上野先生之手，也能成为味道温和的原创葡萄酒。建议仔细听一听讲解并好好品尝一下。

❶❸ 可以在吧台一边聊天一边品酒 ❷ 建议选择3杯套餐 ❹ 葡萄酒的标牌也很好看

MAP 别册 p.15-A4

住 江东区古石场 1-4-10 高畠大厦1层 TEL 03-5809-8058 营 15:00~17:00（周六、周日、法定节假日 12:00~），酒吧时间 17:00~22:00，参观酿酒厂周六、周日、法定节假日 14:00~16:00~ LO 21:30 休 周二 交 从JR中越岛站1号出口步行3分钟 CC AJMV 费 品尝1杯（50ml）300日元，3杯（30ml）套餐700日元 ☽ 3000日元~，套餐7000日元~

周六、周日、法定节假日也可以参观酿酒厂！

购入葡萄

新鲜的霞多丽、德拉瓦尔葡萄

开始加工

进行除梗，把果实与茎、枝分开，然后粉碎

榨葡萄汁

用机械进行榨汁

发酵·酿制·熟成

需要几个月至半年以上的时间

装瓶

上野先生的精心之作

一边观赏门前仲町的夜景
一边品尝极品葡萄酒

门前仲町

深川葡萄酒园

深川葡萄酒庄东京是仅限夏季对外开放的葡萄酒园，地理位置很好，位于紧邻门前仲町的超市屋顶。除了深川葡萄酒庄生产的霞多丽、西拉葡萄酒，还能品尝到精选的来自日本各地的葡萄酒。一杯葡萄酒700日元（含税）。可以听到对各种葡萄酒的特点的介绍，然后点上一些与品尝的葡萄酒非常搭配的菜品。

❶ 随时都能品尝到大约5种葡萄酒 ❷ 在屋顶观赏落日 ❸ 三杯葡萄酒与烤猪肉套餐1800日元（含税） ❹ 这里还种植着葡萄树

MAP 别册 p.15-A4

住 江东区门前仲町 2-10-1 赤札堂深川店3层屋顶 TEL 03-5875-8370 营 周二～周五 17:00~22:00（周六、周日、法定节假日 17:00~21:30） LO 21:30 休 冬季、周二 交 与地铁门前仲町站6号出口相通 CC AJMV（消费额超过3300日元可使用信用卡） ☽ 3000日元~

丰岛屋的历史是
日本文化史的一部分

庆长元年（1596 年）创立

探访东京历史最久的酒铺

江户后期出版的《江户名所图会》里介绍了当时江户的著名场所，丰岛屋就在其中。在漫长的历史中，这里推出了众多名酒，一定要去感受一下这家老店的魅力。

❶ 总店大楼中的店铺 ❷ 从左至右分别为纯米无过滤原酒十右卫门 1500 日元、大吟酿金婚 5000 日元、金婚纯米吟酿江户酒王子 2000 日元。容量均为 720 毫升

第十六代社长 吉村俊之先生 讲述了这样的历史……

丰岛屋总店的历史

庆长元年（1596 年），创始人丰岛屋十右卫门在紧邻江户城的神田镰仓河岸开设了酒铺并以单杯的形式向客人卖酒。为重修江户城而召集了大量武士及工匠到江户，丰岛屋就为这些人运来关西的酒（被称为下酒）并以原价出售，最后卖掉空酒桶来盈利。这里还为客人提供豆腐田乐等下酒菜，这被认为是居酒屋的起源。

另外，十右卫门开始酿造雏祭上使用的白酒之后，这种味道很甜的酒受到女性的欢迎，被人们誉为“山有富士，白酒有丰岛屋”，在江户一举成名。

正式开始酿造日本酒是在明治中期，也就是第十二代老板吉村政次郎当家之时。丰岛屋的代表性名酒“金婚”也诞生于这个时期。

昭和初期，成立了分公司，在东村山设立了丰岛屋酒厂，由经验丰富的酿酒师傅精心酿酒。

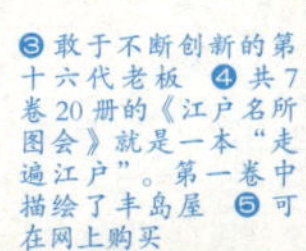

❸敢于不断创新的第十六代老板 ❹共7卷20册的《江户名所图会》就是一本"走遍江户"。第一卷中描绘了丰岛屋 ❺可在网上购买

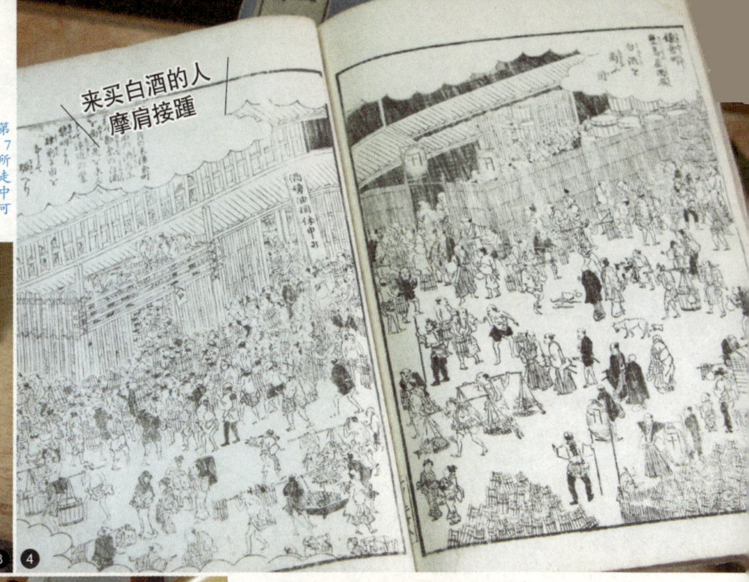

产自江户·东京的祭神酒

丰岛屋总店 神保町

从江户开府前开始持续了420多年的日本酒老店。第一代老板开始酿造的白酒深受江户平民喜爱，逐渐成了雏祭上的祭酒。"金婚"酒因明治天皇的银婚庆典而得名，是出售高级东京本地酒的丰岛屋的代表性名酒。这种酒也是明治神宫与神田明神的唯一祭酒。

MAP 别册 p.35-C4

住 千代田区神田猿乐町1-5-1 TEL 03-3293-9111 营 10:30~17:00 休 周日、法定节假日 ※周六不定期 交 从地铁神保町站A5出口步行5分钟 CC ADJMV

丰岛屋的现在

丰岛屋的白酒属限定商品，每年只在春季酿造一次。大吟酿金婚使用最适合酿造日本酒的大米"山田锦"，酿出的酒有米的香味。另外，用创始人的名字命名的十右卫门，是一种适合佐餐的纯米酒，具有鲜香味，入口后回味好，口感偏辣。江户酒王子使用东京产大米及江户酵母，是完全产自东京的纯米吟酿酒。

丰岛屋的每一种酒都有自己的个性，建议体验一下，跟外国美食一起品尝。为了让自己的商品走向世界，丰岛屋不断开发新产品，有针对外国人酿造的羽田机场限定酒"羽田"，还有在成田机场销售的以美丽和服为包装的"和想"等。

丰岛屋奉行的理念是"不易流行"。对于不变的东西（不易），要持之以恒地坚守，而对于需要改变的东西（流行），则要大胆探索。他们会始终抱有对顾客的感激之心，为顾客提供好喝的日本酒，以此来对日本的饮食文化做出应有的贡献。

2020年6月，开办了兼具酒铺与小酒馆功能的"丰岛屋酒店"。通过恢复创业时的商业模式，以"江户东京的时尚"为理念，在始于江户时代的老店中融入现代元素。客人可以品尝到丰岛屋的酒以及流行于江户时代的豆腐田乐。

丰岛屋酒店

MAP 别册 p.13-C3

住 千代田区神田锦町2-2-1 KANDA SOUARE 1层

TEL 03-6273-7120

在观光之余
可以去若洲海滨公园小憩！

东京门大桥

若狭海滨公园有令人感到舒适的海风，是江东区民的休闲场所。可以看到非常壮观的东京门大桥。

东京门大桥的轮廓看上去就像是一只恐龙，所以也被亲切地称为“恐龙桥”。2012年开通，连接着江东区的若洲与中央防波堤外侧的填埋地，全长2618米。桥的一端是若洲海滨公园，从那里可以看到大桥以及落日、富士山、在羽田机场起降的飞机。另外，LED灯光亮起的夜景，仿佛未来世界，非常值得一看。可以通过若洲一侧的升降设备上到桥上的人行步道，在那里能够远眺位于对岸的市中心的高层建筑群，天气晴朗时景色非常迷人。如果在游览东京时感到了一丝疲倦，不妨到这里看一看，小憩一下。

MAP 别册 p.11-B3

住 江东区若洲3 营 10:00~17:00（步道通行截至、入场截至16:30），夏季（7月1日~9月30日）周五、周六 10:00~20:00（入场截至19:30） 休 步道关闭日/每月第3个周二、12月第1个周二（逢法定节假日改至次日）、天气恶劣时 费 免费 交 从临海线新木场站下车，乘坐开往若洲营地前方面的都营巴士（木11系统），在终点站（若洲营地前站）下车后步行3分钟

交通指南

东京都内的交通 完全攻略

东京有 JR 东日本及地铁等密集的轨道交通网，巴士、出租车以及水上交通工具也很方便。

市中心有可使用共享单车的区域，交通手段多样。

轨道交通

东京都内的主要轨道交通有“JR 线”、东京地铁株式会社运营的“东京地铁”，以及东京交通局运营的“都营地铁”。

在市中心地区，依靠“JR 线”与“地铁”，基本上可以前往所有景点。不过，东京站、新宿站、池袋站、上野站、涩谷站等主要车站有多条线路经过，所以换乘时可能比较麻烦。如果想高效率地游览东京，建议使用手机上的交通 App 来规划线路。

各种交通 IC 卡可在日本全国互通使用

在东京旅游，一定要办理充值式交通 IC 卡。除了可以省去购买车票的麻烦，还有一个优点是可以在车站的售货亭、便利店以及自动售货机上刷卡消费。

包括首都圈普及率极高的 Suica 及 PASMO，在东京可以使用的交通 IC 卡共有 10 种。另外，各交通 IC 卡可以互通使用。

◆ Suica

JR 东日本推出的交通 IC 卡。购买 1000 日元以上，有 6 种购卡模式可供选择。首次购卡时，购卡金额中包含 500 日元押金，退卡时可以拿回押金。

JR 东日本提供

◆ PASMO

可在地铁站及民营铁路车站购买。跟 Suica 一样，首次购买时需要支付押金（500 日元），在退卡时可拿回押金。

◆可在日本全国互通使用的交通 IC 卡

Kitaca（JR 北海道）、manaca（名古屋市交通局 · 名铁等）、TOICA（JR 东海）、PiTaPa（Surutto KANSAI）、ICOCA（JR 西日本）、Hayakaken（福冈市交通局）、nimoca（西铁等）、SUGOCA（JR 九州）

JR 东日本 旅游主要乘坐线路为山手线及中央 · 总武线

JR 为 Japan Railway 的缩写。JR 东日本的运营区域为关东、甲信越、东北，共 1 都 16 县。

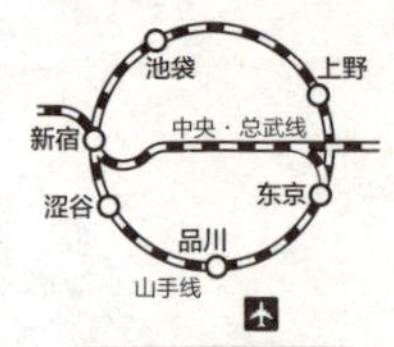

详细线路图▶ p.420

在东京中心地区运行的线路有“山手线”“京滨东北线”“中央线（快速）”“中央 · 总武线（每站停车）”“湘南新宿线”“京叶线”这 6 条。

在东京市内游览，途经东京、上野、池袋、新宿、涩谷、品川等站，大约 1 小时开行一圈的 JR 山手线与横穿山手线的中央 · 总武线是游客最常乘坐的线路，而且非常方便。

◆山手线

在新宿、涩谷、池袋等站停车的环形线路，顺时针方向为外环，逆时针方向为内环。车厢颜色为绿色。

◆中央 · 总武线

横穿山手线，连接东京的东西部。中央线电车的车厢为橙色。除了每站停车的电车，还有快速、特快电车。黄色车厢的为总武线电车，每站停车。

费用 起步票价 140 日元　IC 卡 136 日元

民营铁路 包括去往台场的两条线路

东京有“小田急电铁”“京王电铁”“京急电铁”“京成电铁”“西武铁道”“东急电铁”“东京临海高速铁道（临海线）”“东京单轨电车”“东武铁道”“百合海鸥线”等 10 余家民营铁路公司，其经营的线路基本上在山手线之外。在主要车站都可换乘 JR 或地铁。

游客较多的线路有开行于羽田机场与滨松町之间的“东京单轨电车”以及可去往台场地区的“百合海鸥线”“东京临海高速铁道（临海线）”。

◆百合海鸥线

费用 起步票价 190 日元　IC 卡 189 日元

◆临海线

费用 起步票价 210 日元　IC 卡 210 日元

info 使用 Suica 与智能手机融为一体的移动 Suica 非常方便。可以随时随地充值，还可购买 Suica 的绿券。在有 Suica 标识的店铺，可以用移动 Suica 结账。另外，有关优惠车票的详情，可以参考 JR 东日本的“优惠车票”。

地铁 有东京地铁与都营地铁分别运营的线路

东京地铁的标识

东京都内地铁的运营主体有“东京地铁”与“都营地铁”两家。东京地铁有9条线路，主要开行于23个区。都营地铁有4条线路。每条线路都有自己的标志颜色，方便乘车。

寻找地铁站时，要认清车站的标识。“东京地铁”的标识是心形的M，“都营地铁”的标识是银杏叶。两家共用的车站出入口，使用蓝色的电车标识。

东京地铁 运行于市中心及周边地区

共9条线路，有开行于荻洼至池袋的东京市中心地区、线路形状为一条弧形的丸之内线以及方便前往充满下町情调的各个人气景点的半藏门线等。除了银座线与丸之内线，其他线路都相互连通。如换乘都营地铁，票价可享受打折优惠。

◆银座线 

线路标志颜色为橙色，参考了BVG（柏林地铁）的车体色。编号为G。

◆丸之内线

线路标志颜色为红色。编号为M。

◆日比谷线 

首次采用不锈钢车体，未经涂装，所以线路的标志颜色为银色。编号为H。

◆东西线 

为了与同样采用不锈钢车体的日比谷线相区别，在银色的基础上加入了一条浅蓝色的线，以此作为线路的标志颜色。编号为T。

◆千代田线 

线路标志颜色为绿色，这种颜色也是预订连通的常磐线上行驶的103系电车的车体色。编号为C。

◆有乐町线 

线路标志颜色为金黄色，以市中心的商务区为意象。编号为Y。

◆半藏门线 

线路标志颜色使用了与其他线路不重叠、易于识别的紫色。编号为Z。

◆南北线 

线路标志颜色为祖母绿，以沿线众多的日本庭园为意象。编号为N。

◆副都心线

线路的标志颜色使用了与其他线路不重叠、易于识别的棕色。编号为F。

什么是车站编号？

［例 银座线京桥站］

多条线路汇集的车站，有多个车站编号

［例 新宿三丁目站］

为了方便乘客乘坐地铁，各条线路及各个车站都有自己的编号，标注于车站出入口以及线路图上。

都营地铁 东京都政府经营的地铁

都营地铁共有4条线路。由环状部分与放射状部分组成的6字形大江户线，开行于新宿、青山、六本木等市中心繁华地区以及东京的下町地区。连接日本桥、浅草、东京晴空塔的浅草线，对游客来说非常方便。浅草线、三田线、新宿线与其他公司的线路相连。

◆浅草线 

线路标志颜色为玫瑰色。编号为A。

◆三田线 

线路标志颜色为蓝色。编号为I。

◆新宿线 

线路标志颜色为叶绿色。编号为S。

◆大江户线

线路标志颜色为紫红色。编号为E。

站台上的“换乘出口指南”可方便乘车

东京地铁站台的楼梯附近设有“换乘出口指南”的指示牌，根据乘车目的地标明相应的站台上的乘车位置。乘客不仅可以知道在哪节车厢乘车换乘会更方便，还能知道哪节车厢距离出口、电梯、扶梯、楼梯、厕所更近，可以利用这些信息来节省时间、提高旅行效率。

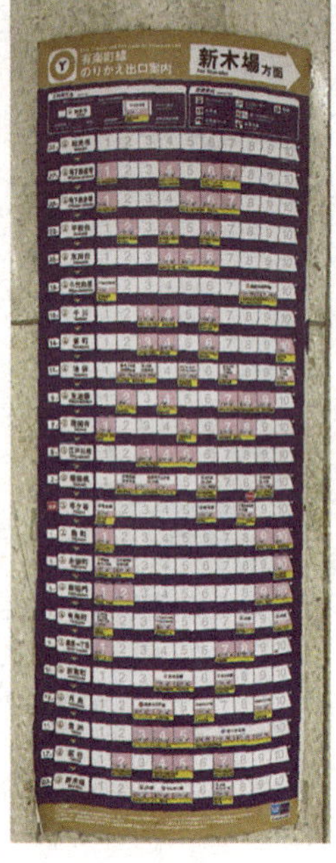

值得推荐的 App

◆东京地铁 App【官方】

东京地铁的官方 App。除了换乘信息，还能了解东京地铁各线路的运行情况以及拥挤程度、晚点情况。

URL app-liv.jp/439646577/

轨道交通常识

◆站名虽然不同，但步行距离很近！便于步行换乘的车站

东京的轨道交通线路非常密集，有时虽然站名不同，但是实际上只需步行几分钟就能实现换乘。这样的车站主要有以下几个。

车站	距离	车站
原宿 JR 山手线	◀步行即至▶	**明治神宫前（原宿）** 东京地铁千代田线 · 副都心线
秋叶原 JR 山手线 · 总武线、东京地铁日比谷线等	◀步行 5 分钟▶	**末广町** 东京地铁银座线
有乐町 JR 山手线、东京地铁有乐町站	◀步行 5 分钟▶	**日比谷** 东京地铁日比谷线 · 千代田线、都营三田线
新桥 JR 山手线、东京地铁银座线、都营浅草线	◀步行 5 分钟▶	**汐留** 都营大江户线、百合海鸥线
滨松町 JR 山手线、京滨东北线、东京单轨电车	◀步行即至▶	**大门** 都营浅草线 · 大江户线
东京 JR 山手线、东京地铁丸之内线等	◀步行 5 分钟▶	**大手町** 东京地铁半藏门线 · 东西线、都营三田线

◆站名虽然相同，但是步行距离非常远！换乘比较困难的车站

在东京市中心有线路不同但站名相同的车站，这样的车站有时候相距非常远，换乘时要步行很长的时间，十分不便。这类车站主要有以下这些。

车站	距离	车站
浅草 筑波 Express	◀步行 7~8 分钟▶	**浅草** 东京地铁银座线、都营浅草线、东武铁道
早稻田 东京地铁东西线	◀步行 10 分钟▶	**早稻田** 都电荒川线
两国 JR 总武线	◀步行 4~7 分钟▶	**两国** 都营大江户线
藏前 都营大江户线	◀行至地上换乘▶ （最少有 200 米路程）	**藏前** 都营浅草线
后乐园 丸之内线（地上高架线路）	◀高低落差相当于8层楼▶	**后乐园** 东京地铁南北线（地下 6 层）
涩谷 东京地铁银座线（地上 3 层）	◀高低落差相当于8层楼▶	**涩谷** 东京地铁副都心线（地下 5 层）

◆民营铁路 · 地铁的连通车站

东京的 JR 与民营铁路、地铁的线路在很多地方都是连通的。在这些地方换乘，乘客就免去了在拥挤的枢纽站换乘的不便。

◀京王线▶ （八王子 · 高尾山方面）	**新宿站**	◀都营新宿线▶ （市谷方面）
◀ JR 埼京线▶ （涩谷 · 新宿 · 池袋方面）	**大崎站**	◀临海线▶ （台场方面）
◀东急田园都市线▶ （二子玉川方面）	**涩谷站**	◀东京地铁半藏门线▶ （东京晴空塔方面）
◀东急东横线▶ （自由之丘方面）	**涩谷站**	◀东京地铁副都心线▶ （新宿 · 池袋方面）
◀京滨急行线▶ （横滨方面）	**泉岳寺站（品川站）**	◀都营浅草线▶ （浅草方面）
◀东急目黑线▶ （日吉方面）	**白金高轮站（目黑站）**	◀都营三田线▶ （东京塔方面） ◀东京地铁南北线▶ （麻布十番 · 饭田桥方面）

东京樱花有轨电车（都电荒川线）东京现存唯一的路面有轨电车线路

该线路位于山手线的北侧，在早稻田与巢鸭之间开行，全程运行时间 1 小时。坐在车上，能感到浓郁的下町情调，仿佛通过时间机器来到了昭和时期的东京，所以乘坐都电本身就是一种观光体验。沿线多个地点有行道树，被称为“东京樱花有轨电车”。沿线居民负责管理的玫瑰花开放时，很多乘客会专程来观赏。起点站“三之轮桥”的车站建筑极具怀旧情调，内设有“三之轮桥纪念馆”，馆内出售都电相关纪念品。这条线路与都营地铁一样，都由东京都交通局负责运营。

整条线路票价均为 170 日元（IC168 日元），儿童票 90 日元（IC84 日元）。还有 1 日通票（→ p.79）。

有很多人对这种电车非常喜欢

沿线介绍▶ p.38

线路的标志颜色为象征着樱花的粉色。
线路编号为 SA。

日暮里・舍人 Liner 行驶于 23 区最北端的新交通系统

舍人是过去负责护卫皇族的一种官职，也是这条线路上的一个地名。线路起自日暮里，跨过荒川，延伸至埼玉县境内，基本上为南北方向的一条直线。由电脑操控，自动驾驶，原则上不设司机及乘务员。车站也为无人管理车站。途中经过西新井大师，寺院街区的风景不容错过。这条线路也由东京都交通局运营。普通车票 170~340 日元（IC168~335 日元），儿童票 90~170 日元（IC84~167 日元）。

◆日暮里・舍人 Liner NT

标志为上下重叠的粉色与绿色的两条线。线路编号为 NT。

2008 年开通的新交通系统

出租车

在交通网络非常复杂的东京，能够直接把自己送到目的地的出租车自然是十分方便的。如果目的地距离电车站、巴士站较远，或者位于山坡上，或者行李较多时，就更需要乘坐出租车。参考价格，东京站→东京晴空塔约 2800 日元，上野站→刺拔地藏尊约 2700 日元。

值得推荐的 App

叫车 App 可以为我们解决叫不到出租车的烦恼。可以事先知道费用及预订到达时间，所以能够放心乘车。

◆ Japan Taxi（原来名为日本交通 App）

通过手机就能在日本全国 900 多家出租车公司、67000 多辆出租车中叫车。使用 GPS 功能，出租车可直接到达叫车乘客所在地，而且还可以在预约时指定时间、地点。还可以事先确定乘车费用并线上支付。

URL japantaxi.jp/

◆东京出租车价格表

	起步价格	计费价格
距离制价格	1 公里以内 420 日元	每 233 米 80 日元
时间制价格	60 分钟以内 4700 日元	每 30 分钟 2150 日元
时速不足 10 公里行驶时（不包括高速公路）		每 85 秒 80 日元
深夜・清晨加价（22:00~ 次日 5:00）		增加 20%
接人回程空驶费用（通过 App 叫车不收取）		420 日元
指定时间预约费用		420 日元

经过高速公路时，需要另付过路费。

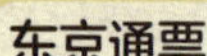

利用各种划算的优惠车票

东京通票

1 日通票，可乘坐东京 23 区内的 JR 线、东京地铁、都营地铁、都营巴士（包含多摩地区。不能用于江东 01 系统）、东京樱花有轨电车（都电荒川线）、日暮里·舍人 Liner。乘坐深夜巴士时，需要支付差额［成人 210 日元（IC210 日元），儿童 100 日元（IC105 日元）］。

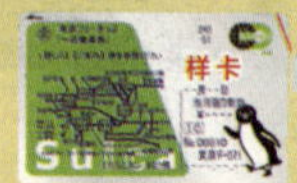

费用

成人 1600 日元

儿童 800 日元

［售票地点］

可在 23 区内的 JR 东日本各主要车站指定席售票机及绿色窗口、东京地铁线各站售票机（※1）、都营地铁各站（※2）、日暮里·舍人 Liner 各站的售票机购买。

※IC 优惠票可使用各公司的交通 IC 卡购买

［可乘坐的交通工具］

JR	○	都营巴士	○
东京地铁	○	都电	○
都营地铁	○	其他	日暮里·舍人 Liner ○

※1 不包括北千住站（日比谷线）、中目黑站、中野站、代代木上原站、和光市站、涩谷站（半藏门、副都心线）、目黑站

※2 不包括押上站、目黑站、白金台站、白金高轮站、新宿站（新宿线）

东京地铁 24 小时通票

可在 24 小时内任意乘坐东京地铁全部 9 条线路上的车次。开始使用后 24 小时有效，例如上午 10:00 持票通过检票口，则可使用至次日上午 10:00（IC 卡为购买后 24 小时之内有效）。有预售票及当日票。

费用

成人 600 日元

儿童 300 日元

［售票地点］

当日票可在东京地铁各站的售票机上购买，购票当日开始使用后 24 小时内有效。预售票在东京地铁定期票售票处购买（※3）。购票 6 个月以内任意一天开始使用后 24 小时内有效。

［可乘坐的交通工具］

JR	×	都营巴士	×
东京地铁	○	都电	×
都营地铁	×	其他	×

※3 不包括中野站、西船桥站、涩谷站

东京地铁·都营地铁共用 1 日通票

一天之内可在东京地铁的 9 条线路及都营地铁的 4 条线路上任意乘车。有预售票与当日票。使用期间，在东京地铁及都营地铁的商业设施出示该票，购物时可享受打折优惠或获得礼品（详情参见 p.79 的“CHIKA TOKU”）。

费用

成人 900 日元

儿童 450 日元

［售票地点］

当日票可在东京地铁各站及都营地铁各站的售票机上购买。限购票当日有效。预售票可在东京地铁定期票售票处（不包括中野、西船桥、涩谷）及都营地铁各站的站长办公室（不包括押上、目黑、白金台、白金高轮及新宿线新宿）购买。购票 6 个月以内任意一天使用有效。

［可乘坐的交通工具］

JR	×	都营巴士	×
东京地铁	○	都电	×
都营地铁	○	其他	×

都营交通系统通票

可在都营地铁、都营巴士（包含多摩地区）、都电荒川线、日暮里·舍人 Liner 全部线路使用的 1 日通票。乘坐深夜巴士时需要支付差额［成人 210 日元（IC210 日元），儿童 100 日元（IC105 日元）］。

费用

成人 700 日元

儿童 350 日元

［售票地点］

当日票可在都营地铁各站的售票机、都营巴士·都电的车内、日暮里·舍人 Liner 各站的售票机上购买。限购票当日有效。预售票可在都营地铁各站的站长办公室（不包括押上、目黑、白金台、白金高轮、新宿线新宿。）都营巴士各营业所·分所、荒川电车营业所、佐野印房（町屋站前）、三之轮桥纪念馆、都营地铁·都营巴士·都电及日暮里·舍人 Liner 的定期票售票处购买（有少数例外）。购票 6 个月内任意一天使用有效。

JR	×	都营巴士	○
东京地铁	×	都电	○
都营地铁	○	其他	日暮里·舍人 Liner ○

都区内巴士

东京 23 区内的 JR 线的普通列车及快速列车的不对号入座普通车厢的 1 日通票。除了磁性车票，还可以使用 My Suica（实名制）、Suica 卡、Welcome Suica、带有可内含定期票信息 Suica 功能的 View card、带 Suica 功能的学生证（内含有效的定期票信息时，不能使用）。部分手机 Suica（※）不能使用。

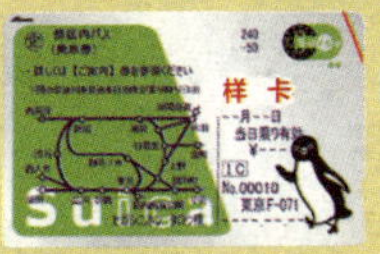

费用
成人 760 日元
儿童 380 日元

※"Suica"是 JR 东日本的注册商标

[售票地点]

通票适用区域内的 JR 东日本的各主要车站指定座位车票售票机及绿色窗口。

[可乘坐的交通工具]

JR	○	都营巴士	×
东京地铁	×	都电	×
都营地铁	×	其他	×

百合海鸥线 1 日通票

在一天之内可任意乘坐连接新桥（与 JR 及地铁连通）与丰洲（与东京地铁有乐町线连通）·台场的百合海鸥线，方便旅游。限购票当日有效或在有效期内任意一天使用，可不限次数地任意乘坐百合海鸥线电车。单独购买车票的话，起步价格为 190 日元，从新桥至台场海滨公园需要 330 日元。如果打算游览台场各个景点，购买 1 日通票还是非常划算的。

费用
成人 820 日元
儿童 410 日元

[售票地点]

可在百合海鸥线各站的售票机上购买。购买多张通票时，也可在新桥站或丰洲站的站长办公室购买。

[可乘坐的交通工具]

JR	×	都营巴士	×
东京地铁	×	都电	×
都营地铁	×	其他	百合海鸥线○

临海线一日通票

一天之内可在连接新木场～东京 Teleport（台场）～大崎的临海线上任意乘车的通票。限购票当日有效或在有效期内任意一天使用。在以下设施出示临海线一日通票，可享受门票打折或获得代金券等优惠。仅限当日有效。

[优惠设施] Aqua City 台场、Decks 东京海滩、维纳斯城堡、Diversity 东京广场、Grandnikko 东京台场、东京台场希尔顿、东京 Joypolis、东京杜莎夫人蜡像馆、东京乐高探索中心、大江户温泉物语、水陆两用巴士 Sky Duck、水陆两用巴士 TOKYO NO KABA、日本科学未来馆、TOKYO Minatorie、TOKYO GLOBAL GATEWAY、东京海关"信息广场"、MEGA WEB、东京都水科学馆、东京都彩虹下水道管。

费用
成人 730 日元
儿童 370 日元

[售票地点]

可在临海线各站窗口及售票机购买。在售票机上购买的 1 日通票仅限购票当日使用。大崎站只能在售票机上购票。

[可乘坐的交通工具]

JR	×	都营巴士	×
东京地铁	×	都电	×
都营地铁	×	其他	临海线○

台东墨田东京下町周游通票

可在浅草至北千住、龟户线、押上各站的范围内任意乘坐电车并在台东区、墨田区内任意乘坐环线巴士的通票。在适用区域内的景点及指定优惠设施可凭该票享受门票打折优惠或获得礼品。

使用该票当日，在东京晴空塔城®出示该票，可获赠一杯软饮料。

费用
1 日通票 500 日元
2 日通票 700 日元

[售票地点]

浅草～北千住及曳舟～龟户之间各站、东京晴空塔城®内晴空塔接送巴士咨询处、浅草文化观光中心、上野公园、吾妻桥旅游咨询处、两国旅游服务中心、产业观光广场墨田咨询处

[可乘坐的交通工具]

东武线（浅草～北千住·曳舟～押上之间）·（曳舟～龟间户）、台东区环线巴士、墨田区环线巴士、东武巴士"晴空塔接送巴士®上野·浅草线"

利用各种划算的优惠车票

TOKYO 探索通票

将“京王线·井之头线各站～新宿之间的往返车票”与“都营交通（都营地铁、都营巴士、都电荒川线、日暮里·舍人 Liner）1 日通票”合二为一的通票。适合从京王线·井之头线、筑波快线各站前往东京市中心及下町时使用。

费用

成人 910~1330 日元
儿童 470~670 日元

[售票地点]

除去新宿的京王线各站及新御徒町站的筑波快线各站。

[可乘坐的交通工具]

JR	×	都营巴士	○
东京地铁	×	都电	○
都营地铁	○	其他	○（※5）

※5 在京王线·井之头线各站～新宿站之间的往返以及在都电、都营地铁、日暮里·舍人 Liner 乘车

都营巴士 1 日通票

可在 1 日内任意乘坐东京 23 区的都营巴士。乘坐深夜巴士需要支付差额［成人 210 日元（IC210 日元）、儿童 100 日元（IC105 日元）］。0:00~4:00 期间也可使用前天购买的通票。

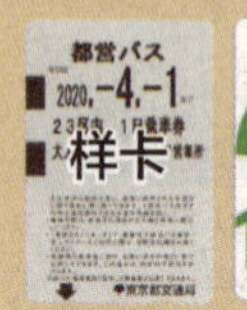

费用

成人 500 日元
儿童 250 日元

[售票地点]

当日票可在 23 区内的都营巴士车内、都营巴士营业所·分所、都营巴士定期票售票处购票。预售票可在都营巴士营业所·分所、都营巴士定期票售票处购票。使用预售票时，只在初次乘车时需要在检票机上检票，之后每次乘车时给乘务员看一下票的有效日期即可。

[可乘坐的交通工具]

JR	×	都营巴士	○
东京地铁	×	都电	×
都营地铁	×	其他	×

东急东京地铁通票

东急线各站至与东京地铁的联络站的往返车票加东京地铁全线 1 日通票。在购票车站与东京地铁之间的往返，去时与返回时的东京地铁联络站（涩谷站、中目黑站、目黑站）可为不同的车站。但是，如果中途在东急线内的车站下车，则无法使用该通票。

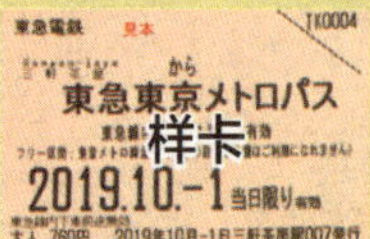

费用

成人 720~1040 日元
儿童 360~520 日元

[售票地点]

可在东急线各站的售票机上购票（不包括涩谷站、中目黑站、目黑站等与东京地铁的联络站以及世田谷线、儿童王国线）。

[可乘坐的交通工具]

JR	×	都营巴士	×
东京地铁	○	都电	×
都营地铁	×	其他	○（※6）

※6 在东急线各站与东京地铁联络站之间往返以及在东京地铁全线乘车

假日休闲 Suica 通票

方便在黄金周、暑假、新年假期前往东京郊外的 IC 卡通票。可在通票适用区域内任意乘坐 JR 线普通列车（包括快速列车）不对号入座车厢、东京临海高速铁路（临海线）全线列车、东京单轨电车全线列车。如另外购买了特急票或绿色票，则可乘坐特急列车及普通列车的绿色车厢（豪华车厢）。但是，不能在乘坐新干线时使用。全年售票，有效时间为一天。可使用的日期为周六、周日及 4/29~5/5、7/20~8/31、12/29~1/3 的每日。

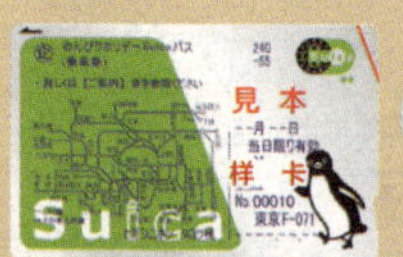

费用

成人 2670 日元
儿童 1330 日元

[售票地点]

可在通票适用区域内的 JR 东日本各主要车站的指定席购票机以及绿色窗口购票。

[可乘坐的交通工具]

JR	○	都营巴士	×
东京地铁	×	都电	×
都营地铁	×	其他	其他 临海线、东京单轨电车○

都电 1 日通票

可在都电荒川线上任意乘车的通票。还有在PASMO、Suica 中加入"都电 1 日通票"功能的"都电IC 1 日通票"，可以在都电范围内使用。仅限使用当日，可以凭"都电 1 日通票"在沿线的设施及店铺享受打折优惠或获得礼品（详情参见本页"CHIKA TOKU"内容）。但是，PASMO、Suica 中加入的都电 1 日通票不能享受优惠。

费用

成人 400 日元

儿童 200 日元

[售票地点]

当日票可在都电车内、荒川电车营业所、都电定期票售票处、三之轮桥纪念馆购买。预售票可在荒川电车营业所、都电定期票售票处、三之轮桥纪念馆购买。只在初次乘车时需要在检票机上检票，之后每次乘车时给乘务员看一下票的有效日期即可。

[可乘坐的交通工具]

JR	×	都营巴士	×
东京地铁	×	都电	○
都营地铁	×	其他	×

京急羽田・地铁通票

"羽田机场第一・第二航站楼站、羽田机场第三航站楼站至泉岳寺的单程车票"加"东京地铁・都营地铁全线的 1 日通票"。限购票当日有效。

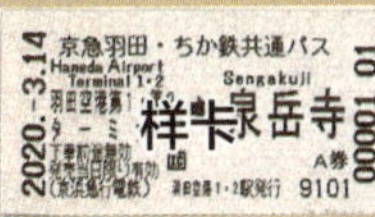

费用

成人 1200 日元

儿童 600 日元

[售票地点]

可在京急线羽田机场第一・第二航站楼站及羽田机场第三航站楼站购票。

[可乘坐的交通工具]

JR	×	都营巴士	×
东京地铁	○	都电	×
都营地铁	○	其他	○（※7）

※7 羽田机场第一・第二航站楼站、羽田机场第三航站楼站至泉岳寺的单程车票

使用 1 日通票可享受很多优惠！"CHIKA TOKU"

在国立科学博物馆等处可享受优惠

出示"东京地铁・都营地铁共用 1 日通票""东京地铁 24 小时通票""都营交通系统通票""都营巴士 1 日通票"等通票，就可在东京地铁、都营交通系统沿线的许多地方享受打折优惠或获赠礼品，这种服务就是 CHIKA TOKU。

可享受打折优惠的领域很多，从购买博物馆、美术馆门票到吃美食、购物都会用得到。详情参见 CHIKA TOKU 的官网。

URL chikatoku.enjoytokyo.jp/

巴士

虽然车次数量没有轨道交通那么多，如果目的地距离电车或地铁车站较远，还是建议乘坐巴士。除了市民经常乘坐的都营巴士，如果对可前往各人气景点的观光巴士也比较了解，游览东京时就会方便许多。

都营巴士 前往目的地的途中可观赏沿途景色

从市中心区域到下町地区，以江户川区及多摩地区的一部分区域为中心，有 131 系统开行的就是都营巴士。共有 1547 个车站，涵盖了东京、银座、新宿、涩谷、池袋、上野、品川、六本木等主要区域。23 区之内票价统一。

都营巴士常识

◆可使用的交通 IC 卡

Suica、PASMO、Kitaca、manaca、TOICA、PiTaPa、ICOCA、Hayakaken、nimoca、SUGOCA

◆都营巴士票价表

区分	成人	儿童	运行线路等
一般系统	210 日元（IC210 日元）	110 日元（IC105 日元）	包括 S-1（观光巴士）、急行巴士及直达巴士
学生通票系统	180 日元（IC178 日元）	90 日元（IC89 日元）	学 01、02、03、05、06、07 系统
C · H01 系统	190 日元（IC189 日元）	100 日元（IC95 日元）	
AL01 系统	110 日元（IC106 日元）	60 日元（IC53 日元）	
深夜巴士	420 日元（IC420 日元）	210 日元（IC210 日元）	深夜 01、深夜 02、深夜 03、深夜 07、深夜 10、深夜 11、深夜 12、深夜 13、深夜 14 系统

※IC 票价仅限使用一张 IC 卡一次支付全部票价

※ 使用定期票、1 日通票、东京都老年通票乘坐深夜巴士时，需要支付差额，成人 210 日元（IC210 日元），儿童 100 日元（IC105 日元）

◆可前往景点的线路非常方便

都营巴士官网上介绍了许多可乘坐都营巴士前往的短途旅游线路。有可以接触江户文化的“日本文化体验线路”、可以前往游乐设施并体验美食、购物的“海岸地区购物与休闲线路”、可以前往东京重要景点的“东京观光 + 水族馆线路”等。线路丰富多彩，可以从中找到自己喜欢的线路。

URL www.kotsu.metro.tokyo.jp/bus/shorttrip

都营巴士的乘坐方法

①在巴士车站等车

巴士车站的标识银杏叶。

②确认巴士开往何地

巴士的前后端及侧面都标记了巴士的目的地，乘车时要进行确认。

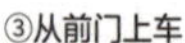

③从前门上车

23 区内的都营巴士从前门上车（多摩地区从后门上车）。

④上车后支付车费

上车后，把需要支付的车费放入收费机。普通票价在 23 区内都一样，成人 210 日元（IC210 日元），儿童 110 日元（IC105 日元）。使用交通 IC 卡时，要以触碰检票机的形式来支付车费。

⑤下车时要按铃

车内广播播放了自己的目的地站名后，需要按一下座位或手环旁边的按钮。

⑥从后门下车

下车时走后门（多摩地区从前门下车）。

免费接送巴士 可根据线路合理乘坐

东京有很多地方政府及企业出资运营的免费巴士。目的是为了促进地区发展、方便游客及居民、减少尾气污染与交通堵塞，所以非常欢迎大家乘坐。大部分线路都为单向行驶，这一点需要注意。

※ 下面所列巴士站均为主要车站

◆熊猫巴士 在上野与浅草之间循环运行的外形可爱的巴士

跟巴士的名字一样，车的头部为熊猫的脸，准乘 25 人。虽然只在周末开行，但巴士线路上有浅草雷门、上野动物园等人气景点，所以非常方便。上野站外等地不设站点，可以在官网查询停车站。运行时间为周六、周日、法定节假日的 10:00~16:00，每小时一班（13:00 时休息）。

有两辆熊猫巴士（性别不同）开行于上野·浅草一带

线路 URL www.pandabus.net

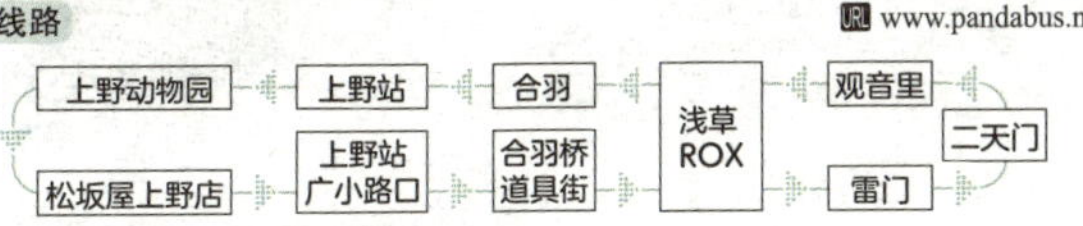

◆ Metrolink 日本桥 既可探访历史，也可方便购物

采用环保巴士，可以有效地减少尾气及噪声污染，在东京站与日本桥之间循环开行。除 1 月 1 日，每天 10:00~20:00 开行，大约每 10 分钟一班，非常方便。还可以使用能够显示巴士实时位置的 App，即使是雨天也不用花多余的时间等车。

车身上画着《江户名所图屏风》

线路 URL www.hinomaru.co.jp/metrolink/nihonbashi

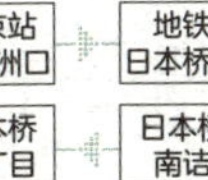

◆ Metrolink 日本桥 E 线 途经商业街区及证券交易所的黄色巴士

E 线的 E 表示江户以及 Enjoy、ECO 等意思。从东京站出发，经过日本桥的滨町、人形町、兜町，开行一圈。也在明治座、水天宫、东京 City air terminal 停车。开行时间为非节假日 8:00~18:00，周六、周日、法定节假日 10:00~20:00（1/1 停运），大约每 22 分钟一班。有可显示巴士实时位置的 App。

E 线巴士醒目的金黄色车身

线路 URL www.hinomaru.co.jp/metrolink/nihonbashi_E

◆丸之内接送巴士 可以同时看到皇居与日本的经济中心

以东京站丸之内口附近的新丸大厦为起点，开行于高楼林立的大手町、丸之内、有乐町一带。车身为白色，上有红色箭头的 LOGO。在线路的后半程，车窗右侧是皇居的护城河。除 1 月 1 日，每天 10:00~20:00 开行，每隔 12~15 分钟一班。非节假日 8:00~10:00 的早高峰时段，还有只在线路的北半部开行的大手町接送巴士。有可显示巴士实时位置的 App。

采用了环保的混合动力的巴士

线路 URL www.hinomaru.co.jp/metrolink/marunouchi

◆东京湾接送巴士 方便游览景点众多的台场

开行于临海副都心人气景点的巴士。途中有 4 个地点有“百合海鸥线”或“临海线”的车站。11:30~19:30 大约每 20 分钟一班。车身为白色，上有红色箭头的 LOGO。坐轮椅的乘客也可上车。有可显示巴士实时位置的 App。

很适合在游览地域广阔的台场时乘坐

线路 URL www.hinomaru.co.jp/metrolink/odaiba

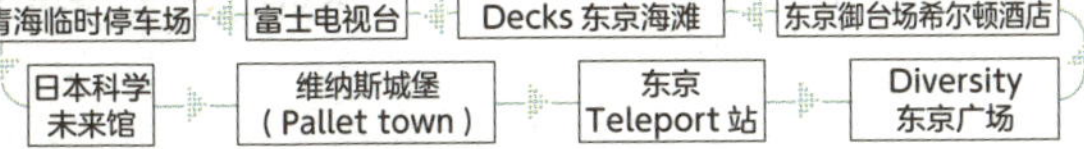

社区巡回巴士 细致的线路规划与便宜的票价

为了弥补区域内轨道交通与巴士的不足，由地方行政部门运营的巡回巴士。票价便宜，一次乘车只需 100 日元左右，作为一种非常亲民的交通工具，受到居民及游客的欢迎。无法使用大面值纸币，乘车时要事先准备好零钱。很多巴士可以使用 Suica 等 IC 卡乘车。另外，有的巴士还可以在 App 上显示起始时位置，建议使用。

◆新宿 WE 巴士 观赏新宿景色的观光巴士

从新宿站西口出发，途经周边景点及酒店的巴士，巴士顶部有天窗，便于观景。有歌舞伎町 · 西新宿线路（7:00~18:00。15~24 分钟一班）、新宿御苑线路（10:00~18:00，24~50 分钟一班）、早晚线路（7:00~10:00 及 18:00~21:00，5~14 分钟一班）。

URL www.keio-bus.com/ensen-info/webus.html

票价	一日票	换乘	使用 IC 卡	App
100 日元	300 日元	免费一次	○	×

白天可以观看高层建筑群，夜晚可以欣赏霓虹灯闪烁的夜景

◆ Megurin 方便游览上野、浅草、谷中等下町地区

台东区运营的社区巴士。开行于上野站、上野动物园、浅草、谷中等地，有 5 条线路，每条线路都是循环开行。7:00~20:00 左右（周六、周日、法定节假日 8:00~20:00 左右）开行，15~20 分钟一班。车内有免费的 Wi-Fi。

URL www.city.taito.lg.jp/index/kurashi/kotsu/megurin

票价	一日票	换乘	使用 IC 卡	App
100 日元	300 日元	免费一次	○	○

台东区市民重要的交通工具

◆八公巴士 穿行于涩谷区大街小巷的迷你巴士

有在涩谷站发车并到达的两条线路以及在涩谷区役所发车并到达的两条线路。途中经过涩谷区内的惠比寿、代官山、代代木、新国立剧场等地。车身上画着八公犬的形象，而且每条线路有不同的颜色。8:00 左右 ~20:00 左右开行，每隔 20~30 分钟一班。

URL www.city.shibuya.tokyo.jp/kurashi/kotsu/hachiko_bus

票价	一日票	换乘	使用 IC 卡	App
100 日元	×	×	○	×

在坡路较多的涩谷区徒步游览而感到累的时候可以乘坐

◆ B 环线巴士 在文京区内行驶的无障碍乘车巴士

环绕文京区（日语发音的首个字母为 B）开行的巴士，所以被称为 B 环线巴士。全年 365 天执行相同的运行时刻表，7:00~20:00 开行，每 20 分钟一班。千驮木 · 驹込线路与目白台 · 小日向线路途经东京巨蛋、小石川后乐园、六义园、千驮木、根津等地。

URL www.city.bunkyo.lg.jp/tetsuzuki/bus/b-guru.html

票价	一日票	换乘	使用 IC 卡	App
100 日元	300 日元	免费一次	○	○

文京区的社区巴士以小猎兔犬为标志

◆代官山循环巴士（东急运输）行驶于时尚街区的酒红色巴士

以涩谷站为起点，在以高级住宅区及购物区闻名的代官山一带循环开行。酒红色的车身上写有 "TRANSSÉS" 字样的巴士为无障碍乘车巴士。每天 8:00~20:00 开行，大约 10 分钟一班。

URL www.tokyubus.co.jp/route/daikanyama

票价	一日票	换乘	使用 IC 卡	App
160 日元（儿童 80 日元）	520 日元（儿童 260 日元）	×	○	○

方便前往时尚街区的精品店及咖啡馆

◆墨田百景 可以透过车顶的天窗观看晴空塔

以距离东京晴空塔最近的车站押上站为起点，有 3 条线路在墨田区内开行，途经江户东京博物馆、两国国技馆、墨田北斋美术馆等景点。全年无休，7:00~20:00 左右开行，15~23 分钟一班。车身上画着穿着袢缠的人物以及烟花、力士、艺伎。

URL www.city.sumida.lg.jp/kurashi/jyunkanbus

票价	一日票	换乘	使用 IC 卡	App
100 日元（儿童 50 日元）	300 日元	免费一次	○	×

车身图案散发着老东京的气质

◆小小巴士 经过六本木 Hills 及东京塔等著名地点

在港区有 8 条线路，可以前往赤坂、麻布、青山等地。线路设计比较复杂，乘车时应仔细确认。可以对接新桥、品川、赤坂见附等 JR 车站及地铁站。这些巴士被人们爱称为“小小”。一日车票也可用于乘坐台场彩虹桥巴士。

URL www.fujiexpress.co.jp/chiibus/map

票价	一日票	换乘	使用 IC 卡	App
100 日元	500 日元	×	○	○

车身为当地的小学生、初中生设计，可以留意一下

◆台场彩虹桥巴士 不要错过在彩虹桥上观看美景

从品川站港南口出发，跨过彩虹桥，开行至台场海滨公园、东京 Joypolis（室内游乐园）、Aqua city 台场（购物中心）并返回。7:00~23:00 左右开行，每隔 10~20 分钟一班。一日票也可以用于乘坐小小巴士。品川至台场最快 17 分钟可以到达。

URL www.km-bus.tokyo/route/odaiba

票价	一日票	换乘	使用 IC 卡	App
220 日元（儿童 110 日元）	500 日元	×	×	○

东京湾海水一般的海蓝色巴士

观光巴士 轻松游览东京

可以免去选择景点以及制订游览计划的麻烦。观光巴士游的优点就是可以从众多各具特色的线路中找到符合自己意愿的线路。在东京，开展观光巴士游项目的公司主要有 3 家。

◆ Hato 巴士

行程富于变化的观光巴士游

有时间较短的线路，用 1~3 小时的时间巡游东京的主要景点，还有行程为一整天的线路，根据游客需要的不同，线路设计也遵循了多样化。除了黄色车身的单层巴士及双层巴士，还有双层的敞篷巴士与黑色车身的豪华巴士。

◎推荐线路……双层敞篷巴士 · TOKYO Panorama 之旅

乘坐没有顶部的双层敞篷巴士，途经国会议事堂、东京塔等景点的线路，全程所需时间 60 分钟。出发地点为东京站丸之内南口等处。非常适合想尽可能地饱览东京风光的游客。费用为成人 1800~2000 日元，儿童 900~1000 日元。

URL www.hatobus.co.jp

◆ Sky bus 东京

敞篷双层红色巴士

在东京丸之内等人流较多的地区设有售票点，无须预约就能乘车。坐在敞篷巴士里，可以尽情地观赏东京的景色。有 3 条线路。车上有导游。

◎推荐线路……皇居 · 银座 · 丸之内线路

尤其适合初次到东京旅游的游客。可以游览丸之内、千鸟渊、国会议事堂、银座的经典线路。一天开行 3~4 班，所需时间约 50 分钟。费用为成人 1600 日元，儿童 700 日元。

URL www.skybus.jp

◆东京餐厅巴士 乘车巡游著名景点的同时品尝精致的美食

从东京站对面的丸之内大厦前出发，途经东京塔、台场、银座等人气旅游地点，双层敞篷巴士中有面对面式的座位，可以在观赏景色的同时品尝美食，有日本料理与西餐可供选择。

◎推荐线路……欧洲菜肴的午餐

中午出发，可以在品尝欧洲美食的同时乘车游览东京塔、彩虹桥。在 Aqua city 台场有大约 30 分钟的自由活动时间。费用 1 人 7800 日元 ~。

URL sp.willer.co.jp/restaurantbus

乘坐可 360 度观景的双层敞篷巴士 体验东京全景观光巴士

在东京的 Hato 巴士观光项目中，有"短时间内周游东京"的巴士游，时间为 60~90 分钟。适合打算利用不多的空余时间来高效地游览东京的游客。

东京全景观光巴士（彩虹桥与银座）线路

- Start 东京站丸之内南口
- 日比谷公园
- 霞关
- 国会议事堂
- 虎之门 Hills
- 东京塔
- 彩虹桥→台场
- 丰洲
- 胜哄桥
- 筑地
- 歌舞伎座
- 银座
- Goal 东京站丸之内南口

东京塔

建成于 1958 年，高 333 米，是东京旅游的热门景点。在天气晴朗的日子，橘红色的塔身与蔚蓝的天空相映成趣，构成绝佳的景致

❶购票

可以在网上购票，但只要有空座位，当天在售票窗口购买也可以

❷前往乘车处

乘车处位于东京站丸之内南口。出站后步行 2 分钟

❸乘车

乘上 'O Sola mio。需对号入座

国会议事堂

建筑为对称结构，左半部分为众议院，右半部分为参议院

胜哄桥

隅田川上的大桥，连接筑地与月岛，全长 246 米。被列为日本重要文化遗产

银座

坐在敞篷巴士上仰望，会感觉这里的天空很窄，林立的高楼也别有一番情趣

东京站

东京的门户东京站。用红砖建成的车站建筑，由辰野金吾设计，现在已被列为日本重要文化遗产

其他的短程线路

双层 Hello Kitty 巴士

在海岸地区开行 80 分钟

双层 Hello Kitty 巴士

在表参道・涩谷开行 90 分钟

双层敞篷巴士

在东京樱花回廊开行 60 分钟（仅限特定季节）

彩虹桥

1993 年开通的吊桥，全长 798 米。可以在开放式的巴士上观赏临海副都心的美景，海风拂面，非常惬意。天气晴朗时能远眺东京晴空塔

导游会向游客介绍很多"有关东京的小知识"。游客可以在短时间内饱览东京的风光

东京全景观光巴士游

来到东京，如果有一点点空闲时间，建议体验一下"东京全景观光巴士"。可以乘坐双层敞篷巴士 'O Sola mio，用 60 分钟时间游览东京市中心的主要景点，以最简单的方式获得饱览风光的快乐。一天最多时会开行 20 班，所以基本上不用等待，有时甚至会出现一个游客独自乘车的情况。坐在双层敞篷巴士上观看东京市中心的街景，与平时的感觉完全不同，抬头看去，交通信号灯及道路标识贴着车顶向后移去，冲击力很强。而且导游讲解的"有关东京的小知识"也非常有趣。

■株式会社 Hato 巴士
URL www.hatobus.co.jp
■Hato 巴士预约中心
TEL 03-3761-1100（8:00~20:00/ 全年无休）
MAP 别册 p.16-B2
住 东京营业所・东京站丸之内南口乘车处 TEL 03-3201-2725
营 7:00~19:00（冬季 7:30~） 休 无 所需时间 60 分钟 费 成人 1800~2000 日元、儿童 900~1000 日元 交 从 JR 东京站丸之内南口步行 2 分钟 CC ADJMV

从江户时代开始，东京就是一座水的城市。因为有河流与海洋，所以才有东京。这里有很多历史悠久的桥梁，乘船经过这些桥梁时，抬头看见的就是东京本来的面貌。沿隅田川而下，穿过彩虹桥，就能看见航行于东京湾上的大小货轮、油轮，以及开往离岛及九州方向的渡轮，有时还能看见巨大的豪华游轮。建议在水上领略一下东京的另一种风情。

水上巴士 非常有趣

水上巴士航行于隅田川及该河流的入海口一带。去往一些地点，乘船会比乘巴士或轨道交通工具更快。船内会播放广播，介绍船周围的美景。东京晴空塔、清洲桥及永代桥等共计13座桥梁，每座桥梁都有自己的个性。如果在夕阳西下时去乘船，会看到周围的灯光倒映在水面上，形成一幅浪漫的画卷。

TOKYO CRUISE 乘坐形似宇宙飞船的游船沿河向下游行驶

有往返于隅田川上的游船，连接浅草与台场。共有10多艘这样的游船在多条线路上航行。其中，有漫画家松本零士参与设计的Emeraldas号、Hotaluna号、Himiko号等既适合大人也适合儿童的游船。船内装扮成《银河铁道999》中的铁郎与梅蒂尔的工作人员会向游客介绍河两岸的建筑。另外，船内陈设也非常前卫，乘船本身就会让游客感到非常兴奋。这种游船很受游客欢迎，所以建议事先在网上预约（截至出发前5分钟）。Emeraldas内有4人舱，非节假日3000~3500日元，周六、周日、法定节假日3500~4000日元，提供饮料。航行时刻安排有时会因季节或举办的活动而改变。每年观赏樱花的时候会增加班次，还有为夜晚赏樱而准备的游船。潮位较高时及定期检修时停运。

URL www.suijobus.co.jp

Emeraldas号就像是一艘宇宙飞船航行于太空之中

◆ TOKYO CRUISE的乘船处与线路

※有大人陪伴的一名儿童可免票，两名以上的儿童需购票

乘船处	船名	航行用时及去往地点	开行	单程票价（儿童半价）
浅草 交 从雷门步行3分钟 从地铁浅草站步行1分钟 从地铁浅草站步行3分钟	Emeraldas号	▶55分钟 台场海滨公园	均为1天2~3班（每月2次停运）	至台场1720日元 至日出栈桥1200日元 至丰洲1200日元、至滨松町栈桥2060日元
	Hotaluna号	▶40分钟 日出栈桥 ▶20分钟 台场海滨公园		
	Himiko号	▶35分钟 丰洲 ▶30分钟 滨松町栈桥		
	—	▶35分钟 滨离宫 ▶25分钟 日出栈桥	1天7~9班	至滨离宫含门票1040日元（儿童400日元）、至日出栈桥860日元
滨离宫 交 从JR新桥站步行12分钟	—	▶5分钟 日出栈桥 ▶40分钟 浅草	11:15~16:05，40~55分钟1班	至日出栈桥240日元 至浅草800日元
日出栈桥 交 从百合海鸥线日出站步行2分钟	部分为Hotaluna号	▶40分钟 浅草	10:00~16:25，35~60分钟1班	860日元 Hotaluna号1200日元
	部分为Hotaluna号	▶40分钟 台场海滨公园	11:40~17:50，40~50分钟1班	520日元 Hotaluna号860日元
	—	▶25分钟 Pallet town ▶10分钟 东京Big Sight	10:00~17:00，1~2小时1班	至Pallet town、东京Big Sight均为460日元
台场海滨公园 交 从百合海鸥线台场海滨公园站步行5分钟	Hotaluna号	▶20分钟 日出栈桥 ▶55分钟 浅草	均为1天2~3班（每月2次停运）	至浅草1720日元 至日出栈桥860日元
	Emeraldas号	▶55分钟 浅草		
	—	▶20分钟 日出栈桥	12:05~18:10，45~60分钟1班	520日元
Pallet town 交 从百合海鸥线青海站直达	—	▶10分钟 东京Big Sight ▶25分钟 日出栈桥	13:25~17:25，每逢25分时起航	至东京Big Sight 240日元至日出栈桥460日元
东京Big Sight 交 从百合海鸥线国际展示场正门站步行3分钟	—	▶25分钟 日出栈桥	10:35~17:35，1~2小时1班	460日元
丰洲 交 从百合海鸥线丰洲站步行5分钟	Himiko号	▶30分钟 滨松町栈桥 ▶40分钟 浅草	1天2班	至滨松町栈桥860日元 至浅草2060日元

东京水滨线 隅田川至台场

从两国出发，巡游浅草、竹芝、台场的游船。船顶部有平台，可以360度观景。船内有自动售货机，仅提供软饮。允许自带食物上船，所以最好带上午餐。周末有夜间航行的班次，可以观赏东京晴空塔及东京湾的美景夜景（2200日元，需要预约）。基本上不需要预约，但樱花季节等游客较多的时候建议提前预约。关于预约及航班安排，可在官网上查询。

营 9:15~17:20 开行，1天5班 休 周一（逢法定节假日改至次日） 费 两国→台场 1200日元，夜间游船 2200日元。儿童半价

URL https://qrtranslator.com/0000005757/000079

顶部平台可360度观景

线路

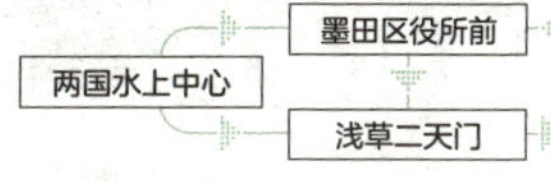

WATERS 竹芝 → 台场海滨公园

※ 也有经由越中岛、圣路加花园前的航班

东京水上出租车 可包租的小艇

可乘坐8人的黄色小艇，是东京最早的水上出租车。可在前一天或当天预约，手续简单，打一个电话就能办理租船，很受欢迎。可在东京市中心河道的34个地点乘船或靠岸，完全不受交通拥堵的困扰。没有固定的航线，船长可以根据游客的要求来操控小艇，可以驶入很窄的运河或者去看一看奥运设施、港口内的龙门吊。还可以在岸边的店铺前停靠，叫一个外卖带上船。也按区间提供客运服务，乘客混乘，乘坐1个区间单人票价500日元。

营 11:00~21:00 开行 11:00~21:00

费 30分钟1艘小艇10000日元（含税），60分钟1艘小艇18000日元（含税） 休 周一（逢法定节假日营业） TEL 03-6673-2528

有很多家庭游客及团体游客都选择包船

乘坐水陆两用巴士"Sky Duck"游览！

◆ **Sky Duck 台场**

从东京 Teleport 站前的"台场SKY游客中心"出发的水陆两用巴士游。有沿东云运河航行的丰洲线路以及从彩虹桥下穿过的台场全景观光线路。可在官网查询运营信息。

URL www.skybus.jp

MAP 别册 p.49-C1

住 江东区青海1-2-1 TEL 03-3215-0008 营 10:00~16:00（各线路不一） 休 周二、天气不佳时 费 3500日元、儿童1700日元 交 从东京临海高速铁道临海线东京 Teleport 站步行1分钟

共享单车

经济、方便、健康、环保！

需要的时候，租一辆单车骑走，到达目的地后把单车停到专用的停车点，这种共享单车系统已经在全世界的城市快速地发展起来。无须把单车还回租借的地点，可以根据实际需要使用，30分钟也好，一整天也好，这样使用的效率就大大提高了。使用时，将IC卡对准单车上的操作面板（或录入密码）来解锁，之后就可以骑乘了。要事先注册成为会员。可以选择在骑行区域内业务开展较好的公司运营的共享单车。

注意：需要有智能手机或平板电脑，无法使用现金支付费用。目前没有供儿童使用的单车，单车上也没有安装儿童座椅，只能供身高在145厘米以上者使用。

DOCOMO 共享单车 适合希望有较多停车点及单车的骑乘者

在新宿区、涩谷区、港区、文京区、千代田区、中央区、品川区、目黑区、大田区、江东区、练马区这11个区内设有840个（8400辆单车）停车点。车上带有电动助力系统，让骑行变得更加轻松。有可显示停车点位置及操作程序的App，非常方便。还有伤害保险。

费 最初30分钟150日元，之后每30分钟100日元。可在网上或便利店里购买一日骑行券。价格为1500日元，至购券当天的23:59有效。可用信用卡或DOCOMO Pay支付

URL docomo-cycle.jp/

◎紧急联络方式 TEL 0570-783-677

哈罗单车 适合在下町地区骑行

在上野、浅草、东京晴空塔所在的台东区、墨田区、江户川区设有很多停车点。可通过专门的App预约车辆，还能显示各停车点可租借单车数量以及可接受归还单车数量。有伤害保险。

费 15分钟70日元，12小时1000日元。可用信用卡、IC卡、Yahoo! Wallet、Carrier付款

URL www.hellocycling.jp/

◎紧急联络方式 ✉ customersupport@hellocycling.jp

PIPPA 租车方式简单

有24个停车点，集中在丰岛区、板桥区、北区。采用三挡变速的轻便单车。在专用App上触碰一下，就能临时停车。可通过手机号码及社交媒体账号注册会员。有伤害保险。

费 最初的30分钟100日元，之后每30分钟50日元。24小时任意骑行300日元，72小时800日元。可使用信用卡、手机Suica（普通的Suica不能使用）、Carrier付款、Apple Pay支付

URL pippa.co.jp/

◎紧急联络方式 TEL 0120-288-870

COGICOGI 新宿至晴空塔的区域

覆盖新宿区、涩谷区、港区、千代田区、中央区、目黑区、台东区、墨田区8区。有3种价格的租车方案可供选择，适用时间从半日到两天，在有效期内可自由更换单车。全部为电动助力单车。有伤害保险。

费 12小时2100日元，24小时2400日元，48小时3600日元。还可长期租车。超时后延时租车每小时100日元。只能使用信用卡支付

URL cogicogi.jp/

◎紧急联络方式 ✉ support@cogicogi.jp

第二章 区域导航

※ 受新冠肺炎疫情影响，景区的营业时间会发生变更，详细情况请咨询景区

景区导览

日本桥·银座·筑地周边

东京是位居世界前列的大城市。东京的商业就发源于这个区域。这里由最初的江户町人聚居地日本桥发展成为大江户八百八町，以致成了世界的东京。游览这个不断发展的地区是一件非常有趣的事情。

MAP 别册 p.16-17 »

1

在这里了解东京的“今”与“昔”

日本桥

▶p.92

位于东京中央区北部的“日本桥”是江户时代初期修建的一座桥，为当五街道的起点。这一带在当时就是繁华的城下町，现在仍然非常热闹，除了有很多老店，还有现代化的商业设施，里面开设着许多时尚店铺。

MAP 别册 p.18-19 »

2

可以在颇具风情的小巷里徒步游览

人形町·水天宫

▶p.100

人形町位于日本桥地区的东北部。江户时代，有很多净琉璃的木偶（人形）表演者居住于此。2016年水天宫建成了新的社殿，在水天宫与人形町之间的甘酒横丁是著名美食街。

MAP 别册 p.20-21 »

3

娱乐街 & 商业街

有乐町·日比谷

▶p.104

位于皇居旁边的有乐町与日比谷一带，由江户时代的武士住宅区发展而来。现在是著名的娱乐街区、商业街区与美食街区，有东京宝冢剧场、日生剧场、帝国剧场、日比谷 Midtown 等娱乐及商业设施。

这片景区内的游览推荐“5”

❶ 日本桥的老店购物 ▶ p.354~
❷ 品尝江户前寿司 ▶ p.314~
❸ 逛筑地场外市场 ▶ p.118~
❹ 前往文字烧起源的店铺 ▶ p.59
❺ 日本桥七福神巡游 ▶ p.98

北千住站
荒川区
足立区
东北新干线
田端站
西日暮里站
南千住站
JR常磐线
日暮里站
隅田川
墨田区
台东区
上野公园
上野站
浅草站
东京晴空塔
御茶水站
秋叶原站
浅草桥站
两国站
锦系町站
JR总武线
东京站
1
2
3
有乐町站
4
隅田川
江东区
中央区
新桥站
5
6
JR京叶线
滨松町站
丰洲站
百合鸥线
临海线
有明站
东京Big Sight站
台场站
青海站
天王洲站
东京港
海之森公园

MAP 别册 p.20-21 »

4 地名已经成为品牌的日本高级商业街

银座 ▶p.108

银座是日本首屈一指的商业街，除了有品牌专卖店、大型百货商场，还有米其林餐馆、高级日本料理店、高级夜总会。银座的中心是位于银座四丁目的十字路口，那里是全日本地价最高的地方。

MAP 别册 p.22-23 »

5 筑地场外市场有众多美食

筑地 ▶p.114

位于银座以南的筑地，在东京批发市场搬迁至丰洲之前的 80 多年里，一直是东京的美食汇集地。市场搬迁后，原来市场外的店铺得以保留，现在仍然有很多人来此品尝各种美食。

MAP 别册 p.22-23 »

6 文字烧的胜地成了下町与高级住宅区融合之地

佃岛·月岛 ▶p.120

佃岛地区形成于江户时代的填海造地，围绕着住吉神社不断地发展扩大。月岛地区形成于 19 世纪后半期的填海造地，现在建有很多高级公寓楼。月岛也是文字烧的发源地。

日本桥

日本桥是江户时代日本道路的起点。现在也是测量道路时的起始点

区域内可利用的车站

▼日本桥站
- Ⓖ东京地铁银座线
- Ⓣ东京地铁东西线
- Ⓔ都营浅草线

▼三越前站
- Ⓖ东京地铁银座线
- Ⓩ东京地铁半藏门线

投币寄存柜信息

在日本桥站，如果乘坐东京地铁银座线·东西线，A6、B6、C2、C4出口附近设有投币寄存柜，如果乘坐都营浅草线，D1、D2出口附近设有投币寄存柜。在三越前站，银座线中央检票口以及A9、B6出口附近设有投币寄存柜。

URL www.coinlocker-navi.com

前往日本桥站的方法

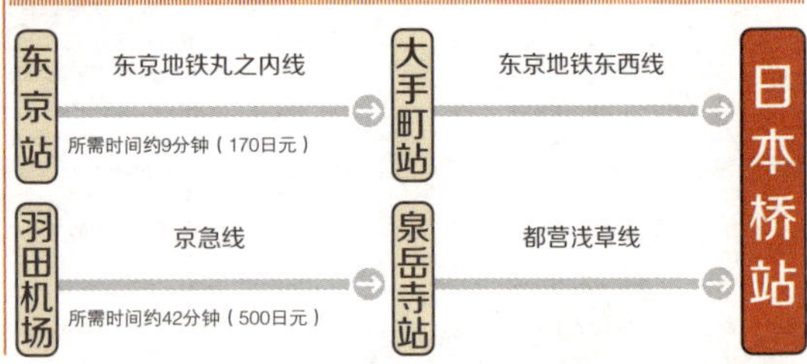

民谣《江户日本桥》歌唱了始于日本桥的东海道五十三驿。从歌词里可以知道，日本桥是江户时代初期（1603 年）整修五街道时的基础点。之后，这里一直是日本道路网的起始点，还有道路起始点的标记。这座桥历史上经过多次重修，现存石结构双拱桥建于明治 44 年（1911 年），为第 20 次修建，是重要的文化遗产。为庆祝建桥 100 周年，在桥的一端修建了可供神田川游船等船只停靠的小码头。桥周围曾经是十分繁华的城下町，有很多大型的店铺，包括三越百货前身、始于江户时代的越后屋。现在也有很多历史悠久的百货店及商铺，还有现代化的大型综合商业设施，“传统的东京”与“现代的东京”在这里并行发展。

info **日本桥邮局** 日本邮政事业的发祥地有前岛密的铜像。可以在邮票上加盖“日本桥风景”的邮戳。

漫步方式

❖日本桥南北的两个中心

日本桥地区夹日本桥川南北向延伸，有21个带有“日本桥”的地名（过去有包括八重洲在内的22个带日本桥的地名）。徒步游览的起点车站为位于日本桥南侧的日本桥站以及北侧的三越前站。连接着两个车站的中央路是这里的主街道，步行10分钟左右可以从一个车站到达另一个车站。步行途中，会路过日本桥上有展翅麒麟的柱子，可以停下来看一看。

位于日本桥中间部分的青铜麒麟像。麒麟呈展翅状，像是要从日本桥上飞走

日本桥站一带（中央区日本桥）有建于1933年的老百货商店日本桥高岛屋（重要文化遗产）、夏目漱石与芥川龙之介等日本著名作家曾经经常光顾的丸善日本桥店、日本桥地区再开发时首先修建的综合商业设施Coredo日本桥。桥东侧是日本的金融中心日本桥兜町。可以免费参观东京证券交易所。

在桥北侧的三越前站一带（中央区日本桥室町），有建于1935年的日本桥三越百货店（重要文化遗产）、1896年竣工的后巴洛克风格的日本银行主楼（重要文化遗产）、1929年竣工的带有水泥排柱的三井本馆（重要文化遗产）等厚重的历史建筑以及引进了诚品生活等店铺的综合商业设施Coredo室町等流行文化的发源地。

中央路两边的街道也非常值得一逛。有历史悠久的餐馆、吴服店、金店以及画廊，其中不乏广受关注的店铺。

漫步计划

日本桥（▶p.94）

↓步行9分钟

日本桥三越总店（▶p.95）

↓步行3分钟

日本银行总部（▶p.94）

↓步行3分钟

三井本馆（▶p.135）

↓步行2分钟

COREDO室町Terrace（▶p.96）

▶丸善的原创肉丁洋葱饭

关于肉丁洋葱饭（Hyashi Rice）的起源，有多种说法。在日本桥一带，人们普遍认为是丸善的创始人早矢仕有的（Hayashi Yuteki）发明的。丸善日本桥店3层有Maruzen Cafe，可以品尝到肉丁洋葱饭。当然还有其他说法，例如有的人认为这个菜名源自早矢仕经常光顾的神田西餐馆三河屋的Hashed beef，也有的人认为是宫内厅大膳寮首任厨师长秋山德藏把自己发明的菜品传授给上野精养轩一个姓林的厨师之后变成了现在的菜名。

▶春季乘坐日本桥樱花巴士观赏樱花

每年到了赏樱花的季节，在周六及周日会开行免费的敞篷巴士，巡游日本桥一带的著名观花地点。巴士往返于Coredo室町·三越日本桥前～人形町·甘酒横丁之间。

信息看板

奈良Mahoroba馆出售奈良的土特产品并举办文化讲座

东京有日本全国各地方行政机构设立的直销店，特别是在日本桥一带，有福岛、新潟、富山、三重、奈良、长崎这6个县的直销店。来日本桥游览，也可以去各县的直销店看一看，品尝一下美食或者购买一些手工艺品。

福岛县：日本桥福岛馆MIDETTE 住 中央区日本桥室町4-3-16柳屋太洋大厦/新潟县：BridgeNiigata 住 中央区日本桥室町1-6-5 Daishi东京大厦/富山县：日本桥富山馆 住 中央区日本桥室町1-2-6日本桥大荣大厦/三重县：三重Terrace 住 中央区日本桥室町2-4-1 YUITOANNEX/奈良县：奈良Mahoroba馆 住 中央区日本桥室町1-6-2日本桥室町162大厦/长崎县：日本桥长崎馆 住 中央区日本桥室町2-1-3 Urbannet日本桥二丁目大厦

info **限高** 为了保持景观的统一，日本桥室町一带规定建筑高度不能超过31米。

日本桥的主要景点

自江户时代起就是日本道路的起始点

日本桥

MAP 别册 p.17-B3

庆长8年（1603年）德川家康下令修建的桥梁。次年成为五街道的起点，现在也是日本道路的起始点，在桥的中间处镶嵌有“日本国道起始点标记”。现存石结构双拱桥完工于1911年，是在此第20次建桥。

桥上有狮子像及灯柱等精美的装饰

▶日本桥

住 中央区日本桥1-1
营 24小时
休 无
费 免费
交 从地铁三越前站B6出口步行1分钟

桥中央有4座麒麟像

负责日本纸币发行的金融中枢

日本银行总部

MAP 别册 p.17-A3

明治15年（1882年）开始运营，是日本唯一的一家中央银行。主楼是日本建筑师设计的首个国家机构办公建筑，设计者辰野金吾借鉴了欧美的银行建筑，采用古典主义的建筑风格，大楼于明治29年（1896年）竣工。

大楼为重要文化遗产，内部可供参观

▶日本银行总部

住 中央区日本桥本石町2-1-1 电 03-3277-2815（参观接待） 营 预约参观9:30~10:30、11:00~12:00、13:45~14:45、15:15~16:15 ※预约至少要提前7天，参观者年龄应在小学5年级以上（小学生需监护人陪伴），无预约的当日参观时间为12:45~13:15 休 周六、周日、法定节假日 费 免费 交 从地铁三越前站B1出口步行1分钟，从A5出口步行2分钟，从JR东京站日本桥出口步行8分钟，从JR神田站步行8分钟 网 日本银行官网总部参观 www.boj.or.jp/about/services/kengaku.htm/

介绍日本货币历史的博物馆

日本银行货币博物馆

MAP 别册 p.17-A3

展品主要由古代货币收藏家及研究者田中启文捐赠的藏品构成。有和同开珎的大判、小判以及与货币有关的历史资料等，共3000多件。可以体验1亿日元纸币的重量并了解纸币防伪技术。

大判实物的黄金光泽

▶日本银行货币博物馆

住 中央区日本桥本石町1-3-1（日本银行副楼内）
电 03-3277-3037
营 9:30~16:30（入场截至16:00）
休 周一（逢法定节假日开馆）
费 免费
交 从地铁三越前站B1出口步行1分钟

介绍过去的造币方法并展出稀有的外国货币

可祈求消除厄运及提升财运

小网神社

MAP 别册 p.17-B4

建于550年前。这座神社被人们认为具有提升运势、消除厄运的神力。据说在神社内的洗钱井里清洗钱币就能提升财运。

社殿上有可提升运势、消除厄运的龙形雕刻

▶小网神社

住 中央区日本桥小网町 16-23
电 03-3668-1080
营 10:00~17:00（商店）
休 无
费 免费
交 从地铁人形町站 A2 出口步行 4 分钟

日本桥地区的神社建筑，已被列为中央区有形文化遗产

主楼在日本是首个被指定为国家重要文化遗产的百货商店建筑

日本桥高岛屋 S.C.

MAP 别册 p.17-B3

包括建于昭和初期的主楼建筑的日本桥高岛屋是高岛屋百货店的旗舰店。主楼、手表专卖店、东楼、新楼连为一体，客人可以在优雅的氛围里享受购物及品尝美食的快乐。最初开业时，楼顶就建有七福殿及玫瑰花园，现在已经是这里的著名景点。

进入主楼后是有大理石石柱的豪华大厅

▶日本桥高岛屋S.C.

住 中央区日本桥 2-4-1（主楼）
电 03-3211-4111（总机）
营 主楼 / 手表专卖店 10:30~19:30、新楼 ~20:00、东楼 ~21:00
※ 除去部分店铺
休 无
交 与地铁日本桥站相通

主楼、新楼、东楼有天桥或地下通道相连

历史悠久的百货店

日本桥三越总店

MAP 别册 p.17-A3

明治37年（1904年）创立，是日本最早的百货商店。庄重的文艺复兴式主楼初建于1935年，现在是日本国家重要文化遗产。各层都有专职的礼宾员，可以协助顾客购物。

有很多日本桥三越总店限定美食及伴手礼

▶日本桥三越总店

住 中央区日本桥室町 1-4-1
电 03-3241-3311（总机）
营 10:00~19:00（主楼、新楼的地下层至1层的免税柜台 ~19:30，新馆 9 · 10 层餐馆 11:00~22:00）
休 不定期
交 地铁三越前站 A3 · A5 出口直通

主楼正门处的狮子像是三月百货的标志

收藏日本及东方的艺术作品

三井纪念美术馆

MAP 别册 p.17-A3

展出三井家自江户时代开始收藏的大约4000件美术品。展品中有茶具、刀剑，包括6件日本国宝、75件重要文化遗产、4件重要美术品，还有13万枚来自世界各地的珍贵邮票。另外，三井家的国宝茶室“如庵”也在此得到重现。

可以仔细欣赏日本的传统美

▶三井纪念美术馆

住 中央区日本桥室町2-1-1 三井本馆7层 电 03-5777-8600（代理客服）
营 10:00~17:00（入场截至16:30）
休 周一 费 1000日元，高中生·大学生500日元，中学生及以下免费（※特别展另行规定费用） 交 从地铁三越前站A7出口步行1分钟

位于重要文化遗产三井本馆内，背后是日本桥三井塔大厦

重温令人怀念的老电影

国立电影资料馆

MAP 别册 p.21-A4

日本国立美术馆的第6个分馆，也是日本唯一的以电影为主题的国立博物馆。在放映大厅，可以按照导演、拍摄国家、类型来选择作品观看。还设有收藏着5万多册电影相关书籍的图书室以及可以开办展览的展厅。

常设展展出电影海报以及各种电影器材

▶国立电影资料馆

住 中央区京桥3-7-6 电 050-5541-8600（代理客服） 营 放映厅根据放映时间而定，展厅11:00~18:30（入场截至18:00），图书室12:30~18:30（入场截至18:00） 休 周一，放映准备·重新布展期间 ※图书室周日、周一、法定节假日 费 520日元（高中生·大学生310日元，小学生·初中生100日元） 交 从地铁宝町站A4出口步行1分钟

会举办有关电影的讨论活动及演讲会

保持着传统的日本桥有各种店铺

COREDO 室町 Terrace

MAP 别册 p.17-A3

日本桥室町三井塔大厦地下1~2层有30多家出售食品及生活用品的店铺。包括源自中国台湾地区的文化体验型店铺“诚品生活”等来自海外的店铺，出售精美的时尚生活用品、传统工艺品的店铺以及各种美食餐馆。

在充满绿色的屋檐广场上可以举办活动

▶COREDO 室町Terrace

住 中央区日本桥室町3-2-1
电 各店铺不一
营 10:00~21:00（各店铺不一）、餐馆11:00~23:00（各店铺不一）
休 不定期
交 从地铁三越前站A8出口步行即至

商务区内的休闲场所，可以品尝美食及购物

著名的祈求财运的地点

福德神社（芽吹稻荷）

MAP 别册 p.17-A3

位于林立的高层建筑之间的神社。德川幕府第二代将军德川秀忠一次在正月拜谒时，遇到鸟居上发出嫩芽，因此后来这里也被称为"芽吹稻荷"。江户时代曾经发行"富签"（一种类似于彩票的东西），很多人到此祈求财运。

历史悠久的神社，德川家康也曾来此拜谒

▶福德神社（芽吹稻荷）
住 中央区日本桥室町 2-4-14
电 03-3276-3550
营 9:00~17:00（商店）、御朱印受理 10:00~15:00
休 无
费 免费
交 从地铁三越前站 A6 出口步行 1 分钟

通向神社的名为新浮世小路的参道

信息看板

主要举办近代美术作品展出的丸之内美术馆

三菱一号馆美术馆

2010 年春，在东京丸之内开馆。从 JR 东京站步行 5 分钟可至。每年举办 3 次 19 世纪后半叶至 20 世纪前半叶的近代美术作品展。

所在的红砖建筑由建于 1894 年的"三菱一号馆"（Josiah Conder 设计）改建而成。

藏品以与该馆建筑同时代的 19 世纪末西方美术作品为主，包括亨利·德·图卢兹·罗特列克、奥蒂诺·雷东、菲利克斯·瓦洛东的作品。

馆内还有博物馆咖啡吧"Café 1894"、博物馆商店"Store 1894"及介绍丸之内历史的"历史资料室"。

MAP 别册 p.16-C1 住 千代田区丸之内 2-6-2 电 050-5541-8600（代理客服） 营 10:00~18:00 ※除法定节假日·换休日的周五、每月第 2 个周三、展览最后一周的非节假日至 21:00 ※入馆截至闭馆前 30 分钟 ※可能出现临时变更时间的情况（详情可在官网查询） 休 周一（逢法定节假日、换休日、展览最后一周闭馆）、布展期间 ※可能出现临时闭馆、休息的情况（详情可在官网查询） 费 各展览不一 交 从 JR 东京站丸之内南口步行 5 分钟，从 JR 有乐町站国际论坛口步行 6 分钟，从地铁二重桥前、丸之内站 1 号出口步行 3 分钟，从地铁有乐町站 D3/D5 出口步行 6 分钟，从地铁日比谷站 B7 出口步行 3 分钟，从地铁东京站检票口沿相连的通道步行 6 分钟 URL https://mimt.jp/

红砖建筑的外观非常漂亮

由银行的营业厅改建而成。现为博物馆咖啡吧

展厅内部

与三菱一号馆美术馆相邻的一号馆广场。现在展出着埃米利奥·格雷科等人的 3 个雕塑作品

日本最快旅程，两小时游览 7 个景点

日本桥七福神巡游

七福神巡游始于室町时代，深受江户平民的欢迎。体验在日本并不多见的只由 7 个神社构成的旅程。

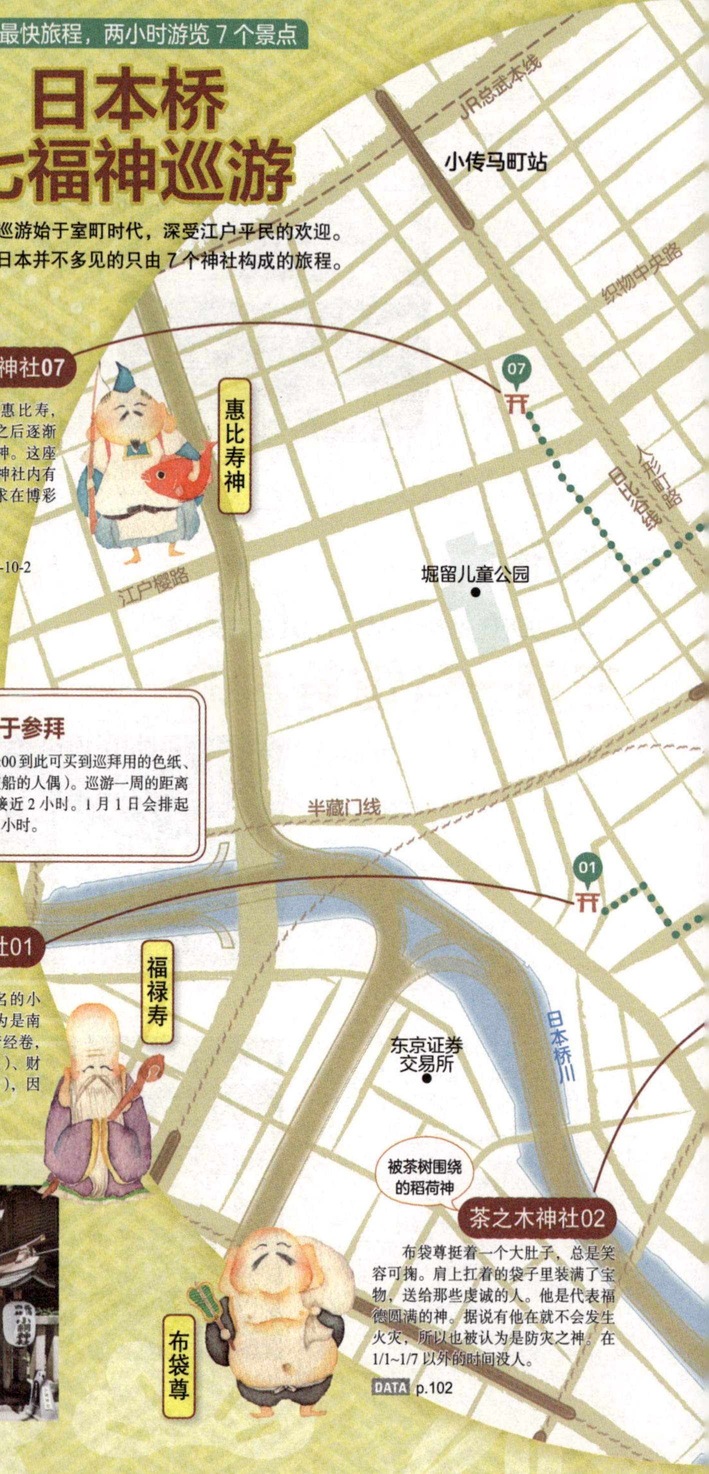

小传马町站
JR总武本线
织物中央路
人形町路
日比谷线
江户樱路
堀留儿童公园
半藏门线
东京证券交易所
日本桥川

七福神中唯一生于日本的神

椙森神社07

惠比寿神

手拿鱼竿和鲷鱼的惠比寿，古时为掌管渔业之神，之后逐渐成了主管生意兴隆的财神。这座拥有 1000 年历史的古老神社内有富塚，很多人来这里祈求在博彩中奖。

MAP 别册 p.17-A4
住 中央区日本桥堀留町 1-10-2
电 03-3661-5462
交 从地铁小传马町站 3 号出口步行 5 分钟

关于参拜

1/1~1/7 的 9:00~17:00 到此可买到巡拜用的色纸、宝船、御神像（乘坐宝船的人偶）。巡游一周的距离约 3 公里，所需时间接近 2 小时。1 月 1 日会排起长队，所以有时要用 3 小时。

头很长，深受江户平民的喜爱

小网神社01

福禄寿

在以驱除厄运而闻名的小网神社内。福禄寿被认为是南极星的化身，手杖上挂着经卷，可以给人们送去幸福（福）、财富（禄）、健康长寿（寿），因此很受人们的尊崇。

DATA p.95

被茶树围绕的稻荷神

茶之木神社02

布袋尊

布袋尊挺着一个大肚子，总是笑容可掬。肩上扛着的袋子里装满了宝物，送给那些虔诚的人。他是代表福德圆满的神。据说有他在就不会发生火灾，所以也被认为是防灾之神。在 1/1~1/7 以外的时间没人。

DATA p.102

寿老神喜欢饮酒，是水产业的守护神，也是可以把人的命运导向好的方向的福德长寿之神，手握的桃子象征着长寿。与德川幕府第五代将军德川纲吉有着深厚渊源的本殿里，寿老神被供奉于左侧。

DATA p.103

曾为游郭的吉原就在这里，末广神社是游女町的氏神。毘沙门天是战神，所以很多人都来此祈求胜利或者祈求伤病痊愈、驱除厄运。

MAP 别册 p.18-A1
住 中央区日本桥人形町 2-25-20
电 03-3667-4250
休 无
交 从地铁人形町站 A4 出口步行 3 分钟

以祈求安产、得子而闻名的水天宫内供奉的弁财天。弁财天被认为是音乐、演艺、演讲之神。江户时代曾被供奉于有马家宅邸内。现在每月5日及巳日可以前来拜谒。

住 中央区日本桥蛎壳町 2-4-1 电 03-3666-7195 营 7:00~18:00（商店 8:00~17:00） 休 无 费 免费 交 从地铁水天宫前站5号出口步行1分钟

神社创立于镰仓时代，最初位于河流入海口处的一个小岛上，江户时代迁移至休闲娱乐街区，现在已进入大楼之中，供奉着14尊神。手持小锤子的大国神（大黑天）是掌管丰收、财产、食物的神祇。

DATA p.102

保持着江户时代町人文化“气质”的街区

人形町 · 水天宫

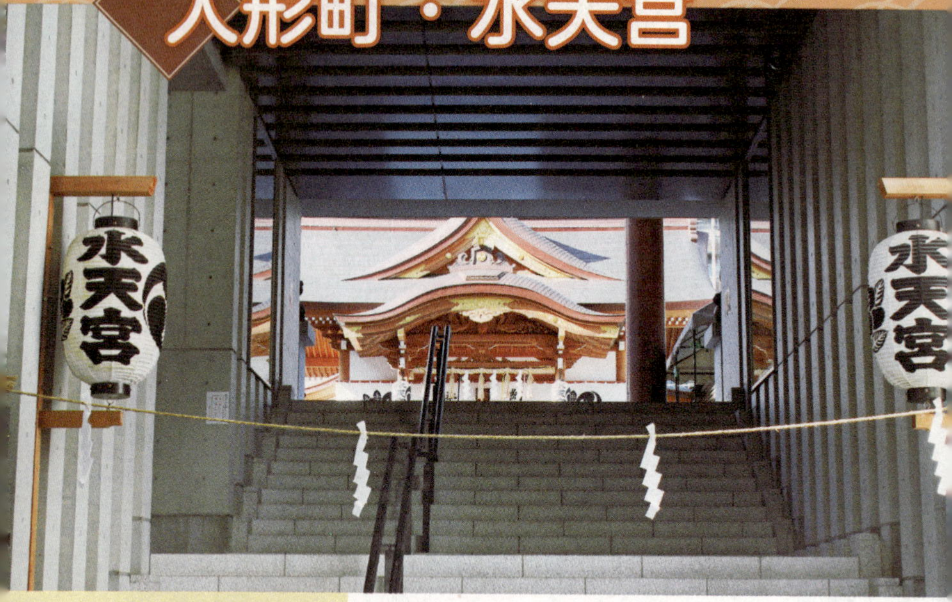

东京都内最有名的安产神社。每逢戌日及大安吉日，参拜者都很多，甚至会排起长队

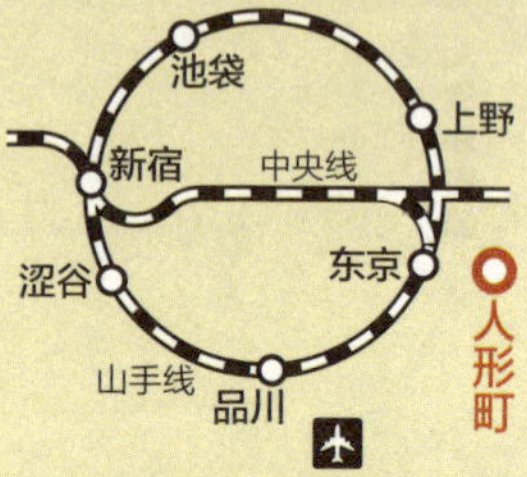

池袋
上野
新宿
中央线
东京
涩谷
山手线
品川
人形町

区域内可利用的车站

▼人形町站
Ⓗ东京地铁日比谷线
Ⓐ都营浅草线
▼水天宫站
Ⓩ东京地铁半藏门线
▼茅场町站
Ⓣ东京地铁东西线
Ⓗ东京地铁日比谷线

投币寄存柜信息

在人形町站，A3 出口附近与去往 A6 出口的通道里设有投币寄存柜。在水天宫站，与 4 号出口相通的电梯附近设有投币寄存柜。

投币寄存柜查询网址

URL www.coinlocker-navi.com

前往人形町站的方法

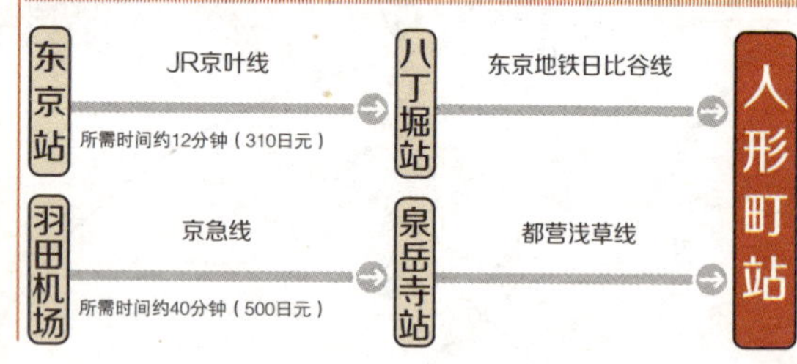

日本桥人形町 · 水天宫位于日本桥地区的东北部。江户时代这里是净琉璃、木偶剧、歌舞伎等町人文化繁荣之地，有很多净琉璃的木偶（人形）表演者及制作者居住在这里，人形町的地名也因此而来（关东大地震之后的 1933 年正式定名）。观赏戏剧的人们会集于此，所以也有很多茶馆应运而生。而且各个季节还有雏人形、菖蒲人形的市场，从江户时代开始，这里就是全年都很热闹的地区。到了明治时期，因有马藩主的宅邸迁移，在这里修建了藩邸内社水天宫，祈求安产、得子的人们让这里变得更加热闹。现在这一带仍然保持着浓郁的下町风情，有很多经营了几代人的老店。

江户的游郭街——“吉原” 从现在的日本桥人形町二丁目的中央区域穿过的大门路，在 1612~1657 年是通向江户游郭街——“吉原”的道路。吉原在 1957 年的大火中被完全烧毁。之后在浅草一带建起了新吉原。

漫步方式

❖在甘酒横丁周边有很多老店

人形町站与水天宫之间的道路为人形町路。从这条道路的中点附近向滨町公园方向延伸的是甘酒横丁，可以围绕着这里游览一下人形町·水天宫一带。

每天 11:00~19:00 每逢整点在人形町十字路口有两分钟的人偶剧表演

明治初期，这里有甘酒店尾张屋，还有许多为了参拜水天宫及看戏的客人而建的店铺，从而形成了甘酒横丁。当时是现在的大路南边的一条小巷。现在的甘酒横丁，有传统老店"甘味处"以及洋气的西餐馆、咖啡馆、欧美进口商品店、工艺品店等。可以在游览的同时感受到怀旧情调。

与甘酒横丁相交的滨町绿化道上种植着四季花卉，很适合游览途中在此休息。绿化道入口处有歌舞伎中的弁庆像以及介绍人形町历史的"历史与文化散步道指南"。在与甘酒横丁的尽头相交的清洲桥路，有始于明治时期的剧场明治座，剧场的背后是隅田川岸边的滨町公园。

通向水天宫的人形町路两侧，大楼的数量在增加，但仍有很多保持着下町风情的店铺。从与银座路相交的十字路口到水天宫只有 250 米，但建议花上一点时间在这里好好逛一逛。

人形町路在过了新大桥路之后，名称就变为水天宫路。停车场上面的水天宫是 2016 年新建成的，有很多夫妻来此祈求顺利生产。从水天宫再往前，有皇家公园酒店与东京城市航空总站。

漫步计划

人形町站

↓ 步行10分钟

明治座（▶p.103）

↓ 步行5分钟

滨町公园

↓ 步行14分钟

人形町路

↓ 步行8分钟

茶之木神社（▶p.102）

▶馈赠佳品玉馒

位于甘酒横丁入口处的京果子店"玉英堂彦九郎"（创立于 1576 年）出售的玉馒（Gyokuman），看上去就像是普通的日式甜点中的馒头，但有板栗馅、红豆馅、樱花馅、白芸豆馅等多层馅，切开后会呈现出非常美丽的颜色组合。完全可以理解为什么这种甜点的正式名称叫作"宝馒头"。另外，在甘酒横丁中间区域有京果子店"彦九郎"，其创始人与玉英堂老板的祖先是兄弟。彦九郎馒头的做法与玉英堂玉馒的做法基本相同。这两家店的铜锣烧也非常有名。

●玉英堂彦九郎
住 中央区日本桥人形町 2-3-2
TEL 03-3666-2625
●彦九郎
住 中央区日本桥人形町 2-11-3
TEL 03-3660-5533
URL www.hikokurou.jp

信息看板

日本桥人形町一带，有供奉着七福神中各个神祇的神社，一般统称为日本桥七福神。各神社之间的距离很近，所以在这里可以用最短的时间巡游七福神。特别是初诣期间（1月1日~1月7日），被定为"日本桥七福神巡游"期，在各个神社里都能买到参拜用的宝船及色纸。想巡游日本桥七福神，可参见 p.98。

供奉着寿老神的笠间稻荷神社

info 从人形町路与甘酒横丁相交的十字路口向着与甘酒横丁相反的方向走过一个街区，有创立于 1760 年的"鸡肉料理 玉秀"（→p.61）。有一种说法认为，在 1891 年，亲子丼诞生于这里（还有一种说法认为在这之前大阪就已经有亲子丼了）。

人形町・水天宫的主要景点

广为人知的茶树神

茶之木神社

MAP 别册 p.18-A1

祭神为仓稻魂大社的伏见系稻荷神。据说因神社周围的茶树绿得非常好看而得名茶之木神社。1985年开始供奉布袋尊，从此成为日本桥七福神中的布袋尊神社。

神社所在土地曾为下总佐仓城主大老堀田家的宅邸，所以祭神也是这里的守护神

▶茶之木神社

住 中央区日本桥人形町 1-12-10
营 在 1/1~1/7 以外的时间没人
休 无
费 免费
交 从地铁水天宫前站 5 号出口步行 2 分钟

人形町西市

松岛神社

MAP 别册 p.18-A1

创立年代不详，但可以知晓的是源自镰仓时代元亨年间之前柴田家的宅内神社，当时位于松树繁茂的小岛上。1585年作为松岛稻荷大明神，开始允许公开参拜。1916年改名为松岛神社。也是日本桥七福神中的大黑神。

祭神为伊邪那岐神等 13 尊神

▶松岛神社

住 中央区日本桥人形町 2-15-2
Ⓣ 03-3669-0479
休 无
费 免费
交 从地铁水天宫前站 5 号出口步行 2 分钟

适合边走边品尝美食的下町小巷

甘酒横丁

MAP 别册 p.18-A1

保存着许多老店、名店并充满了下町风情的商店街。明治时期在小巷入口附近有一家甘酒店，所以小巷就得名甘酒横丁。有被称为三大鲷烧之一的著名店铺以及味道浓郁的人气豆腐店等。

商店街长约 400 米

▶甘酒横丁

住 中央区日本桥人形町 / 滨町
Ⓣ 各店不一
营 各店不一
休 各店不一
交 从地铁人形町站 A4 出口步行 1 分钟

还有出售散卖甜酒以及甜酒冰激凌的店铺

江户三十三观音的第三个札所寺院

大观音寺

MAP 别册 p.18-A1

建于明治13年（1880年），供奉有从镰仓搬运至此的高170厘米的铁质观世音菩萨头像。平时藏于本堂之内，每月11日及17日取出，供人拜谒。寺内还供奉着跑神韦驮天尊，许多跑步者都来此拜谒。

这里还有人形供养

▶大观音寺
住 中央区日本桥人形町 1-18-9
TEL 03-3667-7989
营 7:00~17:00
休 无
费 免费
交 从地铁人形町站 A6 出口步行 1 分钟

供奉着面容慈祥的观世音菩萨头像

长期以来推动着日本传统戏剧的发展

明治座

MAP 别册 p.18-A1

创立于明治6年（1873年），最初名为喜昇座，是东京历史最悠久的剧场。经历了多次损毁与重建，1893年由第一代市川左团次出资重建并改名为明治座。现在在这里举办花形歌舞伎、音乐剧及演唱会等各种演出活动。

可以在此体验中等规模剧场的特殊氛围

▶明治座
住 中央区日本桥滨町 2-31-1
TEL 03-3660-3939（总机）
营 因演出而异
休 因演出而异
费 因演出而异
交 从地铁滨町站 A2 出口步行 2 分钟

剧场旁边供奉着可祈求生意兴隆的神祇，有很多演员前去拜谒

为茨城笠间稻荷神社的分祀神社

笠间稻荷神社

MAP 别册 p.18-A1

日本三大稻荷之一的茨城县笠间稻荷神社的东京分社，始于江户时代末期在笠间藩牧野成贞的宅邸进行分祀。祭神为保佑五谷丰登、生意兴隆的稻荷大神，末社还供奉着七福神之一的寿老神。

特点是社内有很多狛狐像

▶笠间稻荷神社
住 中央区日本桥滨町 2-11-6
TEL 03-3666-7498
休 无
费 免费
交 从地铁滨町站 A1 出口步行 4 分钟

卜签会出现七福神中的一个

自明治以来推动日本近代化发展的地区

有乐町·日比谷

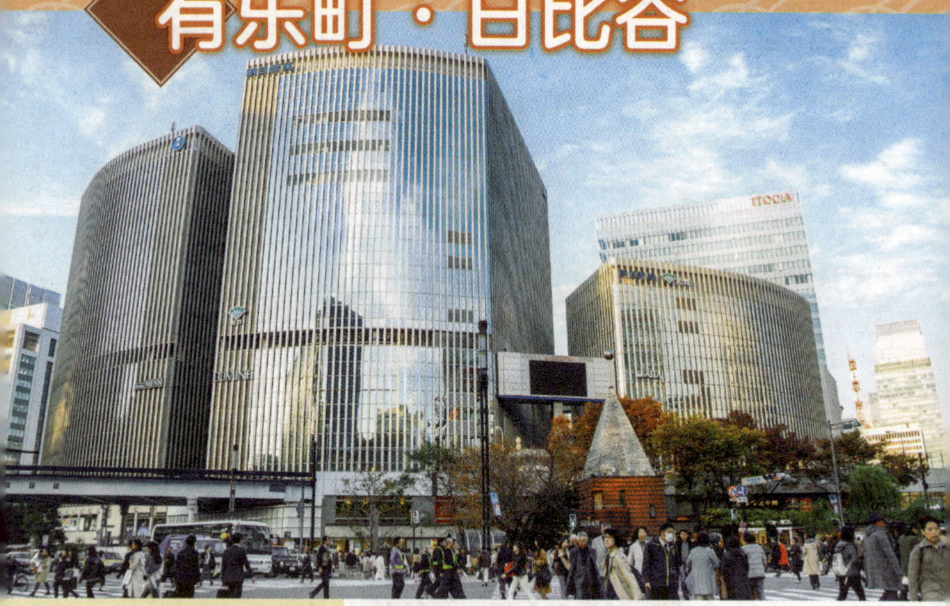

从数寄屋桥十字路口看到的有乐町高层建筑群

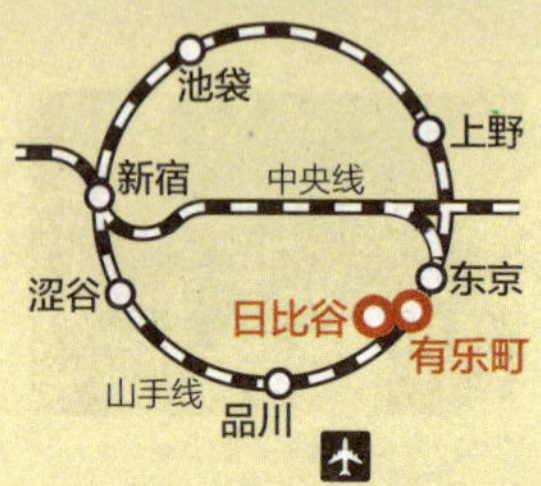

区域内可利用的车站

▼有乐町站

JY JR山手线、JK JR京滨东北线

Y 东京地铁有乐町站

▼日比谷站

H 东京地铁日比谷线

I 都营三田线

投币寄存柜信息

在东京地铁·都营地铁日比谷站，千代田线日比谷十字路口方向检票口外A10出口附近、日比谷线日比谷公园方向检票口外A6·A7出口附近有投币寄存柜。在JR有乐町站，中央口前广场及银座口、京桥口、有乐町站地下广场有投币寄存柜。

URL www.coinlocker-navi.com

前往有乐町·日比谷站的方法

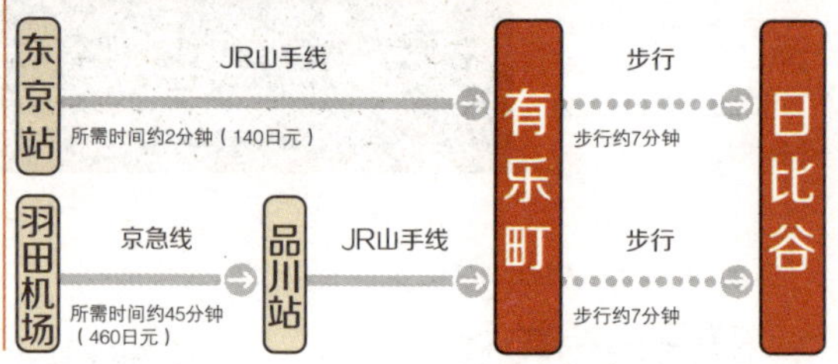

在江户时代之前，这一带是日比谷河口的湿地。江户幕府建立之后，在这里填海造地，成了大名宅邸集中的地区。到了明治时期，作为东京的中心区域，这里成了外交场所，接待外国宾客及供皇族、华族举办社交活动的鹿鸣馆（1883年）与日本首个西式酒店——帝国饭店（1890年）等西式建筑陆续建成。昭和初期，作为关东大地震之后的复兴象征，出现了日比谷公会堂、东京宝冢剧场，第二次世界大战之后还建成了世界顶级的日生剧场。从此这里开始成为休闲娱乐的街区。另外，从明治时期开始，这里就有许多三井系的建筑，一直是重要的商务区。现在有东京中城日比谷等设施，是民众的休闲娱乐场所。

info **推荐甜品** 在东京会馆Rossini Terrace可以品尝到著名的蛋糕Marron Chantilly。1层出售可以带走的糕点。春季有季节限定的粉色商品。

漫步方式

❖风貌迥异的日比谷与有乐町

日比谷公园西南端的喷泉。水池中央的海鸥雕塑是淀井敏夫于 1986 年创作的作品

游览日比谷，东京中城日比谷是最主要的去处。这座综合商业设施 2018 年开始营业，内有商店、餐饮、电影院、商务区等 60 多个设施。路对面是商业设施日比谷 Chanter，两座商业设施由名为明星走廊的地下通道相连，通道内有 77 位日本国内外的名人手印。东京中城日比谷周围有日生剧场、东京宝冢剧场，这一带就是日比谷地区的购物、美食及娱乐中心。

隔着日比谷路、位于东京中城日比谷对面的是日比谷公园，面积达 16 公顷。明治时期制定政府办公用地规划时，认为这里的地层基础较弱，所以被辟为公园。园内有日比谷公会堂（现在因整修而关闭）及日比谷户外音乐厅，全年都会举办文化活动。

从日比谷穿过晴海路就进入了有乐町地区。该地区紧邻日本的经济中心丸之内，所以给人的整体感觉是一个商务区。位于区域一角的帝国剧场、出光美术馆也非常值得一看。特别是对东方美术感兴趣的人，一定要去参观一下出光美术馆。另外，召开大型会议及举办活动的东京国际论坛大楼玻璃楼，是一个从地下 1 层开始、高达 60 米的中庭式建筑，也很值得一看。来到有乐町站的东面（银座一侧），街区的样子就完全不同，这里是一个购物区，有有乐町 Itocia、有乐町丸井、Lumine 有乐町等大型商业设施。

漫步计划

东京中城日比谷（▶p.106）

⬇ 步行2分钟

日生剧场（▶p.107）

⬇ 步行2分钟

东京宝冢剧场（▶p.106）

⬇ 步行5分钟

日比谷公园（▶p.106）

⬇ 步行12分钟

出光美术馆（▶p.107）

▶鹿鸣馆曾经的所在地

1883 年之后的几年时间里，日本盛行欧化主义，这一时期被称为“鹿鸣馆时代”。鹿鸣馆是日本与欧美各国举行外交活动的场所。1890 年成为华族会馆，1940 年以“浪费”为由遭到拆除。鹿鸣馆曾经位于帝国饭店的南侧，该地点现为日比谷 U-1 大厦。大厦的墙壁上镶嵌着“鹿鸣馆旧址”的牌子。

信息看板

距离 JR 有乐町站很近的数寄屋桥十字路口

从日比谷望去，JR 高架桥对面的银座一侧是数寄屋桥。江户时代那里有一座架于外堀（护城河）之上的桥，桥的一侧曾经是武士住宅区，现在是日比谷地区，桥的另一侧曾经是町人住宅区，现在是银座地区（外堀在 1958 年时被填埋）。晴海路与外堀路相交的数寄屋桥十字路口周边，有西银座百货，里面有西银座 Chance Center，每到年末都有很多人排队在此买彩票。除此之外，这一带还有大型购物中心东急广场银座、银座索尼公园。另外，位于数寄屋桥十字路口与 JR 高架桥之间的是中央区立泰明小学。这所学校建于 1929 年，校舍外墙上爬满了常春藤，操场周围的墙上有拱形开口，造型美丽的铁门被称为法兰西门（建筑已被列为东京都认定历史建筑物）。岛崎藤村、金子光晴、朝丘雪路都毕业于此。

info **电子信号灯** 日本首个交通信号灯于 1930 年设在日比谷路与晴海路相交的十字路口，当时这里还有都电开行。

有乐町·日比谷的主要景点

日本历史最久的近代西式公园

日比谷公园

MAP 别册 p.15-A3

江户时代为大名宅邸，明治时期为陆军练兵场，之后改建为公园，是日本的第一个西式公园。距离银座与皇居都很近，相当于大都市中的绿洲。有户外音乐厅、公会堂、公共图书馆等设施，周末举行活动时人非常多。

公园的象征是一个水池直径达 30 米的大喷泉

非常适合休闲娱乐的空间

东京中城日比谷

MAP 别册 p.20-A1

地下 1 层至地上 7 层为商业区，有 60 多家商品及餐馆，还拥有东京市中心最大银幕的影城以及开放感十足的空中庭园。其中包括首次在日本开设店铺的品牌以及雷克萨斯咖啡馆等最近颇受关注的店铺。

建筑曲线非常优美

闪亮、梦幻的舞台令人陶醉

东京宝冢剧场

MAP 别册 p.20-A1

1934 年开业，是宝冢剧团在东京的剧场。2001 年进行了整修，红地毯与明亮的大吊灯，把人带入非现实的世界。出售宝冢剧场官方商品的 Quatre Reves 也深受宝冢迷们的喜爱。

门厅的装饰让观众更加渴望看到演出

▶日比谷公园

住 千代田区日比谷公园 1 TEL 03-3501-6428（日比谷公园服务中心）营 24 小时 休 无 费 免费 交 从地铁日比谷站 A10 · A14 出口或地铁霞关站 B2 出口步行即至

有许多大小不同的水池及喷泉，春天可以观赏樱花，秋天可以观赏红叶

▶东京中城日比谷

住 千代田区有乐町 1-1-2 TEL 03-5157-1251（东京中城日比谷·客服中心，11:00~21:00）营 商店 11:00~21:00，餐馆 ~23:00 ※各店铺不一 休 1/1 交 与地铁日比谷站 A11 出口直接相通

3 层的中空式建筑，非常有品位

▶东京宝冢剧场

住 千代田区有乐町 1-1-3 东京宝冢大厦内 TEL 0570-00-5100（宝冢剧场问询中心 / 东京宝冢剧场）营 根据具体的演出而定 费 SS：12500 日元、S：9500 日元、A：5500 日元、B：3500 日元 交 从地铁日比谷站 A13 出口步行 2 分钟

与宝冢大剧场有同样的舞台系统的剧团专用剧场

独具特色的弧形剧场

日生剧场

MAP 别册 p.20-A1

自1963年首次公演以来，一直上演歌剧、音乐剧、话剧等不同种类的戏剧。建筑外观庄重，内部装饰颇具梦幻色彩，彼此得以完美地融合。有包括日生名作系列、家庭音乐节、日生歌剧等在内的特色演出。

装饰富有梦幻色彩的观众席

▶日生剧场

住 千代田区有乐町 1-1-1 日本生命日比谷大厦内
TEL 03-3503-3111
营 根据具体演出而定
休 根据具体演出而定
费 根据具体演出而定
交 从地铁日比谷站 A13 出口步行 1 分钟

外观材料使用了花岗岩

可俯瞰皇居的美术馆

出光美术馆

MAP 别册 p.16-C1

主要展出出光兴产创始人出光佐三收藏的书画、陶瓷器、东方古代美术品。每年举行6次展览会，可以仔细地了解藏品。位于大楼的9层，可以俯瞰皇居，景色非常美。

收藏着包括2件国宝、57件重要文化遗产在内的10000多件藏品

▶出光美术馆

住 千代田区丸之内 3-1-1 帝剧大厦 9 层 TEL 050-5541-8600（代理客服）
营 10:00~17:00（入馆截至 16:30），周五 ~19:00（入馆截至 18:30） 休 周一（逢法定节假日开馆） 费 1200 日元［高中生·大学生 800 日元，初中生以下免费（需由监护人陪伴）］ 交 从地铁日比谷站 B3 出口步行 3 分钟

可以从大厅里的宽阔玻璃窗观赏皇居内的美景

深受日本国内外的 VIP 顾客喜爱的传统酒店

东京帝国酒店

MAP 别册 p.20-A1

在政界、商界人士的推动下，于1890年正式开业。当时日本正在努力建设近代国家，这里起到了“国宾馆”的作用，有很多来自国外的客人入住。帝国酒店还孕育出了许多特色文化（→p.386），酒店内市场及酒店婚礼都源自这里。

气派的正门

▶东京帝国酒店

住 千代田区内幸町 1-1-1
TEL 03-3504-1111（总机）
交 从地铁日比谷站 A13 出口步行 1 分钟

距离大手町、银座也很近，还可以俯瞰日比谷公园

日本首屈一指的高级商业街

银座

从昭和初期至今，银座四丁目十字路口的钟楼都是银座的标志

区域内可利用的车站

▼银座站

Ⓖ东京地铁银座线、Ⓜ东京地铁丸之内线、Ⓗ东京地铁日比谷线

▼银座一丁目

Ⓨ东京地铁有乐町站

▼东银座站

Ⓐ都营浅草线

▼有乐町站

JY JR山手线、JK JR京滨东北线

投币寄存柜信息

乘坐银座线时，从银座四丁目十字路口检票口出来，在A1·A7出口附近有投币寄存柜。乘坐丸之内线时，从有乐町方向检票口出来，在C7出口处有投币寄存柜。乘坐日比谷线时，从中央检票口出来，在B4出口处有投币寄存柜，或从日比谷方向检票口出来，在C2出口附近有投币寄存柜。

URL www.coinlocker-navi.com

前往银座站的方法

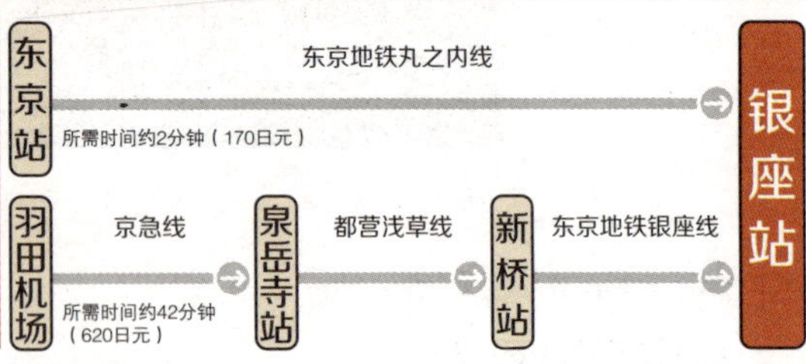

日本有一个词叫“银逛”。这个词产生于大正时期，从那时起银座就是日本高级商业街的代名词。其历史始于江户时代，最初为紧邻武士住宅区的町人区里建立的银币铸造所（银座役所）。明治维新后，两次遭遇大火，经过大规模的区域规划及象征着文明开化的街区建设，银座得到了极大的发展。道路两边有行道树、瓦斯路灯以及一座座红砖建筑。关东大地震后，百货商店、剧场、咖啡馆也在此出现，所谓的摩登男子、摩登女孩开始来这里闲逛。也就是说银座成了日本最时尚的地方。有高级精品店、现代化的大型商业设施以及高级餐馆，时至今日，银座仍然是日本首屈一指的高级商业中心。

info **酷爱旅游者需要注意** 银座伊东屋的游客行李牌非常好看。为颜色鲜艳的皮革制品（6种颜色），形状为飞机。可以当时就让店家为自己刻上名字。

漫步方式

❖晴海路与银座路的起始点

连接数寄屋桥十字路口与歌舞伎座的晴海路、从新桥延伸至京桥的银座路（中央路）。银座地区主要位于这两条道路周边。与晴海路平行的新桥一侧，有花椿路、交询社路、御幸路，京桥一侧有松屋路、马罗尼埃路、柳路。与银座路平行的外堀路一侧有索尼路、并木路、炼瓦路、铃兰路，昭和路方向还有东路、银座三原路。大型商业设施基本上都位于银座路或晴海路上，其他道路上有很多始于明治时期的老商铺、专卖店、餐饮店。

并木路上有很多知名品牌的店铺

两条大路相交的银座四丁目十字路口，有和光百货（建于1932年/经产省认定为近代化产业遗产），楼上的钟楼是银座的标志，还有2010年进行了扩建及改建的银座三越、圆柱形外观的三爱梦想中心、仿镂雕工艺品的外形而建的银座新地标GINA PLACE（2016年开业）。

从银座四丁目十字路口开始的京桥一侧银座路，有历史悠久的百货商店银座松屋，与马罗尼埃路交会的十字路口有香奈儿、宝格丽、路易威登等品牌店。银座路新桥一侧、越过御幸路的地方，有银座地区规模最大的大型商业设施GINZA SIX，里面有芬迪、思琳、华伦天奴等品牌店。

沿晴海路向筑地方向前行，进入昭和路后可以看见歌舞伎座（隈研吾设计），背后是高29层的写字楼歌舞伎座塔大厦。建筑外观为桃山风格，很适合在此拍照留念。

漫步计划

和光（▶p.110）

↓ 步行1分钟

银座三越（▶p.110）

↓ 步行2分钟

松屋银座（▶p.110）

↓ 步行5分钟

GINZA SIX（▶p.111）

↓ 步行7分钟

歌舞伎座（▶p.112）

▶银座旅游服务中心G info

银座有来自世界各地的游客，所以这里可以提供英语、中文等外语的旅游信息，还提供该地区的徒步游览地图。银座区域内设有三处旅游服务中心。

住 中央区银座5-2-1 东急广场银座1层 数寄屋桥公园一侧

营 11:00~18:00

▶银座的步行街

周六、周日、法定节假日时以银座四丁目十字路口为中心，银座路有1公里被辟为步行街，届时和光百货大楼上的时钟在正午时分报时后，这里就进入步行街时段（4~9月末至18:00，10月~次年3月末至17:00）

信息看板

实际上，银座有很多稻荷神社。这里在江户时代为町人居住区，所以为了祈求生意兴隆，在各个街区里都建了稻荷神社。现在这里的稻荷神社多建在大楼屋顶或入口处，不过还保留着4座街边的神社。逛银座时可以顺便看一看这些神社。

幸稻荷神社：可以祈求生意兴隆、家庭平安及结姻缘。住 中央区银座1-5-13（并木路一丁目）/宝童稻荷神社：可祈求喜结良缘及子女健康成长。住 中央区银座4-3-14（并木馆后边，或天赏堂后边的小巷）/东稻荷神社：可祈求防止火灾、免遭偷盗。住 中央区银座5-9-19（东路、三原小路）/丰岩稻荷神社：可祈求结缘及获得演艺方面的成就。住 中央区银座7-8-14（"靖幸"旁的小巷）

银座八丁神社之一的东稻荷神社

info 银座路的石板 1967年拆除都电时，把废弃的石板铺在了银座路的人行路上。

银座的主要景点

银座的地标

和光

MAP 别册 p.20-B2

1947年建立，之后一直是银座非常重要的商业设施。店内商品品质一流，出售的手表、珠宝首饰、室内用品、服饰等都经过严格挑选。还会举办工艺美术方面的展览，设定不同主题的橱窗陈列是这里的一大亮点。

店内商品种类丰富

▶和光

住 中央区银座 4-5-11
TEL 03-3562-2111（总机）
营 10:30~19:00
休 无
交 与地铁银座站 B1 出口直接相通

可以报时的和光钟楼是银座的标志

位于繁华的银座中心地带

银座三越

MAP 别册 p.20-B2

经过多次改建，是银座极受欢迎、历史悠久的百货商店。商品种类丰富，从高级品牌到最新的时尚商品都能在这里找到，地下1层化妆品区的规模在银座地区名列前茅。位于地下的超市出售各种美食，还有许多著名的餐馆在此开店。

日本国内、国外的著名品牌在这里随处可见

▶银座三越

住 中央区银座 4-6-16 TEL 03-3562-1111（总机） 营 10:00~20:00，9层餐馆 11:00~22:00，11 · 12层餐馆 11:00~23:00，2 · 9层咖啡馆 · 9层银座露天平台 10:00~22:00 休 不定期 交 从地铁银座站 A7 出口步行即至

9层露天平台上的草坪

充满大都市气息的百货商店

松屋银座

MAP 别册 p.21-A3

位于银座的主街道上，外墙以白色为基调，非常醒目，也是银座地区唯一的百货商店总店。商品品种齐全且都经过精挑细选，有世界顶级品牌的时尚精品店。食品区有很多只在这里可以买到的甜品。

玻璃幕墙的外观非常简洁

▶松屋银座

住 中央区银座 3-6-1
TEL 03-3567-1211（总机）
营 10:00~20:00 ※部分店铺除外
※需要确认
休 不定期 ※需要确认
交 从地铁银座站 A13 出口步行即至

3层的精品店 Rita's Diary

日本历史最久的西洋画商店

日动画廊总店

MAP 别册 p.20-B2

创立于1928年，主要展销油画、雕刻、版画作品，涉及的艺术家达数百人，既有日本国内外的艺术巨匠，也有崭露头角的新人。举办以发掘、培养新人为目的的公开征集展以及昭和会展，是推动日本美术界发展的先锋画廊。

展厅空间宽敞，可媲美美术馆

▶日动画廊总店

住 中央区银座 5-3-16
TEL 03-3571-2553
营 周一至周五 10:00~18:30，周六、法定节假日 11:00~17:30
休 周日
交 从地铁银座站 B7 出口步行即至

艺术品种类丰富，可满足不同收藏者的需求

银座地区最大的奢侈品购物中心

GINZA SIX

MAP 别册 p.20-B2

共有240多家店铺入驻，有时尚店、生活用品店以及餐馆，很多都是世界顶级品牌的旗舰店。还有多功能大厅、咖啡吧、可360度观景的屋顶庭园以及采用了最新技术的能乐堂，是一个非常舒适的休闲娱乐场所。

外观以“廊檐”及“门帘”为意象

▶GINZA SIX

住 中央区银座 6-10-1 TEL 03-6891-3390（GINZA SIX 综合问询中心 10:30~20:30） 营 商铺 10:30~20:30，餐馆 11:00~23:00 ※除去部分店铺 休 无
交 从地铁银座站 A3 出口步行 2 分钟

以隔扇、灯笼为意象，表现了日本的传统美

昭和路两边唯一的近代建筑

MUSEE GINZA

MAP 别册 p.21-A4

关东大地震后城市重建时修建，1932年竣工。进行了以保存为目的的修复、改建，2013年作为画廊重新开业。在充满怀旧情调的楼梯通道里，陈列着现代艺术作品，非常吸引人。还会定期举办与建筑及城市有关的策划展。

外墙覆盖着非常少见的日式带装饰瓷砖

▶MUSEE GINZA

住 中央区银座 1-20-17 川崎品牌设计大厦 营 周五～周日 13:30~15:00 事先预约者优先 休 周一～周四 费 进馆免费 交 从地铁银座一丁目站 10 号出口步行 3 分钟

常年展出维也纳 19 世纪末的玻璃工艺品及世界著名现代艺术作品

享誉世界的歌舞伎殿堂

歌舞伎座

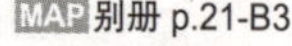

MAP 别册 p.21-B3

可以在歌舞伎座观赏有着400多年历史的日本传统戏剧，建议去看一看。全年都有剧目上演，票价不贵。地下2层的木挽町广场，出售表达了歌舞伎世界观的杂货及伴手礼。

有歌舞伎座展厅及屋顶庭园

▶歌舞伎座

住 中央区银座 4-12-15
TEL 03-3545-6800（总机）
营 根据具体演出而定
休 根据具体演出而定
费 根据具体演出而定
交 从地铁东银座站3号出口步行即至

有来自日本全国各地的店铺

东京交通会馆

MAP 别册 p.20-A2

综合性大楼，有来自日本全国各地、出售当地特产的店铺，还有书店、画廊、游客服务中心、护照办理中心等设施。有可360度观景的旋转餐馆及屋顶庭园，还可以在餐饮街品尝老店的美食。

马赛克瓷砖壁画残留着昭和时期的味道

▶东京交通会馆

住 千代田区有乐町 2-10-1
TEL 各店铺不一
营 各店铺不一
费 各店铺不一
交 从地铁有乐町站D8出口步行1分钟

1965年开业的商业大楼

了解警察的历史及相关工作

警察博物馆

MAP 别册 p.21-A3

展出日本警察组织自建立至今的历史资料，介绍警视厅的工作，还有迷你剧场，可以通过街头警务站模拟体验、采集指纹模拟体验来了解警察的工作及生活中的安全问题。

“可以观看、学习、体验”的博物馆

▶警察博物馆

住 中央区京桥 3-5-1
TEL 03-3581-4321（警视厅总机）
营 9:30~17:00
休 周一（逢法定节假日改至次日）
费 免费
交 从地铁京桥站2号出口步行2分钟

1层展出警用巡逻车、警用摩托、警用直升机

保持着昭和时期的氛围

至今仍广受喜爱的“奥野大厦”是具有重要意义的建筑

奥野大厦曾是银座屈指可数的高级公寓楼。建于1932年的主楼与建于1934年的新楼分列左右，设计者为设计了同润会公寓的川元良一。在不断变化的银座街区，这座大楼保持着过去的风貌，见证了该地区90年的历史。钢筋混凝土结构的大楼在当时还比较少见，除外观保持了原样，内部的墙壁、扶手、日本民间建筑中首个手动式电梯等也都得以保存。

奥野大厦最后的住户是一家开于1980年左右的美容院，房间号为306。实际上还有一个名为“银座奥野大厦306室项目”的保护活动，旨在对这个房间进行维护和管理。剥落的壁纸、污浊的镜子，保护活动的参与者希望把这些过去的历史原封不动地留给未来，所以坚持开展保护活动。这里的空间本身就是一种艺术，游客可以在这里感受到奥野大厦的历史及独特的魅力。

▶奥野大厦

建于昭和初期的原银座公寓。楼内的走廊、楼梯、手动式电梯，随处都能让人感受到历史的氛围。现在画廊及古董店在楼内营业，大楼重新开始获得关注。

MAP p.21-A3
住 中央区银座1-9-8 TEL 各店铺不一
营 各店铺不一 休 各店铺不一 交 从地铁银座一丁目站10号出口步行1分钟

筑地

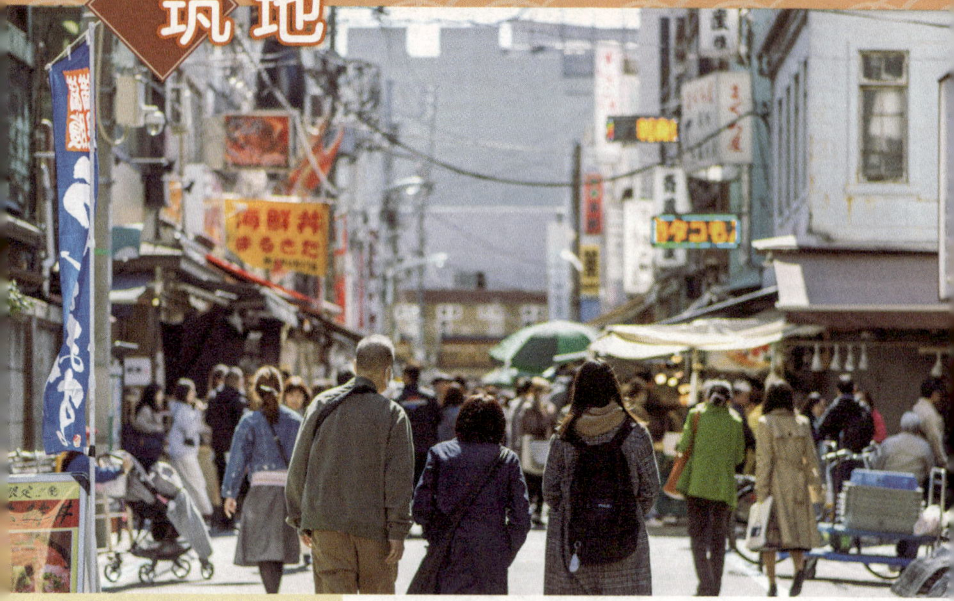

有很多值得推荐的美食，可以边走边吃，也可以带回去品尝

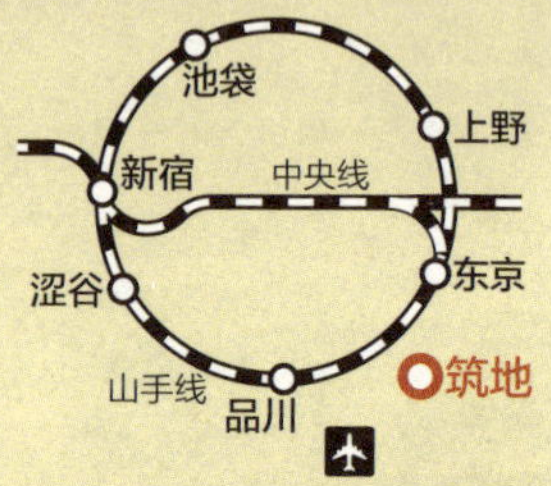

区域内可利用的车站

▼筑地站
Ⓗ东京地铁日比谷线
▼筑地市场站
Ⓔ都营大江户线

投币寄存柜信息

都营大江户线筑地市场站 A3 出口附近以及筑地场外市场内的 “Purrato 筑地” 有投币寄存柜。

投币寄存柜查询网址

URL www.coinlocker-navi.com

前往筑地站的方法

东京站 —东京地铁丸之内线（所需时间约11分钟（170日元））→ 银座站 —东京地铁日比谷线→ 筑地站

羽田机场 —京急线（所需时间约45分钟（620日元））→ 泉岳寺站 —都营浅草线→ 东银座站 —东京地铁日比谷线→ 筑地站

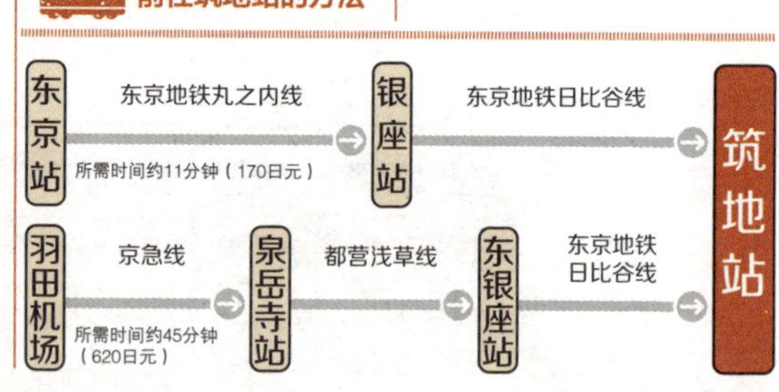

明历 3 年（1657 年），根据明历火灾的重建计划，在这里填海造地，形成了武士住宅区，这就是筑地的起源。实际上，第二次世界大战结束后筑地才开始被称为“日本的厨房”。大正末期，在关东大地震中毁于火灾的水产市场日本桥鱼河岸及水果蔬菜市场京桥大根河岸搬迁至筑地。加上筑地本愿寺门前町的墓地因震灾损毁而另迁他址，陆续有水产商、烹调用品商在空出的土地上开店。在第二次世界大战中，因对国民经济实行集中管控，筑地的商业活动也险遭灭顶，不过战后随着国家的复兴重建，筑地也恢复了往日的活力，形成了规模庞大的市场街区（包括场内、场外）。东京中央批发市场于 2018 年搬迁至丰洲，但场外市场得以保留，现在仍有很多喜欢美食的人以及游客到访。

info **值得推荐的小吃** 在位于筑地场外西路的“筑地 Sanokiya”，可以品尝到类似鲷鱼烧的“金枪鱼烧”。有加入了小仓馅的普通金枪鱼烧，还有加入了蛋奶糊的黄鳍金枪鱼烧以及加入了小仓馅和杏酱的金枪鱼中鱼腩烧。

漫步方式

❖游览筑地场外市场及周边

筑地市场搬迁后仍然保持着繁华热闹的场外市场

游览筑地的最大亮点就是筑地场外市场。被晴海路、门迹路（新大桥路）、波除路、波除稻荷神社围绕的 100×250 米的区域里，有餐饮店、食品店、烹调器具店等店铺，数量超过 400 家。场外市场内有西路、中路、东路三条主要道路及与其相连的许多条小路。美味的寿司店、水产加工店、干货店一间接一间，全年都有大量客人到此品尝美食。

筑地场外市场西南侧为东京中央批发市场旧址，现在正在整理土地，今后用于建设国际会议会场及展览馆。继续前行，就是被护城河围绕的滨离宫恩赐庭园。此地在 17 世纪时作为幕府将军家的别邸，是带有猎鸭场的贵族庭园。

筑地场外市场的东北侧，是筑地本愿寺。关东大地震之后的 1934 年重建并保存至今的建筑，模仿了古印度的建筑风格，本堂被认定为重要文化遗产。另外，现在筑地场外市场所在地在关东大地震之前是本愿寺的门前町。震灾导致寺院及墓地损毁并搬迁至别处，因此才形成了场外市场，那时的人们认为“在原来的墓地上做生意会发财”。

沿筑地场外市场与筑地本愿寺之间的晴海路向西南方向前行，可以看见隅田川上的胜哄桥。曾经有计划于 1940 年在填埋地月岛召开东京世界博览会，为了打通从银座方向至此的道路才修建了这座桥。该桥也是日本现存为数不多的开合桥（已经停止供电，所以现在不能开合）。

漫步计划

筑地站

↓ 步行6分钟

筑地场外市场（▶p.119）

↓ 步行3分钟

筑地鱼河岸餐饮区（▶p.117、119）

↓ 步行4分钟

筑地本愿寺（▶p.116）

↓ 步行7分钟

胜哄桥（▶p.117）

▶前往“Puratto 筑地”

“Puratto 筑地”是位于筑地场外市场波除路的综合问询中心。可以在那里获取筑地场外市场的详细地图，还可以咨询与旅游有关的问题。有投币寄存柜。

住 中央区筑地 4-16-2 千社额栋 1 层
TEL 03-6264-1925
URL www.tsukiji.or.jp/ordinary/plattsukiji/
营 周一至周六 8:00~14:00，周日·法定节假日 10:00~14:00

信息看板

“筑地鱼河岸”（东路与波除稻荷神社之间）为 3 层建筑，里面有很多从事批发业务的商人。在餐饮区鱼河岸食堂，可以品尝到许多筑地老店的美食，屋顶上有 BBQ 场所，许多活动也在这里举行。特别是“筑技学习班”，可以学习筑地名店厨师的手艺，因此很受欢迎。有学习如何辨识鱼及如何分解鱼的课程，还有制作寿司的课程。

●筑技学习班详情

URL www.tsukiji.or.jp/event

除了餐饮区的餐馆，还有专门举办活动的空间

info **前往筑地场外市场** 筑地场外市场为了不与丰洲市场竞争，所以在周日、法定节假日会有 2/3 的店铺不开业。如果要前往筑地场外市场，建议选择非节假日或周六。

筑地的主要景点

寺院非常开放，内有咖啡馆及商店

筑地本愿寺

MAP 别册 p.22-A2

以京都西本愿寺为总寺的净土真宗本愿寺派的关东地区据点。仿印度等古代佛教建筑而建的建筑外观以及富有东方特色的内部装饰让这座寺庙显得非常特别。寺内有日本料理店、咖啡馆、出售佛教相关用品的图书中心以及官方商店。

寺内主佛为站立姿态的阿弥陀如来。本堂内拜佛的空间宽敞且庄严肃穆

▶筑地本愿寺

住 中央区筑地 3-15-1

☎ 0120-792-048

营 6:00~16:00（傍晚时分的晚课结束后）

休 无

费 免费

交 与地铁筑地站 1 号出口直接相通

建筑外观并不像是一座寺院

还会举办管风琴音乐会

江户时代的美丽贵族庭园

滨离宫恩赐庭园

MAP 别册 p.22-B1

最初为德川将军家的别邸，被称为“滨御殿”，规模很大，面积将近 25 万平方米。为传统的回游式庭园，被日本政府认定为国家特殊名胜及特殊历史遗迹。可以在园中观赏引入海水的小湖及各种四季花卉，度过惬意的时光。游览中会遇到可供游客小憩的茶屋及商店。

位于小湖中心岛上的茶屋。可以在里面小憩并观赏庭园的景色

▶滨离宫恩赐庭园

住 中央区滨离宫庭园 1-1

电 03-3541-0200（滨离宫恩赐庭园服务中心，9:00~17:00）

营 9:00~17:00（入园截至 16:30）

休 12/29~1/1

费 300 日元（小学生以下及都内在住、在校的初中生免费）

交 从（大手门口）地铁汐留站步行 7 分钟

从东京湾引入海水的小湖

休息时品尝一下抹茶及和果子

可以祈求解除苦难

波除神社

MAP 别册 p.22-A2

江户初期，筑地填海造地工程因海浪而中断时，将在海上发现的神像供奉于此，之后工程得以顺利完成。所以当地人认为这里的神祇可以帮人祛除灾祸并开始拜祭。

距离筑地市场很近的神社

坐落于江户水路网的入口

铁炮洲稻荷神社

MAP 别册 p.15-A4

铁炮洲是该地区过去的地名，因江户幕府的枪械试射场建于此地而得名。神社内有用富士山熔岩堆砌而成的富士塚，被称为“铁炮洲富士”。

江户时代迁至此地

由变电站改建而成的资料馆

胜哄桥资料馆

MAP 别册 p.23-A3

有胜哄桥等隅田川上各个桥梁的相关资料并对外开放。可以查阅关东大地震后重建桥梁的设计图及施工照片。还可以预约参观桥墩内部。

可以细致地了解隅田川上的桥梁

日本最大的开合桥

胜哄桥

MAP 别册 p.23-A3

隅田川最下游的桥梁，建成于 1940 年的开合桥。现在随着交通流量的增加，桥已经不再开启，但修建时采用了当时最先进的技术，已被认定为日本的重要文化遗产。

全长 246 米，是隅田川最下游的一座桥梁

非常热闹的筑地生鲜市场

筑地鱼河岸

MAP 别册 p.22-A2

两栋楼内共有 60 多家商铺，出售经过严格挑选的水产品及果蔬，深受餐饮业界人士及普通游客的青睐。在餐饮区“鱼河岸食堂”还能品尝到市场内的饭菜。

摆满了新鲜的水产品及果蔬

▶波除神社
住 中央区筑地 6-20-37
TEL 03-3541-8451
营 9:00~17:00
休 无
费 免费
交 从地铁筑地市场站 A1 出口步行 6 分钟

▶铁炮洲稻荷神社
住 中央区湊 1-6-7
TEL 03-3551-2647
营 9:00~17:00
休 无
费 免费
交 从地铁八丁堀站 B3 出口步行 5 分钟

▶胜哄桥资料馆
住 中央区筑地 6 地先（筑地市场胜哄门横）
TEL 03-3543-5672
营 9:30~16:30（12 月 ~ 次年 2 月 9:00~16:00）
休 周日、周一、周三
费 免费
交 从地铁胜哄站 A4b 出口步行 8 分钟

▶胜哄桥
住 中央区筑地 6 地先（筑地市场胜哄门横）
营 24 小时
休 无
费 免费
交 从地铁胜哄站 A4b 出口步行 4 分钟

▶筑地鱼河岸
住 中央区筑地 6-26-1（小田原桥栋）、6-27-1（海幸桥栋）
TEL 各店铺不一
营 9:00~15:00（鱼河岸食堂 7:00~19:00（LO 18:00））
休 周日、指定的周三、法定节假日
※ 与东京中央批发市场的休息日相同
交 从地铁筑地站 1 号出口步行 4 分钟

游览中体验
与海鲜商贩聊天的乐趣

筑地场外市场的游览方式

筑地市场已经搬至丰洲，但筑地场外市场得以保留。
在这里可以感受到市场的活力。
让我们去探索一下这座“迷宫”吧！

游览筑地的 8 项规则

1 早上 9:00 之前要让前来进货的人优先在市场内活动。不要对买东西的人造成干扰。

2 边走边吃会对其他行人造成不便。应在店内等指定的区域内用餐。

3 行李较大时应将其放入投币寄存柜内。

4 场外的小巷比较窄，店铺也比较小。尽量不要多人同行，还要拉住孩子的手。

5 如想在店内拍照，应征得店内工作人员同意。禁止拍照的店会有提示。

6 不要用手触碰生鲜食品。

7 筑地场外市场以批发价格出售精品。需要注意，这里没有讨价还价的习惯。

8 吸烟需到指定区域。不能随地扔烟头。

筑地场外市场

MAP 别册 p.22-A2

住 中央区筑地 4-16-2 营 原则上与东京中央批发市场的营业日、休息日相同。主要休息日为周日、法定节假日、周三 休 各店铺不一 交 从地铁筑地市场站 A1 出口步行 1 分钟，从地铁筑地站 1、2 号出口步行 2 分钟 ※应在市场官网确认营业时间及休息日期 URL www.tsukiji.or.jp

来自日本全国的
产地直销水产品市场

筑地日本渔港市场

2014 年开业的产地直销的市场，有日本各地的渔业协同组合及水产品生产者在此开店。每个店铺都有新鲜的海产品。在市场内的“日本渔港食堂”，可以品尝到炸竹荚鱼及新鲜的刺身。

独一无二！举世闻名的筑地品牌的发源地

筑地场外市场

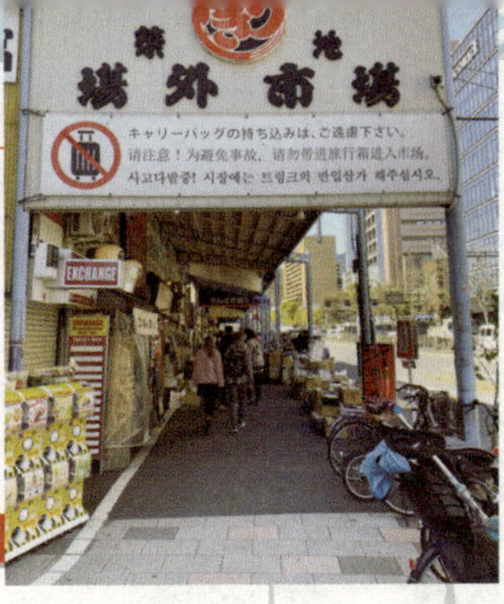
キャリーバッグの持ち込みは、ご遠慮下さい。
请注意！为避免事故，请勿带进旅行箱进入市场。
EXCHANGE

筑地市场搬迁后，场外市场仍然有 400 多家店铺继续营业。鲜鱼、肉类、厨刀、餐具，只要是跟饮食有关的东西，这里应有尽有。在此购物最吸引人的就是可以听取专业人士的意见，然后购买品质最佳的商品。这里还有包括寿司店在内的许多餐饮店，每个店铺都很吸引人。来到场外市场，品尝各种美食是一大乐趣，但要注意这里禁止在路上边走边吃。

筑地场外市场全图

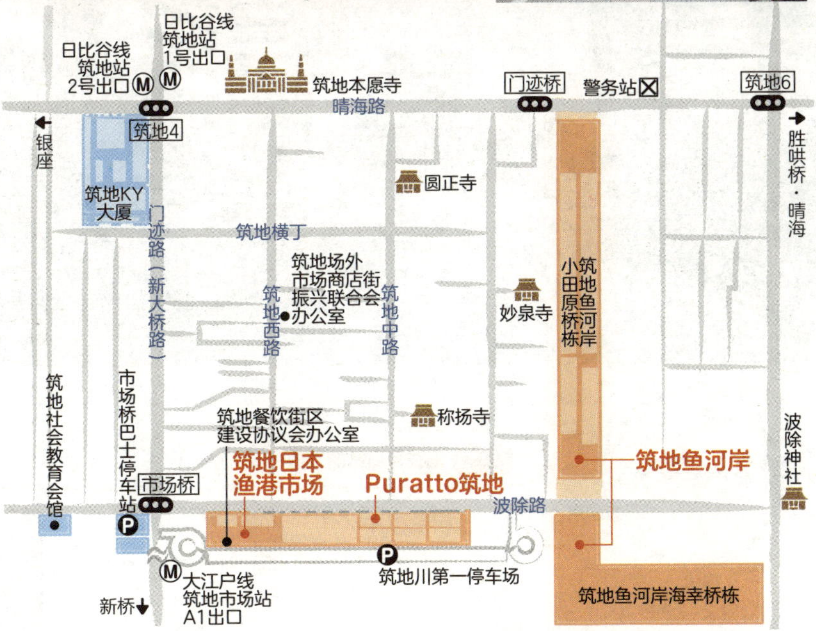
日比谷线
筑地站
1号出口
日比谷线
筑地站
2号出口
筑地本愿寺
晴海路
门迹桥
警务站
筑地6
筑地4
← 银座
→ 胜哄桥·晴海
筑地KY大厦
圆正寺
门迹路（新大桥路）
筑地横丁
筑地场外市场商店街振兴联合会办公室
筑地西路
筑地中路
妙泉寺
小田原桥栋
筑地鱼河岸
筑地社会教育会馆
市场桥巴士停车站
称扬寺
筑地餐饮街区建设协议会办公室
筑地日本渔港市场
Puratto筑地
筑地鱼河岸
波除神社
市场桥
波除路
大江户线
筑地市场站
A1出口
新桥↓
筑地川第一停车场
筑地鱼河岸海幸桥栋

［各设施的营业时间］ 筑地日本渔港市场：6:00~9:00（主要为店铺进货服务），9:00~14:00（普通销售的营业时间），14:00~ 自由营业时间　Puratto 筑地：周一至周六 8:00~14:00，周日 · 法定节假日 · 休市日 10:00~14:00　筑地鱼河岸：开放时间 5:00~15:00，全部店铺营业时间：7:00~14:00，鱼河岸食堂：7:00~19:00（LO 18:00）

筑地场外市场
值得信赖的问询处

Puratto 筑地

位于波除路旁的筑地场外市场综合问询处，可以提供多种信息。在问询窗口，可以提供场外市场的地图、店铺指南，接受旅游、交通方面的问询并出售原创商品，还可以提供游览筑地的建议。问询处内有 ATM 及投币寄存柜，非常方便。

保持筑地的
传统与繁华

筑地鱼河岸

筑地市场搬迁至丰洲后，为了将筑地的饮食文化及繁华保持下去，于 2018 年 10 月建立的生鲜市场。由小田原桥栋与海幸桥栋组成，有 60 多家店铺。小田原桥栋的 3 层有餐饮区鱼河岸食堂，可以品尝到市场特色美食。DATA p.117

築地魚河岸
小田原橋棟

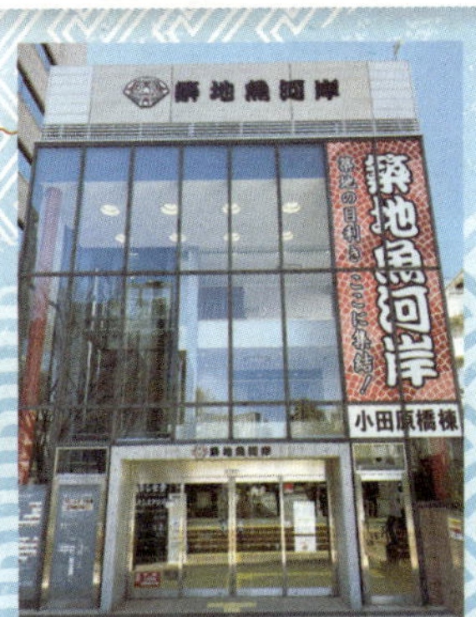

可以体验文字烧与江户风情的填埋岛

佃岛·月岛

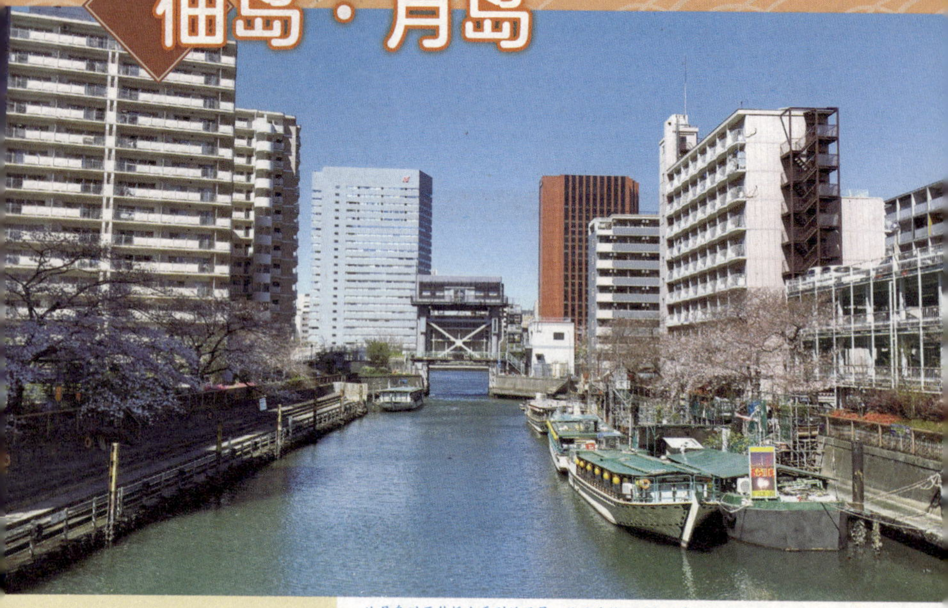

从月岛川西仲桥上看到的风景。位于连接胜哄与月岛的西仲路上

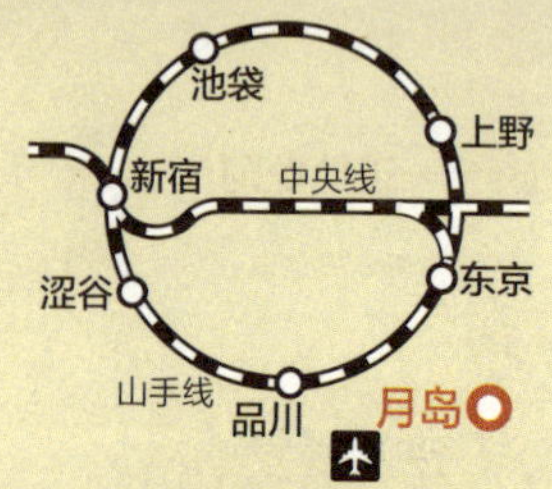

区域内可利用的车站

▼月岛站
Ⓨ东京地铁有乐町站
Ⓔ都营大江户线

投币寄存柜信息

在月岛站内设有多个投币寄存柜。乘坐东京地铁有乐町线，出检票口后的3号出口附近有投币寄存柜。乘坐都营大江户线，出检票口后左手方向（9·10号出口方向）设有投币寄存柜。

投币寄存柜查询网址

URL www.coinlocker-navi.com

前往月岛站的方法

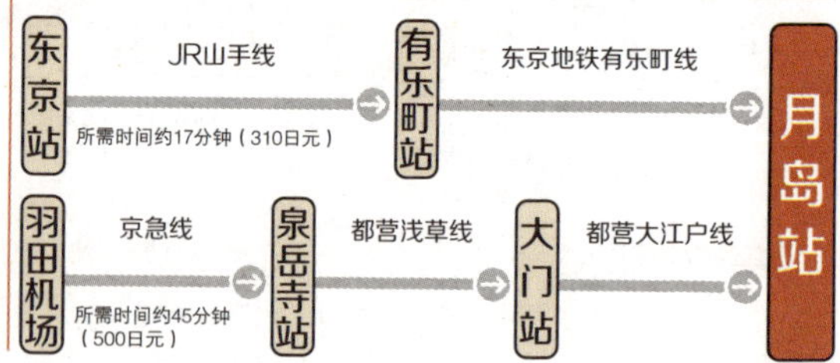

“本能寺之变”发生时，摄津佃村的渔民们救了德川家康的命。江户幕府建立以后，这些渔民被召集到江户的这个填埋岛上从事捕鱼，这就是佃岛的起源。江户后期，旁边石川岛上出现了人足寄场（为轻微犯罪者提供职业介绍），两座岛屿连成一体（现在的佃岛就是这两座岛屿相连后的区域）。幕末时期，水户藩在石川岛上修建了日本第一个西式造船厂——石川岛造船厂。为了扩大工业地带，1892年建成了填埋岛月岛，1964年修建了连接佃岛的佃大桥。该地区受战争的影响较小，所以较好地保持了过去的面貌，不过从20世纪末开始，这里也建起了不少高楼。可以说这里很好地融合了传统与现代。

info 好吃的菠萝包　在文字烧街区，有“月岛久荣”“东京菠萝包”这两家很有人气的菠萝包店。建议在吃完文字烧之后品尝一下。

漫步方式

❖吃着文字烧在小巷里闲逛

汇集了许多文字烧店的西仲路1街至4街

在连接着旧石川岛与月岛的填埋地上，有从佃大桥至朝潮大桥的新月高架桥，桥下的清澄路与高架桥相交。相交处有月岛站。在月岛文字街（西仲路）有70多家出售月岛名吃文字烧的店铺，这条道路（地铁站7号出口步行即至）与其南侧的清澄路平行延伸，相隔两个街区，全长400米。道路入口处有月岛文字烧振兴会联盟，可以从那里获取旅游地图及优惠券，所以游览前应先去看一看。

品尝完文字烧后，可以去逛一逛佃岛。从带有红色栏杆的佃小桥出发，可以看到佃堀里停泊着的渔船及历史悠久的街区，对面是林立的高层公寓楼，形成了非常奇特的景观。街区保持着昭和时期的风貌。在这片仅有100米见方的区域内，值得一看的地方非常多。有自从摄津佃村渔民移住至此地之后一直守护着这里的住吉神社，有19世纪初创立的佃煮屋佃源·田中屋、天安、丸久，还有历史超过300年、以江户八角筷而闻名的漆艺中岛以及创立时间超过100年的驮果子屋山本商店。

佃墓地北侧的隅田川河岸一带是佃公园及石川公园。夜晚点亮灯光的中央大桥的桥头将两个公园分隔开来。佃公园内有建于1866年的石川岛灯塔的复制建筑。这里曾经是给轻微犯罪者介绍工作的地方。石川岛公园的一个突出的角落被命名为巴黎广场，那里是非常好的拍照地点，背景中有隅田川上的中央大桥。

漫步计划

月岛文字烧街（▶p.123）

↓ 步行6分钟

住吉神社（▶p.122）

↓ 步行1分钟

佃公园（▶p.123）

↓ 步行1分钟

石川岛灯塔复制建筑

↓ 步行5分钟

石川岛公园

▶佃岛是佃煮的发源地

佃村的渔民们移住到江户。他们把从东京湾（江户前）捕获的白身鱼献给幕府，剩下的刺鳍鱼等小鱼及虾、花蛤则自己食用。为了保存，这些海产品被煮得又甜又辣，于是便产生了佃煮这种美食。后来幕府也知道了这种美食，到江户轮换参觐的各地大名及武士都会买一些佃煮带回家乡，佃煮也就随之被传到了全日本。

隅田川与法国的塞纳河在1986年结为友好河流。石川岛公园的巴黎广场也因塞纳河边的城市巴黎而命名。另外在修建中央大桥时，还委托了法国的设计公司来进行设计。中央大桥上游一侧的桥墩，有当时担任巴黎市长的雅克·希拉克赠送给东京的怀抱帆船男子青铜像“使者”（奥西普·扎德金作品）。“雕像表现的是男子抱着巴黎市徽中的帆船”，男子为“派遣船只前往世界各地获取稀有木材的法国的守护神”。雕像面向隅田川上游，所以想观看雕塑的正面，建议乘坐在隅田川上往来航行的水上巴士。

海水馆遗址至巴黎广场的晴海运河旁的指示牌

info **佃天台地藏尊** 从月岛一侧前往佃堀的中途能见到佃天台地藏尊。在银杏树伸出的建筑内，供奉着1720年用石头刻成的地藏菩萨像。

佃岛·月岛的主要景点

近距离地参观大型帆船

东京海洋大学明治丸海事博物馆 MAP 别册 p.15-A4

位于东京海洋大学越中岛校区内的博物馆，有日本最古老的天文台以及资料馆、纪念馆等设施。在室外展出的“明治丸”全长68米、重1027吨，是日本国内现存唯一的铁船。船体经过了大规模的修复，现在能看到崭新的外观。明治天皇曾乘坐过该船，右舷前部保存着明治天皇曾经使用过的舱室。建校一百周年纪念资料馆内展出船只模型、航海仪器、发动机等船只零部件。明治丸纪念馆内展出明治丸的重要文化遗产认定证书、反映海洋工学部历史变迁的照片以及船内使用的餐具等。

明治丸被认定为日本重要文化遗产

▶东京海洋大学明治丸海事博物馆

住 江东区越中岛 2-1-6

TEL 03-5245-7360

营 10:00~16:00（10月~次年3月至15:00）

休 周日、周一、周三、周五、周六（每月第1、第3个周六开馆）、法定节假日，还有夏季闭馆

费 免费

交 从JR越中岛站1号出口步行5分钟

明治天皇的舱室内有卧室及卫生间

为纪念学校建立一百周年设立的资料馆

海上作业及航行的守护神

住吉神社 MAP 别册 p.23-A4

江户时代初期，位于江户港的入口处，有包括海运业人士的众多信众。现在作为供奉当地的土地神的神社，深受当地民众的推崇。

有有栖川宫帜仁亲王的题字

▶住吉神社

住 中央区佃 1-1-14 TEL 03-3531-3500 营 8:00~17:00（10月~次年2月至16:30）（社务办公室） 休 无 费 免费 交 从地铁月岛站6号出口步行5分钟

祈求捕获鲣鱼及祭奠鲣鱼亡灵的鲣鱼塚

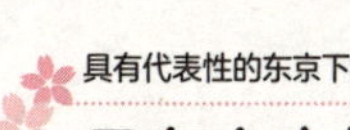

具有代表性的东京下町风情

月岛文字烧街

MAP 别册 p.23-A4

从月岛站出来之后就是西仲路商店街，这条路被称为“月岛文字烧街”，有很多文字烧店，竞争异常激烈。店铺类型丰富，既有历史悠久的老店，也有颇受欢迎的新店。

如果有感兴趣的店铺，不妨进去看一看

▶月岛文字烧街

住 中央区月岛 1-3
电 各店铺不一
营 各店铺不一
休 各店铺不一
交 从地铁月岛站 7 号出口步行 1 分钟

月岛文字烧振兴会联盟提供当地的地图

古老的灯塔是这里的地标

佃公园

MAP 别册 p.23-A4

建于隅田川河堤之上的公园。园内有六边形两层石川岛灯塔的复制建筑以及垂钓刺鳍鱼的胜地——佃堀。紧邻石川岛公园。

远眺岸边的高层建筑群

▶佃公园

住 中央区佃 1-11-4 电 03-3546-5435（中央区水资源与绿化科公园河流组）
营 24 小时 休 无 费 免费 交 从地铁月岛站 6 号出口步行 8 分钟

可以在河边的木板路上散步

作家从事写作的旅馆遗址

海水馆迹之碑

MAP 别册 p.23-A4

建于 1905 年的割烹旅馆遗址。这家旅馆位于幽静的风景名胜地，可以远眺东京湾。从明治末期开始，岛崎藤村、小山内薰等作家都入住这里，从事写作。

在 1923 年关东大地震中全部烧毁

▶海水馆迹之碑

住 中央区佃 3-11-19
营 24 小时
休 无
费 免费
交 从地铁月岛站 2 号出口步行 4 分钟

使用至 1940 年的渡口遗址

月岛渡口遗址

MAP 别册 p.23-A3

明治至昭和时期月岛与南饭田町之间的手划摆渡船的渡口遗址。胜哄桥建成之后，乘坐摆渡船的人逐渐减少，摆渡船也随之废止。

“渡口儿童游乐园”内只有一块指示牌

▶月岛渡口遗址

住 中央区月岛 3-24-10
营 24 小时
休 无
费 免费
交 从地铁月岛站 10 号出口步行 7 分钟

“渡口儿童游乐园”的对岸（筑地一侧）也有碑文

昭和东京的历史及现代建筑

第一代
钟楼 1894 年
建成

第二代
钟楼 1932 年
竣工

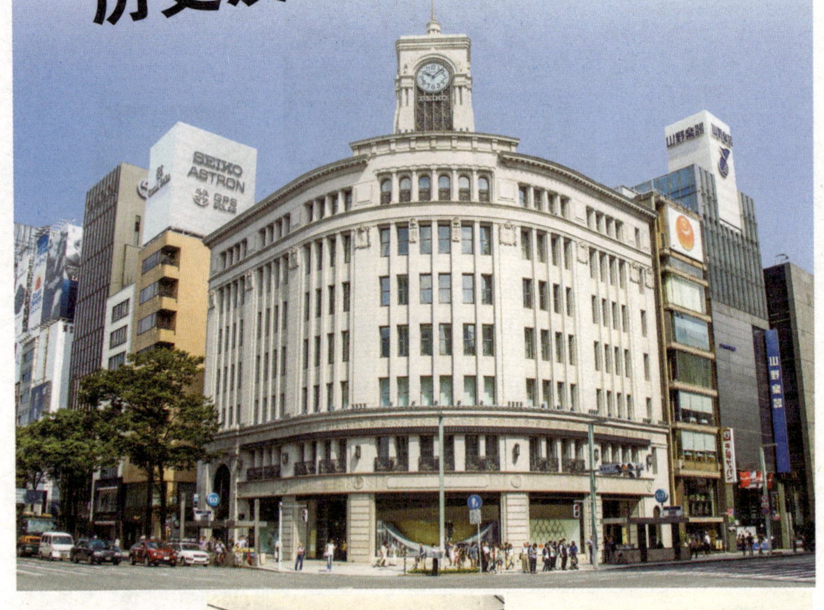

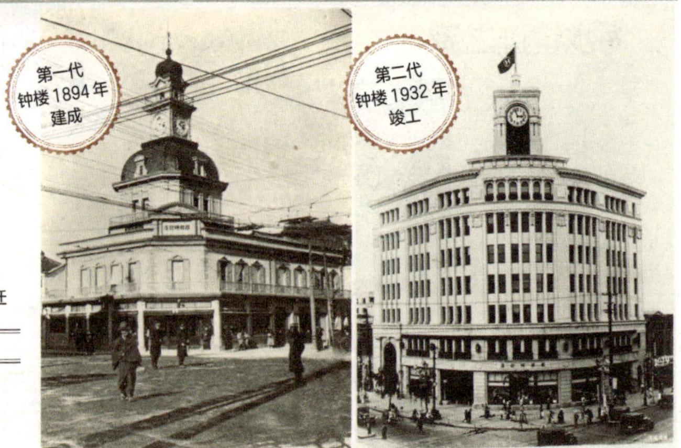

高达 40 米的钟楼
在 89 年的时间里
一直见证着银座的变迁

1932 年竣工

和光

MAP 别册 p.20-B2

住 中央区银座 4-5-11

1881 年创立，最初为服部钟表店（现在的精工控股株式会社）。1894 年修建了第一代钟楼，大正末期正在进行建筑的整修时，遭遇关东大地震，工程被迫中断。9 年后才得以完工。

设计者为设计了东京国立博物馆的建筑师渡边仁。建筑为新文艺复兴风格，面向十字路口的建筑曲线看上去十分雅致，表盘下及窗户上都有美丽的阿拉伯花纹装饰。

钟楼整点报时的音乐持续 45 秒，之后时钟按照实际时间，鸣响相应的次数。第一次撞钟，表示整点时间。报时系统采用了精工的最新技术，精度非常高。

2013 年竣工

设计中融入了 LV 的形象

路易威登松屋银座店

MAP 别册 p.21-A3

住 中央区银座 3-6-1

大小不同的各种正方体相堆砌的设计表现了路易威登经典的格子纹饰及棋盘格。到了晚上，灯光透过外墙上的缝隙呈现出交织字母的图案。

东京唯一的伦佐·皮亚诺的作品

银座爱马仕

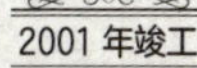

MAP 别册 p.20-A2

住 中央区银座 5-4-1

意大利著名建筑师伦佐·皮亚诺用 13000 个正方体的玻璃盒子建成的巨大灯笼。建议在日落后前往，橘黄色的灯光照在数寄屋桥十字路口上，非常好看。

2009 年竣工

扭曲的大楼不禁让人多看几眼

PIAS GINZA

MAP 别册 p.21-B3

住 中央区银座 4-8-10

经营化妆品业务的 PIAS 集团的办公楼。位于晴海路边，建筑的外墙呈 85 度扭曲，非常有特点。外观模仿了珠帘。设计非常奇特，看上去有 72 层，但实际上只有 13 层。

淡粉色外墙涂装十分典雅

御木本银座二丁目店

2005 年竣工

MAP 别册 p.20-A2

住 中央区银座 2-4-A2

御木本银座二丁目店由日本著名建筑师伊东丰雄设计。外墙为柔和的粉色，窗户呈不规则分布，给人一种活泼的感觉。照明设备有三种颜色，夜景也很值得一看。

2016 年竣工

镂空式外观凸显建筑的个性

银座 Place

MAP 别册 p.20-B2

住 中央区银座 5-8-1

和光百货的钟楼周围有许多始于明治时期的咖啡馆及啤酒馆。由东京的建筑师事务所 Klein Dytham architecture 设计。据说设计灵感来自传统的镂空白瓷。

将银座过去的意象融入设计之中

Hulic 银座数寄屋桥 GAP

MAP 别册 p.20-A2

住 中央区银座 4-2-11

外墙上的铝合金结构映在蓝色的玻璃上。该设计表现了倒映于水面之上的银座柳。大楼以过去的银座为意象，那时候护城河及运河中的水流淌着，银座的街边树还是喜水的柳树。

2010 年竣工

用铜管乐器的颜色来编织音乐

雅马哈银座大厦

MAP 别册 p.20-B2

住 中央区银座 7-9-14

外墙由斜着安装的格棂玻璃窗组成，颜色有深有浅，就像是变换的音符。玻璃窗之间夹杂着贴了金箔的窗户，看上去很像莳绘，让人感觉很奇妙，很有日本特色。到晚上，内部的木材就会显现出来，建筑外观变化巨大，很有趣。

给建筑界带来巨大冲击的作品

中银胶囊塔大厦

1972 年竣工

MAP 别册 p.20-C2

住 中央区银座 8-16-10

充满昭和风情的圆形窗户立方体大楼是黑川纪章留给我们的作品。在胶囊形集合住宅，每个房间只要拆下螺栓，就能完全改变结构。室内有齐全的家电，从空调到磁带机都有。可按月租赁。

景区导览

丸之内·皇居周边

江户时代，在现在的皇居（皇宫），也就是江户城周边，形成了交替参觐的大名以及幕府官员居住的武士住宅区。这就是现在的丸之内、大手町、九段下、半藏门、永田町一带。明治维新后，在武士住宅区上建起了政府及公司的办公楼，这些地方也成了牵引日本经济发展的重要场所。

MAP 别册 p.16-17 »

1

不仅是皇居！
还可以游览时尚的美食及购物街区

东京站·丸之内·大手町 ▶p.128

2012 年，建于大正时期的红砖建筑、东京站丸之内站舍修复完成。随着修复工程的完成，这一带的商业开发也出现了很大的进展，曾经写字楼密布的丸之内·大手町周边的面貌发生了巨大的变化。路边有美丽的行道树，以丸之内仲路为中心的时尚街区，看上去就像是欧洲的城市，吸引了很多人来此。参观东京站及在皇居周边游览是该区域观光的主要内容，可以在丸之内仲路的咖啡馆及餐馆用餐，还可以在精品店购物。

板桥区
北区
王子站
东武东上线
JR埼京线
池袋站
JR山手线
大塚站
巢鸭站
驹込站
丰岛区
西武池袋线
文京区
西武新宿线
高田马场站
大久保站
JR中央本线
新大久保站
新宿区
饭田桥站
东京巨蛋
市谷站
东京都厅
新宿站
千代田区
新宿御苑
四谷站
2
皇居
京王线
信浓町站
涩谷区
原宿站
东京中城
表参道站
六本木站
涩谷站
六本木Hills
东京塔
东急田园都市线
JR山手线·埼京线
惠比寿站
田町站
目黑川
东急东横线
港区
高轮Gate way站
目黑区
目黑站
品川站
五反田站
东急目黑线
品川区
JR东海道线 京滨东北线
旗之台站
东急池上线
东海道新干线
大井町站

这片景区内的游览推荐“5”

❶ 购买东京伴手礼 ▶ p.50~
❷ 免费的观景点 ▶ p.54~
❸ 皇居周边文化遗产巡览 ▶ p.142~
❹ 参观国会议事堂 ▶ p.138
❺ 乘坐从八重洲口出发的 Hato 巴士观光游览 ▶ p.84~

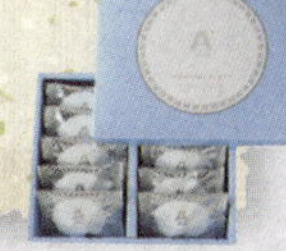

MAP 别册 p.44-45、46 »

2

在东京的中心
欣赏美景

九段下·半藏门·永田町 ▶p.136

皇居西北部的内堀沿岸的地区，曾为江户城官员及旗本的住宅区。从九段下到半藏门，有皇居东御苑的北门以及北之丸公园、千鸟渊公园，可以观赏到充满绿色的风景。另外，永田町周边有国会议事堂及各个省厅办公楼，是日本的政治中心。

在千鸟渊、北之丸公园
接触自然

九段下

皇居的北侧、千鸟渊一带是九段下。千鸟渊公园是著名的赏樱花地点，北之丸公园也有各种季节花卉，可以仔细地游览。

源自服部半藏

半藏门

千鸟渊公园南端外面是皇居的半藏门。在新宿路与内堀路交会的区域，相邻的曲町有美味的餐馆及咖啡馆。

日本的政治中心

永田町

有国会议事堂、国立国会图书馆、最高裁判所、国立剧场，相邻的霞关汇集了各主要的省厅。

东京站·丸之内·大手町

东京站是东京的门户，2012年完成了保存、复原工程。丸之内一侧与八重洲一侧的总面积达18万平方米

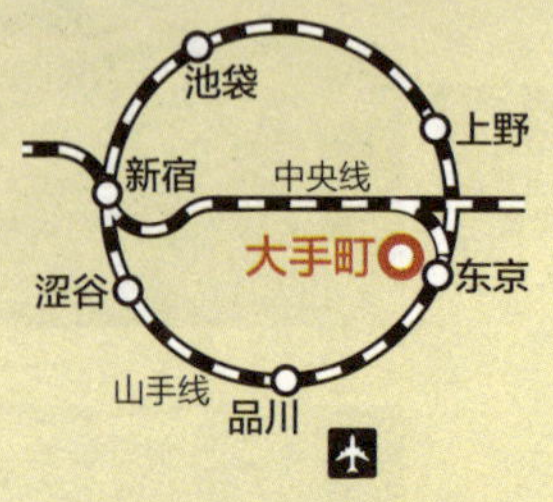

区域内可利用的车站

▼东京站
JY JR山手线、JC JR中央线、JT JR东海道线等
M 东京地铁丸之内线

▼大手町站
M 东京地铁丸之内线、T 东京地铁东西线、都营三田线、C 东京地铁千代田线、Z 东京地铁半藏门线

▼日本桥站
T 东京地铁东西线、G 东京地铁银座线、都营浅草线

投币寄存柜信息

东京站JR检票口内、外以及地铁大手町站A4、B7、C9、C10出口附近与地铁二重桥站3号出口通道内设有投币寄存柜。

URL www.coinlocker-navi.com

前往大手町站的方法

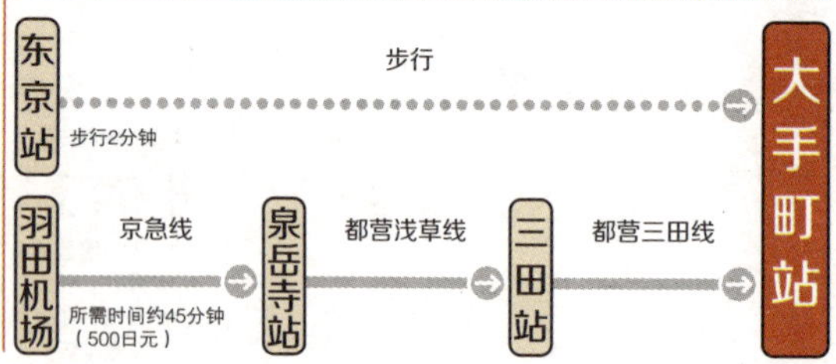

江户时代，江户城正门大手门前面是大名住宅区。明治维新后，大手町周边被建设成政府办公区，丸之内一带的大名住宅被拆除、成了荒野。丸之内因三菱财阀的到来而开始发展。1894年建成了仿英式建筑的三菱一号馆。仿伦敦伦巴第街的砖结构建筑陆续建成，形成了以三菱系企业为主的商务区，被称为“一丁伦敦”。到了大正时期，皇居前面的交通要地东京站建成。第二次世界大战后，对霞关的政府办公区进行了整顿，大手町一带的土地被移交给了民营企业。这样，这片位于东京市中心的区域，成了引领日本经济发展的商务区。

info 丸之内 Brick square　馆内出售法国高级黄油 Échiré 布兰格以及 Échiré maison du beurre。使用了大量的 Échiré 黄油的牛角面包及奶油茶糕也很好吃。

漫步方式

❖步行游览丸之内仲路非常有趣

日本邮政经营的综合商业设施 KITTE 位于 JR 东京站丸之内南口前

东京站丸之内站舍为红砖建造，南侧为马场先路，北侧为永代路，西侧为皇居前面的日比谷路，这几条路内侧的区域就是丸之内（地址上的丸之内一直延伸至有乐町站附近，本书中将马场先路以南的区域归入日比谷、有乐町来进行介绍），永代路与神田川之间的区域是大手町。这些区域基本上都是商务区，也有很多明治以后日本近代化的标志性景点以及提供各种美食的餐馆。

东京站至皇居的行幸路以及南北方向延伸的丸之内仲路是值得关注的区域。由红砖铺成的道路，两旁有美丽的行道树，还有高级品牌的店铺以及咖啡馆、餐馆。尤其是占据了马场先路街角一个街区的丸之内 Brick square（一个角落有重建的三菱 1 号馆）以及行幸路对面的丸大厦、新丸大厦也很值得一去。另外，丸之内仲路在白天会有几小时禁止车辆通行，有厨房车来此出售商品，道路就是一个“城市露台”，成了露天咖啡馆。除此之外，这里也是布置圣诞节彩灯的著名地点。

东京站丸之内站舍南侧的综合商业大楼 KITTE 的 6 层屋顶 KITTE 花园（→ p.55）也很值得一去。从那里可以俯瞰东京站，所以很受欢迎。KITTE 底部的外观颇具怀旧情调，这部分建筑曾为东京中央邮局，现在得以完整保留。

东京站丸之内站舍本身也是一个不容错过的景点。站舍北侧的东京车站博物馆有常设展，介绍东京站的历史以及建筑的特点、结构，很值得一看。

在丸之内仲路，有三菱地所及箱根雕刻的森美术馆共同主办的道路美术馆活动。在人行道的 12 处地点，放置了不同的雕塑作品供途经这里的人欣赏。雕塑作品每隔几年更换一次，截至 2020 年 6 月，展出着草间弥生的《我是南瓜》、埃米利奥 · 格雷科的《蹲着的女子 No.3》、伯纳德 · 麦德斯的《恋人们》、奥古斯丁 · 卡德纳斯的《扩散之水》等作品。

漫步计划

东京站丸之内站舍（▶p.130）

⬇ 步行 6 分钟

东京甜品乐园（▶p.131）

⬇ 步行 12 分钟

丸之内Brick square（▶p.131）

⬇ 步行 7 分钟

丸之内大厦

⬇ 步行 5 分钟

JP 塔 /KITTE（▶p.130）

▶丸之内仲路城市露台

禁止车辆通行，举办露天咖啡馆的时间为周一至周五 11:00~15:00、周六 · 周日 · 法定节假日 11:00~17:00

▶获取丸之内的详细信息

有发布丸之内地区相关信息的网站。可以下载详细地图。

URL www.marunouchi.com

可以在新丸之内大厦品尝美食及购物

info **免费巴士** 有在丸之内、大手町、有乐町地区开行的免费巴士“丸之内接送巴士”。运行时间为周一至周五 8:00~20:00，周六、周日、法定节假日 10:00~20:00 期间每隔 12~15 分钟一班（1 圈约 35 分钟） URL www.hinomaru.co.jp/metrolink/marunouchi

东京站·丸之内·大手町的主要景点

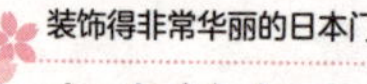

装饰得非常华丽的日本门户

东京站丸之内站舍

MAP 别册 p.16-B2

东京车站是于大正 3 年（1914 年）建成的红砖建筑。2012 年，进行了大规模的保留与复原工程，恢复到了建成时的模样。两座南北圆顶大厅高 30 余米，内饰优雅而美观。

近代建筑名家辰野金吾的设计

▶东京站丸之内站舍

住 千代田区丸之内 1-9-1
营 各设施不同
休 无
费 免费
交 东京站丸之内侧

日本邮政旗下的商业设施

JP 塔 /KITTE

MAP 别册 p.16-B1

建于东京车站前的综合商业楼。低楼层区的 KITTE 内有许多个性的小店和餐馆。还有展示动物骨骼标本的博物馆，从楼顶的庭园可以俯瞰东京站。

宽敞明亮的有阳光直射进来的大厅

▶JP 塔 /KITTE

住 千代田区丸之内 2-7-2 电 03-3216-2811（KITTE 服务中心 10:00~19:00）营 商店 /KITTE 11:00~21:00（周日、法定节假日至 20:00），餐馆至 23:00（周日、法定节假日至 22:00）※ 部分店铺除外 休 1 月 1 日以及法定的检修日 交 乘坐地铁在东京站下车，从 M2 号出口可以直接连接到 JR 东京站丸之内侧的南口，出站后步行约 1 分钟可达

位于丸之内的文化发源地

东京国际论坛大楼

MAP 别册 p.16-C1

这里是会议和艺术中心，外观是由巨大玻璃组成的，给人留下了很深刻的印象。内部共有 8 个大厅和 31 间会议室，接待大厅拥有巨大的玻璃装饰，在这里经常举办各种音乐会和聚会活动。

长达 60 米的玻璃大厅，看上去像是一艘船

▶东京国际论坛大楼

住 千代田区丸之内 3-5-1 电 03-5221-9000（总机）营 7:00~23:30（开馆时间）休 无 费 因展会而异 交 乘坐 JR 在有乐町站下车，从国际论坛大楼口出站，或者乘坐地铁在有乐町站 D5 号出口出，出站即到

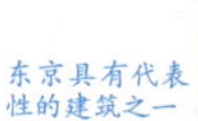

东京具有代表性的建筑之一

建于皇居对面的重要建筑

明治生命馆

MAP 别册 p.16-C1

这是一栋建于昭和年代的古典主义样式的写字楼，也是第一个被指定为日本国家重要文化遗产的昭和年代建筑。内部除了有展示竣工当时场景的店头营业室以外，还有展示设计图纸，以及相关资料等内容的展厅。

也介绍纪念馆的相关历史

▶明治生命馆

住 千代田区丸之内 2-1-1 电 03-3283-9252（明治安田大厦物业 丸之内中心）营 16:30~19:30（周六·周日 11:00~17:00）※ 周三、周四、周五（法定节假日除外）时只有 2 层的部分区域和 1 层的公共区域可参观 休 周一、周二 费 免费 交 乘坐地铁在二重桥前站下车，3 号口可以直通

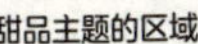

甜品主题的区域

东京甜品乐园

MAP 别册 p.16-B2

大型食品公司格力高、森永、卡乐比三家联手的商品体验店。除了可以在店内品尝到刚刚出炉的美味蛋糕之外，还可以在这里买到限定的商品。还有一些期间限定的商店。

适合在这里购买限定款的纪念品

拉面控最喜欢的区域

东京拉面街

MAP 别册 p.16-B2

这里汇聚了东京最具代表性的八家拉面店，其中包含最近备受瞩目的新锐沾面店。这里的口号是"即便一周 7 天每天来也不会吃腻"，因为在这里可以品尝到各种口味的拉面。

无论是熟悉的味道，还是这里仅有的限定菜品，应有尽有

人气角色大集合

东京动漫街

MAP 别册 p.16-B2

共有 30 余间店铺，其中包含了 NHK 电视台、民营电视台等官方纪念品商店，还有口袋妖怪、Hello Kitty、吉卜力工作室、周刊少年 JUMP 等的手办商店。此外，还有松竹的歌舞伎纪念品专卖店。

动漫粉必打卡的人气景点

令人感觉很舒适的商业设施

丸之内 Brick square

MAP 别册 p.16-C1

以"丸之内舒适之地"为理念组成的区域，内部拥有高端的商店和时尚的餐馆。与隔壁的三菱一号馆美术馆之间的广场上有喷泉和绿植，十分治愈。

绿植茂盛的一号广场

日本最大型的露天古董市场

大江户古董市

MAP 别册 p.16-C1

东京地区比较有人气的古董市场，地址位于东京国际论坛大楼的露天广场，每月会举办 2 次。届时会有很多外国游客的身影，充满了国际色彩。琳琅满目的小店云集，只是看看也很有趣。

各式各样的小摊位挤得满满的

▶东京甜品乐园

住 千代田区丸之内 1-9-1 东京站一番街 B1 层
TEL 因店铺而异
营 9:00~21:00
休 无
交 从 JR 东京站八重洲地下中央口出，出站即到

▶东京拉面街

住 千代田区丸之内 1-9-1 东京站一番街 B1 层
TEL 因店铺而异
营 因店铺而异
休 无
交 从 JR 东京站八重洲地下中央口出，出站 1 分钟即到

▶东京动漫街

住 千代田区丸之内 1-9-1 东京站一番街 B1 层
TEL 因店铺而异
营 10:00~20:30
休 无
交 从 JR 东京站八重洲地下中央口出，出站即到

▶丸之内 Brick square

住 千代田区丸之内 2-6-1
TEL 03-5218-5100（丸之内服务中心）
营 商店 11:00~21:00（周日至 20:00），餐馆 11:00~23:00（周日至 22:00）
※ 部分店铺除外
休 1 月 1 日，法定检修日
交 从 JR 东京站丸之内南口出，步行 5 分钟可达

▶大江户古董市

住 千代田区丸之内 3-5-1 东京国际论坛大楼露天广场
TEL 03-6407-6011
营 9:00~16:00
休 每月第一、三个周日开市 ※ 偶尔会因故变更
交 乘坐 JR 在有乐町站下车，从国际论坛大楼出口出，或者乘坐地铁在有乐町占下车，从 D5 出口出，步行 1 分钟可达

可加盖菊与桐徽章
与皇室具有渊源的神社

明治神宫

御朱印上有五三桐、十二弁二重菊神纹，还加盖皇纪纪年。日本政府的桐纹、日本皇室的菊纹，花的数量不同，可以数一下。接待处在长殿或神乐殿。根据来访者人数会有调整。初穗料（供神的费用）500 日元。

DATA p.22、246

颁发兼顾祝祭活动
与日常节日的御朱印

浅草神社

浅草神社内有限定时间发售的特殊御朱印，还可以获取社内的被官稻荷神社以及浅草七福神之一的“惠比寿”的御朱印。初穗料（供神的费用）500 日元。几何图形御朱印 1000 日元～。

DATA p.156

在可观景神社
获取御朱印

东京塔大神宫

位于东京塔主观景台内的神社。以前只接受团体客人的预约，从 2020 年夏季起，可以在主观景台 2 层的官方商店 THE SKY 获取御朱印。御朱印 300 日元，需要另行购买主观景台的门票。

DATA p.26

有很多颇具来历的神社！

东京御朱印之旅

御朱印在日本全国各地的人气都在上涨，已经成为一股热潮。拜谒神社或寺庙时获取御朱印，证明自己曾经到访过这里。御朱印上有精美的手书文字，看着御朱印，感觉心情与运气都会变好。

什么是御朱印？

在神社或寺庙内获取的拜谒证明

指拜谒者在神社或寺庙里获取的印章或印记，其起源为纳经（巡礼者向神社或寺庙奉纳钱财）时的凭证。手书文字的内容为社寺名、主神或主佛及日期。一般都要加盖红色印章。近几年来，仅限特定时间的御朱印以及具有艺术性的御朱印开始增加。

在哪里获取御朱印账？

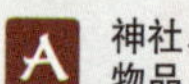

神社、寺庙内为收集御朱印者准备的物品

很多神社及寺庙都有自己原创的御朱印账，价格为 1000~2000 日元。也可在文具店或通过电商购买。

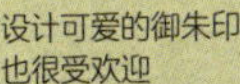

有东京唯一的坂东三十三观音道场第13号札所的朱印

浅草寺

因供奉的主佛为观世音菩萨，所以御朱印也为“圣观世音”。寺内的影向堂内供奉着七福神之一的“大黑天”，所以也有大黑天的御朱印。御朱印的价格为500日元。可在影向堂购买御朱印及御朱印账。

DATA p.156

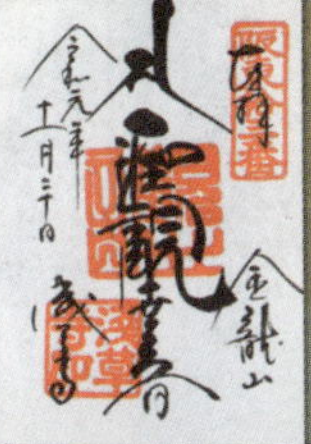

设计可爱的御朱印也很受欢迎

东京大神宫

首个举行神前婚礼的神社，以祈求姻缘闻名，尤其受女性欢迎。御朱印账分为三种，有樱花、蝴蝶、黄鹂三种不同图案，颜色均为浅色（每种1000日元）。初穗料500日元。

DATA p.25、p.213

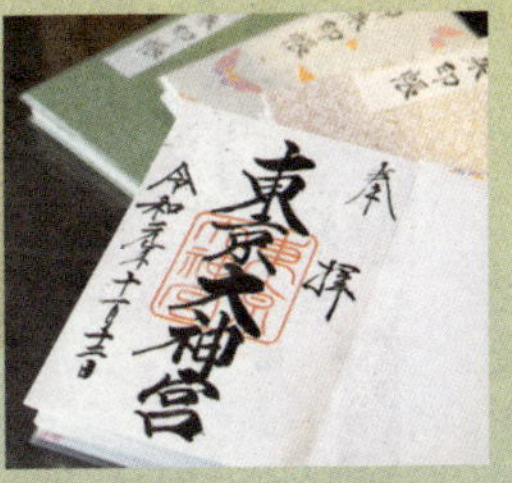

可获取两种御朱印

大宫八幡宫

大宫表示神域广大，有1000年的历史。以驱除厄运、祈求安产而闻名。内有与管原道真有关的天满宫，所以可以获取大宫八幡宫及大宫天满宫两种御朱印。每种御朱印500日元。

DATA p.279

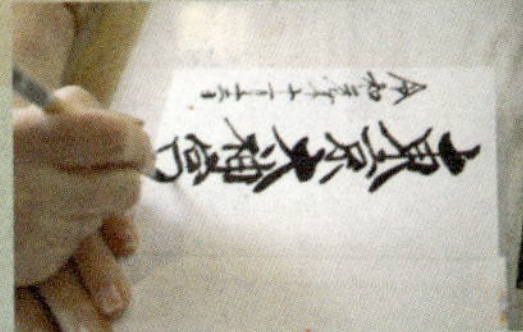

首先推出了色彩丰富的御朱印，还有节日限定版御朱印

乌森神社

神社徽章上有巴纹及乌鸦图案，卜签上盖有印章。平时的印文为“东京新桥镇座”，新年期间变为“新春奉拜”，3月为粉色的神社徽章图案，根据节日出售不同的限定版御朱印。初穗料为500日元。

DATA p.272

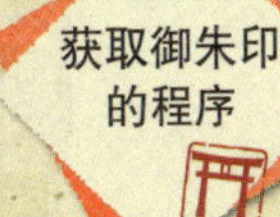

获取御朱印的程序

1. 拜谒

按照寺庙或神社的具体要求进行拜谒。

2. 取下御朱印账的封面

把御朱印账交给工作人员之前先把封面取下。

3. 说出自己想要的御朱印的种类

当一个寺庙或神社内有多种御朱印时，应讲清楚自己需要哪种御朱印。

4. 把御朱印账交给工作人员

把御朱印账交给工作人员。如果工作人员发放了排号单，需要等待叫号。

5. 拿回御朱印账

当听到工作人员叫到自己的号时，可取回御朱印账。为了不出现错拿的情况，应仔细确认是否为自己的御朱印账。关于费用，有时工作人员会说“随意”，但参考金额为300~500日元。

忘记带御朱印账时，不妨问询一下，有时可以让工作人员在纸张上书写内容并加盖印章

寻访东京的重要文化遗产

大江户

名址遗迹·文化遗产巡览

日本桥游览计划

明治至令和，仍在散发活力的文化遗产

江户时代就是五街道起点的日本桥一带，作为全日本的中心，汇集了大量的历史文化遗产。其中有很多仍在为东京的经济发展做着贡献。

首先，从东京站丸之内口开始步行。前面是古老的车站建筑与崭新的高层建筑，回头望去，在天皇巡视时曾经经过的道路对面是皇居森林。这就是东京的风景。

向北步行，从永代路去往日本桥。那里有正在建设中的日本最高建筑。东京的最新面貌与历史建筑在这里相映成趣。

沿此线路步行游览，傍晚时分的红砖车站建筑非常美丽，值得一看。步行一周长度为3.5公里，漫步而行，大约需要1小时30分钟。最后可以观赏点亮灯火的东京站。

日本重要文化遗产

本屋就是主要建筑、主楼的意思

1 东京站丸之内站舍

日本国家重要文化遗产认定的正式名称为“东京站丸之内本屋”，是日本具有代表性的砖结构建筑。站舍很大，南北长335米，大厅内的浮雕及雕塑很有特点。辰野金吾的设计以坚固著称，所以这座建筑在关东大地震中幸免于难，不过第二次世界大战中的轰炸让一般建筑被损毁。修复重建的为3层部分及大厅，在混凝土墙壁上贴了装饰用红砖。 DATA p.130

东京都认定物质文化遗产

曾经张贴写着走失儿童特征的寻人启事

2 一石桥 寻人启事石碑

1857年建立的石碑，用于张贴走失儿童及其他走失人员的寻人启事。旁边有在关东大地震中幸免于难的一石桥中心柱。桥两边都是后藤家，所以老江户人就根据五斗（日语发音与后藤相同）×2＝一石，而把这座桥称为一石桥。

MAP 别册 p.17-A3 住 中央区八重洲 1-11

国家史迹

正在进行复原明治时期风貌的工程

3 常盘桥门遗址

建于1629年的江户城外郭的正门。与奥州（日光）街道相同的重要城门，至今保存着部分斗形石墙。还有常盘桥以及涩泽荣一像也很值得一看。

MAP 别册 p.16-A2

日本重要文化遗产

由日本建筑师设计的第一个官方近代建筑

4 日本银行总部主楼

日本银行总行主楼是辰野金吾设计的一座古典主义风格的建筑。1896年竣工。外观表现了秩序与威严，中庭1层的排柱为多丽丝式，正面、中庭、西面贯穿2层与3层的双柱为科林斯式，正面建筑的中央有圆形屋顶。 DATA p.94

漫步线路

1 东京站丸之内站舍 ▶ 2 一石桥寻人启事石碑 ▶ 3 常盘桥门遗址 ▶ 4 日本银行总部主楼 ▶ 5 三井本馆 ▶ 6 日本桥三越总店 ▶ 7 三浦按针遗迹 ▶ 8 日本桥 ▶ 9 日本桥高岛屋S.C.主楼

日本重要文化遗产

常见于纽约老建筑的建筑风格

5 三井本馆

关东大地震发生 6 年后建造，充分考虑了抗震性，采用了混凝土修建。希腊复古风格的石柱为大理石材质。采用了当时美国最先进的设计、技术，设计及施工都由美国人完成。 MAP 别册 p.17-A3 住 中央区日本桥室町 2-1-1

日本重要文化遗产

三越的名称来自三井家的“三”与越后屋的“越”

6 日本桥三越总店

1935 年竣工时，属于当时全日本屈指可数的大型建筑。内部有直达 5 层的中空式大厅，匠心独具的天女像以及管风琴都很引人注目。 DATA p.95

东京都认定古迹

位于砖结构大楼与珠宝店之间

7 三浦按针遗迹

1600 年随船漂至大分的英国海员威廉·亚当斯受德川家康雇佣教授航海术，还被赐予领地及日本名。遗址上立有石碑，道路名称中也保留着按针。 MAP 别册 p.17-A3 住 中央区日本桥室町 1-10-8

日本重要文化遗产

首都高速公路将地下化，城市的天空将重现

8 日本桥

最初的桥梁为以广重浮世绘而闻名的太鼓桥，明治末期改建为石结构拱桥。因这座桥梁为日本道路的起始点而且设计独特，所以被认定为日本重要文化遗产。青铜的街灯，两边有狮子像，中间为麒麟像。 DATA p.94

日本重要文化遗产

因完成度极高而被誉为昭和著名建筑

9 日本桥高岛屋 S.C. 主楼

大楼规模宏大，地上 8 层，地下 3 层，屋顶上还有 4 层，1933 年竣工，是日本第一座安装了冷暖空调的百货店。完美地将西方古典建筑、日本建筑、现代建筑融合到一起。 DATA p.95

日本桥线路游览地图

九段下·半藏门·永田町

日本的政治中心——国会议事堂。周边有日枝神社、国立国会图书馆

区域内可利用的车站

▼九段下站
Ⓢ都营新宿线
Ⓩ东京地铁半藏门线、Ⓣ东京地铁东西线
▼永田町站
Ⓩ东京地铁半藏门线、Ⓝ东京地铁南北线、Ⓨ东京地铁有乐町线
▼半藏门站
Ⓩ东京地铁半藏门线

投币寄存柜信息

在九段下站乘车，1~4号出口一侧检票口右侧、1·2号出口通道、3·4号出口楼梯前、6号出口前有投币寄存柜。在半藏门站乘车，1·2号出口方面检票口附近有投币寄存柜。在永田町站乘车，3号出口附近有投币寄存柜。

URL www.coinlocker-navi.com

前往九段下站的方法

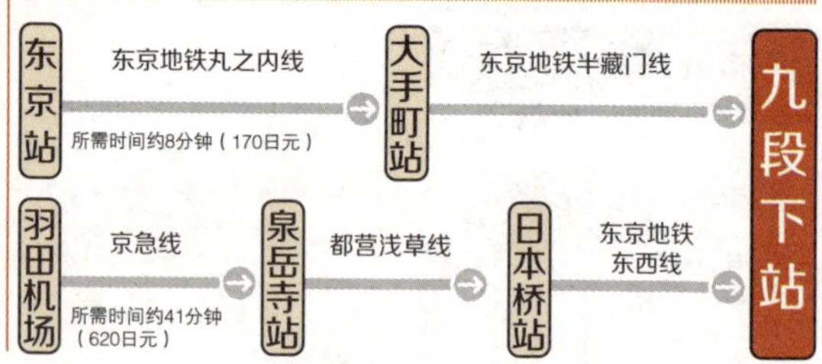

在江户时代，江户城的北部至东部是幕府官员及旗本的住宅区。在角度很大的坡上修建了九层石垣，石垣之上修建了住宅，这就是现在的九段地区。从九段至千鸟渊，是德川家臣、负责守卫城门的服部半藏及其部下居住的半藏门，半藏门的南侧最早是“永田姓”旗本的住宅，之后延伸至日比谷，成为大名宅邸区域，这就是现在的永田町。永田町一带曾经有陆军省、参谋本部等陆军中枢机关。1936 年国会议事堂建成，该地区成为主要国家机关汇集之地。

美术馆内的餐馆 北之丸公园南侧国立近代美术馆内的 Lart et 三国是日本著名厨师三国清三经营的法国菜与意大利菜的餐馆。可以一边吃午饭一边观赏樱花。

漫步方式

❖在皇居内堀沿线游览

千鸟渊是东京都内屈指可数的赏樱花胜地。四季都有美景可供观赏

皇居内堀外缘、长度为半周的区域。建议从九段下开始步行游览。九段下站位于靖国路与目白路交会的十字路口，从那里沿靖国路前行，登上坡顶后左手一侧就是北之丸公园与千鸟渊。沿护城河延伸的千鸟渊公园是日本著名的赏樱花地点。很多游客习惯在护城河上乘船游览，不过在樱花季节之外，道路两旁有各种季节的花卉，很适合散步。护城河内侧的北之丸公园，面积达 19 公顷，全年都有各种花卉可供观赏。北之丸公园的田安门可通往日本武道馆，科学技术馆方向的清水门是一座斗形门，两座门都保持着江户时代的原貌，均为重要文化遗产，非常值得一看。

在千鸟渊南侧，从千鸟渊十字路口向北通往北之丸公园的代官町路，路两边有樱花树，是一条美丽的赏花路。皇居对面外边护城河旁的道路很适合散步，也有很多人在此跑步。代官町路北之丸公园南入口对面，有皇居的乾门及旧江户城主城所在东御苑北入口的北桔桥门。另外千鸟渊公园沿内堀路一直延伸至半藏门。护城河（半藏濠）与对面的英国大使馆也是这里的一道风景。

从半藏门沿内堀路的平缓坡道而下可以到达永田町一带。主要景点是国会议事堂。国会议事堂前面有宪政纪念馆与宪政纪念公园。公园的一角有用于测绘的日本水准原点。该点被测定为高于海平面 24.3900 米（2011 年）。

漫步计划

九段下站

⬇ 步行 2 分钟

北之丸公园（▶p.141）

⬇ 步行 4 分钟

江户城主城遗址（▶p.143）

⬇ 步行 29 分钟

宪政纪念馆（▶p.139）

▶千代田区旅游服务中心

有千鸟渊、北之丸公园等各景点的旅游小册子，还提供寄存行李服务及租借充电宝服务。位于北之丸公园清水门附近内堀路千代田会馆内。

住 千代田区九段南 1-6-17

TEL 03-3556-0391

URL visit-chiyoda.tokyo

营 10:00~18:00（每月第 4 个周日及新年前后休息）

信息看板

北之丸公园的石墙上生长着被日本环境省列入濒危物种红色名录的光藓。在日本只有北海道罗臼町、长野县佐久市、群马县嬬恋村、埼玉县吉见百穴等少数地方有这种植物生长。据推测，这里的光藓是当年修筑江户城时随着石料被搬运至此并生长至今。为了保护这种濒危植物，具体的生长地点未被公开。

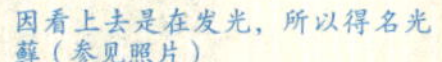

因看上去是在发光，所以得名光藓（参见照片）

info **半藏门与乾门** 可从半藏门出入的只有天皇及内廷皇族（皇后、皇太后、太皇太后、上皇）、皇太子、皇太子妃、秋筱宫家。其他皇族需要从乾门出入。

九段下·半藏门·永田町的主要景点

耸立在政府办公区的地标建筑

国会议事堂

MAP 别册 p.45-A3

国会议事堂是在昭和11年（1936年）竣工的，金字塔形的尖顶是这座建筑的特色。大楼对外开放，在参议院的参观大厅可以看到整栋建筑的模型，还可以参观议员席位的模型、明治天皇曾经就坐的席位等。重装饰的主会场给人一种十分隆重的感觉。

天皇休息的场所

▶国会议事堂

住 千代田区永田町1-7-1 电 众议院03-3581-5111（总机）参议院03-5521-7445（总机）营 众议院8:00~17:00（入场截至16:00），周六·周日、法定节假日9:30、10:30、11:30、13:00、14:00、15:00，参议院9:00~16:00（整点入内）※开会日需要提前确认 休 众议院无休，参议院周六·周日、法定节假日休 费 免费 交 乘坐地铁在国会议事堂前站下车，从1号出口出，步行3分钟可达（众议院）；乘坐地铁在永田町站下车，从1号出口出，步行3分钟可达（参议院）

日本最早的国立美术馆

东京国立近代美术馆

MAP 别册 p.46-A2

馆内藏有横山大观、岸田刘生等具有代表性的日本画家的13000多件作品。从日本的明治时代到现代的日本国内外的名作均有涉猎，每天的“馆内藏品对话”导览活动也深受广大观众的喜爱。

定期更换藏品，每期展示约200件

▶东京国立近代美术馆

住 千代田区北之丸公园3-1 电 050-5541-8600（哈罗热线8:00~22:00）
营 10:00~17:00（入场截至16:30）
休 周一（如遇法定节假日顺延一天）
费 馆内藏品展500日元（大学生250日元，高中生以下及未满18岁免费），特展因展而异 交 乘坐地铁在竹桥站下车，从1b出口出，步行3分钟可达

1952年开馆，藏有明治时代以后日本国内外的美术作品

体验型项目较多的馆

科学技术馆

MAP 别册 p.46-A2

这座馆以“视觉、触觉、身体感觉”为主题，拥有许多娱乐性、互动性很强的展示项目。任何人都可以轻松体验的展品居多，可以一边实践一边深度了解科学、技术方面的知识。此外还有不少实验表演，馆内还有纪念品商店。

每天都会举办的实验表演，深受游客的欢迎

▶科学技术馆

住 千代田区北之丸公园2-1
电 03-3212-8544
营 9:30~16:50（入馆截至16:00）
休 周三（如遇法定节假日顺延一天）
费 880日元（中学生、高中生500日元，儿童4岁以上400日元）
交 乘坐地铁在竹芝站下车，从1b出口出，步行7分钟可达

每层的主题都有所不同，十分丰富

简单清晰地介绍了日本的政治结构

宪政纪念馆

MAP 别册 p.45-A3

为了让国民可以深刻了解议会民主制而设立的纪念馆。日常会展出关于国会的组织结构、运营机制等相关的资料和影像，也有关于宪政历史、宪政先驱者的一些相关资料。

议会厅体验区有讲台和议员座席

▶宪政纪念馆

住 千代田区永田町 1-1-1
电 03-3581-1651
营 9:30~17:00（入馆截至 16:30）
休 每月月底，12 月 28 日 ~ 次年 1 月 4 日
费 免费
交 乘坐地铁在永田町站下车，从 2 号出口步行 5 分钟可达

紧挨着国会议事堂的展示众议院的设施

南庭是一片日式的庭园

国会前庭（南庭）/ 和风庭园

MAP 别册 p.45-A3

这片面积不小的绿洲是由宪政纪念馆管理的，游客可以自由参观。庭园内部是由人造的小溪、池塘等构成的环绕式庭园，水域的周围是四季变换的各种植被，置身这里顿时给人一种心旷神怡的感觉。

以池塘为中心的美丽庭园

▶国会前庭（南庭）/ 和风庭园

住 千代田区永田町 1-1-1
电 03-3581-1651（宪政纪念馆）
营 9:30~17:30
休 无
费 免费
交 乘坐地铁在永田町站下车，从 2 号出口步行 8 分钟可达

庭园内流淌着小溪、瀑布，池塘的旁边建有凉亭

钟塔是北庭的标志建筑

国会前庭（北庭）/ 洋风庭园

MAP 别册 p.45-A3

这座庭园曾经是加藤清正、彦根藩井伊氏的住所。中心位置有象征着三权分立而修建的钟塔。此外日本的“水准原点”也位于此地。

拥有喷水池和花坛的休闲场所

▶国会前庭（北庭）/ 洋风庭园

住 千代田区永田町 1-1-1
电 03-3581-1651（宪政纪念馆）
营 9:00~17:30
休 无
费 免费
交 乘坐地铁在永田町站下车，从 2 号出口步行 5 分钟可达

钟塔高 31 米，每天会有 3 次鸣钟

日本唯一的法定呈缴本图书馆

国立国会图书馆东京总馆

MAP 别册 p.44-A2

这座图书馆是根据日本国立国会图书馆法的规定，收藏了日本国内所有出版物的图书馆。馆内的藏书不可外借，大多数的资料都可以通过检索系统搜索，并且借阅。

可以提供复印馆藏资料的服务

▶国立国会图书馆东京总馆

住 千代田区永田町 1-10-1
电 03-3581-2331（总机）
营 9:30~19:00（周六至 17:00）
休 周日、每月第 3 个周三、法定节假日
费 免费（满 18 岁以上）
交 乘坐地铁在永田町站下车，从 2 号出口步行 2 分钟可达

也许可以找到你想查询的资料

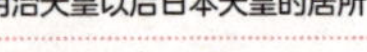

明治天皇以后日本天皇的居所

皇居

MAP 别册 p.46-A1

以日本天皇和皇后的居所为首，此外，还有举办各种活动的宫殿、宫内厅相关的办公厅、红叶山养蚕所等景点。皇居周边面向大众公开的区域有庭园、江户城遗址等，每年新年参拜的时候一般民众也可以进入宫殿，届时会有很多来自日本国内外的游客前来参观。

总面积 115 万平方米，四周有护城河环绕
照片提供：宫内厅

▶皇居

住 千代田区千代田 1-1 电 03-5223-8071（宫内厅管理部管理科参观处） 营 9:00~11:15，12:30~14:45 ※当天受理，按先后顺序上下午各接待 300 人 休 周日、周一、法定节假日 费 免费 交（皇居桔梗门）乘坐地铁在二重桥前站下车，从 6 号出口出步行 6 分钟可达

曾经是德川幕府的标志

江户城天守阁遗址

MAP 别册 p.46-B2

位于江户城本丸北侧的天守阁的遗址。自从在明历 3 年（1657 年）大火中被烧毁之后就再没有重建过，现在只是一座高 11 米的用石头砌起来的高台。沿着台阶爬上高台，可以俯瞰周边的风景。

东西约 41 米，南北约 45 米的天守台
照片提供：宫内厅

▶江户城天守阁遗址

住 千代田区千代田 1-1 皇居东御苑内 电 03-3213-1111（宫内厅） 营 9:00~17:00（入园截至 16:30）、4 月 15 日 ~8 月末至 18:00（入园截至 17:30）、10 月 1 日 ~10 月末至 16:30（入园截至 16:00）、11 月 1 日 ~ 次年 2 月末至 16:00（入园截至 15：30） 休 周一（如遇周一是假日则延后到第二天） 费 免费 交（北桔梗门）乘坐地铁在竹桥站下车，从 1a 号出口出步行 5 分钟可达

有大量历史遗址的庭园

皇居外苑

MAP 别册 p.46-C2

这里是日本最具代表性的公园，由种有黑松和草坪的皇居前广场、江户味道护城河、城门等特色景点组成。此外还有因《樱田门外之变》而闻名的樱田门、普通民众参拜天皇时会走的二重桥等历史建筑，还可以看到楠木正成的铜像。

樱田门是现存枡形城门中最大型的一座

▶皇居外苑

住 千代田区皇居外苑 1-1
电 03-3213-0095（皇居外苑管理事务所）
营 24 小时
休 无
费 免费
交 乘坐地铁在日比谷站下车，从 B6 号出口出步行 2 分钟可达

宽广的皇居前广场

位于江户城北之丸的场所

北之丸公园

MAP 别册 p.46-A1

这里是一座植被丰富的森林公园，园内有国立近代美术馆、日本武道馆等场馆。同时还可以从公园的石墙一侧，欣赏赏樱名所千鸟渊的风景。

有草坪、池塘、各种绿植，风景优美

▶北之丸公园

住 千代田区北之丸公园 1-1 TEL 03-3211-7878（皇居外苑管理事务所北之丸分处） 营 24 小时开放（22:00 灭灯） 休 无（有时会因一些国家事务进行特别警戒限制入内） 费 免费（停车场需要付费） 交（旧江户城田安门）乘坐地铁在九段下站下车，从 2 号出口步行 4 分钟可达

吉田茂的铜像

展示第二次世界大战前后日本人民的生活场景

昭和馆

MAP 别册 p.46-A1

常设展厅展示了 1935~1945 年，与日本人民生活相关的资料，共 600 余件。此外，还有放映厅、音响室和图书室等，每年春季和夏季还有各式主题特展。

被称为三种“神器”的电视、洗衣机、电冰箱

▶昭和馆

住 千代田区九段南 1-6-1 TEL 03-3222-2577 营 10:00~17:30（入馆截至 17:00） 休 周一（如遇法定节假日顺延一天） 费 300 日元（高中生、大学生 150 日元，中学生以下免费） 交 乘坐地铁在九段下站下车，从 4 号出口步行 1 分钟可达

可以了解战争带来的苦难

供奉平将门首级的将门冢

将门冢

MAP 别册 p.16-A1

这里是平安时代企图倒戈朝廷最后被讨伐致死的平将门之首冢。曾经是神田明神社的所在地，将门公也一起被供奉在此。神田明神迁址后，首冢还保留在这里，1970 年才被修整成了现在的模样。

这里是高楼林立的建筑群中的一片净土

▶将门冢

住 千代田区大手町 1-2-1
营 24 小时
休 无
费 免费
交 乘坐地铁在大手町站下车，从 C5 号出口步行 1 分钟可达

围绕着首冢衍生了许多传说

寻访东京的重要文化遗产

大江户

名址遗迹·文化遗产巡览

旧江户城游览计划

了解江户幕府的规模，
享受市中心的大自然

江户城是一个规模很大的城池，外堀（外护城河）一周长达14公里。曾为德川家的居城，是江户幕府的中枢，进入明治时期，成了天皇的居所。由太田道灌负责筑城，天正18年（1590年）进入江户城的德川家康、德川秀忠以及之后的德川家光三代人继续修建了天守阁、兵器库、护城河及庭园。经过多次大火及地震，城堡及天守阁均遭损毁，兵器库遗迹已被认定为特别史迹与重要文化遗产。包括主城遗址在内，皇居东御苑免费对外开放，置身其中有回到过去的感觉。游览一周长度为5公里，所需时间2~3小时。最佳游览季节为可以观赏花卉的春季至初夏。开园日及开园时间→p.140。照片提供：宫内厅（p.142~145，外樱田门除外）

因主持防卫之需，各地大名的登城线路被设计得曲曲折折

一 大手门至中雀门

MAP 别册 p.16-A1、p.46-B2

1 大手门

江户城的正门，来到江户的各地大名均从这里入城。穿过旁边的高丽门就是广场，有橹门呈L形设计。这种被称为斗形门的设计是为了防卫的需要。城门之上的“橹”是瞭望台兼兵器库。

2 大手三之门

在江户时代，御三家（尾张家、纪州家、水户家，均为德川家康的后代子孙）之外的大名，都必须在此下轿或下马，所以也被称为下乘门。家臣们无法进入此门，所以都聚在门外闲聊来等待主人，之后便有了“下马评”一词。

3 中之门

保存着高达6米的石墙，石块之间没有一丝缝隙，对面是长50米的百人番所，都很壮观。番所内由来自伊贺、甲贺的100名精锐士兵组成的铁炮队，负责对入城者进行严格地检查。

4 中雀门

通往主城的最后一道城门。尾张家、纪州家、水户家这御三家的大名到此也要下轿。穿过这道门，沿坡路向上，就可到达主城。进入大手门后，要经过多处转弯并接受多次检查才能到达将军所在的御殿。

江户城天守阁及将军居所曾经所在的高台

二 江户城主城周边

MAP 别册 p.46-B2

5 主城遗址

江户城主城在文久 3 年（1863 年）的火灾中被烧毁，现在的遗址已经成为一片广场。这里曾经有将军的生活区域御座间、因忠臣藏而闻名的松廊下以及数百名宫女居住的大奥，处处尽显华贵。

漫步线路

一 大手门至中雀门
1 大手门
2 大手三之门
3 中之门
4 中雀门

二 江户城主城周边
5 主城遗址
6 天守台
7 白鸟濠石垣与汐见坂

三 二之丸、三之丸庭园
8 二之丸庭园

四 江户城内堀周边
9 樱田二重橹
10 二重桥
11 外樱田门

6 天守台

江户初期日本最大的天守阁就屹立于此。更换新的将军时都会重建，第三代将军德川家光修建了高 45 米的天守阁，1657 年毁于大火。为了优先实施城下町的重建，未再次重建天守阁，只有花岗岩的天守台保存至今。

7 白鸟濠石垣与汐见坂

连接江户城的主城与二城的坡路，依靠峭壁与护城河来守护主城。据说当时能从这里看到大海。面向天守台，左侧的石垣为德川家康修筑。右侧石垣的石块则方方正正、排列整齐，与左侧的石垣形成对比。

可观赏四季花卉的都心绿洲

三 二之丸、三之丸周边

8 二之丸庭园 MAP 别册 p.46-B2

上皇与亲王的居所坐落于此，现在重建了第 9 代将军德川家重修建的回游式庭园。有紫藤、杜鹃、百合、花菖蒲、蝴蝶花等花卉，在生长着睡莲的水池中能够见到苍鹭在捕鱼。

深受跑步者与外国游客喜欢的区域

四 江户城内堀周边

9 樱田二重橹 MAP 别册 p.46-B2

出大手门，沿内堀（内护城河）向南步行，可以看到护城河对岸的樱田二重橹。此处也被称为巽橹。为守卫城郭的隅橹（角楼）之一，这样的建筑在江户城里曾有 20 多处，现在仅存 3 处，分别为此处及二重桥里侧的伏见橹、坂下门附近的富士见橹。

旧江户城线路地图

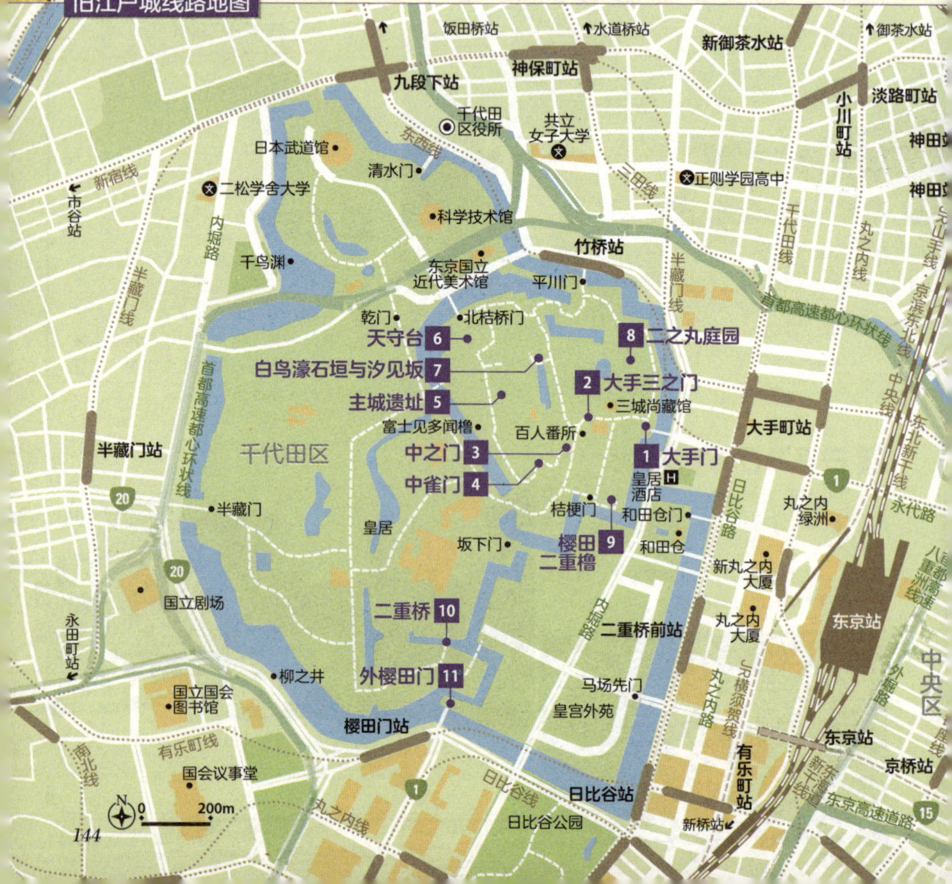

1 大手门
2 大手三之门
3 中之门
4 中雀门
5 主城遗址
6 天守台
7 白鸟濠石垣与汐见坂
8 二之丸庭园
9 樱田二重橹
10 二重桥
11 外樱田门

10 二重桥 MAP 别册 p.46-C2

在两座桥的后方矗立着伏见橹，是令游客们钟情的绝佳拍照地点。眼前可以看到的桥为正门石桥，再往里是正门铁桥，都建于明治时代。这两座桥看上去是上下叠建在一起的，故被人们称为二重桥，而事实上，早在桥体为木质结构的时候，里面的桥就被建成了上下两重的结构，因而得此命名。参加一般的旅游团便可来此游览。

11 外樱田门 MAP 别册 p.46-C2

与大手门相同，樱田门是由高丽门和渡橹门形成桝形的构造。这里作为通往小原田街的大门经常被大名所使用，具有十分重要的防御功能，因此被建造成一座特大型的建筑。因为井伊直弼遭遇暗杀而为人们所知的“樱田门外之变”，据说就发生在大门正对面的警视厅前。从旁边还可以看到法务省的红色砖楼。

info 介绍皇居东御苑参观内容的官方网站　可为皇居的参观行程提供帮助。通过声音、文字以及照片等介绍帮助游客加深理解。提供有 6 国语言的服务。URL www.kunaicho.go.jp/event/sankan/app.html

景区导览

上野·浅草·汤岛·谷根千周边

这里是日本首屈一指的观光胜地，从浅草到有着普通民居街景的谷根千、美术馆以及动物园等景致丰富的上野，是一片有着十足东京魅力的区域。人气的地标性建筑以及个性景点将在这里逐一为你介绍。

MAP 别册 p.24-25 »

1

能看到可爱动物及西洋美术作品的文化与艺术之街

上野

▶p.148

这里有因熊猫而出名的动物园，还有举办奢华常设展览以及各种企划展的人气博物馆·美术馆，地点就在上野的恩赐公园，都是具有十足代表性的区域。上野东照宫、宽永寺等与德川家相关的寺社以及充满十足活力的阿美横商店街等也都值得去看一看。

MAP 别册 p.26-27 »

2

吸引了全球游客的东京观光拍照胜地

浅草

▶p.154

浅草景区具有标志性存在感的浅草寺以及雷门是必游线路，东京晴空塔也在步行所及的范围之内，可以一道游览。这里不只有神社佛阁，还有从清晨起便能小酌一杯的 Hobby 道以及出售丰富烹调用品的合羽桥街等。

MAP 别册 p.12-13、32 »

3

学问之神及东京大学坐镇的学问区域

汤岛·本乡

▶p.166

到这里可以祈盼学业成就，祈祷事业顺利过关，美梦成真，汤岛天满宫便是学问之神"汤岛天神"的祭拜地，此外，有着红色大门的地标性建筑——东京大学本乡校区也是值得一看的著名地点。这里还有与画家横山大观以及竹酒梦二有关的纪念馆，以及能够了解三菱历史的史料馆及庭园。

这片景区内的游览推荐“5”

MAP 别册 p.28-29

4

充满浓郁的怀旧氛围，人气急速上升！
在民间小道上轻松漫步，别有一番情趣

谷中·根津·千驮木（谷根千） p.170

能够让人感受到浓浓昭和风情的谷中、根津以及千驮木这3个区域，被统称为“谷根千”，是不少游客期待游览的一片区域。由古代民居改装而成的咖啡馆还有其他品类的店铺陆续开张，古风的商店以及传统的町内祭祀，充满历史感的寺社还有其他文化类遗产都很好地得以保留下来，在这里漫步，细细品味，别有一番乐趣。

游览重要的文化遗产，
在复古的商店街里漫步

谷中

谷中是台东区的一个地名，主要是指从日暮里到千驮木·根津·上野的这片区域。一边迎着夕阳的落日，一边在谷中银座商店街中逛逛，再惬意不过。

赶在春季的杜鹃花节前
去著名的神社参拜

根津

距离上野以及汤岛·本乡很近的区域，这里有着庄严的社殿，出现在许多文学作品当中的根津神社是这里十分出名的景点。这边还有许多利用满满历史感的建筑改造而成的旅馆。

漫步在众多文豪所钟情
的复古小道上

千驮木

川端康成、森鸥外等许多著名小说家都曾在这里居住过，如今这里还留有很多他们居住过的痕迹，还有纪念馆等景点。可以看到大正·昭和时代初期美丽和风庭园的旧安田楠雄府邸，也很值得细细去品味。

连接地方与大都市的文化·艺术之城

上野

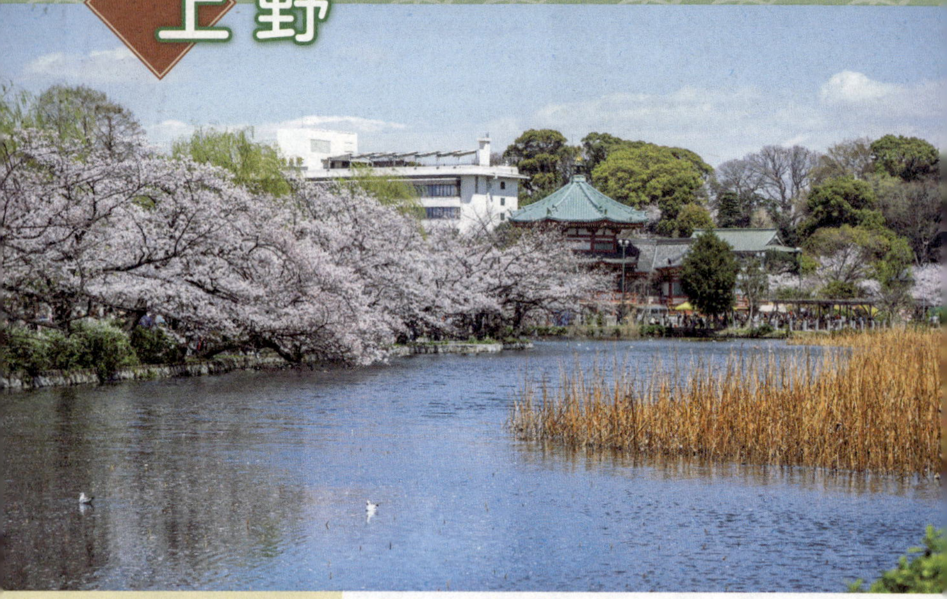

上野恩赐公园内的不忍池。夏季粉色的莲花盛开美不胜收。到了春季满眼的樱花也吸引了无数观光客到此游览

区域内可利用的车站

▼上野站

JK JR京滨东北线、JU JR宇都宫线、高崎线、JU JR上野东京线、JJ JR常磐线、JY JR山手线

G 东京地铁银座线

H 东京地铁日比谷线

▼御徒町站

JY JR 山手线、JK JR京滨东北线

▼京成上野站

KS 京成线

▼上野广小路站

G 东京地铁银座线

▼上野御徒町站

E 都营地铁大江户线

投币寄存柜信息

设在各线的上野站内。

投币寄存柜查询网址

URL www.coinlocker-navi.com

前往上野站的方法

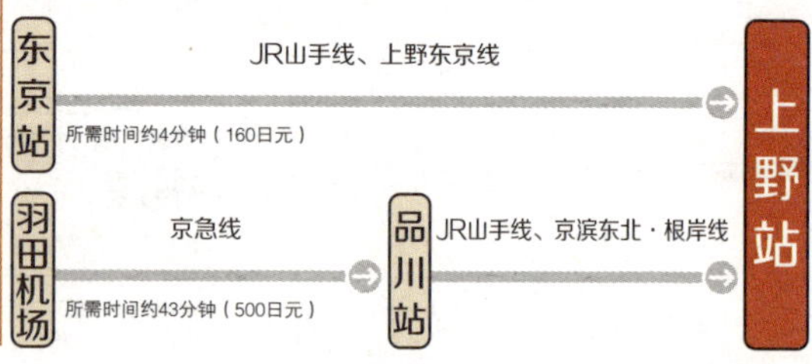

从江户时代起东叡山宽永寺的这片地区就作为赏花的名所吸引着各方游客，平民们也经常会到此游玩。明治 9 年（1876 年）这里作为日本的第一座公园——上野公园对外开放。同一时代，连接上野与熊谷 · 高崎 · 前桥等地区的铁路开通，公园内也增添了博物馆以及动物园等设施。其中成为代表的就是大正 15 年（1926 年）作为日本第一家公立美术馆对外开放的东京府美术馆（如今为东京都美术馆）以及昭和初期开馆的东京科学博物馆（如今为国立科学博物馆）。到了昭和时代，上野与浅草间的地铁也开通了。到了第二次世界大战后，上野站作为从北陆以及东北地区来往集团就职的门户变得十分繁忙。1972 年，上野动物园引入熊猫，也成了不少观光客钟情于这里的一个原因。

漫步方式

❖博物馆巡览 & 在充满活力的商店街中漫步

上野的景点基本上都遍布在车站的周围，因此步行游览会比较轻松。从上野广小路 · 上野御徒町站出发，景点都在步行所及的范围之内，而且和御徒町站、仲御徒町站之间都有通路相连，可以轻松转换不同的线路。

位于上野站公园入口以及京成上野站前方的上野恩赐公园之内，有上野动物园，东京都美术馆、国立西洋美术馆以及上野之森美术馆这三家日本具有代表性的美术馆，除了国立科学博物馆之外，还有祭祀德川家康的上野东照宫以及清水观音堂。从 JR 上野站前到位于公园深处的动物园步行大约需要 10 分钟。各美术馆及博物馆之间步行也只需要 5~10 分钟，所以遇到特别有意思的展览时，串着游览一番一定会十分有趣。走出这片区域，靠北侧还有宽永寺和东京国立博物馆等景点，前往这些地方可以利用莺谷车站，十分方便。动物园道的西侧有一片不忍池，参观完辩天堂还可以乘坐小船在池上游览一番。此外，不忍池的南侧还有下町风俗资料馆。

从上野前往御徒町方向，在连续的高架桥下周边有 500 米左右被称为阿美横的商店街，数百家店铺林立于此。这里有水果串、海鲜等的售货摊以及出售服装、杂货等各种各样的商店，一片喧嚣热闹的景象。一边吃着一边逛着买买买实在令人开心。

上野恩赐公园内部的清水观音堂步道

漫步计划

东京都美术馆（▶p.152）

⬇ 步行 5 分钟

上野动物园（▶p.150）

⬇ 步行 5 分钟

上野东照宫（▶p.150）

⬇ 步行 8 分钟

下町风俗资料馆（▶p.153）

⬇ 步行 3 分钟

阿美横商店街（▶p.152）

▶漫步在上野周边

在 JR 上野站内可以观赏到各种各样的艺术作品。例如在中央检票口前的公共区域矗立的《翼之像》以及检票口内的《三相智情意》的塑像均出自雕刻家朝仓文夫之手。在上野公园内，还展示着著名的高村光云所作《西乡隆盛像》以及后藤贞行所作的萨摩犬《tsun》。特别是这里还矗立着被称为上野公园之父的博杜恩博士的铜像，在上野恩赐公园中一边漫步一边寻找吧。

上野站的东侧保留了许多颇具风情的古老建筑以及寺院，是很适合漫步的区域。特别著名的就是都内最古老的稻荷神社——下谷神社。这里矗立着写有“曲艺发祥地”的石碑，每年举办的庆典活动都会吸引大量的游客到此，十分热闹。最近的车站就是东京地铁稻荷町站。连接上野和浅草的浅草道也被通称为“佛坛道”，道路南侧有许多出售拜佛商品的店铺，或许你会在这里寻到意想不到的宝贝。此外，韩国城也在这一带，因此这边也集中了许多韩国料理店及烤肉店，出售韩国食材的店铺也很多。从上野站浅草入口到浅草站步行也就不到 30 分钟。北侧还有一片著名的合羽桥道具街，因此建议可以在这一带悠闲地逛逛，感受一下浓郁的当地风情。

上野恩赐公园中矗立着的威风凛凛的西乡隆盛像，以及他的萨摩犬 tsun，是上野标志性的存在

上野的主要景点

必去的日本第一家公园

上野恩赐公园

MAP 别册 p.24-A1

被称为上野山的台地和不忍池，组成了市民们的休憩场所。在面积广大的园内种植着四季繁盛的花草树木，尤其作为春日的赏樱名所而远近闻名。除了有大熊猫的动物园之外，这里还分布着美术馆、博物馆等许多文化类的设施。

满眼绚烂樱花的日本特色的美景

▶上野恩赐公园

住 台东区上野公园 TEL 03-3828-5644（上野恩赐公园管理处） 营 5:00~23:00 休 无 费 免费 交 从 JR 上野站公园入口进入

西乡隆盛雕像成了上野的标志

大自然中养育的都市型动物园

上野动物园

MAP 别册 p.24-A1

包括有超大人气的大熊猫在内，动物园中一共饲养了 350 余种、3000 只动物。位于丘陵地带的东园内有熊猫舍、大猩猩以及老虎、大象所居住的森林等，在不忍池北侧的西园当中除了有非洲动物之外还有小兽馆以及两栖爬虫馆等。

可以排队按照顺序观赏大熊猫

▶上野动物园

住 台东区上野公园 9-83 TEL 03-3828-5171 营 10:00~16:00（最晚入园时间 15:00） 休 周一（节假日改为次日） 费 600 日元（中学生 200 日元、小学生以下以及市内在住和在学的中学生免费） 交 从 JR 上野站公园入口进入步行约 9 分钟

※ 最新信息请在官网确认

于明治 15 年（1882 年）开园的日本第一家动物园

闪耀着金色光辉的奢华宫殿

上野东照宫

MAP 别册 p.24-A1

日本全国范围内祭祀着德川家康公的神社之一。被称为金色宫殿的社殿作为宝贵的江户初期建筑而被列为国家的重要文化遗产。据说是第三代将军家光为了无法前去日光东照宫参拜的江户平民而在上野修建的。

装饰有华丽雕刻的金色宫殿

▶上野东照宫

住 台东区上野公园 9-88 TEL 03-3822-3455（事务所） 营 9:00~17:30（10 月 ~ 次年 2 月 ~16:30） 休 无 费 免费 交 从 JR 上野站公园入口进入步行约 9 分钟

巨大的神树被认为是健康长寿的象征，具有很高的人气

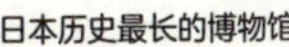
日本历史最长的博物馆

东京国立博物馆

MAP 别册 p.29-C4

明治5年(1872年)以汤岛圣堂博览会为开端，在日本拥有最长历史的一家博物馆。馆内共设有6个展厅，收藏着日本及东洋美术作品、法隆寺的宝物等国宝级重要文化遗产共计11万件以上。同时这里还举办有设定主题的大规模的企划展览。

平成馆里摆放着古坟时代出土的陶俑

▶东京国立博物馆

住 台东区上野公园13-9 TEL 050-5541-8600(咨询) 营 9:30~17:00(最晚入馆时间16:30)、周五·周六~21:00(最晚入馆时间20:30) 休 周一(节假日时改为次日) 费 1000日元(大学生500日元、高中生以下以及未满18岁免费) 交 从JR上野站公园入口步行约8分钟

本馆的建筑为西洋风建筑搭配砖瓦屋顶的王冠样式

展示有自然史及科学技术史等多个领域的内容

国立科学博物馆

MAP 别册 p.24-A2

日本唯一的国立综合科学博物馆。馆内分为两大区域，在《日本馆》当中介绍了日本列岛的演变史以及在那里生活的各种生物的历史，在《地球馆》中展示着地球生命史以及与人类相关的主题展等。

日本最初引入的专业天文望远镜

▶国立科学博物馆

住 台东区上野公园7-20 TEL 050-5541-8600(咨询) 营 9:00~17:00(最晚入馆时间为16:00)、周五·周六18:00(最晚入馆时间17:00) 休 周一(节假日的时候改为次日) 费 630日元(高中生以下以及未满18岁免费) 交 从JR上野站公园入口步行5分钟

被认定为重要文化遗产的日本馆

专门展示西洋的美术作品

国立西洋美术馆

MAP 别册 p.24-A2

被法国政府赠送返还的，以实业家松方幸次郎在纽约各地所收集的《松方展》展品为中心，这里共收藏有6000余件作品。常设展览有以罗丹为代表的法国近代雕刻以及中世纪末期到20世纪初期的西洋绘画等作品。

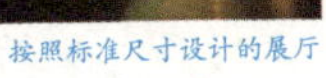
按照标准尺寸设计的展厅

作为建筑物也受到很高的评价

▶国立西洋美术馆

住 台东区上野公园7-7 TEL 050-5541-8600(咨询) 营 9:30~17:30(最晚入馆时间17:00)、周五·周六~20:00(最晚入馆时间19:30) 休 周一(节假日时改为次日平日) 费 500日元(大学生250日元，高中生以下以及未满18岁免费)(企划展单独收费) 交 从JR上野站公园入口步行1分钟

常年举办各种各样的展览

东京都美术馆

MAP 别册 p.24-A1

大正 15 年（1926 年）在北九州煤炭商佐藤庆太郎的捐赠下，作为日本第一家公立美术馆开馆。除了国内外名品的特别展之外，还举办丰富多彩的企划展以及美术团体所做的公募展。同时还设有餐馆及纪念品店等。

为纪念创设者佐藤庆太郎而开放的艺术馆

现代主义建筑巨匠前川国男设计的建筑

▶东京都美术馆

住 台东区上野公园 8-36 电 03-3823-6921（代表） 营 9:30~17:30（最晚入馆时间 17:00），特别展举办时的周五 ~20:00（最晚入馆时间为 19:30） 休 每月第 1 · 3 个周一（节假日改为次日） 费 每次展览有所不同 交 从 JR 上野站公园入口步行约 7 分钟

可令年轻作家一鸣惊人的《VOCA 展》远近闻名

上野之森美术馆

MAP 别册 p.24-B2

上野恩赐公园中唯一的私立美术馆。没有常设展览，每年除了有美术馆举办的现代美术展《VOCA 展》以及公募展之外，定期举办的企划展也吸引了不少客人驻足观看。美术馆所运营的绘画技巧教室“上野之森艺术学校”也对外开讲。

多种多样的内容设计吸引了众多参观者

▶上野之森美术馆

住 台东区上野公园 1-2 电 03-3833-4191 营 10:00~17:00（最晚入馆时间 16:30） 休 不定期 费 每次展览有所不同 交 从 JR 上野站公园入口步行约 3 分钟

漫步美术馆的间隙还可在咖啡馆小憩片刻

战后不久便开设至今的商店街

阿美横商店街

MAP 别册 p.24-B1

以“阿美横”为名，在日本全国都十分有名的平民商店街。以从 JR 上野站出发到御徒町站约 500 米的区域为中心，集中了约 400 家店铺，紧密地排列着。在这里可以以低廉的价格购买到点心海产、国外食材以及衣物杂货等，因此经常也有不少外国游客造访于此。

随便逛逛就能带给人快乐的一条街道

▶阿美横商店街

住 台东区上野 4 电 03-3832-5053（阿美横商店街联合会） 营 每个店铺有所不同 休 每个店铺有所不同 交 从 JR 上野站不忍口步行约 3 分钟

专门批发烹饪用具的街道

合羽桥道具街®

MAP 别册 p.25-A4

这里汇集着许多出售烹饪器具、餐具、广告牌、橱柜等与料理相关产品的店铺。不管是料理的专家，还是一般的游客，都能够以非常实惠的价格购买到心仪的商品，因此有着很高的人气。

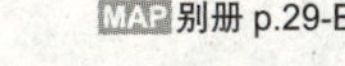

还有寿司磁贴以及食物样品等许多特别的物件

▶合羽桥道具街®

住 台东区松谷 3-18-2（东京合羽桥商店街振兴组合） TEL 03-3844-1225（东京合羽桥商店街振兴组合） 营 每家店铺有所不同 休 每家店铺有所不同 交 从地铁田原町站 3 号出口步行约 2 分钟

道具街诞生 90 周年作为标志的“合羽川太郎”雕像

这里有德川历代将军的陵墓

宽永寺

MAP 别册 p.29-B4

天台宗的特别大的寺院。宽永 2 年（1625 年），为了祈愿德川幕府的安泰以及万民的平安而修建。这里还保留有德川将军家的菩提寺，以及历代将军的灵庙。

明治 12 年（1879 年）重建的根本中堂

▶宽永寺

住 台东区上野樱木 1-14-11 TEL 03-3821-4440 营 9:00~17:00（寺务所） 休 无 费 免费 交 从 JR 莺谷站北口出来步行约 9 分钟

除此之外上野公园内还有清水观音堂以及不忍池、弁天堂

这里展示有大量杰出文豪的小说作品

池波正太郎纪念文库

MAP 别册 p.25-A4

以百姓生活环境为舞台的时代小说《鬼平犯科帐》出自作家池波正太郎之手，他也因此而为人们所熟知，与他相关的一些资料在这里均有展示。复原的书房以及手书原稿等都引起粉丝们极大的兴趣。

《鬼平犯科帐》等三大人气系列的展示

▶池波正太郎纪念文库

住 台东区西浅草 3-25-16 台东区生涯学习中心 1 层 TEL 03-5246-5915 营 9:00~20:00（周日 · 节假日 ~17:00） 休 每月第 3 个周四（节假日时改为次日） 费 免费 交 从筑波快线浅草站 A2 出口步行约 8 分钟

池波正太郎创作出著名作品的书房也完好地恢复为原来的样子

能够窥见东京的市井文化

下町风俗资料馆

MAP 别册 p.24-B1

为了将古时代平民们的市井文化传于后世而创建。一层再现了保留有江户时代风情的大正时期的街景，二层展示有生活用具、玩具以及与地域相关的资料等展品。

商家和一些长屋都可以进去参观

▶下町风俗资料馆

住 台东区上野公园 2-1 TEL 03-3823-7451 营 9:30~16:30（最晚入馆时间 16:00） 休 周一（节假日时改为次日） 费 300 日元（小 · 中 · 高中生 100 日元） 交 从 JR 上野站不忍口出来步行约 5 分钟

一种昔日的东京时光静止的感觉

浅草

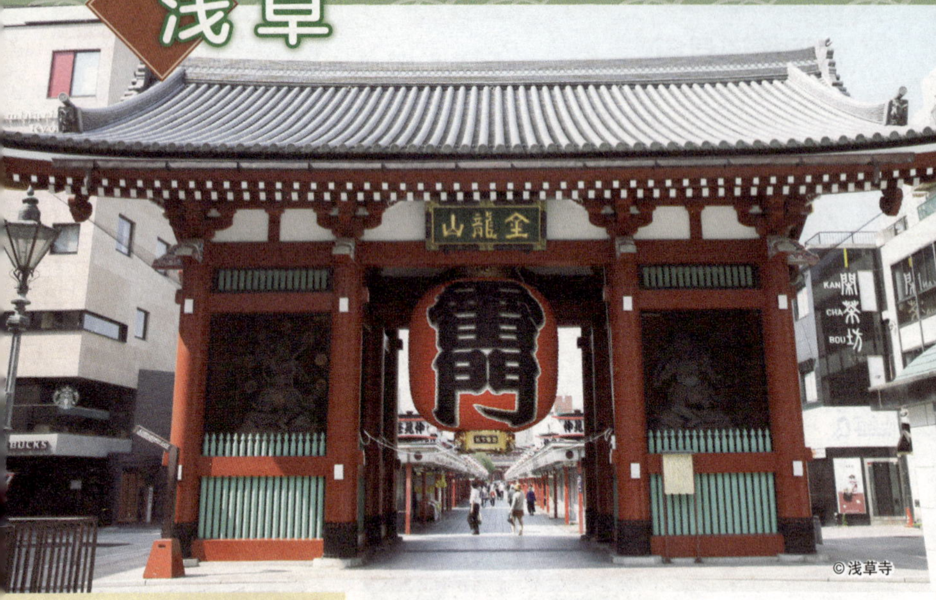

©浅草寺

走出地铁浅草站，首先映入眼帘的就是醒目的雷门。从这里往前就是仲见世商店街，无论购物还是餐饮都十分方便。

浅草

区域内可利用的车站

▼浅草站
- Ⓖ东京地铁银座线
- Ⓐ都营地铁浅草线
- TJ东武SKYTREE线
- TX筑波快线

投币寄存柜信息

在东京地铁银座线·东武线·都营浅草线浅草车站的各个检票口附近都设有投币寄存柜。此外，在运营佐川急便的浅草雷门服务中心也可以存放行李。

浅草雷门服务中心

URL www.sagawa-exp.co.jp/ttk/servicecenter/70120103.html

前往浅草站的方法

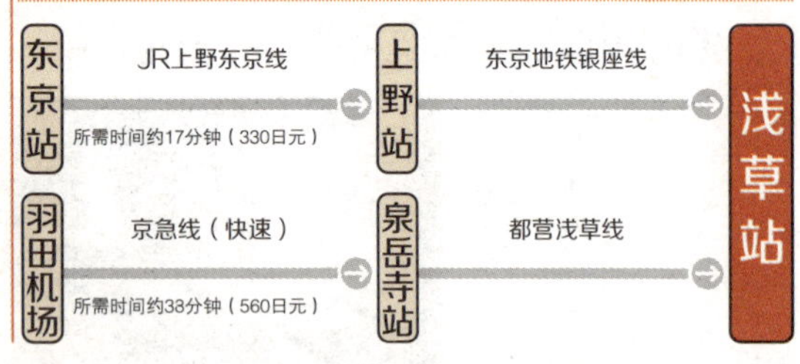

在古时，浅草作为浅草寺门前附近的街区而繁荣起来，到了江户时代，浅草寺因为被认定为参拜祈愿的场所而得到了德川家的庇护，成了周边一带屈指可数的热闹街区。曲艺小店林立的观音堂西北侧被称为“内山”，将军们也对杂耍曲艺有着浓厚的兴趣。明治维新之后，浅草寺归为京都府管辖。到了江户时代后期在内山兴盛的曲艺小店都搬迁至了六区，建有 12 层的凌云阁以及演艺场电影馆等许多场所也开设在这里，使得浅草成了东京都内少有的热闹地域。到了昭和时代，随着地铁的开通，这片区域得以重新规划，第二次世界大战后 rockza、franceza 等场所的脱衣舞盛行，也使得这里变得更加热闹。如今，毫无疑问，这里也成了国内外观光客们必选的日本观光胜地。

漫步方式

❖浅草的著名景点以及晴空塔攻略

可谓艺人们心中殿堂的浅草演艺中心，位于筑波快线浅草站的附近

浅草位于隅田川旁，沿着江户道有东京地铁、东武线以及都营浅草线车站。从筑波快线浅草站出来向西北步行不到10分钟可达。主要的景点都位于隅田川的西侧。

逛街的标志便是浅草的地标——浅草寺雷门。从东京地铁银座线浅草站出来直走就是雷门道，对面有浅草文化观光中心，可以先去查一查旅行信息再出发。从雷门到浅草寺的仲见世两侧有成排的店铺，可以在这里挑选些玩具和特产。浅草寺除了本堂之外还有许多景点，可以悠闲地逐一游览。走出浅草寺的景区就到了筑波快线浅草站周边的浅草六区，这里有可以白天酌饮的Hoppy街、可以观赏到相声等曲艺的浅草演艺中心，还有浅草花屋敷游乐园等。

位于隅田川东侧的墨田区中，耸立着东京新地标——晴空塔。可以穿过浅草站在吾妻桥和驹形桥上眺望绝佳的美景，著名的隅田川花火大会也在这一带举行。从浅草到押上站步行约25分钟。途中，还可以顺路去隅田公园和牛嶋神社转转。晴空塔里有水族馆和天象仪等，可以花上一天的时间好好玩一玩。

漫步计划

浅草寺（▶p.156、162、296）

⬇ 步行1分钟

Hoppy街（▶p.157）

⬇ 步行5分钟

浅草仲见世（▶p.156）

⬇ 步行15分钟

牛嶋神社（▶p.158）

⬇ 步行10分钟

东京晴空塔（▶p.164）

▶漫步在浅草周边

筑波Express浅草站的西侧便是合羽桥道具街，从令料理达人们爱不释手的料理用具到各种各样的食物样品，应有尽有。从东京地铁银座线田原町站出来也只需步行5分钟左右便可到达。浅草寺的北侧有一片古老的市井街区，通称“内浅草”。这里有许多当地人也会经常光顾的咖啡馆及商店，稍微多走一点便能够远离喧嚣，在一片安静的氛围中悠闲地度过时间。

喜欢料理的朋友会流连忘返的合羽桥道具街。随便逛一逛，满眼都是令人心动的料理器具

“吉原”可以说是江户时代最大的风月场所。或许有不少人都在时代剧里听说过这个名字。基本上都是指从日本桥搬迁至浅草的“新吉原”，如今在位于浅草寺以北土手道上的吉原大门交叉点周边还能够窥到些当时的余韵。其中作为代表的就是一棵出名的柳树，据说在吉原驻留过的客人走到这棵柳树附近还会频频回头，不忍离去，因此这棵树也被命名为“回头柳”。从这里步入五十间道的吉原大门的旧址处，如今也依然矗立着一座写有“吉原大门”的门牌。旁边有据说能够祈盼技艺精湛的吉原神社以及被登录进有形文化遗产的樱锅“中江”、江户前天井“河堤的伊势屋”，除此之外，还有为祭奠关东大地震时死去的妓女而设的吉原弁财天本宫以及供奉着妓女发饰的净闲寺，都成了后人了解吉原历史的一些途径。

浅草的主要景点

作为浅草的观音神而被人们所熟知

浅草寺

MAP 别册 p.26-A2

东京都内最古老的寺庙，也是国内外参拜者及观光客们都蜂拥前往的人气游览胜地。本堂是战后改建过的近代构造，而景区之内还有许多被指定为重要文化遗产以及东京都指定的有形文化遗产，东京都指定的遗迹等，都很值得一游。

挂有雷门灯笼的非常著名的浅草寺大门

▶浅草寺

住 台东区浅草 2-3-1
TEL 03-3842-0181（除周日・节假日之外 9:30~16:00）
营 6:00~17:00（10 月～次年 3 月 6:30~）、授予所 9:00~17:00
休 无
费 免费
交 从地铁浅草站 1 号出口步行 5 分钟

平安时代所设计的传统的抽签

能够体验江户风情的浅草寺参拜步道

浅草仲见世

MAP 别册 p.26-B2

距离浅草寺的雷门约 250 米的商店街。有出售糕点的老店及杂货店，还有外国人热衷的玩具店等，商店林立，经常是人声鼎沸，十分热闹。在旁边的小道上，还有许多家传统的特产商店以及餐饮店。

参拜道路两旁有许多林立的商店

▶浅草仲见世

住 台东区浅草 1-36-3（仲见世会馆）
TEL 03-3844-3350（仲见世会馆）
营 各家店铺有所不同
休 各家店铺有所不同
交 从地铁浅草站 1 号出口步行 2 分钟

浅草的特产人形烧，有许多专卖的店铺

矗立在浅草寺景区内的一角

浅草神社

MAP 别册 p.26-A2

位于浅草寺本堂旁边的神社。由德川家光创建，十分典型的日本特色建筑。浅草寺的创建是为了祭拜阿弥陀如来、观世音菩萨、势至菩萨的三社权现社，因此也被当地人爱称为“三社明神”，可以和浅草寺一同游览。

拜殿往里还有币殿和本殿

▶浅草神社

住 台东区浅草 2-3-1
TEL 03-3844-1575
营 9:00~16:30（接受盖章）
休 无
费 免费
交 从地铁浅草站 1 号出口步行约 8 分钟

幽默而可爱的狐狸形许愿牌

浅草的白日饮酒佳处

Hoppy 街

MAP 别册 p.26-B1

从经常光顾的客人到观光来的游客，从早上开始就可以畅饮的饮酒街区。在啤酒价格高昂的时代，可以在这里以比较实惠的价格喝到美酒，因此饮酒也成了许多人的嗜好，渐渐地这里也就被称为“Hoppy 街”。还被通称为“炖煮街”，可以在各种各样的店铺中细细品味。

每家店稍微喝一点，串着喝也会十分有趣

▶Hoppy 街

住 台东区浅草 1-2
电 每家店铺有所不同
营 每家店铺有所不同
休 每家店铺有所不同
交 从筑波快线浅草站 A1 号出口出来步行约 2 分钟

有的店铺白天就在室外摆上餐席

位于平民地带的日本第一家游乐园

浅草花屋敷游乐园

MAP 别册 p.26-A1

江户时代末期作为花园对外开园。在明治 5 年时加入了游乐设施，如今从很小的孩子也可以玩耍的可爱设施到令成年人尖叫的游乐机器，还有化妆室等，网罗了 21 种丰富有趣的内容。各种表演及活动也聚集了超高的人气。

怀旧的气氛拍起照来很有感觉

▶浅草花屋敷游乐园

住 台东区浅草 2-28-1 电 03-3842-8780（代表） 营 10:00~18:00（最晚入园时间 ~17:30） ※根据季节·天气有所不同 休 有时会因维护保养而休园 ※需要在官方网站确认 费 1000 日元（小学生 500 日元，学龄前儿童免费）、乘车费用另算 交 从晴空塔浅草站 A1 号出口步行 5 分钟

最高时速 42 公里的飞速过山车

浅草欢乐街的欢笑胜地

浅草演艺中心

MAP 别册 p.26-B1

日本四大单口相声的常设剧场之一，除了单口相声之外，还有对口相声和漫谈、魔术、口技、滑稽短剧，等等。样式丰富的舞台每日呈现，人气艺人代代辈出。在这里也有可能近距离观看到正在活跃的艺人，所以人气很高。

买好票之后就可进入，挑选自己喜爱的座位

▶浅草演艺中心

住 台东区浅草 1-43-12 电 03-3841-6545 营 11:40~16:30、16:40~21:00 休 无 费 3000 日元（学生 2500 日元、4 岁以上儿童 1500 日元）、18:00~2500 日元（学生 2000 日元、4 岁以上儿童 1500 日元）、19:00~2000 日元（学生 1500 日元、4 岁以上儿童 1500 日元） 交 从晴空塔浅草站 A1 号出口出来步行 1 分钟

可以购买到啤酒、小菜以及画有各种笑点的毛巾的店铺

因萝卜祭祀而为人们所知的浅草寺支院

待乳山圣天

MAP 别册 p.27-A3

作为浅草寺的分院之一，正式名称为本龙院。其中供奉的圣天神因为十分灵验而闻名，是夫妻和睦，生意兴隆，财源滚滚的象征。表示净化身心，加护一家和睦的萝卜也代表着巨大的功德而被供奉在院中，十分出名。

每天清晨，会严格履行供奉圣天神的浴油祈祷（※）仪式
※ 浴油祈祷为圣天密法中最上乘的祈祷方式，结合十一面观音之法力，誓愿救一切世间苦难者

▶待乳山圣天
住 台东区浅草 7-4-1
TEL 03-3874-2030
营 6:00~16:30（10 月 ~ 次年 3 月 6:30~）
休 无
费 免费
交 从地铁浅草站 7 号出口出来步行约 10 分钟

1 月 7 日还有供奉大根（白萝卜）的祭祀活动

祈祷生意兴隆的“酉之市”也是远近闻名

鹫神社

MAP 别册 p.13-B4

从祭祀天日鹫命和日本武尊的江户时代开始一直存在至今的神社。祈祷开运以及生意兴隆等都能够得到神灵辅助，因此这里也被亲切地称为“御酉様”。每年 11 月的酉日所举办的祭祀“酉之市”，从午夜零时的鼓声齐鸣开始，一整天会有络绎不绝的参拜者前来祭祀。

作为酉之市发祥地的神社而闻名

▶鹫神社
住 台东区千束 3-18-7
TEL 03-3876-1515
营 9:00~17:00（事务所）
休 无
费 免费
交 从地铁入谷站北口 3 号出口出来步行约 9 分钟

为了感谢神恩，祈祷来年开运获得福气，希望事业兴盛的“酉之市”

作为地域的总镇守集中了世人的信仰

牛嶋神社

MAP 别册 p.27-B3

贞观 2 年（860 年）创建的历史悠久的古神社。神社入口处坐落的并非石狮子而是石牛，景区内还有一头“抚牛”，据说抚摸它和自己身体上出现问题的部位同样的位置就能够重获健康。每 5 年一次，还会举行活体的黑牛在街上游行的盛大祭祀活动。

神社的牌坊是被称为“三轮鸟居”的十分稀有的造型

▶牛嶋神社
住 墨田区向岛 1-4-5
TEL 03-3622-0973
营 24 小时
休 无
费 免费
交 从地铁本站吾妻桥站 A3 号出口出来步行约 8 分钟

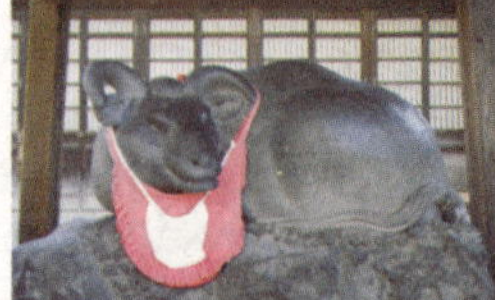

许多参拜者会去抚摸的“抚牛”

这里举办有日本最大规模的约 33 万种邮票的展览

邮政博物馆

MAP 别册 p.27-B4

日本国内唯一一家展示信息通信收藏品的博物馆。共分为 7 个部分，除了有围绕邮政历史介绍的常设展区，还有配合不同时间节庆举办的企划展区域，还有可以写信以及体验类的许多有趣的项目区域。

明治时期设置的漆黑色邮筒以及收纳书本的箱子（模型）

▶邮政博物馆

住 墨田区押上 1-1-2 东京 Skytree Town Soramachi 9 层 电 03-6240-4311
营 10:00~17:30（最晚入园时间 ~17:00）
休 不定期 费 300 日元（小学生·中学生·高中生 150 日元） 交 从东武晴空塔线及东京晴空塔站的正面出口 / 东出口、地铁押上站 B3 号出口出来步行约 5 分钟

有着丰富邮寄用纪念商品的纪念品店铺

能够给你带去结缘好运的能量圣地

今户神社

MAP 别册 p.27-A3

这里祭祀有满怀慈爱养育子女，心怀博爱普度众生的应神天皇，日本最初的夫妇伊奘诺尊·伊奘冉尊，因此特别受到祈求良缘的女性们的钟情。这里也是招财猫的发源地，出售有许多能够带来好运的相关商品。

作为七福神的一座，在这里可以祈盼福禄寿各种美好的愿望

▶今户神社

住 台东区今户 1-5-22
电 03-3872-2703
营 9:00~17:00（社务所、接受盖章 ~16:30）
休 无
费 免费
交 从地铁浅草站 7 号出口出来步行约 13 分钟

招财猫或许能给你带来幸福的好姻缘

与吉原的烟花巷有着关联的神社

吉原神社

MAP 别册 p.13-B4

江户幕府公认的吉原的花街柳巷中矗立着 5 座神社，后与烟花巷相邻的吉原弁财天一起创建的神社。因为对生意兴隆，技艺增进十分灵验，如今依然作为女性们祈盼各种心愿的神社而闻名。

在传说神话以及繁荣江户时代的小故事当中经常出现

▶吉原神社

住 台东区千束 3-20-2
电 03-3872-5966
营 10:00~16:00（社务所）
休 无
费 免费
交 从地铁入谷站 3 号出口出来步行约 12 分钟

供奉着可祈愿开运、结缘以及生意兴隆的神灵

▶浅草文化观光中心

住 台东区雷门 2-18-9　电 03-3842-5566　营 9:00~20:00（观景台 ~22:00）　休 无休　费 免费　交 从地铁浅草站 2 号出口出来步行 1 分钟

矗立在雷门的对面

这里汇集了有关浅草观光的丰富资讯

浅草文化观光中心

MAP 别册 p.26-B2

1 层是导览以及货币兑换处，2 层是放置有杂志及电脑等的观光信息查询角。8 层还有可以免费眺望浅草街景的观景台。

观景台是一个鲜有人知的好地方

▶隅田公园

住 墨田区向岛 1、2、5
营 24 小时
休 无
费 免费
交 从地铁浅草站 5 号口出来步行约 9 分钟

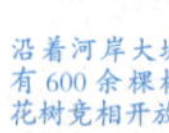

沿着河岸大堤有 600 余棵樱花树竞相开放

春天看樱花，夏天看花火的著名地点

隅田公园

MAP 别册 p.27-B3

沿着隅田川的一个公园，春季樱花盛开，夏天隅田川举办的花火大会尤其出名。隅田区一侧有水户德川的府邸，如今成了池泉回游式庭园。

从园内可以眺望到晴空塔的绝佳景色

信息看板

弥漫着江户时代的风情

安心舒适的休憩地点

大约有着 200 年历史的向岛百花园，位于都内的中心位置，无论何时造访你都会为这里的美丽景观所沉迷，是唯一一座保留至现代的江户时代的花园。由古董商人佐原鞠坞在多贺先生的故居建造并开放了以观赏花开、草木为主的“民营花园”，当初是以梅花为主体的“新梅花园”，之后则种植了有着日本版《诗经》称号的《万叶集》以及古典名著当中歌咏的许多种类的植物，从而被命名为百花园。一直到昭和 13 年（1938 年）都沿袭着民营的历史，同年 10 月归为东京市管理，并被指定为国家级名胜和历史遗产。

▶向岛百花园

住 墨田区东向岛 3-18-3　电 03-3611-8705（向岛百花园服务中心）　营 9:00~17:00（最晚入园时间 ~16:30）　休 无　费 150 日元（学龄前小学生以及都内在住 · 在校的中学生免费）　交 从东武晴空塔线东向岛站检票口出来步行约 8 分钟

MAP 别册 p.9-C3

打开庭门进入园内

从庭园可以眺望到远处的晴空塔

雅致绿化的庭园，恬静的气氛令人身心感到治愈

信息看板

因三社明神而闻名的浅草总镇守

浅草寺神社漫步

被当地人尊称为“三社明神”的庄严而美丽的社殿非常值得一看。地点也位于浅草寺景区之内，有时间的话一定要顺路到这里走走。

祭神

土师真中知命
桧前滨成命
桧前武成命

浅草寺的建立，源于桧前滨成和桧前武成两兄弟在隅田川捕鱼时捞起的一尊金的人像，之后他们请教了同村知识渊博的土师真中知，经鉴定后得知原来这是一座观音像，于是由土师真中知主持，将雕像供奉起来开始祭拜。建造的社殿如今也被国家指定为重要的历史文化遗产，其建筑样式精巧华美。每年5月在这里举行的三社祭闻名全国。（→p.162、p.163）

社殿与历史

庆安2年（1649年）

由第三代将军德川家光捐赠而建立。有着精美装饰和炫彩涂色的社殿、币殿和拜殿相连呈现出江户时代初期被称为权限造式的建筑样式。

1951年

免于被火灾及战争损坏的拜殿、币殿以及本殿都被列为日本的重要文化遗产。

1996年

从昭和38年（1963年）的修建开始经过了33年的光景，建筑物的彩漆掉色明显，于是政府花费了3.5亿日元的重修费用，展开对颜色的修补工作。从而又还原了色彩鲜艳，姿态庄严的社殿样貌。

❖屋顶画

横长跨度有7间的拜殿，一进门便映入眼帘的，就是于1996年修复过的色彩鲜艳华美的绘画。尽管经历了370余年也依然留有着当时的风韵。

色彩十分华丽

❖由走廊相连而成的权限造式设计

作为文化遗产的宝贵社殿，在币殿和拜殿之间连接着被称为石间的过渡走廊，这种权限造式的设计，与日光东照宫等著名建筑基本上属于同一样式。在建造之初就采用了雕刻、绘色以及涂漆等十分优秀的装饰技法。

❖神社的灵兽

源自中国古代思想，描绘着凤凰、麒麟、带有羽翼的鱼以及飞龙等传说中灵兽的姿态。

❖江户时代所做的成对石狮子

不同于一般石狮子，紧紧依靠的姿态令人感觉很温馨。因此许多人会来此祈盼良缘，祈祷夫妻和睦等。

再现东京鲜活的历史

大江户

名址遗迹·文化遗产巡览

浅草游览计划

翻阅历史
探访东京的怀旧遗址·文化遗产胜地

随着江户时代的飞速发展，平民地带——浅草逐渐成了东京具有代表性的观光名所，而且远近闻名。以东京都内历史最悠久的古老寺院浅草寺为中心，雷门以及仲见世等景点都十分有名，而实际上，在浅草寺的区域内还分布有许多优秀的文化遗产，有些还并不为人所熟知。浅草寺二天门以及与浅草寺本堂相邻的浅草神社，均见证了关东大地震以及战争等数次灾难，并且逃过了火灾的损毁，作为保留至今的重要建筑，都被指定为日本国重要的文化遗产。在这里慢慢地走走看看，大概有一个小时的时间就够了。感觉累了的话还可以在仲见世买个浅草的名产煎饼等美食享受一下。

重要的文化遗产

安放有四天王中两尊的木造之门

1 浅草寺二天门

位于浅草寺本堂以东的色彩鲜艳的红色大门。采用了筒瓦屋面、人形屋顶的八角门设计，如今的大门建造于庆安2年（1649年）。作为江户时代重要的古建筑，从2007年到2009年进行了大规模的修缮，恢复为建成之初时的壮观姿态。

东京都指定的有形文化遗产

传达出中世纪信仰的宝贵石碑

3 西佛墓碑

名为西佛的人祈愿他妻子故去后灵魂能够得到安息，从而竖立的墓碑。据说是在镰仓末期到室町初期之间建造的。作为东京都内最大的墓碑，上部刻有释迦的种字（※），中央还雕刻着佛像。

※种字，密教中表示佛、菩萨等诸尊所说真言之梵字

东京都指定的古文化遗址

建造年代不明的古老灯笼

4 六地藏石灯笼

六面均雕刻有地藏像的石灯笼。建造年代不明，在东京都内现存的石灯笼当中应该属于年代比较早的。由于风化和火灾等导致了一定程度的毁损，如今保存在带有屋顶的建筑之中。

浅草寺中现存的最古老的木质建筑物

5 浅草寺六角堂

东京都指定的有形文化遗产

据《浅草寺志》显示，为元和4年（1618年）既已存在的古老建筑物。东京都内六角堂式的设计十分稀有，支撑房顶的垂木呈放射状打开的形式也是精巧的设计之一。

东京都指定的古文化遗址

江户时代失踪儿童寻人告示板

6 浅草寻人启事石碑

安政7年（1860年）建造的寻找失踪儿童及其他人士的告示石碑。同时还兼设有祭奠安政大地震中死者的慰灵塔。现存的建筑是1957年复原后的样子。

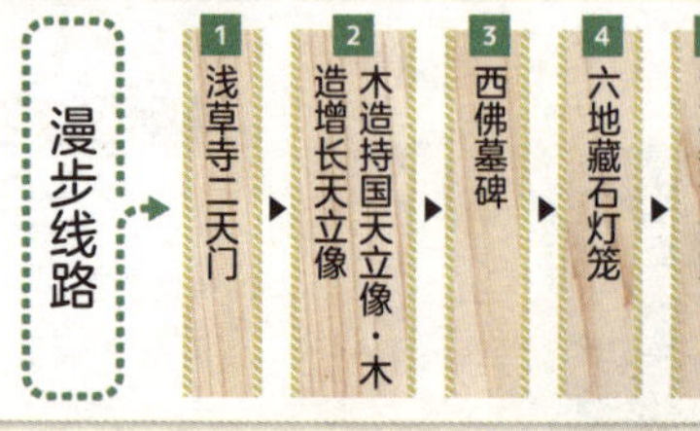

重要的文化遗产

被称为三社明神的百姓们所熟悉的神社

7 浅草神社

穿过二天门马上就可以到达神社，主祭神就是被称为三社神的土师真中知命、桧前滨成命以及桧前武成命。权限造式的本殿、币殿以及拜殿，鲜艳的色彩及美丽装饰都令人印象深刻。（→p.162）

表情醒目，站立着的勇猛的武士姿态

2 木造持国天立像·木造增长天立像

东京都指定的古文化遗址

安置于二天门当中的雕像。佛教守护神四天王当中的两座，增长天位于左侧，持国天位于右侧，增长天右手手持法器并举起，左手叉腰，持国天摆出与之相反的姿势。原本是带有色彩的雕像，如今只有面部的一些细节还能看出些许颜色来。

木质的增长天立像

浅草详图

木质的持国天立像

东京下町著名的晴空塔，是集观光、美食及购物于一身的超大人气景点。在这充满十足魅力的街道中尽情地享乐一番吧！

矗立着晴空塔的热闹街区
与江户时代的市井风情巧妙融合

东京晴空塔城®

MAP 别册 p.27-B4
住 墨田区押上1-1-2 电 0570-55-0634（东京晴空塔客服中心） 营 不同设施有所不同［东京晴空塔9:00~21:00（最晚入场时间~20:00）］ 休 不同设施有所不同 交 东武晴空线东京晴空站正面出口/东口、东武晴空线、京成押上线、地铁押上（晴空塔前）站B3号出口出来 CC 不同设施有所不同

以"东京晴空塔®"为中心，各色店铺林立的商业地带"东京天空道®"、极具艺术性的美丽"墨田水族馆"、采用最新3D技术的dome-theater——"柯尼卡美能达天象仪下的天空"，等等，丰富有趣的玩乐设施，可以令游客们享乐一天的奇妙街区。作为自立式电波塔的"东京晴空塔®"，拥有着地面上350米的天望甲板以及450米的天望回廊两处观景台，从透明的大玻璃窗可以观赏到令人震惊的超大美丽视野。乘上四座世界上最快速级别的电梯，从地面上升到天望甲板约50秒即可到达，电梯为游客们提供春夏秋冬四种主题的雅致空间。塔内随处可见日式窗户以及江户酒杯等市井的传统元素，还兼设有咖啡馆、餐馆以及商店等服务设施。

◆费用表

票种 （）为休息日费用 ※5岁以下免费	天望甲板（350米）		天望回廊（450米）	天望甲板&天望回廊套票	
	限时票	当日票	只有当日票	限时票	当日票
成人18岁以上	1800日元（2000日元）	2100日元（2300日元）	1000日元（1100日元）	2700日元（3000日元）	3100日元（3400日元）
青少年12~17岁	1400日元（1500日元）	1550日元（1650日元）	800日元（900日元）	2150日元（2350日元）	2350日元（2550日元）
儿童6~11岁	850日元（900日元）	950日元（1000日元）	500日元（550日元）	1300日元（1400日元）	1450日元（1550日元）

※ 费用全部含税

天望回廊

❶ 一边在空中漫步，一边到达地上 451.2 米的最高点 ❷ 视野非常不错的 SKYTREE CAFE ❸ 真的可以邮寄信件的晴空塔邮箱 ❹ 表现季节感的江户酒杯 6286 日元（含税）

室外观景台参观

前往晴空塔的室外！加入室外观景台的参观团

从地面上 155 米的高度起，便可出到户外，参观晴空塔极具魅力的构造、支撑钢架的绝景等，并有专属导游讲解。游客可以在微风吹拂中清晰地感受到东京的脉动。※ 观光平台游览项目在 2020 年 12 月时暂停开放，只能以其他方式观景

奇妙而具有幻想感的空间令人得到治愈

墨田水族馆

完全实现人工海水化，有可近距离观赏企鹅的泳池形水槽以及再现小笠原群岛海水的大水槽，有花园鳗、金鱼展等诸多可以观赏的主题。

MAP 别册 p.27-B4
住 东京晴空塔城天空街 5 · 6 层 TEL 03-5619-1821 营 9:00~21:00 休 无 费 2050 日元（高中生 1500 日元、小 · 中学生 1000 日元、幼儿 3 岁 ~600 日元、未满 3 岁免费） CC ADJMV

❶ 观赏的同时还有可供饮食休息的沙发 ❷ 在室内开放水池当中企鹅会上来下去地嬉戏玩耍

敞开心灵的高端艺术感体验

柯尼卡
美能达天象仪下的“天空”

这里有顶部半圆形的大屏，还有具备立体感音响效果的先进设施，带给人奢华观赏体验的天象仪。被芳香气味所包围的治愈感体验，以及高级感的月牙形座椅都给人留下深刻印象。

MAP 别册 p.27-B4
住 东京晴空塔城 · 东区 7 层
TEL 03-5610-3043 营 10 点场~21 点场（预约） 休 无
所需时间 40~45 分钟 ※ 根据作品有所不同 费 天象仪作品中学生以上 1500 日元（4 岁以上 900 日元） CC ADJMV

有许多只有在这里才可以购买到的限定商品

东京天空街®

东京天空街上共集中有 300 家以上的店铺以及餐馆，成为远近闻名的大型商业区。根据不同主题分为不同区域，气氛活跃的商店街融合人声鼎沸的美食广场，还有各种高档专卖店铺，满足人们的各样需求。

MAP 别册 p.27-B4
住 墨田区押上 1-1-2 TEL 每家店铺有所不同 营 10:00~21:00、餐馆 11:00~22:00（每家店铺有所不同） 休 不定期

从江户时代起就设置了教育机构的学问之城

汤岛·本乡

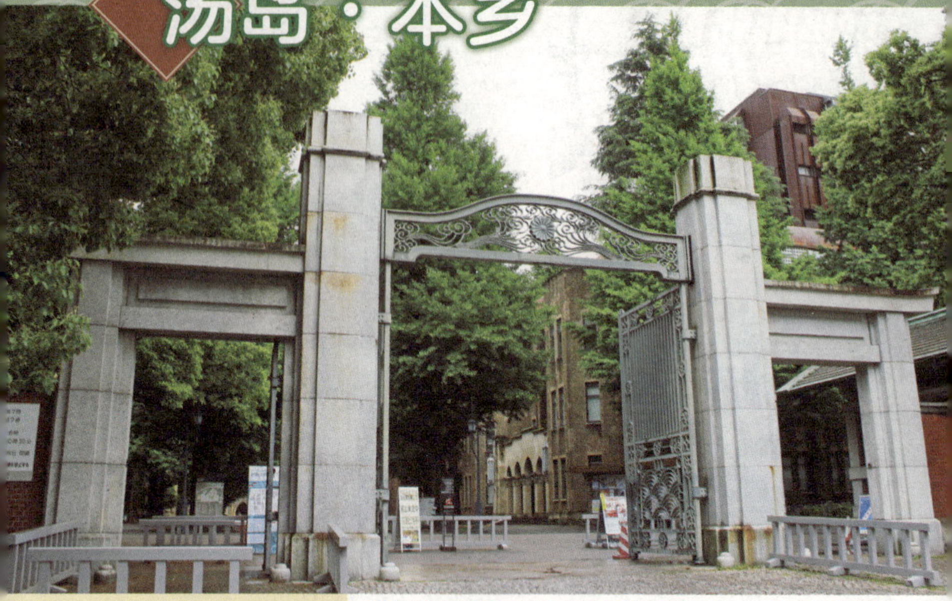

东京大学本乡校区的正门，从红门沿本乡道向北走便可看到。以石造的庄严设计为特征

前往汤岛站的方法

东京站 → 东京地铁丸之内线（所需时间约12分钟（170日元））→ 大手町站 → 东京地铁千代田线 → 汤岛站

羽田机场 → 京急线（所需时间约42分钟（620日元））→ 泉岳寺站 → 都营浅草线 → 三田站 → 都营三田线 → 大手町站 → 东京地铁千代田线 → 汤岛站

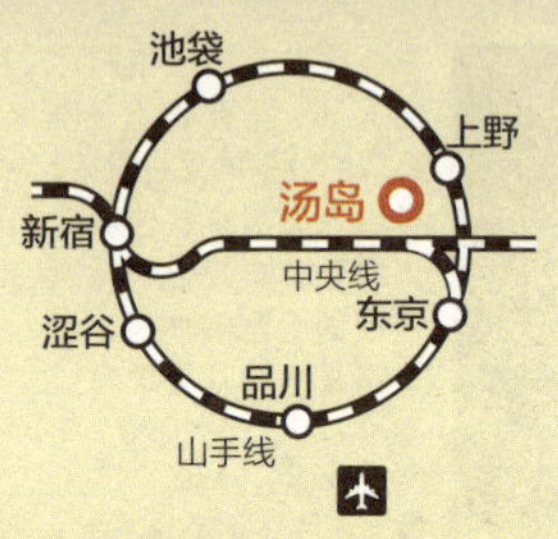

区域内可利用的车站

▼汤岛站

Ⓒ东京地铁千代田线

▼本乡三丁目站

Ⓜ东京地铁丸之内线

Ⓔ都营大江户线

投币寄存柜信息

汤岛·本乡三丁目站内都设置有大型或小型的投币寄存柜，附近的美术馆及博物馆大多没有行李的寄存服务，因此可以在车站寄存。

投币寄存柜查询网址

URL www.coinlocker-navi.com

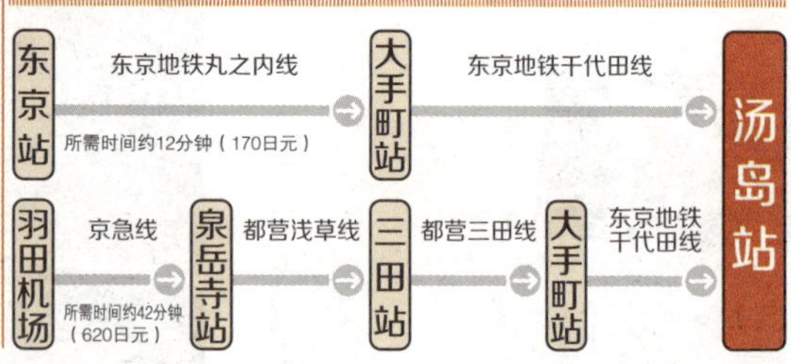

创建于458年，在南北朝时代与菅原道真合祭在一起的汤岛天满宫，受到德川家族的崇敬，许多学者及文人也都会来这里参拜。自从汤岛一带被誉为学问之所的汤岛圣堂建成之后，就被看作"日本学校的教育发祥地"。明治维新之后，汤岛圣堂虽然被关闭，但是在文京区的前身——小石川·本乡两区武家府邸的旧址上设立了许多公立及私立的学校，东京大学也迁址到了如今的地方。以本乡为中心，从明治末期开始，随着学生宿舍和公寓的增加，不只是学生，许多文人墨客也选择居住在这里。此外，作为三菱财阀第一代老板的岩崎弥太郎住过的街区，这里也被更多的人知晓，如今依然保留了许多文化人以及实业家住过的宅邸。

漫步方式

❖东大和汤岛天神的两大学问区域

汤岛景区的标志当数汤岛天神。祈盼学有所成的应考生，从年初开始就都会纷纷来到这里虔诚参拜

从东京地铁本乡三丁目站沿本乡道北上到东大前站的这一片本乡区域，以及到位于本乡三町目站东侧汤岛站的汤岛地区，各种各样的观光景点都显现出了“学问之城”这个醒目的主题。

汤岛天满宫位于从汤岛站 3 号出口出来步行即到的位置，走慢坡道或者陡坡道都可到达这片区域。从陡坡道到上野广小路·上野御徒町站延伸的街道被称为“学问之道”，从两站到这里步行也不过 10 分钟。过了春日道的北侧，便是旧岩崎府邸庭园，还有与之相邻的三菱历史资料馆，在这里可以了解三菱财阀一步步发展过来的历史。不忍池沿岸还有横山大观纪念馆，其对面就是东京大学的大片校区。

从本乡三丁目站到本乡道的西侧，周边除了有旧伊势谷当铺以及文京故乡历史馆之外，还留下了曾经在这里居住过的樋口一叶以及石川啄木等名人的旧宅。东侧是东京大学本乡校区。地域性的标志红门位于本乡道的沿路之上，这里还有安田讲堂以及三四郎池等著名的景点。在北侧的弥生门的旁边，还有弥生美术馆·竹久梦二美术馆等，可以顺路去探访。

漫步计划

旧岩崎府邸庭园（▶p.168）

↓ 步行 5 分钟

汤岛天满宫（▶p.168）

↓ 步行 15 分钟

文京故乡历史馆

↓ 步行 10 分钟

东京大学本乡校区

↓ 步行 8 分钟

弥生美术馆·竹久梦二美术馆（▶p.169）

东京大学的两大名物，一个是安田讲堂（上图），一个便是代表着本乡的红门

上／在汤岛天神的祈愿牌上写下自己的愿望
右／从 2 月中旬到 3 月上旬会举行汤岛天神的梅花节

汤岛·本乡的主要景点

祈盼学业有成，好运降临

汤岛天满宫

MAP 别册 p.32-A2

被称为汤岛天神，带给人亲切感的一座神社。其中的祭神之一，就是学问之神——菅原道真，许多希望通过考试，取得好成绩的应考生都会来这里参拜。此外，供奉的另一位神祇天之手力雄命据说也具有着很强的神力，有祈盼工作进步，就职顺利，在比赛中取得好的成绩以及收获良缘等众多的信奉者前来参拜。同时，这里作为赏梅的名所也十分有名。

总社殿拜殿与币殿相连，供奉着保佑学业有成的神

▶汤岛天满宫

住 文京区汤岛 3-30-1

電 03-3836-0753

营 6:00~20:00、授予所 8:30~19:30

休 无

费 免费

交 从地铁汤岛站 3 号出口出来步行 2 分钟

如今的社殿是 1965 年建造的

建于明治时代的财阀的邸宅

旧岩崎府邸庭园

MAP 别册 p.13-B3

创设三菱财阀的岩崎家第三代主人岩崎久弥建造的邸宅及庭园。馆内的西洋馆、和风馆以及台球室三馆保留至今。其中的西洋馆以及台球室均出自近代建筑史上著名的英国建筑师 Josiah Conder 之手。西洋馆以 17 世纪初期英国的雅各宾式风格（※）为基调，融入文艺复兴风格以及伊斯兰主题的厚重感，值得一看。保留有大开间书院等结构的和风馆以及被称为瑞士小别墅的台球室，还有细节上凝聚匠心的庭园，有时间的话最好也顺路看一看，别有情趣。

中央大厅中嵌有美丽装饰的大楼梯

▶旧岩崎府邸庭园

住 台东区池之端 1-3-45

電 03-3823-8340

营 9:00~17:00（最晚入园时间 16:30）

休 无

费 400 日元（小学生以下以及都内在住·在校中学生免费）

交 从地铁汤岛站 1 号出口出来步行 3 分钟

西式建筑的前方有一大片的草坪

被指定为国家重要文化遗产的西式建筑

※ 雅各宾式，也叫清教徒式，名称源自英国国王詹姆士一世的拉丁文名。是一种殖民地风格的家具，基于中世纪风格、文艺复兴风格和英国本土风格而形成。这种风格的家具结实厚重，用实木制成，采用榫卯结构

进入浪漫大正与时尚昭和的世界

弥生美术馆

MAP 别册 p.13-B3

身为律师的鹿野琢见，在年少时代就被绘画家高畠华宵的作品触动过，机缘巧合，后来他们相识并成为至交，在华宵去世多年后，鹿野决定将自己所收藏的华宵的画作对外公开，并创立了弥生美术馆。除了每3个月变换一次主题，日常展示华宵的50余幅作品之外，还会每4年举办一次插画、杂志、漫画以及附录等出版美术主题的企划展。

除了高畠华宵之外，还收藏了同时代其他画家的作品

▶弥生美术馆

住 文京区弥生 2-4-3
电 03-3812-0012
营 10:00~17:00（最晚入馆时间 16:30）
休 周一（节假日时改为次日）
费 900 日元（高中生 · 大学生 800 日元、小学生 · 中学生 400 日元）※包含竹久梦二美术馆的入馆费用
交 从地铁根津站 1 号出口出来步行约 7 分钟

在日本也十分稀少的插画美术馆

在东京都内可以欣赏到梦二作品的美术馆

竹久梦二美术馆

MAP 别册 p.13-B3

以描绘美人而风靡一世的竹久梦二的作品展。从梦二的日本画、书法以及绘画草图，到书信以及遗物等，共收藏有3000余件展品，深度探究其生涯及艺术造诣等各种主题。竹久梦二美术馆于1990年从弥生美术馆独立出来，两家美术馆的内部可以随意通行。

日常展出 200 余幅作品

▶竹久梦二美术馆

住 文京区弥生 2-4-2
电 03-5689-0462
营 10:00~17:00（最晚入馆时间 16:30）
休 周一（节假日时改为次日）
费 900 日元（高中生 · 大学生 800 日元、小学生 · 中学生 400 日元）※包含弥生美术馆的入馆费用
交 从地铁根津站 1 号出口出来步行约 7 分钟

可以进入竹久梦二美术馆与弥生美术馆参观

再现未经历战火前古老而美好的街景

谷中·根津·千驮木（谷根千）

一派市井风情的谷中银座商店街。走在附近居民也会经常来买东西的小道上，能够真实地看到当地平民们的生活场景

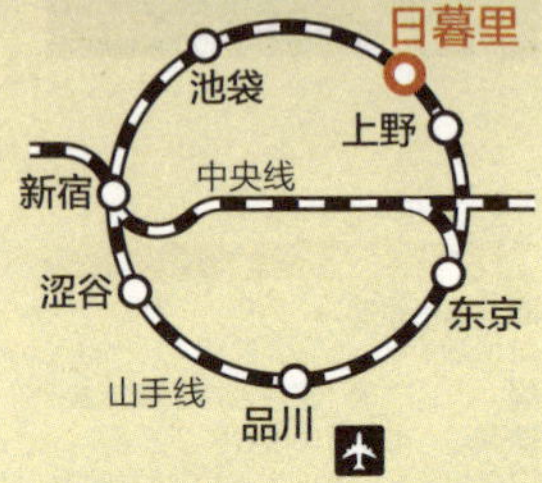

区域内可利用的车站

▼日暮里站

JY JR山手线、JK JR京滨东北线其他

▼西日暮里站

JY JR山手线、JK JR京滨东北线其他

Ⓒ东京地铁千代田线

▼千驮木站

Ⓒ东京地铁千代田线

▼根津站

Ⓒ东京地铁千代田线

投币寄存柜信息

JR 日暮里站站内设有可以存放小手提箱的寄存柜。东京地铁千代田线根津站站内也有这样的设置，不过千驮木站站内没有，需要注意。

前往日暮里站的方法

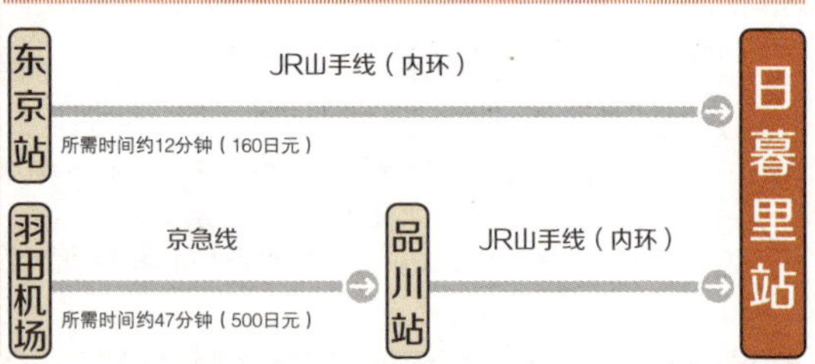

江户时代的谷根千周边主要是以甲府德川家为代表的邸宅以及其他一些武家的邸宅，作为寺院较为集中的区域，这里经常会举行一些参拜祭祀的活动，也因此逐渐成了人们出行游玩的地点之一。在第五代将军德川网吉的命令之下建造了根津神社，并得到德川世家深厚的信仰。到了明治·大正时期，众多工商业者移居至这里，形成了大片的住宅地。地铁千代田开通是在 1969 年，距离现在比较接近。谷根千地区在关东大地震以及战争灾难当中幸免于难，如今也依然保留有当时的建筑物以及街景的样貌。1984 年随着地域性杂志《谷中·根津·千驮木》的创刊，“谷根千”这个称谓也被确定下来。古朴民宅改造后的店铺以及怀旧氛围的咖啡馆等纷纷出现，近些年随着国际化的愈加深入，谷根千也获得了越来越多来自国内外游客的关注。

漫步方式

❖寻访保留着市井风情的街道以及与文化名人有些许渊源的住地

谷根千的魅力就在于——既保留着昭和时代古风的样貌，又混合着新时代咖啡馆及商铺的时尚气息

谷根千这片区域，主要指的就是东京地铁千代田线的千驮木·根津站周边以及 JR 日暮里站西侧的台东区还有文京区这片地带。南侧有大面积的上野恩赐公园，有许多著名的观光景点。因此建议找个宽裕些的时间来慢慢地观赏。

千驮木·根津站位于不忍道的沿途，西侧的文京区里除了有根津神社之外，还有距离千驮木站最近的文京区立森鸥外纪念馆以及旧安田楠雄府邸庭园等景点。在与不忍道并行的 YOMISE 道东侧便是台东区。这里有着大大小小的寺院，有小胡同里十分怀旧的商店街以及住宅街，其中也混搭了一些重新装修过的现代咖啡馆。观光景点集中在距离车站有一些距离的地方，因此租辆自行车转转也是不错的。谷中的标志——喜马拉雅杉在距离根津站步行 8 分钟左右的位置，附近有由公共浴池改装而成的 SCAI THE BATHHOUSE，还有利用昭和初期建筑物改建而成的复合型设施“上野樱木 ATARI”。在它的北侧有大面积的谷中灵园，穿过灵园时沿途就可以看到天王寺五重塔的姿态。从这里前往日暮里站南口检票处步行约 3 分钟。

谷中银座商店街和夕阳阶梯从日暮里站西口出来直行即可到达。拐入横向的街道中还有朝仓雕塑馆以及冈仓天心邸宅遗址等景点，如果要来这里，千驮木站会比较近，从日暮里站步行至千驮木站大约 10 分钟。

高高耸立的谷中的标志

谷中的喜马拉雅杉

MAP 别册 p.28-B2

在《美丽的日本历史风土 100 选》中也收录的谷中喜马拉雅杉，作为谷中的观光名处而远近闻名。树高约 20 米，树龄超过 90 年，这棵树的所有权归旁边的木质房屋——三岔路口面包店店主所有。带给人一种悠久的历史感。

漫步计划

根津神社（▶p.172）

⬇ 步行 10 分钟

文京区立森鸥外纪念馆（▶p.173）

⬇ 步行 15 分钟

台东区立朝仓雕塑馆（▶p.173）

⬇ 步行 8 分钟

谷中银座商店街（▶p.172）

⬇ 步行 1 分钟

夕阳阶梯（▶p.172）

▶漫步在日暮里周边

在谷根千景区的另一侧，距离日暮里站东口约 1 公里的地方便是日暮里纤维街。这里有许多出售布匹的店铺，从手工制品到正规的布类制品应有尽有。此外，还有与晚年的正冈子规有着密切联系的子规庵以及书法博物馆，还有童谣《晚霞渐淡》的纪念碑等。从日暮里乘坐 JR 常磐线可到距离一站地位置的三河岛站周边，还有聚集着许多韩国料理店的韩国城。

谷根千的主要景点

怀旧的氛围具有很高人气

谷中银座商店街

MAP 别册 p.28-A2

保留着古风韵味市井风情的位于谷中区域的商店街。在全长170米左右的街道上，从个人开的老店，到后来开设的新店，集中了60余家店铺。这里有丰富多样的可以边走边吃的美食，还能随意地跟店里的人聊上几句，这也是轻松悠闲的平民商店街的魅力。

许多海外游客造访的人气观光点

▶谷中银座商店街

住 台东区谷中3-13-1（谷中银座商店街振兴组合） 营 每家店铺有所不同 休 每家店铺有所不同 交 从JR日暮里站西口出发步行4分钟

被称为猫街，随处可见它们的身影

晴朗日子里非常值得来这里欣赏夕阳的美景

夕阳阶梯

MAP 别册 p.28-A2

位于御殿坂和谷中银座商店街之间的阶梯。被称为“夕阳阶梯”的这个特别的名字，是向公众征集而来的，这是因为每到夕阳西下的时候，从这里便可以眺望到特别美丽的夕阳美景。走下台阶马上就到了商店街的入口。

台阶的下方竖立着木质的牌板

▶夕阳阶梯

住 荒川区西日暮里3-13（附近）
营 24小时
休 无
交 从JR日暮里站西口出发步行4分钟

金色渲染的街景引发浓浓乡愁

因千本鸟居及杜鹃花而闻名

根津神社

MAP 别册 p.28-C1

日本武尊在千驮木创建并存留至今的古社。由德川网吉建造了如今的社殿，并迁址于此。除了被指定为国家级重要文化遗产的社殿之外，这里还有种着3000株成排杜鹃的全红色千本鸟居等，有很多值得一看的景点。

围绕社殿的美丽屏风及唐门

▶根津神社

住 文京区根津1-28-9
电 03-3822-0753
营 9:00~17:00、授予所9:30~16:30（根据时期有所不同）
休 无
费 免费
交 从地铁根津站1号出口出来步行5分钟

1706年在入口处建造的楼门

细节处凝聚匠心的建筑物值得一看

台东区立朝仓雕塑馆

MAP 别册 p.29-A3

从明治时代到昭和时代，发表过众多作品的雕刻家——朝仓文夫的画室及居住地建筑面对公众开放。在这个被指定为日本国名胜、建筑物也归为国家有形文化遗产的华美空间中，除了雕刻作品之外，还展示有朝仓所收集的绘画及陶器等制品。

如今的建筑出自朝仓自己的设计

▶台东区立朝仓雕塑馆

住 台东区谷中 7-18-10
电 03-3821-4549
营 9:30~16:30（最晚入馆时间 16:00）
休 周一·周四（节假日改为次日平日）
费 500 日元（小学生·中学生·高中生 250 日元）
交 从 JR 日暮里站北检票西口出发步行 5 分钟
※ 需要脱鞋后入馆。必须穿袜子

朝仓作品的展室

留下了明治时期大文豪的足迹

文京区立森鸥外纪念馆

MAP 别册 p.28-B1

在森鸥外的旧居“观潮楼”遗址上建造的纪念馆。这里收藏了森鸥外的亲笔原稿、日记以及书类等 1 万余件资料，除此之外，还展示有与文京区相关联的许多文学作品。同时还兼设有可以阅览森鸥外著作的图书室以及可以眺望到庭园的咖啡屋等设施。

栽种着大银杏树的旧居的正门

▶文京区立森鸥外纪念馆

住 文京区千驮木 1-23-4
电 03-3824-5511
营 10:00~18:00（最晚入馆时间 17:30）
休 每月第 4 周的周二（节假日时改为次日）
费 300 日元（中学生以下免费）
交 从地铁千驮木站 1 号出口出来步行 4 分钟

据说永井荷风和芥川龙之介都曾造访过“观潮楼”

许多著名人士长眠的墓地

谷中灵园

MAP 别册 p.29-B3

开设于明治 7 年（1874 年），存放有著名政治家、艺术家以及文学者、演员等墓冢的东京三大墓地之一。在约 10 万平方米的土地上，有着大约 7000 座的墓碑。这里作为樱花盛开的名所也十分有名。花开繁盛的季节，不仅会有许多来扫墓的人，不少观光的游客也会来这里造访。

樱花盛开的时候形成一条浪漫的粉色通道

▶谷中灵园

住 台东区谷中 7-5-24（谷中灵园管理所） 电 03-3821-4456（谷中灵园管理所） 营 8:30~17:15（谷中灵园管理所） 休 无 费 免费 交 从 JR 日暮里站西口出来步行 1 分钟

安静的园内绿植丰富，随便走走都会感觉身心放松

融合了许多平民气息的教堂

根津教堂

MAP 别册 p.28-C2

建造时间有百年以上，有着护墙板的外观设计，令人感觉十分亲切的一家教堂。木质结构的温暖氛围迎来许多游客的造访。在关东大地震以及战争空袭中都奇迹般完好地存留下来，被列为日本国的有形文化遗产。

除了做礼拜之外，还会举办教堂音乐会等活动

▶根津教堂

住 文京区根津 1-19-6
TEL 03-3821-6342
营 牧师在的时候
※ 有礼拜或者集会的时候会堂内不可参观（做礼拜都可参加）
休 无
费 免费
交 从地铁根津站 1 号出口出来步行约 5 分钟

还会举办可以轻松参与的各种活动

向公众介绍现代美术的展馆

SCAI THE BATHHOUSE

MAP 别册 p.29-B3

由建造有 200 年历史的钱汤（公共浴池）改装而成的现代艺术展馆。将最先进的日本艺术家的作品传达给世界，同时也将日本人尚不熟知的国外优秀艺术家介绍进来。馆内的水泥地板搭配白色的墙壁打造出现代的时尚感空间。

重视平民文化历史，传达现代艺术理念

▶SCAI THE BATHHOUSE

住 台东区谷中 6-1-23
TEL 03-3821-1144
营 12:00~18:00
休 周日·周一、法定节假日，以及与其他展览交替的间隙休廊
费 免费
交 从 JR 日暮里站西口出发步行约 9 分钟

名和晃平《Biomatrix》(2018 年展示时的样子)

中村不折的展品收藏

台东区立书法博物馆

MAP 别册 p.29-B4

既为油画家也为书法家的中村不折，以其独特的魅力在这家专门的博物馆中推出了书法历史上十分重要的展览。

博物馆由本馆与中村不折纪念馆构成，收藏了众多纸本墨书的资料以及汉字的历史资料。

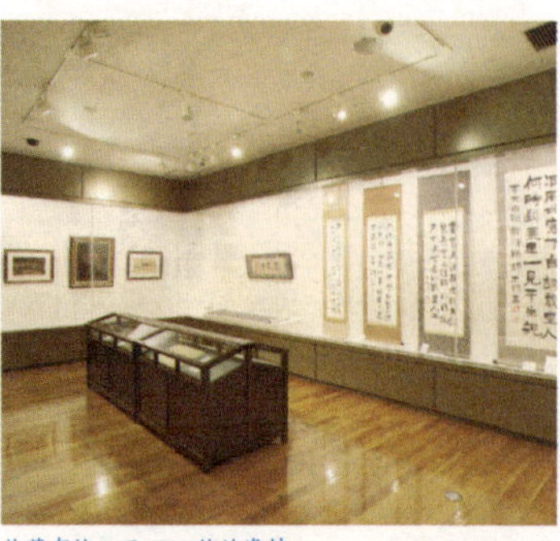
收藏有约 1 万 6000 件的资料

▶台东区立书法博物馆

住 台东区根岸 2-10-4
TEL 03-3872-2645
营 9:30~16:30
休 周一
费 500 日元（小学生·中学生·高中生 250 日元）
交 从 JR 莺谷站北口出发步行约 5 分钟

昭和 11 年（1936 年）开馆的博物馆的总馆

别有情趣的近代和风建筑

旧安田楠雄府邸庭园

MAP 别册 p.28-A1

由丰岛园的创建者藤田好三郎建造，之后由旧安田财阀创始者娘婿·安田善四郎继承的邸宅。在传统的和风建筑当中融合了西式元素的设计，大正时代的建筑理念也随处显现。一直往里走，绿植丰富的日本庭园一定也要去看一看。

大正·昭和时期东京高岗住宅区的庭园

▶旧安田楠雄府邸庭园

住 文京区千驮木 5-20-18
电 03-3822-2699
营 10:30~16:00（最晚入园时间 ~15:00）
休 周日·周一·周二·周四·周五
费 500 日元（中学生·高中生 200 日元）
交 从地铁千驮木站 1 号出口出来步行约 7 分钟

接待室采用大透明的落地窗打造成明亮的阳光房

花费 7 年时间建造的大名庭园

六义园

MAP 别册 p.13-A3

在第五代将军德川纲吉赏赐的园地上，由他的侍臣柳泽吉保建造的回游式假山泉水庭园。在当时与小石川后乐园一起并称为江户的两大庭园，园地中央建有大面积泉池，池北筑有小山，结构上富于起伏，巧妙地勾勒出一幅风光明媚的自然景观。

池塘与周边绿化结合而成的雅致美景

▶六义园

住 文京区本驹込 6-16-3
电 03-3941-2222
营 9:00~17:00（最晚入园时间 ~16:30）
休 无
费 300 日元（小学生以下以及都内在住·在校中学生免费）
交 JR 驹込站南口出发步行约 7 分钟

作为春日赏樱，秋季观赏红叶美景的地点远近闻名

出售有各式各样布料的街区

日暮里纤维街

MAP 别册 p.29-A4

从 JR 日暮里站起以日暮里中央街为中心汇集了 90 家以上店铺的大型纤维布料街。除了向从业者出售之外，也有许多提供个人零售的店铺，从专业的裁缝到手工艺初学者，可以对应各种各样的需求。与服饰相关的各种小物件也十分丰富。

或许能够找到你特别期待的素材

▶日暮里纤维街

住 荒川区东日暮里 3~6
电 每家店铺有所不同
营 每家店铺有所不同
休 每家店铺有所不同
交 JR 日暮里站南口起步行约 2 分钟

制作浴衣用的丝绸材料也有丰富的图案可供挑选

寻访东京的重要文化遗产

大江户

名址遗迹·文化遗产巡览

去了解文士及艺术家们钟爱这里的理由
漫步在昭和的古风街道之上

位于山手线的内侧，因为在战争空袭当中免于受到严重侵害，因而依旧保留有昭和初期样子的谷中·根津·千驮木地区。家门口都摆放着成排的盆栽，木质的民宅集中而成的平民区街景。西侧有曾经分布着大名邸宅的中山道（国道17号），东部与上野相连，被东京大学及东京艺术大学所包围。20世纪初期，这里也成了集中了文人墨客的，具有艺术气息的魅力城区。

在这样的谷根千，以文化艺术为主题漫步欣赏一番吧。从驹込横跨谷根千道莺谷大约4.5公里，包括参观在内所需时间4~5小时。其中坡路较多，行程中也会有不少细窄的小道。感觉疲累的话可以在古朴民家改成的咖啡馆中稍事休息。最后从谷中灵园路过根岸，再到正冈子规弥留的地方探访一番。

谷根千游览计划

这里不只有杜鹃花，还有四季盎然自然美与人工美完美结合的美丽景致

1 六义园

国家指定特别名胜

元禄8年（1695年），川越藩主柳泽吉保在别墅中自己设计并建造。沿着水池周围顺路前行，仿佛能够看到《万叶集》等作品当中所咏颂的八十八景，很有情趣。第五代将军纲吉的生母、桂昌院及其长女鹤姬曾经的来访也让这里被更多的人所熟知。DATA p.175

东京都指定名胜

大正时代的大邸宅及假山水庭园

2 旧安田楠雄邸庭园

大正8年（1919年）建造完成时的姿态一直保留至今的宝贵邸宅。如今依旧没有空调等设施，而是沿用与当时相同的小竹帘抵御着炎暑。各个房间在庭园的前后错落排开，庭园也因此变得呈现出不同有趣的景致。可以一边观赏运用石头的妙处，一边静听着水流的声音，用心去感受。DATA p.175

日本近代美术获得十足发展的地方

3 冈仓天心宅遗迹

对日本第一家美术学校的建立做出过巨大贡献的冈仓天心，在明治31年（1898年）创立日本美术院的地方。与菱田春草以及横山大观等人一起，在这里鼓励美术工艺的制作与研究。如今成为冈仓天心纪念公园，里面的六角堂中安放着天心像。MAP 别册 p.28-A2 住 台东区谷中5-7-10

代表着近代日本的雕刻家的美术馆

4 台东区立朝仓雕塑馆

位于高地之上，从屋顶的平台可以远眺到区域内的大片景色，由雕刻家朝仓文夫亲手设计的混凝土制造的画室，以及多间住房等有不少可以参观的景点。代表作《墓守》和《大隈重信像》以及猫的作品集等，可以认真地一一去鉴赏。DATA p.173

东京都指定名胜

漫步线路

1 六义园
▼
2 旧安田楠雄府邸庭园
▼
3 冈仓天心宅遗迹
▼
4 台东区立朝仓雕塑馆
▼
5 天王寺五重塔遗迹
▼
6 子规庵

东京都指定历史遗迹

在电影及电视剧当中经常会出现的谷中的标志

5 天王寺五重塔遗迹

五重塔建造于正保元年（1644 年）。34 米的高度为关东最高，因幸田露伴的小说《五重塔》而闻名。尽管在地震和战争中得以保留下来，却在 1957 年的放火事件中被烧毁。如今谷中灵园中仍保留着塔的基石，灵园管理所中也展示有原塔的模型。MAP 别册 p.29-B3 住 台东区谷中 7-9-6

东京都指定历史遗迹

追思这位在病榻上歌咏出无数名句的世纪俳人

6 子规庵

正冈子规生命中的最后 8 年所住的长屋。他在短暂的 34 年零 11 个月的生命当中留下了 20 余万字的俳句，夏目漱石与伊藤左千夫等与他也都有着密切的联系。因病长期卧床的原因，他可以从屋子看到外面盛开着野花的庭园。为了可以让子规看得更加清晰，他的弟子们特意将纸拉窗换成了玻璃窗。屋子的一端也依然种有子规在绝笔中歌咏过的作为药草的丝瓜。

MAP 别册 p.29-B4
住 台东区根岸 2-5-11
营 10:30~12:00、13:00~16:00
休 周一
费 500 日元（中学生以下免费）
交 从 JR 莺谷站北口起步行 5 分钟

谷根千详图

景区导览

两国·清澄白河周边

两国·清澄白河一带的建筑物和资料馆记录着自江户时代起传承至今的悠久文化。沿着可以眺望到绝美景色的隅田川漫步，细细去品味每一处景点之中的韵味吧。

MAP 别册 p.30-31»

1

在弥漫着江户风情的隅田川沿岸城区，感受相扑与传统工艺的魅力

两国·锦糸町 ▶p.180

以兼设相扑博物馆的两国国技馆为中心，两国及锦糸町周边还分布着许多的相扑部屋和什锦火锅店。除此之外，这里还有能够了解江户时代生活场景及文化、艺术的江户东京博物馆和墨田北斋美术馆，还有很多制作雕花玻璃和烟花等传统工艺的作坊。近年来由古民宅或仓库改造而成的建筑也渐渐成了隐藏的人气景点，有许多独具个性的客房和旅馆，因此建议在这一带多停留两天，慢慢地走一走逛一逛。

MAP 别册 p.18-19»

2

春光明媚的庭园融合深川的悠久历史还能让人感受到新鲜文化气息的魅力地带

清澄白河·深川 ▶p.184

这里分布着拥有四季轮回绝美景色的清澄庭园、再现江户时代深川周边平民街景的深川江户资料馆，还有与松尾芭蕉相关的历史旧迹等，同时也是保留有许多寺院的历史悠久的地区。近年来随着第三波咖啡热潮的兴起，这里也得到了更大的关注，成了咖啡爱好者们的胜地。这里距离东京都现代美术馆很近，新旧气氛融合的街景展现出更加迷人的魅力。

板桥区
北区
王子站
东武东上线
JR埼京线
池袋站
JR山手线
大塚站
巣鸭站
驹込站
丰岛区
西武池袋线
文京区
西武新宿线
新大久保站
大久保站
JR中央本线
新宿区
新大久保站
饭田岛站
东京都厅
新宿站
市谷站
千代田区
新宿御苑
四谷站
京王线
信浓町站
涩谷区
原宿站
东京中城
表参道站
六本木站
涩谷站
六本木Hills
东急田园都市线
JR山手线·埼京线
惠比寿站
田町站
目黑川
东急东横线
港区
高轮Gate way站
目黑区
目黑站
品川站
五反田站
东急目黑线
品川区
旗之台站
东急池上线
东海道新干线
JR京滨东北线·东海道线
大井町站

这片景区内的游览推荐"5"

1. 在清澄白河沿岸的大自然中散步 ▶ p.184
2. 在充满魅力的市井风情的街道上，漫步深川 ~ ▶ p.184~
3. 参拜门前仲町的著名寺社 ▶ p.188
4. 前往下町浪漫的寅次郎的舞台 ~ ▶ p.194~
5. 在两国国技馆中欣赏大相扑的比赛 ~ ▶ p.182~

MAP 别册 p.18-19 »

3 祭祀及有活动的日子，各个寺社和仲见世都会十分热闹 自古时起就十分繁荣的门前町

门前仲町 ▶p.188

在四周被河川包围的门前仲町，有因深川不动尊以及江户三大祭之一的深川八幡祭而远近闻名的富冈八幡宫等著名的观光景点。从永代道到深川不动尊的这条深川商店街，每到举行活动的日子就会人群聚集，异常热闹。自周边增设了酿酒厂开始，东京产的啤酒和红酒业也日益繁荣起来。

MAP 别册 p.9 »

4 充满怀旧味道的老铺商店街 作为电影背景而闻名的街道

柴又 ▶p.192

和电影《寅次郎的故事》当中描述得一样，寅次郎走出车站，迎接他的就是这种柴又周边充满下町气息的生活场景。穿过点心店及特产店林立的柴又参拜商店街步道，就到了柴又帝释天，步行范围之内还有寅次郎纪念馆以及山田洋二博物馆等景点，能够令人真切地感受到电影当中的气氛。在葛饰区的京成线沿路还有堀切菖蒲园以及水元公园等当地人休闲放松的自然景点。

两国·锦糸町

除了相扑之外，职业摔跤以及拳击等格斗项目、运动比赛等也会经常在两国国技馆中举办

区域内可利用的车站

▼两国站

JB JR总武线

E 东京都都营地铁大江户线

▼锦糸町站

JB JR总武线

Z 东京地铁半藏门线

投币寄存柜信息

在两国·锦糸町站中都设有投币的寄存柜，可以存放大件的行李。两国国技馆中不可存放，所以最好提前在车站附近找好安置物品的地方。

投币寄存柜查询网址

URL www.coinlocker-navi.com

前往两国站·锦糸町站的方法

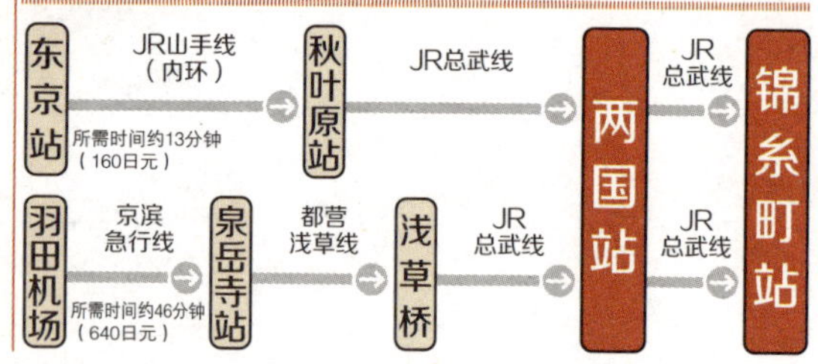

因江户时代发生了明历大火，基于这个原因架设了两国桥，之后为了迁移武家的府邸而对两国桥的东部进行不断的开发，随着两国·锦糸町周边城市设施的不断完善以及蔬果市场的开设，这一带也逐渐形成了热闹的街区样貌。特别是，改换了场所的相扑运动逐渐在两国的回向院内兴起，随着人气的提高，每年在春秋季都会在常设场所“回向院”中举办 2 次热闹的相扑比赛，由此，相扑运动在两国扎下了根基。明治 42 年（1909 年），在回向院的旁边建造了老国技馆。1950 年之后，中心场馆又迁移到了隅田川西岸的藏前国技馆，到了 1984 年又迁回两国，次年还举办了最初场馆的纪念活动。如今在这片区域分布着许多大相扑部屋和什锦料理店。

漫步方式

❖对相扑的深入了解 & 手作体验

在 JR 锦糸町站北口的环岛中，有以音乐为主题装饰的纪念碑

位于墨田区的两国·锦糸町地区，因江户时代的开发，逐渐形成棋盘式的道路交通网。两站之间步行约 25 分钟，沿着横向延伸的 JR 总武线直走也可以，很好找到方向。

走出 JR 总武线两国站的北口，眼前便是兼设着相扑博物馆的两国国技馆。从沿着清澄道的都营大江户线两国站出来直走也马上就能到达，附近还有江户东京博物馆以及旧安田庭园等景点。从两国站沿 JR 总武线向锦糸町方向前行即可到达墨田北斋美术馆，其北侧被称为北斋道。两国站的南侧，除了有两国花火资料馆之外，还有自江户时代后期开始便作为相扑固定场馆的回向院、赤穗浪士为旧主报仇时作为讨入现场的本所松坂町公园，都能够让人深深地体会到江户的历史感。许多的相扑部屋也分布在两国站的周边，车站周边还有很多什锦火锅店及出售相扑周边产品的小店。

在锦糸町，有可以体验江户雕花玻璃制作的墨田江户切子馆，还有墨田区酿造手工啤酒以及维尔戈啤酒的酿酒厂。

两站以及藏前站的周边还开设了许多别具风格的旅馆及酒店，很多老牌的公共浴池等设施也保留至今，所以推荐以这片区域为据点在附近玩一玩。

漫步计划

两国花火资料馆（▶p.183）

⬇步行 10 分钟

相扑博物馆（▶p.182）

⬇步行 1 分钟

旧安田庭园（▶p.183）

⬇步行 10 分钟

墨田北斋美术馆（▶p.183）

⬇步行 25 分钟

墨田江户切子馆（▶p.16）

▶藏前漫步

从两国沿隅田川北上，跨过藏前桥，就到了都营浅草线藏前站。藏前周边是较为古老的城区，建有一些工厂和批发店，随着近年来的修缮发展，出现了许多漂亮的手工工坊和精致的画室，作为著名的手作地带引起越来越多的关注。可以慢下来仔细挑选这里所特有的个性文具、原创杂货等商品。

信息看板

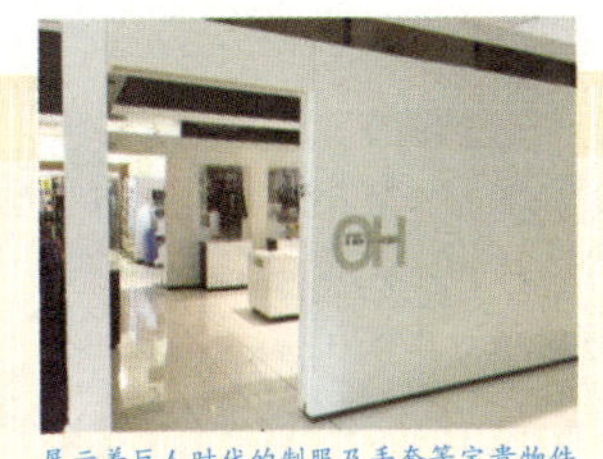

展示着巨人时代的制服及手套等宝贵物件的王贞治荣誉展区

位于锦糸町的三座公园都有着自己独特内蕴的景致。在锦糸公园内的墨田区综合体育馆 2 层，有墨田区八广本土专业棒球选手王贞治的荣誉展区，展示着与他相关的约 30 件展品。可以免费入场参观，建议顺路去看看。距离本所吾妻桥步行不到 10 分钟的本所中学前，还矗立着王贞治纪念碑。除此之外，在锦糸堀公园中，有被指为是江户时代流传甚广的“本所七大不可思议事件”之一的“留下再离开”的池塘所在地，如今作为曲艺当中的题材依旧很有人气。这里还有大横川，在江户时代因地区开拓填海造地而建成了大横川亲水公园，作为赏樱名所远近闻名，并且每年还会举办两次的墨田玻璃市集，成了传统工艺江户玻璃制品的从业者们会聚一堂的重要场所。

两国 · 锦糸町的主要景点

犹如时间静止一般的奇妙空间

东京都江户东京博物馆

MAP 别册 p.30-B1

保存和继承江户时期东京历史及文化的博物馆。以自德川家康入府以来的约400年为中心，展示着各种实物资料以及用原始尺寸再现的日本桥模型，还有缩小尺寸的模型等，藏品十分丰富。

隔断长屋（模型）

▶东京都江户东京博物馆

住 墨田区横网1-4-1 TEL 03-3626-9974（代表） 营 9:30~17:30（最晚入馆时间17:00）、周六~19:30（最晚入馆时间19:00） 休 周一（法定节假日时改为次日） 费 一般600日元、大学生·专业学校学生480日元、中·高在校生（都外）·65岁以上300日元、小学生以下及都内在住·在学中学生免费 交 地铁两国站A3·A4号出口出来步行1分钟，JR两国站西口出来步行3分钟

还有许多看相扑比赛之外的乐趣

两国国技馆

MAP 别册 p.30-B1

每年会举办3次大相扑比赛的东京相扑胜地。场馆的入口处有描绘着过往比赛时场景的绘画，展示着奖杯等物品，还兼设有出售相扑周边产品的商店及相扑博物馆等设施。

有许多描绘着交战场面的很有气氛的装饰

▶两国国技馆

住 墨田区横网1-3-28 TEL 03-3623-5111（日本相扑协会） 营 10:00~16:00 休 周六·周日、节假日 ※参观本场所需要携带大相扑参观券 费 免费 交 JR两国站西口出来步行3分钟

位于两国国技馆当中的博物馆

相扑博物馆

MAP 别册 p.30-B1

即使不是相扑粉丝也值得前去一看，展示着与日本的国技——相扑运动相关的各种资料的博物馆。以第一代馆长所收集的资料为基础，每年还会举办6次企划展，通过相扑的版画、排位表以及兜裆布等展品向观众予以介绍。

▶相扑博物馆

住 墨田区横网1-3-28 两国国技馆1层 TEL 03-3622-0366 营 10:00~16:30（最晚入馆时间16:00） ※参观本场所需要携带大相扑参观券 休 周六·周日、法定节假日 费 免费 交 JR两国站西口出来步行3分钟

隅田川上架设的三连拱桥

厩桥

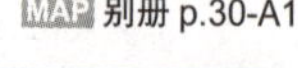

建于明治7年（1874年）的隅田川上的第六座桥。厩桥这个名称，来源于江户时代位于河西岸的米仓中驮货物的马所用的马厩，桥梁整体设计都采用了会令人联想到马匹的装饰。

隅田川上唯一的三连拱桥

▶厩桥

住 台东区驹形2、墨田区本所1
营 24小时
休 无
费 免费
交 地铁藏前站A7号出口出来步行1分钟

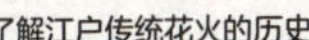

了解江户传统花火的历史

两国花火资料馆

MAP 别册 p.30-B1

地点位于两国区域内，这里有很多专业的花火技师。资料馆当中展示着许多与花火相关的物品，可以了解花火断面的模型、构造以及制作方法，等等，都是人们平常很少有机会能够见到的宝贵资料。

精致的房间内紧密排列的展品

▶两国花火资料馆

住 墨田区两国 2-10-8 住友不动产两国大厦 1 层 电 03-5608-6951（墨田区观光协会） 营 12:00~16:00 休 周一·周二·周三（7·8 月每日开馆） 费 免费 交 JR 两国站西口出来步行 5 分钟

还有花火师穿的短上衣等各种展品，很有趣味

鉴赏世界著名的浮世绘大师的名作

墨田北斋美术馆

MAP 别册 p.30-B2

这座美术馆建在浮世绘大师葛饰北斋出生并度过 90 年岁月的墨田区。除了设有常规的北斋及其门下弟子的作品展示之外，还举办有各种各样主题的企划展。

在 AURORA（常设展室）当中展出着与实物等高的精致复制作品，还有再现画室的模型

▶墨田北斋美术馆

住 墨田区龟泽 2-7-2 电 03-6658-8936 营 9:30~17:30（最晚入馆时间 17:00） 休 周一（节假日时改为次日） 费 400 日元（高中生·大学生·专科生 300 日元） 交 地铁两国站 A3 号出口出来步行 5 分钟

还有出售以葛饰北斋为主的浮世绘周边商品的店铺

很有情调的日式庭园

旧安田庭园

MAP 别册 p.30-B1

据说建造于元禄年间，按照曾经的设计，中央的池水是与隅田川相连的回游式庭园。如今则通过水泵来人工实现水位上下浮动的潮汐场景。

假山和小桥巧妙搭配的雅致景观

▶旧安田庭园

住 墨田区横网 1-12-1 电 03-5608-6661（墨田区道路公园课） 营 9:00~19:30、10 月 ~ 次年 3 月 ~18:00 休 无 费 免费 交 JR 两国站西口出来步行 4 分钟

位于两国区域内的一片小巧的绿洲

作为“花之天神”而为人们所熟知

龟户天神社

MAP 别册 p.9-C3

这里供奉着学问之神——菅原道真的神像，每到应考的季节，许多考生都会来此参拜祈祷。这里的藤花祭十分有名，景区内自 4 月下旬开始就会有 50 余株藤花竞相开放，景色十分迷人。

东京十社之一的神社

▶龟户天神社

住 江东区龟户 3-6-1 电 03-3681-0010 营 8:30~17:00 休 无 费 免费 交 JR 龟户站北口、地铁锦糸町站 4 号出口出来步行 12 分钟

藤枝淡淡飘香的季节一定要来看一看

悠远历史与现代文化相融合的绿植繁茂的地区

清澄白河·深川

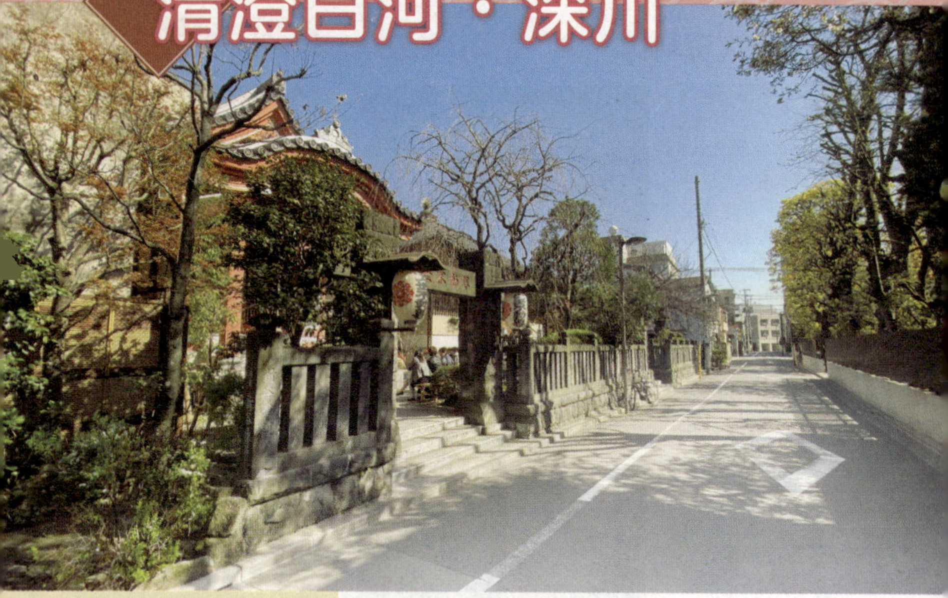

清澄白河·深川的周边分布着大小各式的寺院。图中展示的是从清澄白河站出来步行即刻就能到达的出世不动尊的入口

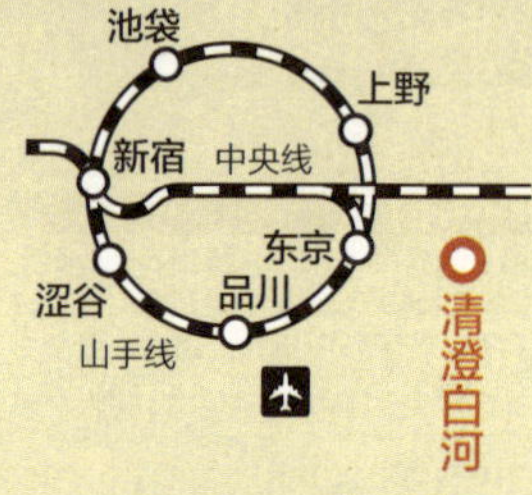

区域内可利用的车站

▼清澄白河站

- Ⓩ东京地铁半藏门线
- Ⓔ东都营地铁大江户线

投币寄存柜信息

在东京地铁清澄白河站站内朝向B1出口的途中设有一处投币寄存柜。东京都现代美术馆以及深川江户资料馆中也设有投币寄存柜。

投币寄存柜查询网址

URL www.coinlocker-navi.com

前往清澄白河站的方法

东京站 →（东京地铁丸之内线，所需时间约15分钟（170日元））→ 大手町站 →（东京地铁半藏门线）→ 清澄白河站

羽田机场 →（京滨急行线，所需时间约43分钟（560日元））→ 泉岳寺站 →（都营浅草线）→ 大门站 →（都营大江户线）→ 清澄白河站

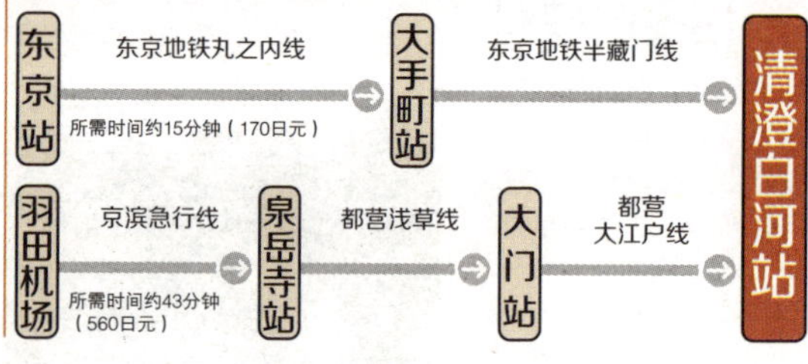

江户时代名为深川八郎有尾门的人物在小名木川北岸一带进行开发，以苗字为村名形成了深川最初的模样。而“清澄白河”这个站名，其中的清澄是由于这里的地形与安房国的清济（=清澄）相类似，而“白河”是与白河藩主·松平定信有所关联，由此将这两个地名结合而来。明历大火之后，这片区域随着填海造地的不断开发和武家府邸及社寺的迁址，逐渐形成了更加正规的样貌。尤其是，清澄庭园据说是富商纪伊国屋文左卫门的宅邸，在他之后，又成了任职下总关宿藩主的久世氏的别墅。明治时代以后，江东区成了东京的工业地带，而深川周边如今还依然保留着许多古朴风情的建筑，是一片与自然共存的和谐地带。

漫步方式

❖深入了解深川的历史及潮流文化

清澄庭园是深川地区的人气观光景点之一，拥有精心打理过的美丽庭园，晴朗的日子在这里漫步再合适不过

从都营大江户线森下站出来，沿着清澄道向清澄白河站走，便到了有着各种观光景点的深川地区。这里有许多的寺院和公园，是一片河流流淌的自然丰沃的土地，近年来作为咖啡胜地也引起了广泛的关注，成为充满着个性魅力的区域。

大江户线和东京地铁半藏门线的清澄白河站南侧便是清澄公园和清澄庭园的大片区域，清澄庭园的池塘周围因为有着很好的绿化，吸引着人们到此来休息玩耍。清澄道的东侧保留了许多寺庙，这里的深川江户资料馆也可以带人们了解更多关于以深川为中心的江户的历史。

沿着隅田川上的万年桥朝森下方向前行的途中，还有不少与俳人松尾芭蕉相关的景点。可以在江东区的芭蕉纪念馆参观，站在芭蕉住过的地方，探访芭蕉稻荷神社以及万年桥北的芭蕉相关的史迹。此外，在从清澄道向门前仲町方向跨越的海边桥的附近，还保留着据说为芭蕉《奥州小路》启程时的采茶庵遗址，很值得去顺路看一看。

除此之外，这里还有可以欣赏现代艺术作品的东京都现代美术馆，有展示昭和初期代表漫画家田河水泡相关资料的田河水泡小黑馆，还有与现代文学相关联的展示馆。从诱人美食、第三波咖啡热潮到深川的怀旧味老铺，传统与现代文化的融合使这片区域展现出更大的魅力。

漫步计划

田河水泡·野狗小黑馆（▶p.187）

⬇ 步行15分钟

东京都现代美术馆（▶p.186）

⬇ 步行10分钟

江东区深川江户资料馆（▶p.186）

⬇ 步行5分钟

清澄庭园（▶p.186）

⬇ 步行8分钟

采茶庵旧址（▶p.187）

▶夜景迷人的大桥

在清澄白河·深川区域内的隅田川上架设的新大桥、清州桥以及永代桥，每到夜晚就会点亮灯光，倒映在水面上形成一幅迷人的夜景。特别是，新大桥和清州桥还入选为新东京百景名列，也成了许多人气偶像剧的拍摄地，也是绝佳的拍照地点，可以远眺到大桥身后美丽的晴空塔，因此一定要多留些美照。

灯光闪闪的东京晴空塔、大桥还有高层大厦的霓虹灯绘制出一幅迷人的夜景图

清澄白河·深川的主要景点

还可以看到野鸟身影的美丽庭园

清澄庭园

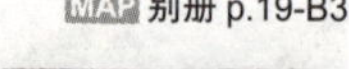
MAP 别册 p.19-B3

以江户时代大名庭园所使用的泉水及假山等为主体建造的回游式林泉庭园。从隅田川中引来大量的泉水，所装饰石头也是由日本全国收集来的有名的石头。各种野鸟来到这里栖息，体验一整年的观鸟也会特别有趣。

池塘的岸边还有有趣的大正纪念馆

▶清澄庭园

住 江东区清澄 2-3 TEL 03-3641-5892（清澄庭园服务中心） 营 9:00~17:00（最晚入园时间 16:30） 休 无 费 150 日元（小学生以下以及都内在住·在学中学生免费） 交 地铁清澄百川站 A3 号出口出来步行 4 分钟

模仿富士山的假山景色

陶醉在现代艺术的世界之中

东京都现代美术馆

MAP 别册 p.19-B4

以超过 5500 件的收藏作品以及约 27 万件的美术相关图书资料为基础，同时还举办各种时下美术相关活动的美术馆。还以现代美术为中心举办各领域丰富多彩的企划展，并设有日本国内最大规模的美术图书室。

经过大规模的修缮之后，于 2019 年重新对外开放

▶东京都现代美术馆

住 江东区三好 4-1-1
TEL 03-5777-8600
营 10:00~18:00（最晚入场时间 17:30）
休 周一（节假日时改为次日）
费 根据不同企划有所不同
交 地铁清澄白河站 B2 号出口出来步行 9 分钟

具有美术馆气氛的艺术中庭内可以自由观赏

真实地还原江户城区的样貌

江东区深川江户资料馆

MAP 别册 p.19-B3

资料馆将江户时代末期深川佐贺町的街景与实物等大再现出来。并且通过照明等设施将一天当中的变化进行真实地演绎，使人们能够生动地了解到当时平民们的生活。同时还兼设有第 48 代横网（相扑）——横网大鹏的荣誉展区。

常设展示的船员旅馆

▶江东区深川江户资料馆

住 江东区白河 1-3-28
TEL 03-3630-8625
营 9:30~17:00（最晚入馆时间 16:30）
休 每月第 2·4 周的周一（节假日时开馆）
费 400 日元（小·中学生 50 日元）
交 地铁清澄白河站 A3 号出口出来步行 4 分钟

兼设有小剧场等设施

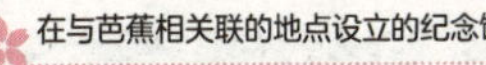

在与芭蕉相关联的地点设立的纪念馆

江东区芭蕉纪念馆

MAP 别册 p.18-A2

从江户日本桥移居到深川的草庵，松尾芭蕉留下了无数名句以及《奥州小路》等纪行文学作品，来到这个纪念馆中就能对他有更加深入的了解。馆中展示了他所钟爱的衣袍还有亲笔书信等珍贵的物件。在芭蕉庵史迹展望庭园的分馆当中也放置着芭蕉的雕像。

位于展望庭园之中，眺望着水边的芭蕉像

▶江东区芭蕉纪念馆

住 江东区常盘 1-6-3 电 03-3631-1448
营 9:30~17:00（最晚入馆时间 16:30）
休 每月第 2、4 周的周一（节假日时改为次日） 费 200 日元（小・中学生 50 日元） 交 地铁森下站 A1 号出口出来步行 5 分钟

还展示有芭蕉所钟爱的石蛙

前往《奥州小路》的出发地

采茶庵旧址

MAP 别册 p.19-B3

指的是松尾芭蕉门下弟子的别墅“采茶庵”旧居。元禄 2 年（1689 年），芭蕉在前往“奥州小路”之前曾寄居于此，如今这里还放置着坐在廊前，好似进行旅行准备的芭蕉的雕像。据说他是乘坐面前仙台堀川中的小船出发的。

松尾芭蕉门下弟子——杉山杉风的另一所住宅

▶采茶庵旧址

住 江东区深川 1-11
电 03-6458-7400（江东区观光协会）
营 24 小时
休 无
费 免费
交 地铁清澄白河站 A3 号出口出来步行 6 分钟

附近有竖立着芭蕉代表句木牌的散步小路

令人怀念的“野狗小黑”的世界

田河水泡・野狗小黑馆

MAP 别册 p.19-A4

这里展示了幼年期和青年期都在江东区度过的漫画家田河水泡的作品及爱用品。昭和 6 年（1931 年）他所发表的超热销漫画《野狗小黑》的历代单行本以及书房书桌，还有过世亲戚寄赠给他的贵重物品在这里都有展示，使人们能更深入地了解水泡的一生。

小黑诞生的插图

▶田河水泡・野狗小黑馆

住 江东区森下 3-12-17 江东区森下文化中心 1 层
电 03-5600-8666
营 9:00~21:00
休 每月第 1、3 周的周一（节假日时开馆）
费 免费
交 地铁森下站 A6 号出口出来步行 8 分钟

田河先生经常带在身边的玩偶

江户三大祭之一，深川八幡祭时热闹非凡的门前町

门前仲町

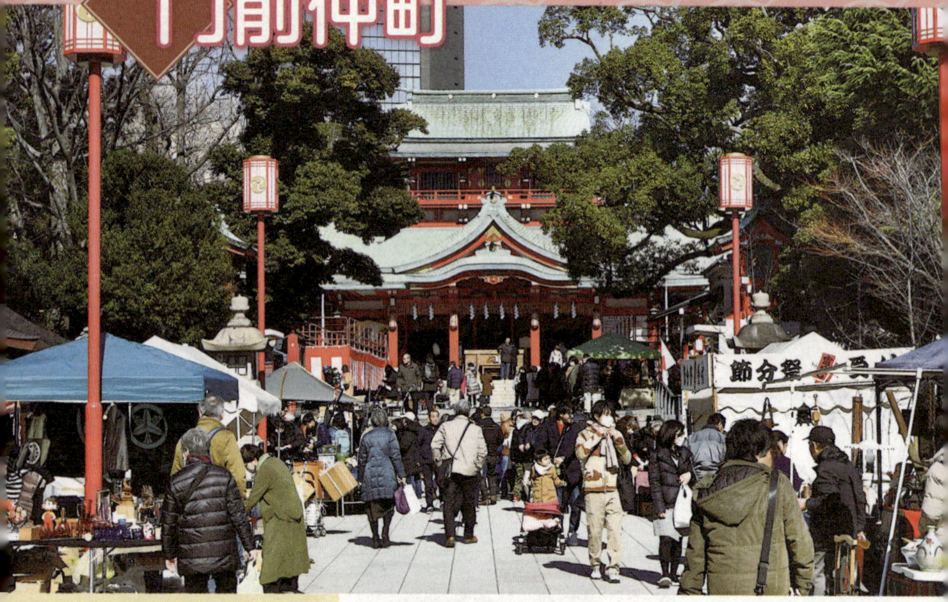

富冈八幡宫还会在季节交替时举办祭祀活动，每年都会有著名的人士参加，远近闻名

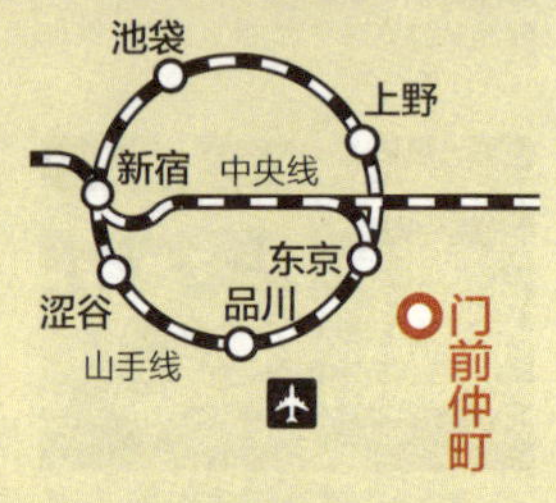

区域内可利用的车站

▼门前仲町站

Ⓣ东京地铁东西线

Ⓔ东都营地铁大江户线

投币寄存柜信息

在门前仲町站以及东京地铁东西线·都营大江户线的检票出口附近都设有投币的寄存柜。

投币寄存柜查询网址

URL www.coinlocker-navi.com

前往门前仲町站的方法

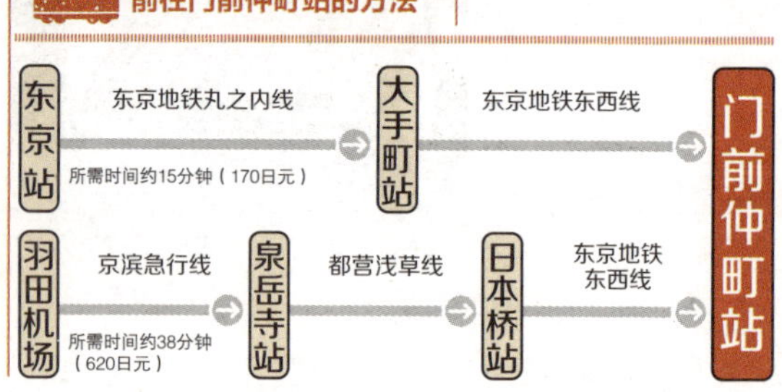

门前仲町这片区域作为富冈八幡宫的别院永代寺的门前街，自江户时代开始逐渐形成町屋的样貌，当时便被称为“深川永代寺门前仲町”。在富冈八幡宫所举行的深川八幡祭也作为江户三大祭之一而远近闻名。这里除了有伊能忠敬居住过的房屋之外，还有赤穗浪士比赛后作为休息地而使用的场所，都保留至今，有着悠久的历史。永代寺由于明治元年神佛分离令而废止，之后旧址改为深川不动堂，同时又沿用永代寺的名称在旁边建造了寺庙。如今，活动丰富的商店街以及热闹的市井画面，还有被河流环绕的水边的自然景色，都会给人留下深刻的印象。

漫步方式

❖前往深川不动堂及富冈八幡宫的 2 大参拜步道

东京十社之一的富冈八幡宫，有着十分醒目的红色鸟居和本殿。自创建以来就因“深川的八幡样”而被人们所熟悉，从很早开始就集中着人们的信仰

东京地铁东西线与都营大江户线相通的门前仲町周围被河流环绕，北侧的清澄白河地区有清澄公园与清澄庭园，东侧还有木场公园，是自然丰沃，景色怡人的一片区域。当地人也都会光顾站前的仲町道商店街，这一带十分热闹，沿首都高架下行，分布着深川不动尊、富冈八幡宫以及永代寺等景点，让人感受到浓浓的门前町气氛。沿清澄道北上，还可以看到贤台山法乘院深川阎魔堂。除此之外，对日本地图的精准测绘做出卓越贡献的伊能忠敬的雕像及其居住过的旧址景点、赤穗浪士休息的地碑，还有电影导演小津安二郎的诞生地等也都在这里。在漫步街头的时候不妨再去看一看汇集了丰富观光信息的深川东京时尚馆。

漫步计划

永代寺（▶p.191）

⬇ 步行 1 分钟

富冈八幡宫（▶p.191）

⬇ 步行 2 分钟

深川不动堂（▶p.190）

⬇ 步行 5 分钟

贤台山 法乘院深川阎魔堂（▶p.190）

架设在隅田川上的永代桥，每到灯光点亮时会十分迷人，从远处眺望夜景也很不错

门前仲町的主要景点

在回廊中祈愿神秘的深川不动明王

深川不动堂

MAP 别册 p.19-C3

从很早开始，大本山成田山新胜寺的东京别院就因“深川的不动明王”而闻名。以元禄16年（1704年）供奉不动明王为开端，这里就成了人们祈盼各种成就及生意兴隆等愿望的地方，据说十分灵验。如今的本堂是在开创310年之际，于2012年建设落成的。环绕着不动明王佛教真言的梵字建筑外壁十分打眼。供奉着约1万座水晶五轮塔的“祈愿回廊”，以及日本最大级别的天井画《大日如来莲池图》，都带给人一种安心庄严的美感。被称为“人情深川神恩街”的约150米的参拜步道两边，林立着各色深川特产店和小物商店等，十分热闹。

在挂有草鞋的祈愿牌上写下自己的愿望，将它挂在区域内大草鞋上的“草鞋守护”

▶深川不动堂

住 江东区富冈 1-17-13

电 03-3641-8288

营 7:30~18:00、内佛殿2层·4层9:00~16:00、内佛殿1层9:00~17:45

休 无

费 免费

交 地铁门前仲町站1号出口出来步行2分钟

在开运出世稻荷社的入口处，祭祀着侍候本尊吒枳尼天尊的两只白狐

本堂的外观写有黑色和金色的经文

安放着日本最大的阎魔大王坐像

贤台山 法乘院深川阎魔堂

MAP 别册 p.19-C3

这里供奉着建于1989年的高3.5米，宽幅4.5米的巨大阎魔坐像，作为江户三大阎魔之一，自古以来就为人们所熟知的寺院。如今在人们参拜的过程中还采用了高科技系统。本堂中所展示的江户时代所描绘的《地狱极乐图》一定要看一看。

日本最大的阎魔大王坐像。重量1.5吨的木造雕像

▶贤台山 法乘院深川阎魔堂

住 江东区深川 2-16-3

电 03-3641-1652

营 9:00~17:00

休 无

费 免费

交 地铁门前仲町站6号出口出来步行4分钟

于宽永18年（1641年）移址到现在的地方

在本堂1层展示的地狱·极乐图

这里定期举办的庄严的祭神游行十分有名

富冈八幡宫

MAP 别册 p.19-C3

以 1627 年创建的“深川八幡样”为名，是被世人所熟知的神社。作为江户劝进相扑的发祥地也十分闻名，景区内矗立着刻有历代横网之名的横网力士碑等与相扑相关的石碑。作为江户三大祭之一的大型祭祀活动“深川八幡祭”，别名也被称为“泼水节”，届时许多游客会来这里参加。本社的神舆台轮宽幅五尺（约 1.67 米），也是日本现在最大的神舆，十分著名。

非常气派的社殿是战后重建的

▶富冈八幡宫

住 江东区富冈 1-20-3
TEL 03-3642-1315
营 9:00~17:00（事务所）
休 无
费 免费
交 地铁门前仲町站 2 号出口出来步行 3 分钟

游客们泼水而起的热闹夏日场景“深川八幡祭”

有着源自江户时代，历史悠久的寺庙

永代寺

MAP 别册 p.19-C3

宽永 4 年（1627 年）由菅原道真的后代长盛法师创建。江户时代，这片区域有着较为广大的面积，永代寺作为富冈八幡宫的别寺、江户六地藏之一而享有很高的荣誉，集中着人们的信仰。据说门前仲町的地名源自永代寺的“门前”，此外永代寺也成了永代桥和永代道的语源。永代寺在明治时期因神佛分离令而废寺，旧永代寺塔头吉祥院继承更名，成为现在的永代寺。

在江户时代，这里因举办成田不动明王的佛龛移设而远近闻名

▶永代寺

住 江东区富冈 1-15-1
TEL 03-3641-4015
营 9:00~17:00（事务所）
休 无
费 免费
交 地铁门前仲町站 2 号出口出来步行 2 分钟

位于前往深川不动堂参拜步道途中

柴又

柴又帝释天参拜步道上林立着各色店铺。其中有出售和式煎饼的，有卖家常菜、腌渍菜等美食的，光是走走看看就很有意思

区域内可利用的车站

▼柴又站

KS京成金町线

▼京成高砂站

KS京成本线、KS京成金町线、KS京成成田天空线

HS北总铁路

投币寄存柜信息

京成线柴又站高砂方向月台内设有投币寄存柜。此外，在寅次郎纪念馆所在的葛饰区观光文化中心脚踏车租赁处也设有投币寄存柜。

投币寄存柜查询网址

URL www.coinlocker-navi.com

前往柴又站的方法

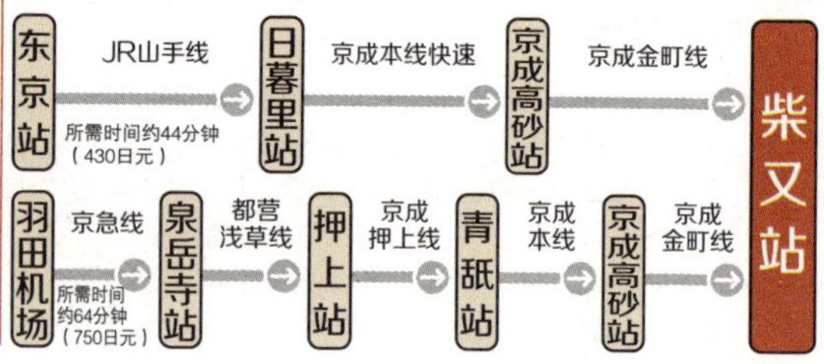

这里作为柴又帝释天的门前街远近闻名。对于江户时代的平民来说，葛饰地区可谓是保养胜地，很有人气，到了江户时代后期，随着前往柴又帝释天参拜的人群增多，也有许多家庭会来堀切菖蒲园游玩，使得这里变得十分热闹。江户与地方相连的交通网也十分发达，水户佐仓街道与葛饰相通，因此街道以及住宿场所设施也都十分完善。明治 32 年（1899 年），为了方便人们的参拜，从金町～柴又帝释天之间又开通了帝释人车铁路。进入大正时代，京成电力铁道又铺设了柴又站，随着现代化铁路运输的发展，人车铁路逐渐退出历史舞台。柴又又一次名声大噪，是从 1969 年电影《寅次郎的故事》第一部公映开始，从此之后，来到当地旅游的观光客的数量不断增加，之后又建立了纪念馆和纪念碑。

漫步方式

❖沉浸在寅次郎的世界之中

柴又帝释天的帝释堂，在《寅次郎的故事》之前就已经是出现在夏目漱石等许多著名文学家作品当中的观光名所

葛饰区所属的柴又地带，位于江户川与中川之间。从漫步的起点京成金町线柴又站出来后，便可以看到姿态随意的寅次郎的雕像。2017年，送别哥哥的樱花妹妹的铜像也被矗立在旁边，看到这样的场景，人们的旅行及思乡情绪一定会油然而生。从车站步行至柴又帝释天大概需要5分钟。走过站前路接着踏上帝释天参拜步道，这是一条两边开有各种老店、美食货摊以及土特产店铺的热闹商店街。从北总线新柴又站到帝释天参拜步道附近步行大约需要10分钟，也是一条换乘十分便利的线路，可以选择。

参观柴又帝释天之后，还可以顺路沿江户川走走。从大正时期到昭和时期和洋风格融合的山本亭、展示电影《寅次郎的故事》相关资料的葛饰柴又寅次郎纪念馆，还有《寅次郎的故事》系列电影导演山田洋次的博物馆等都分布在这一带，可以深入地去感受其作品中蕴含的魅力。江户川的对岸便是千叶县。

在纪念馆和博物馆并设的观光文化中心可以租借到脚踏车，骑着去感受葛饰区的平民街景，到各处景点随便逛逛也很不错。沿着荒川的堀切菖蒲园以及位于柴又北部的水元公园漫步会感觉十分惬意。前往堀切菖蒲园可以乘坐京成线，到水元公园可以利用巴士等交通工具。

漫步计划

帝释天参道

⬇ 步行5分钟

葛饰柴又寅次郎纪念馆（▶p.194）

⬇ 步行8分钟

山田洋次博物馆（▶p.194）

与站前矗立着的游荡的寅次郎雕像合个影吧

▶这里龟的舞台·龟有

说到葛饰区，这里还是与寅次郎具有同样知名度的《这里是葛饰区龟有公园前派出所》，简称《这里龟》的舞台。龟有站的周边除了有作为主人公的两津的雕像之外，剧中其他登场的人物雕像也会出现在各个地方。在龟有银座商店街youroad就能够索取“铜像地图”，可以依照上面的指示一一去找到铜像通关。作为龟有公园前派出所标志的北口值班处也一定要去看一看。

在帝释天的参拜步道上小憩一下

堀切～柴又的主要景点

有着十分浓郁的电影基调

葛饰柴又寅次郎纪念馆

MAP 别册 p.9-B4

电影《寅次郎的故事》当中所使用的丸子店里的物品被成套地移放到这里。拍摄中所使用的小道具等也按照主题分为 15 个区域，向游客们全面展示《寅次郎的故事》的整个风貌。

寅次郎的所有财产以及拍摄剧本在这里都有展示

▶葛饰柴又寅次郎纪念馆

住 葛饰区柴又 6-22-19
电 03-3657-3455
营 9:00~17:00
休 每月的第 3 个周二（节假日时改为之后的平日）、12 月的第 3 个周二～周四
费 500 日元、中 · 小学生 300 日元、年长者 400 日元（与山田洋次博物馆的通票）
交 京成金町线柴又站出口出来步行 8 分钟

14 大主题展览，发掘深层魅力

山田洋次博物馆

MAP 别册 p.9-B4

与葛饰柴又寅次郎纪念馆相邻，从《寅次郎的故事》开始，分为 14 个主题介绍山田洋次所导演的电影作品。让人们了解他半个多世纪的生命轨迹以及对于电影的深厚想法。

中央展台上展示着摄影、照明以及编辑等器材

▶山田洋次博物馆

住 葛饰区柴又 6-22-19
电 03-3657-3455
营 9:00~17:00
休 每月第 3 个周二（节假日时改为之后平日）、12 月的第 3 个周二 · 周三 · 周四
费 500 日元、中 · 小学生 300 日元、年长者 400 日元（与葛饰柴又寅次郎纪念馆的通票）
交 京成金町线柴又站出口出来步行 8 分钟

自江户时代起就深受人们喜爱的花菖蒲

堀切菖蒲园

MAP 别册 p.9-B3

曾经作为“江户百景”的花菖蒲的名所，还出现在了歌川丰国的浮世绘作品当中。在约 8750 平方米的面积之内，种植着约 200 种、6000 株的美丽鲜花，其中还有包括醉美人在内的十余种稀有品种。6 月上旬～中旬花朵盛开的季节，这里会举办“葛饰菖蒲节”，整个街区都会十分热闹。

战后唯一得到恢复的水渠灌溉花园

▶堀切菖蒲园

住 葛饰区堀切 2-19-1

TEL 03-3694-2474

营 9:00~17:00

休 年末年初

费 免费

交 京成堀切菖蒲园站出口出来步行 10 分钟

自江户时代开始“水渠灌溉的菖蒲花园”就有着迷人的美景

水边生长的植物更加娇艳动人

水元公园

MAP 别册 p.9-B4

沿着小水塘建造的东京都内唯一具有水乡景观的公园。园内除了有白杨和赤杨等大片的水边树木之外，还有一些不常见到的美丽水生植物。这里还设有冒险广场以及烧烤广场等预约制的设施，是一个适合全家人一块来玩的公园。

每年 6 月，上百种类的 20 余万株鲜花竞相开放

▶水元公园

住 葛饰区水元公园 3-2

TEL 03-3607-8321

营 24 小时

休 无

费 免费

交 JR 常磐线金町站乘坐京成巴士在水元公园下车。步行 7 分钟

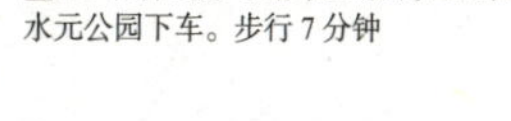

1500 株水杉，红叶的景色也十分醉人

在东京都内也是屈指可数的观赏荷花的名所

景区导览 秋叶原·御茶水·水道桥·神保町周边

JR 中央·总武线的沿线是东京都内一片极具个性的区域。从世界上屈指可数的电器街、作为非主流文化发源地的秋叶原，到各类乐器店、体育用品商店集中的御茶水，再到作为古书店街十分有名的神保町等，以不同特色的主题为特征，充满十足的乐趣，你一定可以在这里寻到心仪的宝贝。另外，在东京巨蛋及小石川周边也有许多迷人的自然景观。

MAP 别册 p.32-33 »

1

可以寻到许多“正合我意”的商品
前往非主流文化的胜地

秋叶原 ▶p.198

随着广播电视业的发展以及家电的普及，秋叶原作为电器街的角色变得愈加引人注目。这里除了汇集有最新家电、笔记本电脑等的大型店铺及专卖店外，还有售卖玩具、游戏周边用品的商店以及各类游戏中心，这里还有 AKB48 等偶像艺人演出的剧场、有女仆或者 COSPLAY 店员服务的饮品店……各式各样的观光景点混合集中，个性十足。近年来，一些手作业者及艺术家进行制作展示的复合型设施也相继开放，因此这里还经常会举办一些展览展示等活动。不仅限于既存的动漫次元等非主流文化，更以更多元化的姿态向游客们敞开大门。

廣瀬無線
SEGA
SEGA
Tax-free Sh

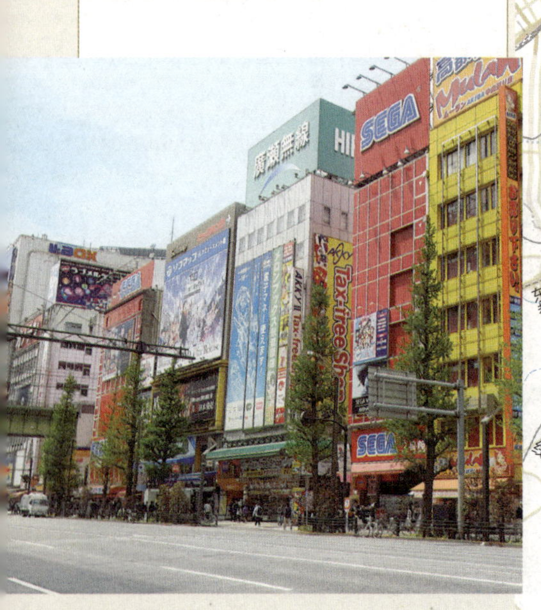

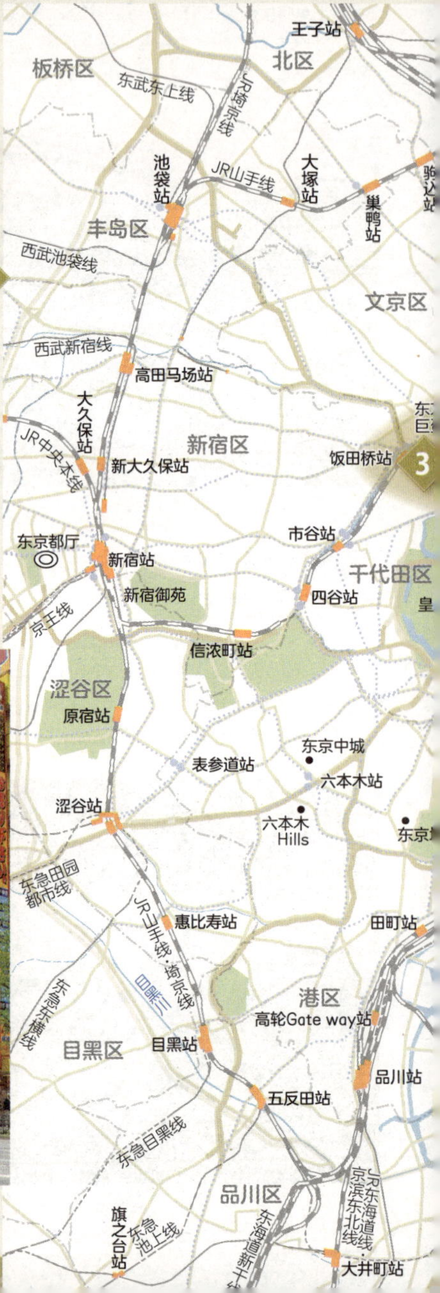
王子站
北区
板桥区
东武东上线
JR埼京线
池袋站
JR山手线
大塚站
巢鸭站
丰岛区
西武池袋线
文京区
西武新宿线
高田马场站
大久保站
JR中央本线
新宿区
新大久保站
饭田桥站
3
东京都厅
新宿站
市谷站
千代田区
新宿御苑
四谷站
京王线
信浓町站
涩谷区
原宿站
东京中城
表参道站
六本木站
涩谷站
六本木Hills
东急田园都市线
JR山手线·埼京线
惠比寿站
田町站
东急东横线
目黑川
港区
高轮Gate way站
目黑区
目黑站
品川站
五反田站
东急目黑线
品川区
JR东海道线·京滨东北线
东海道新干线
旗之台站
东急池上线
大井町站

这片景区内的游览推荐"5"

MAP 别册 p.32-35 »

2

从古书到咖喱，趣味与美食在这里都可以获得大大满足的特色街区

神田・神保町・御茶水

▶p.202

神田地区作为商业街，漫步其中又能够邂逅到许多历史悠远的料理店。分布着许多大学院校的御茶水的周边，作为乐器、运动用品商店已经远近闻名，大教堂以及神田明神等景点也在步行即可到达的范围之内。这一带还形成了古老的书店街文化，集中了许多出版社及大型书店。众多的咖喱店和饮品店，也一定会给你的旅途带来不少的惊喜。

MAP 别册 p.34-35 »

3

从观赏樱花的名所及大神宫到最大型的演艺设施神田川沿岸魅力十足的街区

饭田桥・水道桥

▶p.208

这里有作为水户德川家庭园的小石川后乐园，有石铺小路以及日式餐馆等怀旧味街景的神乐坂，还有兵库横丁等自江户时代到明治・大正时期保留着浓郁历史样貌的区域。水道桥站前的东京巨蛋城里，还设有棒球殿堂博物馆以及各种各样的娱乐设施，多彩的内容一定会让你流连忘返。

秋叶原

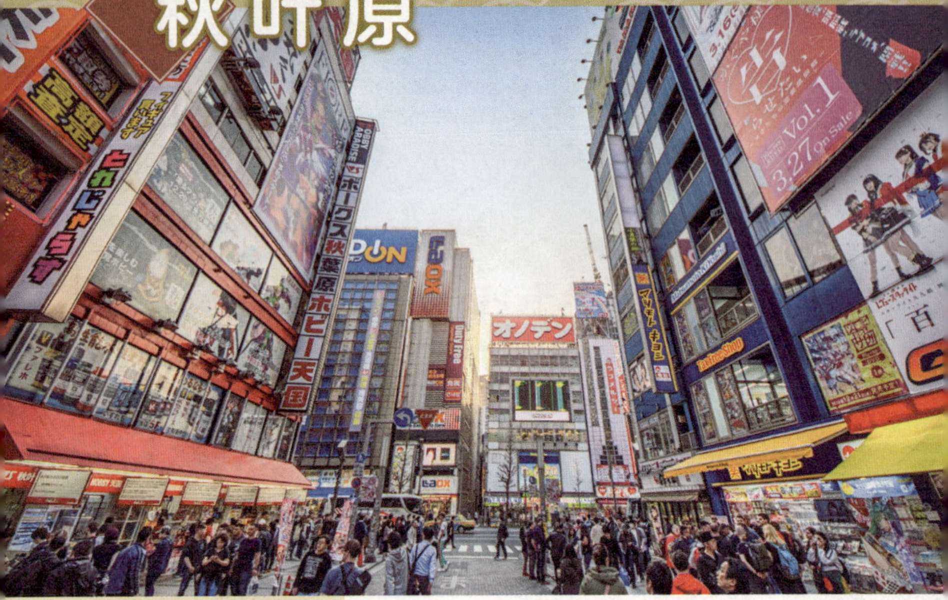

从批发家电、玩具到偶像周边产品，一边看着广告牌上的宣传内容一边悠闲地逛逛，很惬意

前往秋叶原站的方法

东京站 —— JR山手线（内环）——→ 秋叶原站
所需时间约4分钟（140日元）

羽田机场 —— 京急线 ——→ 品川站 —— JR山手线（内环）——→ 秋叶原站
所需时间约44分钟（470日元）

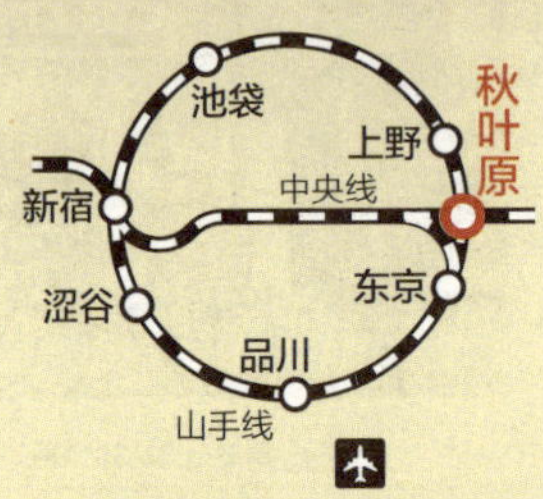

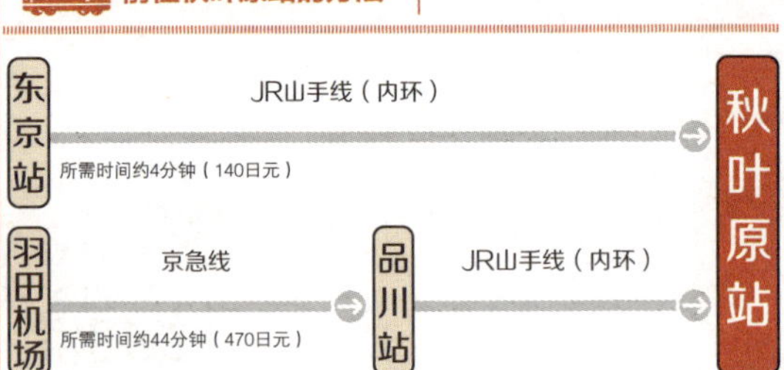

由于明治 2 年（1869 年）发生的大火，为了灭除火患从远洲将秋叶大权现请来作为镇火神社而祭拜，之后便改名为“秋叶神社”，也成了“秋叶原”名字的来源。明治 23 年（1890 年）秋叶原站开通。大正时代，随着 NHK 电台的开播，在秋叶原 · 小川町周边以收音机零配件为中心的批发商大量增加。秋叶原电器街的源起，实际上是战后由于经营收音机零配件的骏河台 · 小川町交界的黑市在 1951 年的露台整理令下被规范化而逐渐形成的。1955 年，黑白电视机、洗衣机、冰箱等家电逐渐普及。到了 20 世纪 50 年代又开始销售电脑，之后动画及漫画等非主流店铺数量越来越多，逐渐演变成如今的样貌。

区域内可利用的车站

▼秋叶原站
- JY JR山手线
- JB JR总武线
- JK JR京滨东北线
- H 东京地铁日比谷线
- TX 筑波快线

投币寄存柜信息

秋叶原站内各出口附近都设置有投币寄存柜，可以寄存大型的箱包。

投币寄存柜查询网址

URL https://www.coinlocker-navi.com/

漫步方式

❖出发前往电器店和爱豆的演艺舞台!

位于JR秋叶原站电器街口高架轨道下方的AKB48官方咖啡馆

秋叶原是JR、筑波快线以及东京地铁都会停车的大型车站。从电器街的街口出发可以看到许多景点，建议由这里开始步行。沿着面前的中央路，就能够看到Bic Camera以及Sofmap等大型的数码电器专卖店，还有许多与动漫相关的经营玩具、手办等商品的店铺。AKB剧场也在其中。北上的途中，在神田明神路处拐弯就可以看到AKIBA文化ZONE以及AKIHABARA名为BACKSTAGE pass的娱乐设施。周边有包括漫画专卖古书店“Mandarake”在内的各色大小店铺，推荐在这边仔细地转一转。

沿中央路再向北而行，就到了东京地铁银座线的末广町站。从秋叶原站电器街口到末广町站步行也不到10分钟。如果想去附近的ARTS千代田3331或者2k540 AKIOKA ARTISAN，末广町站便是最近的车站，从秋叶原站步行也就10分钟左右，事先确认好是否需要换乘以及远近方便再下车比较稳妥。

东京地铁以及筑波快线的车站距离JR秋叶原站的昭和街口比较近，这边也集中了包括Yodobashi在内的许多家店铺。沿着昭和路南下过了神田川，再步行5分钟左右就会到达都营新宿线的岩本町车站。从这边走也很方便。

漫步计划

AKIHABARA BACKSTAGE pass

⬇ 步行10分钟

AKIBA 文化ZONE

⬇ 步行20分钟

AKB48剧场（▶p.200）

⬇ 步行3分钟

ARTS千代田3331（▶p.200）

⬇ 步行20分钟

2k540 AKI-OKA ARTISAN（▶p.200）

作为二次元文化的胜地，秋叶原具有着超高的人气，这里有许多会令你童心泛滥的特色商店。游戏中心的SEGA秋叶原3号馆中，既有射击类游戏，也有可以体验VR乐趣的SEGA VR AREA AKIHABARA，即使对游戏不很擅长也可以去体验一下其中的魅力。放置有约500台机器的扭蛋专卖店“秋叶原扭蛋会馆”集中了许多怀旧的玩具商品，一边带着期待的心情，一边去转动你手中的旋钮吧!

到了夜晚灯光闪亮，魅力十足的游戏中心

秋叶原的主要景点

AKB48 组合的总部

AKB48 剧场

MAP 别册 p.33-B3

以“可以面对面的偶像”为理念的 AKB48 组合。自 2005 年演出活动开始的同时，该剧场也对外开放，如今依然作为各种演艺活动的中心地，每日举办公演活动。采用提前官网购票的制度。

粉丝们必访的剧场 ©AKB48

▶AKB48 剧场

住 千代田区外神田 4-3-3 堂吉诃德秋叶原 8 层

TEL 03-5298-8648

营 17:00~20:00、周六 · 周日、法定节假日 12:00~19:00 可能会根据公演时间变更

休 不定期

费 不同公演有所不同

交 从 JR 秋叶原站电器街口出来步行 5 分钟

邂逅众多表现形式与人物

ARTS 千代田 3331

MAP 别册 p.32-A2

利用旧练成中学改建而成的艺术中心，兼设美术展馆、商店以及咖啡馆等多个设施。会定期举办各种展览及活动，可以在这里轻松地感受艺术的魅力。同时还设有许多自由区域，可以作为附近人们休憩的场所。

可以轻松地接触艺术的主要展馆

▶ARTS 千代田3331

住 千代田区外神田 6-11-14

TEL 03-6803-2441

营 10:00~21:00

休 无休、夏季有时休馆

费 入馆免费（有的展览需要收费）

交 从地铁末广町站 4 号出口出来步行 1 分钟

原本作为职员室的交流区，在这里还可以看到写作业的小孩子的身影

可以遇见优秀原创作品的小街

2k540 AKI-OKA ARTISAN

MAP 别册 p.33-B3

ARTISAN 在法语当中代表专家、手艺人的意思。从 JR 山手线秋叶原站出发，在与御徒町站之间的高架轨道的下方，分布着许多以首饰、杂货、皮革小物以及咖啡等不同生活方式为主题的店铺。还有许多工坊和为各类活动做事前准备的店铺，每到周末，这里都会聚集很多喜好手作的人们。

矗立着白色柱子的时尚感十足的空间

▶2k540 AKI-OKA ARTISAN

住 台东区上野 5-9

营 11:00~19:00

休 周三

费 免费

交 从地铁末广町站 2 号出口出来步行 3 分钟，JR 御徒町站南口出来步行 6 分钟，JR 秋叶原站电器街口出发步行 6 分钟

许多以手作为主题的展示店铺

热血沸腾的江户子！

东京之祭 BIG 4

在江户的民间有这样一句俗语："火灾与吵架乃江户之花"，因此对于非常喜好热闹的江户人来说，祭祀等节庆活动甚至重要于一日三餐。铆足了力气去抬神舆的狂热，便是江户子那种热血的性格一直传承至今的体现。

在为数众多的祭祀之中，与德川家相关的神田祭和天王祭由于得到了幕府的资助而尤其盛大，被称为"天下祭"。两处的祭祀规模不断攀比扩大，但由于过度奢华，于是改定为每年交替举办。加上深川祭与三社祭，这4祭成了东京祭祀活动的代表。

规模盛大的神田祭、格调很高的山王祭、有着泼水爽快感的深川祭，还有抬起神舆令人激动万分远近皆知的三社祭，不同的祭祀活动有着不同的气氛，叫喊声以及抬轿方式也有所不同，但都是将江户传统传承至今的重要的神事活动。

神田祭 隔年（奇数年）的5月中旬

神田明神的例行大祭。数千人规模的超大游行队伍十分壮观。挂有凤凰等装饰的神舆有一之宫（大黑）和三之宫（平将门）。加上二之宫（惠比寿）神舆，与氏子108町会的200余台神舆，一边齐声喊着"嗖咿呀！"一边在秋叶原、神田、日本桥、大手町以及丸之内巡游。傍晚时分开始，又会加入一些以热议话题的角色、民间传说等为主题，别出心裁的花车及变装队伍的游行。

此外，在活动区域内还有太古祭、雅乐、巫女舞以及能乐等，与游行时的热闹形成鲜明对比，可以让人们欣赏到传统而严肃的舞台表演。

山王祭 隔年（偶数年）的6月中旬

江户城的镇守社日枝神社的例行大祭。城内的游行祭祀已超过100回，如今依旧在皇居内举行。

以太鼓上方有公鸡装饰的谏鼓鸡（天下太平的象征）花车打头，3台神舆紧随其后。身着王朝装束的神职人员以及氏子约500人会前往四谷、霞关、皇居坂下门、日本桥和新桥，铺开一幅王朝的画卷。2日之后举办的氏子町内的游行，也有着统一的口号："哇朽！"

祭祀区域内还有神乐嗵子、山王太鼓、绘灯笼以及盂兰盆会、民谣大会等供奉庆祝的活动，使祭祀庆典达到高潮。

深川祭 每年8月中旬

盂兰盆节时，隅田川的周边，会举行伴随响彻云霄的"哇朽！"叫喊声的富冈八幡宫的例行大祭。这是完好传承了江户时代风俗的祭祀活动。游行的神舆会因年份的不同而更换，有着金色光辉，重达4吨的一之宫参与游行的是每3年一次的本祭。

深川祭中有着独特的被称为深川担的抬轿方式，基本上不怎么摇晃，而在十字路口等地点会齐喊"摩一美！"好似船只在波涛中浮起一般将神舆的头部高高抬起，然后再同时降低到腰部的位置，再齐喊着"撒一嚏！"将神舆旋转。

游行的后半程，过了永代桥，沿途的观众及相关的人群会爽快地将水洒起。消火栓也被放水，无论是抬神轿的人还是游客都会浑身湿透。所有的参与者都十分投入。

三社祭 每年5月第3周的周末

相当有气势的"嗖咿呀！"的喊声，与180万参与者的欢声交织在一起，形成了初夏浅草的一幅别样的风景。有一种说法是祭祀从正和元年（1312年）持续至今，浅草神社中供奉着三座神也成了三社祭名称的由来。

祭祀活动开始于周五的下午。拉彩车歌响起，神宫、舞手以及各类技艺者等组成了游行队伍。在仲见世处表演的优雅的白鹭之舞吸引了无数观光客的聚光灯。之后还会有颇具怀旧味道的古式祈盼五谷丰登的舞蹈。

从周六的正午开始，氏子44町会的大人神舆和孩子神舆也会陆续走上街头，浅草的街道上出现满是神舆的景象。步行途中突然摇晃神舆是三社祭的特征，有祛除疾病，祈盼丰收的含义。

本社神舆的游行是在周日。一之宫、二之宫、三之宫会从一早开始朝三个方向分开行进。

info **神舆（神轿）和山车（花车）的区别** 神舆是将在神社中供奉的神座移动，由祖神的子孙（或祭祀同一氏族神地区的居民）们抬着在街上游行的轿子。而山车则只是在祭祀山神的时候，拉着花车上的绳子在城里游行。

从学生街发展而成的古书店街以及老店的味道

神田·神保町·御茶水

从御茶水站的圣桥眺望到的景色。高层大厦群与3条铁路相交叉的景象对于喜好铁路的人们来说一定是一幅绝佳的画面

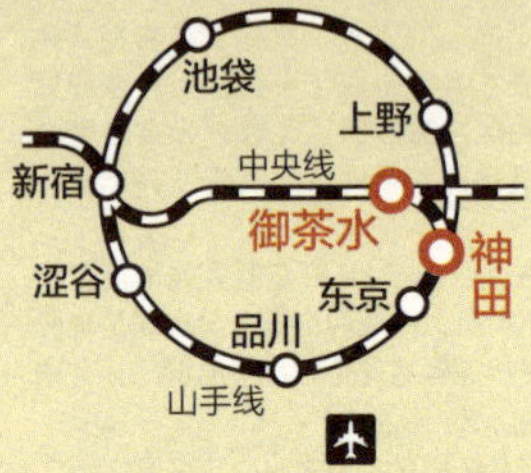

池袋
上野
新宿
中央线
御茶水
神田
涩谷
东京
品川
山手线

区域内可利用的车站

▼神田站

JY JR山手线、JC JR中央线、JK JR京滨东北线

G 东京地铁银座线

▼御茶水站

JC JR中央线、JB JR总武线

M 东京地铁丸之内线

▼新御茶水站

C 东京地铁千代田线

▼神保町站

I 都营三田线、S 都营新宿线

Z 东京地铁半藏门线

投币寄存柜信息

神田·御茶水站JR、东京地铁各检票口附近都设置有投币寄存柜。神保町车站内也设置有多处的投币寄存柜。

前往神田站·御茶水站的方法

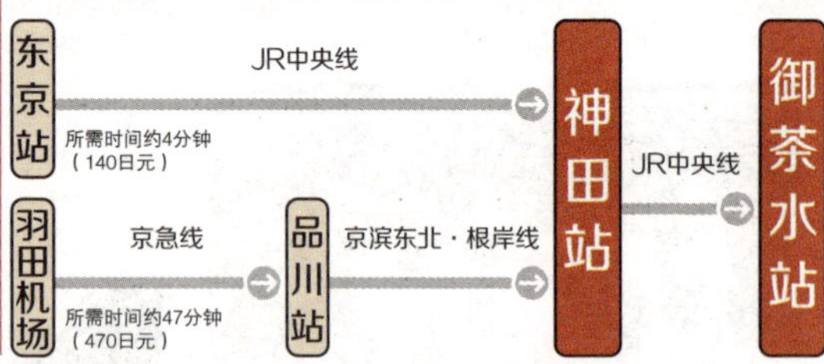

江户时代分布有许多武家府邸的神田·神保町·御茶水地区。特别是神田明神，作为“江户总镇守”，集中了德川家以及平民们的信仰，神田青果市场等也由于成了幕府御用设施而使得神田周边逐渐繁荣起来。此外，从明治到大正时期，御茶水一带陆续开设了大学等多种教育机构，神保町也相继开设了古书店和新刊书店。随着学生街区的繁荣，出版社的数量也随之增加，同时期也设立了御茶水站和神田站。明治45年（1912年），在如今的神田站与御茶水站之间还开设了中央本线万世桥站，但在昭和初期废止。20世纪40年代以后又建成了神保町等地铁车站。如今这里依旧分布着许多高校的校区。

漫步方式

❖漫步在开有怀旧味料理店和古书店的街道中！

神田·神保町·御茶水车站之间步行都在10~20分钟的范围之内。边走边看，可以高效地游览完这3个区域。附近有都营新宿线以及东京地铁经过，交通方便，可以将这里作为行程的起点。

JR中央线经过的神田站及御茶水站的南侧，靖国路和外堀路之间狭窄的区域，是被列为历史建筑的、集中了许多怀旧味老店的地区，有一些只有在这里才可以品尝到的鮟鱇锅及东南亚咖喱店。道路沿线的高架轨道的下方，开设了商业设施mAAch ecute神田万世桥，过了其旁边的万世桥便是秋叶原电器街。这片区域有东京地铁新御茶水站以及淡路町站、都营新宿线小川町站，选择哪一条线路都很精彩。此外，想去参拜神田明神的话，与神田站相比利用御茶水站会更方便。

从御茶水站，沿着有明治大学和日本大学的明大道前行的途中，道路两旁集中了大学医院和许多乐器商店，可以顺路去店里看看。走到路的尽头便是神保町的区域。白山路与靖国路的交叉点附近，有包括三省堂书店总店在内的大型书店，除此之外，南侧还有很大一片古书店街。这里还有气氛很好的饮品店以及咖喱店，是一个可以尽享美食的区域。

利用明治时代红瓦建成的位于高架轨道下方的mAAch ecute神田万世桥，可以坐在咖啡馆或者酒吧的露天席位上消磨时光

漫步计划

神田古书店街（▶p.204）

⬇ 步行10分钟

山顶酒店（▶p.394）

⬇ 步行5分钟

东京复活大教堂（▶p.205）

⬇ 步行10分钟

mAAch ecute（▶p.52）

⬇ 步行10分钟

神田明神（▶p.204）

▶实际上是一个隐藏的中华街?！

临近学生街的神保町一带，从明治时代末期到昭和时期亚洲留学生逐年增多，因此开设了许多的学生宿舍及餐饮店。有创业于明治时期的“扬子江菜馆”，还有“汉阳楼”等，可以品尝到地道的风味，具有很高的人气。

信息看板

有着美丽拱形设计的御茶水站圣桥，远眺的美景非常值得推荐

御茶水地区的标志便是圣桥。昭和2年（1927年），作为关东大地震后的复兴桥，圣桥是将汤岛教堂与东京复活大教堂（→p.205）连接起来架设的一座拱形桥，名字是向公众征集而来的。从JR御茶水站圣桥出口出来便到达桥边，走丸之内线的话稍微有点绕远。在这座桥上看到的景色非常值得拍摄下来。这里还是JR中央线快速、JR总武线以及地铁丸之内线3条线路立体交叉的非常特别的场所。从桥上便可以拍摄到沿神田川游走的中央线快速道与总武线、丸之内线交叉的美丽景象，最推荐的是三条线路上的列车在一张画面中交会时的瞬间。到了夜晚，高层大厦的灯光和霓虹灯与电车的美丽灯光交织在一起，拍摄下来也会让人感觉如梦般迷幻。此外，圣桥自身也有着丰富而华丽的设计。东京复活大教堂与汤岛教堂也都是可以顺路游览的推荐景点。

神田・神保町・御茶水的主要景点

守护东京中心的神座

神田明神

MAP 别册 p.32-B2

以天平 2 年（730 年）供奉大国主神为开端，这里成了神田、日本桥、秋叶原、大手町、丸之内以及鱼市场等 108 町的总守护神。被列入日本国有形文化遗产的权限造式社殿、石造的大国主神神像，以及自江户时代起就深深扎根于此的大银杏树等都是很值得一看的景色。每两年一次于 5 月举行的神田祭也是日本的三大祭之一。

▶神田明神
住 千代田区外神田 2-16-2
电 03-3254-0753
营 9:00~16:00
休 无
费 免费
交 从 JR 御茶水站圣桥口出来步行 5 分钟

平将门公由来的祭马以及关于大国主神神话的雕刻都精巧而细致

高 6.6 米。日本第一的石造大国主神像

于昭和 9 年（1934 年）竣工的钢筋混凝土造社殿

世界上最大规模的多种类书册

神田古书店街

MAP 别册 p.35-C4

明治时代，为了满足学生们的需求，与法律相关的书店以及古书店开始陆续出现，这也成了古书店街的起源。如今，以靖国路为中心，这里汇集了约 140 家古书店。古书店也分为各种不同的领域，或许你可以在这里找到曾经十分难寻的某一本古书。每到秋季，这里还会举办神田古书祭。

▶神田古书店街
住 千代田区神田神保町
营 不同店铺有所不同
休 不同店铺有所不同
费 免费
交 从地铁神保町站出来步行 1 分钟

在古书店街中散步很有乐趣

被誉为“世界上第一书街”的神保町古书店街

青绿色的圆形屋顶设计巧妙

东京复活大教堂

MAP 别册 p.32-C1

1891年，为了传播东正教，从俄罗斯来到日本的圣尼古拉开始指导建造教堂，通称圣尼古拉教堂。参与鹿鸣馆建造的建筑家孔德尔，成为御茶水的一道风景。即使不是东正教信徒，也有机会到启蒙所当中进行参观。

以青绿色的圆形屋顶为特征。被列为日本国内的重要文化遗产

▶东京复活大教堂

住 千代田区神田骏河台 4-1-3
TEL 03-3295-6879
营 13:00~16:00、冬季~15:30
休 周一、婚丧祭祀时
费 300日元、中学生100日元、小学生以下免费
交 从地铁新御茶水站B1号出口出来步行2分钟

日本第一家真正的拜占庭式的教堂建筑

聚焦折纸作品的世界

御茶水 折纸会馆

MAP 别册 p.32-B1

制作彩纸，首次将折纸作为商品销售的和纸专卖店“汤岛小林”所运营的折纸会馆。

除了可以购买到和纸、折纸以及彩色千代纸之外，还可以看到著名馆长的折纸作品，在工坊内还可观赏到手染和纸的精巧技艺。这里还开设了折纸体验教室，可以边看边学，趣味十足。

无障碍设计，任何人都可以轻松参观

▶御茶水 折纸会馆

住 文京区汤岛 1-7-14
TEL 03-3811-4025
营 9:30~18:00（艺术馆~17:30）
休 周日·法定节假日、夏休
费 免费
交 从地铁御茶水站1号出口出来步行5分钟

折纸及彩色印花纸的作品十分丰富

细细了解日本足球的各项赛事

日本足球博物馆

MAP 别册 p.32-A1

讲述近100年日本足球历史的博物馆。1919年英格兰足球协会赠送的纯银质奖杯、历代球服、2002年宫本恒靖戴过的面罩等珍贵的物品在这里都有展示。同时还出售许多比赛助威的用具。

2002年的圆形加油阵容，再加上一个人就完成了

▶日本足球博物馆

住 文京区本乡 3-10-15
TEL 050-2018-1990
营 13:00~18:00、周六·周日 10:00~18:00
休 周一
费 550日元、小·中学生300日元
交 从JR御茶水站圣桥口出来步行5分钟

对足球通们来说会很有收获的一家博物馆

寻访东京的重要文化遗产

大江户

名址遗迹·文化遗产巡览

在分布有寺院和大学的安静的住宅街区中漫步

小石川游览计划

在 23 区之中有着最好治安的小石川周边散散步吧。从茗荷谷站出发，可以前往因“工作啊工作……”等著名句子而为世人所知的石川啄木生涯的结束地。地址不太好找，大致位于开满樱花的播磨坂附近的一条道路上。沿播磨坂下行便到了小石川植物园。可以一边观赏珍贵的植物和树木，一边悠闲地在园中漫步，从美丽的日本庭园中出来后再沿汤立坂上行。途中可以看到被称为铜御殿的旧矶野家住宅的大门（日本重要的文化遗产），走出春日道后右行就到了御茶水女子大学。再沿不忍道向左转便是护国寺。距离全长约 6 公里，包括参观在内需要 2~3 小时的时间。因此建议穿着步行舒适的鞋子。

东京都指定历史遗迹

思念着故乡盛冈的山河，因患结核病年仅 26 岁便离世的著名诗人

1 石川啄木临终之地

留下“怀念故乡的乡音啊，混进车站的人群……”等著名句子的啄木，于明治 45 年（1912 年），在若山牧水等人的看护下离世。当时的地方如今已经改为了公寓，但保留下了刻有啄木绝笔书稿的歌碑，在一旁设立的纪念处中也可以了解到他短暂的生涯。

MAP 别册 p.12-B2

住 文京区小石川 5-11-7 营 9:00~17:00

日本国指定的有形文化遗产

受到装饰美术影响的几何学设计十分新颖

3 御茶水女子大学正门

学校从御茶水迁移到现在的地址后，大门于昭和 11 年（1936 年）建造完成。钢筋混凝土的表面上贴有花岗岩，铜制的照明器具以及铁质的装饰等也都是原始的十分精致的设计。银杏道尽头可以看到的大学本馆也被列为日本的国家有形文化遗产。

DATA 别册 p.12-B2

住 文京区大塚 2-35

小石川线路地图

漫步线路

1 石川啄木临终之地
▼
2 小石川植物园
▼
3 御茶水女子大学正门
▼
4 护国寺

国家历史遗迹

日本国指定名胜古迹

江户时代作为药草园及养生所而闻名

2 小石川植物园

取自中国和韩国的药草被栽种在这里，制作药材的御药园是植物园的前身。江户幕府第八代征夷大将军德川吉宗时代的小石川养生所也设在这里。养生所是在因“红色胡须”而为人所知的医生小川笙船的建议下，德川吉宗为贫民所建造的免费诊所。如今只留下了当时的水井。栽种在附近的银杏树，就是在明治 29 年（1896 年）被证明种子植物里也有精子这一世界发现的那棵树。植物园的北端还有日本庭园，越过池水可以眺望旧东京医学校本馆（现为东大综合研究博物馆小石川分馆），时尚的校舍十分美丽。

DATA p.279

重要文化遗产

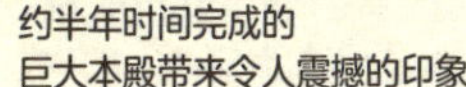

约半年时间完成的
巨大本殿带来令人震撼的印象

4 护国寺

真言宗的总寺院。应德川纲吉的母亲桂昌院的要求而建立，桂昌院近身祭拜的佛像被供奉为本尊。本寺于元禄 10 年（1697 年）建成。据说德川纲吉和桂昌院都出席了建成仪式。惣门及仁王门都是元禄时代保留下来的。特别值得一提的是，景区内还有从滋贺的近江三井寺移建而来的桃山时代的月光殿、大限重信的墓塚以及富士信仰的迷你富士山等景点。

DATA p.221

保留着江户·明治时代自然及景观的地区

饭田桥·水道桥

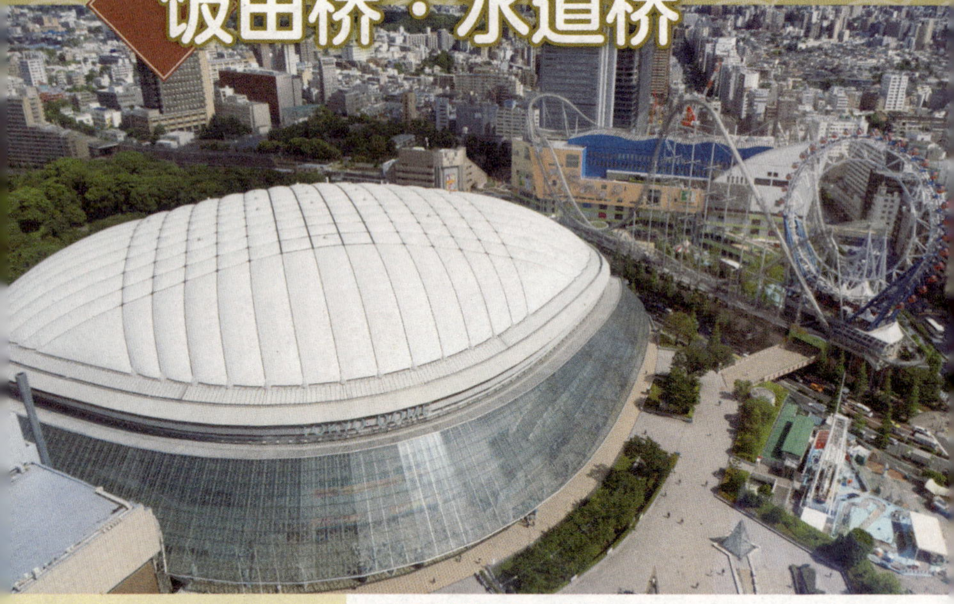

水道桥站前有东京巨蛋以及巨蛋城的各种主题设施，分为几个大型的区域，每到周末就会有许多人聚集到这里

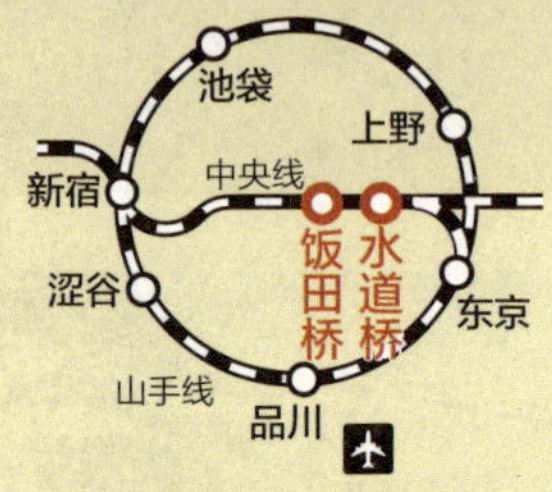

区域内可利用的车站

▼饭田桥站

JB JR总武线

M 东京地铁丸之内线、N 东京地铁南北线、T 东京地铁东西线、Y 东京地铁有乐町线

E 都营大江户线

▼水道桥站

JB JR总武线

I 都营三田线

▼后乐园站

N 东京地铁南北线

投币寄存柜信息

饭田桥站·水道桥站站内各出口附近都设置有投币寄存柜。此外，东京巨蛋城里也有数个地方可以寄存大件的行李。东京巨蛋内的投币寄存柜只有在举办活动的时候才可以使用。

前往饭田桥站·水道桥站的方法

东京站 → JR中央线 → 御茶水站 → JR总武线 → 水道桥站（所需时间约12分钟（160日元））

羽田机场 → 京急线 → 品川站 → JR山手线（内环） → 秋叶原站 → JR总武线 → 水道桥站（所需时间约54分钟（500日元））

水道桥站 → JR总武线 → 饭田桥站

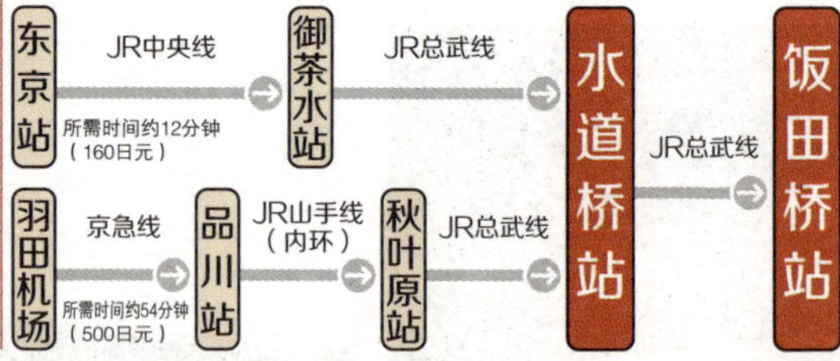

由神田川上架设的桥而得名的饭田桥和水道桥。饭田桥是在明治 14 年（1881 年），因被称为饭田町的城区附近，江户城外堀上架设的桥而得名，桥的名字演化为町名是在 1966 年，距离现在比较近的时候。水道桥的名称源自将神田上水的水运至江户的水路桥。明治时代后期，中央本线的两站建成，饭田町也开设了市内电车。饭田桥周边当时开设有名为帝国徽章商会的专门制作徽章的工厂，如今也依旧分布着一些制作奖章及奖杯的公司。昭和 12 年（1937 年），位于水道桥的后乐园球场竣工，战后曾一度中断的专业棒球比赛再度开赛，1955 年后，乐园的游乐园也对外开放，这一带作为大型的娱乐区域而发展起来。

漫步方式

❖漫步在有着深远文化和悠久历史的街道上

地处东京的中心位置，步入细窄的小路中又能够看到昭和时代的街景，这就是不同风格融合交织的饭田桥周边的样貌。可以在这里一边体会着浓浓的怀旧气息一边随意走走

饭田桥和水道桥之间，沿神田川步行大约需要10分钟。只是简单往返的话不会感觉距离特别远，但如果想去神乐坂方向逛一逛，再去小石川后乐园～东京巨蛋一带走一走，可能就需要将近一天的时间了。

饭田桥站不止有JR通过，都营大江户线、东京地铁有乐町·南北·东西·有乐町线的6条线路都会经过这里，因此交通十分便利。景点分布在神乐坂下到神乐坂上这一条坡道及其周边。商店街中有当下流行的时尚气氛的咖啡馆及家庭餐馆，街上还有日式酒馆、茶馆以及温泉等怀旧风格的店铺。此外，这里还有法语教室和法国餐馆，等等，作为法国街也十分闻名。有着令人惊喜的国际气质的一面。从神乐坂下的十字路口向东南方向步行，就可以看见东京大神宫。

水道桥的观光景点大多位于车站的北侧，在东京巨蛋的大面积区域之内有宇宙博物馆TeNQ等设施。小石川后乐园与东京巨蛋相邻，也是很大的一片景区，这两个设施北侧的东京地铁南北线后乐园站及都营大江户线春日站都步行即可到达。从这里流经茗荷谷、护国寺以及小石川植物园的被称为小石川的河流北侧，也分布着各种各样的著名文化遗产。

漫步计划

东京大神宫（▶p.213）

↓ 步行10分钟

神乐坂（▶p.212）

↓ 步行15分钟

小石川后乐园（▶p.211）

↓ 步行5分钟

东京巨蛋城（▶p.210）

↓ 步行5分钟

文京市民中心（▶p.212）

▶外濠公园漫步

从JR饭田桥站到四谷站的全长约2公里的漫步小道被称为外濠公园。作为江户城护城河的牛込豪·新见附豪·市谷豪的河堤都保留着曾经的样貌，如今沿着护城河游走的JR中央线·总武线一旁就流淌着神田川。每到春季染井吉野（樱花的一种）会最先开放，继而形成一片赏樱的美景。樱花盛开的季节，这里也成了人群聚集赏花的人气景点。沿路看到的绿色景观也会让人暂时地忘记自己原本置身于城市之中。

信息看板

饭田桥到九段下的目白路沿线，共有13处被列为了历史名迹，并且标记着相关的历史路牌。明治时代以后，这一带设立了大学等许多的教育机构，成了十分典型的文教区域。从饭田桥出发会看到以下这些路标：

①饭田桥▶②东京农业大学建校地▶③日本大学建校地▶④东京府立第四中学发祥地▶⑤国学院大学建校地▶⑥日本红十字会旧址▶⑦甲武铁路饭田町站▶⑧新徽组屯所旧址（武家府邸所在地＝屯所，相当于幕府的警卫）▶⑨历史地带的起始点▶⑩徽章发祥地▶⑪北辰社牧场旧址（明治初期建造的牧场旧址，最盛时期饲养了约40头牛）▶⑫台所町旧址（江户城的台所众曾经居住过的组屋敷旧址）▶⑬东京女子医科大学发祥地

饭田桥·水道桥的主要景点

下雨的日子也会令人快乐无比的娱乐地带

东京巨蛋城

MAP 别册 p.35-A3

以东京巨蛋和东京巨蛋酒店为中心，温泉设施“SPA LaQua”、美食广场、游乐场等一应俱全的都市型生活娱乐中心。“好想去～玩啊！”这里有许多可以和小孩子一起玩耍的设施，是很适合家庭出行的娱乐之地。

有许多大人孩子都能玩得很开心的游乐设施

▶东京巨蛋城

住 文京区后乐 1-3-61
TEL 03-5800-9999
营 不同设施有所不同
休 不同设施有所不同
费 不同设施有所不同
交 从 JR 水道桥站西口出来步行 2 分钟

除了棒球比赛之外，还会举办各种活动的东京巨蛋

可以了解到棒球所有信息的专业博物馆

棒球殿堂博物馆

MAP 别册 p.35-A3

1959 年，作为日本第一家棒球专门博物馆对公众开放。2009WBC 冠军杯、著名选手所穿的制服、棒球殿堂级别的人物浮雕等都是棒球迷们不可错过的精彩内容。在企划展览室中，还可以看到高校棒球以及《棒球报道写真展》等具有很高话题性的展览。

无论专业还是业余，都可以在这里感受到棒球的魅力

▶棒球殿堂博物馆

住 文京区后乐 1-3-61
TEL 03-5800-9999
营 10:00~18:00、冬季 10:00~17:00
休 周一
费 600 日元、高中生·大学生·65 岁以上老人 400 日元、小学生·中学生 200 日元
交 从 JR 水道桥站西口出来步行 2 分钟

在球史上留名的选手们的浮雕整齐地排列在棒球殿堂之中

犹如从国际空间站俯瞰地球一样

宇宙博物馆 TeNQ

MAP 别册 p.35-B3

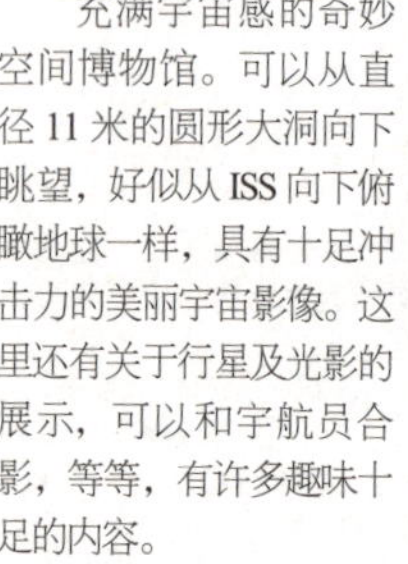

充满宇宙感的奇妙空间博物馆。可以从直径 11 米的圆形大洞向下眺望，好似从 ISS 向下俯瞰地球一样，具有十足冲击力的美丽宇宙影像。这里还有关于行星及光影的展示，可以和宇航员合影，等等，有许多趣味十足的内容。

可以从上方俯瞰地球的剧场在日本也仅此一家

▶宇宙博物馆TeNQ

住 文京区后乐 1-3-61 黄色大厦 6 层 TEL 03-3814-0109 营 11:00~21:00、周六·周日、法定节假日 10:00~21:00（最晚入馆时间 20:00） 休 无（因设施维修可能休馆或变更营业时间） 费 1800 日元、4 岁～中学生·65 岁以上 1200 日元、学生 1500 日元 除家庭日外，未满 4 岁不可入馆 交 从 JR 水道桥站西口出来步行 2 分钟

举办时间限定的企划展及特色活动

光圀公参与建造的庭园

小石川后乐园

MAP 别册 p.34-A2

宽永 6 年（1629 年）水户德川家第一代藩主赖房在江户的中屋敷建造的庭园，第二代光圀公润色后成型。曾经是以可泛舟的池塘为中心的回游式假山泉水庭院，看上去好似日本或中国的某个著名的景点一般，景色精致秀美。夏日有约 660 株的花菖蒲盛开，秋天伊吕波红叶的景色也十分迷人。

被新绿覆盖的红色通天桥。秋日是红叶的观赏名所

▶小石川后乐园

住 文京区后乐 1-6-6

TEL 03-3811-3015

营 9:00~17:00（最晚入园时间 16:30）

休 无

费 300 日元、65 岁以上老人 150 日元、小学生以下 · 都内在住在学的中学生免费

交 从地铁饭田桥站 C3 号出口出来步行 3 分钟

倒映在水面上的样子犹如满月一般的圆月桥

随着四季更迭变换不同的景色，无论何时到访都会让人感觉惊喜震撼

新宿山手七福神之一，作为具有神力的景点集中着很高的人气

毘沙门天 善国寺

MAP 别册 p.34-B1

大致位于神乐坂道中央的位置，有着打眼红色大门的日莲宗的寺院。文禄 4 年（1595 年），在德川家康的授意之下建造。经历火灾之后曾经两度消失，1793 年又移址到现在的位置。作为神乐坂的毘沙门神集中了平民们的信仰，也被列为新宿山手七福神之一。

距今约 200 年前迁址到这里

▶毘沙门天 善国寺

住 新宿区神乐坂 5-36

TEL 03-3269-0641

营 9:00~18:00

休 无

费 免费

交 从地铁饭田桥站 B3 号出口出来步行 5 分钟

听人们述说诸多愿望的毘沙门天

本堂盛开的藤花棚。5 月是最繁盛的时节

与德川家颇有渊源的寺庙

传通院

MAP 别册 p.13-B3

应永22年（1415年）由净土宗第七祖了誉创建。这为德川家康母亲的大葬之地。除了千姬之外，院区内还埋葬了与德川家族有关联的许多墓冢。这里不只有写经会，还有寺院的瑜伽教室、茶道教室以及俳句会等当地人可以轻松参与的集体活动。

在永井荷风以及夏目漱石等人的名著小说当中登场过的名刹

▶传通院

住 文京区小石川3-14-6

TEL 03-3814-3701

营 9:30~16:30

休 无

费 免费

交 从地铁后乐园站联络口出来步行10分钟

山门是木造的二重门。于2012年建成

还设有免费观景台的区役所

文京市民中心

MAP 别册 p.35-A3

地下4层，地上27层的建筑。是包括区役所在内，还有一些剧场、美术馆等的文京区的综合设施。基本上以区内的居民为主要对象，但观景台、餐馆、咖啡馆等都对公众开放。位于26层的观景台（时间~20:30）可免费进入，在这里能够眺望到美丽的晴空塔、筑波山以及富士山等美景。

从观景台的西侧可以眺望到新宿副中心及富士山的美景

▶文京市民中心

住 文京区春日1-16-21

TEL 03-3812-7111

营 7:30~22:00

休 5月的第三个周日

费 免费

交 从地铁后乐园站4a号出口出来步行1分钟

观景台的东侧是晴空塔

容易让人迷路的连绵石子小道

神乐坂

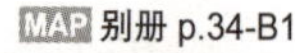

MAP 别册 p.34-B1

这里曾经是烟花柳巷，如今依然保留着当时的石铺小路。因为夏目漱石等文人曾经在这条街居住过而为人所知。尾崎红叶和泉镜花的旧居也成了新宿区的史迹。7月这里会举办有酸浆花市及阿波舞大会的"神乐坂祭"，人群聚集，很是热闹。

神乐坂道路的两旁依旧保留着曾经的样貌

▶神乐坂

住 新宿区

营 24小时

休 无

费 免费

交 从地铁神乐坂站1a号出口出来步行1分钟

有很多在历史上留名的老店

在求拜姻缘方面颇具人气的“东京伊势神宫”

东京大神宫

MAP 别册 p.34-B2

作为伊势神宫的遥拜殿于明治13年（1880年）创建。作为“东京的伊势神宫”而被人们熟悉。这里供奉着对“结缘”十分灵验的神灵，并且是第一次在神社举行神前婚礼的地方，也是开创了现代神前婚礼的先河，因此闻名于世。（→p.25）

绿植繁茂的景区内以及威严庄重的社殿营造出恬静而美丽的氛围

▶东京大神宫

住 千代田区富士见2-4-1
电 03-3262-3566
营 6:00~21:00、授予所8:00~19:00、盖章处9:00~17:00
休 无
费 免费
交 从JR饭田桥站西口、地铁饭田桥站A4·B2a号出口出来步行5分钟

有很多对祈盼良缘及恋爱十分灵验的守护符

文豪们都很钟爱的别具风情的街道

兵库横丁

MAP 别册 p.34-B1

战国时期这里有着牛込城的武器库（兵库），因而得名兵库横丁。也是神乐坂附近最古老的街区，林立着许多旅店及餐馆。这里的景观还获得了新宿区街景的大奖。并且，这里还有山田洋次及伊集院静等人曾经住过并写作过的旅馆。

由石子铺成的小路令人印象深刻

▶兵库横丁

住 新宿区神乐坂4-2周边
营 24小时
休 无
费 免费
交 从地铁牛込神乐坂站A2号出口出来步行4分钟

深入了解漱石的日常生活

新宿区立漱石山房纪念馆

MAP 别册 p.12-B2

这里是夏目漱石在人生最后的9年中度过的漱石山房。再现了书房、客厅以及凉台式回廊等部分建筑，展示了他的草稿以及书本等许多宝贵的资料。同时还兼设有可以一边品味漱石作品一边休息的咖啡书屋，还有博物馆专卖店。可以令人沉下心来深入地去体会夏目漱石的世界。

从夏目漱石草稿上的污渍、随意涂写，到他的人际关系在这里都能有所了解

▶新宿区立漱石山房纪念馆

住 新宿区早稻田南町7
电 03-3205-0209
营 10:00~18:00（最晚入馆时间17:30）
休 周一（法定节假日时改为次日平日）
费 300日元、小·中学生100日元
交 从地铁早稻田站1号出口出来步行10分钟

为纪念漱石诞辰150周年而设立的纪念馆

景区导览

池袋·巢鸭·护国寺周边

位于 JR 山手线西北位置的池袋周边，从现代艺术文化景点到曾经古老的商店街及神社佛阁，是一片古今气息融合交织的特色地带。我们一起去看一看其中具有代表性的 3 条街区吧。

MAP 别册 p.36-37 »

1

游览多彩的
娱乐地带 & 动漫胜地

池袋 ▶p.216

地标性建筑阳光城、2019 年开业的 Q plaza 池袋以及 2020 年开业的 Hareza 池袋等建筑，都是集购物美食、娱乐电影等丰富项目于一身的大型商业设施。这里有许多大大小小的剧场，还会经常举办演出及音乐会等活动。作为文化的发祥地也远近闻名。此外，在池袋及西武池袋线沿线的丰岛区，还有漫画家们曾经聚集的著名的“常盘庄”等地区，许多狂热的爱好者们令这里变得热闹非凡。

王子站
板桥区
北区
东武东上线
JR埼京线
池袋站
JR山手线
大塚站
2
驹込站
巢鸭站
丰岛区
1
西武池袋线
3
文京区
西武新宿线
高田马场站
大久保站
JR中央本线
新宿区
新大久保站
饭田桥站
东京都厅
新宿站
市谷站
千代田区
新宿御苑
四谷站
京王线
信浓町站
涩谷区
原宿站
东京中城
表参道站
六本木站
涩谷站
六本木Hills
东急田园都市线
JR山手线·埼京线
惠比寿站
田町站
东急东横线
目黑川
港区
高轮Gate way站
目黑区
目黑站
品川站
五反田站
东急目黑线
品川区
JR东海道线·京滨东北线
旗之台站
东急池上线
东海道新干线
大井町站

这片景区内的游览推荐“5”

❶前往东京的 3 大动漫胜地、池袋▶p.216~

❷去巢鸭地藏路商店街走一走▶p.220~

❸在阳光城中玩乐一番▶p.218~

❹探访丰岛区立杂司谷旧宣教师馆▶p.221~

❺去拜一拜保佑安胎及育儿的神——鬼子母神▶p.221~

MAP 别册 p.12 »

2

在充满怀旧气氛的商店街中
边走边享用特产美食 & 前往人气景点

巢鸭 ▶p.216

作为“老奶奶们的原宿”而远近闻名的巢鸭。在巢鸭地藏商店街中林立着许多传统老店，尤其每到带有 4 的缘日这里会特别热闹。有对治愈疾病、健康长寿十分灵验的著名的拔刺地藏尊，参拜者络绎不绝。相邻的驹込有名为六义园的美丽的日本庭园，也是许多游客都会慕名前往的人气景点。

MAP 别册 p.12 »

3

一片静谧的气氛，
都市中隐藏的历史名所

护国寺 ▶p.216

位于文京区的护国寺，寺名也成了当地的站名，是东京都的重要文化遗产。除此之外，附近许多出版社，也是大学校区集中的地带，还有不少与著名作家、学者等文化人相关联的历史旧迹。有包括椿山庄酒店在内的历史建筑，位于西侧的都营电车荒川线杂司谷周边，还有大鸟神社以及鬼子母神堂等各具特色的景区。

随着铁路的开通而发展起来的山手三大副中心、池袋

池袋·巢鸭·护国寺

池袋的主要街道——阳光60街中，除了有美食餐馆和时装店之外，还有电影院及游戏中心等丰富的设施

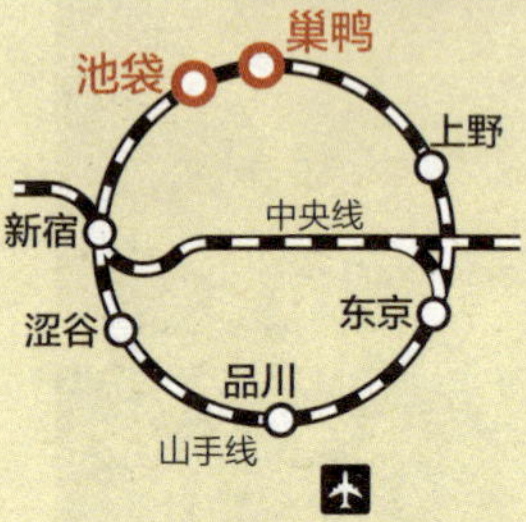

池袋 巢鸭 上野 新宿 中央线 涩谷 东京 品川 山手线

区域内可利用的车站

▼池袋站

JY JR山手线、JA JR埼京线、JS JR湘南新宿线

TJ 东武东上线、SI 西武池袋线

M 东京地铁丸之内线

Y 东京地铁有乐町线

F 东京地铁副中心线

▼巢鸭站

JY JR山手线

投币寄存柜信息

JR 池袋、巢鸭站以及东京地铁各站之中都设置有投币寄存柜。阳光城的 B1~1 层的专卖店区以及水族馆等处也设置有几个行李的存放处。

投币寄存柜查询网址

URL www.coinlocker-navi.com

前往池袋站·巢鸭站的方法

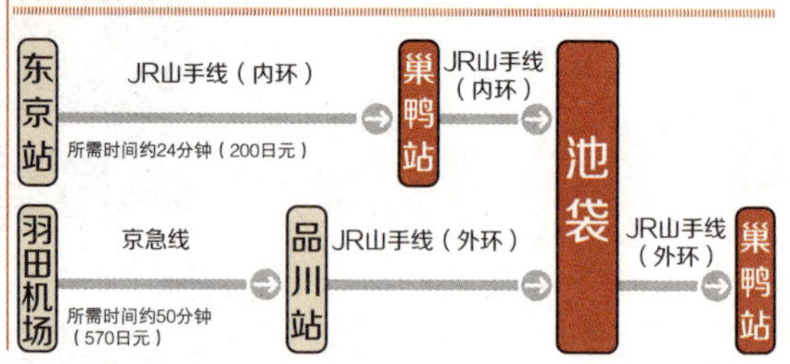

江户时代的丰岛区周边，有旧中山道的休憩场所，还有集中着许多出售野菜种子的批发商的巢鸭地区，再加上供奉着鬼子母神的杂司谷地带等，十分热闹。这里居住的大部分都是原野的农家。到了明治时代，各地域的区分逐渐明确化，当初计划在目白开设的车站由于种种原因移址到了池袋，明治 36 年（1903 年）与大塚 · 巢鸭站同时开通，从各地移居到这里的人也越来越多。进入 20 世纪初，丰岛师范学校在这里建校，学习院以及立教大学等也相继迁址到这里，由此这里也开始作为学生街繁荣起来。到了大正时代，东上铁路（现为东武东上线）和武藏野铁路（现为西武池袋线）开通，池袋逐渐发展成为重要的交通枢纽地区。

漫步方式

❖从潮流娱乐区到充满怀旧味道的商店街区

池袋站东口的阳光道与阳光60街相比有着更安静的气氛

漫步的起点就是池袋。观光景点集中的区域位于东口。沿眼前延伸的绿色大道向左拐就到了阳光60街，从车站出发步行10分钟左右就到了阳光城。城中有柯尼卡美能达天象仪馆（满天）、展望台，还有水族馆等，店铺也密集排布，在这里逛上一天也没问题。从东京地铁有乐町线的东池袋站出发步行大约5分钟可到。在池袋的西口，有举行戏剧公演及音乐会的东京艺术剧场，还有作为重要文化遗产的自由学园明日馆等景点。值得注意的是，位于池袋站东口的是“西武”，而位于西口的是“东武”，不要弄错了。

从池袋到巢鸭乘坐JR山手线需要2站到达。想要前往巢鸭地藏商店街，沿着从车站出来的中山道走即可。这里有盐大福发祥的店铺，有许多从古至今传承下来的老店，还有拔刺地藏尊镇守，是一片可以边走边享用美食的区域。

除此之外，作为景点的还有南侧东京地铁有乐町线的护国寺站以及副中心线的杂司谷周边，除了鬼子母神及护国寺之外，这一带还分布着各种各样的历史遗迹及文化遗产。从早稻田到荒川区的三轮桥连通有东京的樱花电车，在鬼子母神前、都内电车杂司谷，以及阳光城附近的东池袋四丁目都会停车，可以高效地加以利用。

漫步计划

阳光城（▶p.218）

⬇ 步行6分钟

Q plaza池袋（▶p.219）

⬇ 步行16分钟

鬼子母神（▶p.221）

⬇ 步行12分钟

自由学园明日馆（▶p.219）

⬇ 步行7分钟

东京艺术剧场（▶p.219）

▶漫画&动画的胜地

手冢治虫、藤子·F·不二雄、赤冢不二夫等知名漫画家年轻时曾经居住过的公寓“常盘庄”就位于丰岛区。虽然如今南长崎三丁目存在的建筑物在1982年已被拆除，但旧址上还设立有纪念碑，南长崎花开公园里也矗立着亲笔签名的纪念碑。此外，西武池袋线椎名町站的发车曲也是“怪物君”。在池袋阳光城的对面，林立着许多与现代动漫相关的商店，还有被统称为“少女之路”的一片区域。

信息看板

因为猫头鹰在日语中的发音与池袋十分相似，所以在丰岛区的很多地方都可以看到翅膀打开的猫头鹰的雕像。有兴趣的话可以去搜寻一番！首先是JR池袋站东口的“池猫头鹰”像。经常会作为人们在池袋站碰面时约定的标志物。位于车站内地下1层的樱桃路的顶棚以及杜鹃花路的墙壁上也装饰着猫头鹰的浮雕。除此之外，在池袋地区的周边，池袋西口公园以及自由学园明日馆（p.219）、立教大学等地方也都可以见到猫头鹰的影像。杂司谷的鬼子母神（p.221）景区内也设置了猫头鹰装饰的长椅，参拜道路入口处也矗立着羽毛展开的猫头鹰的雕像，相邻的猫头鹰公园中自然也可以发现猫头鹰的各种踪迹。更珍贵的是要町的粟岛神社里的猫头鹰雕像，这是由法国艺术家罗兰特·马伊信设计的。

池袋·巢鸭·护国寺的主要景点

有趣的景点随处可见

阳光城

MAP 别册 p.37-B4

以观景台和酒店为中心，包括室内主题公园“南佳城”、专卖店街、剧场、展示大厅，还有餐馆等，设施应有尽有，到了这里任何好玩的东西都可以找到。还设置有儿童区以及儿童车租赁处，举家前来游玩也毫无压力。

数一数二的高度，观景台景色超群

▶阳光城

住 丰岛区东池袋 3-1

TEL 03-3989-3331

营 10:00~22:00

休 无

费 不同设施有所不同

交 从地铁东池袋站 6·7 号出口出来步行 3 分钟

无论白天还是晚上，都可以开心地度过

可以活用 VR 设施的游乐观景台

SKY CIRCUS 阳光 60 观景台

MAP 别册 p.37-A4

这里有回旋过山车等多彩的 VR 项目（各 1 次 500 日元），可以一边眺望东京的美景，一边来一番刺激的体验。好似在高楼大厦中跳跃的 SKY 蹦床、可以拍下不可思议照片的镶嵌 SKY 等项目，都会刺激你的感官，体验十分新颖。

景色反映至镜子中的镶嵌 SKY 项目

▶SKY CIRCUS 阳光60 观景台

住 丰岛区东池袋 3-1

TEL 03-3989-3457

营 10:00~22:00 最晚入场时间 21:00

休 无

费 1200 日元、学生 900 日元、小·中学生 600 日元、4 岁以上 300 日元 ※VR 费用另算

交 从地铁东池袋站 6·7 号出口出来步行 3 分钟

在 251 米的高海拔上眺望绝美景色，体验绝妙项目

可令你的感官兴奋起来的可爱的水中生物们

阳光水族馆

MAP 别册 p.37-B4

大海、海边、天空——水族馆分为 3 个区域向游客们展示各种各样的生物。位于室外的海洋花园中，可以从正下方清晰地观察到好似镶嵌在空中飞舞的企鹅的姿态。喂食的进餐时间以及海狮表演等令人愉悦的活动也会让游客们兴奋起来。

每月有两次关于企鹅的生态解说

▶阳光水族馆

住 丰岛区东池袋 3-1

TEL 03-3989-3466

营 9:30~21:00（最晚入场时间 20:00）

休 无

费 2400 日元、小·中学生 1200 日元、4 岁以上 700 日元

交 从地铁东池袋站 6·7 号出口出来步行 5 分钟

可以从正下方观赏到海狮的阳光水族馆

艺术文化熏陶下丰富多彩的活动

东京艺术剧场

MAP 别册 p.36-A1

为了实现音乐、戏剧以及舞蹈等艺术文化的振兴，促进国际交流，东京艺术剧场于1990年对外开放。是以音乐大厅及3个剧场为主，进行丰富的对外展示的复合型文化设施。

有着世界上最大管风琴的音乐大厅

▶东京艺术剧场

住 丰岛区西池袋1-8-1
电 03-5391-2111
营 9:00~22:00
休 不定期
费 根据公演决定
交 从JR池袋站西口出来步行2分钟

还兼设有咖啡馆等设施

体验冲击力动感电影及购物的乐趣

Q plaza 池袋

MAP 别册 p.37-A3

2019年开业。这里不仅有咖啡馆及餐馆，4~13层还开设了拥有日本国内最大级别银幕的电影院，14层还配置有击球中心。

从12层大堂眺望到的美景

▶Q plaza 池袋

住 丰岛区东池袋1-30-3
电 03-6384-7971
营 8:00~23:00
休 无
费 不同设施有所不同
交 从JR池袋站东口出来步行4分钟

拥有12张大屏的阳光大型影院

许多令人陶醉的美丽星空作品

柯尼卡美能达天象仪馆（满天）

MAP 别册 p.37-B4

除了通常的可自动调节的座椅之外，这里还配备了草坪座席（可供2人使用，3席）、还有可以躺下观赏的云朵似的沙发（共5席）。可以在充分放松的状态下细细地欣赏。

草坪座位3500日元~、云朵座位3800日元~

▶柯尼卡美能达天象仪馆（满天）

住 丰岛区东池袋3-1-3 阳光城世界进口市场大厦顶层 电 03-3989-3546
营 11:00场次~20:00场次 休 无
费 天象仪作品 一般座位 成人1500日元~、4岁~小学生900日元 交 从JR池袋站东口出发步行20分钟

神秘的入口

大正浪漫风格的著名建筑

自由学园明日馆

MAP 别册 p.36-B1

大正10年（1921年），作为女子学校而创建。几何学设计的建筑被指定为重要文化遗产。除了建筑物的参观之外，这里还可以对外出借，作为结婚典礼或者音乐会等活动的场所。

从14:00开始建筑导览参观

▶自由学园明日馆

住 丰岛区西池袋2-31-3 电 03-3971-7535 营 10:00~16:00、每月第三个周五18:00~21:00、周六·周日、法定节假日需要提前确认 休 周一（法定节假日时改为次日）、年末年初、结婚典礼利用日
费 400日元~中学生以下免费 交 JR池袋站地铁大都会口出来步行5分钟

大厅的窗户好似教堂的雕花玻璃

可以遇见多样文化的小街区

Hareza 池袋

MAP 别册 p.37-A3

中池袋公园及 8 家个性影剧院向世界传达出这一带独特的艺术文化气息。2020 年 7 月，拥有 10 块银幕、1700 个席位的 TOHO 电影院在池袋开业。

多彩文化发祥地的池袋。这里成为其中心地带

▶Hareza 池袋

住 丰岛区东池袋 1-19-1 他
营 各剧场有所不同
休 各剧场有所不同
费 各设施有所不同
交 从西武池袋线池袋站东口 30 号出口出来步行 4 分钟

透过玻璃与公园形成一体化的舞台

可祈祷疾病治愈的地藏尊及观音像

拔刺地藏尊

MAP 别册 p.12-A2

据说曾经有一位武士将一张印有地藏像的纸放入河中，让之随波流走，而后他妻子的病便得以痊愈。因而时至今日，依旧有许多寻求御影的人前来这里参拜。每月在带有 4 字的日子还会举办缘日等活动。

于明治 24 年（1891 年）移址到巢鸭

▶拔刺地藏尊

住 丰岛区巢鸭 3-35-2
TEL 03-3917-8221
休 无
费 免费
交 从地铁巢鸭站 A3 号出口出来步行 4 分钟

每逢“正五九”24 日举行的大般若经的选读

历史悠久的老店迎接来自各方的参拜游客

巢鸭地藏路商店街

MAP 别册 p.12-A2

别名为老奶奶的原宿。位于旧中山道，作为这个区域最早的休憩场所而繁荣起来。如今依旧有许多人前来参拜这里的两座地藏尊及庚申塚，街道两旁也因此集中了许多家的店铺。

以诚心诚意的质朴姿态招待往来的客人

▶巢鸭地藏路商店街

住 丰岛区巢鸭 4-22-8
TEL 03-3918-2101
营 不同店铺有所不同
休 不同店铺有所不同
费 不同店铺有所不同
交 从都营三田线巢鸭站 A3 号出口出来步行 3 分钟

分 3 个主题解读涩泽荣一

涩泽史料馆

MAP 别册 p.12-A2

将作为近代日本经济社会奠基人的涩泽荣一的生平活动分为 3 个主题详细讲解的史料馆。除此之外，还可以通过数字影像看到飞鸟山邸的“涩泽荣一散步”，在“青渊文库”中阅读相关的书籍等。

常设展示“追忆涩泽荣一”的展区

▶涩泽史料馆

住 北区西原 2-16-1 飞鸟山公园内
TEL 03-3910-0005
营 10:00~17:00（最晚入馆时间 16:30）
休 周一（法定节假日时开馆）、法定节假日的代休
费 300 日元、小学生·中学生·高中生 100 日元
交 从 JR 王子站南口出发步行 5 分钟

青渊文库

琥珀如意观世音菩萨在这里守护

护国寺

MAP 别册 p.12-B2

作为德川纲吉生母桂昌院的祈愿寺，护国寺于天和元年（1681 年）创建。拥有都内最大的木质建筑本堂以及书院造的月光殿等，弥漫着一派庄严的气氛。本尊为如意轮观世音菩萨。

集结了元禄时代建造技术的本堂

▶护国寺

住 文京区大塚 5-40-1
电 03-3941-0764
营 9:00~12:00、13:00~16:00
休 无
费 免费
交 从地铁护国寺站 1 号出口出来步行 1 分钟

德川纲吉题写的“悉地院”的牌匾

作为安产·育儿的守护神，集中了人们的信仰

鬼子母神

MAP 别册 p.12-B1

永禄 4 年（1561 年），任杂司职位的柳下若狭守的家臣挖掘出了鬼子母神像，并将之供奉起来。许多人慕名而来，参拜这里安产和育儿的守护神。这里也成了日本国内的重要文化遗产。

沿着山毛榉步道，前往本堂

作为参拜礼物具有很高人气的狗尾草猫头鹰

▶鬼子母神

住 丰岛区杂司谷 3-15-20
电 03-3982-8347
营 9:00~17:00
休 无
费 免费
交 从地铁杂司谷站 1 号出口出来步行 5 分钟

身上缠绕着羽衣，没有角的温和的鬼子母神

19 世纪的美式住宅保留至今

丰岛区立杂司谷旧宣教师馆

MAP 别册 p.12-B2

明治 40 年（1907 年），作为美国传教士的私宅而建造的区内最古老的近代木质西洋式建筑。窗户上的装饰等也融合了当时美国郊外住宅的细节特征。

木质哥特式的特征随处可见

▶丰岛区立杂司谷旧宣教师馆

住 丰岛区杂司谷 1-25-5 电 03-3985-4081 营 9:00~16:30 休 周一（法定节假日时改为次日）、每月第 3 个周日、法定节假日的次日（次日如果是周日就改为周二）、临时休馆日 费 免费 交 从地铁东池袋站 5 号出口出来步行 10 分钟

介绍建设时生活场景的展室

紧挨单轨铁路的公园

飞鸟山公园

MAP 别册 p.12-A2

约 600 株的樱花十分美丽。从车站到公园入口由飞鸟公园轨道连通（免费），园内也设置有 SL 和都市电车。景区内部还有一家纸张博物馆（门票 400 日元）。这里也是日本最早的公园。

与德川吉宗有关联的赏樱名所

▶飞鸟山公园

住 北区王子 1-1-3 电 03-3908-9275 营 24 小时 休 无（飞鸟公园铁路会在年末年初、每月的第一个周四进行保养）费 免费 交 从 JR 王子站中央口出来步行 1 分钟

每到夏季，1300 株绣球花竞相开放

景区导览 新宿·新大久保·吉祥寺周边

新宿和新大久保地带有许多的夜游景点，也林立着众多个性特色的店铺，在东京之内也是数得上的能量满满的地带，从清晨到深夜，一日当中都可以十分尽兴地度过。此外，在乘坐电车距离10~15分钟的地方，还有气氛瞬间沉静下来的吉祥寺·三鹰地区。在整洁的街道中漫步，度过悠闲而美妙的时间吧。

MAP 别册 p.38-39 »

1

无论白天还是黑夜，大都市的娱乐生活都能带给人新鲜刺激

新宿 ▶p.224

都厅前具有代表性的高层建筑群、歌舞伎町以及霓虹灯闪闪发光的黄金街、有着密集人流的复杂铁路线……新宿地带集中了我们对大都会的所有想象。当然这也只是新宿的一面，她的魅力远远不只有这些。车站前的购物中心地带集中了许多时尚潮流的店铺，美食无论传统还是流行也都具有着很高的品位。多走几步就能到达自然景观丰富的新宿御苑，作为当地人及观光客的休憩场所具有很高的人气。此外，这里还有很多传统的寺社以及自古就存在的商业设施，能够让人深深地体会到历史的趣味。这里不仅有吸引人的美丽夜景，还有可以让你畅玩一整天的各色娱乐设施。

这片景区内的游览推荐“5”

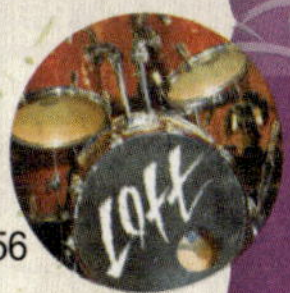

❶ 摩天大楼的夜景可以带给人超大满足 ▶ p.56

❷ 前往摇滚与爵士的胜地 ▶ p.380~

❸ 探访三鹰之森吉卜力美术馆 ▶ p.232~

❹ 漫步在流行文化的胜地 ▶ p.310~

❺ 探秘人气之街 · 吉祥寺 ▶ p.230~

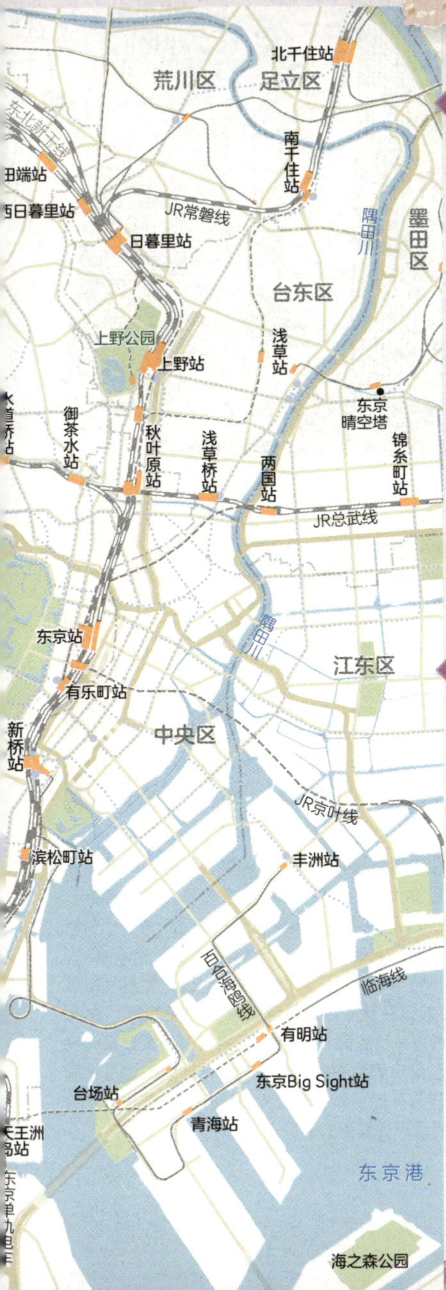

北千住站
荒川区
足立区
东北新干线
田端站
西日暮里站
南千住站
JR常磐线
日暮里站
隅田川
墨田区
台东区
上野公园
上野站
浅草站
东京晴空塔
御茶水站
秋叶原站
浅草桥站
两国站
锦系町站
JR总武线
东京站
隅田川
江东区
有乐町站
新桥站
中央区
JR京叶线
滨松町站
丰洲站
百合海鸥线
临海线
有明站
东京Big Sight站
台场站
青海站
天王洲岛站
东京港
海之森公园

MAP 别册 p.12 »

2

国际气息浓郁的个性化
多国籍城区

新大久保 ▶ p.228

在新大久保可以看到许多写有外语的招牌，是融合世界各国文化、有着异国情调的一片区域，即使在细窄的小道两边也林立着许多活力十足的店铺。这里曾经作为韩国城而闻名，如今来自世界各国的人们也越来越多，身在东京却有一种置身其他国家的感觉。

MAP 别册 p.5 »

3

从井之头公园到与文豪相关联的胜地
乐趣十足的漫步街道

吉祥寺 · 三鹰 ▶ p.230

中央 · 总武线沿线的两片区域作为十分受人们欢迎的居住街区集中着超高人气，许多人都很希望生活在这里。距离中心区稍有一段距离的井之头公园也是当地人很好的休憩场所。还有三鹰之森吉卜力美术馆以及太宰治文学沙龙等许多著名景点，喜欢这里的人一定会有很多的收获。

随处可见大都会形象的高层建筑群以及各种娱乐设施

新宿

高层大厦林立的新宿站西口周边。白色的网状设计建筑物是以虫茧为原形的东京 Mode 学园虫茧大厦

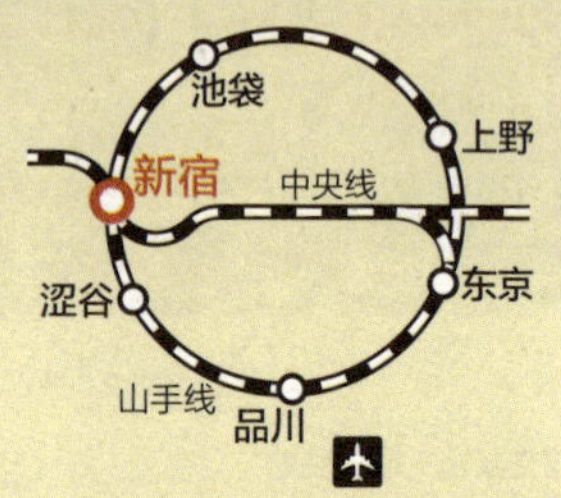

区域内可利用的车站

▼新宿站

JY JR山手线、JC JR中央线、JB JR总武线、JA JR埼京线

OH 小田急线

KO 京王线

M 东京地铁丸之内线

▼新宿三丁目站

M 东京地铁丸之内线

F 东京地铁副中心线

投币寄存柜信息

新宿 · 新宿三丁目 · 西新宿 · 都厅前等各站的出口附近都设置有投币寄存柜，除此之外，在新宿高速巴士总站 3 层的东京观光信息中心也可以寄存行李。

东京观光信息中心

URL www.gotokyo.org/jp/plan/tourist-info-center

前往新宿站的方法

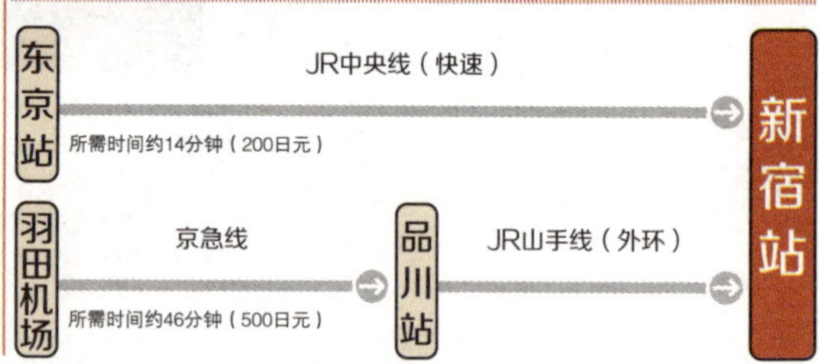

江户时代，甲州街道沿线存在的旧内藤家府邸之内，又设置了新的住宿场所，被称为“内藤新宿”，这也成了新宿地名的由来。明治时代，四谷以及神乐坂周边不断发展繁荣，明治 18 年（1885 年）新宿站通车。在这之后，西新宿要整顿淀桥净水厂，专卖局也将香烟工厂转移到这里，从而使这里的居民数量不断增加。1947 年，当时的四谷及牛込等区域被整合，“新宿区”由此诞生。以纪伊国屋书店以及新宿 KOMA 剧场为代表的大型设施快速增加，淀桥净水厂旧址的再开发“新宿副中心计划”也拉开帷幕。以京王广场酒店为开端，高层建筑不断建起。并且，都厅的迁址也是进入平成时代最近发生的事情。

漫步方式

❖体验东京都内一流的丰富夜生活

从小酒馆到各类娱乐场所，不眠的街道，新宿的夜游内容十分丰富

多条线路交织纵横，使得新宿站周边看上去交通复杂。根据目的地的不同最近的出口也不一样，并且地下线路网十分发达，从相邻车站下车也可能会更方便，更早到达。所以我们以 JR 车站为基点将新宿这片区域介绍给大家。

在新宿站东口，各个景点、商店、餐馆以及小型现场演出场所等十分密集。眼前新宿 ALTER 位于左侧，继续沿新宿道步行便可以看到 MARUI 以及伊势丹新宿店等大型的商业设施。在这附近还有东京地铁的新宿三丁目车站，可以从作为据点的车站出发，选择换乘较少的线路。沿新宿三丁目的十字路口向西南方向走就可到达绿植丰茂的新宿御苑。如果一开始就以新宿御苑为目的地，那么东京地铁丸之内线的新宿御苑前站则是距离最近的，利用新宿站的话选择南口会更方便。在这周边有高岛屋、NEWoMan 以及 LUMINE 等商业设施，还有 BASUTA 新宿。

新宿路北侧的一条大道是靖国路，这里以北便是歌舞伎厅、黄金街，有许多现场表演的老店以及密集排列的小酒馆等，成为都内首屈一指的夜生活街区，每到夜晚来临，霓虹灯闪耀，开门至深夜的店铺就会向你展示一个不同于白日的深层世界。西武新宿线新宿站也在徒步范围之内。

有着新宿印象的高层建筑多分布在新宿西口。从有着京王百货店以及小田急百货店的环岛附近出发，向中央路直行，就可以看到京王广场酒店以及东京都厅，从都厅的观景台可以尽览新宿的风景。距离最近的是都营大江户线都厅前站，不只是新宿站西口，从南口出发沿甲州街道走也可以到达。

漫步计划

新宿御苑（▶p.226）

⬇ 步行 6 分钟

伊势丹新宿店（▶p.226）

⬇ 步行 3 分钟

花园神社（▶p.226）

⬇ 步行 5 分钟

东京都厅（▶p.227）

▶繁华热闹的新宿街区

将范围扩大至“新宿区”，个性化的观光景点数不胜数。有保留着往日风情石铺小路的神乐坂、道路两边林立着数家高级餐馆和神社佛阁，被誉为“日本之美”的赤城神社也在这一带。高层建筑矗立的四谷周边有电影《你的名字》中登场的须贺神社，作为参拜圣地，也吸引了大量游客慕名前来。大学及专科学校较多的高田马场 · 早稻田以及市井风情浓郁的落合，都是自古以来便沿神田川因染色产业而繁荣的地带，如今也依旧分布着许多制作工坊（→ p.20）。

从大正之年（1912 年）保留至今的染色工坊——印染之乡　落合（→ p.21）

都厅周边矗立着日本首屈一指的超高层建筑群

新宿的主要景点

守护新宿地区的总镇守

花园神社

MAP 别册 p.39-A3

自江户时代前开始，新宿的总镇守就把这里称为花园社。自明治时代开始西之市出现了许多杂耍的小屋，60 万的居住人口使得这里十分热闹。景区内的艺能浅间神社分社中供奉着木花之佐久夜比卖命（浅间大神），是艺术类系相关人士经常会来访祭拜的神社。

1965 年重建的美丽红色拜殿

▶花园神社

住 新宿区新宿 5-17-3
TEL 03-3209-5265
营 8:00~20:00（事务所）
休 无
费 免费
交 从地铁新宿三丁目站 E2 号出口出来步行 1 分钟

春季染井吉野樱花绽放的美丽画面

拥有美丽风景及悠久历史的公园

新宿御苑

MAP 别册 p.39-C4

明治 39 年（1906 年）大名府邸旧址改作为皇室庭园，1949 年对一般公众开放。法国设计师设计的欧式整体庭园和风景式庭园，再加上日式庭园，形成了在日本也很少能够见到的近代西式庭园。从其中的一些建筑中也可以看到些许皇室庭园的影子。

65 种樱花绽放，可以观赏超过 2 个月花期的迷人景色

▶新宿御苑

住 新宿区内藤町 11 TEL 03-3350-0151
营 3/15~9/30 9:00~17:30、7/1~8/20 9:00~18:30、10/1~3/14 9:00~16:00
休 周一（法定节假日时改为平日次日）、年末年初 费 500 日元、学生 · 65 岁以上老人 250 日元、中学生以下免费
交 从地铁新宿御苑前站 1 号出口出来步行 5 分钟 ※ 禁止携带酒类进入，禁止使用各种游戏器具（儿童广场除外）

500 株玫瑰组成的美丽而规整的庭园

厚重感建筑物成了人们约会的显著地标

伊势丹新宿店

MAP 别册 p.39-B3

创建于 1886 年的百货店。新宿店为总店，周边分布着男士馆、伊势丹会馆等设施。大量使用装饰美术设计的总馆被选为东京都历史性建筑物，也成了这一地区的地标。

被选为东京都历史建筑的厚重感建筑物

▶伊势丹新宿店

住 新宿区新宿 3-14-1
TEL 03-3352-1111（大代表）
营 10:00~20:00、餐饮街 11:00~22:00
休 不定期
交 从地铁新宿三丁目站 B5 号出口出来步行 1 分钟

屋顶上方有草地广场及庭园

既能进行艺术鉴赏，又能眺望到美景，是颇具人气的一个地方

东京都厅

MAP 别册 p.38-B1

1991年从丸之内迁址到如今的政府所在地。设计者为丹下健三，以巴黎的哥特式大教堂为蓝本建造。最上层（202米）设有观景台，可以免费尽览东京的美景。南北观景室从2020年7月对公众开放。馆内设置的38处艺术作品也非常值得欣赏。

最高层设置了免费的观景台

▶东京都厅

住 新宿区西新宿 2-8-1 电 03-5321-1111 营 8:30~18:15（除观景台 9:30~23:00 之外，不同地点可能有所变动）休 窗口周六·周日、法定节假日 费 免费 交 从地铁东京都厅前站出发步行1分钟

※ 进入观景台需要佩戴口罩。详细内容需要提前在官网或者 Twitter 上确认。

www.yokoso.metro.tokyo.lg.jp/tenbou/index.html

http://twitter.com/tocho_tenbou

日落美景十分迷人

可以轻松学习到消防常识

消防博物馆

MAP 别册 p.12-C2

在四谷消防署兼设的博物馆中，展示着东京消防厅收藏的各种资料。在这里除了可以学习到江户时代至现代的有关消防的一些知识，还可以参观急救车和消防喷水车。甚至可以坐到室外设置的消防直升机内进行操控，无论大人和孩子都会觉得十分有趣。

▶消防博物馆

住 新宿区四谷 3-10

电 03-3353-9119

营 9:30~17:00、图书馆资料室周三·周五·周日 13:00~16:30

休 周一（法定节假日时改为次日）

费 免费

交 从地铁四谷三丁目站2号出口出来步行1分钟

除消防员体验外，还有许多剧场观看等内容

有消防体验、剧场观影等许多丰富的内容

丰富多样的异国文化混合交织形成这一带独特的风景

新大久保

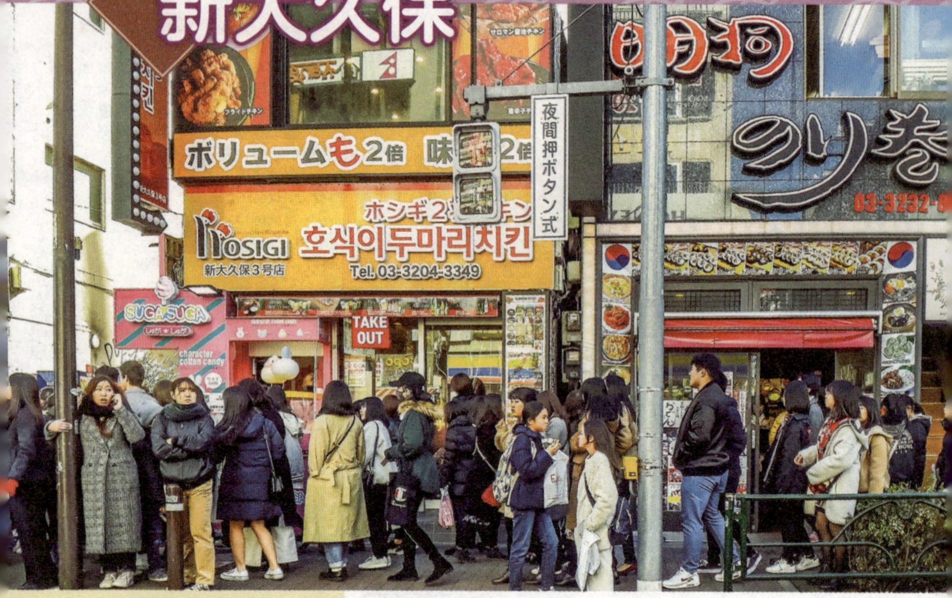

颇具人气的韩国料理店及甜品店门前经常有年轻人排大队购买。店内会播放 K-POP 的曲子或其他流行乐曲，好似身在韩国

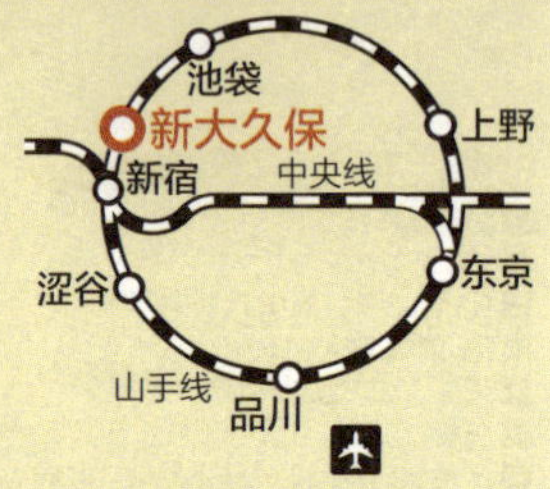

区域内可利用的车站

▼新大久保站
- JY JR山手线

▼大久保站
- JC JR中央线
- JB JR总武线

投币寄存柜信息

除了新大久保站的检票口附近之外，在韩国城的细窄通路上也设置有几处投币的寄存柜。

投币寄存柜查询网址

URL www.coinlocker-navi.com

前往新大久保站的方法

东京站 → JR中央线（快速）所需时间约20分钟（200日元）→ 新宿站 → JR山手线 → 新大久保站

羽田机场 → 京急线 所需时间约50分钟（500日元）→ 品川站 → JR山手线（外环）→ 新大久保站

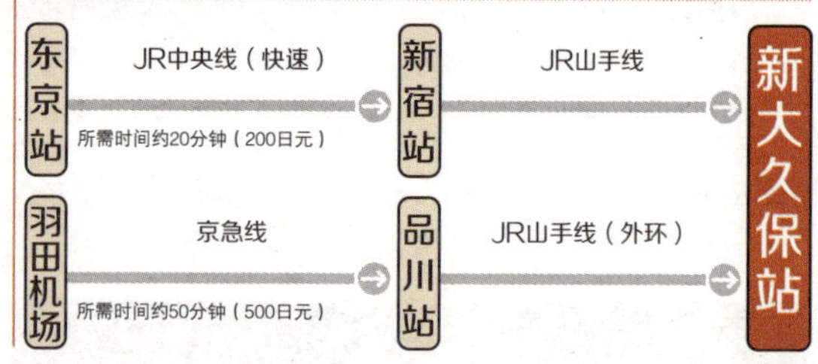

德川家康自入府江户之后，为了防卫需要而配备的“百人射击队”被安排驻扎在大久保的周边，从那时起，这片区域就被称为“百人町”。在明治中期之前，这一带还保留着江户时代的影子，有许多田园的景象，到了明治 28 年（1895 年）JR 中央线大久保站，大正 3 年（1914 年）山手线新大久保站开通，使得这一片逐渐发展为城市的样子。1950 年，由韩国人创建的糕点厂家“乐天”开设了新宿工厂，因而周围被雇佣的韩国住民增多，韩国料理店也渐渐多了起来。此外，这里也成了相邻的新宿歌舞伎厅中打工的亚系劳动者及留学生们居住的场所。而真正作为“韩国城”而闻名，店铺数量快速增加，是在 2000 年的日韩世界杯以及韩剧热潮之后了。

漫步方式

❖韩国 & 多国文化集中的地带

新大久保，主要就是指大久保街区沿线，以及从这里延伸的细窄小道，道路两旁集中着许多韩国料理店及出售化妆品的店铺。人们所说的“韩国街”主要是指JR 新大久保站东侧的大久保一丁目以及百人町一丁目，从大久保街到职安道还有一条被统称为“帅哥街”的十分热闹的街道。从西侧到中央线大久保站之间除了韩系店铺之外，还有清真店铺，有矗立着小型清真寺的伊斯兰横丁，还有一些泰国、越南、中国等亚洲国家的餐馆。此外，沿新大久保站出口向大久保站方向直行，在到达十字路口之前左转，就可以看到与射击组有着渊源的皆中稻荷神社。

新宿车站步行圈内的新大久保站的周边。到了周末尤其热闹

▶亚洲屋台村

在“亚洲屋台村”里可以品尝包括泰国、越南在内的亚洲 8 个国家的美食。特别优惠的午间套餐以及夜晚的不限量畅食 & 畅饮套餐都具有很高的人气。

住 新宿区百人町 1-11-28 大长今大厦 1 层

TEL 03-6279-3171

URL asiayataimura.owst.jp

新大久保的主要景点

可以先人一步体验到韩国的尖端潮流

新大久保韩国城

MAP 别册 p.12-C1

淘一些韩国护肤品及韩国料理的食材，再在韩国料理店中歇歇脚。这是一条可以在东京实现韩国游的气氛满满的街道。主要街道大久保街以及被称为“帅哥街”等的小道是逛街的中心地带。许多流行尖货也可以在这里找到。

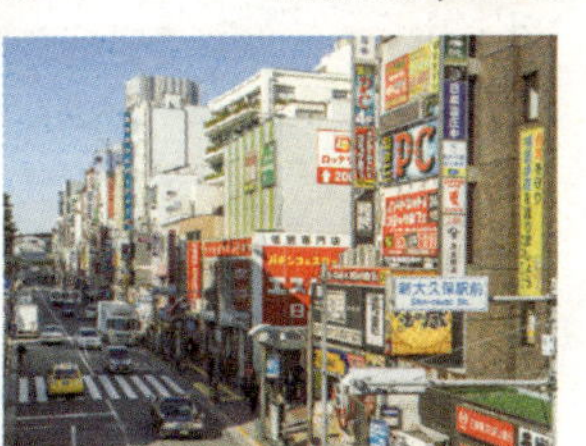

在东京实现韩国旅行的街道

▶新大久保韩国城

住 新宿区百人町周边

营 各店铺有所不同

休 各店铺有所不同

费 各店铺有所不同

交 从 JR 新大久保站步行 1 分钟

被誉为“百发百中的神社”

皆中稻荷神社

MAP 别册 p.12-C1

天文 2 年（1533 年）创建。据说由于射击组一位队员在梦中梦到了稻荷大明神，使得德川幕府的射击准确率大大提升，十分灵验。因此在这之后，“百发百中的神社”之名便流传开来。逢奇数年的 9 月百人射击队也会在这里列队展示。

为新宿的发展发挥巨大作用的神社

▶皆中稻荷神社

住 新宿区百人町 1-11-16

TEL 03-3361-4398

营 9:00~17:00

休 无

费 免费

交 从 JR 新大久保检票口出来步行 1 分钟

作为市民心中居住方便的两大人气街区

吉祥寺·三鹰

以站前的太阳道商店街为中心，有很多当地人购物的场所——吉祥寺。生活必要的商品在这里应有尽有，给人留下“居住方便”的印象

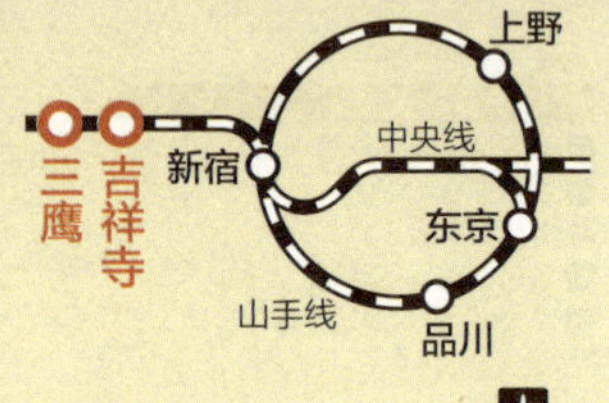

区域内可利用的车站

▼吉祥寺站

JC JR中央线（快速）

JB JR总武线（各站）

IN 京王井的头线

▼三鹰站

JC JR中央线（快速）

投币寄存柜信息

吉祥寺·三鹰两站的出口附近都设置有投币寄存柜。三鹰之森吉卜力美术馆内也有寄存柜，但井之头公园和自然文化园中没有，因此有必要先在车站寄存行李。

投币寄存柜查询网址

URL www.coinlocker-navi.com

前往吉祥寺站·三鹰站的方法

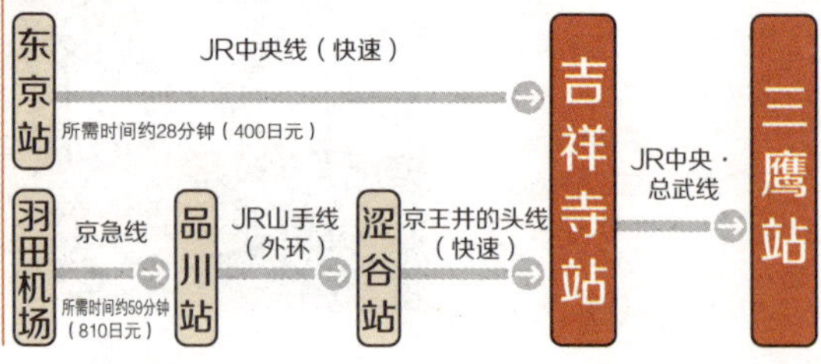

吉祥寺名字的由来要追溯到江户时代，当时以位于水道桥的“諏访山吉祥寺”为中心，门前町的居民们由于明历大火而搬迁至这里，并在这里扎根开发，也把之前的名字沿用至今。此外，三鹰周边也因曾作为江户幕府及尾张德川家猎鹰的御鹰场而繁荣，明治22年（1889年）定名为神奈川县北多摩郡三鹰村，4年之后由于玉川上水的水质管理问题移交东京府管理。明治32年（1899年）甲武铁路（现JR中央线）吉祥寺站建成，到了昭和时期三鹰站投入使用，帝都电力铁道（如今京王井的头线）也开通了。

漫步方式

❖寻访文学作品以及电影动画的舞台

在井之头恩赐公园的游船码头，可以租借天鹅船（30分钟700日元）在水面上游玩。还有划桨船和脚踏船

前往吉祥寺及三鹰的话从JR中央线的邻站出发，步行不到25分钟即可到达。从吉祥寺站到涩谷站有京王井的头线连通，从井之头公园站也有线路可以前往吉祥寺~三鹰地区。虽然也有三鹰台这个车站，但从这里前往三鹰站及其他景点的线路会比较不方便。

主要的观光景点集中在中央·总武线的南侧。想要前往高人气的三鹰之森吉卜力美术馆可以从三鹰站南口出发步行前往。通往井之头公园的道路被称为“风的散步道”，沿玉川上水的石子路一边走还可以一边感受周围自然景观的美丽。无论车站的标识还是步道上的足迹等细节都使用了吉卜力风格的主题装饰，很有趣味。山本有三纪念馆也在这条路上。此外，三鹰作为与太宰治有关的地方也很知名，从南口出发步行范围之内有他工作过的房屋旧址以及曾经光顾过的小餐馆，顺便去太宰治文学沙龙看看也很不错。

从吉祥寺站南口到井之头恩赐公园的池塘周边步行大约需要5分钟。在这片广大的区域内，可以乘坐天鹅船在水上游玩，还可以在路边的自然文化园中观赏动物以及雕刻作品。在玉川上水的另一边三鹰区域附近还有西园，走到深处可以看到三鹰之森吉卜力美术馆。吉祥寺站的北侧是一片商店街及住宅街区，可以真实地感受到当地人的生活场景。尤其是在昭和怀旧风情浓郁的口琴横丁林立着许多餐饮店，一定要来这里感受一下吉祥寺深度游的乐趣。

漫步计划

太宰治文学沙龙（▶p.233）

⬇ 步行10分钟

三鹰市山本有三纪念馆（▶p.233）

⬇ 步行10分钟

三鹰之森吉卜力美术馆（▶p.232）

⬇ 步行10分钟

井之头恩赐公园（▶p.232）

⬇ 步行5分钟

口琴横丁（▶p.233）

▶三鹰市国立天文台

三鹰市有在日本具有代表性的天文学研究所、国立天文台。设施的一部分可以供游客参观。天文台历史馆、圆顶影剧院以及太阳塔望远镜等设施都非常有趣。此外，这里还兼设有利用大正时代建筑——国立天文台宿舍旧址改建的“星空和森林和绘本的家”，展示着与宇宙星空相关的绘本原稿等资料。除了常设展览之外，每年变动一次的企划展以及根据不同主题划分书类的阅读室，不仅可以供孩子阅读，大人也可以在这找到十足的乐趣。乘坐电车前来的话，可以选择JR中央线武藏境站或者从京王线调布站乘坐巴士到天文台前下车即可。

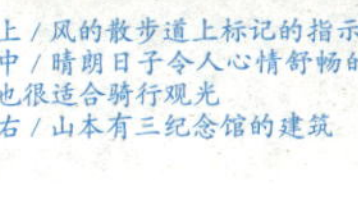

上／风的散步道上标记的指示牌
中／晴朗日子令人心情舒畅的小路，也很适合骑行观光
右／山本有三纪念馆的建筑

中野・吉祥寺的主要景点

▶井之头恩赐公园
住 武藏野市御殿山 1-18-31
TEL 0422-47-6900
营 24 小时
休 无
费 免费
交 从 JR 吉祥寺站南口出来步行 5 分钟

春季樱花绽放的美景

泉水涌动的丰沃的自然环境

井之头恩赐公园

MAP 别册 p.5-C4

大正 6 年（1917 年）作为日本第一家郊野公园对外开放。并且以作为神田川源头的井之头池塘为中心，周边种植了 200 余株樱花树，成为赏樱的名所。还有德川家康用来泡茶的泉水——“茶水”、作为文化遗产的常年杂木林等，自然环境幽美秀丽。

近年来水质不断改善的井之头池塘

▶井之头自然文化园
住 武藏野市御殿山 1-17-6
TEL 0422-46-1100
营 9:30~17:00
休 周一
费 400 日元、中学生 150 日元、65 岁以上老人 200 日元
交 从 JR 吉祥寺站南口出来步行 13 分钟

动物园的入口

一边游玩一边学习自然知识

井之头自然文化园

MAP 别册 p.5-C4

昭和 17 年（1942 年），以普及自然科学知识为目的而开设。有包括资料馆、雕刻馆以及动物展示在内的动物园，还有淡水水族馆及水鸟展示的水生物园，喂养着 170 余种动物。放养着松鼠的松鼠小路以及迷你游乐园尤其受到小孩子们的欢迎。

可爱的松鼠就在眼前

▶三鹰之森吉卜力美术馆
住 三鹰市下连雀 1-1-83
TEL 0570-055777
费 1000 日元、中・高中生 700 日元、小学生 400 日元、幼儿 100 日元、未满 4 岁免费
交 从 JR 三鹰站出发乘坐公共汽车 5 分钟到达

在这里还可以见到天空之城中的机械兵

可以遇见龙猫的不可思议的世界

三鹰之森吉卜力美术馆

MAP 别册 p.5-C3

宫崎骏导演作为馆主的美术馆，设有龙猫的接待处、屋上庭园的机械兵等都会让你瞬间进入吉卜力作品的世界。这里有可以了解吉卜力电影制作过程的常设展室、原创导演室，以及馆主推荐的绘本图书室，等等，可以在这里静心阅读。采用指定时间预约制。

常设展室《电影的诞生地》

装有壁炉的西洋风式建筑

三鹰市山本有三纪念馆

MAP 别册 p.5-C3

山本有三在1946年前一直居住在这里，他亲笔写下小说《路旁的石头》以及戏曲《百米俵》的住宅对公众开放。大正末期建造的宝贵的西洋风建筑，也被列为了三鹰市的文化遗产。

由石头堆积而成的烟囱成为显著特征

▶三鹰市山本有三纪念馆
住 三鹰市下连雀 2-12-27
TEL 0422-42-6233
营 9:30~17:00
休 周一（法定节假日时改为次日或再次日）
费 300 日元
交 从 JR 三鹰站南口出发步行 12 分钟

接待室及书房都展示有宝贵的资料

作为创作活动的据点

太宰治文学沙龙

MAP 别册 p.5-C3

2008年12月8日，在伊势元酒店的旧址上开设。除了展示有杂志首版以及一些亲笔资料之外，每逢周六·周日·法定节假日还会开展三鹰站周边相关地点的引导游览活动。

还会定期举办朗读会

▶太宰治文学沙龙
住 三鹰市下连雀 3-16-14 grand jardin 三鹰 1 层
TEL 0422-26-9150
营 10:00~17:30
休 周一（法定节假日时改为次日或再次日）
费 免费
交 从 JR 三鹰站南口出发步行 3 分钟

首刊杂志等宝贵资料都在企划展中对外展示

昭和时代气息残留的休憩场所

口琴横丁

MAP 别册 p.5-C4

细窄的小路两边林立着小酒馆以及个性的杂货店，共有100余家。是一个有过黑市历史的商店街。龟井胜一郎曾经将这里密集的小店形容为口琴的吹口，口琴横丁的名声也因此传播开来。

入口处的对面也有很多各具特色的店铺

▶口琴横丁
营 不同店铺有所不同
休 不同店铺有所不同
费 不同店铺有所不同
交 从 JR 吉祥寺站北口出发步行 1 分钟

穿越时空的不可思议的世界

中野百老汇

MAP 别册 p.8-C1

1966年建成的商住复合型设施，也是非主流文化的胜地。密集林立的店铺、亚文化专卖店，高科技商品店等融合共存，营造出一个多元化的世界。

近年来作为冒险的起点也引起越来越多的关注

▶中野百老汇
住 中野区中野 5-52-15
TEL 03-3388-7004
营 不同店铺有所不同
休 不同店铺有所不同
费 不同店铺有所不同
交 从 JR 中野站北口出发步行 5 分钟

景区导览

涩谷·六本木·赤坂周边

市中心的西侧，有许多集美食购物和夜生活于一身的大型商业设施，还集中了不少新开业的店铺。美术馆及神社佛阁也很多，因此建议多留出一些时间，慢慢地去逛一逛。

MAP 别册 p.40-41 »

1 随着不断地开发愈加繁荣 东京都内最大的潮流胜地 涩谷 ▶p.236

涩谷的地标以SCRAMBLE十字路、SHIBUYA109涩谷为代表，再加上2012年开业的涩谷hikarie、2019年重新开张的涩谷PARCO等，随着城区的再度开发呈现出崭新的面貌。涩谷作为年轻人购物及美食享乐的聚集地而远近闻名，除此之外，距离中心城区稍远一些的松涛、代代木八幡以及驹场东大前地带也分布着一些美术馆·博物馆，可以在这些地方充分地体验到艺术及文化的魅力。

MAP 别册 p.41-43 »

2 对潮流信息十分敏锐的年轻人&成年人的时尚之城 青山·表参道 ▶p.244

从竹下街、猫街等细窄街道，到表参道及青山道一带，是集中了流行时尚和季节味美食的热闹区域。在艺术景点较为集中的青山周边、外苑银杏树步道以及有着新国立竞技场的千驮谷周边等地，总会有许多新鲜的发现，在这里逛一逛会感觉乐趣无穷。

王子站
北区
板桥区
东武东上线
JR埼京线
池袋站
JR山手线
大塚站
巢鸭站
驹込站
丰岛区
西武池袋线
文京区
西武新宿线
高田马场站
大久保站
新宿区
JR中央本线
新大久保站
饭田桥站
市谷站
东京都厅
新宿站
千代田区
新宿御苑
四谷站
京王线
信浓町站
涩谷区
原宿站
2
表参道站
东京中城
1
六本木站
涩谷站
六本木新城
3
东急田园都市线
JR山手线·埼京线
惠比寿站
田町站
4
目黑川
东急东横线
港区
高轮Gate way站
目黑区
目黑站
品川站
五反田站
东急目黑线
品川区
JR东海道线·京滨东北线
东海道新干线
旗之台站
东急池上线
大井町站

这片景区内的游览推荐“5”

1. 尽览涩谷的热门景点 ▶p.238~
2. 前往 Kawaii 文化的发源地 ▶p.246~
3. 到最具季节味的景点涩谷 SCRAMBLE SQUARE 逛一逛 ▶p.243
4. 到访东京最具活力的地带 ▶p.22~
5. 陶醉在迷人梦幻的夜景之中 ▶p.57

MAP 别册 p.42-43 »

3

包含最流行娱乐及历史感景点等丰富的观光内容

六本木周边 ▶p.250

这里不仅有华丽的夜生活地带以及令人目眩的购物天堂，还有会让人感觉欣喜的怀旧气氛小路以及各种古迹寺庙等名所，口味繁多的美味料理店也会带给你超大满足，让我们一起去这四个独具个性的地方走一走吧。

两大复合型设施带给人各种满足

六本木

以六本木新城和东京中城的两大地标为中心，在这里进行艺术鉴赏或者体验夜生活都会有新鲜的收获。

保留着古风街景

麻布

这里不仅有隐藏在巷子里的小酒馆和俱乐部，还有保留着浓浓古风的商店街及各色老店铺。

去政客们经常光顾的名店走走

赤坂

位于政治中心永田町・霞关附近，这里分布着有规格的料理店、酒店以及著名景点日枝神社。

一片整洁安静的气氛

白金台

白金台作为高级住宅地十分著名，除此之外这里还有不少充满历史感的文化遗产和古迹，很适合一边漫步一边观赏。

MAP 别册 p.47 »

4

远离潮流店铺及美食喧嚣的自然安静的地带

惠比寿・目黑 ▶p.256

地处市中心却有着安静格调的高人气惠比寿・目黑区。推荐到目黑川沿岸的景点及惠比寿花园广场周边走一走，还可以在咖啡馆里小憩片刻，全身心放松一下。

年轻人的潮流文化聚集地当数这里！

涩谷

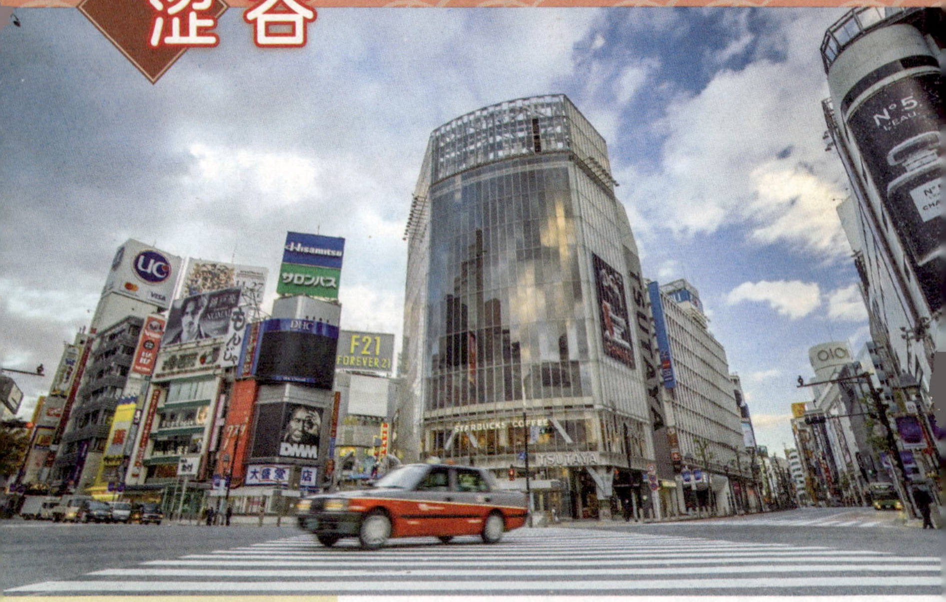

scramble 交叉路口是许多人可同时通过的著名地点。外国人及观光客们饶有兴致地拍摄照片的姿态也成了路口一景

区域内可利用的车站

- JY JR山手线
- JA JR埼京线
- G 东京地铁银座西线
- Z 东京地铁半藏门线
- F 东京地铁副中心线
- TY 东急东横线
- DT 东急田原都市线

投币寄存柜信息

涩谷站的各出口附近都设置有投币寄存柜。如果想暂时存放较大件的行李，选择位于涩谷站地下通道的“涩谷综合咨询处”会比较方便。

投币寄存柜查询网址

URL tokyotouristinfo.com/detail/M0257

前往涩谷站的方法

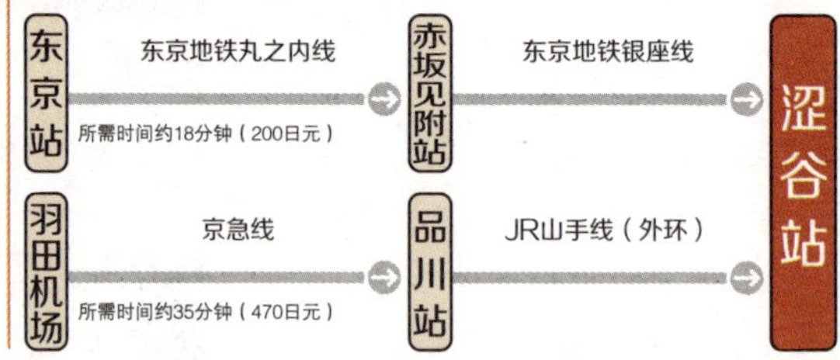

涩谷得到开发从而形成村落大致是在南北朝～室町时代。在江户时代，大山街道沿线分布有武家府邸的元山町作为宿场町而不断繁荣起来，明治时代以后涩谷逐渐形成了町的样貌。明治 18 年（1885 年）涩谷站开通，明治 22 年（1889 年）涩谷村建立。随着铁路的延伸，町的规模也逐渐扩大，到了明治 42 年（1909 年）形成了涩谷町，昭和 7 年（1932 年）涩谷町又与千驮谷町及代代幡町成涩谷区。次年迎来了东急东横线、帝都电铁涩谷线（现京王井头线）的开通以及与车站相邻的东横百货店的开业，由此开始，涩谷这一带便急速发展起来。在此之后，经过第二次世界大战直至 1950 年之后，这里又有许多大型的百货店陆续开业，逐渐形成尖端潮流资讯的发源地。

漫步方式

❖潮流 & 文化的发源地

涩谷站附近如今处于再开发的进程之中，伴随着全新商业设施的开业以及车站的建设，周围的交通线路愈加清晰便利。尽管如此，如果在涩谷的步行街找错出口的话也会比较麻烦，所以我们将“忠犬八公”作为漫步的起点吧。

通过八公面前的 scramble 交叉路口之后就能够看到有着细窄道路的涩谷中心街的入口，公园街方向林立着西武以及涩谷 PARCO 等时尚大厦。道玄坂下方矗立着作为地标的 SHIBUYA109，沿坡路上行就到了曾经的欢乐街百轩店，朝文化村街方向走就能够到达气氛安静的松涛地区了。

走过山手道再步行 10 分钟左右，这一带分布着东京大学驹场校区、驹场公园以及美术馆等设施。尤其是沿山手道北上就到了代代木八幡・代代木公园这片区域，代代木八幡宫和绿植丰富的代代木公园是很广大的一片区域。

此外，随伴着再度开发一下子华丽起来的 JR 涩谷站的东侧，与车站紧密相连的大型商业设施接连不断开业。涩谷 hikarie、涩谷 SCRAMBLE SQUARE 以及涩谷 STREAM 等各个设施之间都有联络线相连，按照指示标就可以找到，十分便利。从车站朝原宿方向行进的途中还有饮兵卫横丁以及宫下公园等。

涩谷中心街有许多边走边吃逛街购物的学生

漫步计划

scramble交叉路口（▶p.238）

⬇ 步行3分钟

SHIBUYA109涩谷（▶p.239）

⬇ 步行5分钟

Bunkamura博物馆（▶p.240）

⬇ 步行3分钟

户栗美术馆（▶p.241）

▶深入高人气的奥涩谷

走过松涛，就到达了近年来被称为“奥涩谷”的神山町・富谷周边的一片区域，这里集中了许多很有品位的店铺以及小餐馆等，还有许多可以外带的美食。作为远离涩谷喧嚣，恬静而放松的地带拥有着很高的人气。从专卖店到华丽的咖啡馆、有品位的书店以及杂货店等，个性店铺随处可见。晴朗的日子里，沿着井之头路与神山路之间延伸的宇田川游览步道散步，心情会特别好。

随着旧东急东横线涩谷站原址的重建，新建成的复合型设施涩谷 STREAM 和涩谷 BRIDGE 中都还保留着曾经的一些面貌，这个你知道吗？在涩谷 STREAM 的两层通路上埋设有东横线曾经使用过的铁轨，高架桥的管理号码也刻上了原来的数字。此外，在旧车站中被人们所熟悉的独特拱形“鱼糕房顶”也演变为将涩谷 STREAM 和涩谷 SCRAMBLE SQUARE 相连接的走廊，重现在人们面前。尤其是连接涩谷 STREAM 和涩谷 BRIDGE 的涩谷川沿岸的游人步道上，也有当时支撑高架用的材料以及所埋设的铁轨，还有会让人联想到战前存在于涩谷站和代官山站之间的“并木桥站”的月台。作为购物和美食的集中地也很值得推荐。

涩谷的主要景点

2 分钟之内 3000 人通过的交叉路口

scramble 交叉路口

MAP 别册 p.40-C2

公园街、宫益坂～道玄坂还有涩谷中心街交叉在一起的，世界上最复杂的交叉路口。最繁忙的时候会有约 3000 人同时经过这个路口，周边也经常会有许多拍摄这一壮观场景的外国观光客们。

约 3000 人同时走过的井然有序的交叉路口

▶scramble 交叉路口
住 涩谷区道玄坂 2
营 24 小时
休 无
费 免费
交 从 JR 涩谷站八公口出发步行 1 分钟

巨型石像最适合作为人们约会的标志

摩艾像

MAP 别册 p.40-C2

摩艾像只选用新岛及意大利利帕里岛才有的抗火石材料加工而成。石像的两面都刻有人的五官，有代表着年轻人的安基，还有代表爷爷的印基。

摩艾像在新岛的语言当中有“互相帮助”的含义

▶摩艾像
住 涩谷区道玄坂 1-1-1 ℡ 03-3463-1211 营 24 小时 休 无 费 免费 交 从 JR 涩谷站西口出发步行 1 分钟

体现人类善良本性的摩艾像

涩谷车站约见时的显著标志

忠犬八公像

MAP p.40-C2

昭和 9 年（1934 年），执着等待主人东京帝大教授的忠犬的铜像被设立于涩谷站前，战争时期因为要贡献金属而被暂时撤掉。如今的雕像是 1948 年制作的第二代忠犬。

在穿梭的人群之中矗立的铜像

▶忠犬八公像
住 涩谷区道玄坂 1-2
营 24 小时
休 无
费 免费
交 从 JR 涩谷站八公口出发步行 1 分钟

好似静止了的昭和时光

饮兵卫横丁

MAP p.40-C2

1950 年，涩谷站前集中的货摊逐渐形成了这条居酒屋街。关东煮、小酒吧、烤鸡肉串等 40 余家小店紧密排列，可以在这里体验到更加深入的涩谷的乐趣。

保有浓厚昭和怀旧气氛的街道

▶饮兵卫横丁
住 涩谷区涩谷 1-25
营 不同店铺有所不同
休 不同店铺有所不同
费 不同店铺有所不同
交 从 JR 涩谷站出发步行 5 分钟

向人们展示独具个性的涩谷文化

涩谷中心街

MAP p.40-B1

涩谷系音乐及时尚的中心地，是即使平日也会有5万人造访的涩谷具有代表性的商业地带。因为许多店铺都比较大众，所以即使到了傍晚这里也会聚集着不少高中生。

主要道路是篮球街

▶涩谷中心街

住 涩谷区宇田川町
营 不同店铺有所不同
休 不同店铺有所不同
费 不同店铺有所不同
交 从JR山手线涩谷站八公口出发步行3分钟

随不同季节变换样貌的大门

如同照亮未来的光芒

涩谷 hikarie

MAP p.40-C2

东急百货店打造的商业地带"ShinQs"，中层部设置有剧场及活动大厅，高层部为办公层。这里还提供有会员制的化妆室等个性的服务内容。

许多店铺都会开展限定时间的活动，为顾客提供十足的新鲜感。

▶涩谷hikarie

住 涩谷区涩谷2-21-1 电 03-5468-5892
营 ShinQs 10:00~21:00、咖啡＆餐馆6·7·11层11:00~23:00、8层11:00~20:00
休 无 费 不同店铺有所不同 交 从东京地铁半藏门西岸涩谷站B5出发步行1分钟

地上34层，地下4层，17层以上为办公层

©Shibuya Hikarie

最尖端时尚的资讯在这里集结

SHIBUYA109 涩谷

MAP p.40-C2

东急集团的时尚大厦，在这里工作的店员也都是涩谷系时尚的代表。大门前的开放区会经常举办各种各样具有话题性的活动。于1979年开业。

有着涩谷地标般的存在感

▶SHIBUYA 109 涩谷

住 涩谷区道玄坂2-29-1 电 03-3477-5111 营 10:00~21:00、餐馆10:00~22:00（其他店铺可能有所不同） 休 无休 费 不同店铺有所不同 交 从JR山手线涩谷站八公口出来步行3分钟

绝佳的拍照地点不要错过

集中了近现代的日本画作

山种美术馆

MAP p.14-B1

全国第一家日本画专门的美术馆。除了作为重要文化遗产的速水御舟的《名树散椿》之外，还以近现代日本画为中心收藏了约1800件作品。展厅旁边出售有日风点心的咖啡馆也具有很高的人气。

速水御舟的《炎舞》

▶山种美术馆

住 涩谷区广尾3-12-36 电 050-5541-8600（语音服务） 营 10:00~17:00 休 周一（法定节假日时改为次日）、年末年初、展览更换期间 费 1000日元、高中生·大学生800日元、中学生以下免费 交 从东京地铁日比谷线惠比寿站2号出口出来步行10分钟

咖啡搭配自制小点心及抹茶的组合具有很高人气

整个展馆都成为传达现代文化的基地

涩谷 PARCO

MAP 别册 p.40-B2

代表着涩谷文化的时尚大厦。为了配合在西班牙语中意为公园的 PARCO 的开业，周边的道路也被定名为公园路、西班牙坂等，整洁时尚的街景远近闻名。2019 年 11 月又重装一新盛大开幕。

利用墙壁完成的艺术作品也非常值得一看

▶涩谷PARCO

住 涩谷区宇田川町 15-1

电 03-3464-5111

营 10:00~21:00、餐馆 11:00~23:30
※ 部分设施可能有所不同

休 不定期

费 不同店铺有所不同

交 从 JR 涩谷站八公口出发步行 5 分钟

集中了许多设计个性的店铺

轻松体验近代美术的乐趣

Bunkamura 博物馆

MAP p.40-B1

以近代美术展览为中心，还会举办在日本尚不出名的作家的个展以及海外著名美术馆的名品站等展览，不论来多少次都能感受到新鲜的乐趣。建筑物内还兼设有书店、餐馆以及咖啡馆等。

距离购物街区很近的位置

▶Bunkamura 博物馆

住 涩谷区道玄坂 2-24-1

电 03-3477-9111

营 10:00~18:00、周五·周六 10:00~21:00（不同展览可能会有所不同。闭馆前 30 分钟停止入场）

休 1/1、其他时间根据展览而定

费 不同展览有所不同

交 从 JR 涩谷站八公口出发步行 7 分钟

举办引人热议的展览会

被茂盛绿色包围的八幡神

代代木八幡宫

MAP 别册 p.10-A1

建历2年（1212年），荒井外记智明在暗杀赖家公之后隐居在这里，一天，他在睡梦中受到八幡神的点化，建造了一座小的寺庙，这也成为接请鹤冈八幡宫的源起。景区之内有竖穴式住居（复原），还有天保11年（1840年）供奉的大绘马（非公开）等。

创建之日（9月22·23日）会举行祭祀活动

▶代代木八幡宫
住 涩谷区代代木5-1-1
电 03-3466-2012
营 24小时（事务所9:00~17:00）
休 无
费 免费
交 从小田急小田原线代代木八幡站出来步行5分钟

1950年绳纹时代的遗迹被人们发现

集中了近现代日本文学的宝贵资料

日本近代文学馆

MAP 别册 p.10-A1

从明治时期到现代有关日本文学的综合资料馆。收藏了包括川端康成及夏目漱石等著名作家的原稿等在内的120万件资料。在这里不仅可以阅览宝贵的资料，还能够经常听到研究者们的文学讲座。阅览室15岁以上都可以使用。

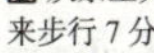
原稿等资料以研究为目的时也可以限时阅览（需要预约）

▶日本近代文学馆
住 目黑区驹场4-3-55
电 03-3468-4181
营 9:30~16:30
休 周日·周一、每月第4周的周四、年末年初、2月及6月的第三周
费 阅览室300日元、展览室300日元（中学生·高中生100日元）
交 从京王井头线驹场东大前站西口出来步行7分钟

2012年咖啡书吧开业

以东方作品为中心的陶瓷器专业美术馆

户栗美术馆

MAP 别册 p.40-B1

以户栗亨所收集的伊万里烧、锅岛烧等肥前瓷器，以及中国、朝鲜等国瓷器为中心的美术馆。每月第2、4个周三及周六会有博物馆的研究院进行展示解说（不需要预约）。第4个周一为自由会话日，可以在展示室内就陶瓷器进行轻松地交流。

收藏有近7000件陶瓷器

▶户栗美术馆
住 涩谷区松涛1-11-3
电 03-3465-0070
营 10:00~17:00、周五10:00~20:00
休 周一（每月第四周的周一除外）、年末年初、展览更换期间
费 不同展览有所不同
交 从京王井头线神泉站北口出发步行10分钟
※ 最新信息请提前在官网上确认

美丽的庭园旁设置的休息室

会举办各类风格的企划展

涩谷区立松涛美术馆

MAP 别册 p.10-A1

举办绘画、雕刻、工艺等多领域展览以及时代企划展等活动的美术馆，于 1981 年对外开放。整体建筑物作为建筑师白井晟一晚年的代表作而闻名。白天会有限定时间的导游介绍，这里不仅受到绘画爱好者们的欢迎，在建筑爱好者中也获得很高的评价。

地上 2 层、地下 2 层良好的通风和采光设计

▶涩谷区立松涛美术馆

住 涩谷区松涛 2-14-14
TEL 03-3465-9421
营 10:00~18:00、周五 10:00~20:00
休 周一、法定节假日的次日（周六·周日除外）、展览更换期间
费 不同展览有所不同
交 从京王井头线神泉站西口出来步行 5 分钟

使用淡粉色红云石装饰的厚重感外观

收藏有约 1 万 7000 件精美的工艺品

日本民艺馆

MAP 别册 p.10-A1

收藏品众多，都是柳宗悦（日本著名美学家）先生精心挑选过的国内外的新旧工艺品。除了可以在企划展中充分鉴赏之外，还可以在每年一次的公募展·日本民艺馆展中，观赏并购买到约 2000 件可以装饰人们生活的美丽工艺品，每一次展览都大获好评。

能够令人感受到日本民艺馆之美的正门

▶日本民艺馆

住 目黑区驹场 4-3-33
TEL 03-3467-4527
营 10:00~17:00
休 周一（法定节假日时改为次日）、展示陈列更换期间
费 1100 日元、学生 600 日元、小·中学生 200 日元
交 从京王井头线驹场东大前站西口出来步行 7 分钟

西馆为柳宗悦府邸旧址，限定时间内对公众开放

2020 年分馆——长谷川町子纪念馆建成

长谷川町子美术馆

MAP 别册 p.10-A1

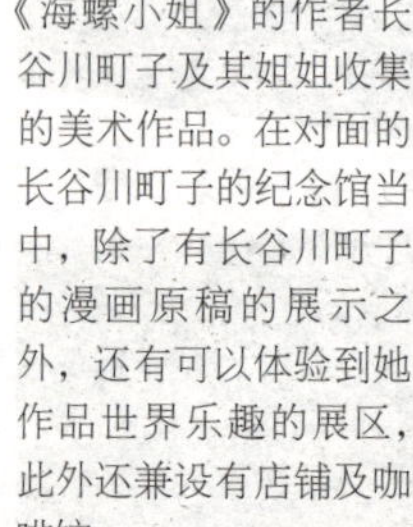

这里展示着漫画《海螺小姐》的作者长谷川町子及其姐姐收集的美术作品。在对面的长谷川町子的纪念馆当中，除了有长谷川町子的漫画原稿的展示之外，还有可以体验到她作品世界乐趣的展区，此外还兼设有店铺及咖啡馆。

所收集的作品多达 800 余件

▶长谷川町子美术馆

住 世田谷区樱新町 1-30-6 TEL 03-3701-8766 营 10:00~17:30（入馆时间截至 16:30） 休 周一（法定节假日时改为次日）、展览交替期间、年末年初 费 一般 900 日元、小·中学生 400 日元、高中生·大学生 500 日元、65 岁以上老人 800 日元 交 从东急田园都市线樱新町站南口出来步行 7 分钟

海螺小姐第一卷封面 © 长谷川町子美术馆

紧挨涩谷站的崭新名所

凝聚匠心展现了丰富的创造力

再次开发的涩谷站的周边诞生了新的地标“涩谷 SCRAMBLE SQUARE”。直接连通涩谷车站，正上方是地面上 47 层高的大规模复合型设施。

2019 年对外开业。因为地利的优势，3 个月中人流突破 600 万，人气爆棚。从地下 2 层到地上 14 层集中了 ASOVIVA 概念的店铺 & 餐馆，还有大量的高端品牌店铺。此外，15 层还有共创设施“SHIBUYAQWS（涩谷 QWS）”。以创造崭新社会价值为目标，配备有可以为多层次会员提供个性化服务的设施，除此之外，也经常会连日举办非会员可以参加的丰富活动。

涩谷 SCRAMBLE SQUARE 最吸引人眼球的，就是在涩谷地区最高位置的展望设施——SHIBUYA SKY（涩谷 SKY）（14 层、45 层、46 层、楼顶）。从 9:00~23:00（最晚入场时间 22:00）之间营业，网络购票成人 1800 日元、中学生 · 高中生 1400 日元、小学生 900 日元、3~5 岁 500 日元。也可以当日在窗口购票，不过在可以预约时间的网站上提前购买好更为妥当。46 层中设有屋内展望回廊和休息室，楼顶上还有可以放松躺下来的吊床等设施。是在展望美景的同时，还能够刺激人们产生文化及创造力的绝佳场所。

▶涩谷SCRAMBLE SQUARE

MAP p.40-C2
住 涩谷区涩谷 2-24-12
TEL 03-4221-4280
营 10:00~21:00（不同店铺有所不同）
休 不定期
费 不同店铺有所不同
交 各线涩谷站即到

❶涩谷地区最高写字楼建成 ❷SHIBUYA SKY 还准备了可以睡觉的吊床 ❸尽览东京美景。每到夜晚就会有灯光点亮的迷人景色 ❹SHIBUYA SKY 的售票处在 14 层 ❺有怀旧与时尚感融合的音乐酒吧（46 层） ❻这里还有许多的特产店铺（45/46 层）

照片提供：涩谷SCRAMBLE SQUARE

青山·表参道

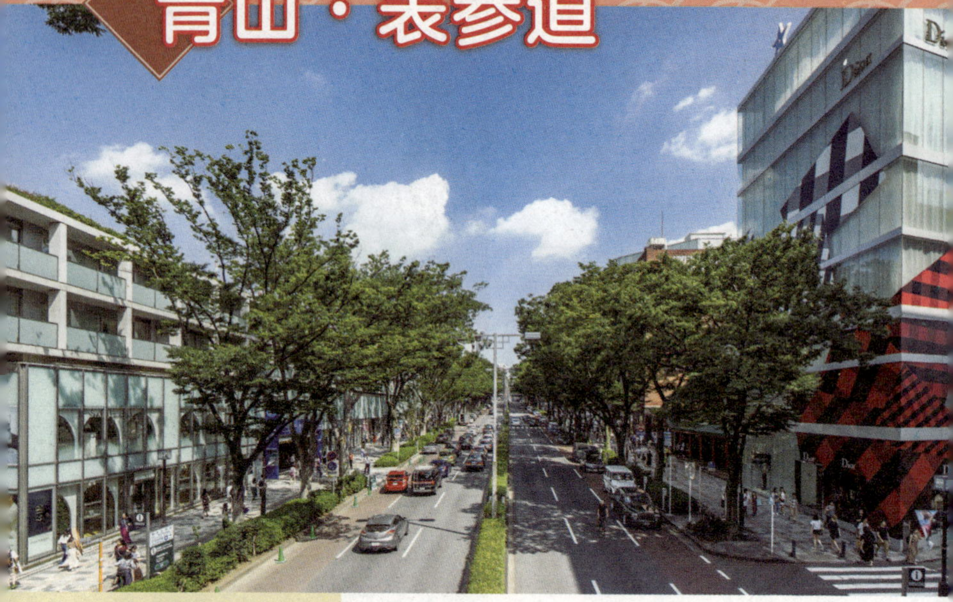

表参道的两侧，从高级品牌旗舰店到表参道 HILLS 的出租房间，林立着许多有着较高品位的店铺

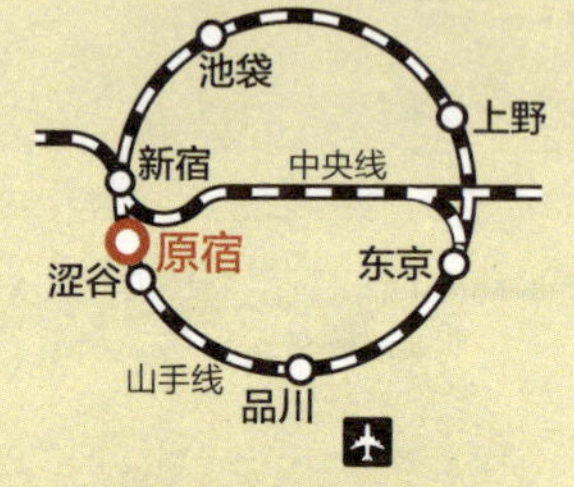

区域内可利用的车站

▼原宿站
- JY JR山手线

▼明治神宫前站
- C 东京地铁千代田线
- F 东京地铁副中心线

▼表参道站
- C 东京地铁千代田线
- G 东京地铁银座线
- Z 东京地铁半藏门线

▼青山一丁目站
- Z 东京地铁半藏门线
- G 东京地铁银座线

投币寄存柜信息

除了各站出口之外，表参道 HILLS 本馆地下 1 层以及 Laforet 原宿 2.5 层等处都设有投币寄存柜。

投币寄存柜查询网址

URL www.coinlocker-navi.com

前往原宿站的方法

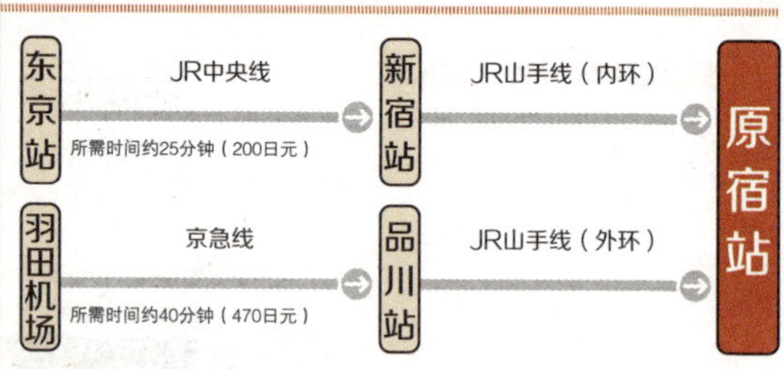

据说青山这一地名，是当初德川家康将这一地区的府邸及土地赠予当时作为町奉行的青山常陆介忠成后被命名的。江户时代初期在原宿的周边有镰仓街道宿夜的驿站，还分布着武家府邸以及寺院等。明治 39 年（1906 年）在山手线的延伸之下开设了原宿站。表参道是在大正 9 年（1920 年），为了配合明治神宫的镇座祭，作为最重要的参拜道路而修建的，车站也在昭和 13 年（1938 年）建成。第二次世界大战后附近建起美国空军士兵的兵营，表参道沿路也随之开设了许多面向美国人的杂货店及餐饮店。在这之后，兵营的旧址又曾作为东京奥运会的运动员村，成了异国情调浓郁的街区。20 世纪 60 年代之后 boutique 及 Laforet 原宿等店铺相继开业，使得这里逐渐成了当今的文化之源。

漫步方式

❖整洁的街景与丰沃的自然共存

这片地区分布着 JR、东京地铁、都营地铁等站点，随意走走，不知不觉就会走过一站。从涩谷沿青山道北上，就到了表参道交叉路口。通向西侧的表参道、原宿以及明治神宫的榉树步道两边林立着高级品牌店铺，旁边的小道上也开有许多美容院及杂货店等优质的店铺。从表参道交叉路口到神宫前的交叉路口步行大概 20 分钟。这一带就是原宿，有 Laforet 原宿的明治道以及竹下街两旁沿路都有个性的古风时装店，人流熙熙攘攘。想要前往明治神宫的话从这里出发步行约 10 分钟即可到达。建成了新车站的 JR 原宿站的前方便是有着一大片丰茂绿植的明治神宫以及代代木公园。顺便说下，前往明治神宫可以坐到明治神宫前站，去代代木公园的话可以在代代木八幡站下车，除此之外，从北参道站出发景区也都在徒步圈范围之内。

表参道交叉路口的东侧有着比较安静的气氛，徒步圈之内有根津美术馆以及冈本太郎纪念馆等景区，再往前就与六本木相连。在精选店铺众多的古董街上逛一逛、淘淘宝也是极好的。

沿青山道再向北走，外苑前站以及青山一丁目站都是步行约 10 分钟的间隔。外苑银杏树道和明治神宫外苑都距离青山一丁目站较近，新国立竞技场也在这一带。距离最近的是都营大江户线国立竞技场站。

JR 原宿站更换为大玻璃外墙的崭新面貌

漫步计划

明治神宫（▶p.22、132、246）

⬇ 步行5分钟

竹下街（▶p.246）

⬇ 步行3分钟

Laforet原宿（▶p.247）

⬇ 步行15分钟

WATARI-UM美术馆（▶p.248）

⬇ 步行10分钟

明治神宫外苑的银杏大道（▶p.248）

▶驮谷参道引人注目

随着新国立竞技场的对外开放，千驮谷也变得更加热闹。从这里到北参道分布着 apparel 公司本社及设计师事务所，成为隐藏的人气地点，统称为“驮谷参道”。这里除了有个性的咖啡馆及商店，还有驮谷参道的能量之地——鸠森八幡神社，到这里还可以求到可爱的“小鸽子御神签”。从原宿到千驮谷周边步行需 40~50 分钟。建议与明治神宫组合一起游览。

以高端品牌店铺为代表、弥漫着奢华气氛的表参道，也是可以观赏到许多别致建筑的绝好地区。将同润会公寓改造为“表参道 HILLS”的安藤忠雄为人们所熟知，而加入了 LVMH 集团品牌的“ONE 表参道”以及被柏树覆盖的源自中国台湾的甜品店“SUNNY HILLS 南青山店”的设计，则也意外地出自著名的建筑师隈研吾先生之手，他所设计的根津美术馆以及新国立竞技场等项目也是举世闻名。此外，在低楼层开设有商铺的日本看护协会大厦，是由在国际上享有盛名的黑川纪章所设计的。除此之外，许多一流品牌的路面店也不要错过。“Dior”以在大厦外观做出裙摆式的飘逸设计展现出轻妙的姿态。“TOD’S”旗舰店则以表参道旁种植的榉树抽象化的构造作为显著特征。

除了具有表参道地标性存在感的表参道 HILLS 之外，许多建筑都值得一看

原宿·表参道·青山的主要景点

镇座百年守护绿色森林

明治神宫

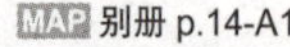

祭祀明治天皇及昭宪皇太后的神社在 2020 年 11 月迎来了镇座百年的祭祀活动。新年后的首次参拜人数达到 300 万人（日本第一）。为了迎接镇座百年的祭祀，建筑师隈研吾设计的博物馆也对外开放。展示着与明治天皇相关的一些物品。广阔的景区之内约有 3 万 6000 棵繁茂的大树，景色宜人。

刚刚更换过铜板的屋顶

▶明治神宫

住 涩谷区代代木神园町 1-1

匝 03-3379-5511

营 日出～日落（每个月份有所不同）

休 无

费 免费

交 从 JR 原宿站原宿口出发步行 3 分钟

这里准备了许多使用神木制作的守护符

让世界看到原宿的可爱

竹下街

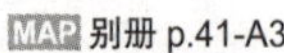

作为在国外也很出名的时尚文化胜地，除了大型集团商铺之外还集中了许多的美食和杂货店。有经营 20 世纪 70 年代后半期十分流行的竹之子竹（是一种在 1979 年崛起，于 20 世纪 80 年代初期广为流行过的日本街头表演文化）的独特衣装的服饰店、20 世纪 80 年代的潮流衣装店铺，还有 20 世纪 90 年代的时尚店铺等，是一条集中了时代流行品的街道。

集中了许多引领潮流文化的店铺

▶竹下街

住 涩谷区神宫前

营 24 小时

休 不同店铺有所不同

费 不同店铺有所不同

交 从 JR 原宿站竹下口出发步行 1 分钟

街道两边的店铺都十分上镜

猫街

MAP p.41-A3

1964 年之前为沿着河边的游人步道，一条连接着涩谷与原宿的约 1 公里的道路。个性的复古时装店、概念店以及咖啡屋林立，由于道路狭窄，车辆会有通行限制，所以可以轻松地在这里逛街购物。近年来贴满照片的店铺外观及招贴板等宣传也愈加丰富。

这里有许多令人眼前一亮的店铺

▶猫街

住 涩谷区神宫前

营 24 小时

休 不同店铺有所不同

费 不同店铺有所不同

交 从地铁明治神宫前站 4 号出口出来步行 4 分钟

每年两次的大特卖中最大优惠可以降价 90%

Laforet 原宿

MAP 别册 p.41-A3

于 1978 年开始便矗立在神宫前交叉路口的时尚大厦，醒目的活动及广告成为热议话题。每年 1 月和 7 月举办的“大型特卖场”以“比其他地方都晚开始，比其他地方有更超值的价格！”为主题，赢得了超高的好感度。

无论从表参道还是原宿过来交通都很方便

▶Laforet 原宿

住 涩谷区神宫前 1-11-6
电 03-3475-0411
营 11:00~21:00
休 无
费 不同店铺有所不同
交 从地铁明治神宫前站 5 号出口出来步行 1 分钟

免费体验未来的高科技项目

Galaxy Harajuku

MAP 别册 p.41-A3

在智能手机世界市场份额占到 No.1 的“Galaxy”打造的世界最大级别体验型橱窗。能在月球表面漫步的趣味 VR 体验、360 度打开的 SNS 夺目空间等都充满十足的乐趣。这里还会连日举办各类趣味性的活动。2F 也有很大的平台空间，有人气超高的甜甜圈咖啡店“DUMBO Doughnuts”。

最具人气的项目“Social Galaxy”

▶Galaxy Harajuku

住 涩谷区神宫前 1-8-9
电 0120-327-527
营 11:00~20:00
休 无
费 免费
交 从地铁明治神宫前站 5 号出口出来步行 3 分钟

外观也充满未来科技感

珍贵的古代美术和庭园令人治愈

根津美术馆

MAP p.42-C1

这里展示着任职东武铁路社长的根津嘉一郎所收集的许多古风美术作品。建立当初共有 4643 件展品，如今的藏品数量达到了 7420 件。包括日本国宝 7 件，重要的文化遗产 87 件。不只可以在这里进行美术品的鉴赏，还能在设有茶室和咖啡室的庭园当中悠闲地散步。

美术馆入口处用竹子做的廊道精美雅致

▶根津美术馆

住 港区南青山 6-5-1
电 03-3400-2536
营 10:00~17:00
休 周一（法定节假日时改为次日）、年末年初、展览更换期间
费 一般为 1100 日元~、学生 800 日元~、中学生以下免费
交 从地铁表参道站 A5 号出口出来步行 8 分钟

2009 年建成的本馆

秋季迷人的金黄色的银杏大道

明治神宫外苑的银杏大道

MAP 别册 p.14-A2

有着四季变换自然美景的明治神宫外苑，作为东京都内具有代表性的黄叶景点十分著名。道路两侧林立着146棵银杏树，树叶变为金黄色的秋季成为非常美丽的拍照时节。

▶明治神宫外苑的银杏大道

住 港区北青山1
TEL 03-3401-0312
营 24小时
休 无
费 免费
交 从地铁青山一丁目站1号出口出来步行3分钟

刺激人们感官的冈本太郎的世界

冈本太郎纪念馆

MAP 别册 p.41-B4

冈本太郎度过40余年的工作室兼住宅对公众开放。由凸透镜形的屋顶覆盖的独特建筑物中放置着巨大的绘画及雕刻作品。

保留着当时样貌的工作室

▶冈本太郎纪念馆

住 港区南青山6-1-19
TEL 03-3406-0801
营 10:00~18:00
休 周二（除了法定节假日）、年末年初、维护日
费 650日元、小学生300日元
交 从地铁表参道站A5号出口出来步行8分钟

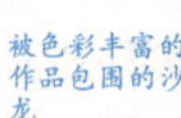

被色彩丰富的作品包围的沙龙

被世界所承认的现代艺术

WATARI-UM 美术馆

MAP p.42-A1

以国际现代艺术展览为中心的美术馆。除了设置有日本及亚洲艺术家的精品展之外，教育内容相关的研讨会等活动也十分丰富。兼设的店铺内集中了许多独具个性的艺术品。建筑由瑞士建筑师马里奥·博塔设计。

十分抢眼的外观设计

▶WATARI-UM 美术馆

住 涩谷区神宫前3-7-6
TEL 03-3402-3001
营 11:00~19:00、周三 11:00~21:00
休 周一（除了法定假日）
费 1000日元、学生800日元、小学生·中学生500日元、70岁以上老人700日元
交 从地铁外苑前站3号出口出来步行8分钟

充满异国情调的美丽清真寺

东京清真寺暨土耳其文化中心

MAP p.10-A1

日本最大的伊斯兰礼拜堂，美丽的雕花玻璃及阿拉伯花纹的设计都很有特色。参观无须预约。

参观时避免穿着裸露过多的衣服，戴上包头的头巾

▶东京清真寺暨土耳其文化中心

住 涩谷区大山町1-19
TEL 03-5790-0760
营 10:00~18:00、周五一般参观14:00~18:00
休 无
费 免费
交 从小田急线、地铁代代木上原站出发步行5分钟

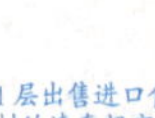

1层出售进口食材的清真超市

有着木质温暖感的竞技场

新国立竞技场

MAP 别册 p.14-A1

2021年东京奥运会和残奥会的主会场，由建筑师隈研吾设计，整体结构使用了47个都道府县的日本国产木材。约6万个观光座席使用了以光照感为印象的活力配色。

根据不同季节高效利用风力的独特设计

▶新国立竞技场
住 新宿区霞丘町10-1
TEL 03-5843-1300
营 不同活动有所不同
休 无
费 不同活动有所不同
交 从地铁新国立竞技场站A2出口出来步行1分钟

这是一座有五重塔印象的顶棚等日风细节十足的建筑物

能够发现浮世绘乐趣的企划展

太田纪念美术馆

MAP 别册 p.41-A3

以已故第五代实业家太田青藏所收集的浮世绘作品为中心的展览。包括追溯浮世绘的历史在内，内容十分广泛。展示作品配合不同主题每月会进行更换，动物及时装等独特内容的企划展也吸引着人们的目光。

收藏有1万4000件浮世绘作品

▶太田纪念美术馆
住 涩谷区神宫前1-10-10
TEL 050-5541-8600
营 10:30~17:30（最晚入馆时间至17:00）
休 周一（法定节假日时改为次日）、展览更换期间
费 不同展览有所不同
交 从地铁明治神宫前站5号出口出来步行3分钟

东京都内屈指可数的浮世绘专门美术馆

集中了许多对旅行研究十分有用的资料

旅行图书馆

MAP p.42-A2

1978年，作为观光文化资料馆而开设。从导游书到相关政策资料以及数据统计等，集中了大量与旅游观光相关的图书及文献。除了有最新的杂志及书籍外，还收藏有19世纪至第二次世界大战前的许多古书。也有围绕不同主题设置的名著介绍展区。

1层集中了最新的资讯

▶旅行图书馆
住 港区南青山2-7-29
营 10:30~17:00
休 周六·周日、法定节假日、每月第4周的周三
费 免费
交 从地铁青山一丁目站5号出口出来步行3分钟

以2016年迁址为契机将2300册古书对外公开

从历史遗迹到丰富夜生活在这里都可接触到的港区地带

六本木·麻布·赤坂·白金台

白天这里聚集了许多上班族和观光客，到了夜晚，六本木的十字路口则会见到许多醉情于夜生活的人们

区域内可利用的车站

▼六本木站
Ⓗ东京地铁日比谷线
Ⓔ都营大江户线
▼六本木一丁目站
Ⓝ东京地铁南北线
▼乃木坂站
Ⓒ东京地铁千代田线
▼赤坂见附站
Ⓖ东京地铁银座线
Ⓜ东京地铁丸之内线

投币寄存柜信息

除了各站的出口附近，在六本木新城等地的大型商业设施中也设置有多个地点的投币寄存柜。

投币寄存柜查询网址

URL www.coinlocker-navi.com

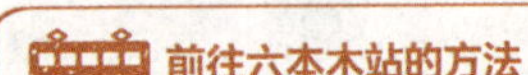

前往六本木站的方法

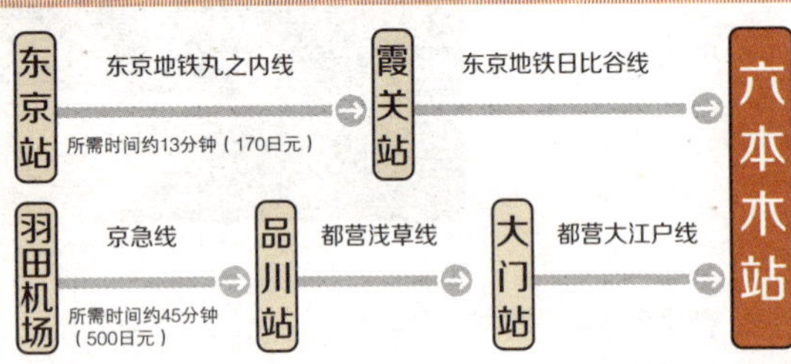

当下作为潮流名人区而闻名的 4 大区域在江户时代之前是一片地广的农村。明治时代以后逐渐形成町的样貌，1947 年随着港区的成立被归为同一城区。大正时代所建造的高级住宅、餐馆以及艺人们居住的房屋等在 20 世纪 50~60 年代被划分为如今的六本木和麻布的不同区域。赤坂的名称据说是在江户时代发行的地图上首次出现，到了明治时代，霞关周边成为官厅街，昭和 11 年（1936 年）永田町建成了国会议事堂。白金台顾名思义指的就是白金的高台地区，明治初期由寺院及高松松平家的府邸等合并成町扩张而成。

漫步方式

❖大都市 & 市井风情融合一体的港区街道

虽然六本木就在步行的范围之内，麻布十番却好似远离喧嚣的一个地带。作为美食家集中的区域远近知名

六本木和麻布的两片区域都在步行的范围之内。距离有着森美术馆的六本木Hills最近的车站就是六本木车站，不过前往东京中城以及国立新美术馆周边的话不止有六本木站，也可以从乃木坂站步行前往，步行需15分钟，也不算太远。不存在名为麻布的车站，前往有许多俱乐部及酒吧等的西麻布从六本木交叉点出发步行约15分钟。此外，麻布十番站位于从六本木出发步行20分钟左右的地方，乘坐都营大江户线也就一站地左右。所以不是很赶时间的话悠闲地散步过去是一个不错的选择。麻布十番有林立着许多老铺的商店街，夏日举行的祭祀活动十分有名，当地人和观光客会蜂拥而至，使得这里非常热闹。从这里再沿都营大江户线前进一站，就到了距离东京塔和增上寺很近的赤羽桥站，步行也只有10分钟左右。

赤坂地区有许多的车站，各站之间步行大约10分钟的距离，所以从住的地方选择线路较好的车站下车就可避免再次换乘或者绕远等情况发生。溜池山王站和国会议事堂前站与地下通道相连，前往日枝神社的话这里是最近的车站。除此之外，也可以利用赤坂见附、赤坂以及永田町等车站。

白金是位于港区南侧的一片区域，东京地铁南北线及都营三田线的白金高轮站和白金台站距离最近。这里有大范围宁静的住宅街，还保留有许多诸如八方园及元和天主教遗迹等与江户历史相关的景点。

漫步计划

国立新美术馆（▶p.252）

⬇ 步行5分钟

三得利美术馆（▶p.253）

⬇ 步行10分钟

森美术馆（▶p.252）

⬇ 步行30分钟

东京塔（▶p.254）

⬇ 步行5分钟

大本山 增上寺（▶p.299）

▶大使馆众多的港区

日本国内的大使馆中约有半数都位于港区。明治维新之后，周边分布的旧大名府邸相继作为外国使馆使用，使得之后世界各国的大使馆都以麻布为中心，集中在这里。使馆平常一般不会对外开放，每当举办活动或者研讨会的时候则会有开放日，可以抓住这个可以进入参观的宝贵机会。

信息看板

收藏有国宝及重要文化遗产、重要美术作品2500余件

大仓集古馆

2014年4月起由于重装而休馆的大仓集古馆，在2019年秋季重新对外开放。大仓集古馆是在大正6年（1917年）8月，由实业家大仓喜八郎设立的日本最初的私立美术馆。关东大地震中当初的建筑物被烧毁，之后日本具有代表性的建筑师、建筑史学家伊东忠太博士受邀进行展馆的设计后重建。建筑物在第二次世界大战中免于被毁，1990年被选定为东京都的历史建筑物。1997年对内部墙壁以及展示区实施了改建工程，次年的1998年又被选定为日本国的有形文化遗产。

再次进行修缮，是登录有形文化遗产所需要的保持建筑物外观不变，增建具有免震构造的地下层，最新的设施也都具备免震的性能。

大仓集古馆除了收藏有包括日本国宝3件、重要文化遗产13件以及重要美术作品44件在内的约2500件美术、工艺品之外，还会举办展览会以及各种特色活动。

MAP 别册p.44-C2 住 港区虎之门2-10-3 TEL 03-5575-5711 营 10:00~17:00（入馆时间截至16:30）展览更换期间 费 1000日元（特别展览为1300日元）、高中生・大学生800日元（特别展览为1000日元）、中学生以下免费 ※入馆费用不同展览可能有所不同 交 从地铁六本木一丁目站检票口出来步行5分钟

info **大仓集古馆的开馆时间** 为了防止新冠肺炎疫情的扩大，疫情期间，展览会的开馆时间计划为10:30~16:30（入馆时间截至16:00）。

六本木·麻布·赤坂·白金台的主要景点

不只是展示会场的崭新印象美术馆

国立新美术馆

MAP 别册 p.43-B3

这里没有十分贵重的收藏品，除了采用日本国内最大级别展示空间打造的展览会之外，还会公布国内各种展会信息，担当研讨实施等艺术中心的作用。建筑物由黑川纪章设计，设置有时间限定的导游参观。

冲击力满满的大型展示物

▶国立新美术馆

住 港区六本木 7-22-2
TEL 050-5541-8600（语音服务）
营 10:00~18:00（最晚提前 30 分钟入场）
需要在国立新美术馆官网（https://www.nact.jp）等平台上确认
休 周二（法定节假日时改为次日平日）
费 不同展览有所不同
交 从地铁乃木坂站 6 号出口出来即到

波浪般起伏的玻璃墙壁成为特征

独特的入口处的企划展吸引了人们的目光

森美术馆

MAP 别册 p.43-C4

位于六本木新城森大厦的最上层，是一家国际化现代艺术美术馆。通过艺术、建筑、设计等众多独特的视角进行丰富多彩的展览会企划。会期中间除了周二之外都不休息，并且会开放至晚间，因此人们可以在工作和晚餐之后过来细细鉴赏，很受欢迎。

美术馆的入口处是 Center Atrium（中心前庭）

▶森美术馆

住 港区六本木 6-10-1 六本木新城森大厦 53 层
TEL 03-5777-8600
营 10:00~22:00、周二 10:00~17:00
休 展览会会期之外
费 不同展览有所不同
交 从地铁六本木站 1C 出口出来步行 3 分钟（直通广场）

美术馆专用入口

考虑与自然共生的最时尚的街区

东京中城

MAP p.43-B4

酒店、美术馆、商业店铺、办公区等集中一体的街区。建造时将开发之前的许多绿植保留了下来，并有尝试利用雨水等许多与自然共生的设计。还可提供根据预算及需求制订游乐方案的个性接待服务。

GARELLIA 集中了约 130 家的商业店铺

▶东京中城

住 港区赤坂 9-7-1
TEL 03-3475-3100
营 店铺 11:00~21:00、餐馆 11:00~24:00
休 1/1
费 不同店铺有所不同
交 从地铁六本木站 8 号出口出来即到

草坪广场上会根据不同季节举办各种活动

可以接触到时代最前端资讯的潮流文化中心

六本木新城（六本木 Hills）

MAP 别册 p.43-C4

以地上 54 层、高 238 米的森大厦为中心，由 200 余家店铺、餐馆、住宅、酒店以及森美术馆等构成。每年接待超过 4000 万人次的全球游客到访，也成了人们都市活动的舞台。以“文化中心”为设定对外传达最先进的潮流文化信息。自开业以来，逐渐形成了各阶层人群生活、活动，经济与文化相融合的街区。

2003 年开业的引人注目的新城

▶六本木新城（六本木Hills）

住 港区六本木 6-10-1
电 03-6406-6000（10:00~21:00）
营 不同店铺、设施有所不同
休 无
费 不同店铺有所不同
交 从地铁六本木车站 1C 出口出来即到（直接与广场相通）

最上层设有观景台

向公众展示装饰日本人生活的各类美术精品

三得利美术馆

MAP 别册 p.43-B4

1961 年在丸之内开馆，2007 年移址到现在的地方。以“生活之中的美”为主题，展示有漆工、陶瓷等种类丰富的作品，收藏有包括 1 件日本国宝在内的约 3000 件展品。展览会会期当中指定的周四在美术鉴赏之后还会有茶歇等服务，很受欢迎。

漆绘及织染等展示作品十分丰富

▶三得利美术馆

住 港区赤坂 9-7-4 东京中城 GARELLIA 3 层 电 03-3479-8600 营 10:00~18:00、周五 · 周六 10:00~20:00 ※最新信息请提前在官网确认 休 周二、年末年初、展览更换期间 费 不同展览有所不同。中学生以下免费 交 从地铁六本木站 8 号出口出来即到

覆盖着白瓷百叶窗的建筑物。由隈研吾设计

采用世界级设计大师的提案

21_21 DESIGN SIGHT

MAP p.43-B4

以三宅一生、佐藤卓以及森泽直人为中心，举办日常主题的展览以及多彩的讲座活动。展厅 1&2 在地下 1 层的 2 个区域，举办企划展。展厅 3 与国内外的企业合作，作为展示当今设计的场所对外公开。

好似一块铁板弯折下来的屋顶成为显著特征

▶21_21 DESIGN SIGHT

住 港区赤坂 9-7-6
电 03-3475-2121
营 10:00~19:00
休 周二、年末年初、展览更换期间
费 1200 日元、大学生 800 日元、高中生 500 日元、中学生以下免费
交 从地铁六本木站 8 号出口出来步行 5 分钟

从外面看是一片不可思议的空间

如今依然没有改变的东京人气地标

东京塔

不用说大家就都知道的，象征着东京的东京塔。2019 年完成全面大规模的重新修缮，从全新的主廊道的窗户可以眺望到极具冲击力的城市美景。设置有 LED 照明的顶层廊道以及 23 区内最高位置的神社（→ p.26）都非常值得一看。

几何形落地窗包围的空中走廊

▶东京塔

住 港区芝公园 4-2-8　电 03-3433-5111　营 主廊道 9:00~23:00（最晚入场时间 22:30）顶层廊道参团游 9:00~22:15、每隔 15 分钟（参观时间至 22:45）※顶层廊道只有参加旅游团的游客才可以入场　休 无　费 主廊道 1200 日元（高中生 1000 日元、小中学生 700 日元、4 岁以上幼儿 500 日元），顶层廊道导览 3000 日元（中小学生 2000 日元、4 岁以上幼儿 1400 日元）※包含主廊道的入场费用　交 从地铁赤羽桥站赤羽桥口出来步行 7 分钟

在大都市之中眺望星空

六本木 Hills 观景台 东京城市景观

MAP 别册 p.43-C4

这里设置有海拔 250 米的室内观景台以及 270 米楼顶天空廊道的东京城市观景处。天空廊道每月第四周的周五为六本木天文俱乐部日，会举行星空观望会。室内也会举办与观景相结合的活动及展示会等。

街景和星空都可以眺望到的空中走廊

▶六本木Hills 观景台 东京城市景观

住 港区六本木 6-10-1 六本木 Hills 森大厦 52 层　电 03-6406-6652　营 10:00~23:00、周五 · 周六、休息前日 10:00~次日 1:00、空中走廊 11:00~20:00　休 无　费 1800 日元（500 日元）、学生 1200 日元（300 日元）、4 岁～中学生 600 日元（300 日元）、65 岁以上老人 1500 日元（500 日元）※（ ）内为进入空中走廊的门票费用　交 从地铁六本木站 C1 出口出来步行 6 分钟　※最新信息请在官网上确认

星光闪耀的六本木展现在眼前

与德川家有所关联的神社

日枝神社

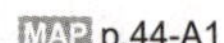

被称为江户山王大权现的有着悠久历史的神社。天正 18 年（1590 年），江户城建成之初，便作为将军家的产土神而被人们所尊敬。区域内还安放有神猿，据说对决胜运及驱魔等都比较灵验。山王祭会在隔年的 6 月举办。

拜殿的屋顶装饰有华丽的板绘

▶日枝神社

住 千代田区永田町 2-10-5
电 03-3581-2471
营 6:00~17:00
休 无
费 免费
交 从地铁赤坂站 2 号出口出来步行 3 分钟

红色鸟居整齐排列的稻荷参道

还有刻着江户年号的鸟居及灯笼

赤坂冰川神社

MAP 别册 p.44-C1

天历5年（951年）开始，至今已有1000年以上的历史。采用桧木制造，铜质的屋顶及大红色的社殿都是从江户时代保留至今的。景区内除了分布有记录江户年号的鸟居、灯笼、石狮子之外，还祭祀着400年树龄的大棵银杏树、有名为胜海舟的四合稻荷等，是可以让人们感受到浓郁历史气息的一座神社。

供奉的神座有素盏鸣尊、奇稻田姬名以及大己贵命

▶赤坂冰川神社

住 港区赤坂 6-10-12
TEL 03-3583-1935
营 6:00~17:30
休 无
费 免费
交 从地铁赤坂站6号出口出来步行6分钟

社殿的天井绘画非常值得一看

首都圈最大级别的御堂展现极乐世界

大本山 增上寺

MAP 别册 p.15-A3

明德5年（1393年）建成的净土宗的寺院。从三门至大殿的道路、登上大殿的25层台阶是与25位菩萨有关的25段。从大门开始，三门之间的距离代表着由烦恼不断得到解脱的108间，即表现了从当下世界升至极乐净土的过程。同时这里也是6位将军长眠的德川家的菩提寺。

支撑大殿的是代表弥陀48愿的48根柱子

▶大本山 增上寺

住 港区芝公园 4-7-35
TEL 03-3432-1431
营 9:00~17:00
休 无
费 免费
交 从地铁御成门站A1口出来步行3分钟

首都圈内最大级别的御堂

守护东京的出云大神

出云大社东京分祠

MAP p.43-C4

供奉大国主神的东京都内唯一的分祠。出云大社第八十代宫司（神社的最高神官）于明治23年（1890年），为了宣布东日本的御神德而创建的。大国主大神还作为姻缘之神，也是在东京都内较早举办神前结婚仪式的地方。

1961年改建为混凝土造的建筑

▶出云大社东京分祠

住 港区六本木 7-18-5
TEL 03-3401-9301
营 9:00~17:00
休 无
费 免费
交 从地铁六本木站2号出口出来步行1分钟

可以用电话咨询祈愿事宜

地处市中心却有着令人放松舒适的氛围，独具魅力

目黑·惠比寿

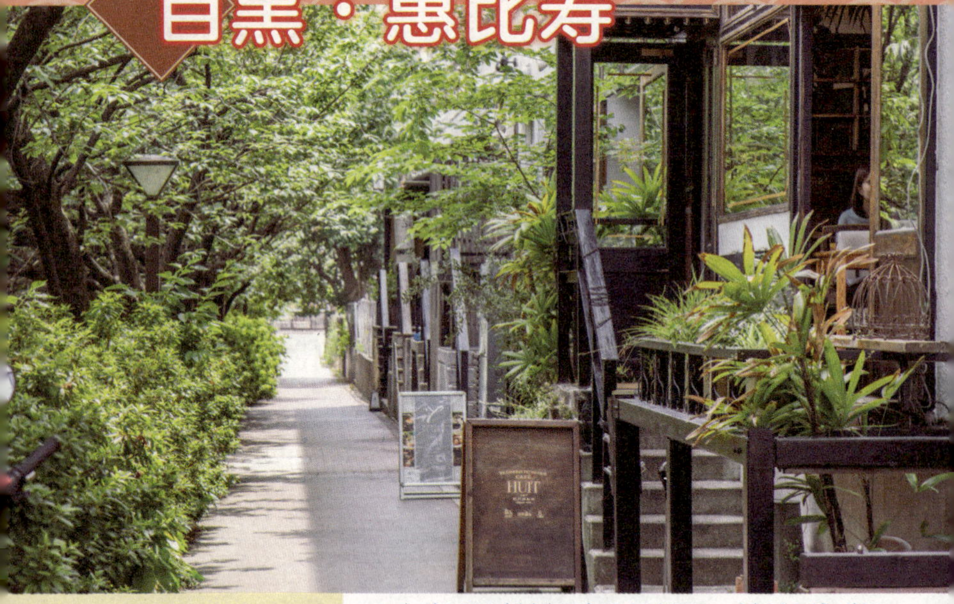

目黑·惠比寿地区林立着许多精致而高品位的咖啡馆及酒吧。坐在露台上用餐心情超好

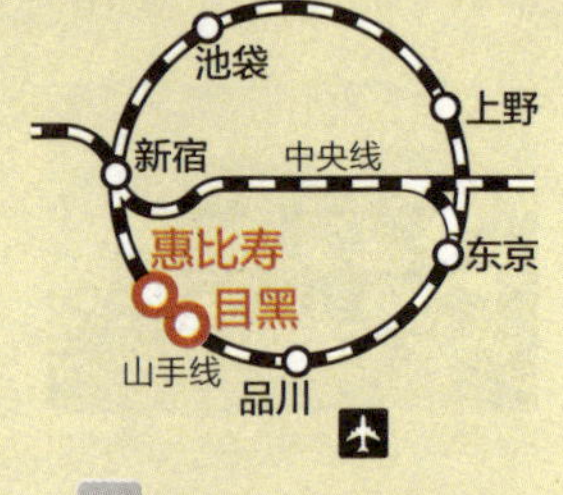

区域内可利用的车站

▼目黑站
- JY JR山手线
- MG 东急目黑线
- I 都营三田线

▼惠比寿站
- JY JR山手线
- JA JR埼京线
- JS JR湘南新宿线
- H 东京地铁日比谷线

投币寄存柜信息

在目黑以及惠比寿站内的各出口附近都设置有投币寄存柜。此外，惠比寿花园广场以及主要的美术馆、博物馆中也会提供投币储物以及寄存行李等服务。

投币寄存柜查询网址

URL www.coinlocker-navi.com

前往目黑站·惠比寿站的方法

- 东京站 →（JR京滨东北·根岸线，所需时间约25分钟（200日元））→ 田町站 →（JR山手线（外环））→ 目黑站 →（JR山手线（外环））→ 惠比寿站
- 羽田机场 →（京急线，所需时间约37分钟（460日元））→ 品川站 →（JR山手线（外环））→ 目黑站 →（JR山手线（外环））→ 惠比寿站

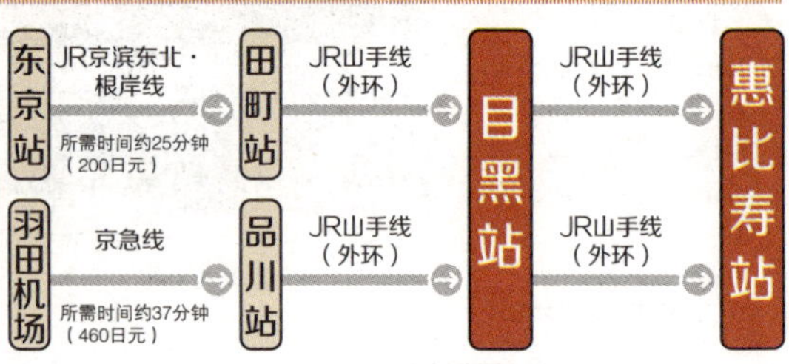

因为供奉着关东最古老的不动尊，所以目黑周边作为门前町而繁荣起来。在江户时代同样集中了平民们的信仰，使得他们不远万里从全国各地慕名而来，同时这里也作为幕府的猎鹰场使用。到了明治时代，目黑站、日本麦酒酿造（如今的札幌啤酒）工厂、目黑赛马场相继开放，街区因此变得更加繁华热闹。此外，日本麦酒酿造工厂在明治 23 年（1890 年）所销售的制品被冠名为“惠比寿啤酒”，随之送货的车站也就被称为了“惠比寿站”，惠比寿也渐渐地被作为地名保留了下来。在这之后，目蒲线（如今的东急目黑线）以及东急东横线等铁路车站的建成也为这片区域的发展做出了巨大的贡献。不过目黑站位于品川区，而目黑区内存在的是中目黑站。

漫步方式

❖游览寺社 & 博物馆了解城区的历史

从作为交通枢纽站的品川，乘坐 JR 山手线外环，以 3 站地外的目黑站作为起点开始漫步吧。从西口出发沿行人坂和权之助坂下行，跨过在目黑 ~ 惠比寿站之间并行的目黑川之后就到了山手道。从车站步行约 15 分钟的范围之内分布着目黑不动尊、大鸟神社以及五百罗汉寺等寺社，最近的车站是东急目黑线的不动前站，不过从目黑站步行的话距离也不算远。沿山手道北上就到了中目黑站，走过车站就到了池尾大桥，东急东横线涩谷方向距离 1 站地的代官山是时髦时装店等店铺、餐馆以及各国大使馆较为集中的地区。在西乡山公园散步也会感觉十分惬意。从代官山到惠比寿步行大约 10 分钟。

如果从目黑站的东口出来就是另外的线路了。首先，从站前步行约 10 分钟，就到了有着绿色美景的东京都庭园美术馆以及旧白金御料地（皇室所有地）。这一带与自然完美融合，景色宜人，可以步行前往惠比寿。大约走 15 分钟就可以看到惠比寿公园广场了。惠比寿啤酒纪念馆以及东京都写真美术馆都在旁边，可以鉴赏下这些有着深度趣味的展览。惠比寿公园广场和惠比寿站有人行天桥相连，因此以惠比寿站为起点线路也会很清晰。

惠比寿公园广场是集办公塔楼、精品购物区以及电影馆、剧场在内的多用途复合型设施

漫步计划

目黑不动尊 泰叡山护国院 泷泉寺
（▶p.259）

⬇ 步行10分钟

目黑区美术馆（▶p.259）

⬇ 步行20分钟

惠比寿啤酒纪念馆
（▶p.258）

⬇ 步行3分钟

惠比寿花园广场
（▶p.258）

⬇ 步行10分钟

东京都庭园美术馆
（▶p.259）

▶趣味十足的东横线漫步

东急东横线沿路有着恬静而舒适的氛围，是很适合举家游览的一片区域。目黑区内的车站，包括祐天寺、学艺大学、都立大学、自由之丘等，是一片分布着精品蛋糕店、面包房以及咖啡屋的时尚地带。不过，名为祐天寺的寺院依然存在着，而学艺大学及都立大学（现首都大学东京）如今则都不存在了。

目黑区除了东京都庭园美术馆之外，还有不少能够观赏到四季美景的场所。首先，春季时赏花客不可错过的东京都内数一数二的绝佳景点就是目黑川。全长约 4 公里的河流两岸，盛放的樱花压满树枝，灯光点亮的夜晚的樱花美景也十分迷人。沿路都是很有品位的咖啡馆及餐馆，可以一边享用美食一边观赏美景。再有，就是首都高大桥交叉点之上好像飘浮着的目黑天空庭园。周围为约 400 米的圆形设计，还设置有利用高低差可眺望到富士山的高台。除了樱花树和松树之外，这里还种植着葡萄藤，每到秋季还会举办收获季节的庆祝活动。上述两个地方都成了市民们很喜欢的休憩场所，利用东急田园都市线的池尾大桥站最为便利。

每到春天，目黑川盛放的樱花会欢迎人们的到来。建议提前约好中意的料理店在这里边品尝美食边欣赏美景

惠比寿·目黑的主要景点

了解啤酒的历史和其中的趣味

惠比寿啤酒纪念馆

MAP 别册 p.47-B2

可以自由参观，如果参加导游团（费用 500 日元）的话还可以试饮，学习到惠比寿啤酒的历史及制造方面的常识。即使不参加旅游团，也可以在试饮沙龙当中比较下惠比寿啤酒的口味（要收费）。

1987 年之前惠比寿工厂中所使用的铜釜

▶惠比寿啤酒纪念馆

住 涩谷区惠比寿 4-20-1
电 03-5423-7255
营 11:00~19:00
休 周一（法定节假日时改为次日）、临时休馆日
费 免费
交 从 JR 惠比寿站东口出来过自动通道“惠比寿天桥”，步行 5 分钟

弥漫着雅致气质的复合型设施

惠比寿花园广场

MAP 别册 p.47-B2

1994 年，在札幌啤酒工厂的旧址上建成的复合型设施。由散步的坡道、华丽的宫殿广场等结合而成的美丽景色，被选为国土交通省的都市景观 100 种之一，弥漫着一派华丽而迷人的气息。

塔楼及砖瓦建筑，对比十分华丽

▶惠比寿花园广场

住 涩谷区惠比寿 4-20
电 03-5423-7111
营 不同店铺有所不同
休 不同店铺有所不同
费 不同店铺有所不同
交 从 JR 惠比寿站东口出来过自动通道“惠比寿天桥”，步行 5 分钟

写真和影像带给人强烈冲击力的美术馆

东京都写真美术馆

MAP p.47-B2

1995 年开设的日本国内唯一的写真与影像专业美术馆。除了有木村伊兵卫等活跃于世界范围之内的作家的写真及影像作品之外，还展示有许多制作上乘的电影佳品。兼设拥有暗室设备的工作室以及专门的图书室。

收藏有超过 3 万 5000 件宝贵作品

▶东京都写真美术馆

住 目黑区三田 1-13-3 惠比寿花园广场内 电 03-3280-0099 营 10:00~18:00、周四·周五 10:00~20:00（最晚入馆时间为闭馆前 30 分钟） 休 周一（法定节假日时改为次日平日）、临时休馆日 费 不同展览有所不同 交 从 JR 惠比寿站东口出来过自动通道“惠比寿天桥”，步行 5 分钟

在长禄年间的江户绘图中也有记载的目黑区总镇守

大鸟神社

MAP p.47-C1

大同元年（806 年），在与日本武尊东征相关联的地点建造的目黑区最古老的神社。人们将比拟为白鸟的日本武尊作为鸟明神来祭祀，因此在建筑装饰上带有着凤凰的社纹。江户时代开始持续至今的酉之市也吸引了大量的游客到访。

有凤凰雕刻及社纹装饰的华丽社殿

▶大鸟神社

住 目黑区下目黑 3-1-2
电 03-3494-0543
营 9:00~17:00
休 无
费 免费
交 从 JR 目黑站西口出来步行 7 分钟

305 座罗汉像排列的壮观场面

五百罗汉寺

MAP p.47-C1

元禄时代松云庆禅师雕刻的 305 座群体像“目黑的罗汉群”被人们广为熟悉，也被指定为东京都的重要文化遗产。每年 10 月举办的缘日“罗汉祭”也成了当地人休憩和聚集的场合。

本堂当中供奉着释迦如来及罗汉像

▶五百罗汉寺

住 目黑区下目黑 3-20-11
电 03-3792-6751
营 9:00~17:00
休 无
费 500 日元、学生（高中生以上）·65 岁以上老人 400 日元、中学生以下免费
交 从东急目黑线不动前站检票口出发步行 8 分钟

各种各样不可思议的寄生虫

目黑寄生虫馆

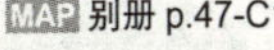
MAP 别册 p.47-C1

有关寄生虫的专业研究博物馆。展示有约 300 件浸液标本及相关资料等。这里不仅展示着人类身上的寄生虫，寄生于鱼、鸟以及其他哺乳类动物身上的寄生虫也都有展出，其中甚至有长度达到 8.8 米的绦虫。此外，这里还会定期举办迷你解说会以及特别展等活动。

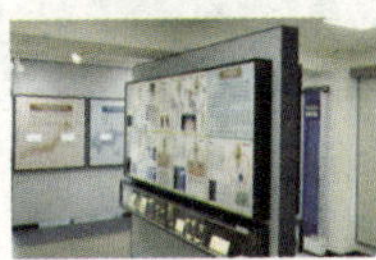
排列着各种寄生虫的液体浸泡标本

▶目黑寄生虫馆
住 目黑区下目黑 4-1-1
电 03-3716-1264（语音介绍）
营 10:00~17:00
休 周一·周二（法定节假日时改为次日平日）
费 免费（有募款箱）
交 从 JR 目黑站西口出来步行 12 分钟

艺术感建筑及庭园也成为展览的一部分

东京都庭园美术馆

MAP 别册 p.47-B2

1983 年开始，旧朝香宫邸作为美术馆对公众开放。装饰美术设计融入房屋中的各个细节，内部设计由安里·拉庞负责。庭园分为草坪庭园、日本庭园以及西洋式庭园 3 片区域，四季美景变换，十分美丽。

日法设计师联手打造的充满艺术感的建筑物

▶东京都庭园美术馆
住 港区白金台 5-21-9 电 050-5541-8600（语音服务） 营 10:00~18:00
休（从 2021 年 4 月开始）周一、年底年初 费 庭园入场费用 200 日元、大学生 160 日元、中学生·高学生·65 岁以上老人 100 日元、小学生以下·都内在校中学生免费。入馆费用根据不同展览确定 交 从地铁白金台站 1 号出口出来步行 6 分钟

在关东最古老的不动灵场中驱除厄运

目黑不动尊（泰叡山护国院 泷泉寺）

MAP p.47-C1

平安时代（808 年）创建。江户时代作为五色不动之一，目黑不动明王守护着江户城。景区之内还有爱染明王像、守本尊以及甘薯先生的墓碑等景点。每月 28 日为缘日。

建于高台之上的本堂于 1981 年重建

▶目黑不动尊（泰叡山护国院 泷泉寺）
住 目黑区下目黑 3-20-26
电 03-3712-7549
营 9:00~17:00
休 无
费 免费
交 从东急目黑线不动前站出口出来步行 12 分钟

在住宅印象的美术馆中体验绘画的魅力

目黑区美术馆

MAP p.47-B1

矗立在目黑区市民中心的一角，可以作为一个能轻松接触到艺术的休憩场所。自 1987 年开馆以来，收集了众多近现代日本国内的美术作品。定期举办的研讨会以及区民展览等也获得广泛好评。

地上 3 层、地下 1 层的外观醒目的美术馆

▶目黑区美术馆
住 目黑区目黑 2-4-36
电 03-3714-1201
营 10:00~18:00
休 周一（法定节假日时改为次日）、展览更换期间
费 不同展览有所不同
交 从 JR 山手线目黑站西口出来步行 10 分钟

大正浪漫风格浓郁的重要文化遗产

旧朝仓家住宅

MAP p.47-A1

历任东京府议会议长和涩谷区议会议长的朝仓虎之郎于大正 8 年（1919 年）建造的木质结构 2 层建筑及回游式庭园。春天的杜鹃花、秋天的红叶等景色都非常迷人。

大正时期颇具趣味性的浪漫双层建筑

▶旧朝仓家住宅
住 涩谷区猿乐町 29-20
电 03-3476-1021
营 10:00~18:00（11 月 ~ 次年 2 月 ~16:30）
休 周一（周一如果是法定节假日就改为之后的平日）
费 100 日元、小·中学生 50 日元
交 从东急东横线代官山站东口出来步行 5 分钟

台场·汐留·新桥·品川周边

稍微走一走就到了可以眺望到隅田川、运河以及东京湾的都市中河地带。除了美丽的景色之外，这里还有许多水岸边的娱乐设施和博物馆等。也分布着不少令人惊喜的著名历史景区。

MAP 别册 p.48 »

1

旧东海道的宿场町地区如今随着新车站的开通而更加繁荣，成了铁道上的重要站区

品川·高轮 ▶p.262

2020 年，随着 JR 全新的高轮 Gate way 站的开通，品川·高轮周边也成了聚焦热点的地区。新干线和京滨急行机场线的贯通加深了这里作为交通枢纽的印象，站前陆续建起了高楼大厦，有以东京超梦幻水族馆乐园 Maxell Aqua Park 品川为代表的娱乐设施及商业设施，还有能够令人感受到品川宿余韵的旧东海道、住宅地附近分布的历史遗迹及寺社等，是一个集观光购物于一身，可令人获得超大满足的地区。

这片景区内的游览推荐 “5”

1. 欣赏东京湾的迷人夜景 ▶ p.54~
2. 在最古老的宿场町·品川漫步 ▶ p.262~
3. 在台场的人气景点尽情玩耍 ▶ p.266~
4. 在 teamLab 无界美术馆中收获珍贵体验 ▶ p.268
5. 在丰洲市场中网罗各色美食 ▶ p.274~

MAP 别册 p.49 »

2

在娱乐设施中畅快地玩耍
观赏都市夜景也是令人惊喜的游览内容

台场 ▶ p.266

这里有为数众多的博物馆及大型购物商场、体验型主题公园……台场拥有许多可以让孩子和成人都能畅快享乐的娱乐设施。你可以在沿着东京湾的海滨公园中悠闲地漫步，也可以陶醉在彩虹桥等迷人的夜景之中，再去附近的丰洲市场走走，品尝一下各种美食，享乐方式丰富多彩。一天下来可以逛足数个景点。

MAP 别册 p.20-22 »

3

随着城市再开发推出的全新汐留 Sio-site 项目与怀旧风街道相融合的区域

新桥·汐留 ▶ p.270

这一带有许多大众的酒场，作为上班族集中的区域十分有名，不过新桥周边也有许多从古至今保留下来的人们都很熟悉的神社以及曾作为大名庭园的旧芝离宫恩赐庭园等与江户相关的景点。除此之外，还可以在新桥演舞场以及 Caretta 汐留名为“海”的四季剧场中欣赏许多艺术性的表演，SL 广场以及旧新桥停车场铁道历史展示馆对于喜好铁道的人来说也是不可错过的景点。

从江户的宿场町演变为全国的交通要塞

品川·高轮

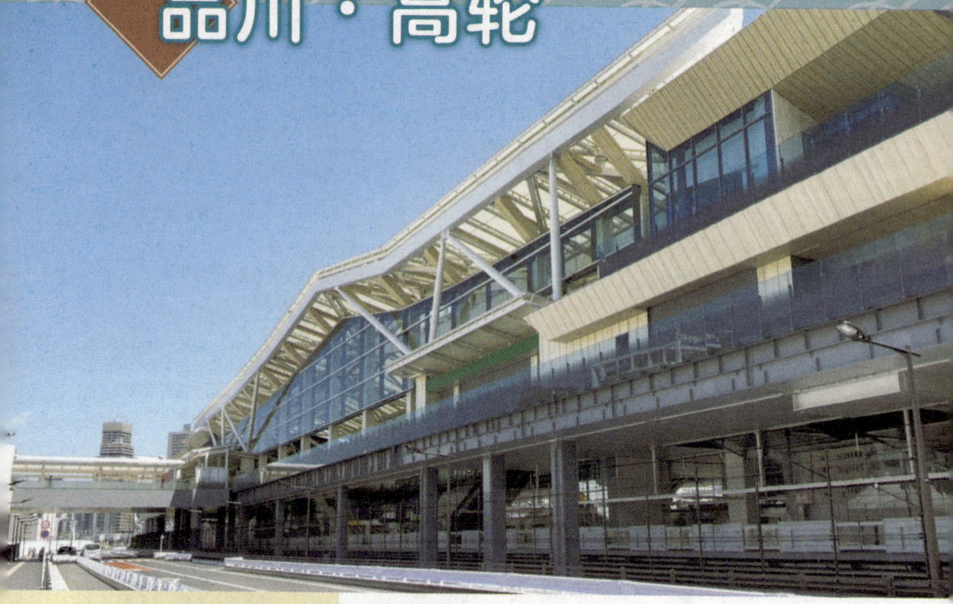

2020 年 3 月开通的 JR 山手线“高轮 Gate way”车站。在新车站下车，步行前往品川站，边走边看也是一个不错的选择

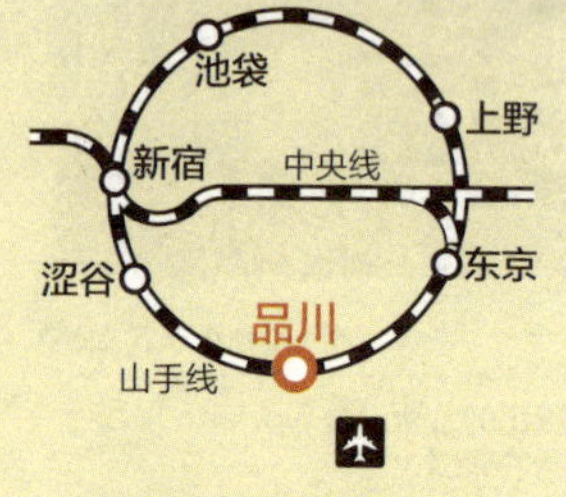

区域内可利用的车站

▼品川站
- JY JR山手线
- JK JR京滨东北线
- JT JR东海道线
- JO JR 横须贺线
- KK 京滨急行线

投币寄存柜信息

JR 品川站检票口外设置有多处的投币寄存柜，大型寄存柜较多也是这里的显著特征。品川水族馆、Maxell Aqua Park 品川处也设置有投币的寄存柜。

投币寄存柜查询网址

URL www.coinlocker-navi.com

前往品川站的方法

东京站 → JR京滨东北线 → 品川站
所需时间约13分钟（170日元）

羽田机场 → 京急线 → 品川站
所需时间约23分钟（300日元）

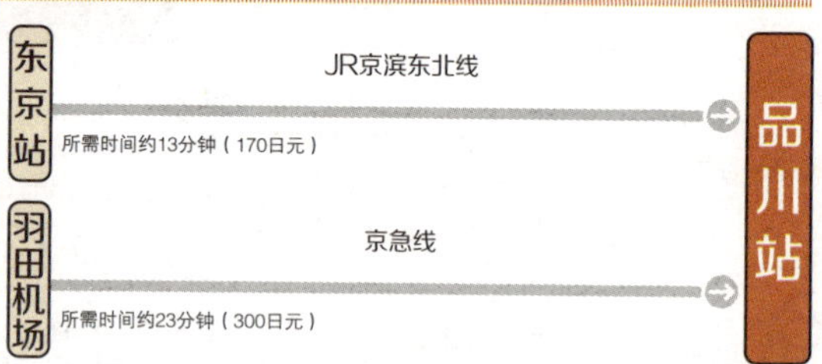

江户时代的品川出现了东海道最早的宿场，作为江户四宿之一，这里是唯一面朝大海的一个区域，于是鱼贝类成了土特产品，也因此吸引了许多江户人来到这里，使得这里繁荣起来。明治 5 年（1872 年）品川 ~ 横滨之间铺设了铁道，次年建立的官营品川哨子制造所等担当起了京滨工业地带发展的重要角色。关东大地震之后，品川区以荏原地区为中心，地震中受灾的居民和其他地区移居到这里的人们越来越多，加上东急目黑线 · 池上线 · 大井町线的开通，沿线陆续建起了住宅区、商店街以及学校等设施，2003 年东海道新干线品川站的开设也大大加深了这边地区的便利性。2020 年，JR 高轮 Gate way 站也建成开放。

漫步方式

❖丰富的娱乐设施 & 历史巡览之旅

最初作为英国大使馆的办公场所，如今成了国家指定史迹的东禅寺

品川站分为港南口和高轮口两处。港南口地带林立着许多大企业的高层大厦，为办公街区，步行圈内还有东京都中央批发市场肉食市场，在其前方的运河沿岸为工厂地带。主要的观光景点集中在高轮口。走过站前的交叉点，马上就到了以 Maxell Aqua Park 品川为中心，拥有电影院、保龄球场等从孩子到大人都可以快乐畅玩的地区，这里也林立着许多的酒店、餐馆及商铺。此外，从都营浅草线的泉岳寺出发前往白金的这片地区，也分布着泉岳寺等许多与历史相关的遗迹景点，也是一片高级的住宅区。前往泉岳寺可以从 JR 高轮 Gate way 站出发，边走边逛很有乐趣。

从品川站到横滨方向的 JR 和京急的线路建成之后，从包括临海线在内、拥有多条线路车站的大井町出发，也可以利用从品川区到大田区、通过世田谷区前往神奈川县川崎市方向的东急大井町线。沿着京滨急行线从东海寺开始，分布着与神社佛阁、幕府末期伟人相关的一些景点，还有距离大森海岸站最近的品川水族馆。乘坐机场线去羽田机场看一看也不错。此外，分布着大森贝塚遗址庭园的，沿五反田出发的东急池上线附近也有著名的商店街户越银座。

漫步计划

泉岳寺（▶p.264）

⬇ 步行25分钟

Maxell Aqua Park品川（▶p.265）

⬇ 步行15分钟

东禅寺（▶p.264）

⬇ 步行20分钟

屋形船 晴海屋（▶p.370）

▶参观企业博物馆

品川是大企业的本社以及工厂林立的地区。这一带周边建有各种企业和团体运营的博物馆，推荐根据自己的喜好选择参观地点。其中为代表的有味之素的“食物与生活的小型博物馆”、佳能的展示厅“佳能 PLAZA S”，还有尼康的“尼康博物馆”等。此外，这里还有物流博物馆、容器文化博物馆、建筑仓库博物馆等许多特别的设施。位于东京海洋大学内的“海洋科技博物馆”也十分有趣。

为了探寻这里曾经作为宿场町的历史，沿着从京急本线北品川站到青物横丁站的旧东海道走走看看吧。北品川地区有曾经作为幕府时期历史舞台的饭卖旅笼屋“相模屋”。如今成了一片公寓住宅区，不过依旧矗立着标明遗迹的告示牌，可以去找一找。此外，品川宿内还有许多横丁，从旧东海道到北马场道的虚空藏横丁内也保留着曾经的砖瓦围墙，是一片有着浓浓怀旧风的区域。品川宿的本阵旧址位于圣迹公园，园中矗立有纪念碑。除此之外，这里还有江户时代创业时制作草席的铺子“畳松冈”、煎饼老店，以及与品川宿相关的售卖甜点的店铺等，漫步街头感觉有些疲累的时候可以在这里小憩片刻。途中还有可以收集观光信息的品川宿交流馆能利用。

品川·高轮的主要景点

看到游玩的鱼和海豹心会被融化

品川水族馆

MAP 别册 p.10-B2

位于品川区民公园内的水族馆。以海川相通为主题，1991 年对公众开放。拥有 22 米的水槽隧道，还有可以观赏到地面下海豹游泳姿态的水中隧道等，乐趣十足。许多水母优雅游动的水母区也很有人气。品川海岸地带的立体模型以及东京湾生物展等附近海洋的展示项目也很有意思。

还准备了海豚表演和海豹表演

▶品川水族馆

住 品川区胜岛 3-2-1 电 03-3762-3433 营 10:00~17:00 休 周二（春假、GW、暑假、寒假除外）、1/1 费 1350 日元、小·中学生 600 日元、幼儿 300 日元、3 岁以下免费、65 岁以上 1200 日元 交 从京滨急行本线大森海岸站检票口出来步行 8 分钟

1 层为海面、2 层以海底为意象

赤穗藩主浅野家的菩提寺

泉岳寺

MAP 别册 p.48-B2

1612 年由德川家康在外樱田创建。现在本堂为镰仓样式的建筑，供奉着摩利支天。宽永大火之后，又在高轮重建。这里因有浅野长矩和义士的墓地而为人们所知，区域内还设有“义士纪念馆”、有浅野内匠头切腹时血染的梅石、清洗首级的水井等。

镶嵌有铜雕大蟠龙的山门

▶泉岳寺

住 港区高轮 2-11-1 电 03-3441-5560 营 7:00~18:00、东急 7:00~17:00、义士纪念馆 9:00~16:00、冬季 9:00~16:00 休 无 费 免费、义士纪念馆 500 日元、中学·高中生 400 日元、10 岁以上 250 日元 交 从地铁泉岳寺站 A2 号出口出来步行 1 分钟

现在的本堂是于 1953 年建成的镰仓样式的建筑

国家指定史迹的寺院

东禅寺

MAP p.48-B2

庆长 15 年（1610 年），以岭南庵为号在赤坂溜池创建，宽永 13 年（1636 年）移建后命名东禅寺。曾经作为江户时代诸大名的菩提寺，安政 6 年（1859 年），作为日本最初的英国大使馆所在的寺庙。曾作为住宿场所的仟源亭与其前方的庭园都不对外公开。

曾作为英国大使馆的禅寺

▶东禅寺

住 港区高轮 3-16-16
电 03-3473-3245
费 免费
交 从 JR 品川站高轮口出来步行 7 分钟

下雨的日子也可以开心畅玩的车站附近、室内主题乐园

Maxell Aqua Park 品川

MAP 别册 p.48-C2

这里有海豚表演、有收费的“给水豚喂食”，还有可以从海中隧道上方给蝠鲼喂食的“wonder tube 导览项目”，等等，有许多充满趣味的活动，可以近距离接触可爱的动物们。除了水族馆之外，这里还有其他收费的娱乐项目和咖啡吧等。

海豚表演白天与晚上不同

▶Maxell Aqua Park 品川

住 港区高轮 4-10-30 TEL 03-5421-1111（语音导览） 营 请在介绍营业概要的官网提前确认 休 无 费 2300 日元、小·中学生 1200 日元、幼儿（4 岁以上）700 日元 交 从 JR、京滨急行线品川站高轮口出发步行 2 分钟

水族馆位于“品川 prince 酒店”之内

能够深入了解绳纹时代的日本考古学的发祥地

大森贝塚遗址庭园

MAP 别册 p.10-B2

明治 10 年（1877 年），美国的动物学者摩斯博士发现的大森贝塚，之后作为遗迹庭园修整一新。这里矗立着摩斯博士的铜像，对外公开展示着远古的贝壳标本等展品，让人们更加了解绳纹时代。同时这里也是日本最初进行学术调查研究的“日本考古学的发祥地”。公园中央设置有喷水池。

绿植繁茂，广场上还设有喷水池

▶大森贝塚遗址庭园

住 品川区大井 6-21-6 TEL 03-3777-4060 营 9:00~17:00、夏季 9:00~18:00、冬季 9:00~16:00 休 无 费 免费 交 从 JR 大森站西口出发步行 5 分钟

发现贝塚的摩斯博士的雕像

从任何角度看都十分美丽的庭园

八芳园

MAP p.48-B1

江户时代的日本屋敷在大正时代改造重建。1952 年在美丽的日本庭园和建筑中开设餐厅。如今依旧作为结婚典礼的举办场所而经营着。回游式庭园中锦鲤优雅地在水池中游走，此外，这里还有明治时代的贸易商田中八平所建的茶室以及树龄 500 年以上的盆栽。

可以遇见四季变换的美景

▶八芳园

住 港区白金台 1-1-1
TEL 03-3443-3111（代表）
营 不同设施有所不同
休 不同设施有所不同
费 不同设施有所不同
交 从地铁白金台站 2 号出口出发步行 1 分钟

满眼绿色的日本式庭园

台场

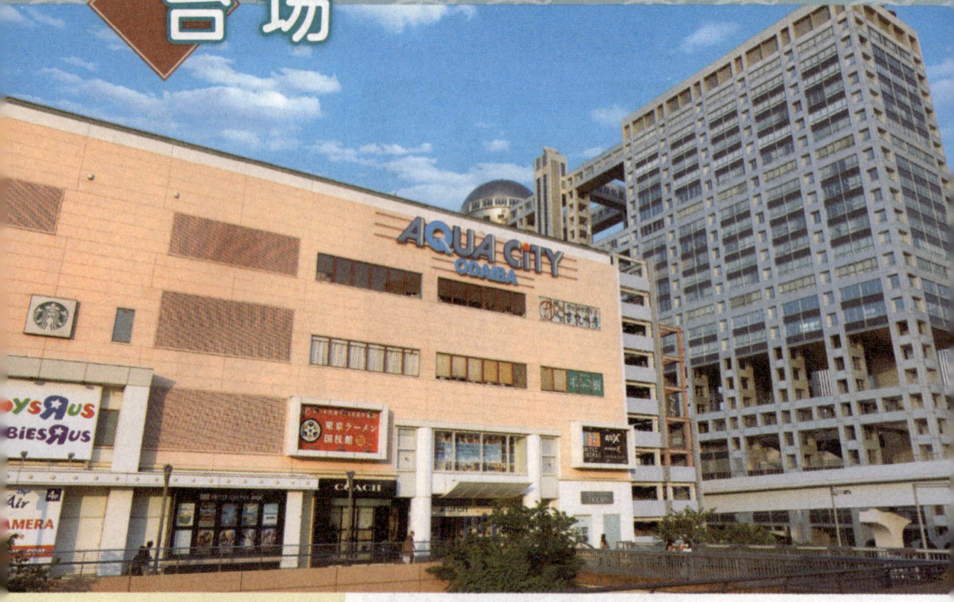

富士电视台办公楼上的球体展望室从任何一个角度看都十分抢眼。这里还有许多大型的购物商场，购物及用餐都十分便利

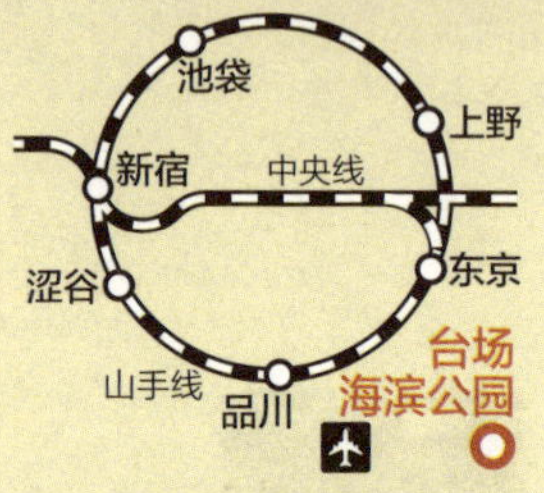

区域内可利用的车站

▼台场海滨公园站
Ⓤ百合海鸥线
▼东京电讯港站
Ⓡ临海线

投币寄存柜信息

除了百合海鸥线以及临海线的各站检票口附近，调色板城（palette town）内的各设施以及日本科学未来馆、东京台场 大江户温泉物语内也设置有投币的寄存柜。

投币寄存柜查询网址

URL www.coinlocker-navi.com

前往台场海滨公园站的方法

东京站 → JR山手线（外环）所需时间约25分钟（470日元）→ 新桥站 → 百合海鸥线 → 台场海滨公园站

羽田机场 → 京急线 所需时间约53分钟（790日元）→ 泉岳寺站 → 都营浅草线 → 新桥站 → 百合海鸥线 → 台场海滨公园站

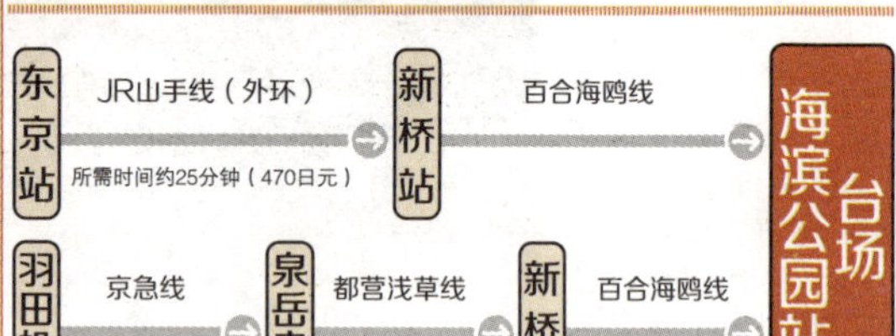

江户时代末期的嘉永6年（1853年），江户幕府在佩里率舰队驶入日本之后，便下令在江户湾强化海防，设置炮台（= 台场）。从如今的北品川～东洋町一带的海上建造11座台场的计划在次年竣工。不过最终建成了6座台场，在江户幕府衰亡之前一直执行着警备的任务。到了明治时代台场归为海军省和陆军省管辖，大正15年（1926年），如今现存的第三台场与第六台场被国家指定为史迹。在这之后，除这两处史迹之外其他则被掩埋或者撤去，从而消失。第三台场在昭和3年（1928年）作为都立台场公园对公众开放，如今依然保留着炮台的遗迹。20世纪70年代以后填海造地不断进行，进入平成时代后这一带被改造为观光景区。

漫步方式

❖无论游玩参观还是欣赏美景，都令人十分愉悦的海岸地带

百合海鸥线沿着台场填海造地的周围游走，主要的景点集中在青海站与台场海滨公园站的周边。此外，临海线东京 Teleport 站距离观光景点也很近，各站及大型商业设施之间也有 Teleport 大桥及游览步道通行，可以自由来往。富士电视台及调色板城大观览车、彩虹桥等地标都可以在过往电车上以及漫步城区的途中眺望到。百合海鸥线电信中心站与东京国际邮轮枢纽站的附近，还分布着船舶科学馆、东京台场大江户温泉物语、日本科学未来馆等设施。推荐在海边公园旁一边悠闲漫步一边前往。

漫步计划

富士电视台（▶p.268）

↓ 步行 15 分钟

调色板城大观览车（▶p.268）

↓ 步行 5 分钟

teamLab无界美术馆（▶p.268）

↓ 步行 15 分钟

船舶科学馆（▶p.269）

↓ 步行 15 分钟

东京台场大江户温泉物语（▶p.269）

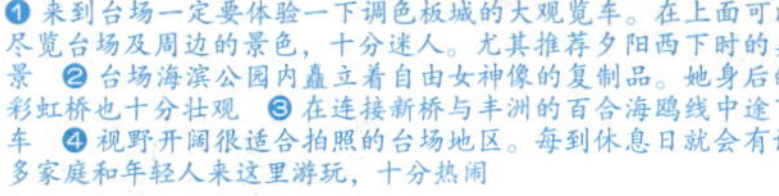

❶来到台场一定要体验一下调色板城的大观览车。在上面可以尽览台场及周边的景色，十分迷人。尤其推荐夕阳西下时的美景 ❷台场海滨公园内矗立着自由女神像的复制品。她身后的彩虹桥也十分壮观 ❸在连接新桥与丰洲的百合海鸥线中途下车 ❹视野开阔很适合拍照的台场地区。每到休息日就会有许多家庭和年轻人来这里游玩，十分热闹

台场的主要景点

可以尽览东京各处著名景点的超大型观览车

调色板城大观览车

MAP 别册 p.49-C2

高 115 米，共有 64 台吊舱的台场的打眼地标。

在上面可以眺望到东京塔、晴空塔、东京京门大桥、彩虹桥等东京著名景点。在所有的 64 台吊舱当中还有 4 台墙壁和地板均为玻璃材质的透明吊舱。

旋转 1 周的时间约为 16 分钟

▶调色板城大观览车

住 江东区青海 1-3-10　电 03-5500-2655　营 11:00~19:40、周六 · 周日 · 法定节假日 11:00~21:40　休 不定期　费 1000 日元、小学生以下（4 岁以上）500 日元　交 从新交通百合海鸥线青海站北口出发步行 1 分钟　※ 赶上恶劣天气等无法充分通风换气的时候，或者由于入场人员过于密集等情况，可能会进行入场限制或者暂停营业

在城市中心的海滩上做做海边运动

台场海滨公园

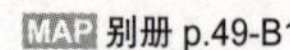

MAP 别册 p.49-B1

高 11 米的自由女神成了公园的标志。约 800 米的人工海滩“御台场沙滩”是一片广阔的区域，在眼前的水域当中可以进行 SUP 或者帆板冲浪等运动。在海滩边的店铺中可以租借到帆板用具。

覆盖着神津岛沙子的海滩

▶台场海滨公园

住 港区台场 1-4
电 03-5500-2455
营 24 小时
休 无
费 免费
交 从新交通百合海鸥线台场海滨公园站北口出来步行 3 分钟

可以遇见意外惊喜的新型博物馆

teamLab 无界美术馆

MAP p.49-C2

在没有边界的电子艺术博物馆当中，从一个房间出来移动时会与另一个作品相互影响，创造出一个全新的世界。同样的作品也会有不同的变化，无论到访多少次都会感觉十分新鲜。全身心投入艺术感空间之中会获得特别新奇的体验。

© teamLab 无界美术馆（森大厦数字艺术美术馆 EPSON teamLab 无界美术馆）

▶teamLab 无界美术馆

住 江东区青海 1-3-8 台场调色板城 2 层　电 03-6368-4292　营 10:00~19:00、周六 · 周日、法定节假日 10:00~21:00　休 每月第 2 · 4 个周二　费 3200 日元、中学生以下 1000 日元、3 岁以下免费　交 从新交通百合海鸥线青海站北口出来步行 3 分钟

有许多人气节目的关联店铺

富士电视台

MAP p.49-C1

富士电视台本社的一部分对外开放，1 层有许多人气节目的关联店铺，5 层为美术馆，作为活动会场的 7 层“富士先生”可以免费入场。从球体展望室“Hachitama”（收费）可以眺望到临海的迷人美景。

拥有独特球体的建筑物也成为了台场的标志

▶富士电视台

住 港区台场 2-4-8
电 03-5500-8888
营 10:00~18:00
休 周一（法定节假日时改为次日）
费 展望室 700 日元、小 · 中学生 450 日元
交 从新交通百合海鸥线台场站南口出来步行 3 分钟

了解能源及人们未来的生活、社会

燃油气科学馆

MAP p.49-A2

东京煤气公司运营的科学馆于 2019 年重新对外开放。馆中设置了围绕能源进行的实验、煤气大会以及科学厨房等内容，让孩子和大人都能乐在其中。并且还设有交流处，可以轻松地在这里获得各种问题的解答。

有许多对能源的思考内容

▶燃油气科学馆

住 江东区丰洲 6-1-1
电 03-3534-1111
营 9:30~17:00
休 周一（法定节假日时改为次日）、设施检修日
费 免费
交 从东京地铁有乐町线丰洲站 7 号出口出来步行 6 分钟

除了南极观测船及潜水艇之外，还有许多丰富的展示

船舶科学馆

MAP 别册 p.49-C1

以“海洋和船舶文化”为主题的科学馆于1974年对外开放。目前本馆处于休馆之中，但在别馆中展出着部分资料。以日本第一艘南极观测船“宗谷”和潜水艇的展示为中心，内容权威丰富，十分壮观。

室外展示有直径6米的大型螺旋桨

▶船舶科学馆
住 品川区东八潮3-1
电 03-5500-1111
营 10:00~17:00
休 周一（法定节假日时改为次日）
费 免费
交 从新交通百合海鸥线东京国际邮轮枢纽站西口出来步行1分钟

大小疑问都可以通过科学来解答

日本科学未来馆

MAP 别册 p.49-C1

以最新科技及各种问题解答为主题，可以在这里体验到各种各样的崭新科学技术。常设展示由3大区域构成，内容由活跃在一线的科学家们主创，无论大人和孩子都可以进行深入地体验。

从宇宙俯瞰地球球体的样子

▶日本科学未来馆
住 江东区青海2-3-6
电 03-3570-9151
营 10:00~17:00（闭馆前30分钟停止售票）
休 周二（法定节假日除外）
费 630日元、18岁以下210日元
交 从新交通百合海鸥线电信中心站北口出来步行4分钟

充分了解水的性质以及自来水管的结构设置

东京都水之科学馆

MAP p.49-B2

东京都水利局运营的通过猜谜、影视鉴赏和展览实验等内容让人们深入了解“水”的设施。地下是有明供水处，参加导游带领的旅游团可以真切地感受到水资源的重要性。团员人数限定40名。

在剧场中能够体验到陷入水中的感觉

▶东京都水之科学馆
住 江东区有明3-1-8
电 03-3528-2366
营 9:30~17:00（最晚入馆时间16:30）
休 周一（法定节假日时改为次日）
费 免费
交 从新交通百合海鸥线东京Big Sight站北口出来步行8分钟

穿着可爱的浴衣享受温泉和庙会的乐趣

东京台场 大江户温泉物语

MAP p.15-C4

再现江户街景的温浴设施。享受过褐色的天然温泉、露天温泉之后，还可以体验下庙会的乐趣，做个全身美容，等等，悠闲地度过一日。游客基本上都是当日往返，不过这边也有可以休憩的地方，也可以提供单间住宿。

一边眺望晨光照耀下的红色富士山一边享受惬意的温泉

▶东京台场 大江户温泉物语
住 江东区青海2-6-3
电 03-5500-1126
营 11:00~次日9:00、保养日11:00~23:00
休 无
费 平日白天2768日元、4岁~小学生1078日元 其他时间根据周几有所不同
交 从新交通百合海鸥线电信中心站南口出来步行2分钟

日本最大的集会中心

东京Big Sight（国际展览中心）

MAP p.49-C2

共有16个展示大厅，并拥有国际会议场的集会中心。1996年，位于晴海的东京国际商品交易会会场迁移到这里并对外开放。为了当作东京2021奥林匹克运动会、国际残疾人奥林匹克运动会的新闻中心，这里还增设了2万平方米的全新建筑。

倒三角形的会议楼采用了钛金属板制作

▶东京Big Sight（国际展览中心）
住 江东区有明3-11-1
电 03-5530-1111
营 8:00~20:00
休 无
费 根据活动决定
交 从新交通百合海鸥线东京Big Sight站南口出来步行3分钟

日本最早的建设铁道车站的繁华街道

新桥·汐留

在新桥地区与人相约时，首选地标便是SL广场。以这里为中心分布着许多的居酒屋

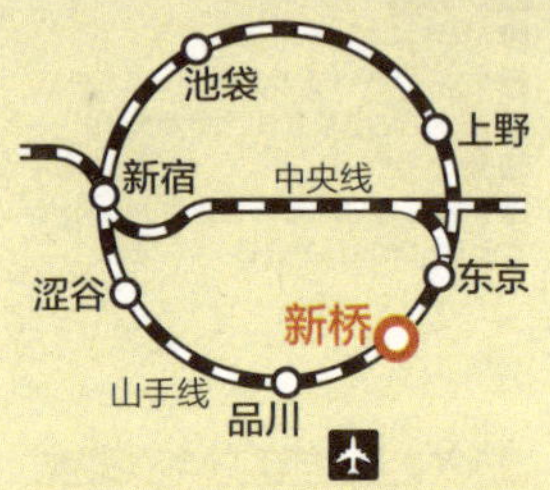

区域内可利用的车站

▼新桥站

JY JR山手线、JK JR京滨东北线、JJ JR常磐线、JT JR除东海道线外

A 都营地铁浅草线、U 百合海鸥线

▼汐留站

G 东京地铁银座线、A 都营地铁浅草线、E 都营地铁大江户线

U 百合海鸥线、JY JR山手线、JK JR京滨东北线、JT JR除东海道线外

投币寄存柜信息

新桥站站内各检票口附近以及都营大江户线汐留站内都设置有数个投币寄存柜。Caretta汐留等设施之内没有寄存行李的地方，因此利用车站内部的储存设施为佳。

投币寄存柜查询网址

URL www.coinlocker-navi.com

前往新桥站的方法

新桥这个名称，据说源自江户时代架设在汐留川上的大桥。明治5年（1872年）日本第一个铁道站“新桥站”建成，新桥也成了这里港区的地名。明治42年（1909年），如今的山手线新桥站作为乌森站对外开放，到了大正3年（1914年）又改回了新桥站。此外，明治时代开设的新桥站更换为汐留站的站名。同一时期新桥·汐留地区作为都内首屈一指的花街柳巷而闻名，大正14年（1925年）为了展示相关的艺技，新桥演舞场建成开放。车站周边开设了许多大众居酒屋等十分便宜的饮食店，也是如今这里依旧被称为“工薪阶层胜地”的理由之一。伴随着都营地铁以及百合海鸥线的开通，周边地区也变得更加繁荣。

漫步方式

❖漫步在神社 & 绿色繁茂的庭园中令人身心治愈

位于日本电视台的造型巨大的机械时钟是隐藏的景点之一。吉卜力的粉丝一定不要错过

城区漫步的起点，新桥的话可以选择最为熟悉的 SL 广场。这个新桥站日比谷出口前的广场，有不少人会在街头的电视采访中看到。从这里开始步行，餐饮街的旁边便是乌森神社。从神社走到护城河道，再朝内幸町站以及虎之门方向行进，日本酒情报馆就在路边、再过了虎之门站，从樱田道走上一条细窄的小路，就到了可以祈祷良缘的具有很高人气的金刀比罗宫。这一带周边集中了政府机关等设施，再往前走就到了有首相官邸以及国会议事堂的重要地带。沿樱田道向南走就是虎之门 Hills，午餐时分能够在这里看到许多打工族的身影。虎之门 Hills 的附近也有供奉着防火之神的爱宕神社。

新桥站与汐留站有通路相连，从汐留口方向过来可以从车站直接到达旧新桥停车场铁道历史展示室以及 Caretta 汐留等景点，十分便利。在这边不用担心购物和用餐，可以慢慢地欣赏展览和音乐。北侧距离很近的就是银座 · 筑地地区。步行即可前往，走走看看也会有更多的乐趣。南下而行在滨离宫恩赐庭园以及旧芝离宫恩赐庭园的附近就是隅田川，是有着河流及繁茂绿色的令人安心舒适的休憩场所。

漫步计划

乌森神社（▶p.272）

⬇ 步行 15 分钟

金刀比罗宫（▶p.272）

⬇ 步行 10 分钟

爱宕神社（▶p.272）

⬇ 步行 20 分钟

旧新桥停车场铁道历史展示室（▶p.273）

⬇ 步行 20 分钟

旧芝离宫恩赐庭园（▶p.273）

▶深入了解宣传公司的内部

众所周知在新桥 · 汐留地区有许多传媒公司的本社，距离两站非常近。日本电视台的本社、出售节目原创产品的店铺"日电 PLAZA"以及宫崎骏指导设计的巨大机械时钟等都是值得一看的景点。"AD 博物馆东京"位于 Caretta 汐留之内（→ p.273），是纪念电通第四代社长诞辰而开设的博物馆。与广告相关的各种各样的展示都可以在这里免费欣赏。此外，在汐留传媒塔 1~3 层的被称为新闻艺术的区域里，也展示着共同通信社所有的报道照片以及新闻等资料，在这里也可以免费参观。

在这里介绍与新桥历史有关的 3 条街道。首先是从新桥二丁目到六丁目的新桥红砖道。在明治 5 年（1872 年）的火灾当中筑地地区被大片烧毁，于是政府作出指示，在建筑中要使用砖瓦等不易燃的材料。据说在这之后，从用红色砖瓦建造的工厂建成时起，街道也由此命名。下一条就是位于芝大门一丁目的芝神明商店街。商店街的入口处有怀旧风的招牌，作为附近增上寺以及芝大神宫的门前町而十分热闹，也林立着许多江户 · 明治时代创业的老店。最后一条就是随着城区再开发而在汐留 shiodome5 区建造的意大利街。这里有融入欧洲风格石造拱门设计的建筑物，有设置露台座席的餐馆，还有外观独特的消防署等，有许多十分适合上镜的景观，也经常成为电视剧当中的背景地。

新桥・汐留的主要景点

在这里可以求得限定数量的御朱印，接待全国前来参拜的人群

乌森神社

MAP 别册 p.15-A3

神社创建于天庆 3 年（940 年），这里供奉着仓稻魂命、琼琼杵尊和天钿女命。赶在正月、桃花节或例行大祭等神事及活动时可以获得限定的御朱印。

与吉祥物合影恋人或许就在不久之后出现

▶乌森神社

住 港区新桥 2-15-5
電 03-3591-7865
营 24 小时、御朱印 9:00~16:00
休 无
费 免费
交 从 JR 新桥站日比谷口出来步行 2 分钟

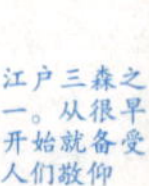

江户三森之一。从很早开始就备受人们敬仰

供奉火产灵命的江户防火・防灾的神灵

爱宕神社

MAP 别册 p.45-C3

海拔 26 米，在东京 23 区天然山丘之中海拔最高的爱宕山上，作为防火的神殿于庆长 8 年（1603 年）建造。这里有抚摸后就能给自己带来福气的石头，还有引往成功之路的石子台阶等许多别致的景点。

红色大门迎接来往的参拜游客

▶爱宕神社

住 港区爱宕 1-5-3
電 03-3431-0327
营 9:00~17:00
休 无
费 免费
交 从地铁虎之门 Hills 站 A1 号出口出来步行 5 分钟

介于世俗与神域边界处的大鸟居

了解了制酒技术之后会感觉酒的味道更加醇香

日本酒情报馆

MAP p.45-C4

有关日本酒的地道烧制、蒸馏方式，每一种酒的特色及历史、文化、品味方法等在这里都有展示。顶棚的木桶装饰也很有趣。1 杯 100 日元的试饮也很不错。

木枡形状的隔板中展示有各种酒和酒器

▶日本酒情报馆

住 港区西新桥 1-6-15
電 03-3519-2091
营 10:00~18:00
休 周六・周日・法定节假日
费 免费
交 从地铁虎之门站 9 号出口出来步行 3 分钟

在试饮区准备了十分优惠的试饮套餐

镇座在办公街区的金比罗神

金刀比罗宫

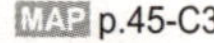
MAP p.45-C3

万治 3 年（1660 年），自赞岐丸龟藩主将金比罗大权现移请至江户藩邸开始对外开放。神殿为总尾州桧的权限造样式。如今的币殿、拜殿为伊藤忠太设计、监修，是于 1951 年重建的。

能够掌握命运的神灵集中了许多商业人士的信仰

▶金刀比罗宫

住 港区虎之门 1-2-7
電 03-3501-9355
营 9:00~17:00、周六・周日 9:00~16:00
休 无
费 免费
交 从地铁虎之门站 2 号出口出来步行 1 分钟

10 月的大祭。依然会严格地举行神舆及市民舞蹈游行

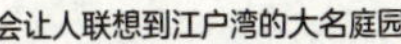

会让人联想到江户湾的大名庭园

旧芝离宫恩赐庭园

MAP 别册 p.22-C1

原为大久保忠朝上屋敷的庭园“乐寿园”，在江户初期成为大名庭园之一。建成当初为面朝海岸的回游式泉水庭园，据说还曾在水池中引入海水。之后变为淡水，池中许多由名石搭砌而成的壮观的石组也令人震撼。

模仿中国・杭州西湖堤岸做成的石造河堤

▶旧芝离宫恩赐庭园

住 港区海岸 1　电 03-3434-4029
营 9:00~17:00（最晚入园时间 ~16:30）
休 年末年初　费 150 日元、65 岁以上 70 日元、小学生以下・都内在住・在学中学生免费　交 从 JR 十山手线滨松町站北口出来步行 1 分钟

挂着灯笼的雪景十分美丽的庭园。深处是高层大厦群

可以了解到日本最初的铁路枢纽站的样貌

旧新桥停车场 铁道历史展示室

MAP 别册 p.22-A1

向游客们介绍作为日本铁道发源地的汐留的历史以及铁道的作用等。有描画明治时代停车场的大型陶板壁画等许多再建车站的参考资料。1 层展示室的地板的一部分铺上了玻璃，可以看到开业当初站台的基石遗址（国家史迹）。

再现旧新桥停车场车站的外观以及月台的一部分

▶旧新桥停车场 铁道历史展示室

住 港区东新桥 1-5-3　电 03-3572-1872
营 10:00~17:00　休 周一（法定节假日时改为次日）、展览更换期间　费 免费　交 从 JR 新桥站银座口出来步行 5 分钟、地铁新桥站 2 号出口出来步行 3 分钟

还展示有除写真之外出土的其他物品

从新桥站・汐留站步行即到的商业设施

Caretta 汐留

MAP p.22-A1

除了地道的餐馆、咖啡馆以及店铺等之外，还有上演人气音乐剧的电通四季剧场“海”以及可以眺望到东京湾绝美景色的免费展望区（→ p.54）等。还有展示日本国内广告业界轨迹的日本唯一的广告博物馆“Ad Museum 东京”。

从地上 200 米的免费展望区向下眺望

▶Caretta 汐留

住 港区东新桥 1-8-2　电 03-6218-2100
营 店铺 10:00~20:00、餐馆 11:00~23:00
※ 部分店铺除外　休 无　交 从地铁汐留站 6 号出口出来即到

“东京的厨房”
美食的天堂

丰洲市场的游玩导览

2018年，从筑地市场迁移过来的丰洲市场。以食品的安全·安心为主旨，如今依然是东京市民饱腹的菜篮子。

❶ 进行现代化严格卫生管理的丰洲市场　❷ 从屋顶上的绿化广场可以远眺到富士山　❸ 海产市场的地板设计为绿色，这样就可以看清切割后鱼尾的断面　❹ 水产批发市场的参观大楼中除了摆放有巨大的金枪鱼模型之外，还可以在这里了解到从世界各处运到丰洲的鱼类品种　❺ 市场内面积十分广大

面积达到筑地市场的 1.7 倍。封闭型设施，品质管理做到万无一失

东京都中央批发市场 丰洲市场

丰洲市场，是东京都内 11 处东京都中央批发市场当中的一家，是经营水产及蔬菜水果的综合性市场。在约 40 万平方米的广大区域之内，由管理栋、水产仲卸卖场栋、水产批发市场栋以及青果栋 4 个区域构成。高人气的金枪鱼拍卖参观采取提前抽选制，需要注意。

MAP 别册 p.49-A2

住 江东区丰洲 6-9-1　营 5:00~17:00 金枪鱼拍卖 5:45~6:15（轮换制）、饮食·购物店铺各店有所不同　休 周日·法定节假日、休市日　交 新交通百合海鸥线市场前站出口即到　※参观时间2020年7月日前为9:00~14:00、有可能变更。拍卖以及导游带领参观的详细内容，还有休市日（休业日）等需要提前在官网上确认

URL www.shijou.metro.tokyo.lg.jp/toyosu

管理设施栋

PR区

要了解丰洲市场的历史及特征等内容就在 PR 区。通过各种壁板介绍将不同展点更清晰地介绍给游客。先在这里拿本宣传册吧。

水产批发市场栋

参观展区

在筑地市场经营份额最大的金枪鱼的模型迎接各方游客，也成了人气的摄影景点。在这栋楼的前方还有可以透过玻璃窗看到竞技场的参观展厅。

网罗 人气美食 尽在这里

水产仲卸卖场栋

在批发大楼的3层，集中了22家餐饮店。从人气寿司、和食到印度咖喱老店及饮品店，令人眼花缭乱。不要忘记有序排队。

丰洲市场内的专卖店 铺鱼河岸横丁

位于仲卸栋4层的“鱼河岸横丁”，是集中了干货等食品料理店铺以及料理器具店等70余家专业店铺的商店街。基本上面向专业的顾客，一般的客人也可以购买。

管理设施栋3层 饮食店街

管理栋的3层开设有13家餐饮店。多为寿司屋，老店“炸猪排八千代”在市场同业者中也具有很高的人气。此外，“茂助丸子”的日式点心也经常被抢购一空。

金枪鱼拍卖的参观走廊

如果想近距离观看金枪鱼的拍卖过程，推荐在“参观走廊”观看。想要在这里参观的话需要提前申请。申请者较多的时候会采取抽签的方式选取幸运的游客。

青果栋

经营新鲜蔬菜及水果的青果大楼。以白色为基调的墙壁令人印象深刻。此外，参观走廊对面的通道内还会根据不同月份以季节性的蔬果作为装饰。

青果栋 参观大厅

高高堆积的纸箱代表着超大的交易量。有着清洁感的青果栋里还有搬运用的转台等设施，一派市场繁荣的景象。

景区导览 其他地区及东京都下

东京比我们想象的还要广阔，拥有着各种不同的风情。在 23 个区当中，景区介绍中无法尽述的临县边境位置的景点，还有东京都下分布的历史文化遗产及丰富自然景点等，在这里介绍给你！

东京 23 区以外的市町村

东京都下

东京都除了 23 区之外还包括 26 市、5 町、8 村，这些位于都西部的地区总称为“东京都下”。JR 中央线快轨通过的吉祥寺及三鹰（→ p.230）实际上位于武藏野市和三鹰市，沿线分布着有江户东京建筑园的小金井市、有昭和纪念公园的立川市，还有中央线快线的终点——高尾站所在的十分有名的八王子市，以及文化遗产众多的国分市等，是悠闲舒适的住宅街区及绿色繁茂的广阔地带。此外，日野市和调布市也是有许多与新选组相关景点的隐藏的观光名所。

❶ 从高尾山上眺望的城市中心 ❷ 作为超能量景点而闻名的调布市深大寺周边。因为这里有十分丰富的泉水资源，所以在深大寺周边开有许多店铺

这片景区内的游览推荐“5”

1. 府中·国分寺的文化遗产巡览 ▶ p.282~
2. 探访与新选组相关的历史景点 ▶ p.284~
3. 前往可以全家玩乐的水族馆·动物园 ▶ p.278 · 280
4. 前往绿色丰沃的大都市中的绿洲 ▶ p.278
5. 穿越到江户时代去看一看 ▶ p.280

其他的主要景点

好似花朵地毯一般面积广大的公园

国营昭和纪念公园

MAP 别册 p.4-C1

作为昭和天皇在位 50 周年的纪念工程，建造在立川机场旧址上的大型公园。这里拥有东京巨蛋 39 倍的面积，种植着约 1500 株樱花、4 万株向日葵以及 550 万株大波斯菊，还有 5000 株的节分草，以及一年当中各种季节性的花朵。还可以利用烧烤花园和餐厅，在这里愉快地度过一天。

▶国营昭和纪念公园

住 立川市绿町 3173

TEL 042-528-1751

营 9:30~17:00、冬季 9:30~16:30

休 1 月第 4 个周一 · 周二

费 450 日元、65 岁以上 210 日元、中学生以下免费

交 从 JR 西立川站临时公园入口出来步行 2 分钟

建有喷水池的西洋庭园般的景点

11 公顷的旷野。中央有高达 20 米的榉树

可以观赏到没有围栏的自然的动物姿态

多摩动物公园

MAP 别册 p.6-A1

1958 年开设的动物园，用土沟代替围栏，没有过多遮挡，因此可以在这里观察到动物们真实的自然活动。园中还设置有野生生物保护中心，在日本首次进行了鹳的孵化，也因此而出名。还可以近距离地观察在人工土堆里舔舐树枝的黑猩猩的样子。

▶多摩动物公园

住 日野市程久宝 7-1-1　TEL 042-591-1611
营 9:30~17:00　休 周三（法定节假日时改为次日）　费 600 日元、中学生 200 日元、65 岁以上老人 300 日元、小学生以下 · 都内在住在学中学生免费　交 从多摩单轨多摩动物公园站出口出发步行 2 分钟

红毛猩猩快速地在上空游走的样子十分有趣

长颈鹿及普氏野马都是成群喂养，还拥有大规模的昆虫生态圈

日本国内饲养的唯一一只塔斯马尼亚袋獾

与羽田机场有关的许愿符成为话题

羽田神社

MAP 别册 p.10-C2

镰仓时代创建的神社，作为羽田的氏神供奉着须佐之男命与稻田姬命。“羽田家之神”保佑着从羽田全域到羽田机场的羽田姓氏子嗣，近年来描画有飞机的御朱印及护身符也收获了很高的人气。景区内还设有仿照富士山建造的人造景点“羽田富士”，山顶也有富士塚·浅间神社。

社殿为混凝土建造，1988 年时进行了翻新

▶羽田神社

住 大田区本羽田 3-9-12
TEL 03-3741-0023
营 9:00~17:00
休 无
费 免费
交 从京滨急行机场线大鸟居站西口出来步行 5 分钟

地处东京的中心，供奉着养育子女、祛除厄运的八幡神

大宫八幡宫

MAP 别册 p.8-C1

被称为武藏国三大宫之一的“多摩大宫”。由于位于东京的中心位置，因此也被称为“东京的肚脐”，作为一个有着很强能量的圣地而闻名。主要祭祀的神灵有可以对母亲安胎发挥神力的应神天皇，集中了人们对结缘、安胎、育子方面的信仰。

戌日时会有许多祈愿平安的人来这里参拜

▶大宫八幡宫

住 杉并区大宫 2-3-1
TEL 03-3311-0105
营 10:00~17:00（可电话预约）
休 无
费 免费
交 从京王井头线西永福町站出来步行 7 分钟

忍着阵痛跨越大陆，在北九州平安产下神子的应神天皇的母亲神功皇后也是这里被供奉的神灵

有着丰富珍贵植物的植物研究园

小石川植物园

MAP p.13-B3

作为东京大学的教育实习设施，是日本最古老的植物园。贞享园（1684 年）德川幕府建造的小石川御药园为其前身。在园中可以看到牛顿的苹果树、孟德尔的葡萄藤等，引领人们去发现世界的植物以及濒临灭绝的植物种类等。

曾经作为德川纲吉居住过的白山御殿的日本庭园

▶小石川植物园

住 文京区白山 3-7-1
TEL 03-3814-0138
营 9:00~16:30
休 周一（法定节假日时改为次日）
费 500 日元、小·中学生 150 日元
交 从地铁白山站 A1 号出口出来步行 10 分钟

伊吕波红叶景色十分迷人

以现代的视角去欣赏江户～昭和的建筑物

江户东京建筑园

MAP 别册 p.5-C3

集中了江户·东京现存建筑物的博物馆位于小金井公园的一角。包括了东京都指定有形文化遗产的三井八郎右卫门府邸、对于近代建筑的发展做出很大贡献的前川国男的自家府邸、大正时代的日欧风格合璧的小出邸等许多珍贵的建筑物都被移建或在此复原。

室内所展示的各种时代生活风情的民俗资料都很有趣味。每月更换一次的传统工艺的展示、季节性活动相关的集会等也很吸引人。

旧光华殿当中的游客中心及复原建筑De Lalande府邸中设有咖啡馆，可以在丰富的建筑展中一边品尝饮品一边慢慢欣赏。

昭和初期的杂货屋、丸二商店。内部还设有长屋

▶江户东京建筑园

住 小金井市樱町3-7-1　TEL 042-388-3300　营 9:30~17:30、10月~次年3月9:30~16:30　休 周一（法定节假日时改为次日）　费 400日元、大学生320日元、中学·高中生200日元、65岁以上老人200日元、小学生以下·都内在住在学中学生免费　交 从JR武藏小金井站北口出发乘坐巴士5分钟、步行5分钟

弥漫着市井风情的下町中街

对纪元2600年纪念式典之际所使用的式殿、光华殿进行了修缮

喜好海洋的家庭可以在这里获得超大满足的临海休闲设施

葛西临海水族园&葛西临海公园

MAP 别册 p.11-A4

面朝大海的大型公园，有可以在礁石上游玩的人工海滨、大观览车、草坪广场、区立酒店以及水族园等，还有分布在各处的休憩场所。葛西临海水族园中有日本国内最大型的企鹅展示场、甜甜圈型大型水槽中群游的金枪鱼的姿态也给人留下深刻的印象。可以在这里观赏到600余种的海洋生物。

眼前有金枪鱼游过的水屏剧场

▶葛西临海水族园&葛西临海公园

住 江户川区临海町六丁目　TEL 03-5696-1331　营 除水族园9:30~17:00之外，不同设施有所不同　费 水族园700日元、中学生250日元、小学生以下·都内在住在学中学生免费、65岁以上老人350日元，除此之外不同设施有所不同　交 从JR葛西临海公园站西口·东口出来步行1分钟

可以从路上及水中两方面观赏到企鹅活动的姿态

直径111米、高度117米！日本最大型的钻石与花大观览车

座镇于新干线之上的神社

赤羽八幡神社

MAP 别册 p.8-B2

延历3年（784年），坂上田村麻吕开始在这里祈愿，希望自己作为武士的命运可以长久。时至今日，现在的事务所下方已经铺设了新干线，神社的旁边也有京滨东北线和新干线通过，是一座知名的有着特殊地理位置的神社。2024年2月之前御朱印签账时会印上∞的标志。

站在可以眺望到新干线的小山丘上

▶赤羽八幡神社

住 北区赤羽台4-1-6
TEL 03-3908-1764
营 24小时、御朱印9:30~16:30、周六·周日9:30~17:00
休 无休、御朱印签账日周二
费 免费
交 从JR赤羽站西口出来步行10分钟

由坂上田村麻吕创建，拥有超过1200年的历史

会让人重新发现草木的美丽

神代植物公园

MAP 别册 p.7-A3

种植有约4800种、10万株树木的植物公园。根据不同种类划分为30个区域，池塘周边种植的杜鹃花成为公园的标志。每到秋季和春季，5000株玫瑰盛开的玫瑰园中也栽培了许多珍贵的品种。有稀有热带植物的温室也具有很高的人气。

对称的沉床式庭园中种植的玫瑰

▶神代植物公园

住 调布市深大寺元町5-31-10
TEL 042-483-2300
营 9:30~17:00
休 周一（法定节假日时改为次日）
费 500日元、中学生200日元、65岁以上老人250日元、小学生以下·都内在住在学中学生免费
交 从京王线调布站北口出来乘坐巴士8分钟

玫瑰园5月和10月是最佳的观赏时间

用温水培育出的市中心的热带丛林

梦之岛热带植物园

MAP p.11-A3

使用新江东清扫工厂送出的高温水对温室的暖气以及园内的冷暖房等进行灵活的温度调节。大温室维持温度20℃~22℃、湿度60%~70%，培育着900余种热带植物以及小笠原的固有品种。除此之外，还设有食虫植物温室、草药园以及影像展厅等。

再现热带水岸边景色的A圆顶温室

▶梦之岛热带植物园

住 江东区梦之岛2-1-2
TEL 03-3522-0281
营 9:30~17:00
休 周一（法定节假日时改为次日）
费 250日元、中学生100日元、65岁以上老人120 日元、小学生以下·都内在住在学中学生免费
交 从地铁、JR新木场站出来步行13分钟

在3大圆顶温室当中观赏世界热带植物

寻访东京的重要文化遗产

大江户

名址遗迹·文化遗产巡览

府中·国分寺游览计划

追溯飞鸟、奈良的过往
漫步在被绿色环绕的武藏野的小路上

位于埼玉和神奈川一带、地域广大的武藏国领域。设有国府的府中地区保留有许多古代的历史遗迹，江户五街道也保留着900年历史以上的东山道的遗迹。这片区域位于可以眺望到多摩川的河岸段丘之上，周围绿色丰茂，泉水涌出。从嫩叶到青翠的绿叶，阳光透过树木之间的空隙洒下来的初夏景色尤其迷人。

漫步的出发点可以设定为新宿到京王线的约25分钟的府中站。1小时左右的时间可以参观完周边的景点，乘坐游走在府中街道上的巴士还可以前往国分寺景区。

古坟时代创建的武藏的国之守神

1 大国魂神社 无形民俗文化遗产

日本武尊的父亲的时代，由第十二代景行天皇41年（111年）创建的古刹。从一之宫到六之宫供奉着六座祭神，因此也被称为六所宫。创建当时的社殿在火灾中被烧毁，如今的本殿是宽文7年（1667年）重建的，即便如此也有着很悠久的历史了。深夜中神舆游行的“暗夜祭”也非常有名。

MAP 别册 p.6-A2 住 府中市宫町3-1 电 042-362-2130 开 6:00~18:00（9/15~3/31为6:30~17:00） 交 从京王线府中站出来步行5分钟

漫步线路

1 大国魂神社
▼
2 木造狮子
▼
3 武藏国国府遗迹
▼
4 府中高札场遗迹
▼
5 真姿之池涌水群
▼
6 武藏国分寺遗迹资料馆

壮硕挺拔，飒爽的鬓毛也充满个性！

2 木造狮子 重要文化遗产

大国魂神社中门旁矗立着的使用桧柏木造的狮子。如今在宝物殿当中对公众展示。有记载说是元和5年（1619年）雕刻而成，但从其风格来看，也有说是因奈良东大寺金刚力士像而知名的佛师运庆的作品。

挖掘并保存下来的
古代国家的国政设施

3 武藏国国府遗迹 国家指定史迹

位于大国魂神社景区的对面。有着武藏国国厅（相当于都政府）的场所，以这里为中心约2公里的周边整齐地排列着许多建筑。还展示有许多红色柱子、土偶以及瓦片等出土物品。夜中神舆游行的“暗夜祭”也非常有名。

MAP 别册 p.6-A2 住 府中市宫町2-5-2 电 042-335-4393 开 9:00~17:00 休 无 费 免费 交 从京王线府中站出来步行5分钟／大国魂神社出来步行2分钟

现存的高札场是十分宝贵的存在

4 府中高札场遗迹 东京都指定旧迹

高札场，也就是政府张贴告示的地方。幕府颁布的法令、禁止令、犯人的罪状等都会张贴在这里公示给平民。矗立在旧甲州街道及府中街道相交的街角，被指为江户时代后期的产物。两侧的大门为复原后的样子。

MAP 别册 p.6-A2 住 府中市宫西町 5-1 交 从京王线府中站出来步行 8 分钟 / 武藏国国府遗迹步行 5 分钟

沿着清流的游人步道行走也十分惬意，名水百选之池

5 真姿之池涌水群 东京都指定名胜

位于武藏野杂木丛中的泉水池。为多摩川的支流和野川的源流之一。据说在平安时代，名为小町的绝世美女每日前来参拜国分寺，祈祷自己的皮肤病尽快治愈。第 21 天的时候出现的童子告诉她，使用这里的池水清洗身体，就可以恢复到原来的美丽身姿，这一说法一直流传至今。

MAP 别册 p.4-C2 住 国分寺市东元町三丁目 / 西元町一丁目 交 从 JR 西国分寺站出来步行 12 分钟 / 府中站出来乘坐前往国立站的巴士在黑钟公园入口下车，步行 10 分钟

可以加深对于僧寺及武藏路等日本国史迹的了解

6 武藏国分寺遗迹资料馆

饥饿和疾病持续的奈良时代，为了借助佛教的力量给人们带去平安，圣武天皇命令各地方修建僧寺和尼寺。这便是国分寺。被发掘出来的僧寺遗迹、尼寺遗迹还有东山道武藏路遗迹都被指定为国家史迹。资料馆也是江户时代作为国分寺村名主的本多家的宅邸遗迹改建而成的。

MAP 别册 p.4-C2 住 国分寺市西元町 1-13-10 道涌水园内 电 042-323-4103 开 9:00~17:00（入馆时间截至 16:45）休 周一（法定节假日 · 倒休时改为次日）费 100 日元（中学生以下免费）交 从 JR 西国分寺站出来步行 15 分钟 / 真姿之池涌水群出来步行 2 分钟

从居住遗址中出土的 8 世纪的铜盖。由于火灾而部分熔损。国分寺遗址的立体模型也很值得一看。

寻访东京的重要文化遗产

大江户 名址遗迹·文化遗产巡览

与新选组相关的游览计划

探访满怀热血追随幕府的剑士们的故乡 前往甲州街道的宿场町

从新宿乘坐 JR 中央线向西行约 30 分钟。日野市内有许多与新选组相关的场所，并且许多地方都还飘荡着红白相间的诚字旗。副长土方岁三及六番队组长井上源三郎均为日野出身，近藤勇与他们相遇相识也是在日野。

沿着日野站周边的景点走一遍大约 2 公里，包括参观在内所需时间 2~3 小时。再加上土方岁三出生的地方遗迹高幡不动等需要 4~5 小时。时间比较宽裕的话再去有着近藤勇墓地的三鹰市等地看一看会更好。有的景点每月只对外开放两次，需要注意。

漫步线路

1 八坂神社
↓
2 井上源三郎资料馆
↓
3 日野宿本阵
↓
4 佐藤彦五郎新选组资料馆
↓
5 日野市立新选组的故乡历史馆
↓
6 土方岁三资料馆
↓
7 高幡不动尊金刚寺
↓
8 大泽山 龙源寺
↓
9 调布市乡土博物馆
↓
10 小岛资料馆

还有红白相间的御朱印及绘马匾

1 八坂神社

位于 JR 日野站附近的日野的总镇守。外层为钢筋混凝土材质，内部则是宽政 12 年（1800 年）重建并保留至今，全部为榉木建造的本殿。赶到 5 月的新选组祭祀或者 9 月的例行大祭的时候到访，还能够看到近藤勇以及冲田总司供奉的剑道匾额。

MAP 别册 p.6-A1 住 日野市日野本町 3-14-12 电 042-581-1175 交 从 JR 日野站出来步行 3 分钟

日野市指定有形文化遗产（本殿）

"诚"字的外观引人注目

2 井上源三郎资料馆

井上源三郎出生的地方。文久 3 年（1863 年），保护第十四代将军家茂上京，当时京都的样子以及有关新选组前身——浪士组的有关书信等资料在这里都有展示。2 层为天然理心流的道场，八王子千人同心的兄弟的子孙如今也依旧在这里练习剑道。

MAP 别册 p.6-A1 住 日野市日野本町 4-11-12 电 042-581-3957 营 每月第 1 · 第 3 个周日 12:00~16:00 费 500 日元（小 · 中学生 300 日元） 交 从 JR 日野站出来步行 5 分钟 / 八坂神社出来步行 3 分钟

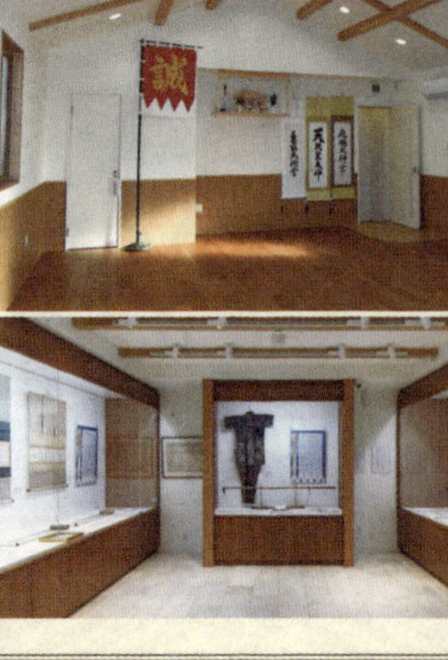

新选组的近藤勇、土方岁三也曾到访过的
都内唯一保留下来的本阵建筑

3 日野宿本阵

很适合大名及旗本住宿设施风格的宅邸。曾经在大火当中被烧毁，之后又由佐藤彦五郎在元治元年（1864年）重建。佐藤彦五郎在所开设的剑道道场中与作为指导的近藤勇、冲田总司以及土方岁三等人深入交流。对于新选组的粉丝们来说可谓是胜地。

MAP 别册 p.6-A1 住 日野市日野本町 2-15-9 电 042-586-8808 营 9:30~17:00 休 周一（法定节假日时改为次日平日） 费 200 日元［小·中学生 50 日元、与新选组的故乡历史馆通票为 300 日元（小·中学生 70 日元）］ 交 从 JR 日野站出来步行 10 分钟 / 井上源三郎资料馆出来步行 6 分钟

东京都指定史迹

与志士们有着密切的关联
还收藏有近藤勇和土方岁三的肖像写真

4 佐藤彦五郎新选组资料馆

在本阵道场之中相识的志士们最终结成了浪士组（之后的新选组），而从各个方面给予强力支持的是佐藤彦五郎。位于本阵内部的资料馆中，展示有近藤勇的书信、短枪、土方岁三的刀、横笛、铁扇、书信以及冲田总司的书信等物品。

MAP 别册 p.6-A1 住 日野市日野本町 2-15-5 电 042-581-0370 营 每月第 1·第 3 个周日 11:00~16:00 费 500 日元（小·中学生 300 日元） 交 从 JR 日野站出来步行 8 分钟 / 日野宿本阵出来步行 3 分钟

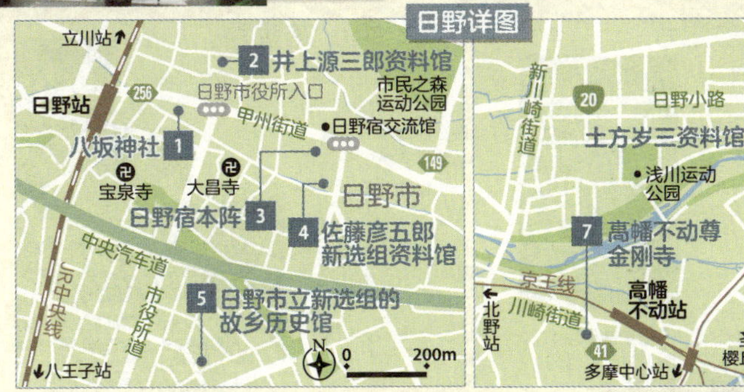

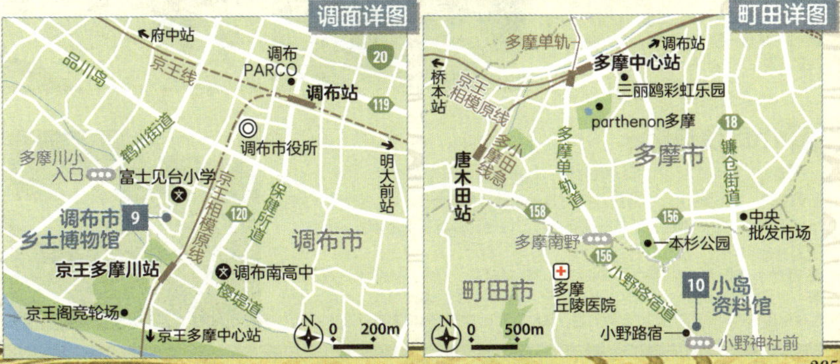

5 日野市立新选组的故乡历史馆

新选组、日野宿、戊辰战争等，与日野幕府末期相关的资料通过各种各样的视角进行展示的博物馆。穿着新选组的衣装，与新选组驻地及土方岁三一起拍摄纪念照片的体验区具有很高的人气。

MAP 别册 p.6-A1 住 日野市神明 4-16-1 TEL 042-583-5100 营 9:30~17:00 休 周一（法定节假日时改为次日平日） 费 200 日元（小·中学生 50 日元）与日野宿本阵的通票为 300 日元（小·中学生 70 日元） 交 从 JR 日野站出来步行 13 分钟 / 佐藤彦五郎新选组资料馆出来步行 10 分钟

6 土方岁三资料馆

在其曾经居住过的旧址设立的资料馆，从故乡历史馆出发步行大约 30 分钟。在池田屋事件当中所使用的锁帷子（用小锁编成的衬袄）、爱刀等相关的展示物品有 70 件以上。位于附近石田寺的岁三的墓地也不要错过。

MAP 别册 p.6-A1 住 日野市石田 2-1-3 营 每月第 1·第 3 个周日 12:00~16:00 费 500 日元（小·中学生 300 日元） URL www.hijikata-toshizo.jp 交 从多摩单轨万愿寺站出来步行 5 分钟

7 高幡不动尊金刚寺

创建于奈良时代并保留至今的古刹，寺中收藏有不动明王、不动堂以及仁王门等多数的重要文化遗产。还有土方岁三的菩提寺，近藤勇及土方岁三的石碑、土方的铜像、牌位以及书信等，都可以看看。

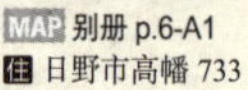

MAP 别册 p.6-A1
住 日野市高幡 733
TEL 042-591-0032
交 从京王线 / 多摩单轨高幡不动站出来步行 5 分钟

8 大泽山 龙源寺

近藤勇的墓地。在板桥被斩首之后，其外甥近藤勇五郎将他没有首级的遗体挖出并移埋到这里。勇武郎也在相邻处长眠。附近还有近藤勇出生时的家的旧址，还有近藤家的剑术道场。

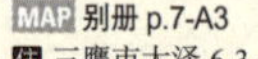

MAP 别册 p.7-A3
住 三鹰市大泽 6-3-11
TEL 042-231-1440
交 从西武多摩川线多摩站出来步行 15 分钟

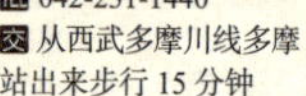

9 调布市乡土博物馆

关于调布市历史及文化、自然的博物馆。位于近藤勇的故乡，还展示着近藤勇的坐像（原型）以及原家的 1/30 的缩小模型。近藤勇面像的纪念戳（不定期）对于新选组粉丝们来说很有吸引力。

MAP 别册 p.7-A3
住 调布市小岛町 3-26-2 TEL 042-481-7656
营 9:00~16:00 休 周一 费 免费 交 从京王线京王多摩川站出来步行 4 分钟

10 小岛资料馆

镰仓街道上保留下来的大型府邸。路边的水槽中水草茂盛，设有住宿驿站的街区。当时的主人小岛鹿之助与近藤勇等人相交很深，之后也成了新选组的支持者。还有刺绣着骷髅的近藤的练习服等许多特别的展示。

MAP 别册 p.6-B1
住 町田市小野路 950 TEL 042-736-8777 营 每月第 1·第 3 个周日 13:00~17:00
休 1~2 月 费 600 日元（小学生 300 日元） 交 从京王线多摩单轨多摩中心站出发乘坐前往鹤川站的巴士 10 分钟到达。从小野神社前巴士站出来步行 1 分钟。

第三章 历史与文化

东京历史年代表

时代	公元	日本历	日本国内主要事件／东京事件
旧石器时代	1万多年前		石器在赤羽台得到使用（在北区的赤羽台遗址，北区最古老的石器挖掘）
绳纹时代	约1万年前至公元前3世纪前后		后期至末期，在品川区和大田区交界处形成贝塚（大森贝塚）
弥生时代	239年		邪马台国的卑弥呼出使魏国
古坟时代	538年		百济传播佛教
飞鸟时代	593年		圣德太子摄政
	603年		制定冠位十二阶的制度
	607年		将小野妹子作为遣隋使进行派遣
	609年		创建法隆寺
	628年	推古36年	创建浅草寺 浅草寺▶p.156
	645年		大化改新
	646年		改新之诏
	672年		壬申之乱
	694年		迁都藤原京
	701年		制定《大宝律令》
奈良时代	710年		迁都平城京
	712年		古事记
	720年		日本书纪
	723年		颁布《三世一身法》
	730年	天平2年	创建神田明神 神田明神▶p.204
	733年	天平5年	创建深大寺
	741年	天平13年	创建国分寺
	743年		颁布《垦田永年私财法》
	749年		东大寺大佛完工
	753年		鉴真旅日
	784年		迁都长冈京
平安时代	794年		迁都平安京
	894年		废除遣唐使
	935年	天庆2年	平将门之乱
	939年		藤原纯友之乱
	1016年		藤原道真摄政
	平安时代末期		创建等等力不动尊 等等力不动尊（明王院）▶p.27
	1051年		前九年之役
	1053年		创建平等院凤凰堂
	1083年		后三年之役
	1086年		白河天皇始兴院政
	1156年		保元之乱
	1159年		平治之乱
镰仓时代	1185年		平氏在坛之浦之战中灭亡
	1192年		源赖朝出任征夷大将军 开设镰仓幕府
	1221年		承久之乱
	1232年		制定《御成败式目》
	1274年		文永之役
	1281年		弘安之役
	1297年		永仁德政令
	1333年		镰仓幕府灭亡
	1334年		建武新政
南北朝时代、室町时代	1336年		南朝与北朝对立
	1338年		足利尊氏出任征夷大将军，开设室町幕府
	1392年		南北朝统一
	1393年	明德4年	创建增上寺 大本山 增上寺▶p.299
	1397年		三代将军足利义满建造金阁
	1457年	长禄元年	太田道灌修筑江户城
	1467年		应仁之乱
	1478年前后	文明10年前后	创建日枝神社 日枝神社▶p.254

曾在现在的隅田川撒网捕鱼的桧前滨成与桧前竹成两兄弟的渔网中捞起了一尊观音像，在土师真中知的协助下，建造了一座庙宇供奉这尊佛像，这就是浅草寺

© 浅草寺

大己贵命的后代真神田臣在武藏国丰岛郡芝崎村（现东京都千代田区大手町将门塚附近）创建神田明神。

来自高句丽的渡来人满功在调布市创建深大寺

圣武天皇发出诏令，诏令即出，在武藏国创建国分寺与国分尼寺

净土宗八祖酉誉圣聪上人在武藏国丰岛乡贝塚（现千代田区平河町及纪尾井町一带）创建增上寺

时代	公元	日本历	日本国内主要事件 / 东京事件
室町时代	1489年		八代足利义政创建银阁
	1524年	大永4年	后北条氏创建城下町
	1543年		火枪传入
	1549年		基督教传入
	1559年	永禄2年	泷山城成为北条氏统治多摩的要塞
	1560年		桶狭间之战
	1573年		室町幕府灭亡
安土桃山时代	1573年	天正元年	在京都创办香十 香十 银座总店▶p.363
			长筱之战
	1576年		织田信长筑建安土城
	1582年		本能寺之变
	1585年		大坂城完工
	1586年		丰臣秀吉出任太政大臣
	1587年		伴天连追放令
	1588年		开始施行《刀狩令》
	1590年	天正18年	丰臣秀吉统一天下
			德川家康进驻江户城
	1592年		文禄之役
	1596年	庆长元年	创办丰岛屋总店 丰岛屋总店▶p.69
			创办伊场仙 伊场仙▶p.358
	1597年		庆长之役
			丰臣秀吉死亡
	1596~1615年	庆长期	建造江户城城郭中心·西城、北城及其运河、家臣团住所、市民居住地等
	1600年	庆长5年	关原之战
江户时代	1603年	庆长8年	德川家康出任征夷大将军，开设江户幕府
	1603年前后		扩建城下町
	1605年	庆长10年	德川秀忠出任第二代将军
	1606年	庆长11年	扩建江户城
	1607年	庆长12年	天守的石垣与五层天守完工
	1613年	庆长18年	伊达政宗派遣庆长遣欧使节
	1614年	庆长19年	大坂冬之阵
	1615年	庆长20年	大阪夏之阵、丰臣氏灭亡
		元和元年	指定武家诸法度与禁中并公家诸法度
	1616年	元和2年	德川家康死亡
	1617年	元和3年	吉原游郭诞生
	1623年	元和9年	德川家光出任第三代将军
	1624年	宽永元年	西班牙船禁止入港
	1625年	宽永2年	开始实行五人组制度
			创建宽永寺 宽永寺▶p.153
	1635年	宽永12年	修订武家诸法度，指定参勤交代制度
	1637年	宽永14年	岛原之乱
	1639年	宽永16年	葡萄牙船禁止入港
	1641年	宽永18年	锁国制度完成。持续至1854年
	1651年	庆安4年	德川家纲出任第四代将军
			由比正雪之乱（庆安事件）
			针对人口增加而着手建造的玉川上水运河完工
	1657年	明历3年	明历大火
	1659~1661年		两国娱乐地带的发展

氏照进驻多摩川南骑士的加住泷山城，泷山城成为北条氏统治多摩的要塞

歼灭小田原北条氏的丰臣秀吉将北条氏的关东领地赠予德川家康，德川家康进驻江户城

将神田山凿穿，对城下町实施扩建（土木工程），日本桥到新桥段的城镇景观与灌溉渠完工。

实施二城与三城的扩建工程

东国大名继续实施扩建，天守石垣与五层天守完工

江户幕府公认的吉原游郭在日本桥葺屋町（现日本桥人形町）诞生

慈眼大师天海大僧正在位于江户城鬼门的上野台地创建德川家菩提树·宽永寺

明历大火后建造两国桥，设置在西桥头的防火道汇集了帐篷商店、说书人剧场、街头表演、商贩以及茶叶店等，作为江户首屈一指的娱乐地带得到发展。东头也大肆发展，成为普通市民的游乐场所

东京历史年代表

时代	公元	日本历	日本国内主要事件／东京事件
江户时代	1680年	延宝8年	德川纲吉出任第五代将军
	1687年	贞享4年	颁布生类怜悯令
	1689年	元禄2年	黑江屋开业 黑江屋▶p.361
	1703年	元禄15年	赤穗浪士突然袭击
	1704年	宝永元年	创建日本桥saruya 日本桥saruya▶p.356
	1705年	宝永2年	老字号熏香 松荣堂在京都开业 老字号熏香 松荣堂 银座店▶p.355
	1709年	宝永6年	德川家宣出任第六代将军
	1713年	正德3年	德川家继出任第七代将军
	1714年	正德4年	江户三座得到发展 歌舞伎座▶p.112
	1716年	享保元年	德川吉宗出任第八代将军
			享保改革开始
	1717年	享保2年	长命寺樱饼 山本屋开业 长命寺樱饼 山本屋▶p.349
			创办伊豆荣 伊豆荣▶p.49
	1720年		外国书的引进得到许可
	1722年	享保7年	设置意见箱
	1723年		足高制
	1732年	享保17年	享保大饥荒
	1742年		公事方御定书
	1745年	延享2年	德川家重出任第九代将军
	1760年	宝历10年	德川家治出任第十代将军
	1760年		创办玉秀 鸡肉料理 玉秀▶p.61
	1772年	明和9年	明和大火
		安永元年	田沼意次出任老中
	1773年	安永2年	创办曙光 曙汤▶p.34
	1774年	安永3年	杉田玄白·前野良泽·中川淳庵出版《解体新书》
		安永年间	创办大野屋总店 大野屋总店▶p.362
	1782年	天明2年	天明大饥荒
	1786年	天明6年	田沼意次衰落
	1787年	天明7年	德川家齐出任第十一代将军
			松平定信出任老中首座
			宽政改革开始
	1789年		弃捐令
	1790年	宽政2年	林子平出版《海国兵谈》。宽政异学之禁
	1798年	宽政4年	本居宣长《古事记传》
	1800年	宽政12年	伊能忠敬测量虾夷地
	1802年		《东海道中膝栗毛》
	1806年	文化3年	创办榛原 榛原▶p.363
	1808年	文化5年	间宫林藏前往桦太勘测侦察
	1809年	文化6年	间宫林藏再次前往桦太勘测侦察。发现间宫海峡
	1818年	文政元年	伊能忠敬死亡
	1821年	文政4年	《大日本沿海兴地全图》，由高桥景保等完成
	1824年		西博尔德开设鸣泷塾
	1825年	文政8年	颁布异国船驱逐令
	1828年	文政11年	西博尔德事件
	1830年	天保元年	创办白木屋传兵卫 白木屋传兵卫▶p.360
	1833年	天保4年	天保大饥荒。《东海道五十三次》
	1834年	天保5年	水野忠邦出任老中
	1834年		创办千疋屋总店 千疋屋总店日本桥总店水果店▶p.351
	1837年	天保8年	德川家庆出任第十二代将军
			大盐平八郎之乱
			莫里森号事件
		天保8年	创办三定 三定▶p.62
	1839年	天保10年	蛮社之狱
	1841年	天保12年	解散株仲间
			江户三座搬迁至猿偌町

江户幕府公认的三大歌舞伎剧场，被誉为江户三座的中村座、市村座以及森田座得到发展

奉第八代将军吉宗之命，在小石川药园内设置意见箱（现东京大学大学院理学系研究科附属植物园）

时代	公元	日本历	日本国内主要事件／东京事件
江户时代	1841年	天保12年	天保改革开始
	1842年	天保13年	颁布天保薪水给予令
	1843年	天保14年	阿部正弘出任老中。人返令
	1853年		培里的黑船来航事件
	1853年	嘉永6年	浅草花屋敷的前身开园，是日本最古老的的游园地 浅草花屋敷▶p.157
			德川家定出任第十三代将军
			培里率领舰队进驻浦贺（明治维新1853~1867年）
			俄国使节普嘉琴来到长崎
	1854年	嘉永7年	签订《日美和亲条约》
	1854年	安政元年	创办浅草梅园 浅草梅园▶p.347
	1855年	安政2年	安政大地震
	1856年	安政3年	美国总领事哈里斯到达下田
	1858年	安政5年	德川家茂出任第十四代将军
			井伊直弼出任大老
			签订《日美修好通商条约》
			安政大狱
	1860年	安政7年	樱田门外之变
			创办纪之善 纪之善▶p.348
	1861年	文久元年	皇女和宫下嫁将军家茂（公武合体）
	1862年	文久2年	坂下门外之变
			寺田屋事件
			生麦事件
	1863年	文久3年	下关事件
			萨英战争
			八月十八日政变
	1864年	元治元年	池田屋事件
			萨长同盟成立
			菊寿堂 伊势辰 谷中总店开业 菊寿堂 伊势辰谷中总店▶p.354
			四国舰队下关炮击事件
			幕府，第一次长州征讨
			禁门之变
	1866年	庆应2年	缔结萨长同盟
			幕府，第二次长州征讨
			12月，德川庆喜出任第十五代将军
			创办竹叶亭前身 竹叶亭 总店▶p.46
	1867年	庆应3年	王政复古大号令
			坂本龙马与中冈慎太郎遭暗杀
明治时代	1868年	庆应4年	制定东京府制
	1868年	庆应4年	戊辰战争
			江户城开城
			制定东京府制
	1869年	庆应5年	奉还版籍
			江户城易名为东京城，被改成为天皇在东京的居所
	1869年	明治2年	创办银座木村家 银座木村家▶p.364
	1871年	明治4年	废藩置县
			创办竹叶亭前身 竹叶亭 总店▶p.46
	1872年	明治5年	东京府发行公告称，将使用烧制砖瓦对银座进行复建
			新桥至横滨的最早铁路开通
			第一届内国劝业博览会在上野公园举行
			发现并挖掘大森贝塚与绳文土器
	1877年	明治10年	银座砖瓦街完工
			创办Cattlea前身 名花堂 Cattlea▶p.365
	1879年	明治12年	创办吉野鮨总店 吉野鮨总店▶p.315
	1880年	明治13年	创建东京大神宫 东京大神宫▶p.25
			创办宫本商行 宫本商行▶p.361
	1882年	明治15年	东京马车铁道公司（后更名为东京电车铁道）开通新桥~日本桥段的马车铁路
			创办富田染工艺 富田染工艺▶p.20

7月，改江户为东京，8月，东京府厅定址幸桥御门的元大和郡山藩柳泽家上屋敷。9月，将年号改为明治，制定东京府制

3月，天皇再次抵达东京。之后，东京城便成了天皇的居所

以摧毁丸之内、银座以及筑地一带的银座大火为契机，东京府发行公告称，将使用具有强大的防灾功能的烧制砖瓦对银座进行复建

美国动物学家摩斯在现品川区大井附近发现并开始挖掘大森贝塚与绳文土器

银座设置有85组煤气灯，开设有进口商品销售店与报社等

东京历史年代表

时代	公元	日本历	日本国内主要事件 / 东京事件
明治时代	1885年	明治18年	采用内阁制度（首任内阁总理大臣伊藤博文）
			创办银座吉田 银座吉田▶p.63
	1887年	明治20年	创办东京帝国酒店 东京帝国酒店▶p.107、386
	1888年	明治21年	创办关口法式面包 关口法式面包 目白坂总店▶p.365
	1889年	明治22年	颁布《大日本帝国宪法》
			创办明治堂 明治堂▶p.366
	1890年	明治23年	日本最古老的的货物专用站秋叶原货物经办处诞生
	1894年	明治27年	中日甲午战争
			在银座四丁目交叉口位置建成初代钟楼 和光▶p.124
	1894年		创办银座若松 银座若松▶p.346
	1895年	明治28年	位于银座四丁目的服部钟表店开始营业
	1901年	明治34年	创办屋形船 晴海屋 屋形船 晴海屋▶p.370
	1902年	明治35年	创办舟和总店 舟和总店▶p.348
			创办资生堂parlour餐馆 银座总店 资生堂parlour餐馆 银座总店Salon de cafe▶p.350
	1903年	明治36年	东京电车铁道（后更名为东京铁道）开通品川至新桥段的轨道路线
	1904年	明治37年	日俄战争
			日本最古老的百货店三越诞生 日本桥三越总店▶p.95
	1905年	明治38年	签订《朴茨茅斯条约》
			创办田屋 银座总店 田屋 银座总店▶p.359
	1906年	明治39年	甲武铁路国有化。建设万世桥站高架桥
	1909年	明治42年	创办甘味处 蜜蜂 甘味处蜜蜂▶p.346
			创办鸡肉割烹 末源 鸡肉割烹 末源▶p.45
			创办浪花家总店 浪花家总店▶p.352
	1910年	明治43年	创办和也屋 和也屋▶p.17
	1911年	明治44年	开设东京市电气局，收购东京铁道开始经营有轨电车
			王子电气轨道开始运营路面电车
			创办银座cafe paulista 银座cafe paulista▶p.342
	1912年	明治45年	万世桥站建成 mAAch ecute神田万世桥▶p.52
		明治末期	创办稻荷汤 稻荷汤▶p.32

日本铁道货物线（现在东北总线等）以上野站为起点，向外延伸，秋叶原货物经办处诞生

由起源于江户时代的吴服店起家的百货店，是日本百货界的第一家

从昌平桥临时车站延伸出的万世桥站高架桥建成

区间是飞鸟山上～大塚段（现荒川县“飞鸟山”～“大塚站前”）

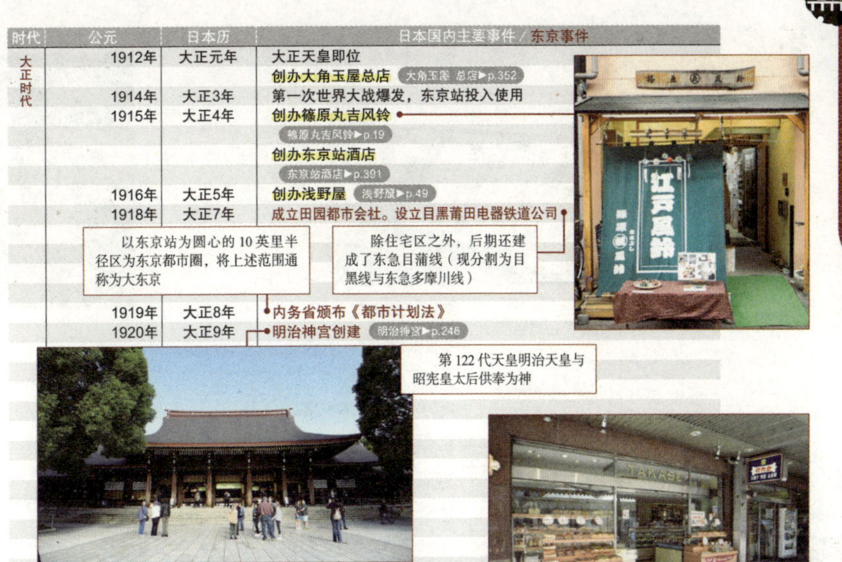

时代	公元	日本历	日本国内主要事件 / 东京事件
大正时代	1912年	大正元年	大正天皇即位
			创办大角玉屋总店 大角玉屋 总店▶p.352
	1914年	大正3年	第一次世界大战爆发，东京站投入使用
	1915年	大正4年	创办篠原丸吉风铃 篠原丸吉风铃▶p.19
			创办东京站酒店 东京站酒店▶p.391
	1916年	大正5年	创办浅野屋 浅野屋▶p.49
	1918年	大正7年	成立田园都市会社。设立目黑蒲田电器铁道公司

以东京站为圆心的10英里半径区为东京都市圈，将上述范围通称为大东京

除住宅区之外，后期还建成了东急目蒲线（现分割为目黑线与东急多摩川线）

时代	公元	日本历	日本国内主要事件 / 东京事件
	1919年	大正8年	内务省颁布《都市计划法》
	1920年	大正9年	明治神宫创建 明治神宫▶p.246

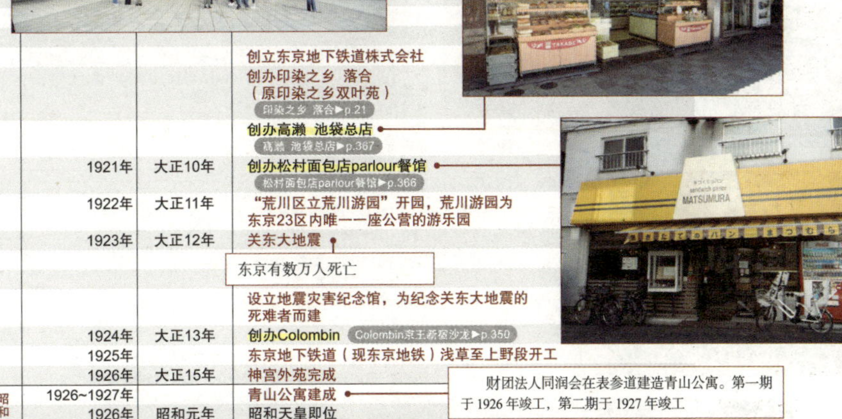

第122代天皇明治天皇与昭宪皇太后供奉为神

时代	公元	日本历	日本国内主要事件 / 东京事件
			创立东京地下铁道株式会社
			创办印染之乡 落合（原印染之乡双叶苑） 印染之乡 落合▶p.21
			创办高濑 池袋总店 高濑 池袋总店▶p.367
	1921年	大正10年	创办松村面包店parlour餐馆 松村面包店parlour餐馆▶p.366
	1922年	大正11年	"荒川区立荒川游园"开园，荒川游园为东京23区内唯一一座公营的游乐园
	1923年	大正12年	关东大地震

东京有数万人死亡

时代	公元	日本历	日本国内主要事件 / 东京事件
			设立地震灾害纪念馆，为纪念关东大地震的死难者而建
	1924年	大正13年	创办Colombin Colombin京王都宿沙龙▶p.350
	1925年		东京地下铁道（现东京地铁）浅草至上野段开工
	1926年	大正15年	神宫外苑完成
昭和	1926~1927年		青山公寓建成
	1926年	昭和元年	昭和天皇即位
	1927年	昭和2年	日本第一条地铁（东京地下铁道）线路，银座线开通

财团法人同润会在表参道建造青山公寓。第一期于1926年竣工，第二期于1927年竣工

从上野站到浅草站的2.2公里是地铁运营的开山之作

时代	公元	日本历	日本国内主要事件 / 东京事件
			创办宝汤 宝汤▶p.37
	1927年	昭和2年	创办文库屋"大关"浅草店 文库屋"大关"浅草店▶p.357
	1928年	昭和3年	创办银座 鲁邦 银座 鲁邦▶p.376
	1929年	昭和4年	开始陷入世界恐慌
			服部钟表店再建工程重启
			创办万福 万福▶p.337
	1930年	昭和5年	地震灾害纪念馆建成
			举办帝都复兴节，地震灾害重建工作告一段落

因关东大地震而中断建设的再建工程重启

东京历史年代表

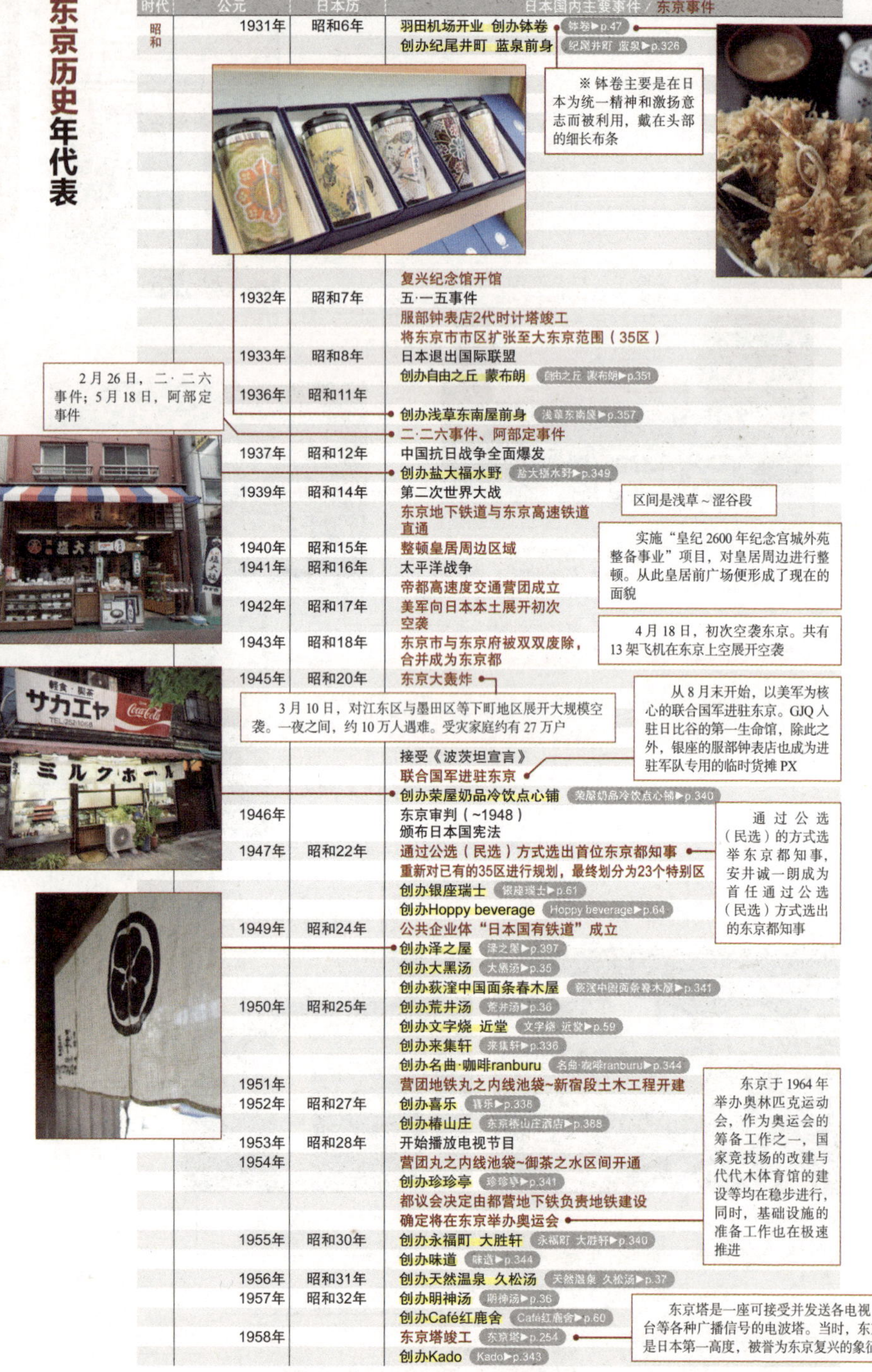

时代	公元	日本历	日本国内主要事件 / 东京事件
昭和	1931年	昭和6年	羽田机场开业 创办钵卷 钵卷▶p.47
			创办纪尾井町 蓝泉前身 纪尾井町 蓝泉▶p.326
			复兴纪念馆开馆
	1932年	昭和7年	五·一五事件
			服部钟表店2代时计塔竣工
			将东京市市区扩张至大东京范围（35区）
	1933年	昭和8年	日本退出国际联盟
			创办自由之丘 蒙布朗 自由之丘 蒙布朗▶p.351
	1936年	昭和11年	
			创办浅草东南屋前身 浅草东南屋▶p.357
			二·二六事件、阿部定事件
	1937年	昭和12年	中国抗日战争全面爆发
			创办盐大福水野 盐大福水野▶p.349
	1939年	昭和14年	第二次世界大战
			东京地下铁道与东京高速铁道直通
	1940年	昭和15年	整顿皇居周边区域
	1941年	昭和16年	太平洋战争
			帝都高速度交通营团成立
	1942年	昭和17年	美军向日本本土展开初次空袭
	1943年	昭和18年	东京市与东京府被双双废除，合并成为东京都
	1945年	昭和20年	东京大轰炸
			接受《波茨坦宣言》
			联合国军进驻东京
			创办荣屋奶品冷饮点心铺 荣屋奶品冷饮点心铺▶p.340
	1946年		东京审判（~1948）
			颁布日本国宪法
	1947年	昭和22年	通过公选（民选）方式选出首位东京都知事
			重新对已有的35区进行规划，最终划分为23个特别区
			创办银座瑞士 银座瑞士▶p.61
			创办Hoppy beverage Hoppy beverage▶p.64
	1949年	昭和24年	公共企业体“日本国有铁道”成立
			创办泽之屋 泽之屋▶p.397
			创办大黑汤 大黑汤▶p.35
			创办荻窪中国面条春木屋 荻窪中国面条春木屋▶p.341
	1950年	昭和25年	创办荒井汤 荒井汤▶p.36
			创办文字烧 近堂 文字烧 近堂▶p.59
			创办来集轩 来集轩▶p.336
			创办名曲·咖啡ranburu 名曲·咖啡ranburu▶p.344
	1951年		营团地铁丸之内线池袋~新宿段土木工程开建
	1952年	昭和27年	创办喜乐 喜乐▶p.338
			创办椿山庄 东京椿山庄酒店▶p.368
	1953年	昭和28年	开始播放电视节目
	1954年		营团丸之内线池袋~御茶之水区间开通
			创办珍珍亭 珍珍亭▶p.341
			都议会决定由都营地下铁负责地铁建设
			确定将在东京举办奥运会
	1955年	昭和30年	创办永福町 大胜轩 永福町 大胜轩▶p.340
			创办味道 味道▶p.344
	1956年	昭和31年	创办天然温泉 久松汤 天然温泉 久松汤▶p.37
	1957年	昭和32年	创办明神汤 明神汤▶p.36
			创办Café红鹿舍 Café红鹿舍▶p.60
	1958年		东京塔竣工 东京塔▶p.254
			创办Kado Kado▶p.343

※钵卷主要是在日本为统一精神和激扬意志而被利用，戴在头部的细长布条

2月26日，二·二六事件；5月18日，阿部定事件

区间是浅草～涩谷段

实施“皇纪2600年纪念宫城外苑整备事业”项目，对皇居周边进行整顿。从此皇居前广场便形成了现在的面貌

4月18日，初次空袭东京。共有13架飞机在东京上空展开空袭

3月10日，对江东区与墨田区等下町地区展开大规模空袭。一夜之间，约10万人遇难。受灾家庭约有27万户

从8月末开始，以美军为核心的联合国军进驻东京。GJQ入驻日比谷的第一生命馆，除此之外，银座的服部钟表店也成为进驻军队专用的临时货摊PX

通过公选（民选）的方式选举东京都知事，安井诚一朗成为首任通过公选（民选）方式选出的东京都知事

东京于1964年举办奥林匹克运动会，作为奥运会的筹备工作之一，国家竞技场的改建与代代木体育馆的建设等均在稳步进行，同时，基础设施的准备工作也在极速推进

东京塔是一座可接受并发送各电视、电台等各种广播信号的电波塔。当时，东京塔是日本第一高度，被誉为东京复兴的象征

时代	公元	日本历	日本国内主要事件 / 东京事件
昭和	1960年	昭和35年	都营地铁1号线，“押上”～“浅草桥”段通车，并率先实行公营铁路与私营铁路间的贯通运营（开始与京成线相互贯通）
	1961年	昭和36年	创办Dug jazz Café & Bar的前身DIG Dug jazz Café & Bar▶p.380
			创办Hope轩千驮谷店 Hope轩千驮谷店▶p.338
	1962年	昭和37年	创办Katsu吉 水道桥店 Katsu吉 水道桥店▶p.44
			创办雀之宿 雀之宿▶p.64
	1963年	昭和38年	东京希尔顿酒店（现由东急创办的卡皮托尔酒店） 东急卡皮托尔酒店▶p.392
	1964年	昭和39年	东海道新干线开通
			第18届夏季奥林匹克运动会在日本东京举办
			创办花房 花房▶p.48
			创办丘 丘▶p.345
	1965年	昭和40年	创办新宿pit in 新宿pit in▶p.381
	1967年	昭和42年	美国将小笠原群岛返还给日本
	1968年	昭和43年	霞关大厦竣工，是当时日本第一高的超高层大厦
	1969年		创办B.Y.G B.Y.G▶p.382
	1972年	昭和47年	创办新宿RUIDO 新宿RUIDO K4▶p.382
	1973年	昭和48年	创办邦迪神保町总店 邦迪神保町总店▶p.335
	1975年	昭和50年	“高岛平住宅区”开始入住
			下北泽LOFT开业 下北泽LOFT▶p.381
	1976年	昭和51年	位于新宿的livehouse LOFT开业 LOFT▶p.380
	1977年	昭和52年	创办小津和纸 小津和纸▶p.18
	1977年		创建东京塔大神宫 东京塔大神宫▶p.26
	1981年	昭和56年	涩谷eggman开业 涩谷eggman▶p.383
	1982年	昭和57年	创办garial garial▶p.335
	1983年	昭和58年	创办你好 总店 你好 总店▶p.62
	1986年	昭和61年	创办银座雪利酒俱乐部 银座雪利酒俱乐部▶p.378
	1989年		昭和天皇驾崩
平成	1989年	平成元年	明仁天皇即位
	1991年	平成3年	东京都厅迁移至新宿
	1992年	平成4年	创办天乃川 天乃川▶p.377
	1995年	平成7年	东京地铁毒气事件
	1997年	平成9年	创办九十九拉面惠比寿总店 九十九拉面惠比寿总店▶p.339
	1997年		创办毛利酒吧 毛利酒吧▶p.374
	1998年	平成10年	创办BAR DECE BAR DECE▶p.375
	2000年	平成12年	创办维尔戈啤酒 维尔戈啤酒▶p.66
	2003年	平成15年	创办银座Samboa 银座Samboa▶p.378
	2004年	平成16年	创办Nikka blender's bar Nikka blender's bar▶p.379
	2005年	平成17年	创办赤坂 冰川 赤坂 冰川▶p.325
	2008年	平成20年	创办Cave de Champagne divin Cave de Champagne divin▶p.377
	2009年	平成21年	创办加贺生麸割烹 神乐坂 前田 加贺生麸割烹 神乐坂 前田▶p.323
			创办赤坂 归燕 赤坂 归燕▶p.324
	2010年	平成22年	创办本地啤酒八蛮 本地啤酒八蛮▶p.66
			创办The capitol bar The capitol bar▶p.379
	2012年	平成24年	创办东京晴空塔小镇
			创办鮨处 山田 鮨处 山田▶p.316
	2013年	平成25年	2020年东京奥运会·残奥会申办成功
	2014年	平成26年	创办寿司屋勘六 寿司屋勘六▶p.317
	2015年	平成27年	创办小料理 石井 小料理 石井▶p.320
	2016年	平成28年	创办东京深川葡萄酒庄东京 深川葡萄酒庄东京▶p.67
	2018年	平成30年	创办深川葡萄酒园 深川葡萄酒园▶p.67
			创办和食器法式餐厅Komorebi 和食器法式餐厅Komorebi▶p.321
			创办面屋火男银座店 面屋火男银座店▶p.339
令和	2019年	令和元年	改年号，德仁天皇陛下即位
	2020年		东京奥运会·残奥会延期

地上最高 36 层，高 147 米

当时，高层的共同住宅还十分罕见

在布宜诺斯艾利斯举办的 IOC 总会上申办成功

通过历史建筑了解东京历史

造访江户时代前的三大建筑物

东京最古老的佛教寺院

浅草寺

修建浅草寺

推古天皇 36 年（628 年），身为渔民的桧前滨成与桧前竹成两兄弟在捕鱼时，捞起了一座雕像，当地元首土师真中知获悉后，将其作为圣观世音菩萨供奉在了自己家中的寺庙，这便是浅草寺的起源。浅草寺的正式名称为金龙山浅草寺，据说，观音显灵时，天空中会出现一条拥有金色鳞片的龙，这便是山号金龙山的由来。

从灾祸当中复活

浅草寺在长久 2 年（1041 年）的大地震中倒塌，在那之后，本堂落成，但是，又在 28 年后的火灾中被焚毁。仁安 4 年（1169 年），通过用舜上人等的努力，终于完成复建。

源平合战

治承 4 年（1180 年），源赖朝追随逃跑的平氏进入武藏国后，前往浅草寺参拜并祈愿能够在战争中获得胜利。镰仓时代初期，寺内陈列了 33 座观音像，从此，浅草寺便成为东京都内唯一一座朝圣者经常光顾的寺庙。

江户幕府与浅草寺

因崇拜者源赖朝曾一直对此地抱有信仰，同时，身旁的天海大师也不断提出建议，德川家康入府时，将浅草寺定为祈愿场所。

关原之战前还曾在此祈福。

文明开化

明治维新后，浅草寺所在地因公收被纳入东京府的管辖区域。浅草寺被指定用作公园，所在之地建造了多家电影院以及日本第一座装有电梯的展望塔“凌云阁”等。

浅草寺成为浅草地区的核心，作为市民的一大观光地，展现了它熙攘热闹的一面。

在战争中消失

昭和 20 年（1945 年），在东京大轰炸中，以本堂为代表的历史性建筑物被焚毁。

1951 年，重新兴建本堂，经过 7 年的时间，完成了重建。

DATA p.156

※ 图片 © 浅草寺

本　堂

山墙状的高斜坡大顶是本堂特征所在。外阵有川端龙子作画的“龙之图”、堂本印象作画的“天人之图”与“散华之图”等天井画。登上内阵，可以近距离地观看到安放有圣坛的宫殿。

五重塔与宝藏门

1973 年完成重建的五重塔的最上层放置有斯里兰卡传来的舍利子。此外，浅草寺的山门，之前名叫仁王门，昭和再重建后才称为宝藏门，里面收藏有经文与寺宝，位于两端的两间，分别安放有仁王像。

时代更迭，让我们把目光聚焦在至今依然保留在东京都内的这些远古神庙吧。

浅草神社 ▶ p.162、p.161、p.163

庆安2年（1649年）创建

浅草寺医院

浅草寺福祉会馆

影向堂

浅草寻人启事石标 ▶ p.162

西佛墓碑 ▶ p.162

本 堂

钱塚地藏堂

浅草寺二天门 ▶ p.162

▶ p.162 浅草寺六角堂

六地藏石灯笼 ▶ p.162

药师堂

淡岛堂

宝藏门

抽签占卜

浅草寺的占卜签十分闻名，抽出“凶”签的比率约为30%。不妨亲自尝试一番！

五重塔

常香炉

参拜者拜佛敬神时常用香炉焚香，同时，香炉中供奉着的香能产生巨大的烟雾，由此穿过，可在烟雾中将化身体

弁天堂

浅草寺幼儿园

儿童图书馆

传法院

筑波Express浅草站方向

传法院大街

镇护堂

筑波Express浅草站方向

浅草仲见世 ▶ p.162

东武线浅草站方向

新仲见世大街

东京地铁银座线浅草站

都营浅草线浅草站

雷门

供奉有风神像与雷神像的入口之门。中间的红色大灯笼作为浅草的象征而闻名

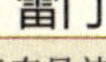

雷门大街

与德川将军家族共度荣枯盛衰

宽永寺

以权势为荣的江户时代

德川家康曾为天海僧的信徒，天海奉德川家康之命，于宽永 2 年（1625 年）在位于上野的山上创建寺庙。寺庙位于江户城东北部，型制模仿京都皇宫驱鬼之山的比叡山延历寺，号东叡山（东部的比叡山）。宽永寺也是德川家族的菩提寺之一，共有吉宗等 6 位将军被埋葬于此，历代住持均由皇族担任，形制与规模均为日本顶级水平。

戊辰战争（上野战争）

幕府末期，官兵对躲藏在宽永寺中的彰义队展开总攻击，建筑几乎完全被焚毁。明治维新期间，宽永寺被没收，复建后又再次因地震灾害与空袭而遭到了巨大的摧毁。现在，重建后的宽永寺作为传播江户时期兴旺与繁荣历史的寺院，备受东京市民喜爱。

DATA p.153

宽永寺（根本中堂）

祭祀天台宗创建者、传播最澄之作的药师琉璃光如来。原本位于上野公园喷泉广场一带，但是，在戊辰战争中遭到焚毁，经过重建，后来便成了现在的样子。

不忍池弁天堂

宽永寺模仿位于琵琶湖竹生岛的寺院而建，因此，以前游人曾一直乘船参拜。谷中七福神之一。

宽永寺五重塔

宽永寺五重塔高 36 米，安静地矗立在热闹的上野动物园的一角。五重塔建成于寺庙完工 6 年后，但是，现在的塔是在昭和时代修建的。

清水观音堂

宽永寺最古老的建筑。模仿京都的清水寺，以舞台营造的方式进行建造，本尊也是从清水寺请来的。

重要文化遗产

反复出现在彩印中的江户名胜

大本山 增上寺

邂逅德川家康

净土宗大本山创建于室町时代。家康入驻江户时经过寺院前，与住持有过交流，以此为契机，大本山得到了发展。家康在战争前曾向增上寺的本尊祈愿。在那之后，一统天下，因此，大本山增上寺广受好评。据说，在最兴盛的时期，这里曾有120间佛堂。

江户三大名钟之一

明治时期，大殿曾因大火惨遭焚毁。因浮世绘而闻名的五重塔也在空袭中被摧毁。但是，“芝之钟”至今依然得到了很好的保存，让世人有幸欣赏到它美妙的钟声。

DATA p.255

德川将军家族墓地

这里是二代将军秀忠等6人、皇女和宫等正室5人以及桂昌院等侧室5人的墓地。灵庙看上去十分壮丽，堪称国宝，但是，几乎在空袭中全部被摧毁掉了。

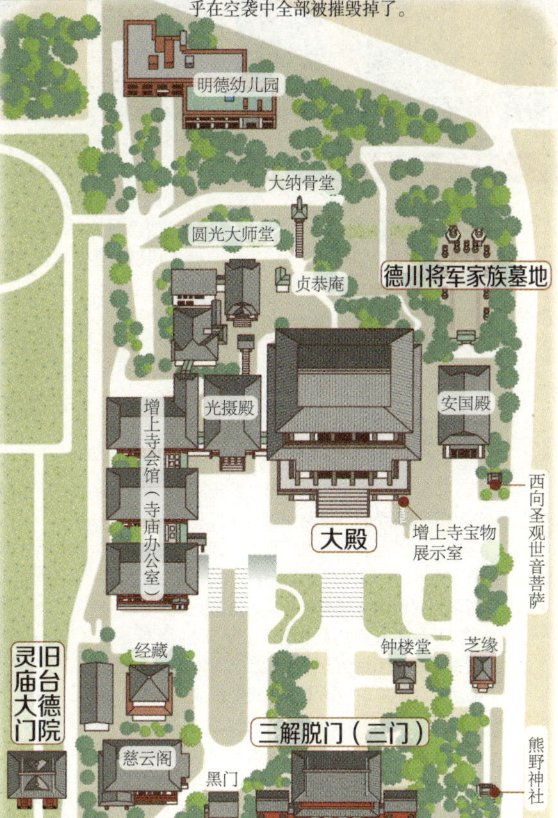

大殿

大殿是在战后重建的，因此，二层是本堂，三层是道场，地下是宝物殿，从构造上来看，极为罕见。

重要文化遗产

三解脱门

据说，穿门而入，便可从愤怒、凶猛以及愚昧中解脱，茅塞顿开。三解脱门于元和7年（1621年）创建。楼上安置有十六罗汉像与释迦三尊像。

❖增上寺旁是德川秀忠墓的大门

大门创建于宽永9年（1632年），沿日比谷大街而建，外观呈红色。这里是少数未被空袭后火灾摧毁的建筑之一。

重要文化遗产

日本传统文化的典型代表

歌舞伎 欣赏

绘有凤凰花纹的红灯笼。由黑色、柿色、淡绿色这三种颜色组成的三色幕布。梆子发出响声，大幕拉开，远处的舞台传来表演者的声音。近 400 年来饱受岁月磨炼的风格美感艺术便开始了它为时 4 小时的表演。

歌舞伎的历史

歌舞伎起源于江户初期，因独创性的舞蹈表演而备受瞩目的美女阿国在当时被称为"倾斜的人"（意指穿着、行为、言语、性情奇怪的人，日语发音与歌舞伎相同），而这位妇孺皆知的美女便是歌舞伎的始祖。艳舞在当时身处东京的妓女中十分流行，但是，后以伤风败俗为由遭到严禁，后来，剧团变更办法，以年轻貌美的青少年男子扮演女人的角色，这也为现在的歌舞伎奠定了基础。

在文化四处开花的元禄期（17 世纪后半期），作为一种戏剧剧种，歌舞伎大肆发展。由初代歌舞伎演员市川团十郎在江户歌舞伎中出演正义勇者打斗场面的荒事流派以及由初代歌舞伎演员坂田藤十郎在上方歌舞伎中出演举止高雅的二枚目的恋爱场面的和事流派均博得非常高的人气。不久，剧场中便发明出了花道与旋转舞台等舞台设施。

歌舞伎的剧目大致有三类。一是以武士社会发生的事件为原型的历史剧，二是描写市民与庶民生活的故事剧，最后是优雅的舞蹈剧。除此之外，还有新歌舞伎与新作歌舞伎等。

选择听说过的剧目或者自己所了解的演员的演出

公演的选择方法

推荐剧目有以台词"不知且待俺相告"而闻名的《白浪五人男》、描写爽朗的超人英雄的《暂》、舞台服装极其华丽的《助六》以及彰显优雅的风格美感艺术的《劝进账》等。进入夏季，还会上演有幽灵与妖怪登场的惊悚剧目。

此外，新桥演舞场与国家剧场也会上演由年轻演员出现的剧目以及超级歌舞伎等最新作品。

从演出首日前几周开始，通过售票网或者电话申请购票

门票的购买方法

通过官方网站对公演信息进行确认，最好在发售开始后立即购票。

无论座位在哪里，都可以清晰地观赏到舞台上的表演，因此，最好选择可以看到花道的座位。建议购买一等席位。这样便可以饱享扣人心弦的表演了。门票销售设有会员优先通道，因此，普通售票渠道通常都是选剩下的席位。

TEL 0570-000-489

URL www.kabuki-biyo.jp

歌舞伎座►p.112

※受新冠肺炎疫情影响，公演、营业时间以及服务等有时会发生变更，因此，详细情况请咨询剧场

歌舞伎欣赏的基础知识 QA

Q 是否有着装规定?

A 没有特殊规定，但是，需要穿着适当的衣着前往。如果买到了一等座席，需要打扮得时尚一些。

服装应根据座席情况做出选择。“一幕见席”（只选择其中一幕观赏）多为海外游客，日常的休闲装扮即可。但是，位于一层前方、花道附近以及栈敷席等处也会有身着和服的观众，因此，着装上最好不要打破整体的观赏氛围。

Q 是否有时长较短且价位适中的剧目?

A 建议选择歌舞伎座的一幕见席，可以在短时间内完成观赏

每个剧目的票价控制在500~2000日元，价位适中。其他剧场有时也会根据公演剧目设置一幕见席。

Q 各剧目间的休息时段与表演结束后有何看点?

A 有便当与纪念品供观众选购，江户时期，也曾备受观众喜爱

馆内设有“花笼”与“凤”等用餐处，各剧目间的休息时间只有35分钟，因此，最好在开演前准备好便当。便当可以在地下二层的“回转炮塔”与各层的小卖部购买。出售纪念品与歌舞伎关联产品的商店位于一层与三层。

Q 耳机讲解有何作用?

A 在关键时刻进行解说，不会对剧目观赏产生任何影响。

耳机讲解会对演员的台词、故事情节、演出服装、音乐的含义以及歌舞伎所独有的一些礼节进行解说。剧场提供有偿租赁服务。

Q 对观剧礼仪进行深入了解

A 剧场的一般性礼仪即可。没有必要考虑得过于严肃、复杂。

歌舞伎本身就是一项庶民的娱乐项目，因此，轻松观赏即可。但是，演出期间不得进食。演员亮相的瞬间，狂热的仰慕者们会发出“成田屋（发音为naritaya）!”的呼喊声，但是，时机很难掌握，因此，为了保证万无一失，没有任何经验的新手最好不要轻易模仿。

第五代歌舞伎剧院落成于2013年。每年11月份，玄关的弧形屋顶处均会搭台
合作单位：松竹（株）·（株）歌舞伎座

世界上古老的舞台艺术之一

能乐 欣赏

仿佛漂浮在白洲上的主舞台就是一个“幽玄”的世界。季节在全年都不会变化的空间中发生变幻，没有表情的面部泪流两行。只有这一瞬间，才是能乐观赏的真实情感流露吧！

能乐的历史

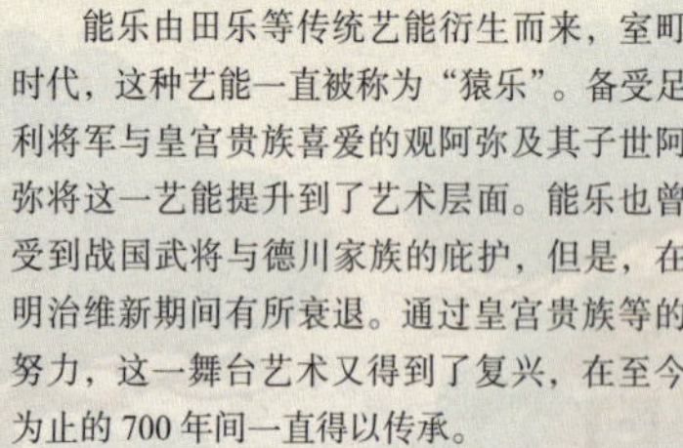

能乐的起源要追溯到奈良时代。

能乐由田乐等传统艺能衍生而来，室町时代，这种艺能一直被称为“猿乐”。备受足利将军与皇宫贵族喜爱的观阿弥及其子世阿弥将这一艺能提升到了艺术层面。能乐也曾受到战国武将与德川家族的庇护，但是，在明治维新期间有所衰退。通过皇宫贵族等的努力，这一舞台艺术又得到了复兴，在至今为止的700年间一直得以传承。

与结合大众审美逐渐发生变迁的歌舞伎相比，能乐受到了时代权力者的庇护，更加注重社会地位，因此，表演形式基本上被沿袭至今。所以，形式化的常规惯例更多。绘有老松树的主舞台没有发生过变化，同时，也没有任何舞台装置。能乐面具、装束以及走路的方法均已被模式化。相同的外形分别有不同的性格与心境，充分激发观赏者的想象力。演员的力量是能乐的一大看点。

选择富于变化的剧目。与歌舞伎的对比也是充满乐趣的一个体验

公演的选择方法

看点颇多的《道成寺》、富于变化的《船弁庆》以及经常用于婚礼的《高砂》等均为代表性剧目。

通过演员来做出选择也是方法之一，例如，经常在电视上出现的野村万斋等。建议将歌舞伎《劝进帐》及其原曲《安宅》放在一起观看。

国立能乐堂►p.303

正面·侧面·斜面（夹在正面与侧面中间的三角区域）·观看席位也是能乐欣赏的关键因素之一

门票的购买方法

东京都内有多家能乐堂，但是，公演类型覆盖所有流派的只有国立能乐堂。

从公演前1个月左右开始，可以通过国家剧场票务中心的官方网站或者电话进行预约。

费用方面，常规·普及公演的票价为2800日元~。学生可享受折扣优惠。也有当天的演出票出售。

TEL 0570-07-9900

URL ticket.ntj.jac.go.jp/

能乐欣赏的基础知识 QA

Q 公演由两个部分组成？

A 基本上，“能”与“狂言”两项会同时同台演出。需要2~3小时。严禁迟到！

国立能乐堂每个月有3~5次的公演，包括“能”与“狂言”分别演出一幕的常规公演以及附带解说的普及公演等，全年无休。观看席禁止进食，但是里面设有餐厅。

Q “能”与“狂言”的区别？

A 能是通过音乐与舞蹈表现的古典剧，狂言是有台词的喜剧表演。

能以谣与舞蹈为核心，描绘神与亡灵的交流以及人类的故事。狂言则通过滑稽的手势与台词达到无厘头的喜剧效果。二者结合，被称为能乐。

Q 装束的欣赏方法？

A 去除多余装饰的舞台，极尽奢华的豪华装扮。

特别是女性演员身上的装束，看上去十分华丽，即便是贫穷的角色，也依然会采用装饰有金丝银线的服饰，十分有趣。装束也是体现角色身份与年龄的一个重要手段，例如，身着红色装束的是年轻女性。

国立能乐堂中，从玄关到观看席这一段路程几经曲折，逐渐变暗。如此设计，也是为了让观看者能够很好地融入能的世界当中

国立能乐堂

日本国内较为罕见的大规模能乐堂，舞台上使用的是树龄高达400年的桧木。个人监察器上显示有台词，方便观众观看。此外，“能”公演期间，不得鼓掌。

请注意，演出期间切勿离场，也不能发出声音。

着装方面，穿着平时的休闲服饰即可。也会有很多身着牛仔服入场的观众。

MAP 别册 p.12-C1
住 涩谷区千驮谷4-18-1
TEL 03-3423-1331
交 从JR千驮谷站出发，步行5分钟
URL www.ntj.jac.go.jp/nou.html

绝对精彩！

在浅草畅享说书人剧场

说书人剧场为江户时代町人文化的发展做出了巨大贡献。这里自由的气氛与环境超出想象，因此，即便是新手，也可以在这里得到充分的享受。

随意进食，全天均可接触表演

浅草演艺中心

浅草演艺中心创办于1964年，是一家每天都可以听到喜剧故事的落语娱乐中心。落语协会与落语艺术协会每十天便会在此举办一场公演，每次都会对演出剧目做出调整。浅草演艺中心是演艺的殿堂，即便多次前往，也都会持有新鲜感。

观众席分为一层与二层，均为自由席位，无须对号入座。在舞台附近就坐，可以近距离地感受说书人的节奏与气息。在浅草演艺中心内可以随意进食，因此，在二层座席落座，可以一边享用浅草当地的土特产品，一边观看表演，这也不乏是一种十分有趣的享受。表演期间可以入场，因此，作为浅草观光的一个环节，希望你能在此享受那一份轻松愉快的体验。

MAP 别册 p.26-B1
住 台东区浅草 1-43-12
TEL 03-3841-6545
营 11:40~16:30、16:40~21:00 休 无 费 成人3000日元，学生2500日元，儿童1500日元
交 从筑波快线浅草站A1号出口出发，步行1分钟 CC 不可使用

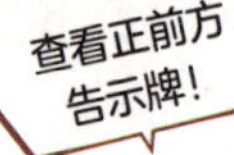

演艺中心分日场与夜场两个部分，告示牌上分别对两个场次的主持人（表演单口相声的艺人）做出了介绍并且配有照片。表演者都是已经广为人知的公众人物，即便是初次接触落语的观众，也熟识他们的姓名与长相，因此，可以充满期待地入场观看。

在哪里买票？

在这里，售票处被称为“木户”，入场费被称为“木户钱”。木户位于入口旁的小窗口，从11:00开始开放售票。成年人3000日元，学生2500日元，4岁以上的儿童1500日元。18:00之后还有折扣，因此，非常划算！

随时恭候您的光临！

通过节目表的颜色作出区分

对当天进行表演的出演者的姓名进行公示的节目表（节目安排）。黑色名牌的表演类型是落语与评书，红色名牌则为魔术与剪纸等其他演艺项目。上述通过颜色对节目类型进行区分的方法源于一种名为“色物”的物体（表示方位颜色的泥土）。

进入后，右手边有小卖部。一旦外出，则无法再次入场，因此，如果饿了，可以在此购买点心、面包以及酒类。此外，这里还出售毛巾、日历以及扇子等演艺关联商品，非常适合用作旅游纪念品。

还可以买到纪念品！

说书人剧场的基础知识

收票的工作人员负责迎宾

买票后直接入场。将门票交给正前方负责收票的工作人员，领取节目单。突发奇想地让看板猫咪吉萝莉前来迎宾也算是浅草演艺厅推出的一项令人备感期待的服务项目了。接下来，找到一个空着的席位，尽情地去欣赏落语吧！

◆什么内容？

即便是同一位出演者，在走上舞台前，表演内容都是不确定的。出演者会对已经完成表演的其他出演者的表演内容进行确认，然后再结合剧场的氛围确定自己的表演剧目，以防内容重复。

◆时间大概有多久？

没有明确的时间表，在休息前，表演一直持续进行。休息的间隙，剧场会对节目安排进行公示，因此，全天均可在此观看表演。除非安排有特殊公演，有时也会全天无间断演出。

◆有哪些极具人气的出演者？

要发掘自己喜爱的演员，例如，实力派或者靠颜值取胜的偶像派。正月的节目安排会集合各路明星，8月通常会由“笑点”的演员们通过乐器演奏与住吉舞蹈等将剧场气氛推向高潮。

序之口 序二段 三段 幕下 十两 幕内 前头 小结 关胁 大关 横纲

自江户时代起便从未发生过改变

职业相扑欣赏

在两国站下车后便可闻到迎面飘来的发油的气味。色彩斑斓的旗帜上，江户文字显得跃跃欲试。人们身着裤裙，茶屋大街上行人如织。在这里可以充分体验电视上看不到的环境氛围。

职业相扑的历史

有人说，相扑的历史可以追溯至1500年前，起初就是两名男性互相角力。古代日本，相扑是粮食丰收的占卜仪式，同时也是宫廷体育竞技项目之一。比赛前的跺脚仪式（四股）的目的是将场地中的恶鬼驱走，场地上还要撒盐，以达到净化的目的。场上有顶篷，四角悬挂的流苏中住有四神。相扑可以算作宗教仪式与演出的一个结合体。

江户时代，出现了以相扑为职业的大力士。在寺庙与神龛中举办的以为修建寺院、神社而募捐为目的的"劝进相扑"盛行一时，成了深受庶民喜爱的一个娱乐项目。据说，现在可以看到的各种模式的相扑运动，都是在这一阶段形成的。

明治42年（1909年），在定期演出的回向院（国技馆南侧）中建起一座专供相扑比赛使用的（旧）国技馆。战后，台东区藏前建成一座纯日式的国技馆，创建者若乃花、大鹏以及柏户等在当时极为活跃。这座国技馆在1984年新国技馆建成前的34年内一直持续使用。

从周日到下下周周日的15天。带孩子的观众与新手观众均可入场观战

东京本场所1·5·9月

"本场所"是日本相扑协会定期举行的职业相扑比赛。奇数月隔月举办（1、5、9月）。观众可根据喜好前往观战。比赛首日的前一天，会举行传统的土俵祭祀仪式，届时会在相扑环中央的孔洞中供奉海带、大米以及奠酒等，土俵祭祀仪式现在通常会免费对外开放。

两国国技馆▶p.182

除网络与电话之外，便利店也可购票。工作日票更易入手

门票的购买方法

约两个月前会进行网络预约与溜席（相扑环附近的座位）的电话预约。普通售票一般会在比赛前一个月的上旬开始。椅子席位3500日元~，榻榻米席位4人3万4000日元~。当天门票售价2200日元，7:45开售，在国技馆窗口购票。

TEL 0570-02-9310

URL sumo.pia.jp 两国国技馆▶p.182

序之口 序二段 三段 幕下 十两 幕内 前头 小结 关胁 大关 横纲

序之口 序二段 三段 幕下 十两 幕内 前头 小结 关胁 大关 横纲

职业相扑观战的基础知识 QA

Q 希望就相扑比赛的时间分配进行了解

A 为了配合电视转播，会通过比赛开始前摆架势的时间等进行调整。

首日与千秋叶场地赛的开赛时间较早。第 13 天之后，均从 10:00 开始。观众可自由离席，因此，如果疲于观战，可以在馆内转一转。除溜席之外，比赛期间也可自由进食。还可以喝啤酒。

- 8:00左右 **开场**：国技馆前的木质舞台上鼓声回荡
- 8:35左右 **序之口比赛**：无论面孔还是体格，看上去都涉世不深
- **序二段比赛**、**第三段比赛**：观众暂时较为稀少。不妨在这一阶段发掘一下将来的大关候补人！
- **幕下比赛**：以职业相扑选手称号为目标的炽烈之战，不容错过
- 14:15左右 **十两入场仪式**：梳着大银杏的职业相扑选手声势浩大
- 14:35左右 **十两比赛**
- 15:40左右 **幕内入场仪式**
- 15:55左右 **横纲入场仪式**：相扑观战的高光时刻。横纲的踩脚仪式，踩脚后发出"yoisyo"的吆喝声
- 16:00左右 **间歇**：休息时间。裁判会宣布次日的比赛安排
- 16:10左右 **幕内比赛**：千秋叶场地赛，过了17:00，大关、关胁以及小结会聚集在一起举行踩脚仪式
- 17:55左右 **冠军持弓入场仪式**：结束语最后举行壮丽的仪式

Q 大力士入场与送大力士离场时的注意事项？

A 近距离感受相扑手的硕大体型。运气好的话，还可以拿到签名。

除横纲与大关之外，幕内大力士会在 14:00 左右从国技馆南门进入。选手们即将面对比赛，因此，需注意不要给他们造成影响。比赛后，送选手离场时，有的选手还可能会为观众签名。再次入场的机会只有一次。

Q 国技馆是否有美食？

A 一边吃烤鸡一边观战！两只脚站立的鸡是这里的吉祥物

国技馆地下设有大型烤鸡工厂，人气极高，可用作下酒菜、便当、盖饭以及土特产品。此外，"场所"赛期间味道会多次发生变化的相扑部屋特制火锅也备受好评。可在地下宽敞空间等处享用。

序之口 序二段 三段 幕下 十两 幕内 前头 小结 关胁 大关 横纲

了解名作背景原型

东京关联 文艺作品与文学作品漫步

那些著名文豪们的相关史迹与故居散布于东京都内各处，还有很多名作的背景原型。下面就让我们一起在这些文化作品中肆意漫步吧！

生于新宿・终于新宿
三四郎池与千驮木的出租屋遗址也绝对不容错过

夏目漱石

夏目漱石是日本极具代表性的文豪，庆应3年（1867年）生于江户的牛込马场下横町（今东京新宿区喜久井町），平生大多数时间都生活在东京。明治36年（1903年），夏目漱石搬至位于千驮木的出租屋，这里便是《我是猫》中猫所在家庭的背景原型。这里也是森鸥外曾居住过的房子，遗址建有由川端康成题词的“猫之家”的遗址碑。夏目漱石逝世前9年曾一直居住的故居处建有漱石山房纪念馆。

在对资料进行收藏的县立神奈川近代文学馆的协助下，重现了书房内的家具、陈设、文具。在东北大学附属图书馆的协助下，对该图书馆中收藏的“漱石文库”中的藏书书脊进行了拍摄，制作出了书架中陈列的外文书籍。

新宿区立漱石山房纪念馆

DATA p.213

相关作品

《我是猫》（1905~1906年）

时任东京帝国大学教职工的漱石，在位于千驮木的出租屋中完成了《我是猫》一书。作品中出现的“芋坂团子”实际上就是日暮里的羽二重团子。

《三四郎》（1908年）

小说《三四郎》的背景原型在“猫之家”附近，位于东京大学校园内的“三四郎池”。主人公三四郎与女主人公美弥子在三四郎池相遇是十分著名的场景。

森鸥外的缘分之地
是以谷根千为代表的充满传统风情的区域

森鸥外

森鸥外是明治时期的文豪，文久2年（1862年）生于津和野，明治5年（1872年），随时任南足立郡医生的父亲静男搬到了位于现墨田区向岛的豪宅。搬家后，从明治25年（1892年）至离世，森鸥外曾一直生活在文京区千驮木。故居遗址处建有森鸥外纪念馆。位于足立区千住的中居町公园内，有建于大正5年（1916年），由森鸥外撰文的“大正纪念道碑”。森鸥外的墓地位于三鹰市下连雀的禅林寺。

文京区立森鸥外纪念馆

DATA p.173

相关作品

《青年》（1910~1911年）

在以谷根千为背景原型的《青年》中，主人公小泉纯一单手持鸥外设计描绘的“东京方眼图”散步。作品中还出现了森鸥外居所所在地千驮木的团子坂等。

《雁》（1911年）

《雁》是森鸥外的名作，连载于明治44年~大正3年的文艺杂志《昴》。作品的背景原型无缘坂十分著名，这一地区在佐田雅志的歌曲当中出现过。亲自在冈田的散步路线上走一走，也是非常有趣的一次体验。

还有很多出现在东京的作品！

松尾芭蕉	松尾芭蕉曾活跃于京都地区，之后迁居至日本桥。延宝8年（1680年），松尾芭蕉走出舒适圈，隐居于深川的芭蕉庵内。江东区内横跨小名木河的万年桥桥北有与芭蕉庵相关的史迹。
柄井川柳	柄井川柳是天台宗龙宝寺门前町的首领，同时，也是对江户文艺世界带来巨大影响的川柳的创始者。墓地所在地龙宝寺内放置着题有“寒风过境后，川柳方可萌出芽”的石板。
山东京传	山东京传是江户的畅销作家，在通俗小说领域也博得极高人气，作为“黄表纸”作家而闻名，吸引了广大读者。墓地位于墨田区的回向院。
十返舍一九	十返舍一九是因《东海道步行旅行记》而被世人熟识的江户时代的人气小说家。墓地位于中央区的东阳院，墓碑上刻有遗言“我的身体将与线香一同成灰，与世长辞”。
田山花袋	田山花袋11岁时来到东京，在南传马町的书店成为一名学徒。《东京三十年》便是花袋的自传。通过田山花袋的作品，可以深入地对不断变化与发展的东京以及明治社会进行发掘。
国木田独步	国木田独步是明治时期的文豪，被誉为自然主义先驱者，同时，还是《妇女画报》的创刊人。代表作有《武藏野》等。三鹰站北口处设有国木田独步碑，墓地位于青山灵园。

昭和时代文豪，作为作家，
太宰治居住时间最长的地区是三鹰

太宰治

身为作家的太宰治在武藏野·三鹰与家人开始了新的生活，同时，这里在第一次世界大战后成功变身成为军需产业地带。太宰治以前经常前往“伊势元酒店”买酒，因此，“伊势元酒店”遗址处开设有太宰治文学沙龙。太宰治的墓地位于写有《花吹雪》名句“我的脏骨头要是也埋在这么漂亮的墓地一角，或许死后能有救”的下连雀的禅林寺。这里还有太宰治所崇敬的森鸥外的墓地。

太宰治文学沙龙
DATA p.233

相关作品

《乞食学生》（1940 年）
太宰治的作品中经常会出现井之头公园。《乞食学生》中对动物园的孔雀等进行了描绘。

《作家的手帖》（1943 年）
作品中描绘了在三鹰市镇混在产业活动家群体中喝酒的场景等。

《黄村先生言行录》（1943 年）
在井之头公园内的中之岛水族馆中，主人公与黄村先生欣赏山椒鱼，表现得十分感兴趣。

《维庸之妻》（1947 年）
描绘了在雪松已经被移走的井之头公园的长椅上让孩子吃土豆的母亲。

家宅是一处坐落在江河交叉点
且独具风情的日式建筑
已被指定为东京都历史性建筑物

林芙美子

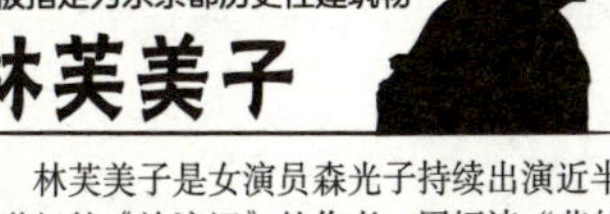

林芙美子是女演员森光子持续出演近半个世纪的《放浪记》的作者，因短诗“花的生命是短暂的，长的是人的苦难”而闻名。芙美子只身从尾道（现广岛县）来到东京，深爱大正至昭和初期有众多作家与画家居住过的江河交叉点，因此，在现在的中井地区构筑了自己的居舍。

林芙美子在昭和 16 年（1941 年）~1951 年 6 月 28 日离世前一直居住在这里，现在，林芙美子宅邸作为纪念馆对外开放。在这里，可以对京都的民居进行深入了解，在这处出自建筑家山口文象之手的茶道厅式日本建筑中，芙美子特色随处可见。

除了可以参观起居室、芙美子的书房以及为身为画家的丈夫绿敏设立的工作室之外，在能够体会到四季变迁的优雅庭院内走一走，也不乏是一种愉悦的体验。

相关作品

《放浪记》（1930 年）
《放浪记》是林芙美子的自传体长篇小说，主人公苦于饥饿与贫困，关东大地震后，在新宿做起了咖啡馆的女服务生，换过几次工作，但是，依然坚强地生活下去。

新宿区立林芙美子纪念馆 DATA 别册 p.8-C1
住 新宿区中井 2-20-1 电 03-5996-9207 营 10:00~16:00 休 周一（逢节假日延后一天） 费 150 日元，中小学生 50 日元 交 从地铁大江户中井站 A1 号出口·西武新宿线中井站北口出发步行 7 分钟

泉镜花	对川端康成、石川淳以及三岛由纪夫等产生影响的小说家，明治后期至大正期，以东京为背景原型的作品众多。新宿区南榎町与千代田区六番町有其故居遗址。
川端康成	大正时期至昭和初期，川端康成曾前往作为娱乐区而繁荣的浅草地区，基于上述经历写出了《浅草红团》一书，因细腻地对现实世界进行描写而被誉为都市文学杰作，同时，也是珍贵的时代记录。
永井荷风	对大地震后银座的风俗等进行记录的《断肠亭日记》中出现了至今依然存在的银座的一些著名场景。例如，将咖啡馆女服务生作为女主人公的《梅雨前后》与将新桥的花柳界作为背景原型的《比手腕》等。
三岛由纪夫	《走尽的桥》中以筑地地区为背景原型，描绘了四位身份迥异的女主人公为了实现心中的愿望，决心在满月之夜走完筑地河上的七座桥的悲喜情感。筑地河一带现在已经变为公园，可以看到桥的残垣断壁。
开高健	20 世纪 60 年代，开高健着手描写奥运会准备阶段的东京面貌的《东京记事》，因此作品，开高健作为专业的新闻纪实类作家而被人们熟识。作品中涉及日本桥、神保町、水道桥以及东京塔等著名地标。
田中康夫	处女座《无意间的水晶》的主人公是一名住在青山大街公寓的女大学生。书中涵盖 1980 年的前沿风俗，是极具风格的小说作品，风靡一时。

缘分之地的旅行

次文化动漫胜地东京图鉴

东京有众多在动漫作品中出现的街道与建筑等的原型，可谓动漫胜地，同时，还有很多与作家相关的缘分之地。除三大胜地之外，下面还会对关联景点做出介绍哦！

三鹰之森吉卜力美术馆 GHIBLI MUSEUM, MITAKA 1,100米→

三鹰之森吉卜力美术馆

三鹰之森吉卜力美术馆被誉为吉卜力粉丝的胜地。除了可以亲自体验吉卜力作品诞生现场的常规展示之外，还可以欣赏仅在此上映的原创短篇电影。

DATA p.232

龙猫

据说这里是电影《龙猫》的背景之一，被称为“龙猫森林”的实际就是横跨东京都与埼玉县的狭山丘陵。看上去富足繁茂的里山氛围极佳，看上去就好像有龙猫出现一般。

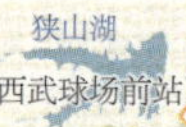

咯咯咯的鬼太郎

从调布站北口出发，步行2分钟即可到达的天神大街商店街上，以手捧眼珠老爹的鬼太郎为代表，有老鼠人、猫娘以及抹灰墙等妖怪纪念碑。

关联景点

NANA

调布站北口的天神大街的内部有在电影《NANA》中出现的杰克逊洞，可以饱享电影中出现的杰克逊汉堡。

侧耳倾听

《侧耳倾听》的背景是圣迹樱丘站的周边区域。“伊吕波坂”就是现在的“伊吕波坂大街”，除此之外，还有雫朝图书馆方向跑下的阶梯与环形交叉路等众多看点。

无赖布鲁斯

故事从主人公前田太尊入学位于吉祥寺的帝拳高中开始。井之头公园内的七井桥与露天舞台等是不容错过的看点。

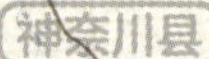

平成狸合战

以正在开发的昭和40年（1965年）的多摩新城为背景。狸猫们的根据地“菩提饼山万福寺”的原型龙生寺阿弥陀堂坐落在八王子市。

关联景点

猫的报恩

作品中出现的蛋糕店是以从新高圆寺站出发步行约5分钟便可抵达的“MYNT”为原型的。店铺现在正在迁址，但是可以买到作品中出现的“鱼形烧”。据说，阿佐谷的中杉大街与吉祥寺的商店街“吉祥寺松路”也是动漫场景的原型。

狭山湖
西武球场前站
多摩湖
拜岛站
立川站
西国分寺站
国分寺站
府中站
东京都
吉祥寺站
三鹰站
调布站
多摩川
八王子站
圣迹樱丘站
多摩中心站
神奈川县

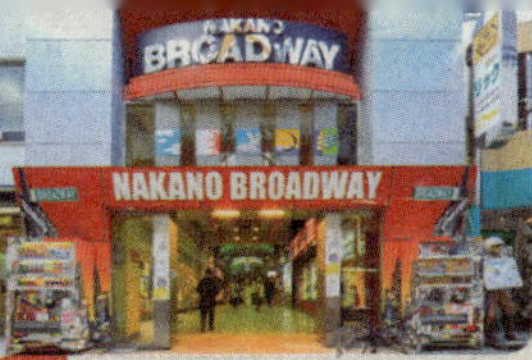

中野百老汇

动漫三大圣地

中野百老汇是核心宅的集会乐园，位于中野地区，通称御宅族大厦。以宅店之王 Mandarake1 号店为代表的，动画、漫画以及游戏等，日本的次文化在此聚集一堂。

乙女大道

动漫三大圣地

乙女大道指位于池袋站东口的阳光 60 西侧的街道，热爱动画与漫画的乙女们会从世界各地聚集在此。有很多杂志专卖店与动漫周边产品店等。

常盘庄英雄的纪念碑

坐落在南长崎花崎公园的纪念碑，底座上刻有常盘庄居民手冢治虫、藤子不二雄以及石之森章太郎等的自画像与签名。

明日之丈

关联景点

《明日之丈》中出现的古乡是 JR 南千住站附近的伊吕波会商店街。土手大街旁有小丈的雕像。

乌龙派出所

关联景点

"乌龙派出所"的原型，葛饰区的龟有站周边设置有 11 座乌龙派出所的铜像，南口的商店街还设有"少年两"的雕像。详细情况可通过官方网站进行查询。www.j-kochikame.com/special/map/kameari/index.html

赤羽站 龟有站 北千住站 南千住站 池袋站 日暮里站 千叶县 落合南长崎 阿佐谷 新高圆寺 中野站 秋叶原站 上野站 东京晴空塔 皇居 新宿站 东京站 明大前站 东京塔 涩谷站 樱新町站 目黑站 品川站 台场站 二子玉川站 荒川 东京湾 羽田机场 多摩川

秋叶原

动漫三大圣地

激萌都市秋叶原是日本极具代表性的次文化胜地，同时，这里还是御宅族的总本山。在这里有可能会遇到让动画、漫画以及游戏热衷者们无法自拔的宝贝哦!

等身大独角兽

塑像高 19.7 米。根据时间设定，大独角兽模式与破坏模式会相互转换，每天 19:00 开始，还会上演与图像演出相结合的"WALL-G"，每 30 分钟一场。

海螺小姐一家铜像

关联景点

东急田园都市线樱新町站周边设置有"海螺小姐"一家的铜像，共 12 座。西口的商店街大街作为海螺小姐大街被大家熟识。

起源于1732年暴坊将军·德川吉宗时代的“享保大饥荒”

隅田川花火大会

隅田川花火大会在每年7月的最后一个周六举行，约2万发烟花将夜空装点得五彩缤纷，逐渐成为东京夏季一道固定的风景线。其起源可追溯到约300年前。

“隅田川花火大会”这一活动名称是从1978年开始使用的。在那之前，花火大会被称作“两国川开”，截至1961年，这项活动曾一直在两国桥上游举办。享保17年（1732年），在享保大饥荒中有众多民众因饥饿而死，之后又有疫病流行，因此，时任第八代将军的德川吉宗为安抚因饥饿或疾病而死去的亡灵、驱散病魔，在隅田川举办“水神祭”，并且在两国桥周边燃放烟花，这便是花火大会的起源。作为有历史记载的花火大会，隅田川花火大会是日本历史最为悠久的烟花燃放活动。现在的隅田川花火大会通常会在樱桥——言问桥段以及驹形桥——厩桥段这两个会场举行。

第四章 美食

※ 受新冠肺炎疫情影响，店铺营业时间会发生变更，详细情况请咨询店铺

在胜地江户饱享 江户前寿司！

江户前寿司是日本引以为豪的日式料理之一，同时，也是手握寿司的始祖。为了能够时刻保持新鲜感，人们对生海鲜进行各种加工后放在寿司饭上，轻松地坐在街边享用，这便是江户前寿司的起源。

在流通极为发达的当今社会，职业寿司师傅深层发掘海鲜美味的“工作”依然得到了很好的传承。

江户前寿司入门

江户时代，江户前寿司是通过街边小吃的形式提供给人们食用的快餐。江户时代的寿司师傅华屋与兵卫对这种食物进行了推广，面对顾客制作的手握寿司在性情急躁的江户人中备受好评。江户前即为东京湾，除此之外，还有另外一层含义，那便是江户前的工作。煮制、浸泡、通过醋与盐对食材进行腌制，各个环节体现了我们对美食的追求。（吉野鮨总店第五代店主吉野正敏）

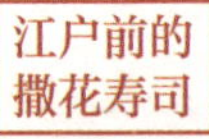

斑鰶寿司

江户前寿司的代表之一，斑鰶寿司是非常容易体现寿司师傅技艺的一种撒花寿司。使用盐与醋恰到好处地进行腌制，使斑鰶那浓厚的鲜味与香气得到升华

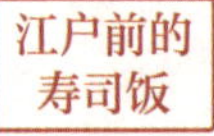

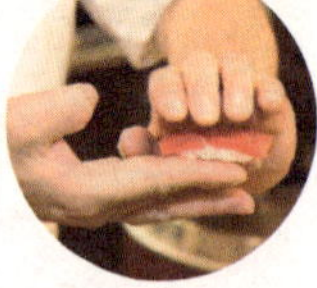

寿司饭

江户前寿司的寿司饭使用传统的、口感醇厚鲜美的红醋与盐进行加工，口味十分清淡。未使用砂糖，凸显海鲜所特有的鲜味

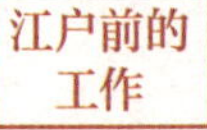

去酒精味酥

江户前寿司的寿司饭中并未使用砂糖，加入酱油，使味酥的甜味与酱油的香气完美结合，达到最佳的平衡状态

酱汁

在煮制康吉鳗的高汤中加入酱油、砂糖以及味酥，对味道进行调整的同时，长时间小火熬制。火候的掌握非常重要，对寿司师傅的手法与技巧有着很大的考验

日本桥

保持沿用江户前寿司的古老传统，拥有 140 年历史的名店

吉野鮨总店

伫立在日本桥建筑群中的一家创建于明治 12 年（1879 年）的老字号寿司店。准确的判断力与江户前的技艺世代相传，给到访的食客带来味觉上的享受。金枪鱼肚腩寿司至今依然拥有居高不下的人气，而吉野鮨总店作为首家推出这一品类的店铺，也拥有了非常高的知名度。在只选择食用金枪鱼瘦肉的时代，将肚腩部分用作食材提供给广大食客，因顾客“入口即化”的评价，将其命名为“toro（与入口即化的发音类似）”，金枪鱼肚腩寿司就此在日本全国范围内得到推广。创业以来，寿司饭的制作过程中仅采用红醋与盐这两种调味品，在撒花寿司上涂抹去酒精味醂后上餐也是永久不变的传统。店主秉承“按照自己的想法尽情地享受喜欢的美食”的理念，店铺环境不会让人有高门槛的感觉，一切都非常亲切，氛围颇具魅力。

MAP 别册 p.17-B3

住 中央区日本桥 3-8-11　TEL 03-3274-3001　营 11:00~14:00、16:30~22:00（周一～周五）　LO 13:45、21:00（周一～周五）　休 周日 · 节假日　交 从地铁日本桥站 B1 号出口出发步行 3 分钟　CC ADJMV（午餐不支持）　2000 日元～　1 万日元～

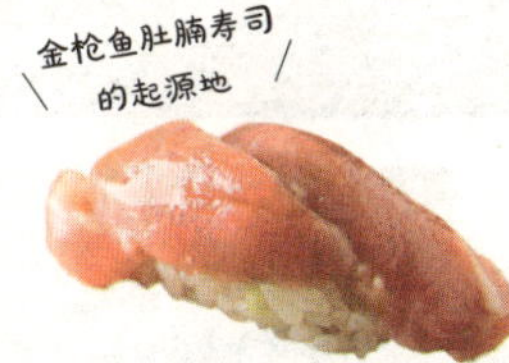

对时间与产地进行严格把控，选择最为优质的金枪鱼作为店内食材

为了能够手持进食，煎得很薄的鸡蛋烧与寿司饭达到了完美的平衡

❶包含金枪鱼肚腩、康吉鳗等手握寿司与寿司卷在内的午餐，售价 2000 日元～ ❷主厨将制作完成的寿司放在顾客面前，嘴里寒暄道：“请尽情享用吧！” ❸几经搬迁，却一直在日本桥区域经营 ❹一层是吧台与桌台。二层有包间

餐馆未采用点餐制，供应菜品均由主厨一人决定，餐品包含15贯寿司。如果对餐品以及主厨的世界观十分欣赏，可以再追加点餐

店铺设在群居大楼通道的尽头

店内共有8个吧台席位，分两个时段供餐

极具冲击力的紫色门帘是这家餐馆的一大标志

银座

独具故事性的15贯寿司

鮨处 山田

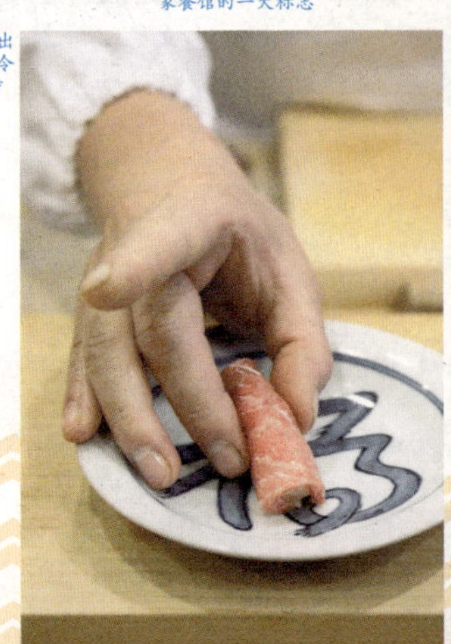
不知道会出现什么，令人备感期待

店主坚信“手握寿司的顺序极为重要”，通常会根据每天的撒花寿司的种类制作出独一无二的餐品。每次食用，食材在口中的变化都令人备感期待，即便没有小菜与生姜，也完全可以得到满足。

咸干鱼是这家店的特色餐品，但是，除此之外，店家还会提供没有过夜的鲜肉系列。据说，经过寿司师傅的处理，鱼的鲜味能够在最大限度上得到发挥，并且独具故事性，给各位食客留下最美好的记忆。如果要补充点单，店家还为顾客准备有专供补充点单使用的套餐清单，服务十分到位。寿司饭使用的是宫城登米市的笹锦稻米。这里的寿司口味清淡，即便大量食用也不会感到腻烦。餐馆供餐时间为18:00~与20:30~两个时段。

MAP 别册 p.20-B1

住 中央区银座 7-2-14 电 03-3572-7534 营 18:00~22:00 休 周日·节假日 交 从地铁日比谷站 A1 号出口出发步行 4 分钟 CC ADJMV ☾ 1 万 5000 日元~

银座

时令手握寿司与使用时令蔬菜烹制的小菜备受好评

寿司屋勘六

店门朝银座·见番大街开设，方便顾客出入，氛围极佳

共有 16 个席位，其中，吧台席位 12 个，桌席 1 个

寿司屋勘六通常会营业至凌晨 2:00，想吃寿司与日餐时、想喝日本酒又想搭配一些下酒菜时，都可以来这家店。

整家店都会结合海鲜的情况来安排工作，同时，这里还备有味道浓郁且入口即化的咸鱼干。哪怕只是不经意间透露了自己的喜好，店家也会从当天的推荐菜单中挑选并且制作出刚好符合顾客口味的餐品，因此，即便是不知按照何种顺序点餐的寿司新手，也完全不用担心。

除了海鲜之外，吧台上还摆放有新鲜的蔬菜。这里有很多女性顾客，对凸显蔬菜清香的餐品十分青睐，情侣也可以将这里当作一个约会的绝佳场所。

MAP 别册 p.20-B1

住 中央区银座 8-7-21 第二东成大厦 TEL 03-3572-9675 营 18:00~次日 2:00 LO 休 周日·节假日 交 从地铁新桥站 1 号出口出发步行 3 分钟 CC ADJMV 1 万 5000 日元~

使用时令蔬菜烹制的菜品备受女性顾客青睐

营业至深夜，除蒸碗之外，还有其他小菜，种类十分充实

部分撒花寿司会使用红醋调味，例如虾类寿司等

江户东京蔬菜

江户时代至昭和中期在东京地区生产的传统蔬菜“江户东京蔬菜”。充分发挥土地特性的蔬菜，每一种都与众不同。

传统大藏萝卜

传统大藏萝卜起源于现杉并区周边的农民在江户时代发明的“源内tsumari萝卜”。

八王子生姜

从昭和初期开始投产。微辣，特点在于水分很大。

早稻田生姜

江户至大正时代，在早稻田周边种植。

谷中生姜

在水源丰富且不受午后阳光照射的谷中地区种植。

内藤辣椒

信州高远藩·内藤家在自家豪宅（现新宿御苑一带）种植。用作江户人十分喜爱的荞麦面的香料等。

寺岛茄子

以寺岛村（现墨田区）为核心进行种植。与其他品种相比，收获期更早。

龟户菠萝

根茎呈白色，长度较短，头部较细。在龟户相取神社周边种植。

八丈秋葵

与普通的秋葵相比，身形较大，口味甘甜，十分软糯。

足立的tsumamono

江户时代在三河岛村（现荒川区）周边大量种植。穗紫苏、番杏、叶芽、鲇蓼、北葱、雌株、芽紫苏7个种类被统称为足立的tsumamono。

练马萝卜

长度约为青首萝卜的两倍。更为辛辣。

马込三寸胡萝卜

西马込的农民笃对萝卜的品质进行了改良。无论颜色还是味道，都十分浓郁。

东京九眼独活（土当归）

幕末，在吉祥寺种植。能够品尝到第一季的九眼独活是江户人十分讲究的乐趣之一。

金町小蔓菁

明治末期，为了能够在4月左右提早收获，金町对此类蔬菜进行了改良。

马込半白黄瓜

越靠下越白。嚼劲十足，口感极佳。

品川蔓菁

像萝卜一样的细长外形是品川蔓菁的特征之所在。江户时期曾用作腌菜，是江户人餐桌上不可或缺的一个存在。

是极好的！

奶白菜

昭和40年间，在江户川区、葛饰区以及足立区种植。口感绵软。

泷野川牛蒡

元禄年间（1688~1704年）前后，开始在现北区泷野川周边种植。特点是非常柔软，甚至可以弯曲。

甘蓝型油菜

江户时期，在秋留野市、五日市周边种植。口感略甜。

拜岛小葱

根部较粗，葱叶很软。难以栽培，现在，在昭岛市农家的协助下，力求重新实现种植。

后关晚生小松菜

起源于小松河，由德川吉宗命名的芥末菠菜。

可以品尝到江户东京蔬菜的餐馆见下页

隐秘的东京美食！

可以享用江户东京蔬菜的餐馆

喜爱蔬菜的人会特别注意当地所特有的传统蔬菜。在供应江户东京蔬菜的餐馆中，可以品尝到东京应季食材做成的美食。

每两周会根据时令蔬菜的进货情况确定菜单。店内装饰有江户东京蔬菜的图片，是一种视觉享受

搭配新鲜蔬菜烹制的菜品
被美味的蔬菜唤醒

小料理 石井

因练马萝卜而闻名的练马，至今依然是东京都内最大的蔬菜产地。小料理石井餐馆利用地域的优势，从附近的直营店与农家采购时令蔬菜用于烹制。在这里，可以充分享用美味的江户东京蔬菜。

流通量日益减少的传统蔬菜，与在大型超市购买的普通蔬菜相比，不乏在辛辣与香气等方面充满奇妙感的菜品。但是，店主石井公平拥有“蔬菜专家”的称号，通过选用与蔬菜特性相符的烹饪方法，将蔬菜本身转化为特有的美味食材予以呈现。

店内毫不吝啬地使用最优质的食材烹制出美味菜品，就请在这里享用由江户东京蔬菜奏出的这篇和谐乐章吧！

MAP 别册 p.5-B4

住 练马区东大泉 5-36-14 TEL 03-4283-1430 营 11:30~14:00、17:30~22:00 LO 13:30、21:30 休 周日·节假日，每月第一个周一 交 从西武池袋线大泉学园站南口出发步行 3 分钟 CC MV（午餐不支持） 1760 日元 5940 日元~

使用寺岛茄子与其他时令江户东京蔬菜烹制的鸡肉蔬菜蒸碗

使用丰富的时令江户东京蔬菜烹制的“秋留野市　鸡肉蔬菜（江户东京蔬菜）蒸碗”是 Komorebi 定制套餐（需要提前预约）中的主要菜品。

将使用可以在东京获取的食材烹制的法式菜肴装在略显复古的日式餐具中。日式图形与蔬菜的组合，构成一幅完美的画卷

将东京当地食材、日式餐具以及法式烹饪手法完美地结合在一起

和食器 法式餐厅 Komorebi

和食器是一家法式餐厅，在食材方面极为讲究，选用的江户东京蔬菜、东京军鸡、秋川黑毛和牛、江户前与伊豆大岛直接配送的鱼类等，全部都是可以在东京买到的食材。

如果希望品尝到蔬菜的鲜香，可以选择使用二十余种在清晨现摘的蔬菜烹制的 Komorebi 定制套餐，售价 5000 日元。还可以选用在同一只盘子中加入寺岛茄子、空心菜、明日叶等 5 种蔬菜的菜品，此菜品每天都会从 48 种江户东京蔬菜中选择不同的蔬菜进行烹制。作为法式菜肴的主角，能够在菜品上浇满酱料后食用，那将是最为幸福的时刻。使用彰显日本美学意识的日式餐具，与餐具中雅致的蔬菜料理相结合，也是这家餐厅的看点之一。※ 菜单有时会发生变更

MAP 别册 p.5-C4

住 练马区上石神井 1-39-25 山崎之家 1 层　TEL 03-6904-8797　营 12:00~15:00、17:30~24:00　LO 14:00、23:00　休 不定期　交 从西武新宿线上石神井站那南口出发步行 5 分钟　CC ADJMV　☀ 1200 日元～　☾ 4000 日元～

探访饮食文化胜地！

高档餐厅午餐攻略

在高档餐厅，优质菜品、服务以及别具情调的家具等，均让人沉浸于统一的世界观中，完全没有违和感。不妨通过一顿简单的午餐来尝试着品味其精髓之所在。

细腻而华丽的加贺怀石。每盘菜品逐一提供，因此，可以慢慢品味

手工拉门工艺等雅致的家具也十分引人注目

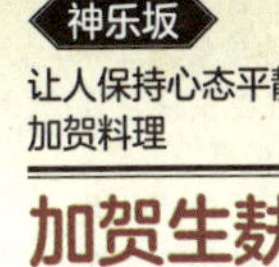

神乐坂

让人保持心态平静的加贺料理

加贺生麸割烹 神乐坂 前田

来到加贺生麸割烹神乐坂前田餐厅，可以静静地享受时间的流逝，仿佛市中心的喧嚣完全都不存在。在这里，宛如红叶与樱花乱舞的天花板工艺、使用仙鹤与松树进行装饰的手工拉门等，极具日本风情的看点随处可见。

午餐共有三种套餐，大量使用口感十分有嚼劲的加贺面筋，无论选择哪一种套餐，均可品尝到招牌菜品合鸭治部煮。浸满汤汁的面筋令人回味无穷。就在这雅致的氛围当中享用美食吧！

❶准备有可以直接观看厨师精彩的烹饪过程的吧台座席 ❷餐馆面向极具神乐坂风情的石板路而建。雅致的日式家具可以有效地提升情绪 ❸房间内的手工拉门看上去极为高雅，共有4间茶室包间，大小不一，每一间都极具个性，在茶室内可以观望位于餐馆内部的花园 ❹❺季节分明的花园与墙壁上的鲜花、灯笼等，静静地演绎着时间的流逝 ❻女店主松本美奈子 ❼餐馆所推崇的是慢生活。使用眼睛、舌头以及耳朵等五官，慢慢地享受菜品与餐馆的氛围

MAP 别册 p.34-B1

住 新宿区神乐坂 3-6 TEL 03-6457-5020 营 周一～周五 11:30~15:00、17:30~23:00，周六·周日·节假日 11:30~16:00、17:00~23:00 LO 周一～周五 14:00、21:30，周六·周日·节假日 15:00、21:30 休 无 交 从地铁饭田桥站 B3 号出口出发步行 3 分钟 CC ADJMV 午 4000 日元～ 晚 1 万日元～

赤坂

平凡地享受
细腻的日本料理

赤坂 归燕

从溜池山王站出发，步行 3 分钟即可到达。赤坂归燕的所在地仿佛就是一个可以让人躲藏的地方，店家以"希望顾客能够简单平凡地接触到日本料理"为宗旨，午餐时段提供统合日料精髓的日式套餐，小而精。

小碗与盘子连续排列，餐品令人激动。松软厚实的烤制食品与淋入芝麻油的生鱼片等，分量十足。主厨精心制作的菜品，与家庭料理不同，口感十分细腻。除日式套餐 1700 日元（含税）之外，午餐时间还会供应怀石料理，但是，需要预约。有时间时，不妨来尝试一下这里的怀石料理吧！

MAP 别册 p.44-C2

住 港区赤坂 2-18-8 TEL 03-3505-0728 营 周一~周五 11:30~15:00、18:00~21:00，周六 12:00~15:00、18:00~23:00 LO 13:00、21:00 休 周日·节假日 交 从地铁溜池山王站 12 号出口出发步行 3 分钟 CC ADJMV ☀ 1700 日元~ ☾ 1 万 3500 日元~

❶餐馆位于六本木大街内的一条小巷中。高楼大厦与归燕前的花园形成鲜明的对比，十分有趣 ❷餐馆内备有吧台席位、卡座席位以及包间 ❸❹店主石塚启晃 ❺❻在诱人的，像家一样的氛围中，享用细腻的日式餐品

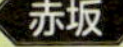

赤坂

口感与味道十分细腻
最大限度地发挥出了食材的鲜味

赤坂 冰川

这家日本料理店从日本全国各地选择 A5 级别的黑毛和牛与濑户内的海味等应季食材，结合顾客的要求，提供充满季节感的餐品。午餐以开店之初便拥有极高人气的炖金目鲷为代表，供应和牛柑橘醋与鲷鱼茶泡饭等四种餐品。午餐套餐内共包含 7 种品类，售价 4000 日元起，虽然地处赤坂，但是价位还是十分合理的，在这里可以品尝到烹制工艺非常讲究且足以使味蕾得到极大满足的餐品。晚餐套餐售价 8000 日元起。除了可以缩短与主厨距离的柜台席位之外，还备有桌子席位的半包间与可以自由放松享受的固定脚炉包间。

MAP 别册 p.43-A4

住 港区赤坂 6-15-1mitsuwa building1 层 TEL 03-3586-3008 营 11:30~13:30、17:30~22:00，仅周六晚上营业至 21:00 休 周日 · 节假日 交 从地铁赤坂站 6 号出口出发步行 5 分钟 CC ADJMV（午餐不可使用）☀ 1650 日元 ~ ☾ 1 万日元 ~

将高品质海鲷肉煮制为咸甜口味的菜品，搭配米饭食用，非常下饭

❶ 金目鲷炖菜口感精练，分量十足的鲷鱼肉非常入味，售价 1650 日元（含税）。配有温泉蛋与白芝麻布丁甜品等 ❷ 每天根据采购的食材创作崭新的菜品 ❸ 吧台共有 10 个席位 ❹ 从午餐时段开始供应餐品，让我们轻松地在这里享用美食吧

纪尾井町

在高档酒店内品尝美感十足的日本料理

纪尾井町 蓝泉

昭和6年（1931年）在筑地创办餐馆，从2004年开始，在新大谷饭店内筹备新店。一年四季，从日本全国各地严选食材，供应菜品主要是在常见日本料理的基础上采用中国菜与法餐等的烹饪手法烹制出的众多美感十足的菜品，是一场视觉上的盛宴。除了可以在柜台席位一边欣赏厨师高超的烹饪手法一边享用所点餐品之外，还可以在餐馆下设酒吧“RANSEN hanare”中品尝到200种以上的酒品、原创鸡尾酒以及蓝泉料理，能够享受餐前餐后那短暂的美妙时光。

MAP 别册 p.12-C2

住 千代田区纪尾井町4-1新大谷饭店the main arcade楼层 TEL 03-3514-1751 营 11:30~14:30、17:00~22:30，周六·周日·节假日~15:00、~21:30 LO 13:30、21:00，周六·周日·节假日14:00、20:00 休 无 交 从地铁麹町站2号出口出发步行6分钟 CC ADJMV 5000日元~ 1万日元~

❶每个月都会更换的午餐菜单，售价5000日元。配有可令女性顾客感到快乐的六种甜品 ❷设有风格各异的3个包间 ❸由桧木制成的一体式吧台让菜品看上去更为高档 ❹充满日式风情的空间 ❺无微不至的照顾与关怀也极具魅力 ❻位于餐馆最里侧的RANSEN hanare ❼老字号酒店内一角

神田须田町一丁目

探访昭和复古建筑

从因聚满顾客而热闹非凡的 mAAch ecute 神田万世桥进入小巷中后，立刻就可以看到仿佛回到战前时期的一个场景。这里便是由外堀大街、靖国路以及神天河环绕的神田须田町一丁目。曾经被称为连雀町的这个三角地带，在明治末期创建万世桥站，集中有多条有轨电车线路。还有青果市场，据说是东京最热闹的区域。

第二次世界大战期间，临近神田的地区反复遭到燃烧炸弹的攻击，完全变成了一片火海，但是，仅此一个角落出乎意料地免遭炸弹攻击，幸运地保留了下来。在那之后，河流与街道的火势停止蔓延，只有神田须田町一丁目附近的古老街道被保存了下来。

这样一条昭和复古老街备受众多作家喜爱。其中，作为美酒美食品尝家而被熟识的池波正太郎曾频繁地前往神田须田町。接下来，将就随笔《餐桌的情景》与《曾经的味道》中出现的 4 家餐馆做介绍。这几家餐馆均被东京都指定为历史性建筑物，历经风霜的建筑都充满了独特的风情。除此之外，邻近地区还有很多被指定为千代田区景观街道重要项目的建筑物，因此，可以一边饱享老字号餐馆的美味餐品，一边在街道上漫步观光。从淡路町站出发，一边慢慢地参观，一边前往万世桥方向，全程大概需要 30 分钟。

MAP 别册 p.32-C2

交 从东京地铁丸之内线淡路町站 A3 出口出发步行 2~5 分钟

东 京 东京都选定历史建筑

千代田 千代田区景观街道重要项目

神田松屋（池波正太郎十分热爱的神田的味道）

东 京 千代田 住 神田须田町 1-13

可以在靖国路上清晰地看到的手工荞麦面店。建造于关东大地震后的大正 14 年（1925 年），建筑拥有充满江湖风情的外观，由横木搭建且设有突出窗口的屋顶、分位左右两侧的出入口以及凿为松叶形状的门梃等，据说都是当时极具个性的设计风格。神田松屋是一家人气餐馆，前来享用美食的顾客会在门前排起长队，除了池波正太郎的著作中所提及的南蛮咖喱之外，芝麻荞麦面也非常有名。

鹰冈

千代田 住 神田须田町 1-3

返回至靖国路街后左转前行，下一个路口便是纤维贸易商社的大楼。这是一座昭和 10 年（1935 年）建的建筑物。一层使用的是锈石花岗岩，二层使用的是通体砖。窗户上的小旗让人印象深刻。

山本牙科医院

国家在册物质文化遗产 住 神田须田町 1-3-3

这是一座在昭和 4 年（1929 年）竣工的广告牌建筑。在鹰冈所在路口左转，并继续在下一个路口左转。这里看上去是一座钢筋混凝土建筑，但是，实际上是一栋木质三层建筑，使用镀锌钢板在表面进行了覆盖。广告牌建筑是指使用金属板与灰泥沙浆对表面进行覆盖的西式木质房屋，此类建筑在关东大地震后的复兴时期得到了大量的兴建。有菱形装饰、窗户以及窗框的设计等，现在看来依然十分具有现代感。

牡丹（池波正太郎十分热爱的神田的味道）

东 京 千代田 住 神田须田町 1-15

进入山本牙科医院正面的那条窄巷后便可看到这家餐馆。这家餐馆是一座建于昭和 4 年（1929 年）的木质建筑，为了达到防火的目的，外侧墙壁上涂抹有灰泥沙浆。三层是增建的部分。正如池波正太郎在作品中介绍的那样，来到这家雅致的鸡肉寿喜烧餐馆后，先从服务生处领取木质标签，然后，前往铺有榻榻米垫子的包间，店家会为顾客提供备长炭与铁锅。

Ananda 工房

住 神田须田町 1-17-11

在牡丹所在街角左转，立即可以看到位于右侧的钢板饰面的广告牌建筑，这是一家印度服饰店。铜板上的雕刻工艺极佳，但是，这是在进入 21 世纪之后增加的。

神田薮荞麦面

住 神田淡路町 2-10

位于 Ananda 工房北侧的街道上，是一家荞麦面名店。以前曾被选定为历史性建筑物，但是，2013 年在火灾中遭到焚毁。经过重建的纯日式建筑与由金阁寺栅栏（竹栅栏）环绕的庭园虽然是新建的，但是，依然值得一看。

伊势源（池波正太郎十分热爱的神田的味道）

东 京 千代田 住 神田须田町 1-11-1

从神田薮荞麦面正对的窄巷进入后南行，在牡丹所在街角左转，下一个街角便是伊势源。这家店起源于天保元年（1830 年），传承江户的传统风味，是日本经营鮟鱇鱼料理最有名的专卖店之一。在大地震中焚毁后，于昭和 5 年（1930 年）重建为一座 3 层木质建筑，表面涂有灰泥沙浆。2 层的栏杆雕饰、木质广告牌以及灯笼等可以让人感觉到浓厚的时代感。

竹村（池波正太郎十分热爱的神田的味道）

东 京 千代田 住 神田须田町 1-19-2

位于伊势源正对面的日式甜品店。红豆汤与酥炸馒头的人气极高。这座山墙建筑竣工于昭和 5 年（1930 年），是一座木质的 3 层建筑，顶端极具特征性。窗下的木质灯笼与竹制百叶窗完美地映在了木板外墙与店面的植物上。仔细观察便可发现，2 层的栏杆上有竹与梅的镂空雕刻。

向东前行后左转，便可抵达 mAAch ecute 神田万世桥。

内行人都知道的小餐馆！

走在大田市场

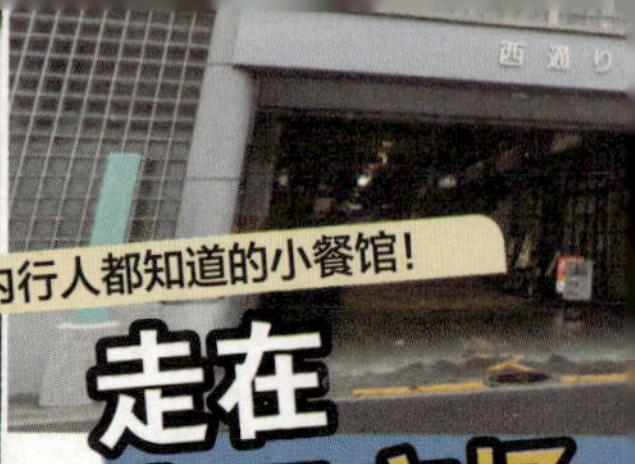

大田市场创建于平成元年。普通游客只能参观，但是可以在市场内的饮食店用餐。不妨在这里畅享分量满满且价位适中的美食吧！

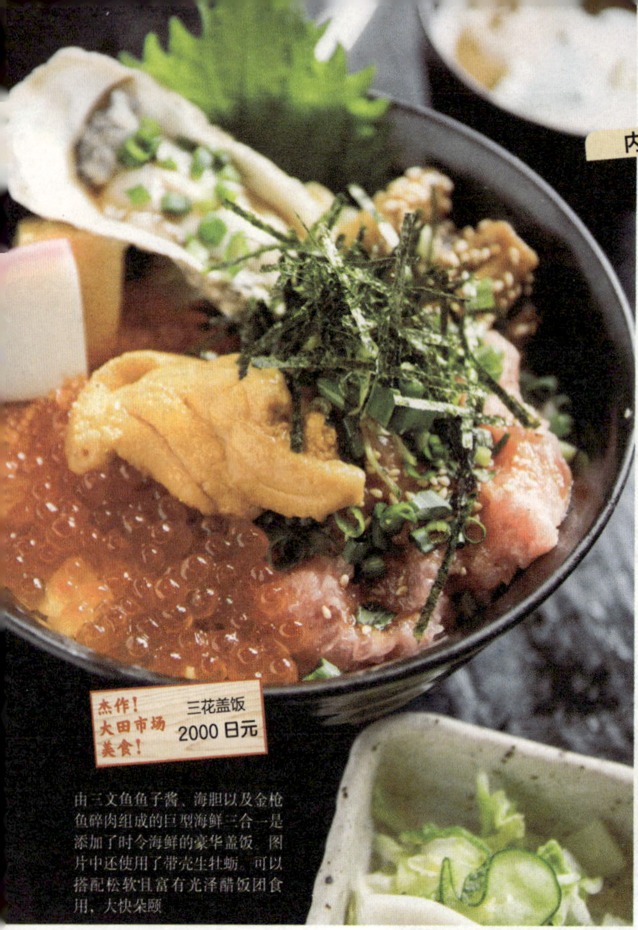

杰作！大田市场美食！ 三花盖饭 2000日元

由三文鱼鱼子酱、海胆以及金枪鱼碎肉组成的巨型海鲜三合一是添加了时令海鲜的豪华盖饭。图片中还使用了带壳生牡蛎。可以搭配松软且富有光泽醋饭团食用，大快朵颐

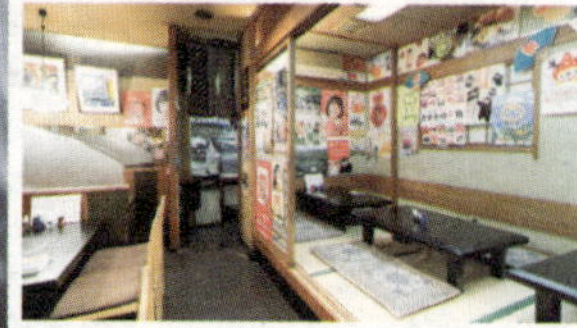

共计有28个桌子席位与榻榻米垫座席

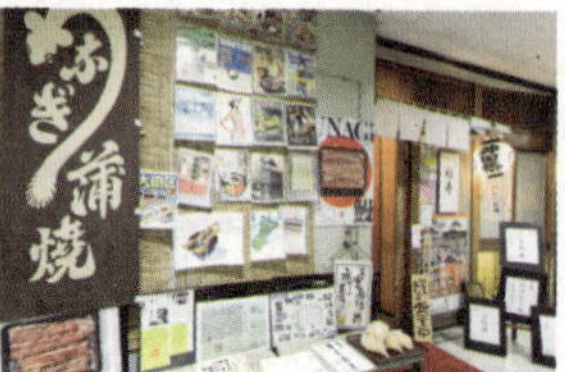

神田节的灯笼是营业的标志

随着神田市场的迁址，
在大田市场落户的名店

神田福寿

江户时代曾为武士阶层的餐馆，到了明治时代，在神田市场创办了日本料理店。随着市场迁址，在大田市场开店的一家名店。

招牌是穴子鱼天妇罗盖饭。使用芝麻油炸制而成的穴子鱼天妇罗口感十分酥脆。菜量很大，但是，这种美味一定会吃到丝毫不剩。

作为新品，海鲜满满的三花盖饭现在也拥有极高的人气。

MAP 别册 p.10-B2

住 大田区东海3-2-1大田市场行政大楼2层 电 03-5492-5872 营 7:30~18:00（宴会可延长至21:00），市场休息日10:00~14:00 LO 17:30、市场休息日14:00 休 周日·节假日 交 从东京单轨铁路流通中心站检票口出发，搭乘巴士前往，15分钟便可抵达 CC 不可使用 ¥ 1500日元~

杰作！大田市场美食！ 穴子鱼天妇罗盖饭 1500日元

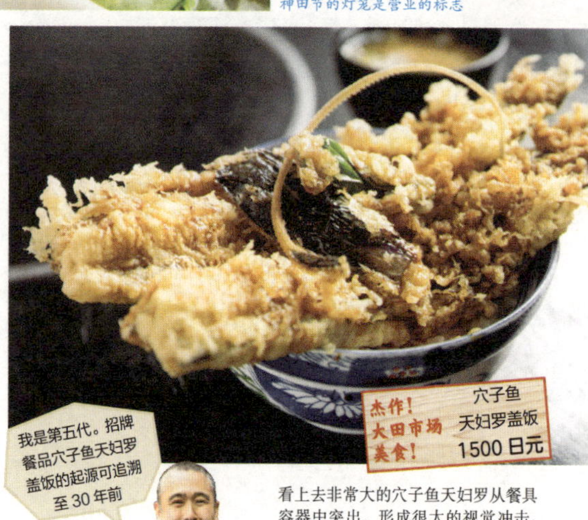

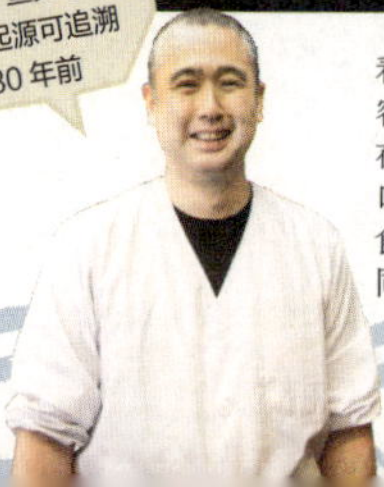

我是第五代。招牌餐品穴子鱼天妇罗盖饭的起源可追溯至30年前

看上去非常大的穴子鱼天妇罗从餐具容器中突出，形成很大的视觉冲击。在芝麻油中炸制的天妇罗外酥里嫩，口感上形成强烈反差。与甜辣酱搭配食用，具有很强的相容性。鱼骨饼干同样爽脆可口。

美食前沿

❶ 菜单配有图片，便于点餐
❷ 除海鲜盖饭之外，还供应意大利面

充足的海味产品

海鲜丼屋 基集

从大田市场内中间批发商处采购的新鲜鱼类食材制作的海鲜盖饭与散寿司是这家餐馆引以为豪的招牌餐品。其中，冠以店名的基集盖饭涵盖了20余种海鲜品类，是这家店的一大杰作。这家餐馆现在通常会使用高酸度的醋饭团，海鲜上则会使用普通酱油或者九州甜酱油等甜味酱汁进行调味，食用后，幸福感爆棚。店内配有西餐主厨，因此，意大利面也十分美味。

MAP 别册 p.10-B2

住 大田区东海 3-2-7　TEL 03-5755-9990　营 6:30~15:00、暂时停业次日 7:00~15:00　休 周日·节假日、市场休息日　交 从东京单轨铁路流通中心站检票口出发，搭乘巴士，15 分钟便可抵达　CC 不可使用　¥ 1000 日元~

杰作！大田市场美食！　基集盖饭　2000 日元

涵盖16种海鲜的海鲜盖饭中又加入了海胆与螃蟹，共计20种食材，堪称豪华20味。时令食材宛如宝石箱一般嵌入整个画面，每次食用，都会勾起满满的感动。海苔可以撒在餐品上搭配食用，亦可制成手卷寿司，无论哪一种吃法，都十分美味！

中间批发商"丸集"直接配送的新鲜鱼类食材是本店引以为豪的一个卖点

❶❷ 一层是桌子席位，二层是榻榻米垫子席位，共计35个座席。团队前往用餐，建议提前预约

请搭配本店自制的米糠腌菜尽情享用吧

口感松软的炸马鲛鱼拥有极高的人气

味之店 双叶

店内汇集炖菜与烧烤等令人备感放松、安宁的美食。招牌餐品是生炸马鲛鱼套餐。分量十足的日本萝卜与柑橘醋搭配食用，一口吃下，填满口腔，绝对是味觉上的一种享受。免费供应的米糠腌菜也十分清口，口味绝佳！

汤品选用的是精心烹制的日本柴鱼高汤，风味十足。这家餐馆坚持选用新鲜食材进行烹饪，绝不采用冷冻食品，腌菜与调味品也都十分讲究，均为自制产品。在这里可以品尝到蔬菜、肉类以及鱼类食材所固有的鲜香口感，绝对不会让你失望。

MAP 别册 p.10-B2

住 大田区东海 3-2-7　TEL 03-5492-2882　营 6:00~14:00　LO 13:00　休 周日·节假日、市场休息日　交 从东京单轨铁路流通中心站检票口出发，搭乘巴士，15 分钟即可抵达　CC 不可使用　¥ 1000 日元~

杰作！大田市场美食！　生炸马鲛鱼套餐　900 日元

店内所使用的均为当天清晨在市场采购的新鲜马鲛鱼，鱼肉松软可口。供应菜品以当季最佳的九州产马鲛鱼为主，肥鱼味美，炸制后口感酥脆

油炸食品与炖菜格外美味

铃富

这家餐馆是一家拥有约 70 年历史的日本料理店，伴随神田市场的迁移，开始在大田市场营业。

涉及品类涵盖炖菜、烤鱼、生鱼片等，范围极广，人气餐品是搭配自制塔塔酱食用的炸物。炸马鲛鱼与炸牡蛎所使用的也都是新鲜食材，而非冷冻食品，分量十足。塔塔酱是在质地黏稠的蛋黄酱中加入洋葱与泡菜后调制而成的，口感极佳，经过炸制的食材口感酥脆，非常适合与塔塔酱搭配食用。

MAP 别册 p.10-B2

住 大田区东海 3-2-7 TEL 03-5492-5891 营 6:30~13:30 LO 售罄即止 休 市场休息日 交 从东京单轨铁路流通中心站检票口出发，搭乘巴士，15 分钟便可抵达 CC 不可使用 ◎ 850 日元～

杰作！大田市场美食！ 油炸生牡蛎套餐 1300 日元

每年 10 月前后开售的油炸生牡蛎。赤穗产的专供生食的牡蛎分量十足，口感极佳。牡蛎中还掺入了口感鲜脆的新鲜蔬菜与土豆沙拉，食用后，立刻凸显出油炸生牡蛎的鲜香美味。

杰作！大田市场美食！ 油炸马鲛鱼套餐 1000 日元

使用生马鲛鱼烹制。肉质较厚，但是，口感外酥里嫩，食材本身的鲜味得到了充分的发挥。与自制塔塔酱以及辣椒达到了完美的平衡状态。套餐内配有土豆沙拉、新鲜蔬菜、味噌汤、腌菜以及光滑饱满的米饭。

❶油炸餐品方面，白条鱼与虾类也十分美味 ❷❸环境雅致的餐馆内部共设有 15 个席位 ❹日本炖菜套餐，根据网胃等不同部位，按照不同的烹制时间进行烹饪，售价 850 日元。与新鲜出锅的炖菜相比，也有一些时常光顾的顾客更喜欢在菜品烹制完成后的第 2 天前来享用，因此，不妨来感受一下二者之间究竟有何差异吧

请尽情享受油炸食品所带来的美味体验吧！

杰作！大田市场美食！ 油炸扇贝柱套餐 1500日元

分量十足的大虾与切得厚厚的扇贝柱吃起来非常新鲜，甚至可以与刺身媲美。菜品火候适中，因此，食材汁液丰富，外酥里嫩，恰到好处。套餐中配有味噌汤、米饭以及腌菜。

❶ 柜台席位与二层席位共计 38 个座席　❷ 店面前列出了众多推荐菜品

火候极佳的顶级油炸餐品

三洋食堂

创办于 1950 年，伴随神田市场搬迁而移至大田市场的鱼河岸食堂，鲜脆的油炸食品与猪扒备受好评。

炸马鲛鱼十分有名，但是，与此相比更加具有人气的是油炸扇贝柱。通过绝妙的火候对用作刺身的虾夷扇贝的扇贝柱进行加工，为了使其达到半生状态而进行油炸处理，凸显鲜味。只有通过厨师娴熟的技术才能烹饪出的绝妙美味。

釉料对食欲产生了刺激作用。金枪鱼肉套餐 1200 日元

MAP 别册 p.10-B2

住 大田区东海 3-2-7　TEL 03-5492-2875　营 5:00~14:00　LO 13:30　休 周日・节假日、市场休息日　交 从东京单轨铁路流通中心站检票口出发，搭乘巴士，15 分钟便可抵达　CC 不可使用　¥ 1000 日元~

咖啡豆按量出售，备受好评

Ray's Coffee

这是一家咖啡馆，于当日烘焙冲泡的香气四溢的咖啡备受好评。综合咖啡完美地保证了酸味与苦味的平衡，也有一些每天都会光顾的老顾客。点热狗与蛋糕套餐，可享受咖啡不限量续杯，这也是这家店人气居高不下的原因。除了可以在店内享用美食之外，这家店还准备了 18 种左右极具代表性的咖啡豆，按量出售。

MAP 别册 p.10-B2

住 大田区东海 3-2-7　TEL 03-5492-2826　营 6:00~14:00　LO 13:40　休 周日・节假日、市场休息日　交 从东京单轨铁路流通中心站检票口出发，搭乘巴士，15 分钟便可抵达　CC 不可使用　¥ 300 日元~

杰作！大田市场美食！ 热狗套餐 780 日元

❶❷ 店内装潢充满自然感受，室内共设有 29 个席位，另外还有 14 个室外露天席位。现在还会供应适合与咖啡一同享用的甜品

在松软的面包中夹入生菜与香肠的热狗，分量十足。使用芥末酱、番茄酱以及蛋黄酱进行调味，口感十分浓厚，出乎意料。综合咖啡可随意续杯。

东京屈指可数的激战区！

咖喱胜地 制霸神田

神保町站神田地区周边是咖喱菜名店相互竞争的激战区。来到这里，可以与欧洲风味与印度风味等各种类型的咖喱菜不期而遇。

来自斯里兰卡的店长一展手艺

由2种咖喱与椰子辣椒酱组成的斯里兰卡 oneplate 咖喱午餐，售价1000日元，非常划算

斯里兰卡咖喱

调味香料丰富
口感轻柔

ceylon drop

由来自斯里兰卡的店主经营的一家主营红茶与斯里兰卡咖喱的餐馆。

斯里兰卡咖喱不使用小麦粉与黄油，口味清淡，有益于健康。而且，斯里兰卡版的干鱼会配有汤汁，因此，是一种令人感到怀念的味道。这种汤会根据食材的种类选用桂皮香料、土茴香籽以及豆蔻干籽等多种不同的调味料进行组合，烹制出 ceylon drop 所特有的咖喱。

使用干鱼片与口感略酸的椰子进行搭配，一边与椰子辣椒酱混合搅拌一边食用是斯里兰卡的主流吃法。在这里，咖喱可以搭配米饭食用，也非常适合搭配富有层次感的西式大饼——抛饼，还可以放在类似墨西哥薄馅饼的年糕状食品上食用，这种吃法可以让人拥有满满的幸福感。

日本柴鱼高汤，有益于健康

像咖啡馆一样的环境，无意中让人拥有久居的冲动

配有鸡肉咖喱、日更咖喱、抛饼、迷你米饭、自选红茶，配有抛饼的咖喱套餐，售价1150日元

这里还是一家非常可爱的斯里兰卡红茶专卖店

MAP 别册 p.35-B3

住 千代田区西神田2-8-9立川A大厦 TEL 03-3261-2791 营 11:30~21:00 LO 20:30 休 周一 交 从地铁神保町站A2号出口出发，步行5分钟 CC MV
1000日元~ 1300日元~

苏门答腊咖喱

使用 20 余种调味料。
经过两晚的熬制，烹制出的绝佳美味

苏门答腊咖喱 共荣堂

绿色招牌是这家店的标志

充满蔬菜与鸡肉鲜味的鸡肉咖喱售价 1180 日元

创办于大正 13 年（1924 年）。在身为东南亚专家伊藤友治郎的指导下，开创了符合日本人口味的共荣堂苏门答腊咖喱。涵盖猪肉、鸡肉、虾、牛肉以及牛舌 5 个品类，根据每种食材的特性改变高汤的烹饪方法，因此，味道上会有明显的差异。

这家店的咖喱略显浓稠，这是经过炖煮的蔬菜在长时间烹饪后形成的。食材鲜香得到浓缩的汤品与炒香的香料相融合，最终烹饪出顶级咖喱。

MAP 别册 p.35-C4

住 千代田区神田神保町 1-6 太阳日大厦地下 1 层　TEL 03-3291-1475　营 11:00~20:00　LO 19:45　休 周日・节假日（不定期休息）　交 从地铁神保町站 A5 号出口出发步行 1 分钟　CC 不可使用　☀ 980 日元～　☽ 980 日元～

即便是地下，也有光线射入，十分舒适

店内装饰有苏门答腊岛的神灵与陈设品

人气最高的鸡肉 + 蔬菜咖喱，售价 1290 日元。配有蒸芋头，非常适合用作主菜之间的配菜

印度风味咖喱

混合均匀的油面酱中浓缩了蔬菜与 12 种香料的鲜味

埃塞俄比亚

埃塞俄比亚创办于 1988 年，是一家印度风味咖喱店，同时也是一家咖啡店。这家咖喱饭专卖店至今依然保留着创店之初的餐品风味，备受喜爱。

蔬菜、牛肉、豆类、虾类以及鸡肉是咖喱的基本食材，鸡肉、牛肉以及虾类食材还可以与蔬菜咖喱混合食用。散发着 12 种香料鲜味的油面酱中充满了蔬菜的鲜味与炖至融化的蔬菜纤维，多种食材在口中翻滚的感觉令人非常愉悦。无补充消费，可自选辣度，最高可做到 70 倍辣，因此，喜欢刺激的人们不妨前来挑战一下。

MAP 别册 p.35-C4

住 千代田区神田小川町 3-10-6　TEL 03-3295-4310　营 周一～周六 11:00~22:30，周日・节假日 11:00~21:00　LO 周一～周六 22:00，周日・节假日 20:30　休 无　交 从地铁神保町站 A5 号出口出发步行 5 分钟　CC 不可使用　☀ 1000 日元～　☽ 1000 日元～

2 层也备有座席

进店后需要购买餐券

北印度咖喱

使用整颗腰果与印度酥油烹制，味道醇厚

曼陀罗印度餐馆

以惊人的速度将印度黄油咖喱鸡传入日本的著名的印度咖喱店。

将西红柿罐头与新鲜的成熟西红柿的酸味以及腰果的芳香结合后形成的浓郁的香味是曼陀罗印度餐馆的印度黄油咖喱鸡引以为豪的特色之一。但是，这道咖喱的质地看上去并不像油，糖浆般黏稠浓厚的咖喱，口感极具冲击力。

主厨通过十分讲究的食材搭配调制出原创的印度香料混合物，以此烹制出口味复杂且丰富的咖喱菜品。无论何时到访，都会被这丰富的菜品风味所感动。除招牌菜印度黄油咖喱鸡之外，还有菠菜鸡肉咖喱以及克什米尔、印度加入浓厚黄油（酥油）的咖喱，无论选择哪一种，都十分美味。

在店内馕坑中烤制的馕极为松软，口感微甜。馕的尺寸很大，会从盘子中突出，令人大快朵颐。

MAP 别册 p.35-C4

住 千代田区神田神保町2-17地下1层 TEL 03-3265-0498 营 周一～周五 11:00~15:00、17:00~23:00，周六·周日·节假日 11:00~15:00、17:00~22:00 LO 周一～周五 14:45、22:30，周六·周日·节假日 14:45、21:30 休 无 交 从地铁神保町站A6号出口出发步行1分钟 CC ADJMV ☀ 1050日元～ ☾ 2500日元～

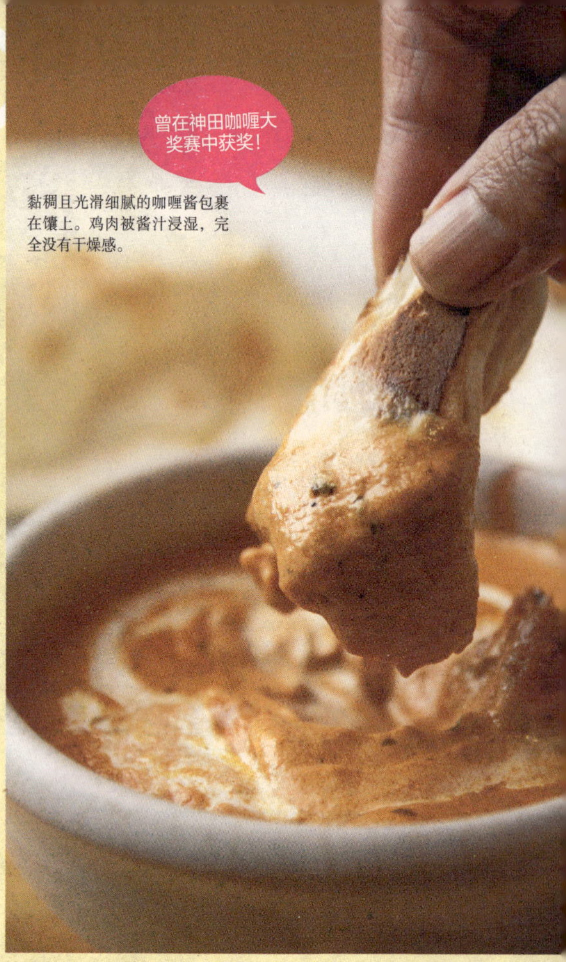

曾在神田咖喱大奖赛中获奖！

黏稠且光滑细腻的咖喱酱包裹在馕上。鸡肉被酱汁浸湿，完全没有干燥感。

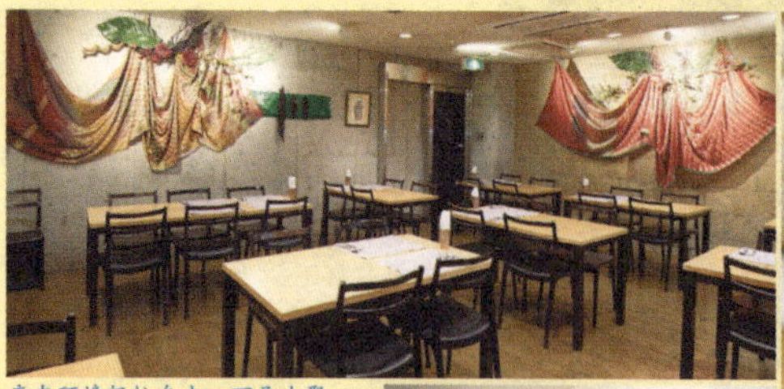

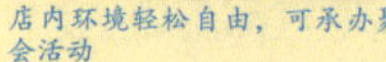

店内环境轻松自由，可承办聚会活动

北印度的传统风味是这家店的基础

MANDALA
B1

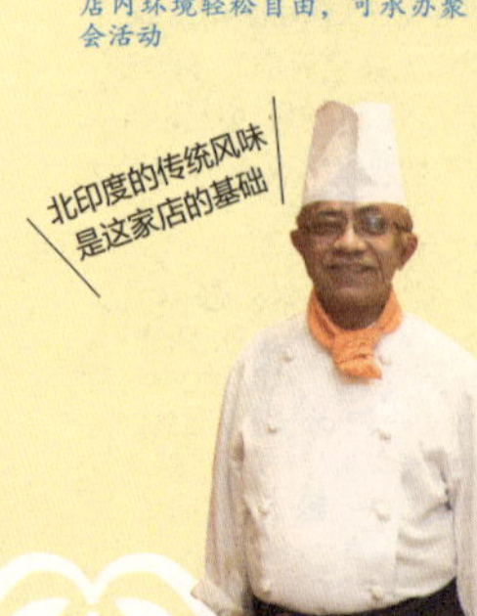

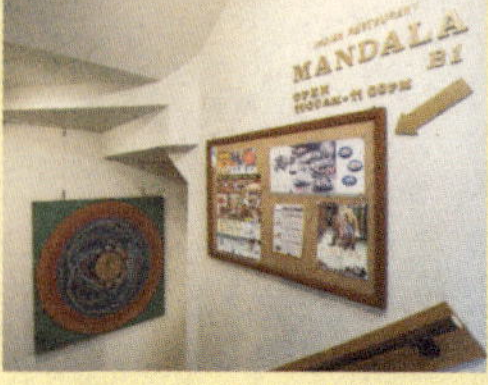

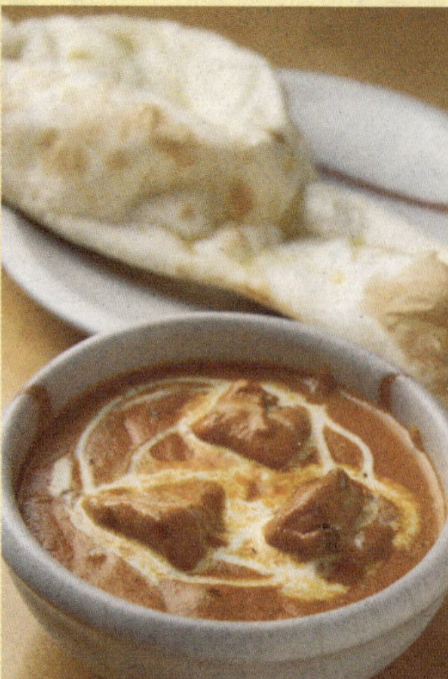

位于地下，因此，切记要查看招牌。以西红柿为汤底的印度黄油咖喱鸡，售价1200日元。口感松软的馕，售价330日元，可与印度黄油咖喱鸡搭配食用

从门前的街道向里，在背后的街道设有店面的入口

大肉块口感软糯的牛肉咖喱，售价1500日元（含税）。通过特制汤底与黄油烹制，将切成块状的高达奶酪摆放在米饭上，各类食材之间拥有极佳的相容性。前菜中包含有土豆这一习俗也是由这家开创的先河

欧式咖喱

在法国学成的调味汁备受好评！欧式咖喱先驱般的存在

邦迪神保町总店

首位餐馆经营者在法国留学期间邂逅法式菜品中的调味汁并因此而引起共鸣，在烧汁中加入咖喱食材，从而烹制出欧式咖喱，在这里，可以品尝到欧式咖喱鼻祖的独特风味。调味汁中有柔和丰富的食材，散发出浓郁的香味，制作过程中频繁使用乳制品，让食客可以品尝到欧式咖喱美味的味道。水果与蔬菜通过彻底的炖煮散发出浓郁的香甜气息，与具有独创性的混合香料的辛辣鲜香相结合，味道堪称杰作。除人气最高的牛肉之外，这家店还供应猪肉、蔬菜以及鱼贝类等10个品类，辣度方面，共有3个等级可供选择。

MAP 别册 p.35-C4

住 千代田区神田神保町2-3神田古书中心大厦2层 TEL 03-3234-2080 营 11:00~22:30 LO 22:00 休 无 交 从地铁神保町站A6号出口出发步行2分钟 CC 不可使用 ☀ 1500日元~ ☾ 1500日元~

欧式咖喱

经过长时间炒制的洋葱与各种调味香料是餐品的奥妙所在

garial

这是一家欧式咖喱专卖店，厨师将洋葱放在沸水中煮制整整一天后，加入28种调味香料与野菜，使用黄油炒制12小时，最终烹制出充满香气的咖喱酱与拥有浓郁香味的欧式咖喱。自创办以来，经过40年的传承，这家店独创的欧式咖喱，在体验柔和丰富的口感后，还可以强烈地感受到调味香料的后味，非常适合与在肉汤中烹制且覆盖有高达奶酪的黄油米饭搭配食用。店内供应使用国产食材烹制的牛肉、猪肉以及融化在鱼贝类汤汁中的海鲜等9种餐品，蔬菜沙拉与薄切生肉等按菜单点菜的菜品也十分丰富。

MAP 别册 p.35-C4

住 千代田区神田神保町1-9稻垣大厦2层 TEL 03-6273-7148 营 11:00~22:00 LO 21:30 休 无 交 从地铁神保町站A7号出口出发步行1分钟 CC 不可使用 ☀ 1200日元~ ☾ 1600日元~

❶仿古建筑中自由而稳重的餐馆氛围 ❷沿街的2层建筑

混合咖喱包含使用当天清晨宰杀的食材烤制出的香气四溢的鸡肉、虾以及菲律宾蛤仔等海鲜，口感鲜香，售价1550日元（含税）。还配有土豆

绝对不容错过的道地美食！

东京拉面十大

拉面还被称为日本国民人人爱吃的食物。

创办于1950年

在不禁使人怀念起昭和时代的店面内品尝独具复古风味的拉面

来集轩

首位店主以“烹制一种立即可以吃到的食物”为宗旨，创办了这家拉面店。店面由第二代女店主与作为第三代的儿子传承至今，严守口头传承下来的烹制方法，每天坚持烹制美味的拉面。从很久以前传承至今的拉面对于年轻人来说十分罕见，对于年迈的老者来说，又是非常熟悉亲近的味道，即便多次食用，也不会厌烦，回头客也相当之多。馄饨面也拥有极高的人气，其中包含手工烧麦与滑嫩鲜香的馄饨，堪称杰作！

MAP 别册 p.26-B1

住 台东区西浅草 2-26-3 TEL 03-3844-7409 营 12:00~19:00 LO 18:50 ※食材用尽即止 休 周二 交 从筑波快线浅草站 A2 号出口出发步行 2 分钟 CC 不可使用 ☀ 1200 日元～ ☾ 1200 日元～

❶自制叉烧与甜笋让人流连忘返 ❷曾光顾本店的名人签名密密麻麻地挂在墙壁上 ❸女店主在熟练地烹制美食 ❹这家店常年备受喜爱

荻窪

荻窪中国面条春木屋 ▶ p.341

把柚子皮放在上面

永福町

永福町　大胜轩 ▶ p.340

每天都在进化演变

对传统的味道加以保护！

银座

面屋火男银座店 ▶ p.339

惠比寿

九十九拉面惠比寿总店 ▶ p.339

必吃传奇拉面店

严选长年备受喜爱的美味拉面店！

创办于大正时代

由西餐烹饪者开创的西式中餐

万福

至今依然在招牌上写有“中国面条”的字样，但是，首任店主实际上是一名西餐师傅，这家店原本也是一家西式中餐（西洋菜品与中国菜）店，随着时代的推移，中国菜的比例越来越多。中国面条的味道与创店之初无任何差异，现在依然可以品尝到这家店最原始的美味，是人气极高的一个餐品。性情急躁的江户人通常会选择可以快速食用的细面。秘制汤品与传承西洋菜品精髓的三角形薄蛋烧也依然保留了最原始的状态。味道浓厚的酱油味中国面条备受喜爱。

银座

万福

从西式中餐中诞生的美味

自屋台时代传承至今的味道

历时 90 多年，味道如初的中国面条 700 日元

MAP 别册 p.21-B3

住 中央区银座 2-13-13　TEL 03-3541-7210　营 11:00~22:30　LO 周一～周五 22:30、周六 22:00　休 周日·节假日的周一　交 从地铁东银座站 A7 号出口出发步行 2 分钟　CC 不可使用　☀ 700 日元～　☽ 1950 日元～

鸡蛋是重点！

❶ 约 20 年前，对在战争中遭遇焚毁后留存下来的建筑进行了改建，这便是银座——万福　❷ 店内整洁而漂亮。当时的街区展示板。店内还对营业执照进行了公示，令人安全感爆棚　❸ 与最初相比，中国面条的味道如初，至今仍然得到了很好的传承

❶ 自家制作的粗细适中的面条坚韧而有嚼劲，浸泡在豚骨酱油汤中十分入味。外观看上去十分油腻，入口后却意外的清淡，后味十足 ❷ 黄色的建筑是这家店的一大特征 ❸1 层为忙碌无暇的顾客准备有方便的站立席位，2、3 层设有桌子席位 ❹ 因对店主充满崇敬之情，不少人作为学徒前往进修

创办于 1960 年

第一家提供带有背膘的肉类的拉面店
来一碗这难能可贵的拉面吧

Hope 轩 千驮谷店

源于 1960 年，起初只是街边的一个摊位，至今依然备受众多拥护者的喜爱。这家店作为首家在汤品中加入背膘的店铺而闻名，繁忙时，每天甚至要供应 1000 碗以上的拉面。追求食物味美鲜香的同时，开始自制面类食材，现在所使用的是有韧性耐咀嚼且分量十足的无添加面条。可以根据个人喜好调整背膘的量，免费提供葱花与大蒜等小料，种类十分丰富。

MAP 别册 p.14-A1

住 涩谷区千驮谷 2-33-9 TEL 03-3405-4249 营 24 小时 休 无 交 从地铁国家竞技场站 A3 号出口出发步行 5 分钟 CC 不可使用 ☀ 800 日元～ ☽ 800 日元～

创办于 1952 年

老字号中华风味
味道浓厚的特制汤品令人不禁追忆往昔

喜乐

这家店位于至今依然保留有昭和风情的涩谷"百轩店"地区，全天均需等位。除时常光顾的拥护者之外，还会有很多名人慕名前往，现在是由第二代店主林对先祖的味道加以传承。

喜乐起源于中国台湾地区，在台湾拉面的基础上，在酱油汤底中加入粗面、葱花以及豆芽等，从外观看上去，是一碗食材颇为丰富的原创拉面。

MAP 别册 p.40-C1

住 涩谷区道玄坂 2-17-6 TEL 03-3461-2032 营 周四～周二 11:30~20:30 休 周三 交 从京王井之头线涩谷站西口出发步行 4 分钟 CC 不可使用 ☀ 1000 日元～ ☽ 1000 日元～

❶ 加入充满嚼劲的豆芽、叉烧以及过油葱花的汤底堪称最强汤品 ❷ 店面外观曾在漫画版《孤独的美食家》中出现过 ❸1 层有柜台席位 7 个。2 层是桌子席位

❶如柳枝一般柔软纤长的细面。在碗中加入足量的大块叉烧与新鲜柚子皮 ❷可以近距离观察烹饪过程的开放式厨房 ❸位于银座的小街上 ❹仅有9个柜台席位

创办于 2018 年

由日式甜点屋“平凡的女子”经营的一家时尚拉面店

面屋火男 银座店

由位于东京交通会馆且需要等位的拉面店在银座开设的2号店。两家店均为自古便非常著名的有乐町日式甜点屋“平凡的女子”的夫妻店，清淡的日式柚子柳面是招牌餐品。在以鲣鱼高汤为基础的汤底中加入新鲜的柚子，食材搭配十分绝妙，备受女性顾客青睐，也会有很多独自一人前来用餐的顾客。

MAP 别册 p.20-B1

住 中央区银座 6-3-15 银座昭和饮食大楼 1 层 TEL 03-6263-8757 营 11:30~22:30，周六营业至 17:30 LO 22:15、周六 17:15 休 周日、节假日 交 从地铁银座站 C3 号出口出发步行 4 分钟 CC 不可使用 ☀690 日元~ ☾690 日元~

创办于 1997 年

出乎意料的搭配是这家店人气居高不下的秘诀所在
开拓日本拉面的新境界

九十九拉面 惠比寿总店

奶酪拉面作为至今为止从未有过的创意而成为街头巷角热议的话题，这种本格派餐品使用自制小麦粉制作的面条与从日本全国各地配送而来的新鲜食材烹制而成，拥有众多铁杆粉丝。还有“㊈番茄芝士拉面”与“香菜拉面”等全新的拉面品类。店内还供应拉面周边产品，例如，加入汤汁后食用的集聚度假风情的“烤芝士饭团”等，可以试着品尝一下。九十九拉面还在千叶县开设有津田沼分店。

MAP 别册 p.47-A2

住 涩谷区广尾 1-1-36 TEL 03-5466-9566 营 11:00~次日 5:00 休 无 交 从JR惠比寿站西口出发步行 7 分钟 CC 不可 ☀1000 日元~ ☾1000 日元~

❶铺满从北海道直接配送来的“十胜黄金高达奶酪”的芝士拉面 ❷午餐时段，店外会排起长队 ❸店内设有柜台席位，里侧还有桌子席位 ❹以国产猪大腿骨与鸟取县产的鸡肉为主要食材炖制而成的秘制汤底。满满的胶原蛋白

与咖喱搭配成套菜
950 日元（含税）

❶ 将中等偏细的面条放入由鸡骨与香菜炖制的酱油汤底中 ❷❸ 帘子上至今依然保留有以前的店名“奶品冷饮点心铺”

创办于 1945 年

仿佛时光静止一般
餐品模式恒久不变

荣屋 奶品冷饮点心铺

商务楼群中惹人注目的餐馆，至今依然保留有昭和食堂的复古风情。创店之初，曾一直作为快餐与茶饮店展开经营，但是，第二代店主接手后，将拉面设定为了主要餐品。常规拉面中，配有家常咖喱饭的拉面 & 咖喱套餐拥有极高的人气，夏季建议选用中华冷面，售价 1000 日元。

MAP 别册 p.32-C2

住 千代田区神田多町 2-11-7 TEL 03-3252-1068 营 10:30~13:30、14:30~16:00 LO 13:30、15:45 休 周六·周日·节假日 交 从地铁淡路町站、地铁小川町站 A1 号出口出发步行 2 分钟 CC 不可使用 ☀ 700 日元~ ☽ 700 日元~

创办于 1955 年

每年都会对产品进行更新与升级
奇迹般的中国面条

永福町 大胜轩

店内仅设有 23 个座席，但是 1 天的销售量可达 600 碗，是一家名副其实的人气餐馆。这家店专心烹制中国面条，自创店以来，对餐品进行过 300 多次的更新，现在也依然还在不断地进行升级。

分量十足的中国面条采用粗细适中的波浪状面，配菜经过煮制后烘干，加之酱油的鲜香，非常美味。根据个人喜好，可以在面中加一些醋，鲜香度可以更加明显地得到体现。可以单点，在面中加入一颗生鸡蛋（售价 50 日元）会更加美味。

MAP 别册 p.10-A1

住 杉并区和泉 3-5-3 TEL 03-3321-5048 营 11:00~24:00 休 不定期 交 从京王井之头线永福町站北口出发步行 2 分钟 CC 不可使用 ☀ 1130 日元~ ☽ 1130 日元~

❶ 菜单中只有中国面条与叉烧面两种选择，确定是否添加竹笋与生鸡蛋后即可完成点餐。面的分量很大，因此，如果是和孩子一同前往，一大一小两个人，点一份即可，店家也会欣然接受，完全不会介意 ❷ 在汤底研究方面，店家完全不会马虎，每年都会多次对汤底进行升级，味道也相应地会发生改变 ❸ 这家面馆紧邻永福町站。开门营业前就会排起长队 ❹ 店内明亮而整洁。透过玻璃窗，可以看到厨房内部的景象，这一点让前来用餐的顾客们备感放心

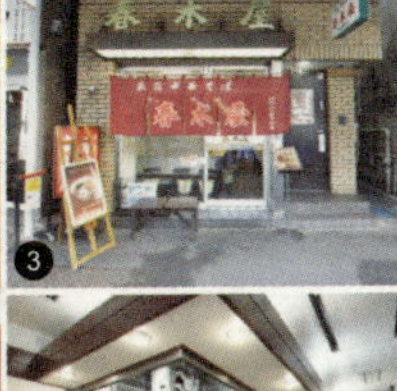

创办于1949年

拥有浓郁香味的日式汤汁
异乎寻常地沁入人心

荻窪中国面条 春木屋

使用煮制后晾干的配菜、猪肉以及鸡骨进行炖制，之后再滴入酱油，金黄色的汤底几乎保留了创店之初的模样，作为"荻窪拉面"，广负盛名。夏季食用，口感极佳，进入冬季，店家会对餐品做出微妙地改变，即在烹制过程中使用更多的水与小麦粉混合并进行揉制。

MAP 别册 p.5-C4

住 杉并区上荻 1-4-6 TEL 03-3391-4868 营 11:00~21:00 休 周二 交 从荻窪站北口出发步行2分钟 CC 不可使用 ☀850日元~ ☾850日元~

❶简单的配菜与筋道的面条令人十分满足 ❷一直坚持对传统的味道予以传承的店长 ❸荻窪站前商店协会颇具风情的门帘是这家店的标志 ❹通过柜台可以隐约看出街边摊位的旧貌

创办于1954年

纯粹即美味
需要多次咀嚼的油面

珍珍亭

虽然不能确定明确的年份，但是珍珍亭从1959年前后便开始供应油面了。首任店主在前往中国餐馆帮忙时品尝到了在面条中加入料汁并充分搅拌后食用的拌面，以此为契机，对油面进行了开发。

首次推出油面在筋道十足的粗面里加入了竹笋等配菜，外观看上去十分简单，但是只要将置于碗底的浓厚汤汁与面条混合搅拌，呈现在面前的便是一碗简约而不简单的极品面了。

MAP 别册 p.5-C3

住 武藏野市境 5-17-21 TEL 042-251-2041 营 11:00~16:00（售罄即止） LO 15:30 休 周日·节假日 交 从JR武藏境站北口出发步行12分钟 CC 不可使用 ☀700日元~

❶首次推出油面。汤汁还被用于叉烧的存放，味道完美地融为一体，加入醋与辣油后，也十分美味 ❷❸从很久以前一直保留至今的餐馆形象令人好感度爆棚

Since 1911

银座

银座
cafe paulista

明治 43 年（1910 年），作为巴西圣保罗州政厅专属巴西咖啡售卖处而设立，次年，创办咖啡馆。从当时开始，作为整洁而漂亮的店铺，得到了众多著名人士的支持，据说，还出现了意指在这家店引用巴西咖啡的词汇“银座巴西”。由老板亲自从巴西与埃塞俄比亚等地的生产者处采购咖啡豆，通常情况下，会以 4 种未上市的品类为核心，还会购买 2 种每月都会做出替换的产品。特别具有人气的是仅使用未使用农药与化学肥料的全熟咖啡豆制成的森林咖啡。这样一杯咖啡，拥有优质的酸味与甜味，可以充分品尝到咖啡豆所特有的浓郁的香气。还有开口馅饼与三明治等食品以及手工蛋糕与烙饼等甜品，也可以与咖啡搭配为套餐享用。

MAP 别册 p.20-C1

住 中央区银座8-9长崎中心大厦1层 TEL 03-3572-6160 营 8:30~21:30、周日·节假日 11:30~20:00 LO 21:00、周日·节假日 19:30 休 无 交 从地铁新桥站 1 号出口出发步行 4 分钟 CC ADJMV

❶ 倒入印有店铺标志的马克杯中提供给顾客的森林咖啡，售价 680 日元（含税） ❷ 时尚的外观 ❸ 饮用咖啡后便可获得银座巴西的证书 ❹ 通过滤纸进行过滤。根据需求，还可以使用法压壶进行滴漏 ❺ 1 层与 2 层共计设有 100 个席位 ❻ 常年备受喜爱的萨赫蛋糕，售价 630 日元（含税）

由志贺直三设计的充满维多利亚风情的咖啡馆

从明治穿越至昭和

东京的复古咖啡馆

使人怀念过去的氛围与超越时代一直备受喜爱的招牌菜单……在持续发展的东京，也有恒久不变、对人充满吸引力的咖啡馆。

Since 1958 向岛

Kado

首任店主的熟人、大正时代曾在伦敦的大学学习建筑的志贺直三主持设计了Kado。经过更新迭代，现在依然对首任店主所收集的绘画与陈设品进行了保留与传承，现任店主本人有时会亲自对桌子与天花板的玫瑰花形进行修复等，但是，这种奢华的氛围依然保留了当时的传统风情。

菜品包含使用加入大量核桃的自制面包制作的三明治与新鲜果汁等，虽然已经过去了60多年，但是，现在所供应的餐品与开店之初并无差异。

这家店是东京都内第二家将新鲜果汁写在招牌上的餐馆。人气饮品是同时拥有蜂蜜的甘甜与柠檬、苹果的酸味的活性新鲜果汁，口感十分绵软，售价600日元。这是专为不喜爱蔬菜的顾客制作的果汁，感觉不到芹菜与龙须菜的味道，非常好喝。

MAP 别册 p.27-A4

住 墨田区向岛 2-9-9 TEL 03-3622-8247 营 11:00~19:30 休 周一 交 从地铁曳舟站西口出发步行12分钟 CC 不可使用

在这座使人怀念过去的建筑中，陈列有大正时代的古董与绘画。店内陈列的风扇、摆钟以及陶瓷猫等，虽然年代不同，但是摆在一起却出乎意料地显得十分和谐

装饰有木雕面容、民俗乐器以及灯饰等的不可思议的空间。酒吧中有丰富的威士忌等酒品。咖啡馆的餐品品类十分丰富，有使用口感松软的厚切面包制成的吐司比萨以及可在6种颜色中自由选择的奶油苏打水等

Since 1955

神保町

味道

这家咖啡馆的店名起源于西班牙语中的SABOR（味道）。店内装修以山间小屋为原型，分为中2层、半地下以及1层三个部分，如隐居地一般，可以安静平稳地度过时光。墙壁上写有拥护者的留言，可以感受到那份备受喜爱的幸福感。

咖啡馆的餐品包括奶油苏打水680日元与比萨吐司750日元等。原本仅供应2种不同颜色的奶油苏打水，不知从何时开始，已经演变成了6种颜色。口感绵软的苏打水与味道甘甜的香草冰激凌的搭配可以有效地缓解路途中的劳累。

晚上还供应啤酒、威士忌以及鸡尾酒等，作为酒吧呈现的店面，也拥有非凡的吸引力。如果想要填满肚子，可以前往姐妹店“味道2店”。那里供应有味美价廉的日式拿波里意面等午餐餐品。

MAP 别册 p.35-C4

住 千代田区神田神保町1-11 TEL 03-3291-8404 营 9:30~23:00 LO 22:30 休 周日·节假日 交 从地铁神保町站A7号出口出发步行1分钟 CC 不可使用

Since 1950

新宿

名曲·咖啡·ranburu

这是一家由1层、地下1~2层等三个楼层组成的咖啡馆。1层也设置有座席，但是，走下大阶梯后即有地下咖啡空间映入眼帘，吊挂有枝形吊灯的天花板很高，此外，内部镶嵌有模仿窗户形状的镜子，因此，是一个令人十分震惊的不受任何束缚的自由空间。

店内陈设的深红色Bellbet沙发从1955年迁址至现所在地开始就一直使用。店名在很多地方都可以得到体现，例如，贝多芬等众多音乐家的高浮雕与大型扬声器等，这是备受音乐爱好者们喜爱的一个看点。

推荐餐品是使用鸡蛋与金枪鱼烹制的三明治套餐。由中间夹有分量十足的金枪鱼蛋黄酱与煮蛋的吐司面包卷、沙拉以及日本人喜爱的味道略显苦涩的综合咖啡（或者红茶）组成的套餐，售价1100日元。分量十足，特别适合当作午餐食用。

店内还供应蛋糕与红茶组成的套餐，售价1100日元。

MAP 别册 p.39-B3

住 新宿区新宿3-31-3 TEL 03-3352-3361 营 9:30~23:00 休 无 交 从地铁新宿三丁目站A1号出口出发步行1分钟 CC 不可使用

从大阶梯下行，能够看到可容纳200个座席的宽阔空间。Bellbet的沙发与枝形吊灯看上去十分奢华。采用鸡蛋与金枪鱼制成的三明治套餐使用了令人十分怀念的面包卷。面包经过了轻微烤制，因此，香气得到了凸显。茶饮时间供应人气极高的水果奶油酥饼与红茶套餐。红茶通过茶饮压汁机供应，复古而可爱

Since 1964

上野

丘

这家咖啡馆创办于上一次在东京举办奥运会那年，店内不提供任何酒精饮品。地下1~2层的楼梯以楼梯井的形式呈现，向地下射入光线的枝形吊灯看上去十分震撼。皮质沙发与花窗玻璃等复古奢华的室内装饰备受喜爱，曾用于众多电视剧与电影的拍摄场景。

菜单方面，汇集了奶油苏打水、辣味菜肉饭、三明治以及奶油分量十足的冷甜点等极具昭和咖啡馆特点的餐品，年轻的女性顾客给予了较高评价。

其中，在店铺经营用调味汁中加入意式肉酱的红烩牛肉饭，售价700日元，分量十足，拥有很高的人气。

MAP 别册 p.24-B2

住 台东区上野6-5-4 住 03-3835-4401 营 10:00~17:30、周六·周日·节假日 10:00~17:00 休 周一，如果恰逢节假日，则将休息日延时至周二 交 从地铁上野御徒町站A7站出口出发步行2分钟 CC 不可使用

咖啡馆的菜品丰富而充实，有拥有浓郁香气的红烩牛肉饭与加入香草冰激凌的奶油苏打水（售价650日元）等。店内设置有复古而可爱的花窗玻璃、枝形吊灯以及令人怀念往昔的玻璃柜台等，看点颇丰

身心皆为其陶醉♡

老字号甜品屋&元祖甜品

从对以前充满怀念的日式点心到古典的西式点心，平日里感到十分熟悉的常规甜品的发源地在东京也有涉足，令人备感意外。下面将对经过严选的13家令人向往的店铺做出介绍！

创办于明治27年（1894年）

银座若松 银座

这是一家老字号豆沙店，在银座创办馅汁粉子饼店以来，已坚持营业近130年。昭和5年（1930年），由第二代店主详细规划的豆沙制品至今依然作为招牌菜品进行供应。根据老顾客提出的“希望吃到口感更加甜腻的美食”的要求，将当时十分珍贵的砂糖大量地加入豆沙馅中，然后在蜜豆上方铺满经过上述加工的豆沙馅，开始作为一种甜品供应给到店顾客。令店家引以为豪的豆沙馅料，除了加有大量砂糖之外，还进行了瞬间加工，从而达到理想的甜腻口感。加入米粉饺子与冰激凌的甜品也拥有极高的人气，除此之外，还出售外卖用元祖豆沙，售价600日元（含税）。

❶元祖豆沙950日元（含税）。添加有模仿松树造型的红豆泥，使用颜色丰富多彩的容器，琼脂满满，口感相当丰富。原则上，也可将细豆沙变更为颗粒豆沙 ❷有两处入口，分别位于正面以及与核心大楼的连接处 ❸昭和复古空间 ❹“现在依然还传承着当时的味道”

MAP 别册 p.20-B2

住 中央区银座5-8-20核心大楼1层 电 03-3571-0349 营 11:00~20:00 LO 19:30 休 以银座核心休馆日为准 交 从地铁银座站A3号出口出发步行1分钟 CC 不可使用

❶❷甜而清淡的“小仓冰激凌”，售价400日元，配有茶饮。如果追加豆馅糯米饼，需额外支付20日元 ❸店内食品也可外带食用 ❹店内洋溢着怀旧的气氛

创办于明治42年（1909年）

甘味处 蜜蜂 汤岛

创店以来，这家日式甜点屋一直坚持使用自制食材，菜单也从未发生过变化。首任店主将卖剩下的冰小豆放入制造冰激凌的桶中进行混合后，偶然发现，通过上述无意识地加工后，形成了一种非常美味的甜品，这便是“小仓冰激凌”。大量地加入了北海道产的纳言红小豆，不使用任何乳脂，因此，以非常简单的加工方式，制成了十分优质的甜品。豆沙馅料与琼脂也均为手工制作，铺满小仓冰激凌的“小仓冰激凌白玉团子”拥有极高的人气。夏季可选用刨冰，冬季可选用红豆汤等，时令餐品非常丰富，令人流连忘返。

MAP 别册 p.24-C1

住 文京区汤岛 3-38-10 TEL 03-3831-3083 营 10:00~21:00（11 月～次年 2 月的工作日 11:00~）、咖啡馆 10:30~20:00（11 月～次年 2 月的工作日 11:00~） LO 19:30 休 无 交 从地铁汤岛站 4 号出口出发步行 3 分钟 CC 不可使用

创办于安政元年（1854 年） 浅草

浅草梅园

创办于安政元年（1854 年）的老字号日式甜点屋。首任店主因希望前来浅草寺参拜的人们吃到使用当时十分珍贵的砂糖与糯米制作的红豆汤，发明了红豆泥。正如预期，红豆泥广受好评，成了至今依然得到传承的东京有名的特产。

对黄米进行蒸制后制成的黄米饼有些许涩味，与热气腾腾的细豆沙一起食用，堪称完美搭配。但是，虽然只是简单地放在碗中供应给顾客的甜品，但是，其中却包含了店家辛苦的劳作与满满的心意。

除了豆沙之外，店内现在还会供应四季时令日式点心，红豆泥也可以外带食用。

MAP 别册 p.26-B1

住 台东区浅草 1-31-12 TEL 03-3841-7580 营 10:00~19:00 LO 18:30 休 周三，隔周休息 交 从东武伊势崎线浅草站北检票口出发步行 3 分钟 CC 不可使用

❶浅草梅园的历史可以追溯到在浅草寺别院梅园院一角开设的一间茶屋。元祖红豆泥，售价 720 日元 ❷店内每天都会制作 100 份以上 ❸铜锣烧售价 250 日元

创办于明治 35 年（1902 年）

舟和总店

舟和通过甘薯糊俘获了众多拥护者，实际上，这便是煮豆的起源。创店第二年，以在米粉团中加入红豌豆的甜品为基础，加入角寒天、糖炒杏以及土耳其软糖等配料后，再淋上蜂蜜，就成了现在所供应的煮豆，这家店有时也会因此被称为"煮豆堂"。除了原创煮豆之外，还有米粉与冰激凌等多种美味。使用色彩斑斓且拥有优质甘甜口感的豆沙球、甘薯糊以及甘薯霜淇淋制作的甘薯芭菲也拥有非常高的人气，还可以在 1 层的酒吧区域搭配啤酒享用。

MAP 别册 p.26-B1

住 台东区浅草 1-22-10　TEL 03-3842-2781　营（咖啡馆）10:30~19:00、周六 10:00~20:00、周日 · 节假日 10:00~19:30　LO（咖啡馆）18:30、周六 19:30、周日 · 节假日 19:00　休 无　交 从地铁浅草站 1 号出口出发步行 5 分钟　CC MV

❶煮豆，售价 680 日元（含税）。在口感甘甜的蜂蜜中使用红豌豆的咸味进行调味　❷2 · 3 层是中和日式与西式风格的充满现代感的咖啡馆　❸2 年前，整个店面进行过整体翻新　❹销售店面有品类丰富的土特产品，非常适合用作旅游纪念品

1 层是桌子席位，2 层除桌子席位之外还备有榻榻米垫席位，可以在没有任何束缚的环境中自由放松。店内除了抹茶巴伐利亚奶油之外，还供应豆沙水果凉粉、甜豆以及米果等。起源于江户时代，原本是一家寿司店，作为日式甜点屋已有超过 70 年的历史了

神乐坂

创办于明治 23 年（1890 年）

纪之善

纪之善创办于 1948 年，是一家日式甜品屋。从创店之初便备受好评的豆沙馅料未使用水饴，小豆所独有的香气与优质的甘甜口感得到了凸显。招牌餐品是由口感略苦的宇治抹茶、店家引以为豪的豆沙馅料以及浓厚的搅打起泡沫的稀奶油制成的综合了日本与欧洲甜品特征的抹茶巴伐利亚奶油，售价 961 日元。现在也依然广受外国顾客的好评。

虽然是一家日式甜品屋，但是店家现在还会供应大米与红豆饭便当、鸭汤米粥等，因此也可以在午餐时段前往用餐。

MAP 别册 p.34-B1

住 新宿区神乐坂 1-12 纪之善大厦　TEL 03-3269-2920　营 周二～周六 11:00~20:00、周日 · 节假日 11:30~18:00　LO 周二～周六 19:30、周日 · 节假日 17:00　休 周一　交 东地铁饭田桥站 B3 号出口出发步行 3 分钟　CC ADJMV

创办于昭和十二年（1937 年） 巢鸭

盐大福水野

这家店铺是盐大福的发源地，位于巢鸭地藏大街商店街，备受当地人的喜爱。从盐大福饼处得到灵感后衍生出的新产品，盐味与甜味的平衡十分绝妙，通常会根据季节对调味料的用量做出调整，如夏季会适当减少盐的用量等。食材方面，全部使用日本国产食材，如宫城县的糯米、北海道十胜的小豆以及赤穗的盐。此外，在位于店铺最里侧的下设工厂对产品进行生产。现在依然还会使用磨石磨粉，然后再用手进行揉捏，正因这原始的制作工艺，才使盐大福拥有了坚韧筋道的口感与柔和的味道。

MAP 别册 p.12-A2

住 丰岛区巢鸭 3-33-3 TEL 03-3910-4652 营 9:00~18:30 LO 18:00 休 不定期 交 从地铁巢鸭站 A3 号出口出发步行 2 分钟 CC 不可使用

❶被评价为拥有好兆头的食品——椭圆形的“元祖盐大福”，售价为 130 日元 / 个（含税）。5 个装的组合包装拥有极高的人气 ❷在店内，可以品尝到艾草麻糍与盐大福组成的套餐 ❸开门营业后，前来用餐的顾客络绎不绝

享保 2 年（1717 年）由首任店主发明的是于江户时期发明的元祖樱饼，售价 220 日元。以前，正冈子规将店铺的 2 层称为月香楼，度过一个夏天后，又将其写成了歌，因此，是一家名店。如果不是樱花时节，可以在店内的绿台上享用美食

创办于享保 2 年（1717 年） 向岛

长命寺樱饼 山本屋

用盐对在隅田川沿岸盛开的樱花树叶进行腌渍后制作成樱饼，据说，最初是在长命寺门前开始售卖的，有记录称，约 100 年后，共累计销售出了 38 万 5000 个樱饼，备受好评。现在，每逢樱花时节都必须进行预约。

对北海道产的小豆进行恰到好处的炖煮后形成混合均匀的细豆沙，使用可丽饼对细豆沙进行包裹，淡淡的甜味，令人百吃不厌。樱花树叶通常会起到防止干燥与增加香气的作用，因此，将树叶剥下后食用是长命寺樱饼的主流吃法。

MAP 别册 p.27-A4

住 墨田区向岛 5-1-14 TEL 03-3622-3266 营 8:30~17:00 休 周一 交 从东武亀户线曳舟站西口出发步行 13 分钟 CC 不可使用

创办于明治 35 年（1902 年） 银座

资生堂 parlour 餐馆银座总店 Salon de cafe

在资生堂药店内开设的冷饮柜台，日本的第一杯苏打水与当时还属罕见的冰激凌都是在这里开始生产与销售的。创业者研发的冰激凌苏打水采用原始的制作方法，在使用砂糖制作的糖浆中对果皮进行腌渍，从而达到理想的味道。冰激凌味道浓厚，余味很淡，外观亮丽且形似皇冠的冷甜点也是这家店的代表性单品。也十分适合与新鲜水果搭配食用。

MAP 别册 p.20-C1

住 中央区银座 8-8-3 东京银座资生堂大厦 3 层 电 03-5537-6231 营 11:00~21:00、周日 · 节假日 ~20:00 LO 20:30、周日 · 节假日 19:30 休 周一（节假日正常营业） 交 从地铁新桥站 1 号出口出发步行 4 分钟 CC ADJMV

❶ 清澈透明的苏打水中漂浮有传统的冰激凌，有柠檬与橙子两种口味，冰激凌苏打水单价 1150 日元（含税） ❷ 以"万物资生"为宗旨，整座大楼宛如一个艺术空间 ❸ 粉色的奢华内饰

创办于大正 13 年（1924 年） 新宿

Colombin 京王新宿沙龙

首家在日本出售法式点心的老字号西洋点心店。创始人门仓国辉在法国学习制作方法与技术后学成归国，在大森开设了店铺。以本国人为主要消费客群的日本国内特有的海绵蛋糕，通过在整蛋中加入相同分量的蛋黄，达到类似长崎蛋糕的浓郁的香味。同时，酸味能得到发挥的草莓与乳脂含量极高的鲜奶油的搭配堪称最强组合。海绵蛋糕那恰到好处的香甜口味，令人百吃不厌，不妨搭配尼尔吉利茶与大吉岭茶等种类丰富的红茶食用。

MAP 别册 p.38-B2

住 新宿区西新宿 1-1-4 京王百货店新宿店 8 层 电 03-5321-5239 营 11:00~22:00 休 以机构安排为准 交 从 JR 新宿站中央西口出发步行 1 分钟 CC AJMV

❶ 外形简单华丽的"海绵蛋糕"，售价 550 日元 ❷ 烤制为法式吐司风味的"海绵蛋糕"，售价 1200 日元，配有饮品 ❸ 以白色为主基调的店内看起来十分雅致

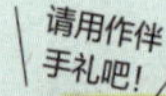

创办于天保 5 年（1834 年）日本桥

千疋屋总店 日本桥总店 水果店

天保 5 年（1834 年），揭开了露天水果店“廉价水果摊”的招牌，这便是水果与蔬菜销售的起源。之后，又开设了可以轻松品尝西式餐品与甜品的水果食堂，抓住了时尚女性的心，得到了很高的评价。这就是后面出现的水果店。

使用 7 种水果制成的千疋屋特制冷甜点除了外观华丽之外，还可以品尝到水果的美味，至今依然是备受好评的畅销单品。

MAP 别册 p.17-A3

住 中央区日本桥室町 2-1-2 日本桥三井塔 2 层 TEL 03-3241-1630 营 11:00~21:00 LO 20:30 休 不定期 交 从地铁三越前站 A8 号出口出发步行 1 分钟 CC ADJMV

❶明亮的店内环境 ❷❸陈列有众多使用甜酸达到完美平衡的时令水果制成的餐品与甜品，无论何时到访，都会对其新鲜程度感到震惊 ❹千疋屋特制冷甜点，售价 2310 日元（含税）

创办于昭和 8 年（1933 年）自由之丘

自由之丘 蒙布朗

自由之丘又被称为甜品街，蒙布朗便是坐落在这条街上的一家从古至今一直备受当地人拥护的西洋点心店。被冠以店名的蒙布朗是对法国蒙布朗留有深刻印象的首任店主独自研发的。在日式点心制作过程中经常会使用的小田卷加工出的国产栗子奶油质地十分轻薄。加入一整颗果实的栗子蜜饯与以积雪为原型的柠檬风味的蛋糖脆皮等，口感上各有各的特点。还可以在雅致的茶屋中细细地品尝。

MAP 别册 p.10-B1

住 目黑区自由之丘 1-29-3 TEL 03-3723-1181 营 10:00~19:00、咖啡馆 ~18:00 LO 咖啡馆 17:30 休 1/1、12/26 交 从东急东横线自由之丘站正门口出发步行 15 分钟 CC ADJMV

❶漂亮的正面外观 ❷店内十分宽敞 ❸以“给人以梦想”为座右铭的众多甜品 ❹蒙布朗，售价 668 日元

鱼形豆酱煎饼

创办于明治 42 年（1909 年）　麻布十番

浪花家总店

首任店主借用“medetai（意为可喜可贺）”这个词的“tai（音同鲷鱼）”部分，将原料装入鲷鱼形的模具制成糕点，这就是鲷鱼烧的起源。馅料使用有强烈碱性味道且表面十分粗糙的十胜产小豆经过 8 小时的时间煮制而成，小豆的味道浓郁，外皮入口即化。饼皮薄而脆，透过饼皮可以看到里面的馅料，十分美味。仅使用油炸面糊与卷心菜这两种简单的食材烹制而成的炒面与全年随时都可以吃到的刨冰也拥有大量的拥护者。首任店主是昭和大热歌曲《游吧！鲷鱼烧君》中出现的中年大叔的原型并且因此而广为周知。

MAP 别册 p.14-A2

住 港区麻布十番 1-8-14　TEL 03-3583-4975　营 11:00~19:00　休 周二·每月第 3 个周三　交 从地铁麻布十番站 7 号出口出发步行 1 分钟　CC 不可使用

如果感觉凉，可以通过烤箱轻微烤制

❶ 鱼形豆酱煎饼（鲷鱼烧）售价 180 日元/个（含税）❷ 购买时还可以通过电话进行预订 ❸ 在店内用餐，配有饮品的套餐售价 600 日元（含税）❹ 每天会烤制 2000 条一丁烧

店内陈列有很多通过甄选食材呈现四季之美的日式点心。不仅限于豆馅草莓大福，现在还研发出玫瑰点心等令人垂涎三尺的日式点心。其中，使用洋酒制作的白兰地铜锣烧（售价 270 日元）也十分畅销，人气仅次于豆馅草莓大福

铜锣烧也拥有极高的人气！

创办于大正元年（1912 年）　新宿

大角玉屋 总店

大角玉屋的第三代店主在 1985 年对豆馅草莓大福（249 日元）进行了研发，店主在海绵蛋糕中找到灵感，将大颗草莓与红豆沙加入了新鲜制作的年糕饼皮当中，掀起了一场豆馅草莓大福的热潮。

草莓以甜味浓郁的甘王草莓与枥木少女为主，夏季则使用北海道产的夏季草莓。经过精心的煮制，北海道小豆被提炼为美味的馅料，全年均可品尝到那令人耳目一新的绝美风味。米使用的是宫城县产的麻薯米，砂糖使用的是白霜糖，豆馅草莓大福所使用的均为优质食材，因此，也有很多喜爱简单的豆大福的拥护者。

MAP 别册 p.12-C2

住 新宿区住吉町 8-25　TEL 03-3351-7735　营 周一～周六 9:00~19:30、周日 9:00~18:30　休 1/1　交 从地铁曙光桥站 A1 号出口出发步行 3 分钟　CC ADJMV

第五章 购物

※ 受新冠肺炎疫情影响，店铺营业时间会发生变更，详细情况请咨询店铺

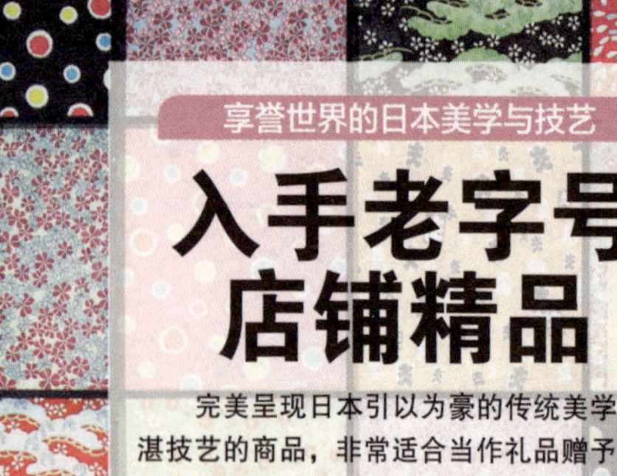

享誉世界的日本美学与技艺

入手老字号店铺精品

完美呈现日本引以为豪的传统美学与精湛技艺的商品，非常适合当作礼品赠予重要的人，还可以装点自己的日常生活。

创办于1864年

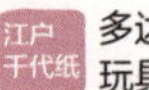

多达1000种的千代纸
玩具绘本出版机构

菊寿堂 伊势辰 谷中总店

元治元年（1864年），在团扇批发商处担任学徒工作的首任店主辰五郎使用同一个字号创办了分店，主要从事彩绘与玩具绘本的出版工作。经过地震与战争，千代纸的木版画不幸遗失，但是，据说后来又不知疲倦地对江户千代纸进行了复制。

店内陈列有大量千代纸、千代纸附属品、绘有传统花纹的方巾以及手帕。伊势辰的千代纸与玩具绘本的种类多达千余种，内容极富现代感，甚至让人完全联想不到那是江户时代的花纹，此外，与当今生活相匹配的商品也有很多。

MAP 别册 p.28-B2

住 台东区谷中 2-18-9 TEL 03-3823-1453 营 10:00~18:00 休 1/1 交 从东京地铁千代田线千驮木站团子坂出口出发，步行 5 分钟 CC ADJMV

礼金信封与红包袋也得到了完美的升华

❶❷虽然是传统花纹，但是极富现代感，可用作笔记本封皮 ❸对江户时代的生活场景进行描绘的商品也非常适合带到海外用作旅游纪念品 ❹谷中总店除元旦之外，全年无休 ❺现在，第五代店主与兄弟一同守护着这家店铺

老字号店铺的执念

伊势辰的千代纸花纹与玩具绘本均为原创。从江户时代流传至今的传统花纹，经过重新着色，进化成了极具现代感的花型与纹路。采用传统木版画工艺制成的千代纸也颇具看点。

创办至今已有300多年的历史

熏香 宗教熏香、茶道熏香以及香包等各种熏香

老字号熏香 松荣堂 银座店

松荣堂是在京都创办的熏香专卖店。研发熏香300余年，针对如何在生活中发挥熏香的作用提出了独到的观点与建议。在不断传承的传统工艺的基础上，已制成熏香300余种。产品种类丰富，涉及领域十分广泛，包含佛事与茶道活动中使用的香木与香锭，还有可将喜爱的香气随身携带的香包等。

银座店有大量可以轻松享受香气的香包与柱香。其中，还备有银座店限定供应的可自选香气与日本纸的香包“huwarito”。能够制作出只属于自己的那一份独一无二的香气，实在是一种令人十分愉悦的体验。

MAP 别册 p.20-B1

住 中央区银座7-3-8银座七丁目place1层
TEL 03-3572-6484 营 周一～周五 10:00~19:00、周六·周日、节假日 10:00~18:00 休 无
交 从地铁银座站C3号出口出发步行6分钟
CC ADJMV

老字号店铺的执念 使用经过严选的天然香料，拘泥于品质的香气制作是这家店的一大特点。经过300多年的沉淀，专业匠人在严守传承至今的传统技术的同时，精心制成了各种熏香产品。

❶ 可燃烧约20分钟的细长形熏香，售价660日元起；可燃烧约2个小时的旋涡状熏香，售价1320日元起 ❷ 店内还供应使用十分罕见的沉香与白檀制成的高档柱香 ❸ 可以选择日本纸与香气的“huwarito香包” ❹ 当然，这里还备有礼品专区 ❺2019年迁址至现所在地

创办于1704年

从宝永元年传承至今的
日本唯一一家杨枝专卖店

日本桥 saruya

从江户时代传承至今，已有300余年历史的老字号店铺，出售自古便被视为高档品的黑文字杨枝。一支支经过手工匠人加工处理的杨枝，品质上乘且十分柔软，弯折后会散发具有清凉感的特有芳香，也可用作日式点心的随赠礼品。由100句歌颂男女之情的词句组成的辻占杨枝、带有独特的武士独白（备有英语译文版本）的武士杨枝以及收纳在高档感十足的泡桐木箱中的上角杨枝等，可以根据用途选择属于江户时代的这款时尚且雅致的纪念品。

MAP 别册 p.17-A3

住 中央区日本桥室町1-12-5　TEL 03-5542-1905　营 10:00~18:00　休 周日 · 节假日　交 从地铁三越前站A1号出口出发步行2分钟　CC 不可使用

老字号店铺的执念

100%使用被视为杨枝制作中最为贵重的植物原材料“kuromozi（黑文字）”。黑文字富有弹力，难以折断，保证由职业匠人一支一支地手工制作。与黑文字杨枝相比更为高档的上角杨枝，在制作过程中会削得极为纤细，技术堪为精湛。

❶ 每年都会制作装在泡桐木箱中的杨枝，单价1000日元　❷ 辻占杨枝，单价400日元　❸ 江户时代的杨枝样本　❹ 墨汁手写文字，也可以加入姓名　❺ 绘有日式花纹的杨枝包装，内装5支黑文字杨枝，售价800日元　❻ 有很多海外游客光顾　❼ 凸显细腻的匠人技艺的上角杨枝是saruya极具代表性的一款商品

创办于2013年

日本和服配饰 使用高级京都丝绸宽腰带进行装饰的 tumbler&bottle

浅草东南屋

创办时间长达 80 年的绸缎店第三代店主着手创建的原创日本配饰店，主推“时尚日本风格”。使用京都丝绸宽腰带新品制作的商品奢华至极，以坦布勒杯为代表，壁毯、软垫以及桌旗等，无论哪一种商品，在制作过程中都加入了金线，十分华丽。杯子种类齐全，有 tumbler 型（售价 8000 日元）与 bottle 型（售价 6000 日元）等。

MAP 别册 p.26-B1

住 台东区浅草 1-18-2 TEL 03-6231-6140 营 10:00~18:30 休 周三 交 从地铁浅草站 1 号出口出发步行 2 分钟 CC ADJMV

店内供应各种优美且雅致的杂货类商品

❶❷ 职业匠人严选的看上去最为美丽的花纹。Tumbler 售价 3 万日元，bottle 售价 1 万 1000 日元 ❸ 可用作礼物或者给自己的奖励

老字号店铺的执念

招牌商品 tumbler 与 bottle，采用通过日本和服店这一特有渠道入手的高级京都丝绸宽腰带，经历十五道工序精心制作而成。

❶ 被时令鲜花与各种流行器皿环绕，展示方法便于顾客观赏选购 ❷ 共开设有浅草与银座两家店铺

手机壳（小）售价 1 万 4260 日元（含税）

创办于1927年

文库革 手工描绘的色彩丰富的皮革工艺品

文库屋“大关”浅草店

使用传统漆料、通过传统制法生产，以“文库革”命名的皮革工艺品专卖店。作品经过刷白颜色、压印皮革、上色，化学热处理等几个工艺加工制成，其特点在于富有古典美的协和统一感。店内供应有钱包与钥匙包等约 30 种品类，花纹多达百余种，涉及传统花纹与符合当今时代特征的现代花纹，富于变化。

MAP 别册 p.26-B2

住 台东区浅草 2-2-6 TEL 03-6802-8380 营 10:00~18:00 休 无 交 从地铁浅草站 1 号出口出发步行 4 分钟 CC ADJMV

老字号店铺的执念

文库革采用漆料与真菰等通过传统制法制作而成。现在只有日本依然还在使用这一传统的秘制工艺。

简约轻便且方便使用的人气钱包，售价 2 万 2200 日元（含税）

每每拿出都会令人心情愉悦的有柄小镜，售价 4580 日元（含税）

创办于1590年

扇子与团扇 浮世绘的出版机构 团扇浮世绘风尚

伊场仙

人们普遍认为老字号店铺的团扇与扇子是很难入手的，但是，这种商品原本就是像现代的海报一样得到扩散的。拥有400年历史的伊场仙请著名的浮世绘画师描绘极具夏季风情的花纹与观光地，并且通过团扇进行了呈现。伊场仙陈列有各种花纹的团扇与扇子，例如，寓意无病息灾的六只葫芦的花纹（六瓢）与被称为胜虫的蜻蜓花纹等，这些包含文字游戏与能够为人们带来好运的花纹备受喜爱，当然，还有很多价位适中的商品。

MAP 别册 p.17-A4

住 中央区日本桥小舟町4-1伊场仙大厦1层 TEL 03-3664-9261 营 周一～周五 10:00~18:00、4~9月的周六 11:00~18:00 休 周日·节假日·周六（除4~9月之外） 交 从地铁三越前站A4号出口出发步行5分钟 CC ADJMV

老字号店铺的执念 创店之初，曾为出售江户幕府时期所使用的日本纸与竹制品的店铺。同时，这里还是浮世绘的出版机构，多色印刷的团扇绘画在江户后期形成了一大热潮。在现存木刻画的基础上制作的丰国江户团扇至今依然拥有极高的人气。

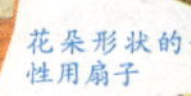

浮世绘也备受好评

能够给人带来好运的蜻蜓花纹

国芳所描绘的小猫图案

丰国木版江户团扇“卯月”

这是“仲夏”

花朵形状的女性用扇子

❶整洁而漂亮的团扇与扇子 ❷拥有首任店主丰国等歌川家族的浮世绘作品 ❸宛如艺术作品陈列室一般的环境 ❹第14任店主吉田诚男先生

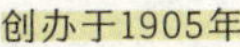

田屋 银座总店

这是一家男士精品店，设计、生产以及销售均由该公司独自完成。其中，领带是这家店的招牌商品，每逢春季与秋季，均有新品上市，全年共约推出200种新花型供顾客选购。领带以铁路、飞机、咖啡、酒品以及中国十二生肖等各种主题为装饰图案，应该可以发现适合自己的那一条。还有精心设计且图案更加复杂的“Ehret700”与“over-ten”等。此外，店内还陈列有大量衬衫，在穿着的舒适性，服饰的体型以及纽扣等细节部位的材质上十分考究。店内陈列有可用作休闲装扮的棉质衬衫与适合在晴朗天气穿着的丝绸衬衫等众多商品可供选择。

MAP 别册 p.20-B2

住 中央区银座4-6-17 TEL 03-3563-3431 营 10:00~19:30 休 无 交 从地铁银座站A8号出口出发，步行2分钟 CC AJMV

1989年，在纺织业极为兴盛的米泽创建公司厂房，确定生产技术。使用丝绸中极为纤细的线实现多色纺织，通过这一工艺，对花型的立体感与细腻的阴影等进行了完美的呈现。

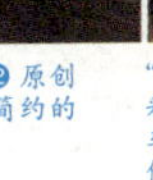

用世界各国语言中的“谢谢”作为装饰的领带，售价1万5000日元

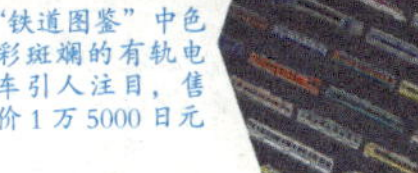

❶ 柜台上摆满了领带，甚是壮观 ❷ 原创衬衫，每一件都十分华美 ❸ 时尚简约的外观是这家店的一大标志

“铁道图鉴”中色彩斑斓的有轨电车引人注目，售价1万5000日元

创办于1830年

江户扫帚 越用越爱的传统江户扫帚

白木屋传兵卫

拥有百年历史的江户扫帚一直都深受日本人的喜爱，从天保元年（1830年）创业至今，这家扫帚专卖店的扫帚制法基本未发生改变。备受江户人喜爱的江户扫帚经久不衰的秘密不仅在于简朴耐看的外形，还在于轻便与实用性。扫帚采用高粱等材料编制而成，均为对环境无害的自然素材。扫帚在使用的过程中几乎没有噪声且耐用性极强，这也是江户扫帚拥有众多铁杆拥护者的原因所在。扫帚种类涵盖长柄与毛刷等众多品类，可以根据用途进行选购。

MAP 别册 p.21-A4

住 中央区京桥 3-9-8 白传大厦 1 层 TEL 03-3563-1771 营 10:00~19:00 休 周日 交 从地铁宝町站 A3 号出口出发步行 2 分钟 CC ADJMV

老字号店铺的执念

用手对原材料高粱进行触摸，通过职业匠人经多年积累的触感，从细度、弯曲程度以及柔软程度等方面，将高粱分为20个等级。从而制成柔韧性好、有弹性、耐用性优越且实用性强的扫帚。

抚摸腹部后祈祷平安生产的小扫帚，售价 1100 日元

使用柿子单宁染色的日本纸簸箕，售价 1400 日元~

呈倾斜角度的手柄更易持握，售价 1700 日元

草量十足的小扫帚，售价 1300 日元

❶ 对榻榻米与室内地面不会造成任何损伤并且易于清扫的特级江户手工短把扫帚，售价 8000 日元~。即使顶端发生损耗，只要将磨损的部分剪掉，便可继续使用，使用寿命长达 10 年以上，这也是该产品充满魅力的一个特点 ❷ 为长达 190 年的历史而自豪 ❸ 店内陈列有材料（草）品质不同、编制方法不同的各种扫帚

创办于1689年

漆器 纪州黑江颇具渊源的江户日本桥漆器名店

黑江屋

这是一家老字号漆器专卖店，店内展示并且出售1500余种漆器。漆器是日本的一项传统工艺，兼具实用性与静谧之美，刷有漆料的木质容器十分轻巧，对装在容器中的食物或者饮品的保温性较好。使用时间越长，漆器将越发艳丽，看上去极具风情。现在还出现了可放入餐具清洗设备中洗净的漆器，因此，可以放心入手。

MAP 别册 p.17-B3

住 中央区日本桥1-2-6黑江屋国分大厦2层 TEL 03-3272-0948 营 9:00~18:00 休 周六·周日、节假日 交 从地铁日本桥站B9号出口出发步行1分钟 CC ADJMV

❶漆料具有耐碱性与耐酸性，因此，在实际生活中也非常易于使用。前面的这副筷子是黑江屋的原创作品“日本桥” ❷❸最近还出现了可以放入餐具清洗设备中洗净的漆器，便于日常使用

老字号店铺的执念

不仅纪州漆器，店内现在供应有来自日本全国各地的漆器与名人作品。店内还有使用天然葫芦与橘子制作的独一无二的纪州漆器。

创办于1880年

银制品 品类繁多 为宫内厅供应产品的银制品品牌

宫本商行

日本首家银制品专卖店，创店至今已有140年的历史。这家老字号店铺曾为日本皇室供应糖果盒等众多名品。熟练匠人的加工技术细腻而卓越，无论哪一个产品，都十分华美，令人惊叹。不仅是装饰品，店内现在还供应可以代代传承使用的西式餐具。

MAP 别册 p.21-A3

住 中央区银座1-9-7阳荣银座第2大厦1层 TEL 03-3538-3513 营 10:30~18:30 休 周日·节假日 交 从地铁银座一丁目站10号出口出发步行1分钟 CC ADJMV

老字号店铺的执念

商品涉及领域广泛，无一不展现出手工艺人娴熟的技术。产品包含宫本商行的刻印与表示银制品纯度的刻印等。

❶风格典雅的有柄小镜，售价2万9000日元 ❷根附，单价3500日元 ❸装糖果的带盖器皿——水目樱·玫瑰糖果盒，售价8万9000日元。以天皇与皇后的印章作为主题 ❹从明治23年（1880年）开始在银座营业 ❺还展示有作家作品

创办于安永年间

全部工艺均由职业匠人处理
历史上著名的分趾鞋手工作坊

大野屋总店

创店至今已有 240 余年的历史，这家老字号店铺一直坚持生产分趾鞋。令这家店声名鹊起的是足底窄小、脚尖被完全包裹的“新富型”分趾鞋。脚部看上去更为纤细漂亮，有很多从事歌舞伎与能剧等传统艺能表演的演员们也十分爱穿。除了结合每个人的足部情况进行制作的定制产品之外，现在共有 4 种使用已有模具制作的常规分趾鞋，还有纱罗手帕与（烹饪时穿的）罩衣等。

MAP 别册 p.21-A4

住 中央区新富 2-2-1　电 03-3551-0896　营 9:00~17:00　休 周六 · 周日、节假日　交 从地铁新富町站 2 号出口出发步行 2 分钟　CC ADJMV

老字号店铺的执念

由第五代创造出的新富型分趾鞋，从足部尺寸测量到开模、裁剪、缝制、完成，事先全部工艺的一条龙式作业。还可以对布料与搭扣的数量等细节部分进行指定。

❶ 定制分趾鞋，每双 4300 日元，五双起订　❷ 可以在 4 种样式中随意选择的白足袋，售价 3600 日元~，柄足袋，单价 4700 日元　❸ 祈祷“装进钱财”的福足袋，单价 1000 日元　❹1 层是店铺，2 层有手工作坊　❺ 第七代店主表示，“根据顾客的要求，满足对方的心愿，才是最重要的”　❻ 店铺所在的町家建筑是日本物质文化遗产　❼ 手艺人的手工作业　❽ 也可用作（室外御寒用的）围毯的大尺寸纱罗手帕，单价 500 日元

创办于1806年

日本纸 可以感受到日本纸的温暖
品质上乘、五彩斑斓的商品

榛原

这是一家由江户时代传承至今的老字号日本纸店铺，简约且充满日式现代感的原创商品跨越时代，备受喜爱。店铺曾于2015年搬迁，随着时间与光线的变换，店铺外墙上的花纹也会不断发生变化，以此来释放独特的存在感。店内不仅有每年都会更换设计风格的日历与榛原集邮册等平日经常用到的商品，还有很多非常适合用作礼品的日式配饰。

MAP 别册 p.17-B3

住 中央区日本桥2-7-1东京日本桥塔 TEL 03-3272-3801 营 周一～周五 10:00~18:30（周六·周日~17:30） 休 节假日 交 地铁日本桥站B6号出口上方 CC MV

有色玻璃主题外观

竹久梦二委托榛原制作的定制图案“竹久梦二　小记事本”单价500日元

五花八门的“蛇腹式折叠信纸”，售价500日元

陈列有用于书写用品或者吟咏和歌等不同用途的商品

老字号店铺的执念

创店以来，最为著名的商品是名为“雁皮”的使用落叶乔木的树皮制作的日本纸。其特征在于表面有光泽，书写流畅，不会随着时间的推移而退化。

❶❸ 店内设有制作专区，可以参与闻香、调香以及香木体验 ❷ 令人欲罢不能的名片熏香。不仅有传统的白檀与伽罗，店内还备有玫瑰与麝香等品类

给人留下深刻印象的淡香水

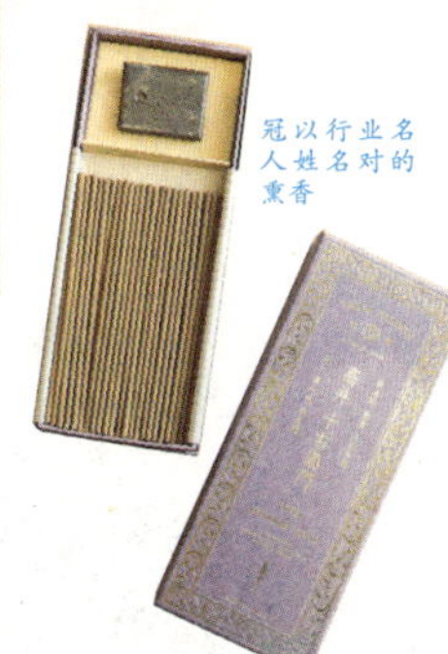

冠以行业名人姓名对的熏香

创办于天正年间前后

熏香 从传统熏香到
淡香水

香十 银座总店

拥有400余年历史的熏香专卖店。第八代店主高井十右卫门曾制作了供奉给光格天皇的熏香“千岁”等众多著名熏香产品，这家店铺至今依然传承着这位店主所主张的技术与理念。除了继承传统之外，这家店铺的历任店主都积极地对西洋熏香进行研究，融合东西方文化，研发新的熏香产品。店内现在还供应独具熏香专卖店特色的淡香水。

MAP 别册 p.21-B3

住 中央区银座4-9-1 B1层 TEL 03-6264-2450 营 11:00~19:00 休 年初、年底 交 从地铁东银座站A8号出口出发步行1分钟 CC ADJMV

老字号店铺的执念

现在依然保存有第八代店主的“香十　十右卫门家传熏香调制备忘录”。幕末时期，还曾对西欧的熏香展开研究，大范围涉足熏香关联产品。

超越时空且备受喜爱的美味

元祖糕点与超级老字号烘焙美味

糕点类食品自欧洲传入日本后，作为日本特有文化不断发展完善，下面就让我们来一同探寻这些名店，深度挖掘那些超越时空限制得到大家喜爱的招牌商品的秘密吧！

首次推出

酒母樱花红豆面包
170 日元（含税）

红豆面包与果酱面包的元祖

创办 150 年以上的原创酒母红豆面包

银座木村家

这家名店创办于明治 2 年（1869 年），次年将店铺更名为“木村家”，后来世代相传。红豆面包曾在全国范围内得到推广，甚至还曾供奉给明治天皇，这家店使用的并非普通面包制作过程中所采用的“酵母菌”，而是在由米、日本酒曲以及水制成的“酿酒酵母”的基础上研发而成的。红豆面包使用在下设工厂精心烤制的面包胚与北海道十胜产的小豆制成，通常情况下，店内会陈列近十种红豆面包，据说，工作日每天能够售出约 5000 个。此外，明治 33 年（1900 年），对战时粮食问题进行研究期间，从在饼干中夹入果酱的制作方法中得到灵感，开发出了果酱面包，这种产品也是木村家首次推出的。

MAP 别册 p.20-B2

住 中央区银座 4-5-7 银座木村屋 1 层 电 03-3561-0091 营 10:00~21:00 休 无 交 紧邻地铁银座站 A9 号出口 CC AJMV

❶用盐腌渍过的樱花呈现出恰到好处的甜酸口感 ❷2~4层是咖啡馆与餐馆 ❸复古的帘子与陈列有红豆面包的木质托盘 ❹注满草莓果酱的果酱面包

法式小面包的元祖

保护传统味道的烘焙店在当地生根发芽

关口法式面包 目白坂总店

主营产品法式面包在店名上也得到了体现，这家店对法国传教士传入日本的味道进行传承，烘焙师傅在面包的烤制方法上十分讲究，绝对正宗。以在放射远红外线的烤炉中烤制的外皮薄而酥脆且内部口感发黏的传统法式脆皮白面包棒为代表，制作过程中频繁添加黄油的油酥面团以及蛋黄味道十分浓厚的日式蜜瓜包等，店内陈列的商品品类十分丰富。

MAP 别册 p.12-B2

住 文京区关口 2-3-3　TEL 03-3943-1665　营 8:00~18:00、周日 · 节假日 ~17:00　LO（咖啡）14:00、周六 · 周日、节假日 15:00　休 无　交 从地铁江户川桥站 1a 号出口出发步行 4 分钟　CC 不可使用

蓝莓丹尼斯售价
180 日元

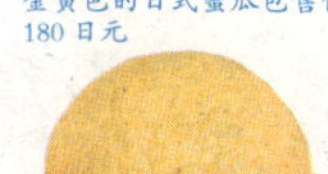

金黄色的日式蜜瓜包售价
180 日元

❶ 店内开设有咖啡馆，可以与饮品一同享用　❷7 种法式小面包，每天分 3 轮进行烤制

咖喱面包的元祖

每天供应 80 种面包，人人喜爱

Cattlea

昭和 2 年（1927 年）创立的咖喱面包的老店。咖喱面包于当年注册日本实用新型专利，以“西式面包”的名号呈现在世人面前，在使用棉籽油中炸制的薄而酥脆的面皮中注满了通过猪肉糜与蔬菜制作的口感微甜的咖喱馅料。在馅料中加入大福豆的深川红豆面包也拥有极高的人气，除此之外，店内还陈列有众多独具传统糕点屋特色的，令人无法拒绝的美味。

MAP 别册 p.19-A3

住 江东区森下 1-6-10　TEL 03-3635-1464　营 7:00~19:00、节假日 ~18:00　休 周日 · 节假日的周一　交 临近地铁森下站 A7 号出口　CC 不可使用

咖喱面包
200 日元
首次推出

深川红豆面包也是这家店的招牌！售价 200 日元

我们推出的面包备受男女老少的喜爱

❶ 还有很多地处远方的拥护者　❷ 每天炸制 1000 多个咖喱面包

蜂巢新月形面包，售价 400 日元（含税）。层次是普通羊角面包的 1.5 倍

法式有盐黄油（毛豆版本）售价 240 日元（含税）

我店现在正在开发可以令人感到紧张兴奋的美味面包

重现原产地风味的泰式咖喱面包，售价 300 日元（含税）

新近推出的美味陆续登场！

明治堂

创办于明治 22 年（1889 年），采用传统制作方法制成的甜面包与咸面包、使用天然酵母制作的硬质面包，每天陈列出售的商品达 150 种以上。每月都会开发多种新产品，如加入毛豆豆馅，口感酸甜，令人欲罢不能的有盐黄油法式面包，泰式咖喱面包以及在面包揉制过程中加入巢脾蜜的新月形面包等，众多全新美味也可以在这里得到挖掘。

二层设有咖啡馆，这是一个不受任何约束的自由空间

MAP 别册 p.8-B2

住 北区王子 1-14-8 明治堂大厦 1·2 层 TEL 03-3919-1917 营 6:30~20:00、咖啡馆 9:00~18:00 LO 咖啡馆 17:30 休 周日、咖啡馆周日·节假日 交 从地铁王子站 4 号出口出发步行 2 分钟 CC ADJMV

著名商品 竹轮热狗

经过改良的竹轮热狗，在竹轮下方加入了金枪鱼蛋黄酱。售价 165 日元（含税）

包装袋极具复古风情

对炸饼与鸡蛋等人气美味单品进行混合搭配。售价 550 日元（含税）

必吃的特色三明治

创办于大正时代的美味

令人怀念往昔且颇具安心感的面包

松村面包店 parlour 餐馆

创办于大正 10 年（1921 年）。每天清晨，很早便会在店铺的二层烤制当天出售的面包，涵盖精致面包与甜面包等，品类多达百余种。产品外形简约，百吃不厌，吸引了众多回头客。当然，店内还有很多自创店之初便一直供应的奶油面包等，午后便会售罄，建议尽早到店购买。当然，购买后也可以在店内用餐区慢慢品尝。

含有胚芽的长崎蛋糕——牛角包蛋糕，售价 200 日元（含税）

传统奶油面包，恰到好处的甜度令人神清气爽，售价 120 日元（含税）

种类繁多，因此，每种单品的数量大约有 10 个

MAP 别册 p.18-A1

住 中央区日本桥人形町 1-14-4 TEL 03-3666-3424 营 7:00~18:00、周六 ~13:00 休 周日·节假日 交 从地铁水天宫前站 8 号出口出发步行 1 分钟 CC 不可使用

在当地深入人心的面包烘房依然保留了原本的样貌

面包每个 150 日元 ~（含税）

红豆面包

怀旧的古早味面包

烤制食品“杏仁瓦片饼干”1200 日元（含税）

豆沙馅料简单的甜味与芳香堪称杰作

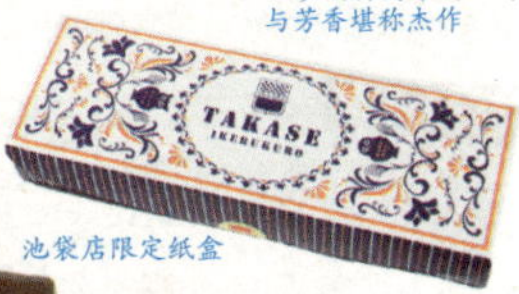

池袋店限定纸盒

与立教大学联合推出的“杏仁瓦片饼干”，售价 800 日元（含税）

创办于大正时代的美味

使人怀念过去的甜面包令人极感兴趣

高濑 池袋总店

创办于大正 23 年（1920 年），从常规商品红豆面包到独特且种类丰富的甜面包与蛋糕，这家西式点心店现在供应有各种各样的糕点与烘焙产品。还有众多拥有新奇包装与悦耳名称的原创商品，例如，夹入含有水果的搅打起泡沫的稀奶油与糕点奶油的“casino”与使用海绵蛋糕制成的“apollo”等。非常适合作为旅游纪念品的优质烤制食品也拥有极高的人气。

MAP 别册 p.36-A2

住 丰岛区东池袋 1-1-4 TEL 03-3971-0211 营 8:00~22:00（餐馆 11:00 起开始营业、咖啡馆 9:00 起开始营业、咖啡休息室 11:00 起开始营业、附属馆咖啡沙龙 7:30~20:30）休 无 交 从 JR 池袋站东口出发步行 1 分钟 CC MV

紧邻池袋东口的交叉路口，前来选购的顾客络绎不绝

在相扑比赛等场景中出现的为人熟知的粗体字拥有悠久的历史

多姿多彩的江户文字

寄席文字看上去仿佛一张快乐的微笑面孔

江户文字是江户时代在商业与演艺业等行业盛行的字体。使用目的不同，字体也各不相同，但是，总的来说，文字线条较粗，留白较少。为了能够使场地内座无虚席，或者说可以让福运充满各个角落，江户文字担起了十分重要的责任。时至今日，江户文字依然被誉为能够带来好运的文字，同时还设有字迷会。从店铺招牌、千社札（在日本神社和寺院参拜用的，贴在天井和墙壁上的姓名贴纸）到姓名标签，江户文字通过各种各样的形态展现在世人面前，可以说是随时陪伴在我们身边的江户文化之一。

江戸文字 ❖芝居文字（勘亭流）

用于歌舞伎的招牌与海报的字体。安永 8 年（1779 年），中村座的公演将剧中所使用的招牌文字的设计工作委托给了冈崎屋勘六（别号“勘亭”），由其设计的独创性文字广受好评并得以推广。曾活跃于江户末期～明治初期的歌舞伎狂言作者河竹默阿弥也一直坚持使用勘亭流这一字体。

勘亭流体是运用厚实、膨胀、风格化的写法，用刷子书写并向内弯曲。笔画回转内收，表达人们希望客人流连忘返的美好愿望。字形圆润、敦厚、笔画中极少出现直角与折角，几乎全由曲线和弯角构成，独特的圆润表达了歌舞伎的优雅。勘亭流体仿佛不断说着“里面请，里面请”，招呼客人入场观看表演，同时，还饱含祈求公演顺利且圆满结束的美好愿望。仔细观察便可发现，演出剧目不同（例如，知识渊博的时代剧目与言辞诙谐的生活剧目等），文字的书写也会存在微妙的差异。

江戸文字 ❖相扑文字（根岸流）

多用于相扑节目表与横幅中。相扑文字虽然也是用特粗毛笔书写，但是笔画粗直有力。相扑文字字形体现出相扑运动员的力量感，用苍劲有力的笔画书写出了一个独特的世界。相扑字是在原本就身为节目表出版人的根岸兼吉的努力下诞生的，并且在根岸家族得到了传承。战后，日本相扑协会通常会负责节目表的发布，相扑文字通过相扑裁判得到了传承。学习相扑文字是裁判的必修项目，从入门开始就不断地加以积累。从线条最粗的横网文字到最细的序之口（最低等级）文字，对相扑中各种等级所特有的文字进行区分是难度非常大的一项工作。

此外，为了将相扑运动员、裁判以及工作人员等 700 余人全部书写在同一张节目表中，需要使用堪称极端的纵向书写方式，经常会出现将位于汉字左半侧的偏旁书写在上方的情况。（例如，将峰写为峯等）。

江戸文字 ❖寄席文字（橘流）

从江户时代开始，为了将观众聚集到落语“寄席”的表演场所，通常会在海报中使用这一字体，因此，寄席文字又被称为海报文字。战后，由橘右近设计完成的文字最终得到确定并且一直传承至今。寄席文字担负着“让观众席充满客人”的重任，笔法舒展奔放，同时笔墨粗犷的写法是其特征。寄席文字用墨多，笔势向右上。寄席文字的书写有个特点：笔画都是在右上方完成书写。在寄席文字中，像拿着铅笔那样让笔横放。通过手腕扭动带动笔书写。寄席文字在上升的线上减少了缝隙，是一种独特的吉祥文字，也是祈愿大丰收的吉利文字，寄席文字是正月最吉利的文字。但是，寄席文字看上去较为松散，特别是一笔书写完成的平假名，有时很难识别。

江戸文字 ❖笼文字

经常可以在神社的千社札、祭祀节日的灯笼以及给脱离襁褓的婴儿穿的第一套童装上看到这种文字。也被称为灯笼文字。笼文字是所有字体中最粗的一种，特别醒目。笼文字的起笔收笔急促且果断。虽然笼文字笔画间隙狭小，但是整个的布白匀称，丝毫不影响文字的阅读识别，在所有的江户文字中，是比较容易识别的一种字体。笼文字通常会适当加大间隙等，通过这种方法来达到远处亦可轻松识别的目的。

与其他字体最大的不同之处在于，笼文字并非一笔书写完成，而是采用双沟填墨的手法进行书写。笼文字在书写过程中会首先勾勒出字形轮廓，然后再对内部进行填充处理。填充时，首先会勾画出网眼状的斜线，然后进行涂色，笼文字正是因为这种书写手法而被命名的。这种手法最适合在灯笼等凹凸不平的平面上进行书写。

在日语中，笼与加护的读音相同，笼文字中包含祈求神佛加护的美好祈愿，备受从事高空作业、消防以及园艺等危险行业从业人员的喜爱，得到了大范围的推广。

江戸文字 ❖髭文字

髭文字也可以说是在笼文字的基础上加以改良的产物，看上去极具游戏性。髭文字由粗刷绘制，其特点在于笔画中有高光，字尾有须状的笔画，有点类似中国书法中的枯笔和飞白。从种类上来看，既有直线形的须状笔画，也有火焰状与刺状装饰。其中，在文字的书写过程中，会有一部分的留白，使得文字看上去更具装饰性与立体感。可以很好地彰显出书写人的个性。

江戸文字 芝居文字（勘亭流）

江戸文字 相撲文字（根岸流）

江戸文字 寄席文字（橘流）

江戸文字 籠文字

江戸文字 髭文字

第六章 夜生活

※ 受新冠肺炎疫情影响，店铺营业时间会发生变更，详细情况请咨询店铺

在水边欣赏东京之夜

通过夜间巡游，可以从不同以往的角度来欣赏东京的夜景，获取新的发现。在享用奢侈餐品的同时，开启短暂的游船之旅！

整洁而漂亮的水上屋形船 VS 优美的巡航餐厅

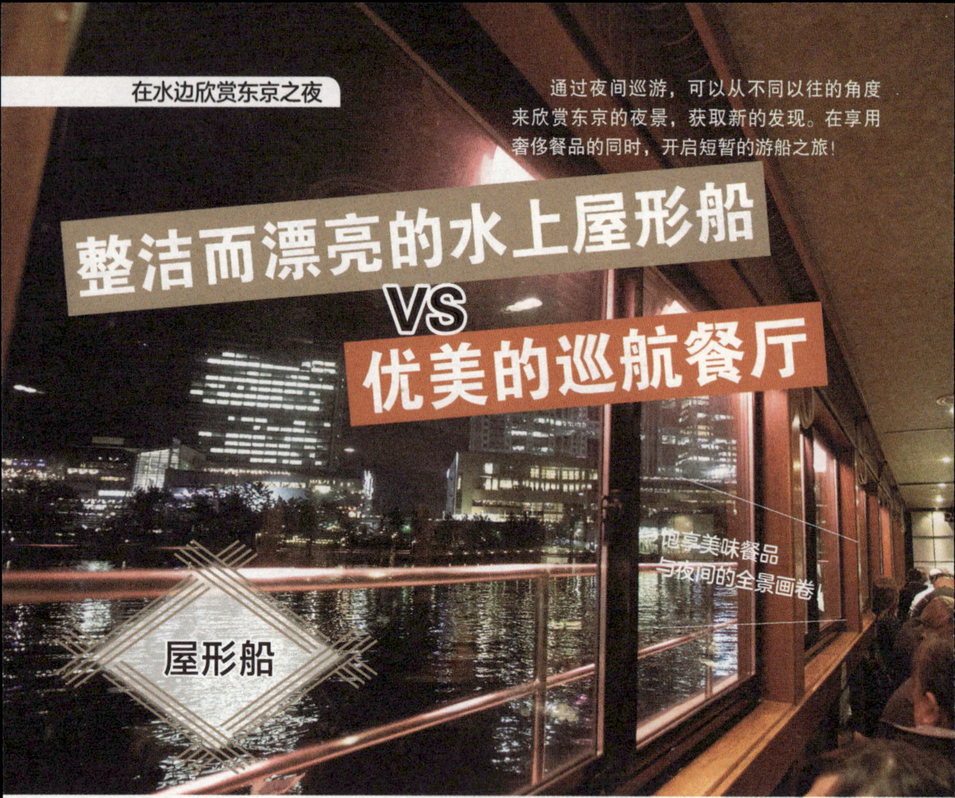

饱享美味餐品与夜间的全景画卷！

屋形船

在“水上餐厅”欣赏夜晚的隅田川 & 东京湾之旅

屋形船 晴海屋

可以一边享用顶级日餐厨师掌勺的正宗餐品，一边体验可饱享江户风情的屋形船之旅。其中，最具人气的是可以饱享炫目的东京夜景的台场·晴空塔周游项目。一边眺望隅田川沿岸的高层建筑、塔楼公寓的夜景、东京晴空塔、东京塔以及彩虹桥等处的霓虹灯，一边享受为时约 2.5 小时的游览时光。每逢主要景点，屋形船便会停留几分钟，只要登上天空甲板，便可 360° 饱享绝美的都市夜景。铺设有榻榻米垫子的船内设有坑式暖炉座席，环境极富现代感，可以将腿伸展开来尽情地放松。引以为豪的餐品是新鲜炸制的包含江户前天妇罗在内的 10 种怀石料理，餐品严选四季时令食材，极尽奢华。运气好的话，还可以欣赏到艺人表演的文娱节目等。

台场·晴空塔周游项目

MAP 别册 p.23-B3

住 中央区晴海 3-1（晴海乘船处） 电 03-3644-1344（总公司） 营 游船计划与线路不同，营业时间也会相应地发生变化 休 游船计划与线路不同，休息时间也会相应地发生变化 时间 台场·晴空塔周游项目 150分钟 费 台场·晴空塔周游项目 1 万日元［初中生·高中生 8000 日元、小学生 7000 日元（含自助餐品、饮品），2 岁以上的幼儿 5000 日元（含儿童专用餐与饮品）、2 岁以上的幼儿 2000 日元、1 岁以上的幼儿免费］ ※2 人即可成团登船 交 从地铁胜哄站 A3 号出口出发步行 5 分钟（晴海乘船处） CC ADJMV

❖整洁而漂亮的水上屋形船VS优美的巡航餐厅

请尽情享受你优美的水上漫步时光吧！

为了创造难忘的一夜，让我们一起嗨起来吧！

❶ 使用红色灯笼进行装点的极具风情的屋形船 ❷ 照射在水面上的光线也格外美丽 ❸ 除了堪称日本最大屋形船的白鹰之外，东京还有很多其他屋形船 ❹ 一边体会季节感一边品尝的振袖御膳。共计 6 种天妇罗，每个单品逐一炸制完成后被摆上餐桌。配有酒精饮品与软饮料自助

从东京湾眺望到的绝美景观 & 奢侈的料理是独有的纪念日的回忆

交响乐号邮轮

从日出码头起航，可以欣赏台场、舞滨以及羽田机场等东京湾沿岸高光时刻的巡航餐厅。飞机与游船交汇的大海、映衬在夕阳美景中的门式起重机、充满魄力的彩虹桥以及东京门大桥等景观在不同的时间段呈现在游客眼前，游船上供应有各种餐品，带给游客无尽的享受与乐趣。邮轮每天共设有午餐、下午茶、日落以及晚餐 4 个班次，费用中包含法餐、寿司怀石以及意餐等套餐项目的服务费与乘船费。根据计划，可以指定靠窗席位，能够同时享受美食与全景视角。现在还提供乘船单项消费，因此，也非常适合不在船上用餐（仅体验休闲游船）的游客。还可以在船上购买到原创的旅游纪念商品。还会根据季节举办活动以及情侣计划等。

MAP 别册 p.22-C1

住 港区海岸 2-7-104（乘船处） TEL 03-3798-8101 营 10:00~19:00 休 无 需时 50~150 分钟（活动游船项目除外） 费 日落邮轮 3200 日元起（儿童 1600 日元起） 交 从新交通红嘴鸥日出站 1A 出口出发步行 1 分钟 CC ADJMV

①

请在舒适而无忧虑的游船之旅中充分享受绝美的景色与令人愉快的美食吧！

②

①进餐时段，每个房间均会有独特的命名，内部装饰也各不相同 ②法国餐品套餐"主厨推荐"售价 1 万 600 日元（乘船费·含税）

❸途经台场与羽田机场的日落巡航航线，即便是在东京市内，也可以找到屈指可数的最佳拍摄场景。来到供游客憩息的木质甲板上，悠闲地欣赏充满幻想的绝美景色 ❹天气晴朗的日子，可以越过大井与青海集装箱码头遥望远处的富士山 ❺可以在出航前拍摄纪念照

9家享受东京之夜的乐趣且强调个性的酒吧

东京酒吧数量之多，在世界范围内都名列前茅。无论独自一人还是结伴同行，均可随意前往，今晚就在这令人无任何忧虑的酒吧中肆意买醉吧！

在优质的酒吧招待下享用顶级马天尼

毛利酒吧 银座

毛利隆雄在全日本酒吧招待协会举办的鸡尾酒大赛中连续两年荣获日本第一称号，在世界级比赛中也广受好评，这家酒吧便是由毛利隆雄一手创办的。被誉为世界之首的马天尼拥有独具艺术性的调制过程，调制结束后，会倒入专为马天尼设计的原创玻璃杯中。在日本居酒屋用餐，点第一杯酒时同时会送上一盘小菜，日文叫做“お通し”。作为“お通し”，这家店会为顾客提供温热的法式清汤，通过这道充满温暖的餐品保护各位顾客的胃。这家酒吧位于银座，通常会令不熟悉的顾客担心门槛是否过高的问题，但是，毛利的人品极佳，店内宛如家庭氛围的令人放松的环境会让慕名而来的顾客惊讶不已。

❶ 崇尚经过改善的丹蒂主义的毛利先生 ❷ 充满黄油香气的热三明治 ❸ 顶级马天尼，售价1700日元

MAP 别册 p.20-B1

住 中央区银座7-5-4la vialle银座大厦7层 电 03-3573-0610 营 18:30~次日3:00、周六~23:00 休 周日·节假日 交 从地铁银座站B5号出口出发步行4分钟 CC ADJMV ☽ 3400日元起

①②⑤ 位于建筑物六层的环境十分沉稳的酒吧 ③ 调酒师增田辉仁先生 ④ 仅欣赏摆盘便可令人感到愉快的著名餐品——蒜香蛋包饭，售价 1300 日元 ⑥ 鸡尾酒售价 1000 日元起

可以完全做回自我的
成年人的品酒空间

赤坂

BAR DECE

这家酒吧现在供应有威士忌与精酿金酒等，酒类品种繁多。其中，除了使用正宗蒸馏咖啡调制的蒸馏咖啡马天尼与使用时令水果调制的水果鸡尾酒外，站在潮流最前线的鸡尾酒也备受女性顾客青睐。蒜香蛋包饭、使用洋酒制作的生巧克力（售价 900 日元）以及由生火腿与萨拉米组成的拼盘（售价 1300 日元）等，从创店之初便拥有众多拥护者，除此之外，还有众多餐品供顾客选择。

MAP 别册 p.44-A1
住 港区赤坂 3-10-1 对翠馆大厦 6 层 电 03-3505-7891
营 19:00~次日 3:00 休 无 交 从地铁赤坂见附站 10 号出口出发步行 3 分钟 CC ADJMV ◐ 3000 日元起

备受众多作家青睐的
文坛酒吧

银座

银座 鲁邦

昭和3年（1928年）开店，文坛、画坛以及演剧界等著名人士时常光顾，是一家拥有近百年历史的老字号酒吧。通往地下的阶梯尽头，是一片充满复古风情的怀旧空间，在战火中幸存的水曲柳柜台与铁脚凳完美地还原了当时的氛围。开店时，受到里见弴与泉镜花等文学人士的支持，此外，当时还可以看到永井荷风、川端康成、藤田嗣治、东乡青儿等经常光顾的顾客面孔。店铺一角还装饰有摄影家林忠彦所拍摄的在吧台悠闲享受的太宰治的照片等。店内现在依然还留有从创店之初便一直使用的玻璃杯，可以品尝到经多年传承一直沿袭至今的鸡尾酒。

MAP 别册 p.20-B2

住 中央区银座 5-5-11 塚本不动产大厦 B1 层 TEL 03-3571-0750 营 17:00~23:30 LO 23:00 休 周日、周一 交 从地铁银座站 B5 号出口出发步行 3 分钟 CC 不可使用 ◐ 3700 日元起

❶ 杰克罗斯，售价 1600 日元 ❷ 多肉且味道浓厚的金枪鱼腩套餐，非常适合用作酒品开胃菜，售价 1100 日元 ❸ 黄金菲士，售价 1300 日元 ❹ 莫吉托鸡尾酒，售价 1600 日元 ❺ 在后门所在小巷的阴暗环境中散发光芒的怪盗鲁邦的招牌 ❻❼ 可以与文豪们共享同一空间 ❽ 店主说："店内现在并不会播放音乐。顾客的言语便是我们店内最好的背景音乐。"

※❶❸❹ 图片 © 银座 鲁邦

❶ 漂亮雅致的店内环境 ❷ 供应与餐品十分搭配的香槟酒 ❸ 酒品贮藏室中丰富的酒吧现货 ❹ 拥有极高人气的“时令卡普里”，售价1480日元（含税）

时尚且精练

涩谷

Cave de champagne divin

可以品尝到香槟与勃艮第葡萄酒的时尚酒吧。通常情况下，这家酒吧会在地下贮藏室备有1500瓶左右的酒品，一定可以找到与主菜、甜品十分搭配的那一瓶酒。店家每天供应三组限定套餐，其中包含三种香槟，售价8600日元（含税）。店内还设有沙发卡座与单间，光线暗淡的间接照明营造出一种特殊的氛围。

MAP 别册 p.47-A1
住 涩谷区惠比寿西1-10-3trustlink惠比寿大厦B1层 TEL 03-3461-1389 营 18:00~次日5:00（周日~次日3:00） LO 次日4:00（周日·节假日为次日2:00） 休 无 交 从地铁惠比寿站2号出口出发步行1分钟 CC ADJMV ☽ 4000日元起

汇集有各种个性丰富的日本酒

新宿

天乃川

京王广场酒店内的日本酒酒吧。仅设有10个柜台席位，是一个令人备感沉着稳定的空间，店家对酒品与菜品的搭配与味道的变化加以充分考量，在这里，可以品尝到品酒师从日本各地收集来的优质清酒。日本酒的魅力在于，种类繁多，涉及热清酒以及冷酒，通过温度的变化，达到不同的饮酒体验。建议品尝包含三种酒品的品酒师推荐套餐，可以分别对大吟酿、纯米酒以及本酿造等酒品逐一进行品尝。

MAP 别册 p.38-B1
住 新宿区西新宿2-2-1京王广场酒店2层 TEL 03-3344-0111 营 周一~周日17:00~22:30 LO 22:00 休 无 交 紧邻地铁都厅前站B1号出口 CC AJMV ☽ 3000日元起

❶ 前菜“刺身 包含三种肉类的拼盘”，售价3900日元（含税） ❷ 店内为现代日式风格，看上去十分明亮 ❸ 陈列有以纯米酒为代表的约40种类型的酒品

雪利酒品种繁多，首屈一指

银座

银座雪利俱乐部

创办于1986年的雪利酒专卖店。雪利酒是以西班牙南部的海勒斯为主要生产地的精酿酒，是"酒精强化葡萄酒（在白葡萄酒中混入酒精浓度极高的白兰地）"的一种。杯装酒每杯900日元，推荐初次接触此类酒品的顾客选用可以品尝到辣与甜等三种不同口感的品酒套餐。餐品也十分丰富，塔帕斯（酒吧中和饮料一起供应的西班牙风味小吃）、蒜油辣虾球以及西班牙杂烩菜饭等，两人份售价2700日元起。

MAP 别册 p.20-B1

住 中央区银座6-3-17悠玄大厦2·3层 电 03-3572-2527 营 17:00~24:00（周六16:00~23:00） LO 22:00（周五22:30、饮品周一～周五23:30），周六22:00（餐品·饮品） 休 周日·节假日 交 从地铁银座站C2号出口出发步行2分钟 CC AJMV 5000日元起

❶使用一种名为Bennecia的雪利酒斟酒器斟酒 ❷宛如熟成库的店内 ❸使用海产精品烹制的西班牙杂烩菜饭

在对传统加以继承的正宗酒吧中享用著名的高球威士忌

银座

银座 samboa

以大正7年（1918年）在神户创办的samboa为起点，在银座开设了第11家分店。设有柜台站位与桌子席位，供应以无冰高球威士忌为代表的各种鸡尾酒，品类充实，从15:00开始营业，店内不收取任何服务费，可以轻松畅饮，因此，在等待同伴时也可以先行享用一杯。现在还会定期举办现场表演。

MAP 别册 p.20-B2

住 中央区银座5-4-7银座泽本大厦B1层 电 03-5568-6155 营 15:00~24:00、周日·节假日~22:00 休 无 交 从地铁银座站B7号出口出发步行1分钟 CC ADJMV 3200日元起

❶"请纯粹地去享用这里的美食与美酒吧" ❷充满厚重的历史感的店内环境 ❸作为下酒菜，店内还供应使用日本国产黑毛和牛烹制的炸牛排三明治，售价2800日元 ❹高球威士忌，售价1100日元起

❶ 柜台尽头装饰有以李白的"汉诗"为主题的艺术品 ❷ 极具厚重感的皮质沙发 ❸ 甲壳虫乐队曾经入住过的房间的装饰品——"九谷烧花瓶"

高品质的成人隐匿场所

The capitol bar

The capitol bar 是一家真正的酒吧，坐落于 2019 年翻新的东急首都酒店内。可以从气氛稳重的店内沙发席位遥望庭院内的绿植美景，以通过江户切子玻璃杯供应的签名鸡尾酒"折纸"（售价 1600 日元）为代表，店内还备有常驻侍酒大师调制的品类丰富的各种葡萄酒与极具代表性的当地雪茄等。由主厨监制的正宗餐品也令人备感期待。

MAP 别册 p.44-B2

住 千代田区永田町 2-10-3 东急首都酒店 4 层　电 03-3503-0109　营 16:00~24:00　休 无　交 临近地铁溜池山王站·国会议事堂前站 6 号出口　CC AJMV　☾ 3000 日元起

因威士忌而觉醒

南青山

Nikka blender's bar

在这家酒吧可以品尝到由只能通过一甲威士忌工厂入手的麦芽酒与科菲谷物组成的品酒套餐（售价 3000 日元）以及使用著名调酒设备调制的可以充分了解一甲的调和威士忌 No.1~6（单价 1200 日元）。饮用威士忌时，可以直接品尝酒品所特有的香气，还可以加水后品尝，口感更加柔和丰富。来到这里，令人不禁想要自由探寻那属于自己的那一份最爱。店内还供应欧洲限定版单一麦芽威士忌。

MAP 别册 p.41-B4

住 港区南青山 5-4-31B1 层一甲威士忌总公司大楼　电 03-3498-3338　营 17:00~23:30　LO 餐品 22:00、饮品 23:00　休 周日·节假日　交 从地铁表参道站 B1 号出口出发步行 5 分钟　CC ADJMV　☾ 3000 日元~

❶❸❹ 在宛如酿酒厂的店内品尝威士忌。手工生巧，4 只装 500 日元 ❷ 这家店的经理人——黑泽聪先生

ROCK, JAZZ, FORK SONG……

通过现场表演沉醉于音乐的花丛当中

这里是摇滚的殿堂

❶供应蛋包饭与无汤担担面等品类丰富的餐品 ❷通过格子花纹进行装饰的舞台是表演者们所憧憬的音乐殿堂 ❸著有时代烙印的乐队签名在前厅随处可见

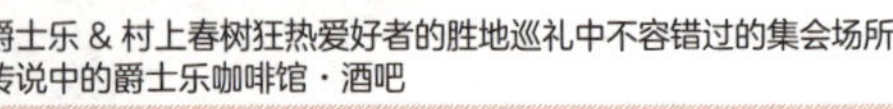

日本音乐界的"信号发送基地"

LOFT

这家老店位于歌舞伎町的正中央区域，每天都会呈现精力充沛的音乐舞台。将新宿 LOFT 的 40 年历史比喻为日本摇滚走过的历史，丝毫不为过。在这里，可以沉醉于音乐与酒的世界里，肚子饿了，还可以品尝一下由店内厨房烹制的美食。这一点也是这家店备受消费者喜爱的原因之所在。

MAP 别册 p.39-A3
住 新宿区歌舞伎町 1-12-9 立花大厦地下2层 TEL 03-5272-0382 营 15:00~22:00（酒吧～次日 4:00） LO 21:30、次日 3:30 休 1/1 交 从西武新宿线西武新宿站正面出入口出发步行3分钟 CC 不可使用 ☼ 2000日元起 ☽ 2000 日元起

爵士乐 & 村上春树狂热爱好者的胜地巡礼中不容错过的集会场所
传说中的爵士乐咖啡馆・酒吧

Dug jazz Café & Bar

1961 年，这家店的前身"DIG"在现新宿阿尔塔的背部开门营业。老板中平穗积先生在大学毕业后立即开始经营爵士乐咖啡馆，以村上春树和三岛由纪夫为代表的著名文化人士也曾到访。2007 年，在现所在地重新开店后，时常会有众多爵士乐的狂热爱好者聚集在这家名店。

MAP 别册 p.39-A3
住 新宿区新宿 3-15-12 TEL 03-3354-7776 营 12:00~23:00、从 18:30 开始是酒吧营业时段 LO 23:00 休 无 交 从地铁新宿三丁目站 B7 号出口出发步行 7 分钟 CC AJMV ☽ 700 日元起 ☼ 1500 日元（服务费 550 日元）起

❶所有权人——摄影家中平先生 ❷在小说《挪威的森林》中登场的伏特加汤力，售价 970 日元（含税） ❸店内墙壁呈砖块样式，极具复古情调 ❹这家店的店名字体出自插图画家和田诚之手

使用 YouTube 的艺术家越来越多，但是，音乐还是为现场而生的。沉浸于音乐的最佳状态中固然享受，但是，试着去发现闪耀耀眼光芒的现场表演也不乏乐趣。

这里的酒也非常美味哦！

❶ 现在以自然声为核心进行声音的传送 ❷❸ 没有现场表演的日子，这家店是作为酒吧营业的。黑醋栗苏打，售价 500 日元 ❹ 现在还会出售为世人了解的音乐家的 CD

从南天群星到 miwa，音乐人才辈出，众多艺术家的渊源之地

下北泽 LOFT

1975 年开始营业的老字号小型现场演出场地，年轻时期的大泷咏一等众多著名音乐家曾在这里奏响乐章。不限音乐类型，现在以自然声音乐为主流，最近还因 miwa 的声名鹊起而广为人知。场内可容纳 100 人左右。场地并不大，但是，绝对可以感受到音乐家们的热情。

MAP 别册 p.10-A1

住 世田谷区代泽 5-31-8 excellent 下北泽 B1 层 TEL 03-3412-6990 营 17:00~23:00（酒吧 ~24:00） 休 不定期 交 从小田急下北泽站南西口出发步行 3 分钟 CC 不可 🌙 1000 日元起

顶级艺术家登台
爵士乐界著名的小型现场演出场地

新宿 pit in

1969 年开设的以爵士乐为主的老字号小型现场演出场地。钢琴家山下洋辅与萨克斯风演奏者渡边贞夫等著名艺术家均从创店之初开始在此表演，曾一直将这家店作为活动据点。即便是现在，也还有众多独自活动的演奏家在此表演，对于这些年轻的演奏家来说，这家店就是通往成功之门的必经之路。

MAP 别册 p.39-B4

住 新宿区新宿 2-12-4accord 新宿 B1 层 TEL 03-3354-2024 营 14:00~16:30（开场 13:30）19:30~（开场 19:00） 休 无 交 从地铁新宿三丁目站 C6 号出口出发步行 2 分钟 CC AJMV ☀ 周一 ~ 周五 1300 日元（含 1 例饮品）、周六 · 周日、节假日 2500 日元 🌙 3000 日元（含 1 例饮品）~

❶ 地下入口除陈列有公演海报 ❷ 与演出者之间的距离很近，舞台表演极具张力 ❸ 店内装饰有艺术家的签名

众多摇滚乐团书写了历史

B.Y.G

1969 年设立的摇滚咖啡馆，happy end 与 Hachimitsu Pie 等摇滚乐团的先驱者们曾在这里共同演出。现场表演曾一度暂停，1999 年恢复表演后，BEGIN、渡边健二以及星野源等人气表演艺术家曾在此献唱。1 层与 2 层是咖啡馆 & 酒吧，餐品种类也十分丰富。

MAP 别册 p.40-C1
住 涩谷区道玄坂 2-19-14
TEL 03-3461-8574 营 17:30~次日 2:00（周日·节假日、现场表演时，从 15:00 开始营业）LO 次日 1:30 休 无 交 从京王井之头线涩谷站西口出发步行 4 分钟 CC AJMV
2500 日元~

❶值得收藏的优质唱片。店家会根据顾客的要求播放曲目 ❷装饰有过去曾参加表演的艺术家的照片 ❸爬满地锦的店铺外观 ❹现场表演区域位于地下。包含常驻人员在内，场内最多可容纳 80 人

众多传奇艺术家在此出演
历史上著名的小型现场表演场所

新宿 RUIDO K4

这是一家老牌小型现场表演场所，1972 年在新宿三丁目开设店铺后，立即迁址至原宿，从 2007 年开始，再次在新宿歌舞伎町恢复营业。尾崎丰与噪音等现在也一直在旧新宿 RUIDO 表演。以流行音乐与摇滚为核心，从视觉类现场到偶像活动，涉及种类十分广泛。

MAP 别册 p.39-A3
住 新宿区歌舞伎町 1-2-13 新光大厦 B2 层
TEL 03-5292-5125 营 根据现场表演时间做出调整 休 根据现场表演时间做出调整 演出 根据现场表演时间做出调整 费 根据现场表演时间做出调整 ※另行收取饮品费用 600 日元 交 从小田急线、京王线、JR 以及地铁新宿站东口出发步行 8 分钟 CC 各预订网站所支持的支付方式不同

❶可容纳 250 人 ❷音响与照明设备完备，有与艺术家融为一体的感受 ❸酒吧台备有丰富的饮品

充满热情且震撼人心的舞台令人无法将目光移开

类型也多种多样!

涩谷的流行音乐之源

涩谷 eggman

1981 年，在开业表演中，由桑田佳佑领衔的“桑田乐队”与山下久美子等曾参与表演，是一家拥有悠久历史的现场表演场所。在那之后，竹内玛莉亚、Rebecca 以及安全地带等也曾登场表演，将店内气氛带向高潮。现在，年轻的 indiesband 与人气极高的音乐家每晚都有表演。

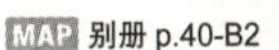

MAP 别册 p.40-B2

住 涩谷区神南 1-6-8 B1　TEL 03-3496-1561　营 每天的营业时间不同　休 无　交 从 JR 涩谷站八公口出发步行 10 分钟　CC 不可使用　🌙 2500 日元起

单手持酒精饮料，尽情地欣赏现场表演吧

店名起源于甲壳虫乐队的名曲《*PENNY LANE*》

原宿便士巷

1973 年开始营业。在吉田拓郎的“在便士巷来一杯波旁威士忌酒”中出现的传说中著名的餐馆酒吧。20 世纪七八十年代的年轻人的向往之地，还因以井上阳水、泉谷茂以及长渕刚为代表的音乐家与艺术家们在此聚集而为人所知。进入平成年代后，曾一度闭店，但是，又在 2006 年恢复营业了。从 2021 年 1 月开始，计划作为活动空间开展营业。

MAP 别册 p.41-A3

住 涩谷区神宫前 6-2-7　TEL 03-3406-5552　营 17:00~22:00　休 周日　交 从地铁明治神宫前站 4 号出口出发步行 2 分钟　CC ADJMV　🌙 3500 日元起

波旁威士忌酒玻璃杯是由和田诚亲手设计的，极具昭和风情

❶ 这是一家可以一边欣赏甲壳虫乐队与摇滚类歌曲一边品酒的店铺，拥有极高人气。现在，菜单也非常充实　❷ 重新开始营业的店铺位于同类店铺“Limelight”的原址

看一看在后街开店的店主兼主厨怎么说

银座后街的魅力

在后街感受银座风情

银座往往会给人留下“几经洗礼的繁华街道”的印象，但是，从几乎全部为小块大理石铺路面的大街进入旁路，可以发现众多鲜为人知的小巷。来听一听“咔吃咔吃”的老板兼主厨齐木辰也是如何评价后街魅力的吧！

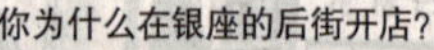

你为什么在银座的后街开店?

齐木先生：我在1998年创办了这家店，但是，归根结底，还是因为这里的房租比较便宜吧。我记得当时并没有“后街名店”等词汇。

在后街开店，你后悔了吗?

齐木先生：没有，我反而会觉得，能在这里开店，真是太好了。对于顾客来说，这里就是他们的隐匿之地，据说，这一点现在也为后街店铺增值不少，很多初次光顾的顾客都是特意慕名前来探店，这让我十分惊喜。

在后街开店的魅力是什么?

齐木先生：后街的店铺规模都很小，因此，店铺与顾客之间的距离感应该相对更近一些吧。为顾客供应餐品时，还有越过柜台通过言语与顾客进行沟通时，我会花一些心思，让对方能够在我的店里尽情地放松。当然，还有很多对餐品要求极高的顾客，让我在工作中时刻抱有紧张感，这也是在后街开设店铺的魅力之一吧。

请你为我们介绍一下在银座的后街漫步会体验到怎样的乐趣吧。

齐木先生：哪怕只是在后街走一走，都会有一种强烈的穿越回昭和时代的银座的感觉，在小巷中迷路、宛如探险一般的心境，我认为也是极富乐趣的。除此之外，银座的后街中还分布有稻荷神社，因此，还会建议大家来这里逛一逛神社。请务必好好享受一下银座的后街之旅。

Bistrot Cache Cache

MAP 别册 p.20-B1

住 中央区银座8-6-19渡边大厦1层 TEL 03-3573-0488 营 周二～周六 11:45~13:00（午餐）周一～周五 18:00~23:00（晚餐）（周六～20:30） LO 13:30、21:30（周六～20:30） 休 周日、节假日、年底年初 CC ADJMV 交 从JR新桥站银座口出发步行3分钟

坐落在三原小街上的aduma稻荷大明神

宛如迷宫一般的金春小巷

咔吃咔吃（Bistrot cache cache）的老板齐木辰也先生

丽文蛤与食用蜗牛搭配法式面包

名菜“鹅肝土豆”，将嫩煎鹅肝放在土豆上搭配食用

后街还有众多名店

第七章 住宿

※ 受新冠肺炎疫情影响，酒店营业时间会发生变更，详细情况请咨询酒店

入住欲望爆棚!

对历史与传统加以传承的古典酒店

古典酒店见证了日本的近代化。时而扮演着外交舞台的角色，时而用作迎接世界各地宾客与文豪的住宿场所，是东京引以为豪的一大财产。

在被命名为金玫瑰的枝状吊灯的照射下，用应季的花卉装饰得熠熠生辉

在欧式风格的基础上加入了日式理念
在长达 130 年的时间里，接待了来自世界各国的 VIP 顾客

东京帝国酒店

帝国酒店的一天是从日出时刻的升国旗仪式开始的。当天即将抵达东京帝国酒店的宾客的祖国国旗将会依次升至旗杆顶端。佩戴有纯白色手套的门厅侍者会在建有枯山水庭园的车道门廊迎接宾客并将其引导至酒店内部。充满柔和光线的楼梯井是通往拥有 931 间客房与 28 个宴会场的巨大型酒店的入口。穿过采用玻璃垫块铺设的休息室后搭乘电梯，便可发现一朵正在迎接宾客的玫瑰花。日式与西式、华丽与温暖、奢华且细腻，东京帝国酒店融合了各种不同风格，平衡感堪称绝妙。

酒店共有 2000 名工作人员，会集了各行各业的达人。传达员、服务台职员、专车乘务员、照相馆、擦鞋匠以及照明维护等，全部都是超一流的技术人员。作为迎接海外宾客的日本第一大门，这种自豪感在 130 年间从未发生过改变。

MAP 别册 p.20-A1
住 千代田区内幸町 1-1-1 TEL 03-3504-1111（主机） 交 紧邻地铁日比谷站 A13 出口；从地铁内幸町站 A5 出口出发步行 3 分钟；从 JR 有乐町站出发步行 5 分钟 CC ADJMV IN 14:00 OUT 12:00 客 931 间 P 有

帝国酒店的历史

日本资本主义之父与建筑界巨匠的至宝

帝国酒店所在地，曾是江户时代的海岸线。填海造陆后，创建大明公馆，明治维新后，成为名门贵族的社交场所——鹿鸣馆，为了给宾客提供住宿场所，又在鹿鸣馆旁建造了另外一座建筑，这便是帝国酒店。开始时间是明治 23 年（1890 年），首任会长为涩泽荣一。

大正 12 年（1923 年），从美国请来了 F. L. 赖特主持建设，使用 400 万块刮擦瓷砖铺设的赖特馆竣工。举办开馆庆祝宴当天，遭遇了关东大地震。众多建筑物倒塌，但是，对抗震性极为重视的赖特馆几乎没有受到任何毁损。在那之后，查理 · 卓别林、玛丽莲 · 梦露以及贝比 · 鲁斯等知名人士陆续到访被誉为“东洋宝石”的赖特馆，酒店地位不可动摇。

info **F. L. 赖特的遗产** 赖特馆因日益老朽而被拆除，但是，他的设计图样至今依然还陈列在位于中 2 层的“老式帝国酒吧”的墙壁与特别设置的 F. L. 赖特套房等处。此外，只有中央玄关被移建到了爱知县的明治村博物馆中。

❶ 设置在本馆帝国楼层的客房。身着和服的专属侍从将会为住客提供专属服务 ❷ 建筑的客房位于21~31层，视野极佳 ❸ 现在的建筑物是第三代建筑。里侧的帝国大厦于1983年开馆 ❹ 知名酒吧从中午开始营业。建议品尝在F.L.赖特诞辰150周年时研发出的鸡尾酒“时代” ❺ 位于本馆1层的Parkside DINER供应的松饼也是酒店引以为豪的传统佳品。在极具厚度的铁板上烤制而成，口感松软，从1953年开始就一直备受喜爱

得到全世界信赖的酒店洗衣服务

在帝国酒店推出的服务中，有很多都是在日本范围内首次出现的，酒店洗衣服务便是其中之一。

开业之初，横跨太平洋的游船之旅大约需要花费2周的时间。因此，积攒下来的待洗物品会由酒店收入并代为清洗，不久后，为了能够在酒店内对住宿宾客的衣物、客房亚麻制品以及员工制服等进行清洗，酒店内特别设置了在日本首次出现的清洗部门。当时是明治44年（1911年）。

但是，不仅是清洗，如果纽扣发生脱落，该部门可以提供纽扣装订服务（酒店为此准备的纽扣数量达几百种！），此外，还可以根据衣物质地，将纽扣取下后进行清洗，待熨烫后再重新对纽扣进行装订。手艺熟练的专职人员拥有去污方面的专业技能，堪称魔术师。他们通常会充满自信地告诉大家“我们对酒店内所提供的食材了如指掌”，令人备感钦佩。

高超的熨烫与上浆技术以及舒适的穿着感也备受好评

info 具有独创性的邮戳 国际电话暂未得到普及的明治43年（1910年），为了能够满足给位于海外的家中等处寄送信件的顾客的需求，帝国酒店内开设了日本首个酒店内的邮局。时至今日，如果需要，依然可以为你扣上那刻印有插画的风景邮戳。

被历史上著名的庭园环绕
堪称奢侈品的酒店

东京椿山庄酒店

这家高档酒店被四季彰显不同形态的大型庭园环绕，受到世界各地 VIP 宾客的喜爱。漂亮雅致的客房共有俯瞰庭园的花园视角与一眼望穿大都会东京夜景的都市视角两种房型，躺在 Sealy 公司的弹簧床面上，舒适感十足。酒店内有 9 家餐厅（如可欣赏水景的餐厅等），还可以在极具风情的空间中优雅地享用美食。拥有全天候型温水泳池、伊东直通温泉、桑拿、健身房以及治疗室的东京市内最大级别水疗，宛如坐落在东京市内的度假胜地一般。酒店内设有礼拜堂与神殿，丰富多彩的婚礼计划拥有极高的人气。

MAP 别册 p.12-B2
住 文京区关口 2-10-8 TEL 03-3943-1111（主机） 交 从地铁江户川桥站 1a 号出口出发步行 10 分钟 CC ADJMV IN 15:00 OUT 12:00 房 267 间 P 有

© 椿山庄酒店

椿山庄的历史

“椿山庄”这一命名已有 140 余年的历史

2013 年，“椿山庄”与“东京椿山庄四季酒店”合并，形成了现在的东京椿山庄酒店。

©东京椿山庄酒店

宛如森林的庭园堪称都市绿洲！

地势起伏的庭园充分发挥了自然地形所固有的特点，其中分布有被称为“东京三古塔”的三重塔与从京都迁移至此的罗汉石等拥有悠久历史的史迹。庭园被多种樱树与山茶树等众多树枝与时令鲜花包围着，每逢初夏，可以观赏在小溪上飞舞的萤火虫。

令人不禁忘却身处都市

❶“我将全心全意地迎接您的到来” ❷欧式古典大厅 ❸不受任何约束的优质双人房。浴室分别设有浴缸、淋浴以及坐便等区域，十分宽敞 ❹有自然光射入的水疗区
※ 图片❷❸❹是 © 东京椿山庄酒店

自然风光丰富的优美庭园将盛情款待来自世界各地的宾客

❷

❸

❹

透过宾客专用阳台展现在眼前的屋顶浮雕

在由白色与奶油黄色组成的圆形屋顶处，小巧玲珑的中国十二生肖与雕型雕刻栩栩如生

重要文化遗产，经典与现代完美融合
不常有的酒店住宿享受

东京车站酒店

1915 年，东京车站酒店诞生于东京站丸之内站内，坐落在被指定为重要文化遗产的丸之内象征区域的中央位置。在 1945 年由空袭引起的火灾导致焚毁的站内 3 层部分与圆顶经过复建，于 2012 年重新开放。对圆顶进行复建时，依然采用酒店创建之初的原创浮雕进行了装饰，除此之外，外墙的红色砖瓦也是看点之一。酒店内装由英国的设计公司负责实施，优雅的欧式经典风格得到了完美的重生。全长超 300 米的走廊以及与圆顶遥遥相望的阳台展示有艺术作品与资料，可以充分地利用办理入住时获取的“酒店向导”对此处进行详细地了解。

MAP 别册 p.16-B2
住 千代田区丸之内 1-9-1　TEL 03-5220-1111　交 直通 JR 东京站丸之内南口检票口　CC ADJMV　IN 15:00　OUT 12:00　客 150 间　P 有

东京站酒店的历史

备受文豪喜爱的小说背景舞台

众多名作诞生于这家酒店。其中，具有代表性的是在松本清张的《点与线》中出现的使用列车时刻表的场景，据说，这一灵感便是在当时可以遥望车站站台的 209 号房间（现 2033 号房间）内出现的。江户川乱步的推理小说《怪人二十面相》中，名侦探明智小五郎与怪人对决的场景就是以客房作为背景舞台的。此外，川端康成在此居住期间创作了《生为女人》，后来，出现在电影中的客房成了街头巷角热议的话题。

❶ 从以红色与金色作为基本色调的“广场侧优质双人房”望去，可将丸之内的景色尽收眼底　❷ 时尚的酒店内装，充分发挥了站内天花板较高这一优势　❸ 由客户关系部门的细渕先生做向导　❹ 酒店的入口。踏入酒店，映入眼前的是一片不平凡的广阔空间　❺ 还可以在能够饱享早餐自助的位于屋顶背面的宾客休息室“中庭”中看到酒店创建时的红色砖瓦

日式现代风格的客房
不容错过的都市全景

时尚的建筑充满魅力
顶级酒店

东急卡皮托尔酒店

被相邻的日枝神社的绿植环绕，紧邻国会议事堂，政商界人士与 VIP 宾客经常光顾的一流酒店。主入口出自日本极具代表性的建筑家隈研吾之手，大厅天花板以传统寺庙神社建筑中的“斗拱”为主题，使用木材进行了格子装铺设，除此之外，随处可见的日式设计也是这家酒店的一大特征。客房内采用拉门与滑门设计，除了充满温暖的稳定感之外，还兼具功能性，透过大落地窗，可以从不同的房间观赏到不同的景观。高档会员楼层与优质套房可以享用专用阳台，情调各异的餐厅等可供选择的餐品种类也十分丰富，应该可以满足宾客优雅的入住体验。

MAP 别册 p.44-B2
住 千代田区永田町 2-10-3 TEL 03-3503-0109 交 直通地铁溜池山王站 · 国会议事堂前站 6 号出口 CC AJMV IN 15:00 OUT 12:00 客 251 间 P 有

❶ 标准“豪华客房” ❷ 举办各种活动的宴会场的门厅 ❸ 可以感受到季节变迁的大厅。里侧设有全日餐厅“ORIGAMI”，从清晨开始，便可看到参会的商务人士的身影 ❹ 卧室与浴室通过拉门隔开 ❺ 装饰有筱田桃红水墨画的前台 ❻ 生活便利用品是法国品牌“主题 THEMAE”。套房使用的是“法国娇兰 Guerlain” ❼ 迎宾点心是炸糕等，招待宾客的食品充满亮点

重现甲壳虫乐队记者见面会时的背景墙

1966 年，甲壳虫乐队到了日本，当时入住的是东京希尔顿酒店的总统套房，并且在珍珠休息厅举行了见面会。现在，位于 1 层的宴会场门厅便采用当时的复制品进行了装饰。

东急卡皮托尔酒店的历史

作为日本首家外资酒店诞生

作为日本首家外资酒店，“东京希尔顿酒店”在东京奥运会的前一年（1963 年）开业，1984 年，由“东急卡皮托尔酒店”进行继承，截至 2006 年停业，有众多政治家、国内外商人以及迈克尔·杰克逊与甲壳虫乐队等世界闻名的艺人到访。2010 年，以“东急卡皮托尔酒店”的名称开门营业。

可使情绪平静地短暂隐遁
备受作家喜爱的酒店风格

山顶酒店

学生络绎不绝的御茶之水。穿过明治大学的高层校园，沿着平缓的坡道上行，便可以看到仿佛时间停滞一般的小型酒店。

这是一家仅有35间客房的古典酒店。从大厅照明到房间钥匙，均体现了“山顶”这一设计理念。房间布置各不相同，但是，所有客房均设有陈列着台灯的书桌，因此，不妨在这里拿起久违的纸和笔来写一封信吧！深刻领会服务理念的工作人员会为宾客守护好“我的另一个家”。

山顶酒店的另一个魅力是饮食。这家小型酒店共开设有7间餐厅，都是令美食家赞不绝口的名店。这也是“山顶”流派的知名服务之一。

MAP 别册 p.32-C1
住 千代田区神田骏河台 1-1 TEL 03-3293-2311（主机） 交 从JR御茶之水站御茶之水桥口、地铁新御茶之水站B3出口出发步行5分钟；从地铁神保町站A5号出口出发步行6分钟 CC ADJMV IN 14:00 OUT 12:00 客房 35间 P 有

山顶酒店的历史

残留在东京火烧原野上的独具艺术装饰风格的白色洋馆

于昭和12年（1937年）完工的建筑是巴黎十分流行的艺术装饰风格的代表。设计师是美国人威廉·玛瑞尔·沃瑞斯。这位建筑家在日本全国各地创建了众多洋馆、教会以及大学，是近江兄弟社（曼秀雷敦在当时开设的进口代理店）的创办者，还曾作为传道士活跃在业界当中。

建成之初，这里曾是对夕阳生活模式与礼仪进行启蒙的佐藤新兴生活馆。

之后，这里作为文人经常使用的住宿地点而为人所知。

❖ 对历史与传统加以传承的古典酒店

❶ 附有私人园林庭院的套房 ❷ 日式客房，将床放进了铺有榻榻米地板的房间内。可以像在自己家中一样，不受任何约束地放松享受 ❸ 通过2019年的改装，对建筑物竣工时的人造石进行了复原 ❹ 旋转楼梯的黑色花岗岩也是从竣工之初保留至今的 ❺ 大厅充满了文人与编辑的回忆，非常值得纪念 ❻ 草写体的招牌充满复古感 ❼ 由品种丰富的名优产品组成的日食早餐。还可以选用西式餐品 ❽ 充满英国风情的 nonnon 酒吧，文豪们也曾在此尽情地畅饮 ❾ 每逢特殊的日子，也会有很多人前往法国餐厅拉维用餐

持续受到文豪们的喜爱

无论以前还是现在，山顶酒店一直作为文人的固定住所而广为人知。只要步行5分钟，便可抵达方便查询资料的神保町书店街，最主要的出版社与印刷厂也都聚集在这附近，除此之外，酒店远离城市中心，安静的创作环境也是其备受作家们喜爱的原因之一。这座建筑物内还展示有出自三岛由纪夫、川端康成、井上靖、尾崎士郎、吉行淳之介以及对这家酒店与餐厅极其喜爱的池波正太郎之手的插图。檀一雄与《火宅之人》的原型（也就是其身为女演员的情人）共同生活在此一事也广为人知。

创作接近尾声时，作家们往往都会将自己关在房间内闷头创作。据说，经常会有等待截稿的编辑翘首以盼地出现在酒店门厅处。

芥川奖作家也曾经常入住的具有悠久历史的“文化人酒店”

令人异常兴奋的

个性派 概念酒店

通过独具创造力的主题与设计吸引游客，可以对非凡的世界观加以品味的概念酒店。为来访者提供的服务与各种招待品的种类十分丰富！

颠覆酒店常识

充满游戏性的时尚酒店
随心所欲地享受自由的入住体验

东京锦糸町慕奇夕酒店

由万豪国际酒店集团公司负责经营的时尚且充满温度的设计师酒店。以“尽情玩乐”为主题的休息室，实际上是全天营业的咖啡馆 & 酒吧，到访者可以在这片自由的空间内享用快餐与美酒，还可以畅玩积木层层叠与桌上足球等项目。海外游客众多，环境真实不做作，周六、周日还会举办 DJ 之夜活动。汇集最新设备的健身房也十分完备，仅限住宿的客人使用。

MAP 别册 p.31-C4
住 墨田区江东桥 3-4-2 TEL 03-5624-8801 交 从地铁锦糸町站 1 号出口出发步行 6 分钟 CC ADJMV IN 15:00 OUT 12:00 客 205 间 P 无

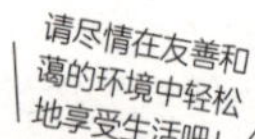

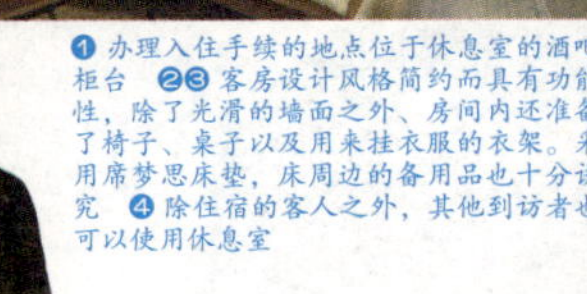

❶ 办理入住手续的地点位于休息室的酒吧柜台 ❷❸ 客房设计风格简约而具有功能性，除了光滑的墙面之外，房间内还准备了椅子、桌子以及用来挂衣服的衣架。采用席梦思床垫，床周边的备用品也十分讲究 ❹ 除住宿的客人之外，其他到访者也可以使用休息室

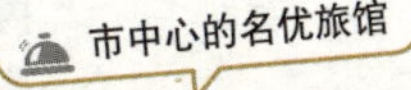

市中心的名优旅馆

在位于下町的像在家一样舒适自在的老字号旅馆中感受生活之旅

泽之屋

住宿的客人中有八成以上都是海外游客，是一家拥有极高人气的旅馆。日式生活情调处处可见，颇受好评，铺设有榻榻米的客房中还为住宿的客人们铺好了被褥，并且准备有浴衣与茶壶等生活便利设施。这家旅馆最大的魅力在于家族经营的细致服务与下町所特有的谷中食物。可以使用手工制作的区域地图，去探寻当地的店铺或者参加活动，以达到深度体验的目的。这里还有很多回头客与长期居住者。

MAP 别册 p.28-C2
住 台东区谷中 2-3-11 TEL 03-3822-2251 交 从地铁根津站 1 号出口出发步行 7 分钟 CC AMV
IN 15:00 OUT 10:00 客 12 间 P 无

❶ 旅馆老板泽功夫妇与儿子泽新夫妇前来迎接到访的顾客 ❷ 大堂区是住宿客人们的交流场所。还免费提供咖啡与红茶 ❸ 公用浴室有陶瓷洗浴与柏树洗浴两种类型，庭园景色十分优美 ❹ 前台是信息的宝库，在这里可以获取周边景点与美食等各种各样的信息 ❺ 纯住宿（不含餐、不含洗浴）的费用为 1 万日元（2 人一间）起

世界首家机器人酒店

承诺持续创新的酒店

东京银座海茵娜机器人酒店

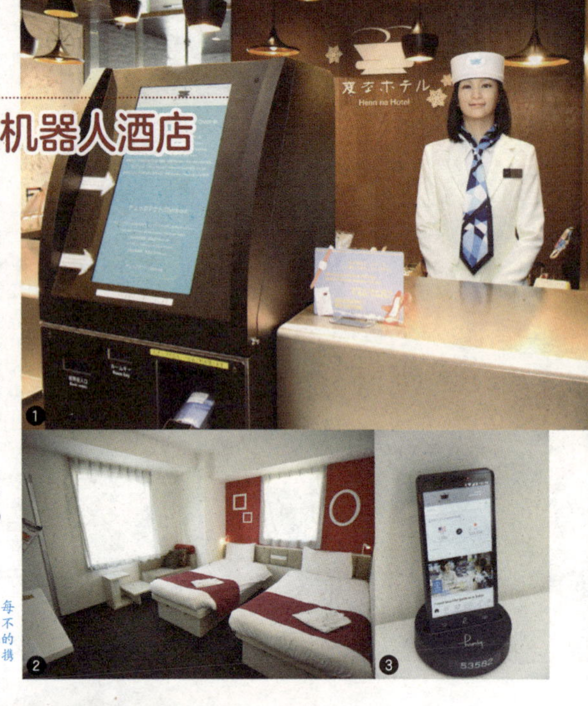

这家酒店引进了顶级机器人与最新设备，实现了舒适的居住感。所有客房均备有已成为街头巷角热议话题的自动洗衣机“LG styler”。房间钥匙的配备与住宿费用的结算等均由全程面带微笑的机器人来做出处理。酒店内还提供免费租赁的智能手机“handy”，通过这部智能手机，可以远程控制房间内的空调、照明、客房钥匙、网络终端以及电话等。

MAP 别册 p.21-B4

住 中央区筑地 2-2-1 TEL 050-5894-3771（顾客中心） 交 从地铁新富町站 4 号出口出发步行 2 分钟 CC ADJMV IN 15:00 OUT 11:00 房 98 间 P 无

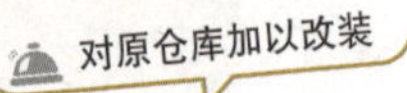

❶有精通四国语言的人形机器人常驻 ❷每个楼层的客房统一采用分别代表五大洲的不同颜色进行装饰。可去除衣服褶皱与异味的“LG styler”十分方便 ❸外出时也可随身携带的“handy”

对原仓库加以改装

令人意识到身处制造业街道的划时代酒店

Nui. HOSTEL & BAR LOUNGE

这是一家无论建筑物本身还是服务理念均令人备感温暖的酒店。休息室的天花板使用飞机机翼作为装饰，除此之外，还有仿佛依然能够形成树荫的小橡树，令到访者有一种置身于自然环境中的舒适感。客房装饰也使用了天然素材，风格简约，同时又给人一种沉稳的感觉。

MAP 别册 p.30-A1

住 台东区藏前2-14-13 TEL 03-6240-9854 交 从地铁藏前站 A2 号出口出发步行 3 分钟 CC VM IN 16:00 OUT 11:00 房 31 间（多人房 17 间、大床房 10 间、标间 4 间） P 无

❶❷❹休息室多采用木质材料进行装饰。酒吧间兼备咖啡馆功能，因此，可以在平静的环境中与街上的年轻人进行交流 ❸2019 年经过翻新。每个房间均采用鲜花进行装饰，营造舒适的居住空间

重现古朴民居

使人怀念过去的温暖情调
治愈系住宿设施

toco. 旅馆

在拥有百年历史的木质房屋的基础上进行了翻新，是一家充满乐趣的旅馆。主楼洋溢着综合日式与西式风情的复古氛围，可以从绿植一侧观赏中庭景色。除多人房之外，这家旅馆还设有单人房，备有餐具与调味料的厨房、洗手间以及淋浴为公用设施。

MAP 别册 p.13-B4
住 台东区下谷 2-13-21 TEL 03-6458-1686 交 从地铁入谷站 4 号出口出发步行2分钟 CC 不可使用 IN 16:00 OUT 11:00 客房 4 间（男女混合多人房 2 间、女性专用多人房 1 间、大床双人房 1 间） P 无

❶ 兼作前台的咖啡馆。晚上是酒吧间，供顾客与当地人沟通交流 ❷ 旅馆的名称 toco. 来源于睡床（日语为"寝床"，其中，"床"的发音为 toko）❸ 摆放有木质双层床的多人房 ❹ 旅馆老板说："我们的旅馆坐落在安井的下町地区，欢迎世界各地的游客入住我店。"

紧邻晴空塔！

对工业素材与自然素材进行结合，
彰显押上所特有的独特风情

ONE@Tokyo

以新型街区与建有原始工厂的下町并存的押上为设计理念，对工业素材与自然素材进行了完美融合的内部装饰十分独特。客房以追求功能性的工作室模式为核心，同时还备有可遥望晴空塔的 LOFT 以及专为艺术家与专业读者准备的套房。

MAP 别册 p.9-C3
住 墨田区押上 1-19-3 TEL 03-5630-1193 交 从地铁半藏门线押上站 A1 号出口出发步行 3 分钟 IN 15:00 OUT 11:00 客房 142 间 P 无 CC ADJMV

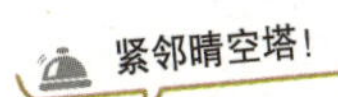

❶ 极具限研吾设计监管风格的使用木质材料制成的入口装饰 ❷ 还可以就观光事宜与工作人员进行沟通 ❸ 站在屋顶庭园向远处观望，近在咫尺的晴空塔极具魄力 ❹ 以书房形态作为设计理念的图书馆套间。除此之外，还有工作室套房与开放式的 LOFT 等

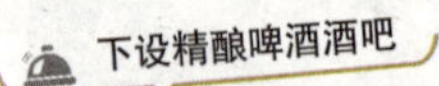

令人备感舒适的风从河对岸迎面吹来
坐落在河畔的共享酒店

LYURO 东京清澄 by THE SHARE HOTELS

坐落在世界文化与下町文化达到完美融合的隅田川畔的共享酒店。酒店内采用河流与水的设计理念展开设计，与隅田川融为一体，令人备感舒适。客房方面，有4种单人房，共计23间，除此之外，还有30个多人房床位。面向散步道河畔露台的餐厅下设有酿造空间，非常适合一边眺望河景一边享用美味的啤酒。

MAP 别册 p.18-B2
住 江东区清澄 1-1-7 TEL 03-6458-5540 交 从地铁清澄白河站 A3 号出口出发步行 10 分钟 CC ADJMV IN 15:00 OUT 10:00 客房 28 间（男女共用多人房，双层床单间，小型双人房 1 间，标间 9 间，标准双人间 9 间） P 无

❶此类单间中设有2个备受团队游客青睐的双层床 ❷整洁明亮的客用盥洗室 ❸酒店设有河畔露台，这里也是与当地人进行交流的绝佳场所 ❹❺门厅宽敞整洁，采用混凝土材质的凳子。可以在这里对当地作家的作品进行鉴赏 ❻透过双床房的窗户，可以观赏河景

成年人的秘密行动基地

可以自信而无忧虑地度过不平凡的时间
位于市中心的宛如隐匿之地一般的酒店

六本木 S 酒店

酒店位于繁华的六本木，踏入酒店后，便会被时尚且沉稳的环境包围。建筑家与设计师通过不同的主题对客房进行了设计，顾客可以从 11 种客房类型中任意选择。酒店内开设有可使用筷子进食的葡萄酒餐厅 “COCONOMA Season Dining”。

MAP 别册 p.43-C3
住 港区西麻布 1-11-6 TEL 03-5771-2469 交 从地铁六本木站 2 号出口出发步行 8 分钟 CC ADJMV IN 15:00 OUT 11:00 客房 47 间 P 有

❶ 奢华的日式现代风格的房间，铺有三块草席。阶梯尽头是放置有柏木浴缸的浴室 ❷ 可沉浸于漂亮环境中的顶级房间 ❸ 还可以在专供酒店住宿顾客使用的休息室点用饮品 ❹ 经过改善且温暖热情的服务也极具魅力

还有令人愉快的美食

深度了解日本上野的独特之处
可以像在自己的城市一样轻松度日

东京上野诺加上酒店

为了能够让顾客与当地产生更加深厚的羁绊并且将住宿体验转化为难忘的回忆，酒店内使用当地职业匠人与设计师合作完成的艺术作品等进行了装饰。门卡与衣架也是与当地企业合作的成果。与当地合作举办的活动也丰富多彩，最终让顾客形成只此一份的美好回忆。

MAP 别册 p.24-B2
住 台东区东上野 2-21-10 TEL 03-5816-0213 交 从地铁上野站 3 号出口出发步行 3 分钟 CC ADJMV IN 15:00 OUT 11:00 客房 130 间 P 有

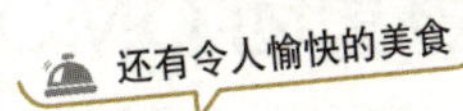

❶❸ 使用可以看到生产者的食材烹制的菜品备受好评。葡萄酒与日本酒的种类也十分丰富的诺加上美食 ❷ 门厅处展示有当地职业匠人与设计师的作品 ❹ 客房内备有爱维福的毯子。图片中是诺加上套房

令人忍不住想要入住！

新型 体验式酒店

近年来，独具特色的新式酒店 & 住宿设施激增。酒店会提出具有独创性的概念与项目供顾客体验，因此，入住酒店本身就可以作为旅行的最终目的！

可以亲身感受深度东京
游客视角的本地特色游拥有极高的人气

星野集团 OMO5 东京大塚

从星野集团提出的"享受城市"的视角出发，诞生了这家都市观光酒店。柏木网格天花板令人感受到强烈的日式风情，充满现代设计理念的前台优雅地迎接着每一位到访的顾客，可以将鞋子脱下不受任何约束地放松享受的客房内备有高台式床铺与精心设计的墙壁，从构造上来看，虽然体积狭小，却功能性十足。传播城市信息的 OMO 设备上公示有"附近区域地图"，开展对该地域做出介绍的免费漫步游以及可以与当地人接触的串酒吧之旅等地域密集型服务，不仅仅是单纯的住宿，还可以体验到饱享整座城市乐趣的旅行。

MAP 别册 p.12-A2
住 丰岛区北大塚 2-26-1
TEL 0570-073-022（星野集团预订中心 9:00~20:00）
交 从 JR 大塚站北口出发步行 2 分钟 CC ADJMV
IN 15:00 OUT 11:00 客房 125 间 P 无

❶在酒店员工的指导下漫步周边区域 ❷紧邻大塚站 ❸铺设有榻榻米的 YAGURA Room。下部是沙发，上部是床铺空间 ❹使用都电荒川线的吊挂扶手进行装饰的风格独特的专业式拍照区域 ❺可靠的工作人员将为顾客提供支持服务

※ 图片❷❸❹是 © 星野集团

"OMO 队员"在当地做向导！潜入 OMO5 东京大塚的队员之旅

同时作为此区域信息发源地的 OMO5 东京大塚，会给游客提供离开酒店与当地人进行接触的机会，堪称城市休息室。在由像朋友一样在附近区域做向导的酒店工作人员"周边区域向导 OMO 队员"领队的仅限住宿游客参加的向导之旅中，向充满下町风情的地方景点出发吧！

旅行 1 与对大塚痴迷者同行，对附近区域进行参观游览！！

在残留有昭和风情的商店街品尝当地美食、参拜备受当地人敬爱的天组神社、从空蝉桥遥望东京晴空塔，伴随着导游在向导过程中为游客讲的一些小段子，对附近区域进行参观游览，此项目所需时间约 1 小时，可免费参加。开团时间是 17:00，团员上限 10 人 /1 人即可开团，餐饮费由顾客根据实际消费情况进行支付。

请选择自己喜欢的旅游项目哦

旅游主题是美食、酒以及文明等

拥有 80 多年历史的千成豆酱饼总店

在林氏肉食品尝新鲜炸制而成的可乐饼

路面电车都电荒川线在街道上运行

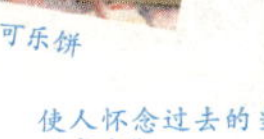

使人怀念过去的当地商店街

旅行 2 想去吗？在柜台享用的大塚美食

在店内，可越过柜台与店主畅谈，大塚有很多这种非常容易亲近且备受当地居民喜爱的店铺。队员曾实地探店，因此，将根据自己的独到的判断对希望带领游客前往的店铺做出介绍。19:00 发团，为时 2 个小时，团费 1000 日元（含税）/单人、团员上限 4 人 /1 人即可成团，餐饮费由顾客根据实际消费情况进行支付。

我将对十分吸引人的推荐店铺做出介绍！

店面环境十分清新的富久晴叉烧肉

由家族经营的三节炸猪排

无论是肉还是面包糠，各个方面均让店家十分自豪的炸猪排

震撼力十足的姜炒猪肉也拥有极高的人气

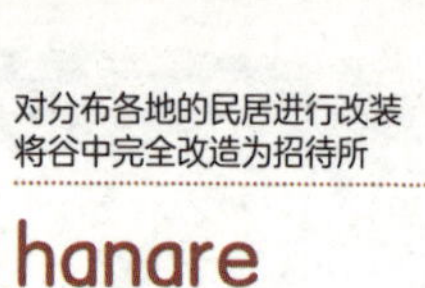

对分布各地的民居进行改装
将谷中完全改造为招待所

hanare

对两座复古的木质建筑进行改装，其中1栋（HAGISO）是接待处与咖啡馆，另外1栋（MARUKOSHISO）用作客房。设有淋浴设施，但是，顾客如果想要洗澡，需要持公共浴池门票前往周边的公共浴池。现在，整个街区都已经被改造成了住宿设施，无论游客在哪一家住宿，均可前往近在咫尺的谷中银座购物或者观光。客房楼原本是公寓，这座建筑采用日式现代内装风格进行装饰，至今依然还保留有磨砂玻璃。

MAP 别册 p.28-A2
住 台东区谷中 3-10-25 TEL 03-5834-7301 交 从JR日暮里站西口出发步行5分钟 IN 15:00 OUT 11:00 室 5间 P 无 CC ADJMV

与下町地区风格极为统一的酒店

❶❸ 将步行1分钟便可抵达HAGISO的古民居翻新为设有客房的MARUKOSHISO。客房均为日式房间，共5间 ❷ 使用老旧医药箱制成的接待处。现在还为顾客们准备了具有独创性的区域地图。需前往位于地下室的咖啡馆享用早餐 ❹❺ 出售当地作家的作品与具有独创性的产品 ❻ 装有便利设施的泡桐七重盒备受海外游客好评 ❼ 位于客房玄关的鞋柜与楼梯等，据说现在通常会对上述原设备展开灵活的运用，通过触觉来感受日式风情

1 2 3 4 5 6 7

饱享茶文化

茶饮等款待顾客的食物充满生命力
被静寂环境所包围的精品酒店

东京 1899 酒店

远离日常喧嚣，可以自然接触到日本茶文化的酒店。酒店前台使用通过不同备茶方法准备的抹茶迎接到访顾客，茶元素在酒店内随处可见，例如，仿造茶屋布置的 4 种现代化客房等。1 层还设有供应 10 种正宗饮品的日本茶馆。

MAP 别册 p.15-A3
住 港区新桥 6-4-1 TEL 03-3432-1899 交 从地铁御成门站 A4 号出口出发步行 6 分钟 CC ADJMV IN 15:00 OUT 12:00 客 63 间 P 有

❶高级双人房 B ENGAWA 是体现日式空间的最佳典型。室内设有饮水站，可以轻松享受茶饮体验。较榻榻米地板座位区略微凸起的床铺，仿佛坐在绿色海洋当中一般 ❷在可以重新发现饮茶魅力的前台可以观赏到优美的备茶过程 ❸还可以购买经过严选的茶叶

可以体验高度幸福的
“入睡”状态的酒店

BOOK AND BED TOKYO ASAKUSA

这家概念酒店的设计理念体现在可以一边读书一边入睡的“能住的书店”。书架中间设有床铺空间，顾客可以选择喜欢的书籍，肆意沉浸在阅读海洋当中，直至入睡瞬间的到来。共用空间内还备有大型柜台与舒适的沙发，即便不在此住宿，也可以在白天到访阅读（1 小时 500 日元起）。

MAP 别册 p.26-B1
住 台东区雷门 2-16-9 浅草佛塔 6 层 TEL 03-6231-6893 交 从地铁浅草站 2 号出口出发步行 3 分钟 CC AJMV IN 16:00 OUT 11:00 客 44（床位数量） P 无

❶书籍整齐地陈列在这里，是一个时尚感爆棚的空间。共用淋浴与洗手间等配套设施完备，还可以点饮品与快餐 ❷“可以放松地住下来” ❸床位有小型、标准以及双人 3 种类型

整晚都可沉浸在漫画体验当中的
概念型胶囊酒店

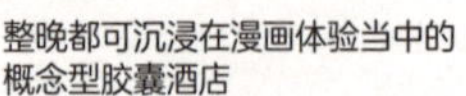

MANGA ART HOTEL, TOKYO

以“令人无法入睡的酒店”为主题，筛选并展示有5000本以上的漫画书。通过装订的艺术性对书进行选定，现在还备有约1000本英文版漫画书籍，顾客也可以再次选购中意的书籍。客房均为多人房，以楼层为单位，分男士房与女士房两种，所有客房现在均备有共用淋浴与洗手间，配套设施完善。

MAP 别册 p.13-C3
住 千代田区神田锦町 1-14-13 神田露台5层 交 从地铁淡路町站与地铁小川町站B7号出口出发步行1分钟 CC AJMV
IN 15:00 OUT 11:00 房 35（床位数量） P 无

❶ 房间内的床铺设计错综复杂，令人感觉像是在贮藏室中看书一般 ❷ 共用的淋浴房 ❸ 顾客还可以将添加在书中的工作人员推荐意见用作参考 ❹ “如果对你所阅读的书籍存在疑惑，请随时与工作人员取得联系”

以茶饮、电影以及旅行为主题的可以住宿的电影院

可以一边在不更衣的状态下睡觉，
一边通过大屏幕欣赏电影

Theater Zzz

茶屋、酒吧、电影院以及酒店……在不同的时间段，同一空间可以变换为完全不同的多种形态。以露天观影为设计理念的电影院实际上就是客房，但是，并非直接让顾客挤在一起睡觉，而是像豪华露营一般，支起可容纳两人的帐篷，供顾客睡觉使用。行李可以放在地板下配有钥匙的抽屉中，因此，即便连续多日留宿也大可放心。

在茶饮与电影的陪伴下尽情地放松享受吧

MAP 别册 p.30-A2
住 墨田区石原 1-18-7 中心公寓1层
TEL 03-6456-1435 交 从地铁两国站A2号出口出发步行4分钟 CC ADJMV
IN 18:00 OUT 10:00 房 1间（多人房最多可容纳18人） P 无

❶❸ 客房内共分3层，面前是145英寸的屏幕。睡觉时，搭起帐篷入睡，是非常有趣的体验 ❷ 设有接待处的休息室，设有茶屋（晚上是酒吧）。可以加入茶饮、鲜花、水果以及调味品，制作出只属于自己的那一份独一无二的味道

对令人充满渴望的卧铺特快列车进行完美再现的客房
具有独创性的酒店体验

Train Hostel 北斗星

对已于 2015 年遗憾停运的卧铺特快列车“北斗星”的零部件进行再次利用的酒店，多人房与通过隔板墙隔开的单间型床铺，完美地对卧铺车厢进行了复原。住宿顾客聚集的休息室兼厨房以餐车“北斗七星豪华战车”为原型，桌子、简易座椅、灯具、紧邻的洗手间三面镜以及门等部位均采用了北斗星的原宿。

MAP 别册 p.13-C4
住 中央区日本桥马喰町 1-10-12 TEL 03-6661-1068 交 紧邻 JR 马喰町站 4 号出口 CC AJMV IN 16:00~23:00 OUT 11:00 客 收纳人数 78 人 P 无

备有北斗星桌椅的女性用多人房的双层床

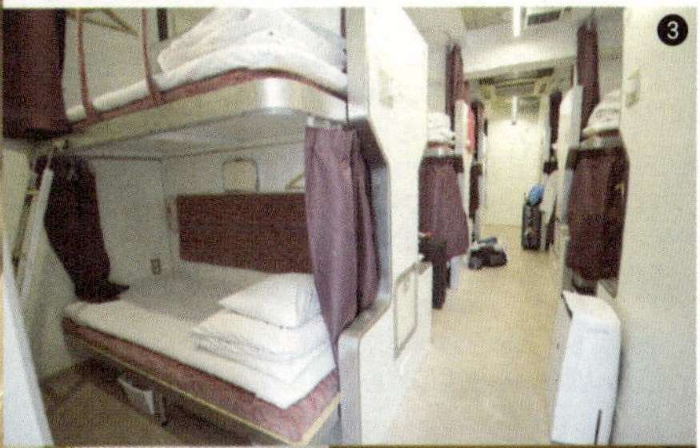

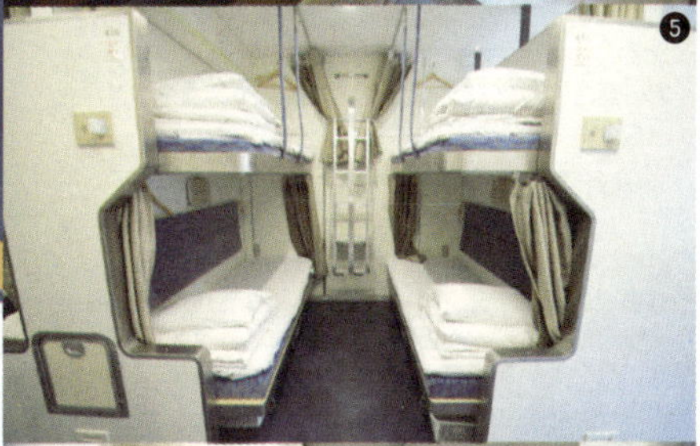

❶模仿线路牌制作的极具复古情调的招牌 ❷女性顾客即便单独出行，也可以放心入住，令人感到宽慰 ❸男女混合多人房，房价 2500 日元（含税）起。每层的主题色彩不同，3 层以紫色为主要基调 ❹使用 A 卧铺“国王”的内部用品进行装饰的通过隔板墙隔开的单间，房价 4000 日元（含税）起 ❺❻残留有 B 卧铺部件的多人房 ❼还有独创性商品出售 ❽装饰在前台的 JR 车长的帽子 ❾马喰町 4 号出口旁是招待所的入口

在东京如何住

东京是世界范围内屈指可数的大都市，市内仅设有23个行政区，但是，酒店与旅馆数量分别多达550余家与900家以上，客房总数约19万间。酒店的好坏直接关系到游客对旅行的印象，因此，一定要认真地进行考量。

◆住在哪里？

市中心的酒店现在分布广泛，但是，酒店数量众多的区域有浅草、新宿、赤坂、新桥以及台场等地。作为大致的倾向，商务区多为城市酒店与商务酒店，但是，下町区域则聚集有经济型酒店与旅馆。

如果搭乘新干线进入东京，选择东京站周边的酒店会相对比较方便，如果搭乘高速巴士来到东京，新宿高速巴士总站周边的住宿设施将更为便利。搭乘飞机来到东京且携带大量行李的人，最好选择有机场巴士（→p.418）停靠的酒店。东京共有14条巴士线路，除车站之外，每条线路均会在多家酒店停靠。东京帝国酒店（→p.386）、东京椿山庄酒店（→p.388）以及东急卡皮托尔酒店（→p.392）也均为巴士线路停靠点。

如果是目的性较强的旅行，建议选择距离目标景点较近的酒店。如果是以购物为主的旅行，可以选择住在银座，如果是为了观看剧团表演，可以住在新桥。这样一来，旅行途中可以回到房间小憩，这也算是选择距离较近的酒店的一大优势。

如果想要饱享酒店生活，选择入住海湾沿岸地区的高层酒店如何？在这里，可以眺望海面上络绎不绝的大小船只与彩虹桥的夜景，这样度过的一天，一定会成为一段美好的旅行回忆。

◆酒店的等级

旅行的预算→p.432

顶级酒店

市中心约有20家日本范围内屈指可数的名门酒店。所在地多位于赤坂、六本木以及新桥附近。除舒适的客房之外，工作人员的待人接客也十分到位，但是，酒店对顾客方也有一定的要求，例如，服装与习性等，这一点请务必要多加注意。

城市酒店

酒店内设有餐馆与健身房等配套设施的大型酒店，多为外资酒店。客房景观视角极佳，可以度过美好的假期。酒店客房以双人间为主。顶级品牌的洗浴用品（洗发水等）也拥有极高的人气。

商务酒店

位于车站周边，多为单间，因此，建议独自一人旅行时入住。阿帕酒店、东横INN、多米高级酒店以及路樱酒店等都十分有名。客房面积狭小，但是，如果仅从睡觉的场所这一点考虑，性价比极高，并且舒适。最近，对早餐越发讲究的酒店数量日渐增多。

胶囊酒店

面世之初，因其极度狭小的特征而令世界备感惊讶，但是，这种类型的酒店现在已经逐渐被推广到了海外市场。市中心大约有40家，最近增加了许多女性专用的胶囊酒店。即便没有预约，大多也可在当天临时办理入住，但是，周五等时段会特别抢手，因此，最好能够提前一天预约。酒店内备有贵重物品储藏柜（带锁）、浴巾以及睡衣。有的酒店不允许顾客携带大件行李，因此，请事先进行确认。

旅馆

以浅草等下町区域为核心，东京有很多老字号旅馆。这些旅馆需要顾客在玄关处将鞋脱下，在榻榻米上铺好被褥后入睡，因此，从体验日本文化这一角度出发，这种老字号旅馆在海外游客中拥有极高的人气。旅馆内，基本上只有洗手间是西式的。通常情况下，酒店提供两餐，但是，也可以仅在此享用早餐或者仅选择住宿。

招待所（民宿）

与旅馆相比，规模更小，浴池与洗手间均为共用设施。数量很少，但是，宛如家一样的环境拥有极高的人气，有很多回头客。设有门禁的招待所很多，因此，晚上有安排的游客务必要多加注意。

青年旅舍（YH）

可容纳4~10人的共享房间（多人房），有性别区分。世界范围内，青年旅舍的数量多达4000以上，东京的青年旅舍主要位于浅草桥、上野（2020年秋季恢复营业）以及饭田桥。每晚的费用在3500日元左右。青年旅舍实行会员制度，因此，住宿时，需要支付600日元的会费。在此住宿的顾客多为学生，但是，老年人也并不少见。还有很多海外游客，可以与同屋居住的人一同外出观光，这种邂逅的感觉也不乏乐趣。URL www.jyh.or.jp

民宿

可以以十分低廉的价格入住民居，拥有非常高的人气。大多数情况下，是与其他住宿的客人共享一间普通住宅或者公寓的房间。当然，住宿期间产生纠纷的现象也并不在少数，因此，最好要对安全性进行确认，并且在住宿期间严守民宿的规定与礼仪。URL www.airbnb.jp

◆关于预订

如果旅行日程已经确定，那么，最好能够尽早预订。预订时间越早，可选性更高，还有很多住宿设施设有预订折扣。

预订网站的使用

住宿设施数量众多，因此，为了选出最适合自己的那一家，需要花费很大的精力。预订时，务必要灵活运用酒店预订网站。上到酒店，下到民宿，预订网站涉及各种不同的住宿设施，可以通过费用与地区等条件进行搜索。搜索结果将以与目的地之间的距离为标准，由近及远进行排列，从功能性上来看，非常方便。部分网站还设有“附带早餐”“免费Wi-Fi”以及“入住前日免费取消预订”等选项，还有的网站可以同时购买机票与新干线车票。预订时，切记对取消预订的条件与办理入住的时间等进行确认。

加兰 URL www.jalan.net
一休 URL www.ikyu.com
乐天旅游 URL travel.rakuten.co.jp
安可达 URL www.agoda.com
亿客行 URL www.expedia.co.jp
Hotels.com URL jp.hotels.com

info **外资类酒店** 还有很多在世界范围内展开经营的获特许权的酒店加盟店。例如，东京锦糸町慕奇夕酒店是万豪酒店集团旗下的标志性品牌之一，因此，只要在网站 URL marriott.co.jp 中进行搜索，便可同时获取13家酒店的空房情况。

第八章 旅行的准备与技巧

制订旅行计划

旅行要与预算相结合

多数情况下，在确定旅行期间的住宿场所时，可以结合预算在高档、中档以及廉价等多种类型的设施中做出选择。此外，还会有一些旅行社会根据等级对线路的名称做出改变，例如，面向中老年游客的高价旅游或者面向年轻人的经济型旅游等。

还要做这些准备

如果希望在旅行中的自由活动时间欣赏人气组合的现场表演与由世界级指挥家负责指挥的古典音乐会，或者前往当下极为流行的法式餐厅用餐等，最好在准备旅行的同时提前完成预订。

◆包价旅游与个人旅行

考虑外出旅行吗？那就择吉日出行吧！让我们赶紧来制订旅行计划。首先，确定日程与预算。其次，针对“绝对不能错过”的景点，列出游览清单。将上述 3 个要素作为标准，考虑旅行方式，例如，参加包价旅游项目或是自由行等。

包价旅游的利与弊

包价旅游在个人难以成功预订的旺季与举办活动时，利用价值很高。

与个人旅行相比，价格更为优惠

参加包价旅游，在机票与住宿设施等的费用方面，均可享受团体折扣。GW、夏季花火大会、圣诞节以及年底年初等时期的费用会逐渐上涨，但是，即便如此，与个人自行做出旅行准备相比，包价旅游的费用相对更低。

令人苦恼的各种准备工作也可以交由旅行社代为办理

旅行需要办理各种各样的手续，可选项目很多，需要花费相当长的时间来做出决定，而且非常麻烦。如果这些准备工作均由旅行社来代为处理，将会大大减轻游客的负担，同时，旅行社通常会下大功夫制订更为高效的游览方法，时间上不会造成浪费。新干线平时都会人满为患，而包价旅游则无须担心没有坐票的情况发生。

住宿设施的质量更为稳定

酒店的好坏直接影响到旅行的整体印象，因此，无论是哪一家旅行社，在住宿设施的选择方面，通常会十分细心地进行选取。除了部分价格十分低廉的旅行项目之外，只要是旅行过程中安排游客入住的酒店，均无须担心会出现大的问题。有时还会有一些可安排游客入住最新开设的热门酒店的旅行项目。

旅行印象减弱

不管怎么说，将一切交由旅行社代为处理的包价旅游，即便是在当地，也会由导游带队进行观光，这便大大地削弱了旅行的印象。有时还会出现最坏的情况，那就是完全记不住去过哪里、是如何进行观光游览的，日后，甚至还会出现“这座寺庙，我去过吗？”的疑问。

受导游与其他参加人的影响

导游中，既有游客可自行指定的资深导游，也有新人。知识与技巧方面不必多言，导游的性情也会令游客对旅行的印象发生大的改观。此外，需要与参加同一旅游团的游客共处数日，但是，大家是否可以愉快地一同度过这一段时光，也是一个非常大的问题。

个人旅行的利与弊

在完全由自己安排的旅行中，可以体验到团队旅行并不具备的极大魅力。在初次旅行中选择跟团旅游的游客，有很多人会从第二次开始通过个人旅行的方式探访旅行目的地。

◇对旅行进行设计的乐趣

旅行信息要从零开始一一查询，游览过程中可对之前的疑问逐一作出解答，这便是个人旅行的独特魅力。驻足充满江湖情调的街区、博物馆巡游、音乐与歌舞伎鉴赏、体育赛事观战、在樱花胜地与布满彩饰的景点拍照等，不妨让我们绞尽脑汁地去制订一场拥有特殊主题的旅行计划吧！

◇结合体力与身体状况来做出计划

如果有婴幼儿与老年人同行，最好避免出现需要攀爬楼梯的情况。可以结合实际情况来制订旅行计划，例如，洗手间的远近以及是否有过敏症状等。旅行过程中，如果身体情况出现异样，也比较容易对剩余的旅行日程做出调整。

◇与当地人有接触

如果迷路了，就向其他人咨询一下吧！进入食堂用餐，店内的阿姨会就附近的推荐景点做出说明。在河畔休息时，也许会向旁边同在长椅上小憩的老爷爷打听桥的名称，无意间得到有关桥梁历史的信息或者战时故事。与人的接触，应该会让我们的旅行变得更加丰富多彩吧！

◇把旅行牢记在心

如果要通过自己的能力前往一无所知的陌生之地展开一段旅行，从某种程度上来说，是需要一定的集中力的。例如，查询地图、识别标识与招牌、自己观察周围的风景以及倾听车内的广播等。如此一来，即便是短时旅行，也会深深地留在我们的记忆当中。

◇还是贵？

如果想要节约旅游经费，建议选择自由行。在东京市内游览，最好可以熟练使用各种周游券与折扣票。

◇注意！切忌过分贪婪

东京有很多令人充满期待的东西（例如，想看的、想吃的），非常容易让游客出现过分贪婪的情况。这一点一定要加以控制，强烈建议你对即将前往的地区进行严选，切忌过分贪婪。感到疲惫时，就不要勉强出行了，最好可以取消计划，尽早返回酒店休息。一定要抱有“东京这种地方，随时都可以来！”的观念来展开此次旅行。

◇令人担心的问题

在个人旅行中，最为薄弱的一个环节便是遭遇问题时应该如何做出处理。但是，也无须太过担心。市中心开设有很多医院与药店，如果真的遇到了什么问题，向酒店工作人员与警察求救即可（→ p.440）。

◇信息收集是旅行成功的关键

想去的美术馆现在是否正在临时休馆？想看的绘画作品现在是否正在展出？一定要实现通过官网对最新信息进行确认。如果条件允许，事先通过与旅行目的地有关的小说、图片集以及电影等进行预习，应该可以获得更大的感动！

旅行期间，还要用心地对新闻与气象信息等进行了解。

◇制作紧急情况说明

在个人旅行中遇到问题时，都必须自行做出处理。为了防止在突发事件面前因慌张而导致慌乱，在出发前，需要提前制作一些简单的备忘录。有很多人会将所有信息都保存在手机当中，但是，一旦手机被盗或者在游船过程中坠入大海，会令游客束手无策。因此，务必要提前将信用卡与储蓄卡丢失时的联系方式、酒店的电话号码以及正在服用的药剂名称等写进备忘录，并提前放入行李箱中并不显眼的位置（切忌放入随身携带的包中）。

info **女性的单人旅行** 东京有很多非常适合女性独自一人前往旅行的场所。著名观光地有众多海外游客，因此，女性只身一人前往旅行的现象并不罕见，当然，还有很多独自一人更能沉下心来进行参观的景点，例如，博物馆、水族馆、日本庭园以及神社佛阁等。

如何从日本国内各地前往东京

从中国前往日本或东京的方式各城市不同，可根据所在城市情况进行安排。本书主要介绍从日本国内各地前往东京的交通方式。如果要搭乘飞机，最好在飞机起飞前的2小时左右抵达机场，羽田与成田都是超大规模的机场，因此，下飞机后需要很长一段时间才可以离开机场。如果搭乘巴士，还需要考虑交通堵塞的问题。

◆搭乘飞机前往东京

日本全国49个机场现在均开设有飞往东京的直达航班。仅羽田机场，每天就约有50班航班从札幌与福冈飞抵东京，约有30班航班从大阪与那霸飞抵东京，共计约500班航班。

◇航空公司的选择也十分丰富

▶ 无论是线路还是班次，日本航空与全日空均占有压倒性的优势。这两家公司的航班有大型航空公司所特有的安心感，里程数的积累也是令人非常期待的。

▶ 与两家大型航空公司相比，天马航空的费用更低，因准点运行率很高而备受好评。特别是神户线航班极其充实。

▶ 日本越洋航空是日本航空的子公司。实现了那霸、冲绳的离岛与羽田机场的连通。

▶ 北海道国际航空（北海道航线）、Solaseed Air（九州航线）、星空飞行航空公司（大阪、福冈及其他）以及ibex（仙台及其他）四家公司现在均与全日空有业务合作关系，多为全日空代码共享航班（联合营运）。

▶ 现在共有3家开设有东京航线的LCC（廉价航空公司）。这3家公司现在所使用的均为成田机场。

◇日本国内航班儿童机票票价

3~11岁可在普通票价的基础上享半折优惠。折扣率较高的机票只能享受一二成左右的优惠。每位成年人可携带一名未满3岁的幼儿，但是，如果幼儿需要独自占据座位，就必须要按照儿童票价进行支付。如果是小型旅客机，每架飞机都会设有幼儿可搭乘人数的最高限制，因此，最好提早进行预订。

◇航空公司联系方式

日本航空 JAL
TEL 0570-025-071
URL www.jal.co.jp
全日空 ANA
TEL 0570-029-222
URL www.ana.co.jp
天马航空 SKY
TEL 0570-039-283
URL www.skymark.co.jp
日本越洋航空 JTA
TEL 参照日本航空
URL jta-okinawa.com
北海道国际航空 ADO
FREE 0120-057-333
URL www.airdo.jp
Solaseed Air SNJ
TEL 0570-037-283
URL www.solaseedair.jp
星空飞行航空公司 SFJ
TEL 0570-07-3200
URL www.starflyer.jp
Ibex IBX
FREE 0120-686-009
URL www.ibexair.co.jp

◇日本国内航班其他折扣票价

面向65岁以上乘客设定的高级折扣、面向12~25岁的年轻乘客设定的折扣以及面向4人以下的团体乘客设定的折扣等。

2020年8~9月的普通席
单程航空票价案例

日本航空	购票时间	札幌－隅田（所需时间1小时40分钟）	鹿儿岛－羽田（所需时间1小时35分钟）	改签
普通票价	当天	4万1160日元	4万4400日元	○
商务票（仅限JAL卡会员）	当天	3万7110日元起	3万7700日元起	○
特殊航班折扣	截至前一天	3万3900日元起	3万3400日元起	×
	截至3天前	2万4000日元起	3万1400日元起	×
	截至21天前	1万7400日元起	2万1300日元起	×
先到先得	截至28天前	1万4600日元起	1万3200日元起	×
	截至45天前	1万1600日元起	1万2700日元起	×
Super先到先得	截至55天前	9300日元起	9200日元起	×
Ultra先到先得	截至75天前	8900日元起	7400日元起	×

日本航空	购票时间	札幌－隅田（所需时间1小时40分钟）	鹿儿岛－羽田（所需时间1小时35分钟）	改签
普通票价	当天	3万8960日元	4万4190日元	○
商务票（仅限JAL卡会员）	当天	3万7110日元起	4万2040日元起	○
ANA value	截至前一天	3万560日元起	3万3990日元起	×
	截至3天前	2万7360日元起	3万2490日元起	×
ANA super value	截至21天前	2万4460日元起	2万1190日元起	×
	截至28天前	1万3760日元起	1万7590日元起	×
	截至45天前	1万1060日元起	1万4990日元起	×
	截至55天前	9860日元起	8790日元起	×
	截至75天前	9360日元起	8390日元起	×

 info **座席指定** 预订机票的同时，最好对座席进行指定。如果是通过网络进行预订，可以一边查看座席表一边选择座位。航空公司不必多言，即便是通过旅行社购票，也可以对座席进行选择。但是，不得不对机体做出更换时，预订席位便会随之失效。

提前预订享优惠

机票票价通常会因预订时间的不同而产生很大的价格差。购票时间越早，折扣率越大，最多可享受 83% 的折扣优惠。各公司开始预订的时间不同，JAL 是起飞时间的 330 天前，ANA 是起飞时间的 355 天前。其中，有根据剩余票量的预测值对折扣率做出变更的机票，有时会在购票后发现票价变得更为低廉。除季节与日期之外，出发时间与抵达时间也会导致机票出现价格差，商务人士搭乘率较高的早晚时段票价高，白天、清晨以及深夜航班的票价相对较低。还要注意各种具体的规定，例如，退票截止时间、是否可以改签以及里程是否累积等。

搭乘 LCC 的航班飞往成田

开设有飞往东京的定期航班的 LCC（廉价航空公司）共有三家公司，分别是乐桃航空（10 座城市）、捷星日本（14 座城市）、日本春秋航空 =SPRING JAPAN（3 座城市）。无论哪家航空公司，现在均飞往成田机场。票价不足大型航空公司的半价票，有时还会推出 888 日元的札幌 ~ 东京等的特价票，价位十分震撼。为了能够容纳更多的乘客，座席前后空间很小，因此，身高较高的乘客也许会感觉十分辛苦。与羽田机场相比，成田机场距离市中心较远，这一点也不占优势。

注意额外费用

如果搭乘 LCC 的航班，除机票之外，还需支付以下各种费用。在与大型航空公司进行对比时，应对包含各种费用在内的费用总额进行综合性考量。

- ▶ 托运行李。如果在订票时作出申请，每件行李的费用在 710~1700 日元，如果在机场进行追加，则需支付 2800~4500 日元的费用，价位高于机票本身。
- ▶ 部分机场设施使用费。成田 390 日元、新千岁 270 日元、福冈 110 日元等。需要支付出发地与到达地双方机场的使用费。
- ▶ 预订手续费。通过网络预订，免预定费。通过电话预订，需支付 1000~2840 日元的手续费。
- ▶ 支付手续费。使用信用卡支付，手续费在 600~620 日元。
- ▶ 座席指定费。随座位种类发生变化，通常需支付 490~1200 日元的手续费。

除此之外，飞机内部饮食（果汁 200 日元、杯面 400 日元等）也是需要支付费用的。当然，改签与退票也需要支付一定的手续费。

参加自由行项目

自由行，是指由旅行社开办的被命名为“自由计划”与“动态打包”等的旅游项目。费用中仅包含往返机票与酒店住宿，从机场前往酒店的交通以及东京市内的观光等均需游客自行做出安排。住宿设施方面，游客可以在以商务酒店为主的位于市中心的多家酒店中进行选择。除大型旅行社之外，日本航空的“日航旅行”、全日空的“ANA 旅作”，以及天马航空的“skypaktours”也同样都是自由行项目。与正规费用相比，费用相对更为低廉，如果可以通过限时销售与宣传活动入手可享受 20%~50% 折扣的优惠券，将更为划算。

◇关于渡船

如果从四国与九州出发前往东京，不妨选择搭乘充满旅行情调的游船。晚上从北九州出发，次日清晨停靠德港，第 3 天早晨抵达东京港渡船码头（临海线国际展示场站有工作人员负责接送）。每天 1 班。

东九海洋渡船
TEL 0570-055-048
URL www.otf.jp
费 1 万 6570 日元起。6~11 岁可享半价优惠。设有单间

此外，从北海道起航的渡船只有苫小牧 ~ 茨城县大洗港这一条航线，现在暂未开设直通东京的航线。

◇LCC 的联系方式与费用

乐桃航空 APJ
TEL 0570-001-292
URL www.flypeach.com
费 札幌 4590 日元起、鹿儿岛 5890 日元起等

捷星日本 JJP
TEL 0570-550-538
URL www.jetstar.com
费 札幌 4190 日元起、福冈 3990 日元起、高知 3490 日元、鹿儿岛 3990 日元起等

日本春秋航空（SPRING JAPAN）SJO
TEL 0570-666-118
URL jp.ch.com
费 札幌 3760 日元起、广岛 4580 日元起、佐贺 3830 日元起

◇航空公司主办的自由行项目

JAL 旅行
TEL 050-3155-3333
URL www.jal.co.jp/domtour
例：札幌 ~ 羽田往返 + 品川王子大饭店 2 晚，费用 4 万 3300 日元起。

ANA 旅行者
TEL 0570-022-860
URL www.ana.co.jp/ja/jp/domtour/
例：福冈 ~ 羽田往返 + 浅草太阳道酒店 2 晚，费用 3 万 6000 日元起。

Skypaktours
TEL 03-5821-3366
FREE 0120-963-357
URL www.skypaktours.co.jp
例：札幌 ~ 羽田往返 + 东京湾有明华盛顿酒店 2 晚、费用 3 万 5900 日元起

info **成田还运营有廉价巴士** 从成田机场出发，驶往市中心（东京站与银座站等），单程 1000 日元（清晨与深夜 2000 日元。小学生半价），廉价巴士现在通常是每 20~30 分钟运行一班。所需时间 60~70 分钟。如果需要预订，请登录机场巴士东京·成田 URL tyo-nrt.com 进行预订。

◇换乘搜索网站

包含飞机与巴士在内，可以进行搜索，还可以获取停运信息与车站时刻表。还有线上应用程序。

站探 URL ekitan.com

Navitime URL www.navitime.co.jp

Jorudan URL www.jorudan.co.jp

◆搭乘新干线前往东京

新干线的安全性很高，铺满全国的运行网络在世界范围内广受好评。现如今，无论从北海道出发还是从鹿儿岛出发，仅换乘1次便可前往东京。从青森出发，仅需3小时便可抵达东京，从博多出发，5小时便可抵达。车窗外的风景也非常有看点。

始发站	票价+自由席特快费用	列车	所需时间		终点站		所需时间	列车	票价+自由席特快费用	始发站
名古屋	1万560日元	希望号	1小时36分钟	→	东京	←	2小时34分钟	光辉号	1万4380日元	金泽
新大阪	1万3870日元	希望号	2小时30分钟	→		←	1小时36分钟	隼号	1万1410日元	仙台
博多	2万2220日元	希望号	4小时57分钟	→		←	3小时6分钟	隼号	1万7670日元	新青森
鹿儿岛中央	2万9360日元	瑞穗号+希望号	6小时25分钟	→		←	2小时45分钟	翼号	1万640日元	山形
松江（在冈山换乘）	1万9240日元	特快八云号+希望号	6小时17分钟	→		←	3小时52分钟	小町号	1万8120日元	秋田
高知（在冈山换乘）	1万9170日元	特快南风号+希望号	6小时2分钟	→		←	8小时4分钟	特快北斗号+隼号	2万7500日元	札幌（在新函馆北斗换乘）

◇在哪里下车?

结合自己的目的地，与东京站相比，在更为靠近的站点下车会相对更为便利。如果搭乘东北/上越/北陆新干线出发前往浅草方向，可以在上野站下车，如果搭乘东海道新干线出发前往涩谷、新宿以及台场，则需要在品川站下车。

◇新干线也有电子票

从2020年3月开始，除九州之外，日本全国的新干线均可以支持IC服务了。只要注册过JR东日本“eki-net”与JR西日本“e5489”，便可通过智能手机等进行预订，乘车当天，在车站的自动检票机上点击Suica等即可。无须纸质乘车券。还可以购买折扣票。九州新干线也计划在2022年开始提供相同的服务。

◇折扣计划通过各公司网站进行查询

除上述内容之外，新干线的折扣计划还有优等车厢折扣与家庭折扣等，种类繁多。请在各公司网站进行详细的查询。

◇JR联系方式

JR北海道 TEL 011-222-7111

URL www.jrhokkaido.co.jp

JR东日本 TEL 050-2016-1600

URL www.jreast.co.jp

JR东日本 eki-net

URL www.eki-net.com

JR东海 TEL 050-3772-3910

URL jr-central.co.jp

JR东海旅行

URL www.jrtours.co.jp

JR西日本 TEL 0570-00-2486

URL www.jr-odekake.net

JR四国 TEL 0570-00-4592

URL www.jr-shikoku.co.jp

JR九州 TEL 050-3786-1717

URL www.jrkyushu.co.jp

◇JR的儿童票

小学生半价。每位成年人可免费携带2名学龄前儿童、婴幼儿。

查看JR的各种折扣票

新干线现在由5家JR公司负责运营，每家公司的折扣计划也存在差异。费用每天都会发生变动，因此，一定要通过新干线的网站查询自己希望乘坐的那一班列车的票务情况。

eki-net预售票（JR东日本&JR北海道）

JR东日本指定票预订网站“eki-net”会员专享票，运行区间与座席数量有限。东日本与北海道的新干线以及在来线特快有5%~15%的折扣。购票时间截至发车前1小时40分钟，盂兰盆节等繁忙时期也可预订。需在乘车日13天前购买的“预售票”，折扣可以达到25%~35%。首先要免费注册会员。

EX预售票（JR东海）

如果提前3天预订，可享受东海道新干线的折扣优惠。还可以约定2人以上的车票。如果提前21天预订，可享受20%以上折扣的“EX预售票21”，这种优惠票也拥有极高的人气（仅限6:00~6:59&11:00~15:59发车的希望号普通车指定席）。繁忙时期除外。

此外，由JR东海旅行发售的“purattokodama”是一种旅行优惠券，仅限8个站点的kodama指定席+1例饮品可享受20%以上的折扣，+1000日元起，还可以选择优等车厢。

新干线次数券

各JR公司现在均有出售，分2张、4张以及6张等多种类型。任何人都可以使用，因此，如果是4口之家，可以使用4张次数券，回程选择搭乘飞机时会非常方便。折扣率在2%~10%。有的次数券还可以对座席进行指定。有效期是3个月，有时还可以将没有用完的次数券转让给售票机构。繁忙期除外。

酒店套餐

各JR公司与旅行社现在均出售包含新干线往返车票与酒店费用的旅行套餐。根据计划，部分套餐可以从所有列车中随意进行选择，同时，还可以任意改签，因此，可以与上述折扣费用进行对比后做出决定。

info 股东福利券 即便不是股东，也可以通过在线拍卖与售票方买到各JR公司的股东福利券。福利券也会受到市场行情的影响，每张需要花费1000~5000日元不等，因此，如果不是青森等远距离行程，也并不会有特别划算的感觉。无法用于转乘其他JR公司新干线的行程，需要多加注意。

◆搭乘高速巴士前往东京

所需时间是新干线的 2 倍，但是费用却不到新干线一半。特别是大阪与仙台等拥有极高人气的线路，票价非常便宜。此外，如果搭乘夜行巴士，将会增加 1 晚的费用。费用会随着时间与日期发生变动，还会有早期购票折扣。

始发站	费用	所需时间		终点站		所需时间	费用	始发站
名古屋	2000 日元起	5 小时起	→	东京	←	7 小时 20 分钟起	2500 日元起	金泽
大阪	2300 日元起	6 小时 50 分钟起	→		←	5 小时 10 分钟	2000 日元起	仙台
博多	9500 日元起	14 小时 20 分钟起	→		←	8 小时 30 分钟起	3000 日元起	青森
鹿儿岛	—	—			←	6 小时起	2300 日元起	山形
松江	6000 日元起	11 小时 50 分钟起	→		←	8 小时 30 分钟起	3300 日元起	秋田
高知	5400 日元起	11 小时 10 分钟起	→			—	—	札幌

主要车站的巴士总站

开往东京的巴士，大多会在市内多处车站停靠。

乘车处与下车处不同的情况很多，因此，需要分别对乘车与下车的位置进行确认，在此基础上，决定在哪里下车。

东京（高速巴士总站 & 锻治桥停车场）

JR 巴士从东京站八重洲南口出发。没有新宿高速巴士总站这样的建筑，售票处内设有候车室。巴士的终点站是东京站的日本桥口（八重洲北口旁）。

其他公司的巴士经常会使用的锻治桥停车场（MAP 别册 p.16-C2）位于距离八重洲南口步行 7 分钟便可抵达的区域。离开八重洲南口后沿步行道右转，沿大型人行横道穿过马路后右行约 30 米便可抵达。下车处同上。

池袋（阳光巴士总站）

初次来到东京的游客最好避免搭乘在池袋始发或者下车的巴士。有多个乘车处，均远离车站，期间需要穿过繁华街道，非常容易迷路。

从阳光巴士总站（MAP 别册 p.37-B4）发车或者最终抵达此车站的巴士最多，从池袋站东口出发，步行 15 分钟便可抵达。从东京地铁有乐町线东池袋站 7 号出口出发，沿地下通道步行 5 分钟左右即可到达。

新宿（新宿高速巴士总站）

便利、舒适且功能性强的日本规模最大的高速巴士总站。从 JR 新宿站新南检票处出发，乘电梯上行（4 层）即可抵达，所需时间约 2 分钟。旅游咨询处、便利店以及储物柜等设施齐全。

另外，开往新宿的巴士会停靠在 3 层。出租车乘车处与新宿 WE 巴士（→ p.82）乘车处位于同一楼层。

日本最大规模的公共汽车站——新宿高速巴士总站

新宿高速巴士总站的售票柜台

◇高速巴士的儿童票

多数巴士公司现在均将小学生以下的儿童票设定为半价。关于婴幼儿，如果婴幼儿独自占用座席，则需要按照儿童票票价进行支付。无儿童座椅。

◇高速巴士对比网站

现在通常会有近 200 家公司的巴士从日本各地集中驶入东京，因此，同时刊载各公司信息的对比网站就显得极为方便了。有的网站以车内设备与服务作为主要内容，还有些网站将是否可以指定座席并进行预订作为重点。还有应用软件。

巴士对比导航
URL www.bushikaku.net
高速巴士 .com
URL www.kosokubus.com
巴士市场
URL www.bus-ichiba.jp

◇在豪华夜间巴士上小睡

最近，设置有脚下不受任何约束且座椅靠背倾斜角度较大的座位以及看不到睡颜的窗帘等设施的极富豪华感的巴士越来越多。拥有极高人气的西铁巴士博多号（博多—新宿）设有 3 列座席，票价 7700 日元（6~11 岁 7650 日元）起，除此之外，还有单间型坐席，票价 1 万 7300 日元（6~11 岁 1 万 2750 日元）起。装有碰撞预防制动系统与防打瞌睡装置，安全措施十分到位。

TEL 0570-00-1010
URL www.nishitetsu.jp/bus/highwaybus

◇仅限女性搭乘的巴士，可放心乘坐

行驶在大阪 / 神户 ~ 新宿之间的 plumeria-grande 是由日本夜间巴士 VIP liner 负责运营的女性专用巴士。车上备有过道侧窗帘、拖鞋以及迷你枕头等，非常用心，这令乘客备感放心。当然，车内还设有洗手间。7600 日元起。7~12 岁半价。

TEL 048-487-7343
URL vipliner.biz

◇关于新宿高速巴士总站

新南检票口的开放时间是 5:45~24:00。除了上述时间段之外，需要从新宿站南口出站，沿正对面的人行横道穿过马路。

MAP 别册 p.38-B2
URL shinjuku-busterminal.co.jp

info **其他公共汽车站** 除上述之外，还有在涩谷站、滨松町以及东京塔等地发抵的高速巴士。此外，在新宿发抵的巴士中，也有部分高速巴士并不会停在新宿高速巴士总站，而是会选择在车站周边的路面上停靠。

从日本国内各地前往东京的交通指南

从日本全国主要城市前往东京的主要交通方式有飞机、新干线以及高速巴士等。结合旅行模式，制订优先考虑时间或者优先考虑票价等与旅行模式相符的计划。

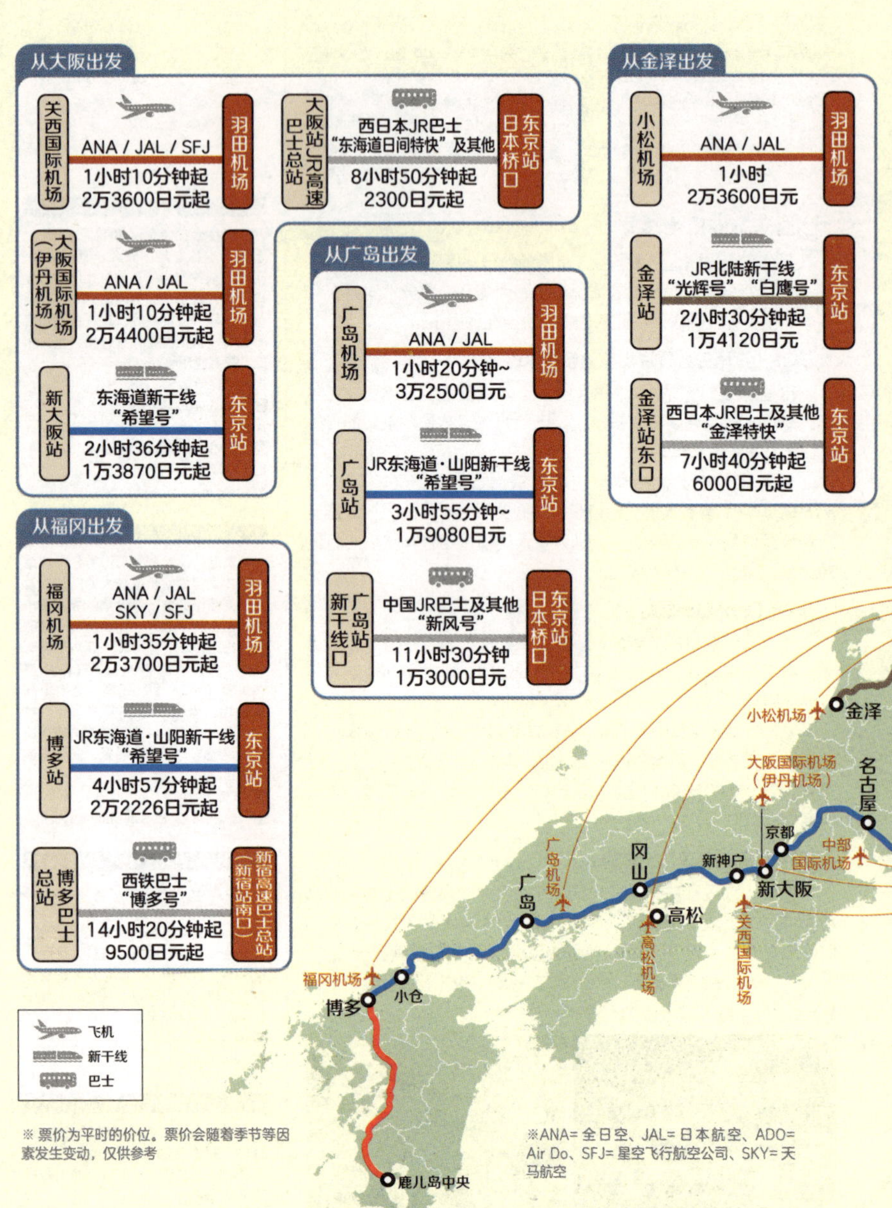

※ 票价为平时的价位。票价会随着季节等因素发生变动，仅供参考

※ANA= 全日空、JAL= 日本航空、ADO= Air Do、SFJ= 星空飞行航空公司、SKY= 天马航空

从日本国内各地前往东京的交通指南

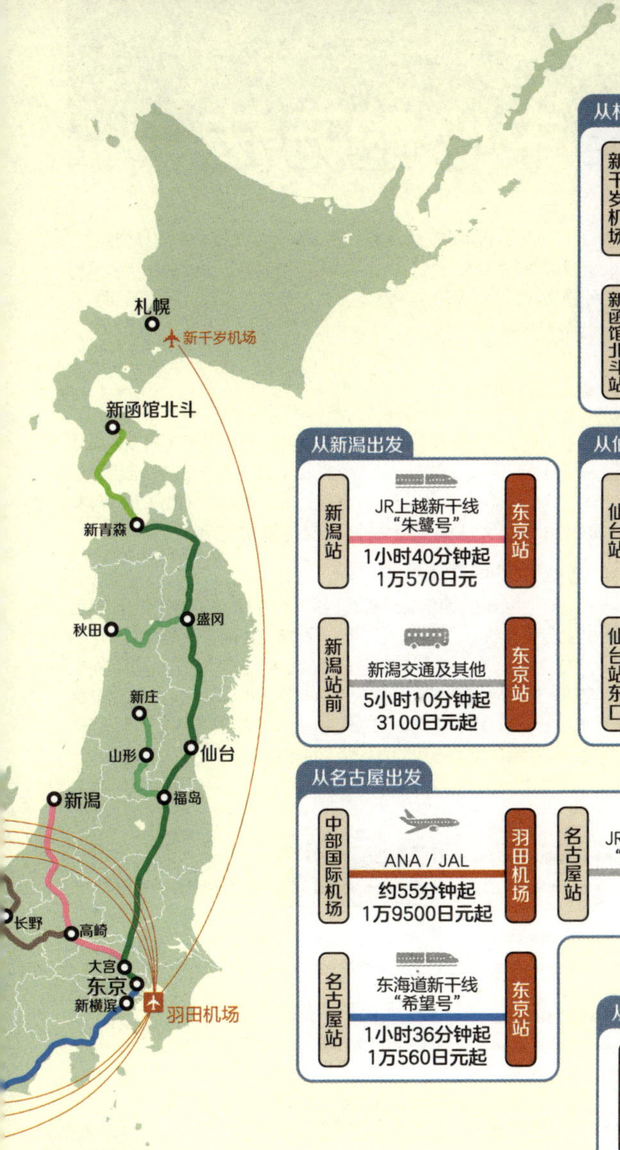

札幌
新千岁机场
新函馆北斗
新青森
秋田
盛冈
新庄
山形
仙台
新潟
福岛
长野
高崎
大宫
东京
新横滨
羽田机场

从札幌出发

新千岁机场 → 羽田机场
ANA / JAL
ADO / SKY
约1小时35分钟起
2万2700日元起

新函馆北斗站 → 东京站
北海道新干线
“隼号”
约4小时15分钟起
2万2690日元起

从新潟出发

新潟站 → 东京站
JR上越新干线
“朱鹭号”
1小时40分钟起
1万570日元

新潟站前 → 东京站
新潟交通及其他
5小时10分钟起
3100日元起

从仙台出发

仙台站 → 东京站
JR东北新干线
“隼号”“山彦号”
约1小时40分钟起
1万370日元起

仙台站东口 → 池袋站东口
东北JR巴士
5小时30分钟起
1万370日元起

从名古屋出发

中部国际机场 → 羽田机场
ANA / JAL
约55分钟起
1万9500日元起

名古屋站 → 东京站日本桥口
JR东海巴士及其他
“东名高速巴士”
5小时起
2000日元起

名古屋站 → 东京站
东海道新干线
“希望号”
1小时36分钟起
1万560日元起

从冲绳出发

那霸机场 → 羽田机场
ANA / JAL / SKY
2小时25分钟起
2万5900日元起

从高松出发

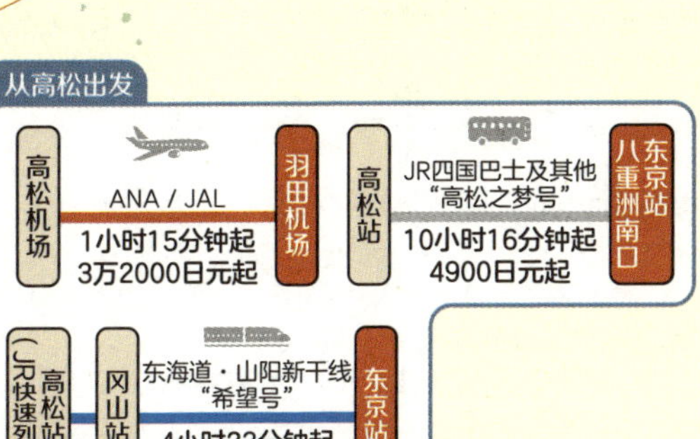
高松机场 → 羽田机场
ANA / JAL
1小时15分钟起
3万2000日元起

高松站 → 东京站八重洲南口
JR四国巴士及其他
“高松之梦号”
10小时16分钟起
4900日元起

高松站（JR快速列车）→ 冈山站 → 东京站
东海道・山阳新干线
“希望号”
4小时23分钟起
1万7130日元

前往市中心的方法

联系方式

羽田机场 TEL 03-5757-8111
URL tokyo-haneda.com MAP 别册 p.11-C3
东京单轨铁路 TEL 03-3374-4303
URL www.tokyo-monorail.co.jp
京急 TEL 03-5789-8686
URL www.keikyu.co.jp
机场大巴 TEL 03-3665-7220
URL www.limousinebus.co.jp

机场巴士使用注意事项

机场巴士是东京机场交通巴士的名称，车辆通常情况下与高速巴士相同。无论是开往羽田还是成田的巴士，均建议通过网络进行预订，但是，从机场发车的巴士无须提前预订。从第一座航站楼出发后，前往其他航站楼迎接等待乘车的乘客，这大概需要花费 15 分钟的时间。除下方图表所示之外，还有开往新宿、浅草、丰洲以及迪士尼度假村等处的机场大巴。深夜车次与清晨车次的费用是普通票价的一倍。

此外，受新冠肺炎疫情影响，部分线路现在处于暂时停运的状态，另外还有一些线路减少了车次，因此，需多加注意。

前往市中心的交通设施有很多种可以选择，从清晨到深夜，运行频率非常高，十分方便。如果行李很多，应以前往目的地时的换乘次数为主要决定因素，如果行李较少，通过所需时间来做出选择即可。

◆羽田机场

共有 3 座旅客航站楼。第一航站楼（T1）是日本航空、日本越洋航空以及天马航空。第二航站楼（T2）是全日空、北海道国际航空、Solaseed Air 以及国际航班。第三航站楼（T3）是国际航班专用航站楼。星悦航空会根据线路选用 T1 或者 T2。

从羽田机场前往市中心

直通羽田机场与成田机场的京急（京滨急行电铁）在运行中途会停靠品川、浅草以及押上（距离东京晴空塔最近的一个站点）。但是，有很多列车在运行期间会驶往横滨方向，而非东京方向，搭乘时需要多加注意。京急与单轨铁路现在通常都十分拥挤，有时甚至没有座位。如果搭乘巴士前往，座位可以得到保障，也无须换乘，但是一定要做好堵车的准备。

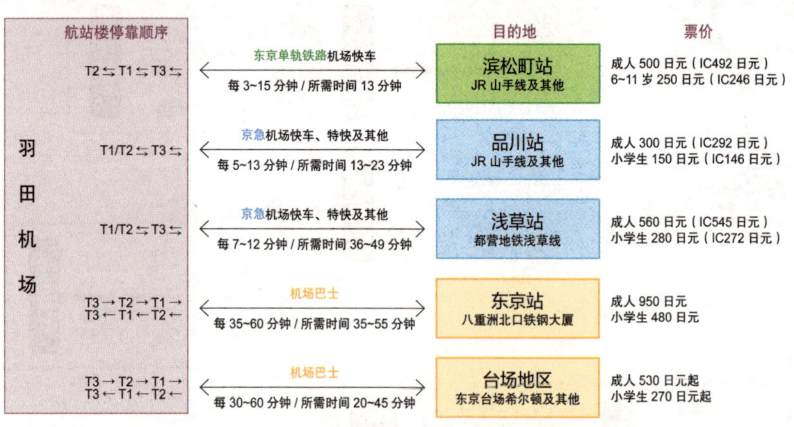

航站楼间的交通

“飞机在 T1 起飞 / 到达，但是，如果要买我最喜欢的著名糖果，就必须要前往 T2”，根据上述情况，可以在位于 1 层的巴士乘车处搭乘免费摆渡车（每 8~20 分钟一班）。此外，T1 与 T2 之间还有地下通道（长度 400 米。有自动人行道）。

羽田机场使用技巧

羽田机场有很多令人感到惊喜的地方。即便不搭乘飞机，也会有一些以用餐与购物为目的的人来到机场。特别是羽田机场限定版甜品，可用作旅游纪念品，拥有极高的人气。

如果有时间前往 T3，还是建议到位于 4 层的购物街“江户小巷”去转一转。这是一片重现江户街景纯粹的空间，通过全柏构造再现的“羽田日本桥”也非常值得一看。5 层有可以 24 小时眺望世界范围内所有飞行器的观景台与模拟飞行设备。

info **机场巴士 & 地铁无限次搭乘** “（往返机场接送旅客的）中型客车 & 地铁月票”是可以在 1~3 天内无限次搭乘机场巴士、东京地铁以及都营地铁的月票。类型众多，例如，羽田单程 24 小时 1800 日元以及成田往返 72 小时 6000 日元等。可以在车票销售处购买。

◆成田机场

成田机场共有 3 座航站楼。全日空与天马航空是第一航站口的南翼（T1 南），日本航空的部分航班在第二航站楼（T2）、日本航空与三家 LCC（廉价航空公司）现在通常会在第三航站楼出发 / 抵达。

从成田机场前往市中心

铁路有 JR 与京成电铁。这两家公司现在均运营有需对号入座的特快列车，环境十分舒适，还设有行李存放处。巴士方面，除了机场巴士外，还有价格低廉的“东京 · 成田机场巴士”，上述双方现在均由多家巴士公司联合运营。

◇联系方式

成田机场 TEL 0476-34-8000
URL www.narita-airport.jp
JR 成田快线
TEL 050-2016-1600
URL www.jreast.co.jp/nex
京成电铁 TEL 0570-081-160
URL www.keisei.co.jp
东京 · 成田机场巴士
TEL 0570-048905 URL tyo-nrt.com

◇关于成田快线

繁忙期价格上涨 200 日元，淡季可享受 200 日元的优惠。电子票也可享受 200 日元的优惠。还设有优等车厢，前往东京站的票价为 4640 日元。

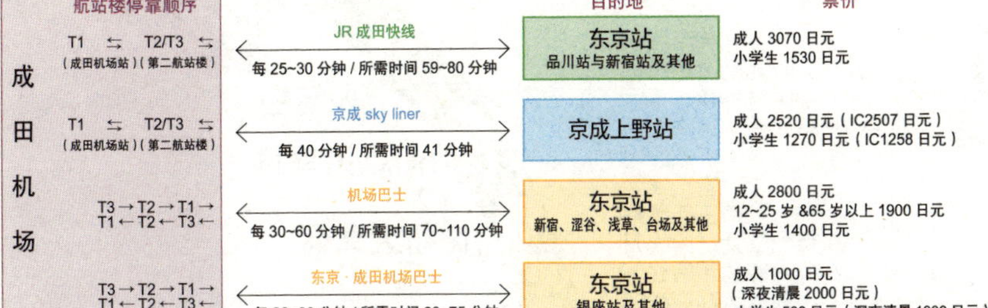

成田机场使用技巧

以国际航线为主，因此，商店内有丰富的动漫商品、日式杂货、民间工艺品以及日式点心等备受海外游客喜爱的旅游纪念品。当然，淋浴室与美容室等设施现在也十分充实。还设有酒店预订柜台。

此外，办理完国际航班出境手续后，便可进入顶级品牌精品店与免税店所在区域，搭乘国内航班的乘客是无法前往购物的。

◇关于机场巴士

除了上述图所示内容之外，还有开往新宿、浅草以及台场等地区的众多线路。

◇航站楼间的交通

免费摆渡车共有以下三种类型：往返于 T1 与 T2 之间、往返于 T2 与 T3 之间，在 T1~T2~T3 之间循环。现在通常每间隔 7~30 分钟运营一班。

◆东京站

拥有一个多世纪历史的日本铁路的核心。是汇集东北 & 东海道新干线（如果将驶入但不停靠的车次也包含在内，10 条新干线线路均会途经东京站）、7 条在来线以及地铁丸之内线的巨大型铁路总站。

对东京站的构造加以理解

几经增建的东京站，构造极为复杂，宛如一个巨大的迷宫。出入口数量众多，但是，首先要牢记在心的是东侧的八重洲口（日本桥侧）与西侧的丸之内口（皇居侧）。连通上述两个出入口的车站大厅（检票口内通道）位于 1 层与地下区域。横跨上述两个出口需要花费 5 分钟左右的时间，如果要从新干线换乘山手线，至少要花费 10 分钟的时间，换乘地铁将花费 20 分钟以上的时间。

检票口内的商业设施（车站里）有位于 1 层的“Ecute Tokyo”与位于地下的“格雷斯塔”，品类十分丰富。此外，在大概位于 1 层中央车站大厅中心区域的“祭”，可以买到约 200 种日本全国各地的铁路便当，因此，拥有非常高的人气。

◇东京站的信息

MAP 别册 p.16-B2
站内外的设施搜索
URL www.tokyoinfo.com
URL www.tokyostationcity.com
Ecute Tokyo
免费电话 0120-756625
URL www.ecute.jp/tokyo

◇东京站的约会地点

如果是在检票口内，可以约在因大型银色钟状物纪念像而闻名的“银铃广场”。位于地下 1 层格雷斯塔的八重洲中央口旁。

如果是在检票口外，可以约在丸之内地下南口的“动轮广场”。在真实的 SL 车轮前等待你的约会对象吧！

◇东京站的行李存放处

1 层共有 20 个投币寄存柜，地下还有 18 个，因此，请注意，切勿忘记存放场所。很多储物柜中都放有行李箱，几乎所有储物柜均可使用 Suica。此外，还有工作人员代为保管的行李寄存服务。

info **红色砖瓦的站舍** 东京站丸之内站舍曾在 2012 年时复建成了 1914 年开业之初的样貌，现在已经被指定为重要的文化遗产。务必要前往外部广场对砖瓦构造的全景进行观赏。位于北口与南口的原型屋顶状的天花板也是不容错过的看点。（→ p.130、p.134）

换乘线路图

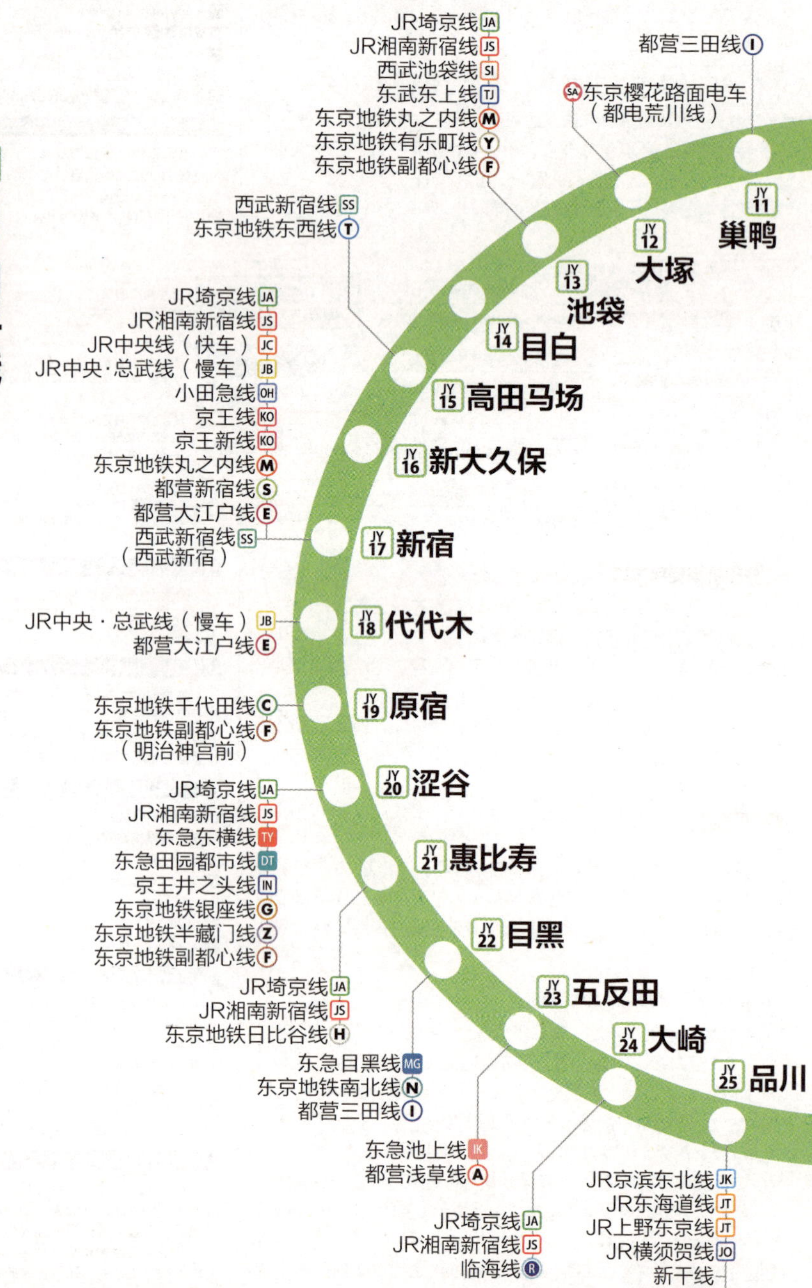
JY
JR山手线
JR埼京线 JA
JR湘南新宿线 JS
西武池袋线 SI
东武东上线 TJ
东京地铁丸之内线 M
东京地铁有乐町线 Y
东京地铁副都心线 F
都营三田线 I
SA 东京樱花路面电车
（都电荒川线）
JY 11 巢鸭
JY 12 大塚
JY 13 池袋
西武新宿线 SS
东京地铁东西线 T
JY 14 目白
JY 15 高田马场
JR埼京线 JA
JR湘南新宿线 JS
JR中央线（快车） JC
JR中央·总武线（慢车） JB
小田急线 OH
京王线 KO
京王新线 KO
东京地铁丸之内线 M
都营新宿线 S
都营大江户线 E
西武新宿线 SS
（西武新宿）
JY 16 新大久保
JY 17 新宿
JR中央·总武线（慢车） JB
都营大江户线 E
JY 18 代代木
东京地铁千代田线 C
东京地铁副都心线 F
（明治神宫前）
JY 19 原宿
JY 20 涩谷
JR埼京线 JA
JR湘南新宿线 JS
东急东横线 TY
东急田园都市线 DT
京王井之头线 IN
东京地铁银座线 G
东京地铁半藏门线 Z
东京地铁副都心线 F
JY 21 惠比寿
JR埼京线 JA
JR湘南新宿线 JS
东京地铁日比谷线 H
JY 22 目黑
东急目黑线 MG
东京地铁南北线 N
都营三田线 I
JY 23 五反田
东急池上线 IK
都营浅草线 A
JY 24 大崎
JR埼京线 JA
JR湘南新宿线 JS
临海线 R
JY 25 品川
JR京滨东北线 JK
JR东海道线 JT
JR上野东京线 JT
JR横须贺线 JO
新干线
京急本线 KK

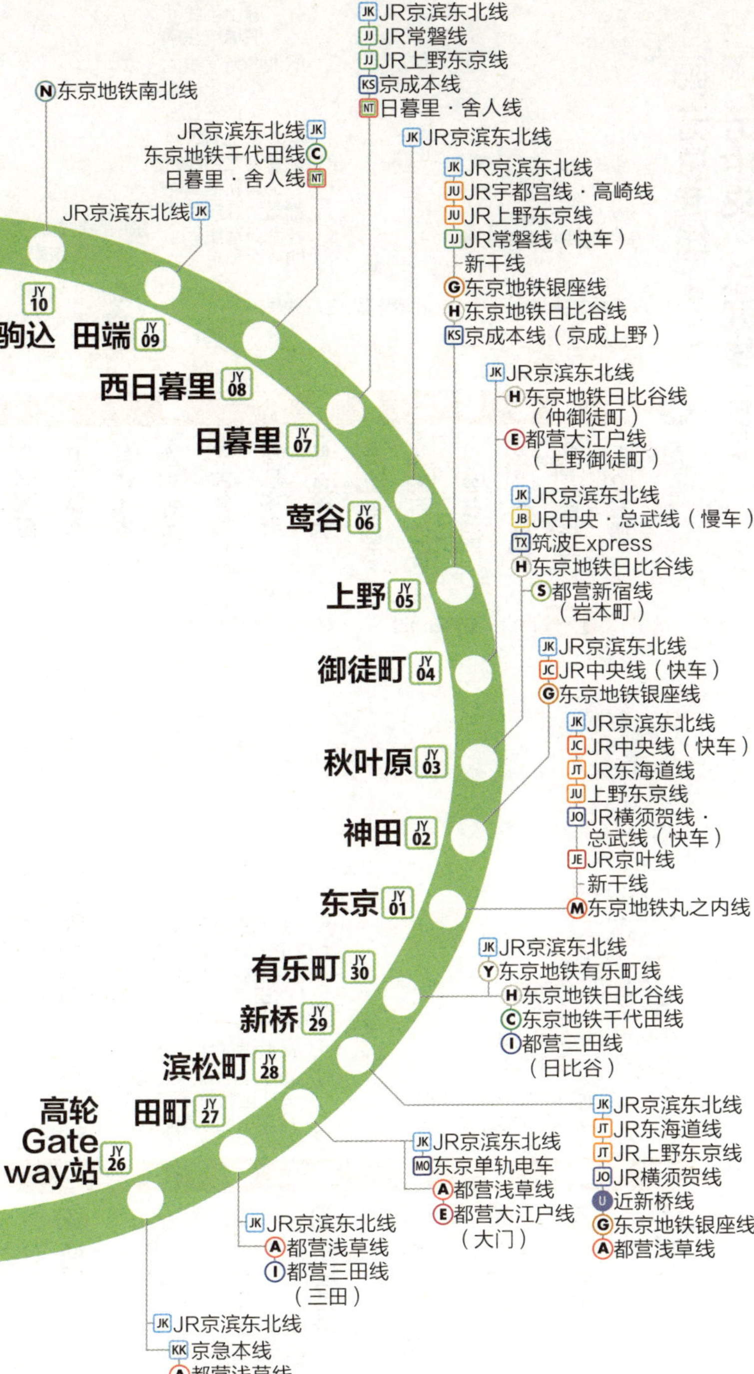
N 东京地铁南北线
JY 10 驹込
JR京滨东北线 JK
JY 09 田端
JR京滨东北线 JK
东京地铁千代田线 C
日暮里・舍人线 NT
JY 08 西日暮里
JK JR京滨东北线
JJ JR常磐线
JJ JR上野东京线
KS 京成本线
NT 日暮里・舍人线
JY 07 日暮里
JK JR京滨东北线
JY 06 莺谷
JK JR京滨东北线
JU JR宇都宫线・高崎线
JU JR上野东京线
JJ JR常磐线（快车）
新干线
G 东京地铁银座线
H 东京地铁日比谷线
KS 京成本线（京成上野）
JY 05 上野
JK JR京滨东北线
H 东京地铁日比谷线
（仲御徒町）
E 都营大江户线
（上野御徒町）
JY 04 御徒町
JK JR京滨东北线
JB JR中央・总武线（慢车）
TX 筑波Express
H 东京地铁日比谷线
S 都营新宿线
（岩本町）
JY 03 秋叶原
JK JR京滨东北线
JC JR中央线（快车）
G 东京地铁银座线
JY 02 神田
JK JR京滨东北线
JC JR中央线（快车）
JT JR东海道线
JU 上野东京线
JO JR横须贺线・
总武线（快车）
JE JR京叶线
新干线
M 东京地铁丸之内线
JY 01 东京
JK JR京滨东北线
Y 东京地铁有乐町线
H 东京地铁日比谷线
C 东京地铁千代田线
I 都营三田线
（日比谷）
JY 30 有乐町
JK JR京滨东北线
JT JR东海道线
JT JR上野东京线
JO JR横须贺线
U 近新桥线
G 东京地铁银座线
A 都营浅草线
JY 29 新桥
JK JR京滨东北线
MO 东京单轨电车
A 都营浅草线
E 都营大江户线
（大门）
JY 28 滨松町
JK JR京滨东北线
A 都营浅草线
I 都营三田线
（三田）
JY 27 田町
JK JR京滨东北线
KK 京急本线
A 都营浅草线
（泉岳寺）
JY 26 高轮Gateway站

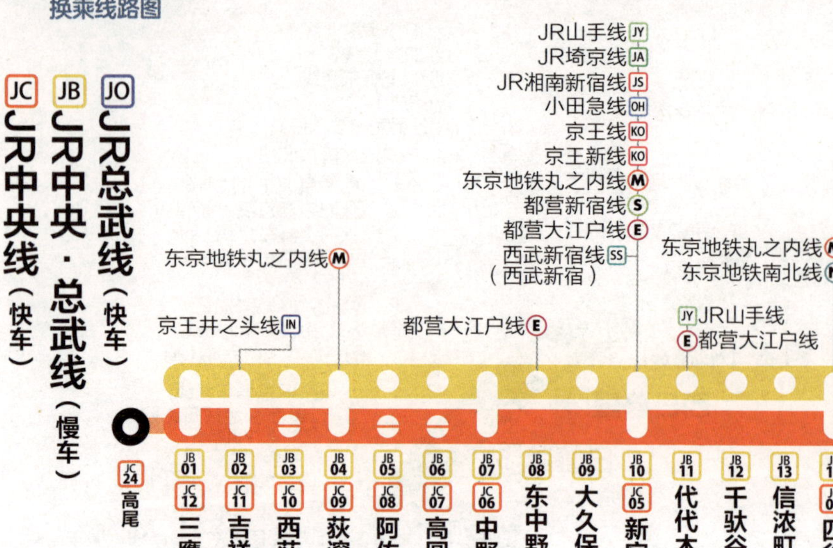

JO JR总武线（快车）
JB JR中央·总武线（慢车）
JC JR中央线（快车）
JR山手线 JY
JR埼京线 JA
JR湘南新宿线 JS
小田急线 OH
京王线 KO
京王新线 KO
东京地铁丸之内线 M
都营新宿线 S
都营大江户线 E
西武新宿线 SS
（西武新宿）
东京地铁丸之内线 M
东京地铁南北线 N
东京地铁丸之内线 M
京王井之头线 IN
都营大江户线 E
JY JR山手线
E 都营大江户线
JC 24 高尾
JB 01 JC 12 三鹰
JB 02 JC 11 吉祥寺
JB 03 JC 10 西荻窪
JB 04 JC 09 荻窪
JB 05 JC 08 阿佐谷
JB 06 JC 07 高圆寺
JB 07 JC 06 中野
JB 08 东中野
JB 09 大久保
JB 10 JC 05 新宿
JB 11 代代木
JB 12 千驮谷
JB 13 信浓町
JB 14 JC 04 四谷
周六·节假日通过
T 东京地铁东西线

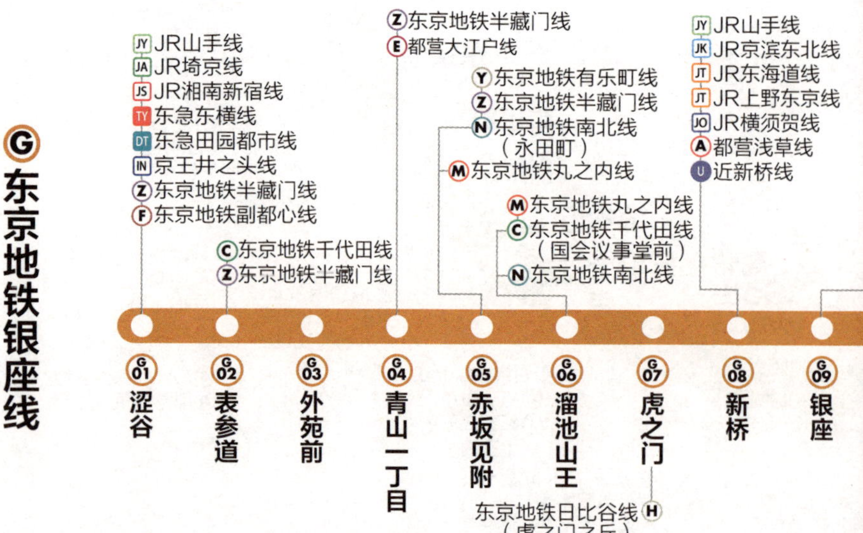

G 东京地铁银座线
JY JR山手线
JA JR埼京线
JS JR湘南新宿线
TY 东急东横线
DT 东急田园都市线
IN 京王井之头线
Z 东京地铁半藏门线
F 东京地铁副都心线
C 东京地铁千代田线
Z 东京地铁半藏门线
Z 东京地铁半藏门线
E 都营大江户线
Y 东京地铁有乐町线
Z 东京地铁半藏门线
N 东京地铁南北线
（永田町）
M 东京地铁丸之内线
M 东京地铁丸之内线
C 东京地铁千代田线
（国会议事堂前）
N 东京地铁南北线
JY JR山手线
JK JR京滨东北线
JT JR东海道线
JT JR上野东京线
JO JR横须贺线
A 都营浅草线
U 近新桥线
G 01 涩谷
G 02 表参道
G 03 外苑前
G 04 青山一丁目
G 05 赤坂见附
G 06 溜池山王
G 07 虎之门
G 08 新桥
G 09 银座
东京地铁日比谷线 H
（虎之门之丘）

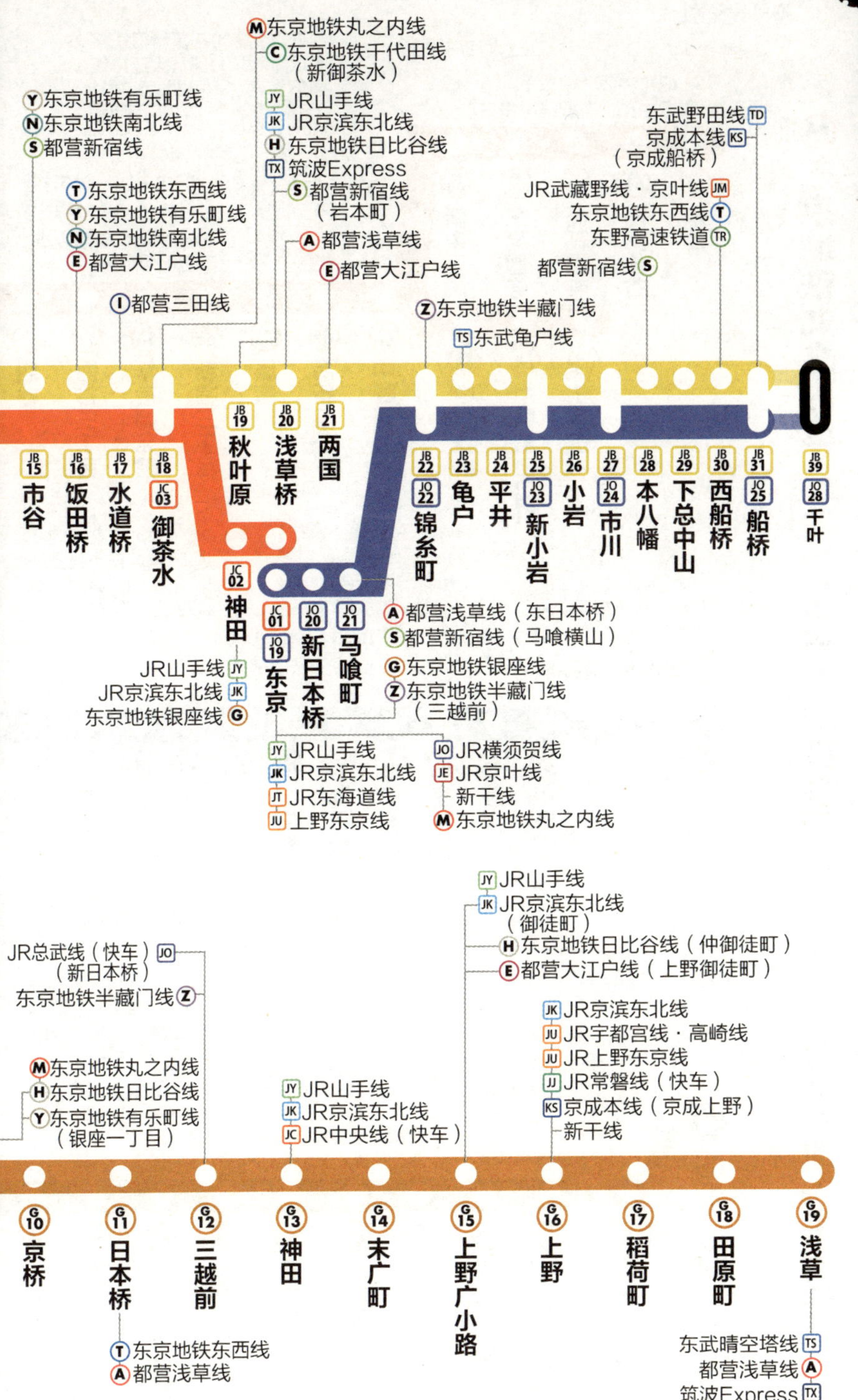
Y东京地铁有乐町线
N东京地铁南北线
S都营新宿线
T东京地铁东西线
Y东京地铁有乐町线
N东京地铁南北线
E都营大江户线
I都营三田线
M东京地铁丸之内线
C东京地铁千代田线（新御茶水）
JY JR山手线
JK JR京滨东北线
H东京地铁日比谷线
TX筑波Express
S都营新宿线（岩本町）
A都营浅草线
E都营大江户线
Z东京地铁半藏门线
TS东武龟户线
东武野田线TD
京成本线KS（京成船桥）
JR武藏野线·京叶线JM
东京地铁东西线T
东野高速铁道TR
都营新宿线S
JB15 市谷
JB16 饭田桥
JB17 水道桥
JB18 JC03 御茶水
JB19 秋叶原
JB20 浅草桥
JB21 两国
JB22 JO22 锦糸町
JB23 龟户
JB24 平井
JB25 JO23 新小岩
JB26 小岩
JB27 JO24 市川
JB28 本八幡
JB29 下总中山
JB30 西船桥
JB31 JO25 船桥
JB39 JO28 千叶
JC02 神田
JC01 JO19 东京
JO20 新日本桥
JO21 马喰町
A都营浅草线（东日本桥）
S都营新宿线（马喰横山）
G东京地铁银座线
Z东京地铁半藏门线（三越前）
JR山手线JY
JR京滨东北线JK
东京地铁银座线G
JY JR山手线
JK JR京滨东北线
JT JR东海道线
JU上野东京线
JO JR横须贺线
JE JR京叶线
新干线
M东京地铁丸之内线
JR总武线（快车）JO（新日本桥）
东京地铁半藏门线Z
M东京地铁丸之内线
H东京地铁日比谷线
Y东京地铁有乐町线（银座一丁目）
JY JR山手线
JK JR京滨东北线
JC JR中央线（快车）
JY JR山手线
JK JR京滨东北线（御徒町）
H东京地铁日比谷线（仲御徒町）
E都营大江户线（上野御徒町）
JK JR京滨东北线
JU JR宇都宫线·高崎线
JU JR上野东京线
JJ JR常磐线（快车）
KS京成本线（京成上野）
新干线
G10 京桥
G11 日本桥
G12 三越前
G13 神田
G14 末广町
G15 上野广小路
G16 上野
G17 稻荷町
G18 田原町
G19 浅草
T东京地铁东西线
A都营浅草线
东武晴空塔线TS
都营浅草线A
筑波ExpressTX

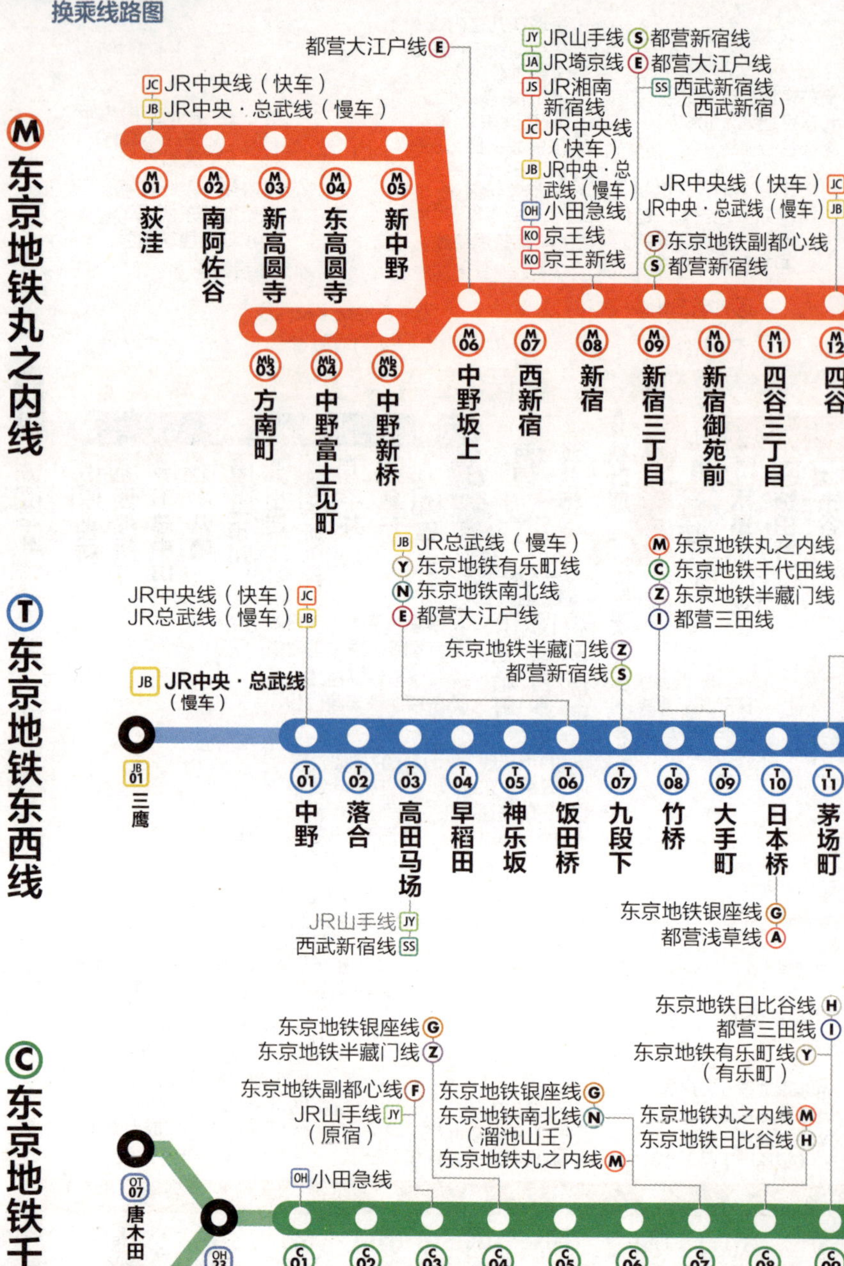
东京地铁丸之内线
都营大江户线
JR中央线（快车）
JR中央・总武线（慢车）
JR山手线
JR埼京线
JR湘南新宿线
JR中央线（快车）
JR中央・总武线（慢车）
小田急线
京王线
京王新线
都营新宿线
都营大江户线
西武新宿线（西武新宿）
JR中央线（快车）
JR中央・总武线（慢车）
东京地铁副都心线
都营新宿线
荻洼
南阿佐谷
新高圆寺
东高圆寺
新中野
方南町
中野富士见町
中野新桥
中野坂上
西新宿
新宿
新宿三丁目
新宿御苑前
四谷三丁目
四谷
东京地铁东西线
JR中央线（快车）
JR总武线（慢车）
JR总武线（慢车）
东京地铁有乐町线
东京地铁南北线
都营大江户线
东京地铁半藏门线
都营新宿线
东京地铁丸之内线
东京地铁千代田线
东京地铁半藏门线
都营三田线
JR中央・总武线（慢车）
三鹰
中野
落合
高田马场
早稻田
神乐坂
饭田桥
九段下
竹桥
大手町
日本桥
茅场町
JR山手线
西武新宿线
东京地铁银座线
都营浅草线
东京地铁千代田线
东京地铁银座线
东京地铁半藏门线
东京地铁副都心线
JR山手线（原宿）
小田急线
东京地铁银座线
东京地铁南北线（溜池山王）
东京地铁丸之内线
东京地铁日比谷线
都营三田线
东京地铁有乐町线（有乐町）
东京地铁丸之内线
东京地铁日比谷线
唐木田
伊势原
新百合丘
小田急线
代代木上原
代代木公园
明治神宫前
表参道
乃木坂
赤坂
国会议事堂前
霞关
日比谷

❖换乘线路图

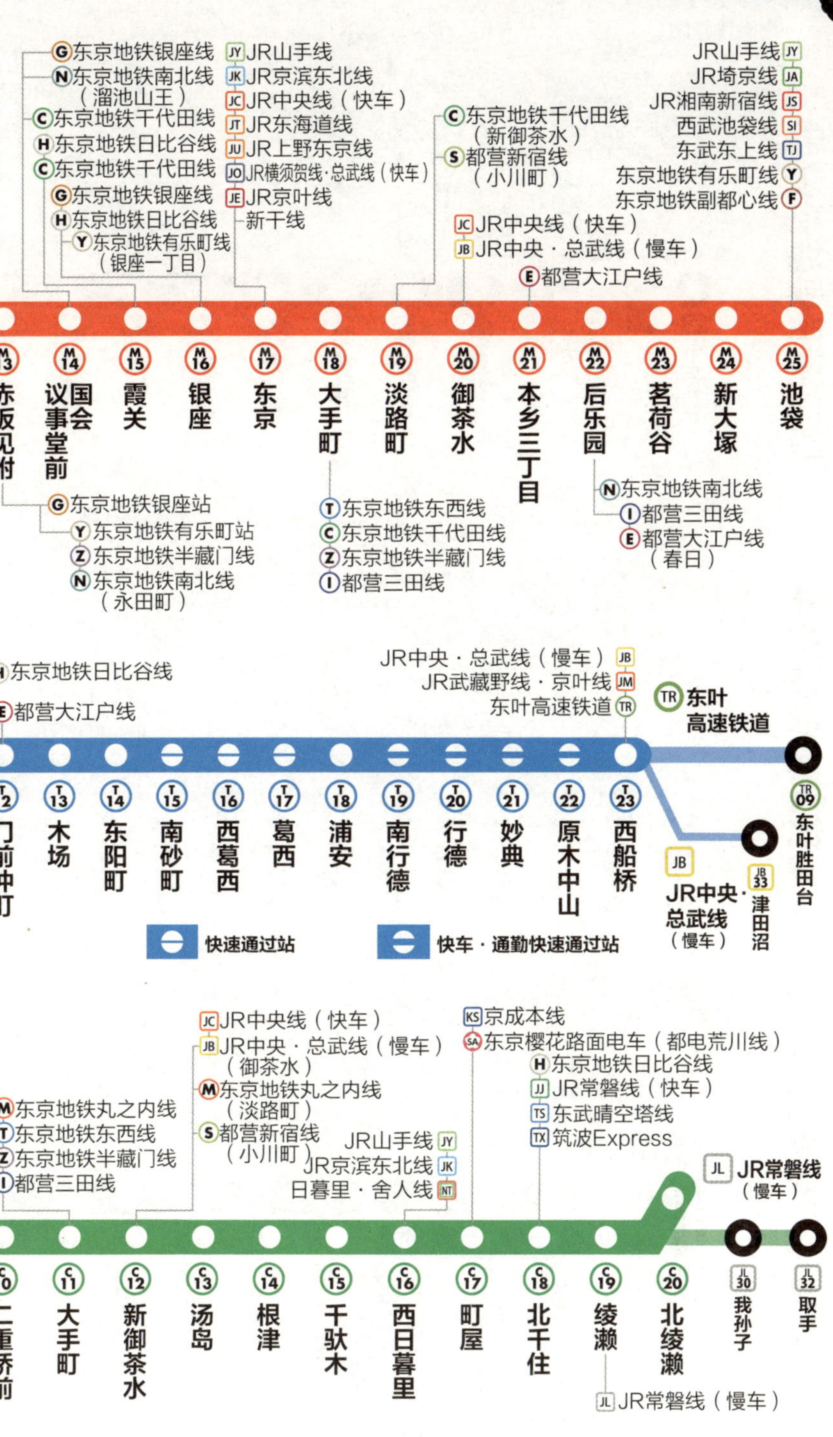

G东京地铁银座线
N东京地铁南北线（溜池山王）
C东京地铁千代田线
H东京地铁日比谷线
C东京地铁千代田线
G东京地铁银座线
H东京地铁日比谷线
Y东京地铁有乐町线（银座一丁目）
JY JR山手线
JK JR京滨东北线
JC JR中央线（快车）
JT JR东海道线
JU JR上野东京线
JO JR横须贺线·总武线（快车）
JE JR京叶线
新干线
C东京地铁千代田线（新御茶水）
S都营新宿线（小川町）
JC JR中央线（快车）
JB JR中央·总武线（慢车）
E都营大江户线
JR山手线 JY
JR埼京线 JA
JR湘南新宿线 JS
西武池袋线 SI
东武东上线 TJ
东京地铁有乐町线 Y
东京地铁副都心线 F
M13 赤坂见附
M14 国会议事堂前
M15 霞关
M16 银座
M17 东京
M18 大手町
M19 淡路町
M20 御茶水
M21 本乡三丁目
M22 后乐园
M23 茗荷谷
M24 新大塚
M25 池袋
G东京地铁银座站
Y东京地铁有乐町站
Z东京地铁半藏门线
N东京地铁南北线（永田町）
T东京地铁东西线
C东京地铁千代田线
Z东京地铁半藏门线
I都营三田线
N东京地铁南北线
I都营三田线
E都营大江户线（春日）
H东京地铁日比谷线
E都营大江户线
JR中央·总武线（慢车） JB
JR武藏野线·京叶线 JM
东叶高速铁道 TR
TR 东叶高速铁道
T12 门前仲町
T13 木场
T14 东阳町
T15 南砂町
T16 西葛西
T17 葛西
T18 浦安
T19 南行德
T20 行德
T21 妙典
T22 原木中山
T23 西船桥
TR09 东叶胜田台
JB JR中央·总武线（慢车）
JB33 津田沼
快速通过站
快车·通勤快速通过站
JC JR中央线（快车）
JB JR中央·总武线（慢车）（御茶水）
M东京地铁丸之内线（淡路町）
S都营新宿线（小川町）
M东京地铁丸之内线
T东京地铁东西线
Z东京地铁半藏门线
I都营三田线
JR山手线 JY
JR京滨东北线 JK
日暮里·舍人线 NT
KS京成本线
SA东京樱花路面电车（都电荒川线）
H东京地铁日比谷线
JJ JR常磐线（快车）
TS东武晴空塔线
TX筑波Express
JL JR常磐线（慢车）
C10 二重桥前
C11 大手町
C12 新御茶水
C13 汤岛
C14 根津
C15 千驮木
C16 西日暮里
C17 町屋
C18 北千住
C19 绫濑
C20 北绫濑
JL30 我孙子
JL32 取手
JL JR常磐线（慢车）

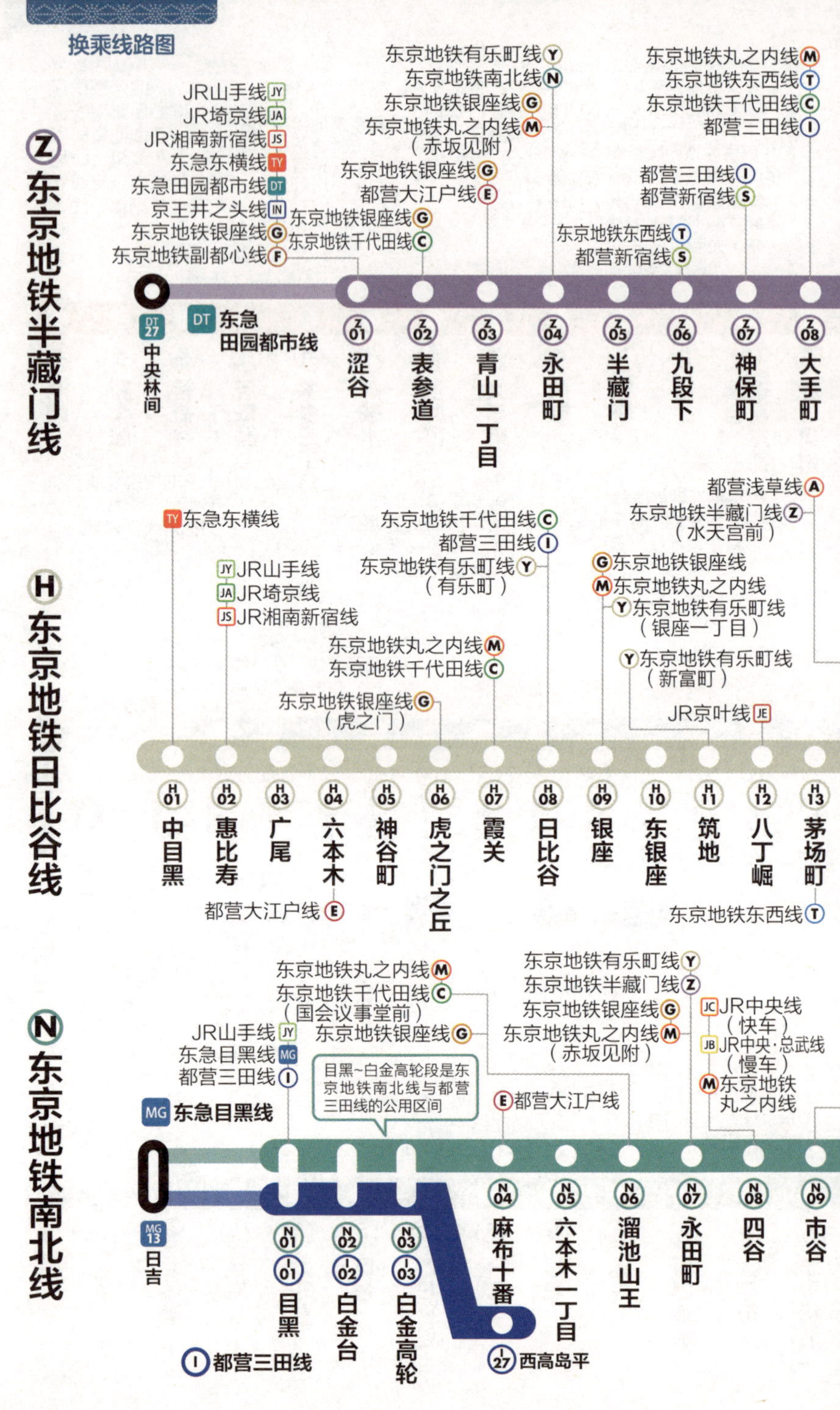
Z 东京地铁半藏门线
DT 东急田园都市线
DT 27 中央林间
Z01 涩谷
JR山手线 JY
JR埼京线 JA
JR湘南新宿线 JS
东急东横线 TY
东急田园都市线 DT
京王井之头线 IN
东京地铁银座线 G
东京地铁副都心线 F
Z02 表参道
东京地铁银座线 G
东京地铁千代田线 C
Z03 青山一丁目
东京地铁银座线 G
都营大江户线 E
Z04 永田町
东京地铁有乐町线 Y
东京地铁南北线 N
东京地铁银座线 G
东京地铁丸之内线 M
（赤坂见附）
Z05 半藏门
Z06 九段下
东京地铁东西线 T
都营新宿线 S
Z07 神保町
都营三田线 I
都营新宿线 S
Z08 大手町
东京地铁丸之内线 M
东京地铁东西线 T
东京地铁千代田线 C
都营三田线 I
H 东京地铁日比谷线
H01 中目黑
TY 东急东横线
H02 惠比寿
JY JR山手线
JA JR埼京线
JS JR湘南新宿线
H03 广尾
H04 六本木
都营大江户线 E
H05 神谷町
H06 虎之门之丘
东京地铁银座线 G
（虎之门）
H07 霞关
东京地铁丸之内线 M
东京地铁千代田线 C
H08 日比谷
东京地铁千代田线 C
都营三田线 I
东京地铁有乐町线 Y
（有乐町）
H09 银座
G 东京地铁银座线
M 东京地铁丸之内线
Y 东京地铁有乐町线
（银座一丁目）
H10 东银座
H11 筑地
Y 东京地铁有乐町线
（新富町）
H12 八丁堀
JR京叶线 JE
H13 茅场町
都营浅草线 A
东京地铁半藏门线 Z
（水天宫前）
东京地铁东西线 T
N 东京地铁南北线
MG 东急目黑线
MG 13 日吉
I 都营三田线
N01 I01 目黑
JR山手线 JY
东急目黑线 MG
都营三田线 I
N02 I02 白金台
N03 I03 白金高轮
目黑~白金高轮段是东京地铁南北线与都营三田线的公用区间
I27 西高岛平
N04 麻布十番
E 都营大江户线
N05 六本木一丁目
东京地铁银座线 G
东京地铁丸之内线 M
东京地铁千代田线 C
（国会议事堂前）
N06 溜池山王
东京地铁银座线 G
东京地铁丸之内线 M
（赤坂见附）
N07 永田町
东京地铁有乐町线 Y
东京地铁半藏门线 Z
N08 四谷
JC JR中央线
（快车）
JB JR中央·总武线
（慢车）
M 东京地铁
丸之内线
N09 市谷

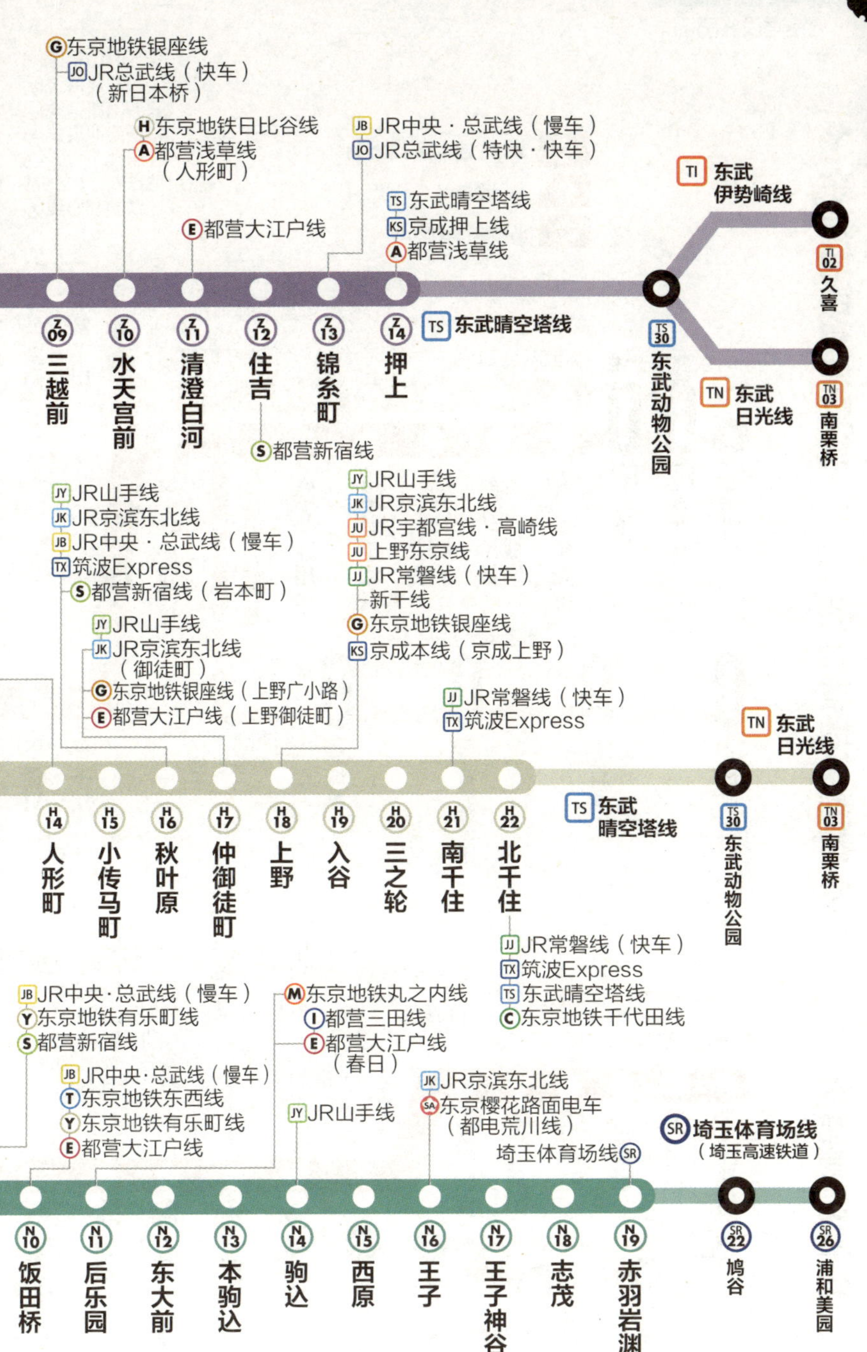
东京地铁银座线
JR总武线（快车）
（新日本桥）
东京地铁日比谷线
都营浅草线
（人形町）
都营大江户线
JR中央·总武线（慢车）
JR总武线（特快·快车）
东武晴空塔线
京成押上线
都营浅草线
东武
伊势崎线
Z09 三越前
Z10 水天宫前
Z11 清澄白河
Z12 住吉
Z13 锦糸町
Z14 押上
东武晴空塔线
TS30 东武动物公园
TI02 久喜
TN 东武
日光线
TN03 南栗桥
都营新宿线
JR山手线
JR京滨东北线
JR中央·总武线（慢车）
筑波Express
都营新宿线（岩本町）
JR山手线
JR京滨东北线
（御徒町）
东京地铁银座线（上野广小路）
都营大江户线（上野御徒町）
JR山手线
JR京滨东北线
JR宇都宫线·高崎线
上野东京线
JR常磐线（快车）
新干线
东京地铁银座线
京成本线（京成上野）
JR常磐线（快车）
筑波Express
TN 东武
日光线
H14 人形町
H15 小传马町
H16 秋叶原
H17 仲御徒町
H18 上野
H19 入谷
H20 三之轮
H21 南千住
H22 北千住
TS 东武
晴空塔线
TS30 东武动物公园
TN03 南栗桥
JR常磐线（快车）
筑波Express
东武晴空塔线
东京地铁千代田线
JR中央·总武线（慢车）
东京地铁有乐町线
都营新宿线
JR中央·总武线（慢车）
东京地铁东西线
东京地铁有乐町线
都营大江户线
东京地铁丸之内线
都营三田线
都营大江户线
（春日）
JR山手线
JR京滨东北线
东京樱花路面电车
（都电荒川线）
埼玉体育场线
SR 埼玉体育场线
（埼玉高速铁道）
N10 饭田桥
N11 后乐园
N12 东大前
N13 本驹込
N14 驹込
N15 西原
N16 王子
N17 王子神谷
N18 志茂
N19 赤羽岩渊
SR22 鸠谷
SR26 浦和美园

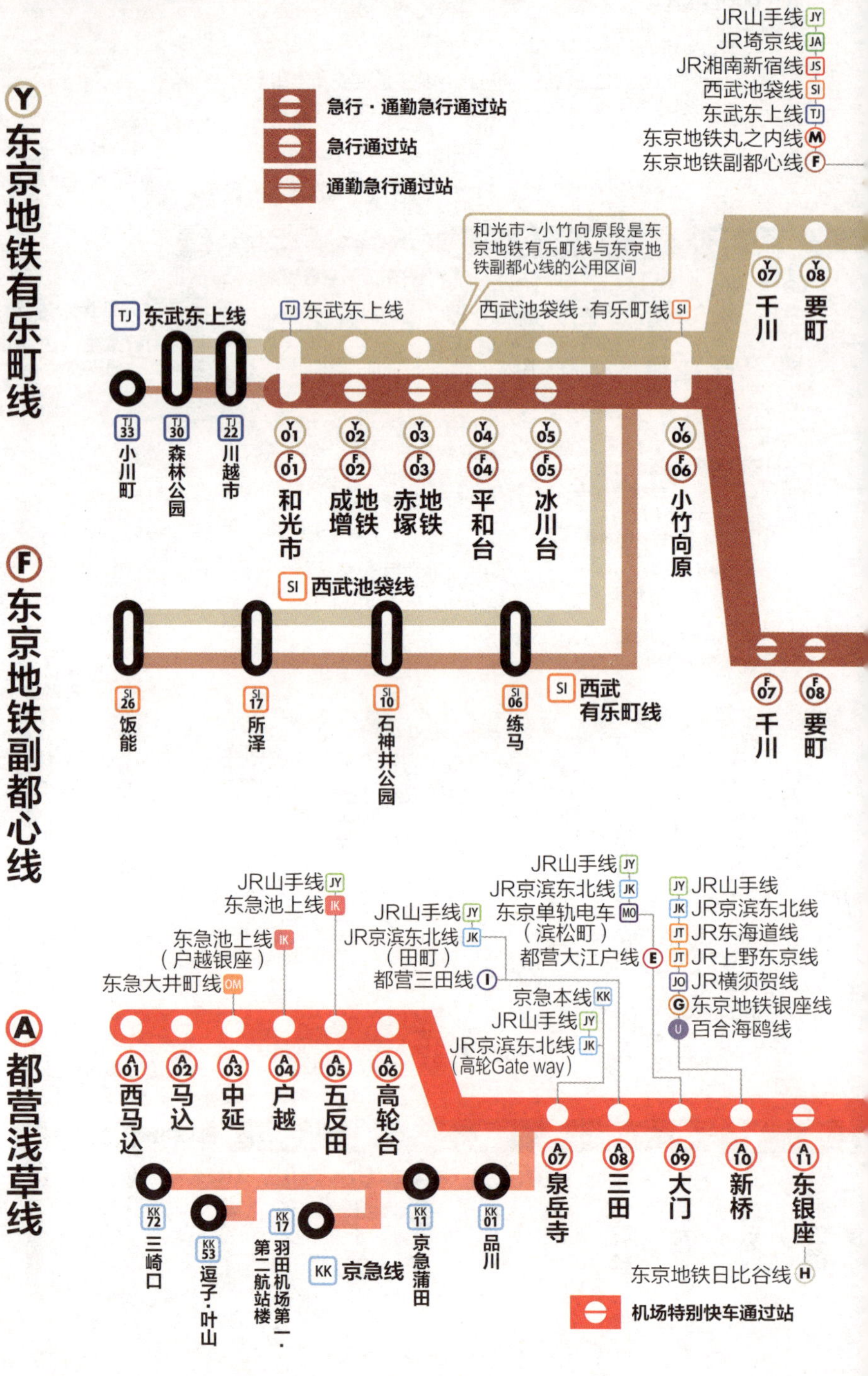

Ⓨ 东京地铁有乐町线

JR山手线 JY
JR埼京线 JA
JR湘南新宿线 JS
西武池袋线 SI
东武东上线 TJ
东京地铁丸之内线 M
东京地铁副都心线 F

急行·通勤急行通过站
急行通过站
通勤急行通过站

和光市~小竹向原段是东京地铁有乐町线与东京地铁副都心线的公用区间

TJ 东武东上线
TJ 东武东上线
西武池袋线·有乐町线 SI

TJ33 小川町
TJ30 森林公园
TJ22 川越市
Y01 F01 和光市
Y02 F02 地铁成增
Y03 F03 地铁赤塚
Y04 F04 平和台
Y05 F05 冰川台
Y06 F06 小竹向原
Y07 千川
Y08 要町

SI 西武池袋线

SI26 饭能
SI17 所泽
SI10 石神井公园
SI06 练马
SI 西武有乐町线

F07 千川
F08 要町

Ⓐ 都营浅草线

JR山手线 JY
东急池上线 IK
东急池上线 IK（户越银座）
东急大井町线 OM
JR山手线 JY
JR京滨东北线 JK（田町）
都营三田线 I
JR山手线 JY
JR京滨东北线 JK
东京单轨电车 MO（滨松町）
都营大江户线 E
京急本线 KK
JR山手线 JY
JR京滨东北线 JK（高轮Gate way）
JY JR山手线
JK JR京滨东北线
JT JR东海道线
JT JR上野东京线
JO JR横须贺线
G 东京地铁银座线
U 百合海鸥线

A01 西马込
A02 马込
A03 中延
A04 户越
A05 五反田
A06 高轮台
A07 泉岳寺
A08 三田
A09 大门
A10 新桥
A11 东银座

东京地铁日比谷线 H

KK72 三崎口
KK53 逗子·叶山
KK17 羽田机场第一·第二航站楼
KK 京急线
KK11 京急蒲田
KK01 品川

机场特别快车通过站

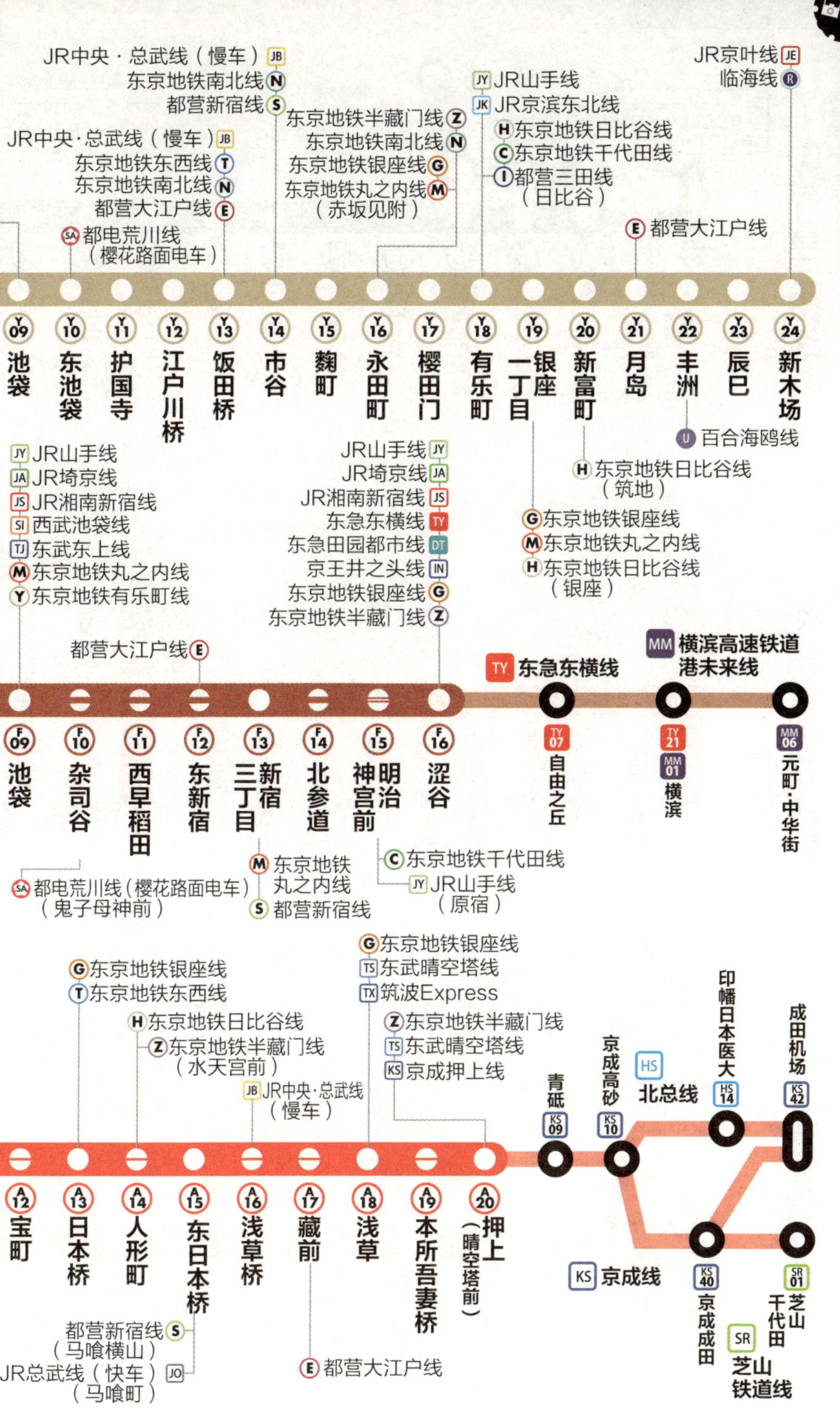

JR中央·总武线（慢车）JB
东京地铁南北线 N
都营新宿线 S
JR中央·总武线（慢车）JB
东京地铁东西线 T
东京地铁南北线 N
都营大江户线 E
SA 都电荒川线（樱花路面电车）
东京地铁半藏门线 Z
东京地铁南北线 N
东京地铁银座线 G
东京地铁丸之内线 M（赤坂见附）
JY JR山手线
JK JR京滨东北线
H 东京地铁日比谷线
C 东京地铁千代田线
I 都营三田线（日比谷）
E 都营大江户线
JR京叶线 JE
临海线 R
Y09 池袋
Y10 东池袋
Y11 护国寺
Y12 江户川桥
Y13 饭田桥
Y14 市谷
Y15 麹町
Y16 永田町
Y17 樱田门
Y18 有乐町
Y19 银座一丁目
Y20 新富町
Y21 月岛
Y22 丰洲
Y23 辰巳
Y24 新木场
U 百合海鸥线
H 东京地铁日比谷线（筑地）
G 东京地铁银座线
M 东京地铁丸之内线
H 东京地铁日比谷线（银座）
JY JR山手线
JA JR埼京线
JS JR湘南新宿线
SI 西武池袋线
TJ 东武东上线
M 东京地铁丸之内线
Y 东京地铁有乐町线
JR山手线 JY
JR埼京线 JA
JR湘南新宿线 JS
东急东横线 TY
东急田园都市线 DT
京王井之头线 IN
东京地铁银座线 G
东京地铁半藏门线 Z
都营大江户线 E
TY 东急东横线
MM 横滨高速铁道港未来线
F09 池袋
F10 杂司谷
F11 西早稻田
F12 东新宿
F13 新宿三丁目
F14 北参道
F15 明治神宫前
F16 涩谷
TY07 自由之丘
TY21 MM01 横滨
MM06 元町·中华街
SA 都电荒川线（樱花路面电车）（鬼子母神前）
M 东京地铁丸之内线
S 都营新宿线
C 东京地铁千代田线
JY JR山手线（原宿）
G 东京地铁银座线
T 东京地铁东西线
H 东京地铁日比谷线
Z 东京地铁半藏门线（水天宫前）
JB JR中央·总武线（慢车）
G 东京地铁银座线
TS 东武晴空塔线
TX 筑波Express
Z 东京地铁半藏门线
TS 东武晴空塔线
KS 京成押上线
KS09 青砥
KS10 京成高砂
HS 北总线
HS14 印幡日本医大
KS42 成田机场
A12 宝町
A13 日本桥
A14 人形町
A15 东日本桥
A16 浅草桥
A17 藏前
A18 浅草
A19 本所吾妻桥
A20 押上（晴空塔前）
KS 京成线
KS40 京成成田
SR01 芝山千代田
SR 芝山铁道线
都营新宿线 S（马喰横山）
JR总武线（快车）JO（马喰町）
E 都营大江户线

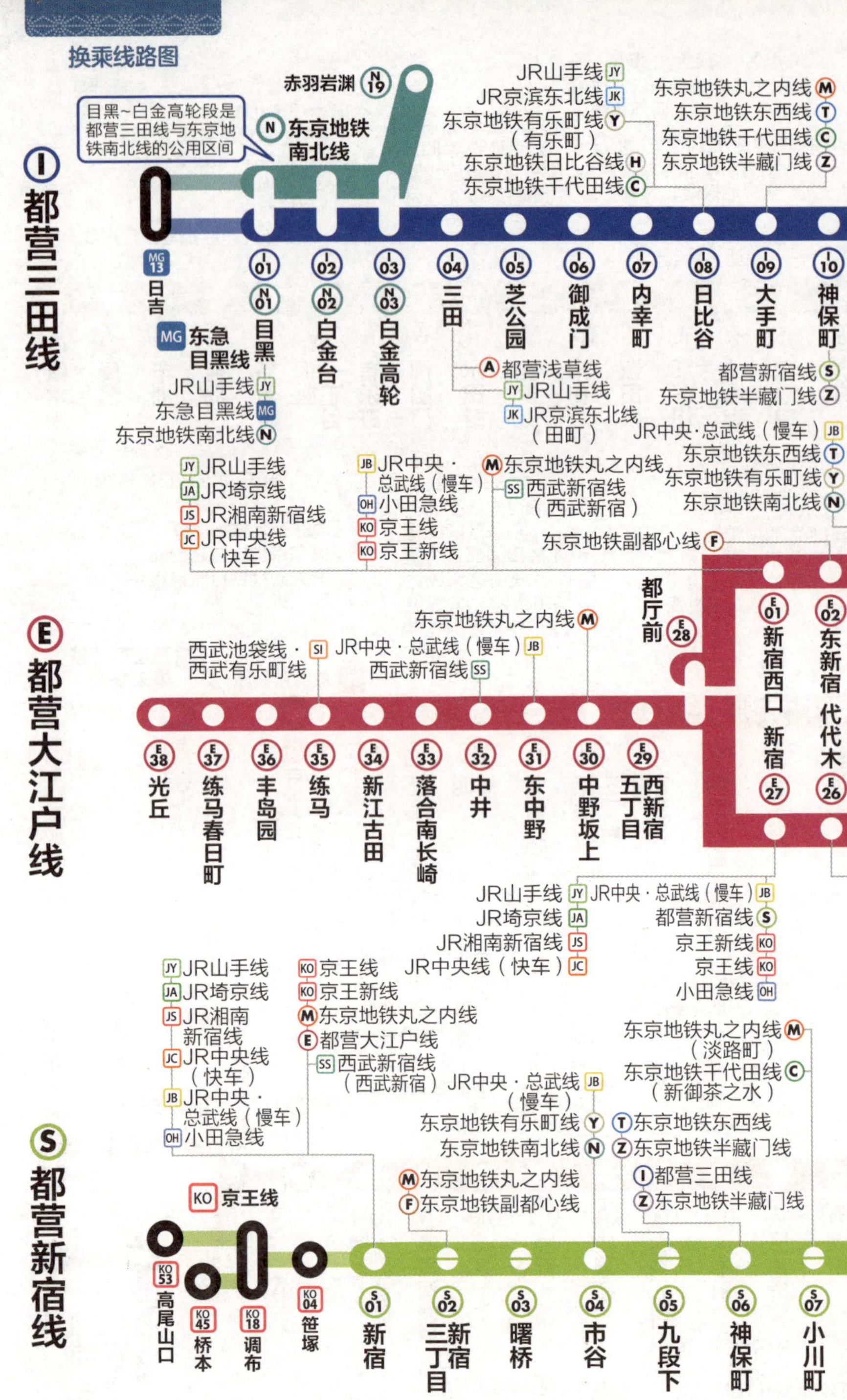
I 都营三田线
赤羽岩渊 N19
N 东京地铁南北线
目黑~白金高轮段是都营三田线与东京地铁南北线的公用区间
MG13 日吉
MG 东急目黑线
I01 N01 目黑
I02 N02 白金台
I03 N03 白金高轮
I04 三田
I05 芝公园
I06 御成门
I07 内幸町
I08 日比谷
I09 大手町
I10 神保町
JR山手线 JY
东急目黑线 MG
东京地铁南北线 N
A 都营浅草线
JY JR山手线
JK JR京滨东北线（田町）
JR山手线 JY
JR京滨东北线 JK
东京地铁有乐町线 Y（有乐町）
东京地铁日比谷线 H
东京地铁千代田线 C
东京地铁丸之内线 M
东京地铁东西线 T
东京地铁千代田线 C
东京地铁半藏门线 Z
都营新宿线 S
东京地铁半藏门线 Z
JR中央·总武线（慢车）JB
东京地铁东西线 T
东京地铁有乐町线 Y
东京地铁南北线 N
E 都营大江户线
JY JR山手线
JA JR埼京线
JS JR湘南新宿线
JC JR中央线（快车）
JB JR中央·总武线（慢车）
OH 小田急线
KO 京王线
KO 京王新线
M 东京地铁丸之内线
SS 西武新宿线（西武新宿）
东京地铁副都心线 F
都厅前 E28
E01 新宿西口
E02 东新宿
E27 新宿
E26 代代木
东京地铁丸之内线 M
西武池袋线·西武有乐町线 SI
JR中央·总武线（慢车）JB
西武新宿线 SS
E38 光丘
E37 练马春日町
E36 丰岛园
E35 练马
E34 新江古田
E33 落合南长崎
E32 中井
E31 东中野
E30 中野坂上
E29 西新宿五丁目
JR山手线 JY
JR埼京线 JA
JR湘南新宿线 JS
JR中央线（快车）JC
JR中央·总武线（慢车）JB
都营新宿线 S
京王新线 KO
京王线 KO
小田急线 OH
S 都营新宿线
KO 京王线
JY JR山手线
JA JR埼京线
JS JR湘南新宿线
JC JR中央线（快车）
JB JR中央·总武线（慢车）
OH 小田急线
KO 京王线
KO 京王新线
M 东京地铁丸之内线
E 都营大江户线
SS 西武新宿线（西武新宿）
JR中央·总武线（慢车）JB
东京地铁有乐町线 Y
东京地铁南北线 N
M 东京地铁丸之内线
F 东京地铁副都心线
东京地铁丸之内线 M（淡路町）
东京地铁千代田线 C（新御茶之水）
T 东京地铁东西线
Z 东京地铁半藏门线
I 都营三田线
Z 东京地铁半藏门线
KO53 高尾山口
KO45 桥本
KO18 调布
KO04 笹塚
S01 新宿
S02 新宿三丁目
S03 曙桥
S04 市谷
S05 九段下
S06 神保町
S07 小川町

M 东京地铁丸之内线
N 东京地铁南北线
（后乐园）
E 都营大江户线
SA 东京樱花路面电车（都电荒川线）(新庚申塚)
JA JR埼京线（板桥）
11 水道桥
12 春日
13 白山
14 千石
15 巢鸭
16 西巢鸭
17 新板桥
18 板桥区役所
19 板桥本町
20 本莲沼
21 志村坂上
22 志村三丁目
23 莲根
24 西台
25 高岛平
26 新高岛平
27 西高岛平
JB JR中央·总武线
（慢车）
JY JR山手线
东京地铁丸之内线 M
东京地铁南北线 N
（后乐园）
都营三田线 I
JY JR山手线
JK JR京滨东北线
（御徒町）
G 东京地铁银座线
（上野广小路）
H 东京地铁日比谷线
（仲御徒町）
TX 筑波Express
A 都营浅草线
JB JR中央·总武线（慢车）
S 都营新宿线
东京地铁丸之内线 M
E03 若松河田
E04 牛込柳町
E05 牛込神乐坂
E06 饭田桥
E07 春日
E08 本乡三丁目
E09 上野御徒町
E10 新御徒町
E11 藏前
E12 两国
E13 森下
E14 清澄白河
E15 门前仲町
E16 月岛
E17 胜哄
E18 筑地市场
E19 汐留
E20 大门
E21 赤羽桥
E22 麻布十番
E23 六本木
E24 青山一丁目
E25 国立竞技场
U 百合海鸥线
N 东京地铁南北线
A 都营浅草线
H 东京地铁日比谷线
JY JR山手线
JK JR京滨东北线
MO 东京单轨铁路
（滨松町）
东京地铁有乐町线 Y
东京地铁东西线 T
东京地铁半藏门线 Z
G 东京地铁银座线
Z 东京地铁半藏门线
JY JR山手线
JB JR中央·总武线（慢车）
JY JR山手线
JK JR京滨东北线
JB JR中央·总武线（慢车）
H 东京地铁日比谷线
TX 筑波Express
（秋叶原）
A 都营浅草线
（东日本桥）
JO JR总武快速线
（马喰町）
急行通过站
JR中央·总武线（慢车）JB
京成本线 KS
（京城八幡）
E 都营大江户线
Z 东京地铁半藏门线
S08 岩本町
S09 马喰横山
S10 滨町
S11 森下
S12 菊川
S13 住吉
S14 西大岛
S15 大岛
S16 东大岛
S17 船堀
S18 一之江
S19 瑞江
S20 篠崎
S21 本八幡

旅行的预算

在东京大概要花费多少费用呢？不妨将以下内容用做参考，尝试着根据各自的具体情况展开模拟预算吧！

◆住宿费大概是多少？

东京的酒店费用，不仅与酒店的档次、地理位置有关，在入住日期（周几）与时节的影响下，也会发生非常大的变动。周末与连休期间的价位较高。如果恰逢大规模国际会议、展示会以及国宾到日访问等，是很难订到高档酒店的。花火大会时，位于隅田川周边的酒店费用将大幅上涨，同样，在圣诞节时，位于市中心的简约精练的城市酒店也将提高住宿的费用。酒店也会设置早期折扣，因此，最好尽早确定日程并预订酒店。

住宿费用的标准（2 人同行时，每人每晚的住宿费用）

顶级酒店	5 万日元起	旅馆	6000~2 万日元
高档酒店	3 万日元起	商务酒店	4500~1 万 5000 日元
城市酒店	2 万日元起	胶囊酒店	2500~8500 日元

◆饮食费大概是多少？

果不其然，东京的物价非常高。与其他大都市相比，物价普遍高出一两成。当然，市中心也开设有众多快餐店与便利店，这些店面都是全国统一价。

早餐

早餐多会包含在酒店费用当中，但是，如果在高档酒店内的餐厅享用早餐，将花费 1500~3000 日元。另外，如果仅在麦当劳等快餐店用餐或者在便利店购买三明治，也是可以将早餐费用控制在 500~1000 日元之内的。

午餐

如果在略微时尚一些的意式餐厅享用午餐，需要花费 2000~4000 日元。东京地方风味代表料理梦甲烧会根据配料定价，在 600~2000 日元不等。如果是吃拉面，花费在 800~1200 日元。如果仅仅吃一些牛肉盖饭或者便当，则可将花销控制在 500 日元左右。

晚餐

如果在法式餐厅享用正餐，至少要花费 2 万日元，如果在高档寿司店用餐，每人的花销在 3 万日元左右，请务必事先对此类餐厅的费用问题进行了解。上述店铺中通常会为顾客备有十分优质的葡萄酒与日本酒，因此，如果是酒品爱好者，应该会再额外消费 5000~2 万日元。

综上合计，1 天的餐费为 2000~5000 日元 / 人，如果要品尝一些特色美食，消费应该在 2 万 5000 日元起。

◇联系方式

即便是临时决定的旅行，人气酒店有时也会出现空房。为了防止客房出现空房现象，酒店有时也会为提前一天或者当天预订的顾客提供一定的优惠，因此，可以尝试着通过搜索引擎进行查询。

◇如果需要夜间出行

繁华街道的消费情况会随地区发生较大变化。在大众的普遍认知中，通常会认为如果在银座小酌一杯，将会花费数十万日元，但是，最近也有一些俱乐部可将消费控制在 3 万日元左右。如果前往歌舞伎町，1 万日元以下便可畅游这一区域。但是会有各种各样的额外费用，例如装瓶费等。

如果在精致的酒吧中安静地小酌，大概需要花费 4000~7000 日元，如果是在地下等场所开设的大众店铺，则需要花费 1500~4000 日元不等。

info **小菜与饮品** 做预算时，切勿忘记将特别希望品尝的热点甜品等包含在内。此外，东京的夏季十分炎热，因此，还要将能够对潮热的身体起到降温作用的冰激凌、刨冰以及果汁等的费用包含在内，这一部分的预算在 500~1000 日元。

◆观光所需费用

观光巴士与东京湾游船的费用是1600~3000日元，东京晴空塔1000~3400日元、东京塔1200~3000日元。国家级与市级设施的观光费用相对较为低廉，例如，上野动物园600日元、葛西临海水族园700日元、国立博物馆1000日元、清澄庭园150日元等。

娱乐活动

东京每晚都会安排超一流舞台与专业体育赛事。游览东京期间，不妨尝试着安排一次娱乐活动。务必请调动所有感官对具有代表性的表演与设施内的环境与氛围进行充分地体验。

娱乐活动费用标准

歌剧 / 芭蕾	3000~3万6000日元
古典音乐会 世界级独奏与管弦乐队	2500~1万3000日元 1万~3万9000日元
戏剧 / 音乐剧	3000~1万3000日元
歌舞伎	3000~2万5000日元 （幕见席800日元起）
能剧 / 狂言	3000~1万3000日元
人形净琉璃	1800~7500日元
歌舞杂耍表演	2000~3500日元

现场演唱	1200~6000日元
大牌艺术家在圆形运动场举办的公演	7500~10万日元
职业相扑（两国国技馆）	2500~2万日元
职业棒球（东京巨蛋）	1500~6500日元
足球（味之素体育场）	2300~6500日元
橄榄球运动（秩父宫橄榄球运动场）	2000~4800日元
职业摔跤（后乐园礼堂）	3500~9000日元

购物费

如果可以控制住自己的欲望不做任何消费，那么可视购物费为零。但是，东京的诱惑实在是数不胜数。酷帅的、可爱的、最先进的以及罕见的商品随处可见。无论是品质还是设计，百货商店现在通常也会陈列出大量最顶级的商品。

对于那些因过度消费而感到不安的游客来说，最好不要使用信用卡，建议通过现金支付的方式购物。在购物专用钱包或者小包中放入限定额度现金，购物时取出现金进行支付。如果准备不充分，购买时务必认真考虑所购商品是否值得自己超预算消费。

但是，话说回来，如果总是考虑钱的问题，旅行的乐趣也就荡然无存了。如果确定是“只有现在可以买到”“在其他地方无法入手”“能够让家人与朋友感到高兴”的东西，作为旅行的回忆，应该具有令人不惜一切入手的价值。

搭乘交通设施需要支付的交通费

从东京站出发，搭乘轨道交通前往浅草站，费用在200~360日元（价位随线路发生变化）。如果搭乘出租车前往，费用约为2000日元。当地会有地铁不限次票等面向游客出售的各种周游券与价位十分划算的票种，因此，务必要有效地运用这些优惠政策。详见p.76。

最终的合计费用?

入住高档酒店、搭乘出租车、在1等座观赏歌舞伎、晚上在极具风情的餐厅享用美食，这样的旅行，每住一晚，将花费6万日元以上。相反，如果是入住胶囊酒店、便利店饮食、无须支付费用的参观，每住一晚，费用在6000~1万日元。

在不花钱的前提下享受旅行

建议在充满情调的街区漫步，例如，漫步名作背景舞台、在柴又帝释天的参拜道路上追忆寅次郎。在可以眺望浅草雷门、上野公园、阿麦横丁、原宿竹下大街、彩虹桥的台场海滨公园、都厅观景室以及涩谷FUKURAS的楼顶俯瞰十字路口，这些都是免费的!

票务预订网站

ticket pia URL t.pia.jp
Eplus URL eplus.jp
LINE ticket URL ticket.line.me
罗森票务 URL L-tike.com
东京 kyodo
URL www.kyodotokyo.com

限定版东京伴手礼

位于东京站与羽田机场的商店出售各种各样在其他地方买不到的限定版商品。限定版包装的常规点心与限定款特色商品也拥有非常高的人气。详见→p.50。

其他交通费

从中国出发前往东京或从日本各地前往东京的交通费需另计。

info **儿童的费用** 小学生搭乘市内交通设施，大多可享受半价优惠。观光景点基本上也会有小学生半价的优惠政策。此外，有很多地方会有学龄前儿童与婴幼儿免费的政策，但是，有时会出现根据人数确定儿童费用的情况，还有一些地方不允许学龄前儿童与婴幼儿入场。

旅行季节

旅行季节不同，对旅行的印象也会发生变化。盛开的鲜花布满各个街角且香气随风飘荡的东京；手摇团扇、在擦拭汗珠的同时欣赏美丽烟花的东京；漫步于铺满银杏叶的道路的东京；忘记严寒，身处五彩霓虹的东京……这些都是东京当今的面貌。

如果要选择日程，建议结合祭祀节日与传统活动制订旅行计划。人们抬着神舆在街上巡游，对祭祀节日颇为喜爱的江户人会面泛红光、异常兴奋。这也是务必要观赏的东京的另外一面。

春 最为推荐的樱花的季节。日本有很多可以观赏樱花的胜地，分布在全国各地，但是，来到东京，还是要前往上野公园与千岛渊去体验一番。东京的春天多为晴朗天气，可以舒适地享受东京之旅。

夏 到了夏季，东京不光温度高，湿度也相当大，梅雨十分不利于旅行。这时，可以通过探访开满绣球花的美里庭园与入谷鬼子母神的牵牛花集市来增加旅行的乐趣。

7~8 月几乎可定义为盛夏时节。最高气温达 35℃以上的酷暑也将逐渐增多。热带夜持续，湿度又非常大，因此，深夜的市场处于桑拿状态。届时，务必要注意阵雨、雷电以及大规模的持续降雨等气候现象。即便如此，依然建议游客在夏季前往东京，原因就在于大规模的顶级花火大会。

盂兰盆节过后，即便是市中心，也逐渐开始能够听到虫子的叫声了。尝试着去参加一下聆听虫鸣的活动，也是一种十分纯粹的消暑模式。

秋～冬 9 月的东京进入了长时间的雨季。白天气温依然很高，但是，通过日落时间与夜晚的寒凉可以感受到秋天已经来到了我们身边。

10 月是秋高气爽的好天气。地面落满宛如黄金一般的银杏叶的 11 月，也多为晴天。这时，各地举办的菊花节也是可以充分感受江户风情的一种传统风俗。

冬季的东京十分干燥，冰冷的寒风可以穿透高楼大厦，因此，体感温度很低。如果冬季前往东京，最好佩戴围巾。

12 月，行道树的照明显得十分浪漫。精心布置的橱窗装饰也非常漂亮。市中心几乎没有降雪，即便积雪，也将迅速融化，因此，所谓的白色圣诞，实际上并无多大看点。

◆关于服装

观光时，最好穿着 T 恤衫与牛仔裤等耐脏的服饰。早晚温差可以通过叠穿的方式来应对。在柏油路上行走的时间非常长，因此，最好穿着休闲运动鞋。如果计划前往时尚餐厅用餐，最好准备不容易起皱的短上衣、有衣领的衬衣以及皮鞋。

◇樱花的开花日

※ 约一周后可达到满开的状态

一般情况	3/26
2020 年（最早）	3/14
2019 年	3/21
2018 年	3/17
1984 年（最晚）	4/11

◇梅雨季的开始时间与结束时间

一般情况	6/8	7/21
2019 年	6/7	7/24
2018 年	6/6	6/29
2017 年	6/7	7/6
1963 年（最早年份）	5/6	7/24
1982 年（最晚年份）	6/17	8/4

◇抓住免费观光日

每逢 5/4 绿之日与 10/1 市民日，即便不是东京市民，也可免费进入上野动物园与葛西临海水族园。但是，还有一些无法免费进入的市立设施，例如，江户东京博物馆等。

5/18 国际博物馆日与 11/3 文化日是国立西洋美术馆以及东京国立博物馆等的免费开馆日。此外，还有一些设施会在老人周（9 月中旬）免费向 60 岁以上的顾客开放。

◇夏季需要多准备几套内衣

如果可以在观光期间返回酒店，最好可以按照天数 ×2 倍的量准备内衣。夏季的东京，如果走上半天，一定会汗流浃背。返回房间后洗个澡，神清气爽之后再次外出，将更为舒适。

◇建议随身携带的物品

- 帽子。夏季防晒，冬季防寒。尤其是儿童，绝对是必需品
- 雨具。根据旅行模式选择雨具，庞乔斗篷会比雨伞更为方便
- 健康保险卡。可在吃坏肚子或者受伤时使用
- 驾驶证。用作身份证明
- 移动电源与充电器。令人出乎意料的是，有很多人会忘记携带移动电源与充电器

◇行李增加

旅行途中因购物而导致行李增加时，与其随身携带，不如通过邮寄的方式寄送回国。如果搭乘的是廉价航空公司的航班，一定要考虑托运行李超重费用的问题。

info **注意日程变更** 隅田川花火大会通常会在每年 7 月的最后一个周六举行，但是，因受新冠肺炎疫情影响，举办日期会根据实际情况进行调整。

有助旅行的信息源

在制订旅行计划的阶段，网站可以起到非常大的辅助作用。其中，由东京观光财团负责运营的“GO TOKYO”涉及信息广泛，旅游攻略也相当丰富。当然，网站中也刊载有最新信息与安全信息，因此，最好在出发之前进行浏览。

◆对游客咨询处加以使用

为了方便游客，各区域的观光协会现在均开设有咨询处。咨询处不仅可向游客提供观光信息，空调开放的休息空间、免费 Wi-Fi 以及干净的洗手间等均供游客随意使用。

◇东京旅游信息中心

东京市负责运营的游客咨询处。由新宿的东京都厅、新宿高速巴士总站以及京成上野站 3 个部分组成。现在提供景点介绍、交通向导、酒店介绍以及志愿者导游推荐等服务。

◇浅草文化观光中心

坐落在浅草雷门的对面，外观十分独特。这座大楼出自因国立竞技场的设计而闻名的隈研吾，外形设计宛如多座单层日式房屋层叠。馆内有众多台东区的文化旅游信息，游客可以随意使用位于 2 层的观光信息专用终端与信息杂志。良好的区位格局与货币兑换等，面向海外游客的服务也十分周到。从位于 8 层的露台观望浅草、隅田川以及东京晴空塔的全景，也是非常棒的一项体验。

◇千代田区观光协会

位于横跨皇居护城河的江户城清水门旁。以皇居与秋叶原为代表的千代田区观光信息以及交通信息十分充足。提供志愿者导游推荐、行李寄存、移动充电以及共享单车站等服务。

◇日本桥游客咨询处

位于日本桥桥角，现在还是巡游神田河等各种游船的发抵码头。馆内除了游客咨询服务之外，还展示并出售位于日本桥地区的老字号商铺的名优商品。

◇shibuya-san

2019 年 12 月，在涩谷站前开设了涩谷 FUKURAS（东急广场）。1 层设有由羽田与成田始发的机场巴士的发抵总站，巴士总站旁便是游客咨询处。下设艺术中心通过全年举办的各种活动发布日本文化信息。同时，这里还是一家营业至深夜的酒吧，供应独特的鸡尾酒饮品，拥有非常高的人气。从位于 18 层的露台欣赏到的夜景也绝对不容错过！

GO TOKYO

URL www.gotokyo.org

东京旅游信息中心

东京都厅（第 1 本厅舍 1 层）
MAP 别册 p.38-B1
TEL 03-5321-3077
⊠ 9:30~18:30
休 无
交 从地铁都厅前站 A4 号出口出发步行 2 分钟

新宿高速巴士总站（3 层到达大厅）
MAP 别册 p.38-B2
TEL 03-6274-8192
⊠ 6:30~23:00
休 无
交 从 JR 新宿站新南检票口出发步行 2 分钟

京成上野（车站检票口前）
MAP 别册 p.24-B1
TEL 03-3836-3471
⊠ 8:00~18:30
休 无
交 京成线上野站　站内

浅草文化观光中心

MAP 别册 p.26-B2
DATA p.166

千代田区观光协会

MAP 别册 p.35-C3
住 千代田区九段南 1-6-17
TEL 03-3556-0391（仅限工作日）
URL visit-chiyoda.tokyo
⊠ 10:00~18:00
休 第 4 个周日
交 从地铁九段下站 4 号出口出发步行 5 分钟

日本桥游客咨询处

MAP 别册 p.17-B3
住 中央区日本桥 1-1-1
URL nihonbashi-info.tokyo
⊠ 10:00~17:00
休 无
交 从地铁日本桥站 B12 号出口出发步行 3 分钟

shibuya-san

MAP 别册 p.40-C2
住 涩谷区道玄坂 1-2-3
URL shibuyasan.jp
⊠ 10:00~23:00
休 无
交 从 JR 涩谷站西口 · 南口出发步行 1 分钟

info **东京游客咨询窗口（TIC）** 东京市内共 300 处，仅浅草周边就开设有 20 处，每个窗口提供的服务不同。窗口设有可对观光信息进行查阅的终端设备，同时还提供行李寄存服务，非常方便。URL tokyotouristinfo.com

◆观光行李寄存处

抵达东京之后办理酒店入住手续前的这一段时间或者退房之后搭乘列车与飞机前的这一段时间，行李如何处理是一个非常大的问题。在酒店寄存还是在车站等地寄存？需要事先考虑好。

放空双手，轻装旅行

火车站有投币寄存柜，如果是主要车站，有时还会备有可容纳行李箱的柜子。无法放入储物柜的行李，可以充分利用行李寄存服务，将行李交由工作人员代为保管。繁忙期游客人满为患，有时无法满足每位游客的寄存需求，因此，需充分利用寄存处所提供的寄存预订服务（详见后述）。

东京站 格雷斯塔内的行李寄存服务

位于东京站检票口内，是一处坐落在地下一层格雷斯塔中央区域附近的行李寄存处。可以通过 ecbo cloak（下述）进行预约。这里现在还提供宅急送服务，支持冷藏与冷冻品的配送。

JR 东日本游客服务中心 行李等关联事项服务处

位于东京站交票口外的丸之内北口穹顶建筑物处。尺寸规定与费用与上述格雷斯塔相同，但是，营业时间存在差异。可以通过 ecbo cloak 进行预约。这里也提供宅急送服务，支持冷藏与冷冻品的配送。

佐川快运 行李暂时寄存服务

身着印有文字“飞”的 T 恤 & 宽松外衣的工作人员，为了能够让游客放空双手轻装旅行，现在通常会最大限度地为游客提供协助。共设有 4 个窗口，非常方便。现在还会提供当天向酒店与机场进行配送的服务。东京站的窗口位于日本桥口处，深蓝色的大型砖瓦是它们极具代表性的标志。新宿高速巴士总站的柜台位于 3 层。浅草雷门服务中心的外观呈江户传统建筑风情。晴空塔小镇的窗口还备有限定版打包用的东西。

ecbo cloak

介于有行李寄存需求与提供行李寄存空间的店铺之间，起连接作用。现在通常会与咖啡馆、拉面店、美容院以及旅馆等进行合作，其中，还有胶囊酒店等可以提供 24 小时寄存服务的场所。可预约周期为 2 个月（7/1 开始受理 9/30 前的预约）。通过事先注册过的信用卡进行支付，当天仅需向工作人员出示智能手机中的 QR 编码，因此，即便人满为患也几乎无须等待。当然，ecbo cloak 还提供东京站与新宿站等现有行李寄存处的预约服务，但是东京站等地的可预约周期仅为 15 天。

Tebura

提供行李寄存处介绍与预约服务。市区内共设有 12 个服务站点，数量较少，具有局限性，但是，东京站旁的 TRAVEL HUB MIX 与浅草的招待所宴还是十分方便的。只要打开智能手机的 GPS 功能，便可按照由近及远的顺序显示出寄存场所。

◆对行李当天配送服务加以使用

带着行李箱搭乘东京如鱼龙混杂一般的电车是非常困难的一

◇投币柜的使用注意事项

东京站共计有 4000 多个投币寄存柜，因此，切勿遗忘寄存场所，需多加注意。一般需要在投入硬币后启用，但是，也有可以使用 Suica 的触摸屏式投币寄存柜。可以获取投币寄存柜使用情况的应用软件也非常方便。

◇投币寄存柜的尺寸

	宽 × 深 × 高（厘米）	费用
小	34 × 57 × 20~40	400 日元起
中	34 × 57 × 55	500 日元起
大	34 × 57 × 84	600 日元起
特大	34 × 57 × 103	700 日元起

※JR 东日本的标准尺寸

◇东京站格雷斯塔内的行李寄存服务

TEL 03-5288-5911 URL www.tokyoinfo.com
营 8:30~21:00 休 无
费 600 日元 / 件。尺寸方面，长度 2 米以内、高 + 宽 + 长不满 250 厘米、重量不满 30 千克

◇JR 东日本游客服务中心 行李等关联事项服务处

TEL 03-5221-8123 URL www.tokyoinfo.com
营 7:30~20:30 休 无
费 600 日元 / 件

◇佐川快运 行李暂时寄存服务

URL www.sagawa-exp.co.jp/ttk
东京站 检票口外一号街 1 层。日本桥口巴士抵达总站前
TEL 03-5224-6885 营 7:00~21:00
费 800 日元 / 件。3 边长度合计在 161 厘米以上的费用是 1000 元
新宿高速巴士总站
3 层的东京观光信息中心内
TEL 03-5361-8750 营 6:30~20:00
费 与东京站价位相同
浅草雷门服务中心
从仲见世大街出发，沿传法院大街向晴空塔方向前行 70 米
MAP 别册 p.26-B2
住 台东区浅草 2-1-3 TEL 03-3843-2678
营 9:00~19:00、周六・周日、节假日 ~18:00
费 800 日元 / 件
东京晴空塔小镇
东京晴空塔购物中心 1 层塔院 7 号地块
TEL 03-5610-2769 营 9:00~21:00
费 500 日元 / 件，101 厘米以上的费用是 700 日元

◇ecbo cloak

URL cloak.ecbo.io
费 最长边不满 45 厘米的费用是 400 日元，除此之外，超出上述规定长度的费用是 700~800 日元

◇Tebura

TEL 070-6527-0333 URL tebura.ninja/ja/
TRAVEL HUB MIX
MAP 别册 p.16-A2
从东京站日本桥口出发，步行 3 分钟
住 千代田区大手町 2-6-2
TEL 03-6634-9971 营 10:00~18:00
费 300~600 日元 / 件
招待所宴 MAP 别册 p.26-B2
从浅草雷门出发，步行 4 分钟
住 台东区花川户 1-3-3 TEL 03-6820-2217
营 10:00~17:00 费 650 日元 / 件

件事情，同时，还会给上班族们带来极大的困扰。这种情况下，应该请相关机构对行李进行配送。有儿童同行时，使用价值就更大了。

从机场配送至市内的酒店

抵达东京之后，机场与车站还会提供行李寄存服务，并且在当天将行李配送至酒店。

大和运输 当天送货服务

如果能够在 12:30 之前将行李寄存在羽田机场内的柜台，行李在当天的 18:00~21:00 便可送抵市内的住宿设施。成田机场不支持此项服务。如果从市内配送至机场，也无法当天完成配送。

此外，在东京站或者银座绀屋桥也是一样，如果可以在 11:00 之前完成行李寄存手续，当天便可送抵市内的酒店与机场。

佐川快运 酒店当天送货

只要将行李寄存在市内的服务中心，工作人员当天便可将其送抵酒店。也可以在各中心之间进行配送（例如，在东京站进行寄存后前往新宿高速巴士总站领取）。送达时间在 16:00 之后。

从市内的酒店与车站配送至机场

可以从酒店与便利店办理寄送手续并且在机场领取行李，但是，现在提供当天配送服务的只有佐川快运一家。

佐川快运 机场接收服务

只要在 23 个行政区内的酒店与上述服务中心办理配送手续，当天便可在羽田机场 & 成田机场接收行李。需要支付机场手续费，因此，与普通的宅急送相比，费用相对较高。

行李接收时间如下：羽田机场，第一航站楼一层 JAL 行李接收向导柜台 16:00~20:00、第三航站楼三层 JAL/ABC 柜台 16:00~24:00。成田机场，第一 & 第二航站楼 QL liner 柜台 17:00~21:00。

◆通过免费应用软件对信息进行收集

本节将在数不胜数的应用软件中选取能够在旅途中对游客起到辅助作用的几种软件做出介绍。请事先下载至智能手机中，以备不时之需。

NAVITIME Transit

除东京都内信息之外，本款应用软件还可以显示日本全国铁路、高速巴士、飞机以及渡轮的换乘信息。票价、所需时间、搭乘第几节车厢可以距离换乘口最近等信息均能通过此软件获取。同时，晚点信息与迂回路径信息（收费功能）也是令人十分惊喜的查询项目。

JR 东日本列车运输状况信息

可以通过此软件获取包含私营铁路与地铁在内的路径搜索以及换乘信息、JR 东日本时刻表、车站立体图、洗手间、电梯、出口、投币寄存柜位置、投币寄存柜使用情况信息（部分车站）等。特别是出现晚点现象时的预计抵达时间的显示与中转运输信息，由于是官方应用软件，因此，可靠性更强。

◇当天配送的使用注意事项

受飞机延时、恶劣天气以及事故堵塞等影响，行李有时无法按照计划送抵。最坏的情况，有时会在次日送达，因此，务必要准备一天的换洗衣物与洗漱用品等并且装入随身携带的包中。

◇大和运输 当天送货服务

☏ 0120-01-9625
URL www.kuronekoyamato.co.jp
羽田机场 T1，T2 截止时间 12:30
东京站 JR 东日本游客服务中心（→ p.436）截止时间 11:00
银座绀屋桥中心
MAP 别册 p.20-A2
住 中央区银座 2-2-4 营 8:00~19:30，周六 · 周日、节假日营业至 18:00（截止时间 11:00） 休 无 交 从 JR 有乐町站出发，步行 5 分钟 费 830~1970 日元

◇佐川快运 酒店当天送货

URL www.sagawa-exp.co.jp/ttk/
东京站 （→ p.436）
截止时间 12:00、周六 · 周日、节假日当天配送至新宿高速巴士总站的截止时间是 10:15
新宿高速巴士总站
截止时间 11:30，周六 · 周日、节假日 9:30
浅草雷门 截止时间 11:00
晴空塔小镇 截止时间 11:30
费 770~2068 日元

◇佐川快运 机场接收服务

东京站 截止时间 11:30（周六 · 周日、节假日，羽田 12:00、成田 10:30）
新宿高速巴士总站 截止时间 11:30
浅草雷门 截止时间 11:00
晴空塔小镇 截止时间 11:30
如果从各酒店办理配送，各酒店的截止时间会存在差异。

3 边合计	重量	费用
~60 厘米	~2 千克	1430 日元
~80 厘米	~5 千克	1705 日元
~100 厘米	~10 千克	2046 日元
~140 厘米	~20 千克	2508 日元
~160 厘米	~30 千克	2728 日元

※ 羽田机场 & 成田机场价位相同

◇App Store

URL www.apple.com/jp/ios/app-store/

◇google play

URL play.google.com/store/apps
※ 上述网页中有 App Store 与 Google Play 的链接

◇NAVITIME Transit

URL products.navitime.co.jp/service/transfer/

◇JR 东日本列车运输状况信息

URL www.jreast-app.jp

info **如果是海湾区域的酒店** 有在当天对行李箱等进行配送的 JAL/ABC 酒店宅急送服务，但是，服务对象仅限搭乘日本航空飞抵羽田机场且在台场、舞滨、浦安地区的酒店住宿的游客。羽田机场的受理截止时间是 14:00。费用是 1200 日元 / 件。

◆ locker concierge

URL www.fujielectric.co.jp/fit/solution/locker/

东京地铁版

URL metro.akilocker.biz/index.html?lgld=tokyometro

◆ 可以查询到干净整洁的洗手间的应用软件

爱情地图

URL koisurumap.com

Check A Toilet

URL www.checkatoilet.com

洗手间信息共享地图君

URL apps.apple.com/jp/app/ 洗手间信息共享地图君 /id1054294308

URL play.google.com/store/apps/details?id=com.restroom_map&hl=ja

◆ 地铁站的架子

现在，很多站点均设有免费报纸的架子，但是，截至 2020 年 6 月，都营地铁新宿线的新宿站与浅草线押上站暂未配备（丸之内线 & 大江户线新宿站设置完备）

◆ 东京感动线杂志

URL www.jreast.co.jp/tokyomovinground/list/

派发场所　山手线各站（部分车站未提供）、沿线书店、咖啡馆以及部分酒店等

◆ 桥之町

URL hashinomachi.com

派发场所　浅草、隅田川沿岸、人形町、日本桥地区的车站、咖啡馆以及商店等

◆ 江东 tokotoko 日和

URL koto-kanko.jp/guide/map/

派发场所　江东区内的观光景点与酒店

◆ 表参道旅游指南

派发场所　原宿、青山、表参道地区的餐馆、咖啡馆、商店以及美容院等约 1500 处

◆ ¿Cómo le va?（你好吗？）

URL conex-eco.co.jp

派发场所　除东武线池袋 / 浅草 / 东京晴空塔站与小田急线新宿 / 下北泽站之外，还有美术馆、剧场、书店、新宿的小田急百货店以及酒店等

◆ locker concierge

几乎可以实时了解 JR 主要站点、部分东京地铁站点以及东急涩谷站各尺寸投币寄存柜的使用情况。东京地铁版还会对站内立体图进行公示，非常方便。

◆ 可以查询到干净整洁的洗手间的应用软件

面向女性使用者的地图类应用软件“爱情地图”，通过此软件，可以对设有化妆区的洗手间与设有母婴室的洗手间等进行搜索。软件中还明确标注有避难所，因此，出现突发情况时，会给人以无尽的希望。

“Check A Toilet”是专为老年人、残障人士以及人工瘘者（接受过输尿管造口术的人）设计的多功能洗手间查询软件。

将距离使用人所在地最近的洗手间显示在 Google Map 中并且提供导航服务的“洗手间信息共享地图君”。可以通过清洗功能与轮椅应对等条件进行搜索。

◆通过免费杂志对信息进行收集

车站与街边商店现在通常都会陈列对当地的专属信息进行整合的免费城市杂志。此外，设置在地铁站检票口附近的架子上也会陈列众多信息类杂志。部分杂志中会夹有购物优惠券，因此，一定要灵活地进行使用。

◆ 东京感动线杂志 TOKYO MOVING ROUND

由 JR 东日本发行的山手线沿线杂志。每个刊号会特别制作一期原宿、秋叶原以及滨松町等站点中某一站点的特辑，从生活在当地的本地人的视角出发，探寻各区域的独特魅力。每 3 个月发行一次。

◆ 桥之町

以隅田川沿岸为核心，对浅草桥、人形町以及日本桥等桥梁所在街区的地域信息进行特别收集的免费报刊。

◆ 江东 tokotoko 日和

保留有下町文化风情的江东区的官方观光向导类杂志。龟户、深川、丰洲以及港湾区等地的美食、观光、活动以及旅游纪念品信息十分丰富。每年发行四刊。还可以通过左侧的网页进行查阅。该页面现在还刊载有深川美食地图与推荐甜品册等。

◆ 表参道旅游指南

专为原宿、青山以及表参道地区的女性读者准备的月刊杂志。以时尚信息为核心，在杂志制作过程中，充分考虑了观光游客这一读者群。

◆ ¿Cómo le va?（你好吗？）

杂志名称在西班牙语中意为“你好吗？”这是一本汇集舞台、电影、古典音乐以及美术展信息等丰富的娱乐活动信息的杂志。独具艺术感的杂志设计品质上乘，令人完全想象不到这是一本免费提供的杂志。演员与知名人士的文章也拥有极高的人气。

info **对 OS 进行确认**　各应用软件所支持的 OS 版本不同。如果 iOS 与 Android 的版本较为老旧，即便下载成功，也经常会出现因反应较慢而无法使用的现象。相反，还有一些最新版本不支持的应用软件。

◆智能手机充电

一边关注手机剩余电量一边观光，会令人感到压力山大。请务必随身携带移动电源。此外，请将手机调至省电模式，通过强制关闭后台应用的方式可以达到省电的目的。即便如此，如果电量依然耗尽了，可以通过以下方法寻找充电站点。

通过应用程序查找

有很多可以显示街边充电设备的应用程序。通过 GPS 联动的方式显示最近的充电设备并且对最短路径做出导航，使用起来十分方便，但是，导航本身就是一种耗电量巨大的应用程序，因此，请在留有足够电量的状态下提前查找充电设备。

"Aircharge"是一种被称为 Qi（chi）的无线充电设备，也就是所谓的对"放置即可充电"进行搜索的应用程序。需要确认自己的智能手机的型号是否符合该项服务的要求。

共享移动充电服务 ChargeSPOT

在便利店等地对移动充电设备进行租借，一边活动一边充电，可以在其他店铺进行返还。无须等待充电结束，这一点备受使用者青睐。内置 USB Type-C、iOS、Micro USB 充电线。应提前下载应用程序并进行注册。可以通过右侧的应用程序搜索最近的设置场所与返还场所，可租赁数量也会显示在上面。

除上述之外，可以充电的其他场所

DOCOMO、au、软件银行集团等手机商店（其他公司用户亦可）以及主要大型家电售卖店（收费，但是，可以快速充电）十分方便。除此之外，便利店、咖啡店、快餐店、家庭餐厅、堂吉诃德、网吧、漫画咖啡馆、大型车站候车室以及旅游咨询处等，可以充电的场所现在越来越多了。基本都是免费提供服务。

可查找充电场所的应用程序

市区充电导航
URL vps010007.infra-manage.net/lp/
电源咖啡馆
URL dengen-cafe.com
Aircharge
URL www.air-charge.com/app

ChargeSPOT

URL www.chargespot.jp
费 第一个小时 150 日元，48 个小时 300 日元，72 个小时 450 日元等。7 天之后 2280 日元，无须返还电源
设置场所：罗森、家庭市场、卡拉 OK 馆、SHiDAX、东京地铁的部分站点、京成线上野站、UQ spot 以及部分邮局等
※ 根据店铺情况，部分店铺有时不予设置

太阳能充电设备

城市充电站是使用太阳能板提供的电能为智能手机充电的设备。此设备由东京都环境局进行设置，因此，现在对遭遇灾害时所发挥的作用备感期待。前往设置在室外露天环境中的充电站，打开箱盖便可发现里面装有多种缆线，可自由使用。设置场所仅限东京塔等少数观光地，因此，可以期待一下本设备在后期能够得到普及。

info **切勿遗忘充电线** 并不是所有的充电设备都有提供充电线，同时，无线充电装置有时也会发生故障，因此，请提前准备好充电线。此外，不得随意使用咖啡馆等店内电源充电。如果没有提示，务必要向店员进行确认。

旅行的安全信息与纠纷对策

东京是世界范围内屈指可数的大都市，治安情况出奇的好。天黑之后，女性也可一人独自外出，这一点非常值得引以为豪，但是，非常遗憾，当地并非完全没有犯罪行为。游客务必要擦亮双眼，明辨善恶，明确应在什么时间，在哪里展开什么样的行动，让自己远离危险境地。此外，还要提前将遇到危险情况时的处理方法牢记于心。

◆东京的治安

东京基本上是比较安全的一座城市，但是，依然会有众多人员聚集的时期与区域，例如，举办大规模活动与万圣节前夕的涩谷等，因此，务必要多加注意，以免卷入纠纷事件当中。

此外，无论人口有多么聚集，也依然会有杳无人烟的小巷，同时，还有很多死角，例如，建筑物背后的阴影区域等，经常出现的性侵事件也多会在此类区域发生。无论男女，务必要适当地保持距离，切勿优柔寡断。

抢夺、偷盗

据说，受害人中约七成均为女性。犯罪人多驾驶摩托车与自行车实施犯罪行为，大多是受害人将随身携带的包拿在靠近车道的一侧时遭到抢夺。如果加以抵抗，有可能会遭到拖行，非常危险，因此，如果不幸遭遇抢夺事件，为了使自己的安全能够得到保障，请将手松开，不要再做无谓的反抗了。

此外，在饮食店将行李放在椅子上时务必要使其处于自己的视线范围之内，需要注意的是，前往洗手间等不得不离开座位时，切记要随身携带所属物品。

在红灯区

在红灯区，有时会出现通过恶性揽客的方式实施的诈骗行为，除此之外，还有使用醉酒顾客的银行卡进行虚拟结算的现象，因此，在这里，一定要对自己的行为加以节制。特别是歌舞伎町、锦糸町、新桥、涩谷、池袋以及上野·汤岛地区，有很多违法揽客的行为出现，警视厅现在也对此做出了特别提示。

此外，在繁华街道，违法药物的交易会随时随地出现在每个人的身边，这一点一定要加以重视。如果有人提出“我给你介绍一家好店”或者“我把这些药草转让给你吧，一定可以让你的皮肤变得更好”等，千万不要上当。切勿以轻浮的心境赌上自己的一生。

自然灾害

东京现在每年都会发生大雨或阵雨引发的洪水等自然灾害。如果有台风，公共交通设施有时会有计划地停运。每天都需要对气象信息进行关注。

此外，来到日本，不得不提前考虑大规模地震引起的灾害等，因此，需要提前了解地震发生时需如何展开行动。特别是海

◇警视厅

TEL 03-3581-4321

URL www.keishicho.metro.tokyo.jp/index.html

◇犯罪发生率较高的区域

拥有歌舞伎町的新宿、池袋站周边以及涩谷站周边的犯罪行为相对较多。东京站周边、上野、浅草、秋叶原以及品川一带的发生率也比较高。最好提前查阅警视厅的犯罪信息MAP。

◇犯罪信息图

URL www2.wagmap.jp/jouhomap/

◇对执意强求的揽客行为加以注意

除新宿的歌舞伎町之外，浅草的人力车现在也因执意强求的拉客行为成为备受关注的焦点问题。此外，在著名的观光胜地，虽然只是部分店铺的个别行为，但是，请务必要对饮食店极为不当的高价收费现象加以注意。

◇浅草警察署 雷门警察分局

紧邻雷门，旅行期间遇到纠纷时，可向这里求助。

MAP 别册 p.26-B1~2

住 台东区浅草 1-3-1

TEL 03-3871-0110

◇河川水位与警告·警报

URL www.kasen-suibo.metro.tokyo.jp

info **治安良好的区域** 文京区被普遍认为是市中心治安情况最佳的区域。其原因主要分为以下几个方面：无大型红灯区，是著名大学、高中以及皇家墓园所在地，警察 24 个小时不间断巡逻，居民防范意识高。

拔较低的下町与海湾区域，一定要提前确认海啸警报响起时应如何前往避难场所。

如果在旅行地遭遇灾难

东京都现在通常会就地震、台风、海啸、大雨、大雪、传染病以及恐怖袭击等可以预想到的各种各样的灾难事件做出特别提示。请务必通过右侧所述网页查阅相关信息，以备不时之需。

在建筑物中感受到剧烈的摇晃时，慌张地向外飞奔是非常危险的一种行为。大楼的玻璃窗、外墙以及招牌等很有可能会从天而降。同时，还要远离鸟居、石墙、门以及栅栏。外出时，最好使用背包等物品对头部加以保护。

在酒店时，首先要将客房的房门打开，如果可以，需要在比较粗的柱子旁或者走廊等处避难，最正确的处理方式是静静地等待，直至摇晃结束。

在宛如迷宫一般，拥有众多狭窄小巷的下町地区，地震后很可能有火灾蔓延。即便是距离较远的小型火灾，也绝对不容小觑，需要尽早避难。

◆防灾应用软件

东京都官方应用软件，刊载有众多遭遇灾害时可以发挥重要作用的信息。除了可以通过模拟游戏轻松地掌握防灾知识之外，还具有灾害发生时发出警报通知等的功能。

◆发生灾害时的语音邮件

在发生大规模地震等灾害后，受灾地电话难以拨通，针对这一现象，推出了语音邮件这项积极功能性的服务项目，适用地区并不仅限于东京。最好能够提前对使用方法进行预习。

◆身体不适与伤病

身体情况突然发生恶化以及受伤时，首先要冷静下来，与周围的人进行沟通。如需接受诊疗或使用药物，可以通过右侧提供的网站对医院与药店进行搜索。

◆机票与车票遗失

如果纸质机票遗失，则需要在航空公司的柜台做遗失报告并且购买替代机票。无法二次出票。如果是电子票，在对身份进行核实的基础上，可以再次免费出票。

如果是 JR 与地铁，应向车站工作人员提出申请并且重新补票，然后在下车的车站领取二次收费证明。如果在一年之内找到原车票，车站方将退还二次购票的费用。

◆物品遗忘、遗失

遗忘在列车内与站内的物品，如果是当天，可以通过打电话的方式向各站或者列车的终点站提出咨询。次日之后，所有遗失物将被统一保存在集中站点并且在系统中进行登录，因此，失主可通过电话等方式提出咨询，届时，工作人员将会代为进行搜索。如果发现了遗失物，可以通过到付的形式将物品邮寄给失主。如果遗失物的主人没有主动联系查找，几天后，物品将会被移交至警察局。

将物品遗忘在出租车内时，如果持有发票，可与发票中所记载的出租车营运方取得联系，如果不能明确出租车营运方，物品将会被移交至距离最近的警察局或者警务站。

◇东京都防灾网站

URL www.bousai.metro.tokyo.lg.jp/

◆东京都防灾应用程序

URL www.boudsai.metro.tokyo.lg.jp/1005774/index.html

◇灾害语音邮件

☎ 171（各通信运营方公用）

用法 URL www.ntt-east.co.jp/saigai/voice171

网页版 URL www.ntt-east.co.jp/saigai/web171

◇急救就诊指南

可以针对“是否应该叫救护车”以及“如果前往医院，应该在什么科室就诊”等问题做出判断的网站

URL www.tfd.metro.tokyo.lg.jp/hp-kyuuimuka/guide/main/index.html

或者联系

☎ #7119　TEL 03-3212-2323

这里也同样提供 24 小时咨询服务

◇搜索医疗机构·药店

东京都福祉保健局

URL himawari.metro.tokyo.jp

对 24 小时营业的药店进行搜索

URL www.kusurinomadoguchi.com/tokyo

◇机票与车票遗失时的联系方式

日本航空　TEL 03-5460-0522

全日空　TEL 03-6741-8800

其他航空公司见→ p.412

◇遗失物品、遗忘物品

日本航空　TEL 03-5460-0522

全日空　TEL 03-6428-3799

JR 东日本　TEL 050-2016-1601

JR 东海　TEL 050-3772-3910

URL railway.jr-central.co.jp/left/

东京站　TEL 03-3231-1880

上野站　TEL 03-3841-8069

东京地铁　TEL 0120-104-106

都营地铁　TEL 03-3816-5700

警视厅遗失物品招领中心

MAP 别册 p.34-B2

住 文京区后乐 1-9-11

TEL 0570-550-142

✉ 8:30~17:15

休 周六·周日、法定节假日

交 从地铁饭田桥站 C2 出口出发，步行 1 分钟

◇在出租汽车上发生的纠纷

出租汽车咨询室（向出租汽车公司提出投诉·要求等）

TEL 03-3648-0300

营 9:00~17:00

休 周六·周日、法定节假日

URL www.tokyo-tc.or.jp/index.cfm

info **高楼层需对摇动做好充分的准备**　高层大厦与酒店的较高楼层，由于是抗震结构，摇动的幅度将会加大。有时会长时间持续摇动，剧烈程度与持续时间令人感到震惊，但是，遇到这种现象时，切勿紧张，应尽量放松自己的心情。请远离窗户，切勿挤在位置发生变动的家具中间，一边观察周边环境一边向走廊转移。

习惯与礼仪

对普通大众进行模仿即可！

通常情况下，游客应该已经对当地的习惯与礼仪有所了解。实际上，东京也有很多并不习惯当地生活的人，因此，无须十分介意。只要对普通常识进行了解，就完全没有问题。

◆在电车上

满员电车应该是东京的一大特征，但是，这绝对不容小觑。尤其是携带儿童时，一定要时刻提醒自己，满员电车中极为拥挤的状态实际上具有相当大的危险性。强烈建议你在出行时避开拥挤时段，并且尽量减少自己随身携带的行李。

乘车时

- 几乎所有的车站都需要排队乘车，乘客需要在站台上所提示的线外排队等候。有时还会在旁边设置等待乘坐下一班列车的等候空间。
- 凹凸不平的黄色线条是雕文方块，因此，切勿在上方站立停留或者放置行李物品。
- 电车进站后，需站在车门两侧等候，先下后上。
- 你也许会看到在发车之前强行挤入车厢的乘客，但是，实际上，山手线在工作日时每 3~5 分钟就有一班，地铁也是每 2~7 分钟便有一班。即便无法顺利搭乘，下一班马上就会进站，因此，切勿出现强行挤进车厢的危险行为。

在车厢内

- 车内较为拥挤时，请务必要对行李的携带与摆放加以注意。为了不对其他乘客造成影响，可以将背在背部的背包与挎在肩上的包袋等抱在胸前，抑或是放在网架上或者脚下。
- 将手机设置为静音模式，避免在车厢内通话。
- 列车在经停站停车时，如果你恰好站在车门附近，为了不对下车的乘客造成影响，可先行下车，站在站台上进行等候。

有人会在黄线内行走，但是，与电车接触、与他人碰撞后跌落轨道线路当中的事故屡有发生，因此，切勿模仿

女性专用车厢

在东京，有很多设置有女性专用车厢的铁路公司。每条线路的设定日期与区间不同，但是，主要都是设定在工作日通勤、上学的拥挤时段，人员极为混杂的区间。除女性之外，小学六年级以下的男童、残障人士与服务人员可以进入该车厢。女性专用车厢通常位于列车的最前端或者最后端，车厢侧面与站台的候车线处张贴有粉色的“女性专用车厢”标识。

车内饮食

除新干线与长途列车之外，在市中心营运的铁路与巴士禁止在车内饮食，水除外。除非是在很早的时段乘车，否则很难在不对周围其他乘客造成影响的情况下饮食。

info 乘车高峰 山手线与地铁在工作日的 7:30~9:30 与 18:00~20:00 是乘车高峰时段。特别拥挤的线路有东京地铁东西线（门前仲町附近）、同 · 千代田线（西日暮里附近）、同 · 银座线（赤坂见附附近）以及 JR 总武线（两国附近）等。

◆自动扶梯

在东京有一项不成文的规定，人们在乘坐自动扶梯时会自觉地站立在每级阶梯的左侧，右侧则为行走的人们留出活动的空间。但是，日本自动扶梯协会提出，"自动扶梯的安全标准是以站立在阶梯上并且呈静止状态为前提的"，因此，倡导大家不要在自动扶梯上行走。

为了响应倡导，各铁路公司现在通常会建议乘客不要在自动扶梯上行走或者跑动，要求大家在乘坐时保持站立不动的状态。乘坐自动扶梯时，应手扶扶手，拿好背包与行李箱，站在黄线内侧。

自动扶梯上禁止行走的规定，看上去还需要很长一段时间才能得到普及，因此，只要乘坐时站立在左侧，方能确保万无一失

关于自动扶梯

主要站点现在均设置有自动扶梯。部分车站在检票口内与检票口外均设置有自动扶梯，也有只在其中一侧设置自动扶梯的站点。每座站点设置自动扶梯的位置不同，有的在检票口附近，有的在距离较远的站台的一端。乘坐自动扶梯时，请礼让搭乘轮椅、腿部残疾、携带婴儿车与行李箱的乘客。

◆出租车

乘车时

如果乘坐出租车，只要在车站等的出租车搭乘处等待或者在大型马路上的路边举手示意，显示有"空车"标识的出租车便会停下来。除此之外，还可以通过叫车应用程序打车。另外，出租车还提供可对场所与时间作出指定的预约服务。无论通过上述哪一种方式打车，在容易打到车的场所叫车是快速乘车的一大要领。人行横道、交叉路口以及巴士站等处均禁止出租车停靠。

此外，在东京搭乘出租车，部分司机有时并不喜欢近距离营运，但是，拒载是明令禁止的，因此，乘客无须有任何担心，根据自己的需求乘车即可。

在车内

乘车后，需系好安全带（后排乘客也有义务按照规定系好安全带），并且告知司机此次行程的目的地。偶尔也会有不了解线路的司机，因此，如果司机提出不知如何前往目的地，乘客可以通过旅游指南或者手机将地图出示给司机，或者将具体的地址告知对方。

此外，部分地区的出租车运营是有明确限制规定的。例如，空车（出租车）无法驶入的"禁止入站"、对进站方向做出指定的"指定进站线路"，以及禁止停车待客的"禁止带客"等。特别著名的是银座·新桥地区有关出租车运营的相关规定，"除周六·周日、法定节假日之外，22:00~次日 1:00，禁止在除出租车落客点之外的其他场所乘车"，因此，务必要加以注意。

出租车费用的支付

出租车中，有很多车并不支持使用信用卡这一支付方式。如果希望用卡支付，请在乘车时或者预约时进行确认。还有可以使用 Suica 与 PASMO 等交通类 IC 卡进行支付的出租车。

如果通过现金进行支付，使用大额纸币支付短程车费是违反当地礼仪的。请提前准备千元额度的纸币。根据实际的消费金额，可以将零数用作小费支付给司机，说一句"不用找了"，是非常聪明的一种处理方式。

info **优秀出租车**　在安全与服务方面均受到优质评价的司机与运营者的车辆上通常会张贴有"优良"字样的标签。东京站八重洲口等 26 个场所现在均设置有优秀出租汽车专用落客处，因此，请务必加以利用。

◆手机

在电车内，请将手机设置为静音模式，切勿在车内通话。在爱心座席附近，车内较为拥挤时，通常会要求乘客关机。

当然，在餐馆、神社以及寺院等地，也不要忘记将手机设置为静音模式。在剧场与美术馆内需要关机。

有很多人会一边行走一边翻看普通手机或者智能手机上的画面，但是，这是一种非常危险的行为，并且会给整体通行带来不好的影响，因此，切勿出现这种现象。

◇与外国人接触时的注意事项

东京聚集着从世界各地前来的观光游客，因此，在旅行途中，应该有很多与外国人接触的机会。各国人士的语言与宗教信仰不同，习惯与礼仪也会存在差异。基本上，无论是哪个国家的游客，都会根据日本的习惯进行观光，但是，当中也会有很多无论如何都无法接受的一些习惯与礼仪。

例如，如果抚摸孩子的头部或者夸赞婴儿可爱，会有人感觉“不吉利”。最好不要主动用手接触孩子与女性。此外，宗教信仰不同，食材使用与烹饪方法等方面也会存在一些禁忌（例如，大蒜、洋葱以及猪肉等），因此，在邀请他人用餐时需要多加注意。同时，最好不要劝酒。

◆拍摄照片

无论智能手机还是数码相机，在按下快门的那一刻，请务必注意你所拍下的这一幕是否侵犯了他人的肖像权与著作权等。拍摄有他人的照片，有时会侵犯对方的肖像权。特别是看到外国婴幼儿时因对方极为可爱而随意拍摄的照片，通常都是产生纠纷的源头。请务必在获得孩子父母的允许之后再进行拍摄。美术馆与博物馆中有很多禁止摄影的展示室。进入馆内时请务必进行确认。

此外，车站站台与电车内等场所大多无法使用闪光灯，因此，请提前将相机与手机等设置为“关闭闪光灯”的状态。

◇关于无人机

建筑十分密集的东京，几乎所有区域都禁止无人机的飞行。空中通常会有很多国家级重要设施，同时还会有众多航空器与直升机，因此，如果以十分轻浮的心态违反相关规定，将会发展成极为重大的事件。无论如何都要使用无人机时，应事先向国土交通部提出申请并且获得许可。

请再次确认自己的照相机与智能手机都包含什么功能。关于平时不用的功能，最好提前比对操作方法进行操作

◆神社与寺院

作为观光景点，无论是多么著名的神社与寺院，切勿忘记它们同时还是宗教场所。游客观光的同时，神社与寺院内还有抱着十分严肃的心情前往参拜的信徒，因此，请勿大声喧闹嬉戏。

各神社与寺院的参拜方法不同，但是，普遍方法如下。

- 穿过鸟居与山门时，摘下帽子，轻轻地鞠一躬。
- 神社内，参拜道中央被称为神灵的通道，因此，参拜时需在两侧行走。横跨中央区域时，请轻轻地将头低下。
- 使用手水舍的勺子对双手进行清洗后，将手掌中的水送进口中漱口。

◇参拜时的服装

像浅草寺这样的游客数量巨大的场所，身着轻便的休闲服饰即可，但是应该避免过于暴露以及看上去十分浮夸的时尚服饰。

info **对自拍杆加以注意** 市中心的观光景点中，有很多限制使用自拍杆的场所。火车站内、站台以及车内等场所全面禁止使用自拍杆。由自拍杆引起的纠纷与投诉非常多，因此，使用时务必要多加注意，不要给周围的人造成困扰。

- 进入前殿后，投入募捐款，轻轻响铃后施参拜礼。
- 通常情况下，神社会采用“二礼二拍手一礼”的神社参拜手法，而寺院则是通过合掌的方式行礼。
- 回程时，从鸟居与山门走出后，需要重新面对鸟居与山门行一礼。

◆吸烟

市内饮食店与酒店大厅等场所原则上全面禁烟（其中还包含部分设置有吸烟室的店面）。JR、地铁以及车站内也全面禁烟。站台也没有吸烟场地。巴士站也禁烟。电子烟也作相同处理。室外区域也对吸烟场所做出了限定，因此，烟瘾大的人务必要做好心理准备。当然，便携式烟灰缸是必须要携带的。

◆饮酒

上野公园等地的赏花宴会十分著名，但是，在公共场所醉酒基本上是违反当地礼仪的，这一点务必要牢记于心。还有一些像新宿御苑一样的场所，如果自带酒精饮品入场，将额外收取一定的费用，因此，需多加注意。在深夜的繁华街道，还可以看到步态蹒跚的醉酒人士，但是，这样的人极有可能被卷入事故与犯罪行为当中，因此，切勿模仿。此外，在钱汤与桑拿泡澡后喝一些啤酒，可以说是令人备感幸福的时刻，但是严禁入浴前饮酒。

◆钱汤与温泉

钱汤从很久以前开始便是学习社会规则与礼仪的绝佳场所。现在，每个家庭都会安装浴缸，不了解钱汤礼仪也便成为理所当然了。不要有任何顾虑，请向周围的人们请教一下吧！

- 几乎所有的钱汤现在都会出售毛巾、迷你香皂、迷你洗发水等洗浴套装，因此，可以不用携带任何物品，只身前往即可。超级钱汤与温泉公园大多会免费提供上述物品。
- 进入钱汤后，将鞋子放入鞋架，在被称为番台的接待处支付费用。在更衣时脱下的衣服需要放入储物柜。储物柜采用的是手环钥匙。
- 使用毛巾对身体进行遮盖后进入浴室，通过淋浴与自行倒水的方式将身体上的污垢轻轻冲洗干净，然后进入浴缸。
- 电视节目中经常可以看到使用毛巾对身体进行包裹后进入浴缸的场景，但是，实际上这样是违反礼仪的。毛巾与面巾是为了清除身体污垢而准备的，因此，不得放入浴缸。为了防止被浸泡在浴缸当中，请提前将头发束起。
- 离开浴室前，请使用毛巾对全身进行擦拭。可以避免使周围环境变得更潮湿。

边走边抽烟需缴纳罚款

在千代田区，除皇居之外的其他区域均禁止在路边吸烟，吸烟或乱扔杂物均需缴纳2万日元以内（最低2000日元）的罚款。在品川区，除烟头之外，乱扔空罐与塑料瓶也需缴纳1万元以内（最低1000日元）的罚款。目黑区、练马区以及足立区等其他地区现在也正在推广类似条例。

有文身者不得入内

刺有文身的人有时会被拒绝进入钱汤。文身贴与身体彩绘也将同样拒绝入场，因此，务必要多加注意。

江户人十分喜爱温度高的泡澡水

从传统上来看，东京的“汤”一直都保持较高的温度。正如落语中所提到的那样，就算再热，也会强忍着进去，那便是江户人。如果水温过热，也可以通过加水的方式降温，但是，如果浴缸中还有其他人，请务必要进行告知，然后坐在水龙头旁对水温进行调节。

info **带着孩子去钱汤** 在东京都，孩子满9岁前，可以跟随异性父母（父亲+女儿、母亲+儿子）一同入浴。部分钱汤还会有身高不满120厘米等规定。此外，有很多地方都禁止佩戴尿不湿的婴儿入内。

项目策划：王欣艳　谷口俊博
统　　筹：北京走遍全球文化传播有限公司　http://www.zbqq.com
责任编辑：王佳慧　林小燕
责任印制：冯冬青
封面设计：中文天地

图书在版编目（CIP）数据

东京/日本《走遍全球》编辑室编著；马谦，高岚，吕艳译. --北京：中国旅游出版社，2021.7
（走遍全球城市系列）
ISBN 978-7-5032-6739-0

Ⅰ.①东…　Ⅱ.①日…　②马…　③高…　④吕…　Ⅲ.
①旅游指南—东京　Ⅳ.①K931.39

中国版本图书馆 CIP 数据核字（2021）第 127547 号

北京市版权局著作权合同登记号　图字：01-2021-3547
审图号：GS（2021）4305号　本书插图系原文原图

图片来源：池波正太郎纪念文库收藏品（池波正太郎纪念文库）、© 上野摄影工作室（旧新桥停车场 铁道历史展示馆）、江户东京建筑园、©3331 Arts Chiyoda（ARTS 千代田 3331）、© 木奥惠三（三得利美术馆）、（公益事业基金会）东京动物园协会（上野动物园）、（公益事业基金会）日本国家信托组织（原安田楠雄府邸庭园）、（公益事业基金会）目黑寄生虫馆（目黑寄生虫馆）、© 国立西洋美术馆（国立西洋美术馆）、Photo：Kenta Hasegawa（东京都现代美术馆）、葛饰柴又寅纪念馆 © 松竹（株）（葛饰柴又寅纪念馆）、葛西临海公园钻石与花大摩天轮（葛西临海公园）、环境省皇居外苑管理事务所（皇居外苑）、环境省皇居外苑管理事务所北之丸分处（北之丸公园）、国立电影资料馆（国立电影资料馆）、环境省新宿御苑管理事务所（新宿御苑）、公益事业基金会三鹰市体育与文化基金会（太宰治文学沙龙、三鹰市山本有三纪念馆）、公益事业基金会东京都公园协会（日比谷公园、滨离宫恩赐庭园）、公益事业基金会东京都历史文化基金会（东京艺术剧场）、国立科学博物馆（国立科学博物馆）、“鲤鱼旗 now！须藤玲子 × 阿德里安·卡迪 × 齐藤精一的装置艺术”展览会场　2018 年国立新美术馆　摄影：加藤健（国立新美术馆）、摄影：吉村昌也（21_21DESIGN SIGHT）、品川 WEB 照相馆（品川区）提供（大森贝塚遗址庭园）、涩泽史料馆收藏品 · 涩泽史料馆提供（涩泽资料馆）、新宿区立新宿历史博物馆（新宿区立林芙美子纪念馆）、SCAI THE BATHHOUSE［建筑］　摄影：上野则宏　合作单位：SCAI THE BATHHOUSE、“Biomatrix”（2018 年）展览会场　摄影：宫岛径　合作单位：SCAI THE BATHHOUSE、墨田北斋美术馆收藏品（墨田北斋美术馆）、台东区立朝仓雕塑馆（台东区立朝仓雕塑馆）、调布市乡土博物馆（调布市乡土博物馆）、户栗美术馆（户栗美术馆）、东京晴空塔·天空之城：©TOKYO-SKYTREETOWN（东京天空之城）、东京晴空塔：©TOKYO-SKYTREE（东京晴空塔）、东京海洋大学收藏品（东京海洋大学明治丸海事博物馆）、东京港码头（株）（台场海滨公园）、东京都江户东京博物馆（东京都江户东京博物馆）、东京站城市运营委员会（东京站丸之内站舍）、东京都庭院美术馆（东京都庭院美术馆）。东京都美术馆提供（东京都美术馆）、独立行政法人日本体育振兴中心（新国立竞技场）、© 日本银行（日本银行总部、日本银行总部主楼）、日本银行金融研究所货币博物馆收藏品（货币博物馆）、奈良美智“My Drawing Room”2004 年 8 月 ~ 合作单位：武藏国分寺遗址资料馆（武藏国分寺遗址资料馆）、森美术馆（森美术馆 Center Atrium、museum cone）、山田洋次博物馆：© 松竹（株）（山田洋次博物馆）、©TOKYO INTERNATIONAL FORUM CO.LTD（东京国际论坛大楼）、©iStock

书　　名：东京

作　　者：日本《走遍全球》编辑室编著；马谦，高岚，吕艳译
出版发行：中国旅游出版社
（北京静安东里 6 号　邮编：100028）
http://www.cttp.net.cn　E-mail: cttp@mct.gov.cn
营销中心电话：010-57377108，010-57377109
读者服务部电话：010-57377151
制　　版：北京中文天地文化艺术有限公司
经　　销：全国各地新华书店
印　　刷：北京金吉士印刷有限责任公司
版　　次：2021年7月第1版　2021年7月第1次印刷
开　　本：889毫米 × 1194毫米　1/32
印　　张：15.75
印　　数：5000册
字　　数：708千
定　　价：138元
I S B N　978-7-5032-6739-0

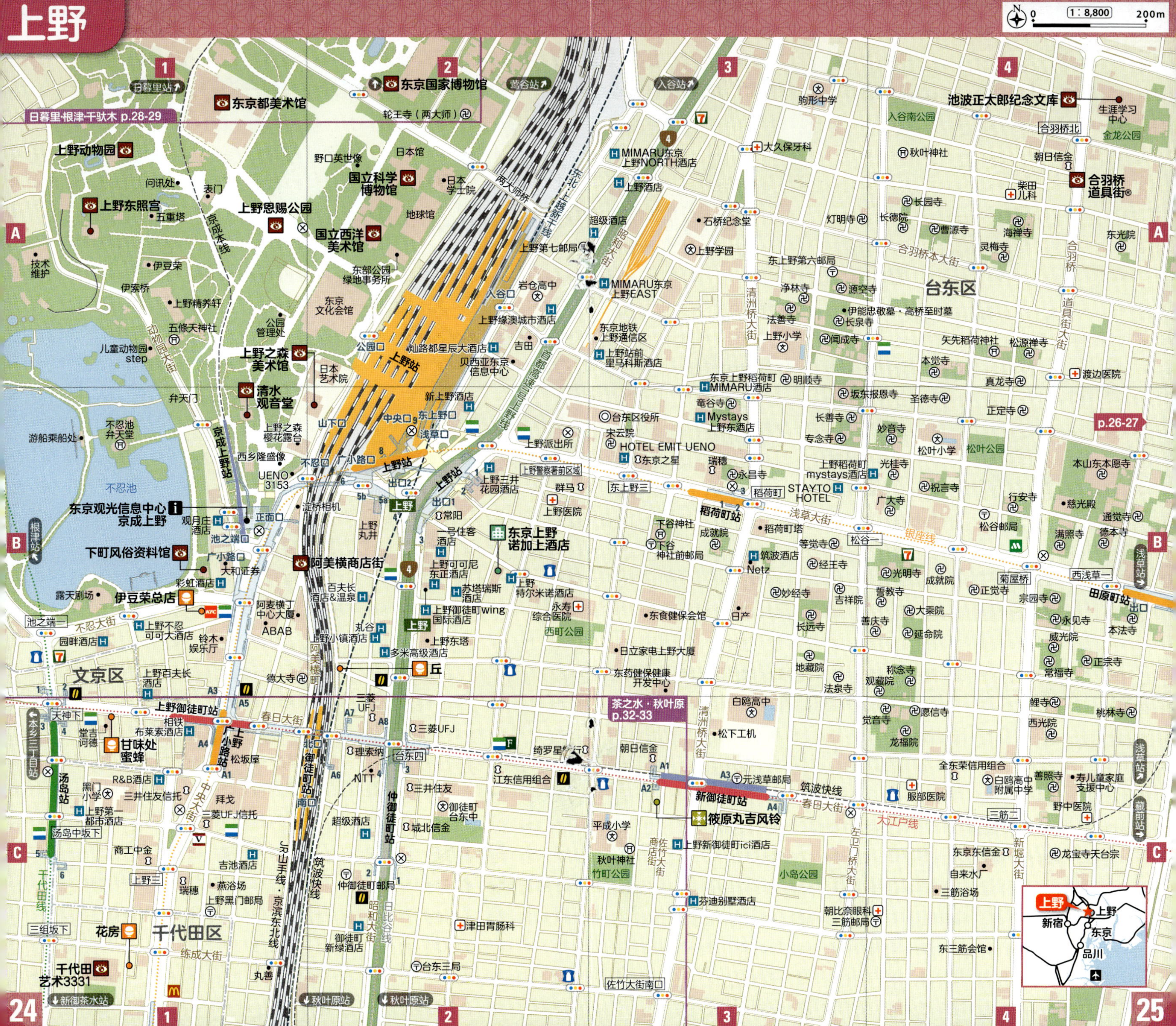

上野
1:8,800
200m
日暮里·根津·千驮木 p.28-29
东京都美术馆
东京国家博物馆
轮王寺（两大师）
上野动物园
国立科学博物馆
上野东照宫
上野恩赐公园
国立西洋美术馆
上野之森美术馆
清水观音堂
不忍池
东京观光信息中心 京成上野
下町风俗资料馆
伊豆荣总店
阿美横商店街
东京上野诺加上酒店
上野站
京成上野站
上野御徒町站
上广小路站
御徒町站
仲御徒町站
新御徒町站
稻荷町站
田原町站
汤岛站
甘味处蜜蜂
丘
花房
千代田艺术3331
筱原丸吉风铃
池波正太郎纪念文库
合羽桥道具街®
台东区
文京区
千代田区
茶之水·秋叶原 p.32-33
p.26-27
浅草大街
春日大街
昭和大街
清洲桥大街
中央大街
银座线
大江户线
筑波快线
山手线·京滨东北线
日比谷线
千代田线
上野
新宿
东京
品川
24
25

p.24-25
两国·锦糸町 p.30-31
台场·丰洲 p.49

0 1：9,500 200m

1 2 3 4

A B C

有乐町站 银座 格兰德酒店 银座站 银座七丁目 优尼佐酒店 东银座站 头等舱 胶囊旅馆 土桥 博品馆 新桥 银座八 银座三井 花园顶级酒店 新桥一 新桥邮局 新桥 银座七中 京桥筑地小学 东银座京急EX酒店 东银座维雅酒店 京桥局 东剧 银座 E酒店 筑地四 京王 布莱索酒店 筑地本愿寺 国家癌症研究中心 中央医院 筑地东急stay酒店 圆证寺 三井住友信托 旧新桥停车场 铁道历史展示室 汐留 市中心 汐留附属建筑 银座中学 银座邮局 筑地市场站 新桥站 银座 p.20-21 汐留北 Caretta汐留 Caretta汐留 SKY VIEW 日本电视塔 电通 朝日新闻社 筑地 场外市场 筑地六 中央市场前区域 筑地鱼河岸 海幸桥大厦 东京汐留帝都酒店 滨离宫 朝日大厅 筑地鱼河岸 筑地鱼河岸美食街 波除神社 出口2 汐留 汐留JCT 东京公园酒店 东京汐留大厦 滨离宫 建设广场 东京康拉德酒店 管理维护 滨离宫园景区域 汐留sio-site 芬迪别墅酒店 日本通运 中央区 大江户线 旧稻生神社 Button园 芳梅亭 筑地河 滨离宫恩赐庭园 水上巴士搭乘处 鸭塚 庚申堂鸭场 新钱座鸭场 传桥 筑地大桥 中岛御茶店 汐入池 筑地河闸门 汐留 安顾宜 JR东日本 车票管理中心 JR东日本自由剧场 胜哄5绿地 汐留芝离宫大厦 JR东日本[春][秋]剧场（停业） 滨离宫排水机场 汐留大厦 汐留河闸门 大嘉仓库 芝商高中 滨离宫城际 北塔 New Peer hall marinx tower 竹芝蓝色海岸酒店 BMW 北冷 芝商高中前区域 竹芝栈桥入口 月岛码头 岛屿会馆 滨松町 旅行家酒店 东京港管理维护 月岛办公地 竹芝New Peer 客船总站 排水 排水 旧芝离宫恩赐庭园 全日产·一般业种劳动组合联合会 东发 清澄大街 竹芝站 竹芝邮局 南塔 三光水产 丰海小学 商工会馆 竹芝贝塞德 中央丰海局 东京天然气 东京天然气前区域 东京海湾洲际酒店 辻野 第一水产 三越伊势丹餐饮服务 滨崎桥JCT 排水 玛鲁哈日鲁物流 丰海东市冷藏 东芝浦桥 港区 丰海东都水产冷藏 东芝大厦内邮局 滨崎桥 东京丰海冷藏 古川闸门 玛鲁哈日鲁物流 水上巴士搭乘处 日出客船总站 交响乐号邮轮 新芝浦桥 东京海岸线 日出站 TABLOID 芝浦码头站 海上巴士乘车处 水产码头

今户神社前区域 本龙寺 潮江院 庆养寺 今户神社 水上巴士搭乘处 台东河畔体育中心 向岛 长命寺樱花饼 山本屋 言问小学 东向岛一 长命寺 弘福寺 向岛五 待乳山圣天 待乳山圣天 本龙院 樱桥 樱茶屋 向岛四 秋叶神社 隅田川 Kado 少年棒球场 大岩医院 隅田公园 向岛三 三围神社 墨田中学 向岛二 言问桥 铃木arena 向岛第四邮局 小梅小学 本所高中 墨田区 墨田乡土文化资料馆 圆通寺 牛嶋神社 言问桥东 常泉寺 墨田女性中心 墨田女性中心 朝日信金 隅田公园 本行寺 三菱 东京水町 东京晴空塔城 北十间河 隅田川诊疗所 东武晴空塔线 东京晴空塔站 源森桥 东京天空街 押上站 丰田汽车 清雄寺 墨田水族馆 押上站 柯尼卡美能达天象仪下的“天空” 天祥寺 瑞穗 东武桥 吾妻桥三东 浅草大街 业平一 里马科斯酒店 业平桥 业平二 东京花旗信金 三菱UFJ 本所吾妻桥站 浅草线 妙缘寺 押上天祖神社 邮政博物馆 法华寺 东京东信金 福严寺 横川小学 桃青寺 东驹形三东 平川桥 业平小学 业平公园 大黑汤 中之乡信用组合 烟草与盐博物馆 日本烟草产业 JT 本所中学 石川医院 本所三 横川桥 春日大街 上野 新宿 东京 品川 浅草·押上 曳舟站 锦糸町站

1:6,800
100m
根津·千驮木
上野
东京
新宿
品川
日暮里·根津·千驮木
银座
西日暮里站
西日暮里站
道灌山下
城北信金
驹込林町公园
千驮木小学
文林中学
修性院
法光寺
南泉寺
夕阳阶梯
谷中银座商店街
延命院
谷中银座
日暮里樱花酒店
千驮木三
千驮木第三邮局
旧安田楠雄邸庭园
宗林寺
长明寺
龙泉寺
hanare
须藤公园
净风会馆
冈仓天心宅遗迹
灵梅院
本立寺
千驮木站
汐见地区中心
三菱UFJ
日暮里里马科斯酒店
初音之森防灾广场
文京区立森鸥外纪念馆
团子坂下
大圆寺
安立寺
福相寺
明王院
世尊院
文京八中
朝日浴场
菊寿堂 伊势辰谷中总店
长久寺
全生庵
文京区
汐见小学
汐见小学前区域
谷中小学
天龙院
龙谷寺
妙圆寺
瑞伦寺
妙法寺
千驮木交流公司
日本医科大学健诊医疗中心
颐神禅院
领玄寺
朝日信金
瑞穗
谷中的喜马拉雅杉
一川端康成作品"猫之家"迹碑
莲华寺
日本医科大学
千驮木二
谷中邮局
大名钟表博物馆
延寿寺
妙行寺
日本医科大学附属医院
泽之屋
宗善寺
长运寺
日本医科大学前区域
根津神社
临江寺
玉林寺
根津神社入口
瑞松院
本寿寺
不忍大街交流馆
根津小入口
东京大地震研究所
根津教堂
根津邮局
天眼寺
根津小学
愿行寺
根津一
赤札堂
根津站
西教寺
东大前站
汤岛站
京桥站
京桥通邮局
信金中金
宝町站
国立电影资料馆
西银座
警察博物馆
东京高速公路KK线
新京桥
京桥
白木屋传兵卫
东京站·丸之内·日本桥 p.16-17
银座一丁目站
三菱UFJ
银座大街口
东银座
银座一丁目优尼佐酒店
银座浴场
kirarito ginza
瑞穗
京桥JCT
首都高速公路
城南信金
樱桥泵房
八丁堀站
银座velvia馆
银座越后屋
银座一
银座蒙特利拉苏瑞酒店
宫本商行
登喜路
MELSA
银座通邮局
如路都大酒店
奥野大厦
蒂芙尼
大和roynet酒店
银座蒙特利酒店
京桥公园
新富一
银座二
宝格丽
东京银座美居酒店
路易威登松屋银座店
MUSEE GINZA
银座第一邮局
新富
东京新富町莱夫玛克思酒店
银座广场酒店
中央区
有乐町线
松屋银座
昭和信金
田屋银座总店
相铁弗莱索酒店
大和运输
新富第二邮局
大野屋总店
香十 银座总店
万福
银座blossom
银座三越
本地啤酒八蛮
索拉利亚西铁酒店
超级酒店
银座大荣酒店
中央区役所
电通
大和运输
新富町站
东急stay酒店
PIAS GINZA
京桥图书馆
筑地署
东京银座海茵娜机器人酒店
新富町
木挽町医院
NTT
银座第三邮局
GINZA KABUKIZA
歌舞伎座
东银座站
三原桥
木挽町广场
银座文明堂
筑地神经科
银座五丁目三井花园酒店
三菱UFJ
青木医院
筑地·月岛 p.22-23
瑞穗
NTT大厦
头等舱胶囊旅馆
岩手银河广场
万年桥
银座
里马科斯酒店
时事通信大厦
筑地松竹大厦
圣路加国际大2号馆
筑地站
万年桥东
东剧
京桥筑地小学
筑地本愿寺前区域
银座六丁目SQUARE
京桥邮局
东银座京急EX酒店
大村进·美枝子纪念圣路加临床学术中心
东银座维雅酒店
新桥演舞场
京王布莱索酒店
筑地川公园
银座
筑地KY大厦
筑地四
城北信金
筑地本愿寺
社会教育会馆
国家癌症研究中心研究所新研究楼
佛殿
法重寺
国家癌症研究中心
筑地东急stay酒店
圆正寺
善林寺
筑地场外市场
筑地鱼河岸
日本筑地渔港市场
筑地鱼河岸美食街
筑地诊所
筑地市场站
胜哄站

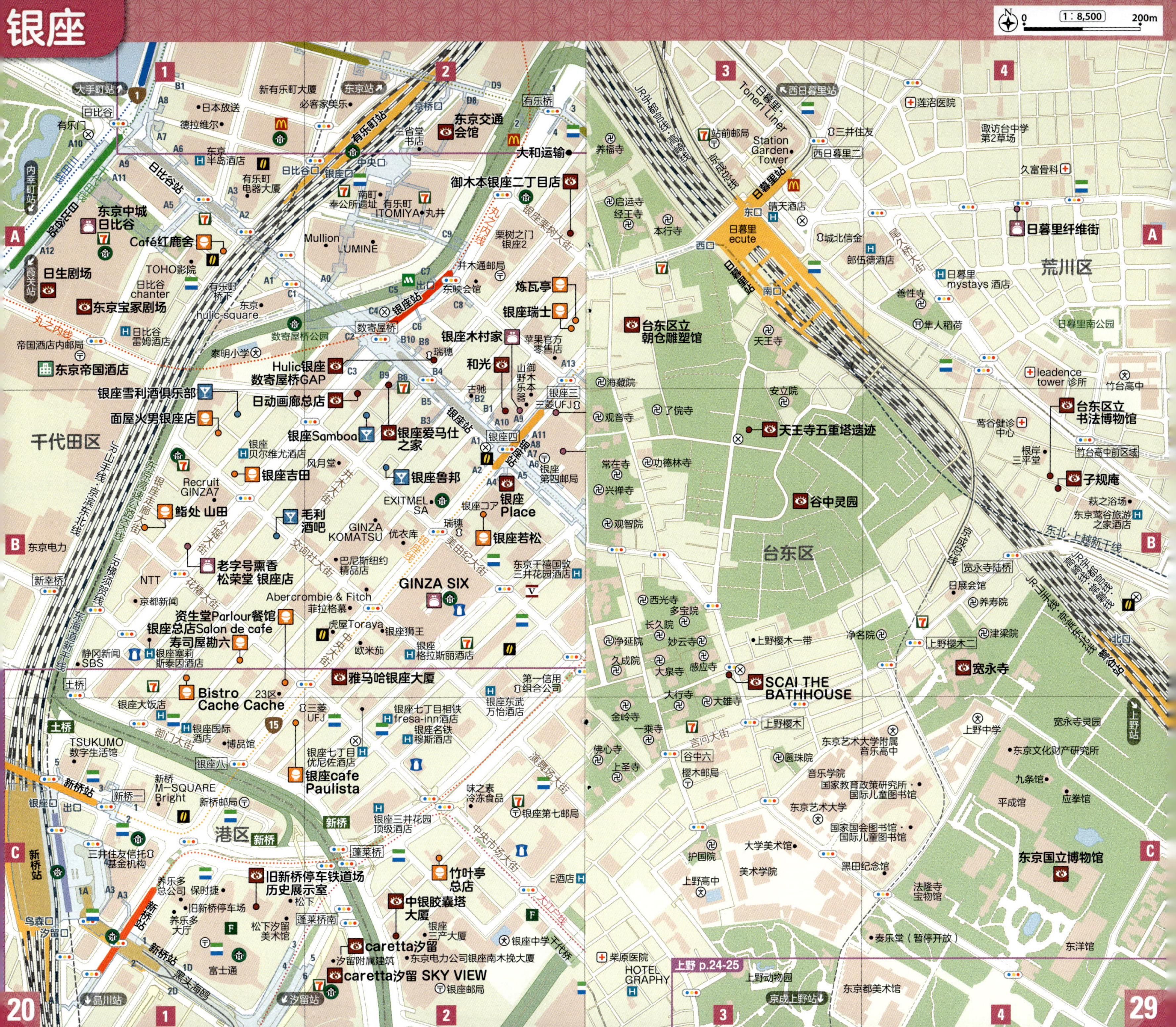

银座
1：8,500
200m
大手町站
日比谷
有乐门
内幸町站
日比谷线
东京中城日比谷
Café红鹿舍
日生剧场
TOHO影院
日比谷chanter
东京宝冢剧场
hulic-square
日比谷雷姆酒店
帝国酒店内邮局
东京帝国酒店
泰明小学
丸之内线
数寄屋桥公园
银座雪利酒俱乐部
面屋火男银座店
千代田区
银座贝尔维尔酒店
Recruit GINZA7
鲔处 山田
老字号熏香松荣堂 银座店
东京电力
新幸桥
NTT
京都新闻
资生堂Parlour餐馆
银座总店Salon de cafe
寿司屋勘六
静冈新闻
SBS
银座塞莉斯泰因酒店
土桥
Bistro Cache Cache
银座大饭店
银座国际酒店
博品馆
TSUKUMO数字生活馆
新桥M-SQUARE Bright
新桥邮局
港区
新桥
新桥站
三井住友信托基金机构
养乐多总公司
保时捷
旧新桥停车场
养乐多大厅
旧新桥停车铁道场历史展示室
松下汐留美术馆
富士通
汐留站
品川站
新有乐町大厦
日本放送
德拉维尔
东京半岛酒店
必客家乐坏
有乐町电器大厦
有乐町站
东京站
东京交通会馆
大和运输
御木本银座二丁目店
奉公所遗址
有乐町ITOMIYA
丸井
Mullion
LUMINE
栗树之门银座2
井木通邮局
东映会馆
炼瓦亭
银座瑞士
银座木村家
苹果官方专卖店
和光
山御野木乐本器
Hulic银座数寄屋桥GAP
日动画廊总店
银座Samboa
银座爱马仕之家
银座鲁邦
毛利酒吧
风月堂
EXITMEL SA
银座四
银座三
三菱UFJ
银座站
银座第四邮局
银座Place
银座若松
GINZA KOMATSU
优衣库
巴尼斯纽约精品店
Abercrombie & Fitch
菲拉格慕
虎屋Toraya
银座狮王
欧米茄
银座格拉斯丽酒店
GINZA SIX
东京千禧国敦三井花园酒店
雅马哈银座大厦
第一信用组合公司
银座七丁目相铁fresa-inn酒店
银座名铁穆斯酒店
银座东武万怡酒店
银座七丁目优尼佐酒店
银座cafe Paulista
味之素冷冻食品
银座三井花园顶级酒店
银座第七邮局
竹叶亭总店
中银胶囊塔大厦
银座三产大厦
caretta汐留
汐留附属建筑
东京电力公司银座南木挽大厦
caretta汐留 SKY VIEW
银座邮局
银座中学
E酒店
晴海通
中央通
昭和通
首都高速
JR山手线
JR京滨东北线
东海道新干线
20
西日暮里站
Toneri Liner
日暮里站
Station Garden Tower
三井住友
西日暮里二
莲沼医院
荒川区
日暮里纤维街
久富骨科
瑞穗台中学第2草场
养福寺
启运寺
经王寺
本行寺
站前邮局
晴天酒店
日暮里ecute
城北信金
郎伍德酒店
日暮里mystays酒店
善性寺
隼人稻荷
日暮里南公园
天王寺
台东区立朝仓雕塑馆
海藏院
安立院
了俨寺
观音寺
天王寺五重塔遗迹
功德林寺
常在寺
兴禅寺
观智院
谷中灵园
台东区
leadence tower诊所
竹台高中
台东区立书法博物馆
莺谷健诊中心
根岸三平堂
竹台高中前区域
子规庵
萩之浴场
东京莺谷旅游之家酒店
东北·上越新干线
宽永寺陆桥
日展会馆
养寿院
西光寺
多宝院
长久院
净延院
妙云寺
上野樱木一带
净名院
上野樱木二
津梁院
宽永寺
久成院
大泉寺
感应寺
SCAI THE BATHHOUSE
大行寺
大雄寺
金岭寺
一乘寺
言问大街
上野樱木
佛心寺
谷中六
樱木邮局
上圣寺
圆珠院
东京艺术大学附属音乐高中
音乐学院
国家教育政策研究所·国际儿童图书馆
东京艺术大学
国家国会图书馆·国际儿童图书馆
大学美术馆
美术学院
黑田纪念馆
护国院
上野高中
法隆寺宝物馆
奏乐堂（暂停开放）
东洋馆
宽永寺灵园
东京文化财产研究所
九条馆
平成馆
应拳馆
东京国立博物馆
上野中学
上野站
柴原医院
HOTEL GRAPHY
上野 p.24-25
上野动物园
东京都美术馆
京成上野站
JR山手线
JR京滨东北线
29

两国·锦糸町

1:10,700 200m

厩桥
藏前站
浅草站
Nui. HOSTEL & BAR LOUNGE
狮王
浅草mystays酒店
本所第一邮局
春日大街
本所一
荒井汤
牛鸣神社
外手小学
首都高速6号向岛线
大江户线
污水处理局北部第一管理事务所
横网二
牧牙科
朝日信金
藏前桥大街
藏前桥
秋光园
NTT大厦
宫泽模型
片男波部屋
山田记念医院
石原二
石原一
藏前工高中
藏前桥东头
藏前桥大街
安田学园中学·高中
复兴纪念馆
中之乡信用组合
Theater Zzz
横网町公园
同爱纪念医院
银座吉野家
隅田川
慰灵堂
清澄大街
刀剑博物馆
旧安田庭园
慈光院
横网町公园前区域
增田医院
两国第一酒店
两国中学
日大一中·高中
八角部屋
东京水边线路线乘处
相扑博物馆
两国国技馆
江户东京博物馆前区域
北齐大街
绿町公园前区域
狮王
两国珍珠酒店
东京都江户东京博物馆
墨田北斋美术馆
绿町公园
两国站
西口
东口
两国河流酒店
两国风景酒店
绿图书馆
东京东信金
瑞穗
绿一
绿一东
绿二西
两国三
京叶道路
两国二
瑞穗
绿町邮局
绿小学
两国花火资料馆
两国市中心
时津风部屋
两国小学
两国公园
回向院（墓地）
本所松坂町公园
春日野部屋
两国第三邮局
海老塚医院
马车大街
二之桥北头
井筒部屋
出羽海部屋
竖川
桐之博物馆
首都高速7号小松川线
一之桥
盐原桥
千岁桥
二之桥
西竖川桥
江岛杉山神社
本所二之桥南
西光寺
千岁公园
要津寺
千岁三
弥勒寺
一之桥大街
江东区
金库与钥匙博物馆
江东信用组合
长庆寺
森下站

森下町邮局
森下站
丸山医院
Cattlea
八名川小学
深川深明宫
八名川公园
东京东信金
森下公园
深川小学
清州医院
望月内科
Noraku大街
常盘一
常盘二
绮罗星银行
常盘浴场
清澄白河mystays酒店
新小名木河闸门
小名木川
高桥
高田川部屋
深川稻荷
清澄内科
大狱部屋
缀山部屋
清澄白河站
东京清澄白河舒适酒店
中村中学·高中
本誓寺
清澄三
常照院
松平定信墓
云严寺
江东区深川江户资料馆
雄松院
大正纪念馆
清澄公园
清澄庭园
正觉院
长专院
法性寺
元通寺
唱行院
深川图书馆
善应院
住友生命保险清澄公园大厦
深川交流中心
采茶庵遗址
海边桥
仙台堀川
正觉寺
增林寺
慧然寺
明治小学
心行寺
贤台山法乘院深川闰魔堂
玄信寺
阳岳寺
深川第一邮局
深川一
赤扎堂
野崎诊所
深川公园
深川不动堂
京成里士满酒店
数矢小学
鹿岛神社
永代寺
富冈八幡宫
门前仲町站
富冈行政机关
三井住友
木场站
森下阳光酒店
超能酒店
森下录音室
深川诊疗所
丸兴
森下儿童馆
森下三
森下四
高桥夜店大街
野木村医院
竹之浴场
深川一中
森下文化中心
丸八
田河水泡·野狗小黑馆
西深川桥
东深川桥
江东·墨田丽雅赛德酒店
墨田区
菊川三
森下五
墨田工高中
日本系统技术
大富桥
三目大街
住吉站
花冈车辆
东深川桥
清洲桥大街
白河三
半藏门线
俱乐部
宣云寺
白河邮局
白河儿童图书馆
白银稻荷
铃木医院
深川资料馆大街
善德寺
云光院
良信院
东京东信金
现代美术馆前区域
三好二
潮江院
龙光院
三好三
东京都现代美术馆
江东区
现代美术馆南
深川六中西
深川六中
木场公园
净心寺
宣明院
帕洛玛
冲玻璃制品
恒见
福富川公园
ASSURE门前仲町
深川北体育中心
龟久桥
深川二中
松田
大和桥
葛西桥大街
都立木场公园前区域
大和总研
日本通运
平久运河
木场亲水公园
日通商事
木场绿化
深川派出所
木场公园
鹤步桥西
首都高速9号深川线
每日品质体育
清水建设
鹿岛
上野
新宿
东京
品川
人形町·门前仲町·清澄白河

人形町·清澄白河·门前仲町

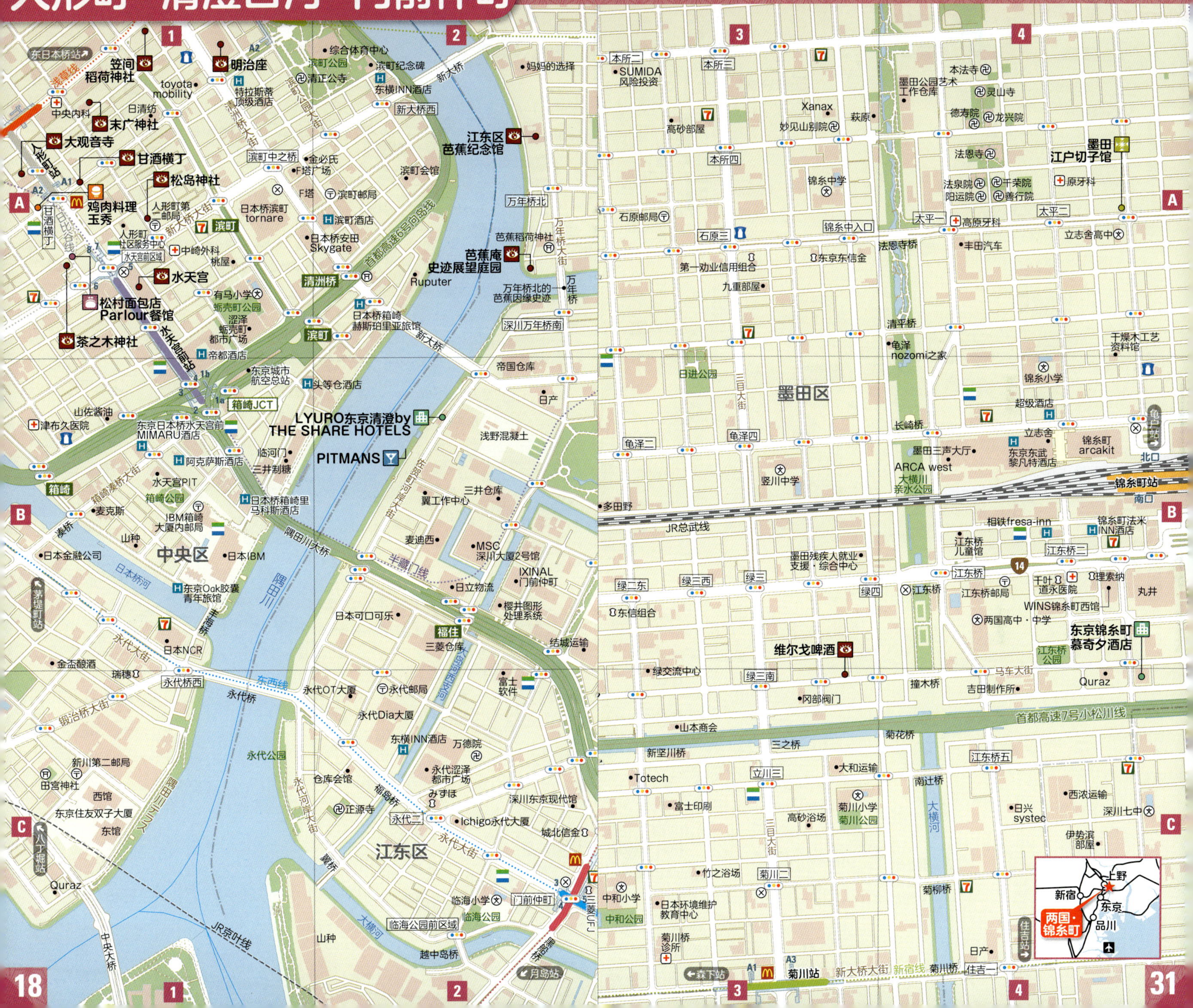

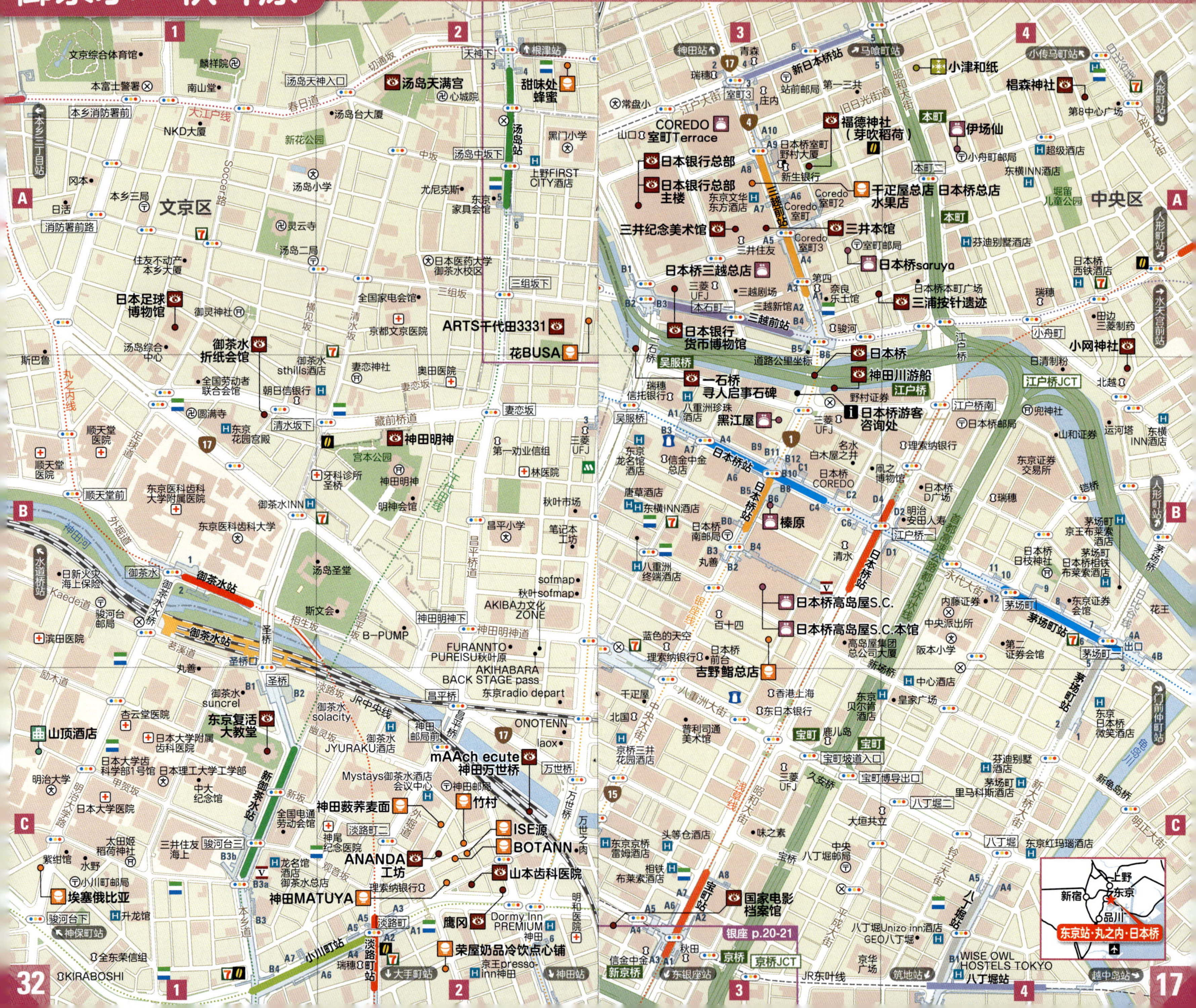

1:9,200 0 200m

文京综合体育馆
麒祥院
本富士警署
南山堂
本乡消防署前
大江户线
NKD大厦
汤岛天神入口
汤岛天满宫
心城院
汤岛台大厦
春日通
新花公园
本乡三丁目站
风本
本乡三局
日活
文京区
汤岛小学
消防署前路
灵云寺
汤岛二局
住友不动产本乡大厦
日本足球博物馆
御灵神社
汤岛综合中心
御茶水折纸会馆
斯巴鲁
御茶水sthills酒店
全国劳动者联合会馆
朝日信银行
圆满寺
东京花园宫殿
清水坂下
丸之内线
顺天堂医院
顺天堂医院
顺天堂前
东京医科齿科大学附属医院
东京医科齿科大学
御茶水INN
汤岛圣堂
水道桥站
日新火灾海上保险
御茶水
御茶水站
骏河台邮局
滨田医院
御茶水站
斯文会
圣桥
相生坂
B-PUMP
丸善
御茶水suncrel
东京复活大教堂
杏云堂医院
山顶酒店
日本大学附属齿科医院
日本大学理工学部
日本大学科学1号馆
明治大学
中大纪念馆
日本大学医院
太田姬稻荷神社
紫衍馆
水野
小川町邮局
埃塞俄比亚
升龙馆
骏河台下
神保町站
全东荣信组
KIRABOSHI
小川町站
淡路町站
甜味处蜂蜜
根津站
天神下
汤岛站
黑门小学
汤岛中坂下
上野FIRST CITY酒店
尤尼克斯
东京家具会馆
日本医药大学御茶水校区
三组坂下
全国家电会馆
京都文京医院
妻恋神社
奥田医院
ARTS千代田3331
花BUSA
妻恋坂
藏前桥通
神田明神
宫本公园
明神会馆
牙科诊所圣桥
第一劝业信组
三菱UFJ
林医院
秋叶市场
昌平小学
笔记本工坊
sofmap
秋叶sofmap
AKIBA文化ZONE
神田明神下
神田明神通
FURANNTO PUREISU秋叶原
AKIHABARA BACK STAGE pass
东京radio depart
昌平桥
御茶水solacity
御茶水JYURAKU酒店
JR中央线
ONOTENN
laox
万世桥
神田邮局前
mAAch ecute神田万世桥
Mystays御茶水酒店会议中心
神田邮局
竹村
神田薮荞麦面
全国电通劳动会馆
淡路町二
神田纪念医院
ISE源
BOTANN
ANANDA工坊
山本齿科医院
理索纳银行
三井住友海上
龙名馆酒店御茶水总店
神田MATUYA
鹰冈
Dormy Inn PREMIUM神田
荣屋奶品冷饮点心铺
京王presso-inn神田
大手町站
神田站
明和医院
外堀通
神田川

神田站
青森
瑞穗
马喰町站
新日本桥站
常盘小
第一三井
站前邮局
江户大街
室町3
庄内
昭和大街
日本桥小传马町站
小津和纸
椙森神社
第8中心广场
人形町站
COREDO室町Terrace
福德神社（芽吹稻荷）
伊场仙
超级酒店
日本银行总部
日本桥室町野村大厦
新生银行
小舟町邮局
东横INN酒店
日本银行总部主楼
东京文华东方酒店
Coredo室町2
千疋屋总店水果店
日本桥总店
堀留儿童公园
中央区
三井纪念美术馆
三越前站
Coredo室町1
Coredo室町3
三井本馆
室町邮局
三井住友
日本桥saruya
芬迪别墅酒店
日本桥三越总店
三菱UFJ
三越剧场
第四
奈良
日本桥本町广场
日本桥西铁酒店
三越新馆
乐土馆
三浦按针住迹
瑞穗
本石町
三越前站
骏河
田边三菱制药
日本银行货币博物馆
日本桥
小舟町
小网神社
一石桥
吴服桥
道路公里坐标
日本桥
神田川游船
日清制粉
江户桥JCT
一石桥寻人启事石碑
野村证券
北越
瑞穗信托银行
八重洲珍珠酒店
江户桥
日本桥游客咨询处
江户桥南
兜神社
日本桥邮局
黑江屋
三菱UFJ
名水
白木屋之井
理索纳银行
山和证券
运河塔
东横INN酒店
东京龙名馆酒店
信金中金总店
日本桥站
凤之博物馆
东京证券交易所
日本桥D广场
瑞穗
日本桥CORED
唐草酒店
东横INN酒店
榛原
明治安田人寿
茅场町京王布莱斯酒店
日本桥南邮局
首都高速都心环状线
江户桥一
日本桥
日本桥茅场町
日枝神社
八重洲终端酒店
清水
丸善
永代大街
日本桥日铁布莱索酒店
日本桥高岛屋S.C.
内藤证券
茅场町
东京证券会馆
花王
日本桥高岛屋S.C.本馆
中央派出所
茅场町站
蓝色的天空
百十四
高岛屋集团总公司大厦
阪本小学
第二证券会馆
理索纳银行
日本桥前台
新场桥
中心酒店
吉野鲻总店
八重洲大街
香港上海
东京贝尔普酒店
皇家广场
茅场町站
千疋屋
东日本银行
东京日本桥微笑酒店
北国
普利司通美术馆
宝町
鹿儿岛
宝町
宝町坡道入口
京桥三井花园酒店
芬迪别墅酒店
茅场町里马科斯酒店
三菱UFJ
宝町博导出口
久安桥
八丁堀二
新龟岛桥
中央大街
昭和大街
大垣共立
鈴之木
头等仓酒店
味之素
八丁堀
东京京桥雷姆酒店
东京红玛瑙酒店
相铁
布莱索酒店
八丁堀邮局
京桥站
国家电影档案馆
平成大街
八丁堀站
八丁堀Unizo inn酒店
GEO八丁堀
WISE OWL HOSTELS TOKYO
京华广场
秋田
信金中金
新京桥
东银座站
京桥JCT
JR京叶线
筑地站
越中岛站
八丁堀站

银座 p.20-21

上野
新宿
东京
品川
东京站·丸之内·日本桥

东京站·丸之内·日本桥
1 : 8,700
200m
皇居周边 p.46
上野 p.24-25
大手门
将门冢
神田桥
神田桥JCT
大手町
大手町站
常盘桥门遗址
TRAVEL HUB MIX
JOBHUB SQUARE 东京
2k540 AKI-OKA ARTISAN
荻原丸吉风铃
上野御徒町站
御徒町站
仲御徒町站
新御徒町站
末广町站
台东区
千代田区
东京站
东京站丸之内站舍
东京动漫街
东京甜品乐园
东京车站酒店
东京拉面街
大丸东京店
KITTE花园
JP塔 / KITTE
哈多巴士乘车处
丸之内 Brick square
明治生命馆
三菱一号馆美术馆
大江户古董市
出光美术馆
东京国际论坛大楼
警察博物馆
银座一丁目站
有乐町站
有乐町
二重桥前站
日比谷站
京桥站
AKB48剧场
秋叶原站
岩本町站
TUKUMO eX
Bic Camera
YODOBASHI
千代田区
御茶水·秋叶原
新宿
上野
东京
品川

饭田桥·水道桥·神保町

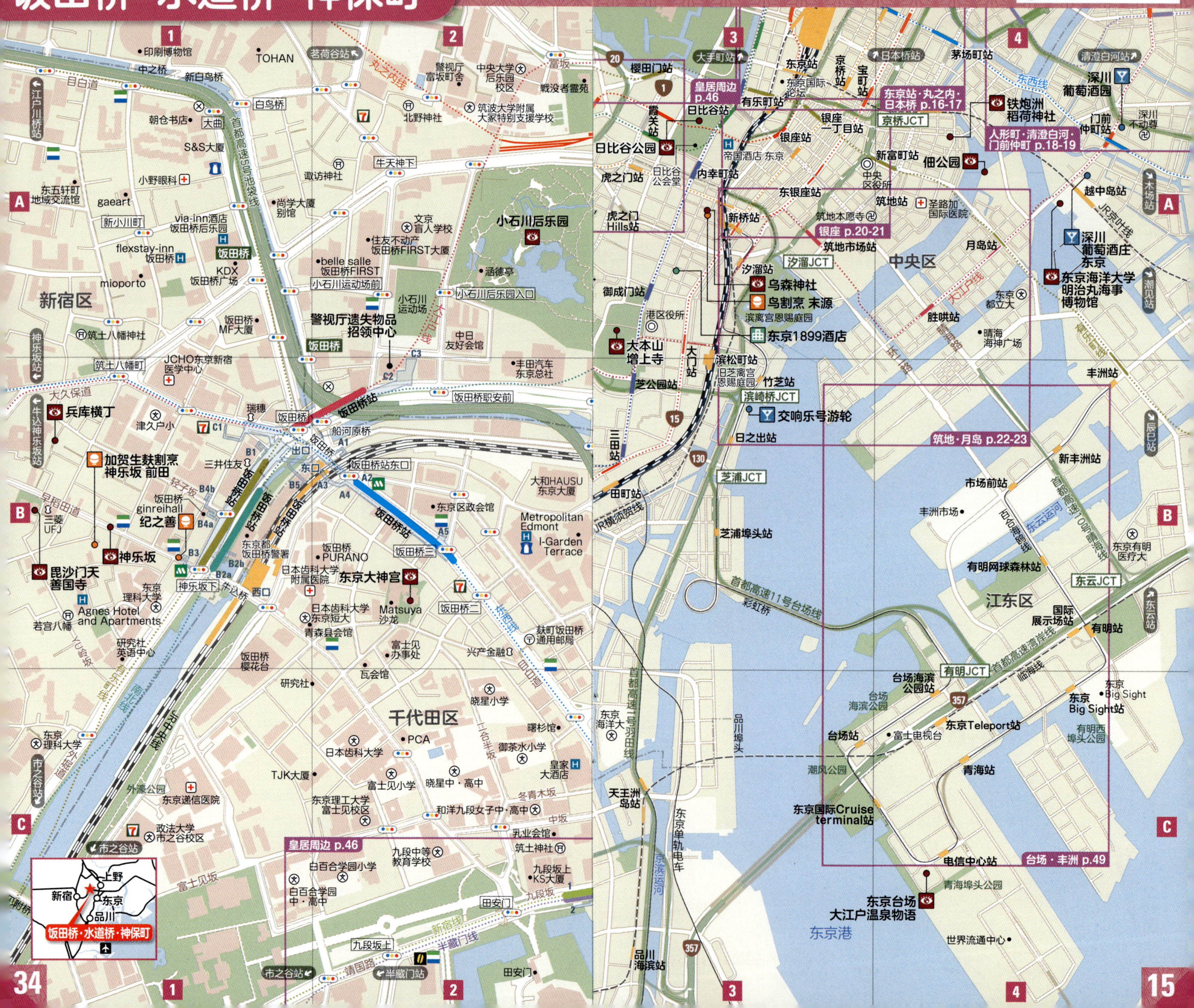

1:46,000
1km
印刷博物馆
中之桥
新白鸟桥
TOHAN
茗荷谷站
丸之内线
警视厅富坂町舍
中央大学后乐园校区
戦没者靈苑
目白道
白鸟桥
朝仓书店
大曲
S&S大厦
北野神社
筑波大学附属大森特别支援学校
首都高速5号池袋线
牛天神下
小野眼科
諏訪神社
东五轩町地域交流馆
gaeart
尚学大厦别馆
新小川町
via-inn酒店饭田桥后乐园
文京盲人学校
小石川后乐园
flexstay-inn饭田桥
饭田桥
住友不动产饭田桥FIRST大厦
belle salle饭田桥FIRST
KDX饭田桥广场
新宿区
mioporto
小石川运动场前
小石川运动场
涵德亭
小石川后乐园入口
饭田桥MF大厦
筑土八幡神社
警视厅遗失物品招领中心
饭田桥
中日友好会馆
JCHO东京新宿医学中心
筑土八幡町
丰田汽车东京总社
大久保道
饭田桥站
饭田桥职安前
兵库横丁
瑞穗
饭田桥
津久户小
船河原桥
加贺生麸割烹神乐坂 前田
三井住友
饭田桥站东口
大和HAUSU东京大厦
早稻田道
饭田桥ginreihall
纪之善
三菱UFJ
东京区政会馆
Metropolitan Edmont
I-Garden Terrace
神乐坂
毘沙门天善国寺
东京都饭田桥警署
饭田桥PURANO
饭田桥三
日本齿科大学附属医院
东京大神宫
东京理科大学
神乐坂下
Agnes Hotel and Apartments
日本齿科大学东京短大
Matsuya沙龙
饭田桥二
若宫八幡
研究社英语中心
青森县会馆
富士见办事处
兴产金融
麸町饭田桥通用邮局
饭田桥樱花台
研究社
瓦会馆
晓星小学
千代田区
曙杉馆
东京理科大学
PCA
日本齿科大学
御茶水小学
TJK大厦
富士见小学
晓星中·高中
皇家大酒店
外濠公园
东京递信医院
东京理科大学富士见校区
和洋九段女子中·高中
法政大学市之谷校区
市之谷站
乳业会馆
筑土神社
皇居周边 p.46
九段中等教育学校
白百合学园小学
九段坂上KS大厦
白百合学园中·高中
田安门
富士见坂
九段坂上
新宿线
半藏门线
靖国路
市之谷站
半藏门站
田安门
上野
新宿
东京
品川
饭田桥·水道桥·神保町
大手町站
樱田门站
皇居周边 p.46
东京站
有乐町站
京桥站
宝町站
日本桥站
茅场町站
清澄白河站
深川葡萄酒园
东西线
东京站·丸之内·日本桥 p.16-17
铁炮洲稻荷神社
霞关站
日比谷站
银座站
银座一丁目站
京桥JCT
人形町·清澄白河·门前仲町 p.18-19
门前仲町站
日比谷公园
帝国酒店 东京
新富町站
佃公园
虎之门站
日比谷公会堂
内幸町站
中央区役所
越中岛站
虎之门Hills站
新桥站
东银座站
筑地站
圣路加国际医院
筑地本愿寺
银座 p.20-21
筑地市场站
月岛站
深川葡萄酒庄东京
中央区
汐留站
汐留JCT
东京海洋大学明治丸海事博物馆
御成门站
乌森神社
乌割烹 末源
港区役所
滨离宫恩赐庭园
东京都立大
胜哄站
大本山增上寺
东京1899酒店
晴海海神广场
大门站
滨松町站
旧芝离宫恩赐庭园
竹芝站
芝公园站
丰洲站
滨崎桥JCT
交响乐号游轮
三田站
日之出站
筑地·月岛 p.22-23
新丰洲站
芝浦JCT
市场前站
田町站
丰洲市场
JR横须贺线
芝浦埠头站
东云运河
东京有明医疗大
有明网球森林站
东云JCT
首都高速11号台场线
彩虹桥
江东区
国际展示场站
有明站
台场海滨公园
有明JCT
临海线
东京Big Sight
东京Big Sight站
台场海滨公园
东京海洋大
东京Teleport站
台场站
富士电视台
有明西埠头公园
品川埠头
潮风公园
青海站
天王洲岛站
东京国际Cruise terminal站
东京单轨电车
电信中心站
台场·丰洲 p.49
京滨运河
青海埠头公园
东京台场大江户温泉物语
东京港
世界流通中心
品川海滨站

东京中心图南
1:9,200
200m
参宫桥站
代代木站
北参道站
明治神宫
新国立竞技场
p.12-13
旧东宫御所（迎宾馆赤坂离宫）
赤坂御用地
永田町站
千代田区
赤坂见附站
国会议事堂前站
Hope轩千驮谷店
明治神宫外苑
清正井
代代木八幡站
明治神宫外苑银杏大道
青山一丁目站
赤坂Sacas
青山·六本木 p.42-43
赤坂站
溜池山王站
虎之门医院
代代木公园
原宿站
外苑前站
大江户线
赤坂冰川神社
明治神宫前站
表参道Hills
千代田线
乃木坂站
青山陵园
东京中城
国立新美术馆
赤坂·霞关 p.44-45
六本木一丁目站
代代木公园站
表参道站
六本木站
神谷町站
涩谷区役所
涩谷Modi
幸稻荷神社
东急田园都市线
半藏门线
银座线
青山学院大
六本木路
六本木Hills
东京塔
驹场东大前站
神泉站
涩谷站
首都高速3号涩谷线
东京塔大神宫
涩谷区
浪花家总店
赤羽桥站
涩谷·原宿·表参道 p.40-41
麻布十番站
一之桥JCT
山种美术馆
乘泉寺
广尾站
有栖川宫纪念公园
池尻大桥站
惠比寿·目黑 p.47
圣心女子大
庆应义塾大
代官山站
日比谷线
品川 p.48
首都高速2号目黑线
三田线
中目黑站
惠比寿站
北里大
惠比寿Garden place
白金高轮站
港区
东急东横线
东京共济医院
山手线
埼京线
圣心女子学院
目黑区役所
国立科学博物馆附属自然教育园
白金台站
南北线
泉岳寺站
东海大
明治学院大
高轮Gate way站
祐天寺站
明星山祐天寺
首都高速中央环状线
山手路
目黑站
京滨东北线
东海道新干线
目黑区
Hotel雅叙园东京
高轮台站
Grand prince hotel新高轮
目黑路
目黑川
目黑不动尊
Maxell aqua park品川
品川站
清泉女子大
不动前站
五反田站
林试之森公园
大崎广小路站
北品川站
东急目黑线
浅草线
立正大
武藏小山站
大崎New city
大崎站
西小山站
户越银座站
新马场站
户越站
东海寺
京急本线
品川区
东急池上线
大冈山站
洗足站
荏原中延站
户越公园站
下神明站
品川区役所
大井町站
京滨东北线
青物横丁站
旗之台站
中延站
西大井站
鲛洲站
东大前站
富坂下
春日站
春日町
真砂中央图书馆
文京故乡历史馆
本乡小学
机山馆酒店
后乐园站
文京春日邮局
文京市民中心
观景台
砾川公园
樱木神社
本乡四局
后乐园站
文京区政府
讲道馆
春日道
大江户线
本乡三丁目站
metro-m
LaQua
真砂坂上
本乡三丁目站
瑞穗
三菱UFJ
后乐园站
东京dome city
医学书院
NICOS
白山道
棒球殿堂博物馆
Richmond酒店东京水道桥
福田电子
本乡中
南北线
水道桥GRAND
理索纳银行
东京dome
壹岐坂下
本乡一局
文京区
壹岐坂
东京巨蛋城
东洋学园大
三河稻荷
壹岐坂上
后乐园hall
JIOPORISU
Prismhall
壹岐坂道
三念寺
ASOBONO
铃木arena
金刀比罗神社
昌清寺
东京dome保龄球中心
大黄厦色
东京dome酒店
兴安寺
给水所公苑
SATO酒店东京
樱荫学园
宇宙博物馆TeNQ
水道桥站
Katsu吉 水道桥店
水道历史馆
水利局
Global Cabin
后乐桥
MEETSPORT
工艺高中
昭和一高
顺天堂医院
东京GREEN酒店后乐园
小石川桥
水道桥
元町公园
顺天堂大学
西口
水道桥站
东口
外堀道
神田川
御茶水站
西口会馆
中乡信组
东京齿科大学水道桥医院
东洋高中
JR中央线
池坊
东京医科齿科大学研究所
日本大学法学部
东急STAY水道桥
东京庭园酒店
石川武美纪念图书馆
广场花园
日本大学经济学部
女坂
三乐医院
ceylon drop
日本大学经济学部8号馆
大家商会
日本大学法学部
三崎町
神田女子学园中·高中
浜田医院
日建设计
首都高速5号池袋线
日本大学法学部图书馆
数学研究馆
米泽嘉博纪念图书馆
日本大学理工学部骏河台校区
西神田公园
水道桥西路
专大路
堀留桥
Villa Fontaine
丰岛屋总店
山上酒店
西神田
神保町办事处
兴产信用银行
garial
京王presso-inn九段下
日本弘道会大厦
BERUSARU神保町annex
味道
明治大学
专修大学
埃塞俄比亚
villa-fontaine酒店
苏门答腊咖喱共荣堂
九段北一
瑞穗
三菱UFJ
北之丸广场
神保町站
神保町
书泉bondy
三省堂书店
专大前
岩波展厅
九段下
九段下站
日本工业大学大学院
樱花街
骏河台下
九段下站
新九段大厦
铃兰道
相铁fresa-inn
昭和馆
理索纳银行
九段邮局
神田南神保町局
千代田区观光协会
神田古书店街
邦迪神保町总店
钵卷
曼陀罗印度餐馆
千代田区政府
竹桥站
大手町站
大手町站
小川町站
牛之渊
14
35

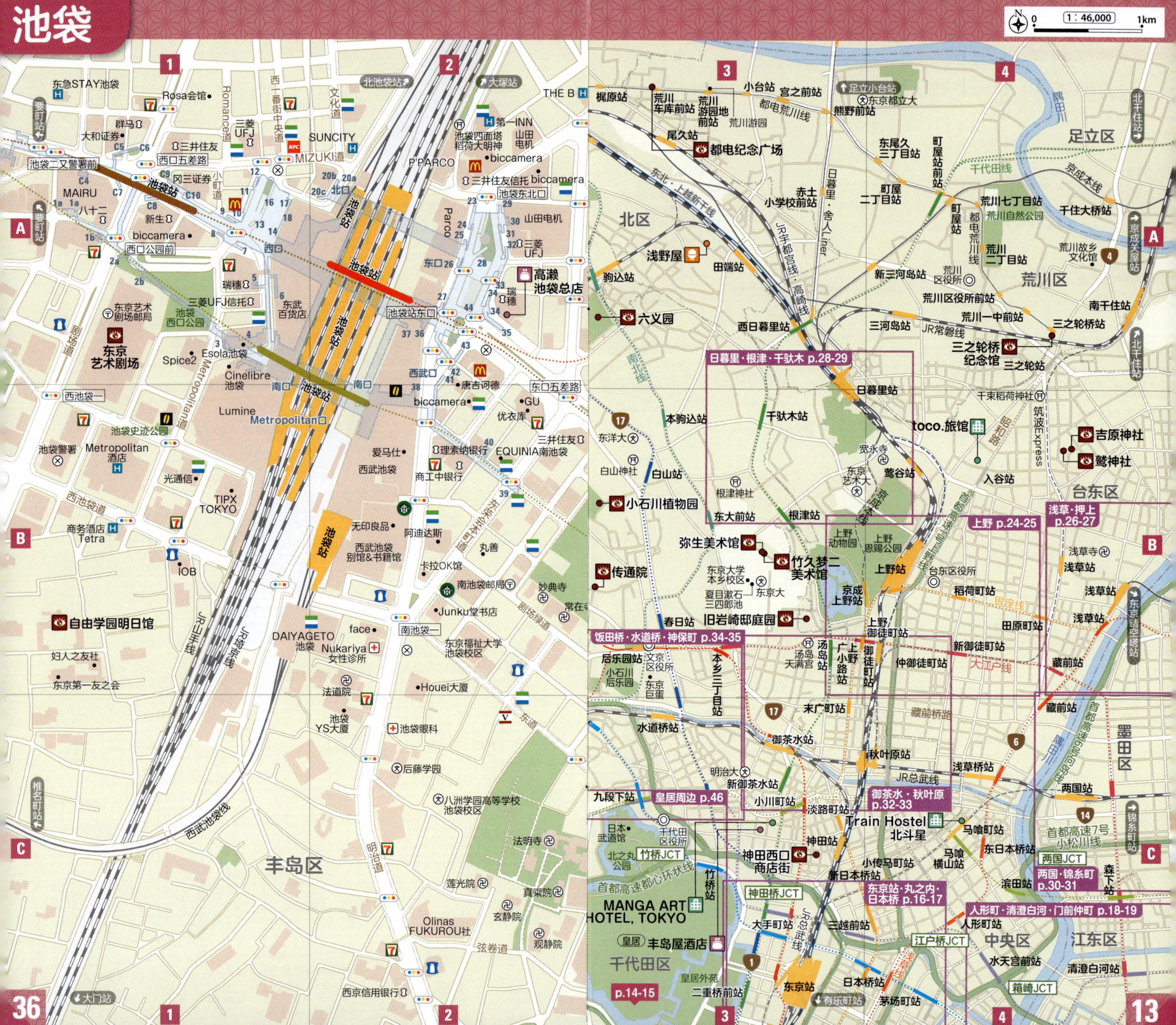

池袋
1：46,000
1km
东急STAY池袋
Rosa会馆
三菱UFJ
SUNCITY
MIZUKI道
北池袋站
大塚站
THE B
第一INN
池袋西塔
稻荷大明神
山田电机
P'PARCO
biccamera
三井住友信托
池袋东北口
群马
大和证券
三井住友
西口五差路
池袋二叉警署前
冈三证券
MAIRU
八十二
新生
biccamera
西口公园前
池袋站
西口
东口
瑞穗
三菱UFJ信托
东武百货店
东京艺术剧场邮局
池袋西口公园
东京艺术剧场
Spice2
Esola池袋
Cinelibre池袋
南口
Metropolitan
Lumine
西池袋一
池袋史迹公园
池袋警署
Metropolitan酒店
光通信
TIPX TOKYO
西池袋通
商务酒店Tetra
IOB
自由学园明日馆
妇人之友社
东京第一友之会
高濑池袋总店
池袋站东口
西武口
唐吉诃德
东口五差路
biccamera
GU
优衣库
三井住友
理索纳银行
EQUINIA南池袋
爱马仕
西武池袋
商工中银行
无印良品
阿迪达斯
西武池袋别馆&书籍馆
丸善
卡拉OK馆
南池袋邮局
妙典寺
常在寺
Junku堂书店
剧场通
DAIYAGETO池袋
face
Nukariya女性诊所
南池袋一
东京福祉大学池袋校区
法道院
Houei大厦
池袋YS大厦
池袋眼科
后藤学园
八洲学园高等学校池袋校区
法明寺
丰岛区
莲光院
真乘院
玄静院
Olinas FUKUROU社
观静院
弦卷道
西京信用银行
大门站
要町站
椎名町站
西武池袋线
JR山手线
JR埼京线
明治通
Romance通
西一番街中央通
文化通
东京都立大
梶原站
荒川车库前站
荒川游园地前站
小台站
宫之前站
都电荒川线
熊野前站
尾久站
都电纪念广场
东尾久三丁目站
町屋站前站
足立区
北千住站
千代田线
京成本线
北区
东北·上越新干线
赤土小学校前站
日暮里·舍人liner
町屋二丁目站
荒川七丁目站
荒川自然公园
千住大桥站
京成关屋站
荒川故乡文化馆
荒川二丁目站
荒川区
浅野屋
田端站
新三河岛站
荒川区役所前站
南千住站
驹込站
JR宇都宫线·高崎线
荒川一中前站
三之轮桥站
六义园
西日暮里站
三河岛站
JR常磐线
三之轮桥纪念馆
三之轮站
日暮里·根津·千驮木 p.28-29
日暮里站
千束稻荷神社
本驹込站
千驮木站
toco.旅馆
吉原神社
鹫神社
东洋大
白山神社
白山站
宽永寺
莺谷站
入谷站
根津神社
东京艺术大
台东区
小石川植物园
东大前站
根津站
上野 p.24-25
浅草·押上 p.26-27
弥生美术馆
竹久梦二美术馆
上野动物园
上野恩赐公园
浅草寺
浅草站
传通院
东京大学本乡校区
上野站
东京区役所
稻荷町站
夏目漱石三四郎池
京成上野站
旧岩崎邸庭园
春日站
上野御徒町站
田原町站
饭田桥·水道桥·神保町 p.34-35
新御徒町站
后乐园站
文京区役所
汤岛天满宫
汤岛站
上野广小路站
御徒町站
仲御徒町站
大江户线
藏前站
小石川后乐园
东京巨蛋
本乡三丁目站
末广町站
藏前桥通
墨田区
水道桥站
御茶水站
秋叶原站
明治大
新御茶水站
浅草桥站
JR总武线
两国站
九段下站
皇居周边 p.46
小川町站
淡路町站
御茶水·秋叶原 p.32-33
Train Hostel北斗星
马喰町站
日本武道馆
千代田区役所
神田站
马喰横山站
东日本桥站
首都高速7号小松川线
北之丸公园
竹桥JCT
神田西口商店街
小传马町站
新日本桥站
两国JCT
两国·锦糸町 p.30-31
滨町站
森下站
竹桥站
神田桥JCT
东京站·丸之内·日本桥 p.16-17
首都高速都心环状线
MANGA ART HOTEL, TOKYO
大手町站
三越前站
人形町·清澄白河·门前仲町 p.18-19
人形町站
皇居
丰岛屋酒店
江户桥JCT
中央区
江东区
千代田区
皇居外苑
水天宫前站
清澄白河站
日本桥站
p.14-15
二重桥前站
东京站
有乐町站
茅场町站
箱崎JCT
36
13

1 : 6,200
100m
板桥区
丰岛区
文京区
新宿区
涩谷区
港区
板桥JCT
熊野町JCT
三宅坂JCT
池袋 p.36-37
新宿 p.38-39
池袋站
东池袋站
大塚站
巢鸭站
目白站
高田马场站
新大久保站
大久保站
新宿站
代代木站
千驮谷站
信浓町站
四谷站
市谷站
饭田桥站
神乐坂站
早稻田站
江户川桥站
护国寺站
东池袋四丁目站
鬼子母神
巢鸭地藏路商店街
刺拔地藏尊
盐大福水野
星野集团OMO5东京大塚
护国寺
御茶水女子大学正门
石川啄木临终之地
丰岛区立杂司谷旧宣教师馆
富田染工艺
东京椿山庄酒店
关口法式面包白坂总店
新宿区立漱石山房纪念馆
皆中稻荷神社
新大久保韩国城
大角玉屋 总店
消防博物馆
国立能乐堂
稻荷汤
泷野川一丁目站
飞鸟山公园
涩泽史料馆
副都心线
有乐町线
山手线
JR中央线
丸之内线
大江户线
都电荒川线
首都高速5号池袋线
Hareza池袋
Q plaza池袋
SUN SHINE60道
SKY CIRCUS 阳光60观景台
少女之路
阳光城
阳光水族馆
柯尼卡美能达天象仪馆（满天）
阳光巴士总站
东池袋中央公园
丰岛区政府
东池袋站
东池袋四丁目站
池袋

p.8-9
东京中心图南 p.14-15

1：8,400
200m
永福町站
永福町 大胜轩
幡谷站
代田桥站
代代木上原站
代代木八幡站
下高井户站
明大前站
东北泽站
本多剧场
松原站
世田谷代田站
下北泽站
下北泽 LOFT
山下站
经堂站
豪德寺站
宫之坂站
东急世田谷线
世田谷区
若林站
西太子堂站
三轩茶屋站
池尻大桥站
日本近代文学馆
日本民艺馆
驹泽大学站
樱新町站
天空胡萝卜大楼观景台
海螺小姐一家铜像
长谷川町子美术馆
东急田园都市线
学艺大学站
祐天寺站
都立大学站
自由之丘蒙布朗
自由之丘站
九品佛站
尾山台站
等等力站
上野毛站
二子玉川站
绿丘站
大冈山站
奥泽站
东急大井町线
田园调布站
等等力不动尊（明王院）
多摩川站
沼部站
雪谷大冢站
御岳山站
石川台站
洗足池站
长原站
旗之台站
荏原町站
马込站
明神池
久原站
武藏小杉站
新丸子站
武藏中原站
元住吉站
向河原站
平间站
鹿岛田站
新川崎站
日吉站
p.6-7
幸区
港北区
鹤见川
矢向站
尻手站
川崎站
川崎市
川崎区
神奈川县
横滨市
鹤见区
鹤见站
京急鹤见站
八丁畷站
鹤见市场站
川崎新町站
小田荣站
浜川崎站
JR鹤见线
昭和站
大师JCT
六乡土手站
京急大师线
铃木町站
川崎大师站
东门前站
大师桥站
小岛新田站
羽田神社
你好 总店
糀谷站
大鸟居站
穴守稻荷站
整备场站
天空桥站
京急蒲田站
蒲田站
莲沼站
池上站
大田区
梅屋敷站
大森町站
平和岛站
昭和岛站
流通中心站
东海JCT
大森海岸站
大森站
大森贝冢遗址庭园
西马込站
Hotel Bar Grantios别邸
品川水族馆
大井赛马场前站
立会川站
大井町站
大井JCT
鲛洲站
品川区
西大井站
下神明站
中延站
户越公园站
户越站
户越银座站
北千束站
目黑区
目黑站
五反田站
大崎站
品川站
天王洲岛站
品川海滨站
青物横丁站
高轮Gate way站
泉岳寺站
白金高轮站
田町站
港区
惠比寿站
中目黑站
大桥JCT
神泉站
涩谷站
涩谷区立松涛美术馆
东京清真寺暨土耳其文化中心
代代木八幡宫
代代木公园站
原宿站
参宫桥站
北参道站
国立竞技场站
千代田区
有乐町站
东京站
新桥站
六本木站
表参道站
滨松町站
涩谷区
东京东南部
新宿RUIDO K4
LOFT
新宿urban
balian-resort
Citadines Central 新宿东京
Thermae私汤
新宿区政府前
新宿Golden街
花园神社
Sunlight ANEX
Sunlight新宿
via-inn 酒店新宿
Dug jazz Café & Bar
新宿Piccadilly
纪伊国屋书店
伊势丹会馆
伊势丹MENS馆
Theatres新宿
MARUIMENN
PARK CITY 伊势丹1
伊势丹新宿店
Yodobashi camera
优衣库
H&M
新宿三丁目站
BIGUSU新宿大厦
新宿Pit in
Mirraza新宿
Central酒店东京
IDC大塚家具
MAIRU ANEX
世界堂
FLAGS
名曲·咖啡 ranburu
MIRAINATAWA
雷克萨斯
西京信用银行总行
天龙寺
FORECAST新宿SOUTH
SAUSUGETO新宿大厦
FRONT PLACE南新宿
高岛屋
东急HANDS
kimono yamato
纪伊国屋SAZANN theater 高岛屋
HANA信组
千驮谷医院
千驮谷五
NTT docomo大厦
台湾阁
日本庭园
上池
新宿御苑
管理事务所
新宿御苑站
新宿御苑隧道
甲州街道
四谷三丁目站
信息中心
太宗寺
东横INN
新宿一局
新宿二局
NTT docomo
LISTEL新宿
酒店hateshinai
KIRABOSI银行
东电分公司
新宿一北
新宿线
成觉寺
明治通邮局
新宿文化中心
天神小学
新宿中学
西向天神社
东新宿站
东京商务酒店
国际酒店歌舞伎厅
日清食品
北参道站
千驮谷会馆
代代木站
南新宿站
上野
新宿
东京
品川

1: 110,000
2km
中央广场
代代木公园
代代木公园站
千代田线
涩谷门
南门
原宿门
国立代代木竞技场
第二体育馆
户外舞台
NHK HALL
NHK大众广场 FUREAI HALL
NHK放送中心
NHK中心西门前
涩谷税务署前
NHK中心下
放送中心内部邮局
北谷稻荷
涩谷 eggman
LINECUBE SHIBUYA
涩谷区政府
BEAMS
神南小学
涩谷东武酒店
Nitori
涩谷creston酒店
Unizo酒店 涩谷
勤劳福祉会馆前
神南小学下
东急hands
涩谷 PARCO
ARIA松涛
户栗美术馆
涩谷中心街
Orchard halla
Bunkamura
KIRABOSHI
东急
Bunkamura 博物馆
松涛邮局
道玄坂二
SHIBUYA 109涩谷
涩谷酒店
THE PRIME
B.Y.G
喜乐
道玄坂
TOHO cinemas
涩谷EXCEL东急
O-WEST
O-EAST
涩谷markcity
道玄坂上交番前
WEST
EAST
三菱UFJ
忠犬八公像
摩艾像
神泉站
京王井头线
涩谷REX
道玄坂局
中央街邮局
Fukuras
涩谷中心广场
涩谷 SORASUTA
首都高速3号涩谷线
Ceruleantower 东急酒店
涩谷樱丘 SQUARE
文化综合中心
大和田
Turntable 旅馆
东急 STAY
押田皮肤诊所
樱花 HALL
System ware
池尻大桥站
涩谷
SCRAMBLE SQUARE
shibuya-san
COOP PLAZA
涩谷 Stream
新南口
惠比寿站
scramble 交叉路口
三井住友
MAGNET by SHIBUYA 109
饮兵卫横丁
宫益坂
三菱UFJ信托
理索纳银行
宫益坂口
HACHI公口
涩谷站前
道玄坂下
西武
LOFT
涩谷modi
丸井 marui
东日本
神南一
Tower Records
宫下公园
METRO PLAZA
涩谷 CAST
神宫前六
神南邮局前
涩谷中·高中
Trunk Hotel
稳田神社
dormy-inn
长泉寺
原宿 rehabilitation 医院
京瓷大厦
明治神宫前站
原宿站
WITH HARAJUKU
表参道口
原宿站前
原宿 Quest
NIKE
神宫桥
五轮桥
代代木站
JR山手线
JR埼京线
副都心线
明治通
Orchyard路
井头通
文化村通
Basuke通
西班牙坂
公园通
Fire通
新越谷站
新田站
东京外环机动车道
草加
独协大学前站
外环三乡西
三乡JCT
三乡
三乡市
三乡中央
三乡中央站
草加市
草加站
东武晴空塔线
日光街道
八潮市
首都高速6号三乡线
筑波Express
八潮站
谷塚站
见沼代亲水公园站
舍人站
舍人公园
舍人公园站
日暮里·舍人Liner
谷在家站
东京都 足立区
竹之塚站
六町站
西新井大师西站
西新井大师
大师前站
西新井站
环七路
梅岛站
北岭濑站
江北站
青井站
五反野站
高野站
扇大桥站
宿场町路商店街
宝汤
小菅站
足立小台站
小菅JCT
北千住站
牛田站
堀切站
堀切JCT
堀切菖蒲园
熊野前站
荒川区
千住大桥站
南千住站
三之轮桥站
町屋站
三河岛站
日暮里站
莺谷站
上野公园
上野站
台东区
浅草站
今户神社
御徒町站
秋叶原站
浅草桥站
神田站
马喰町站
两国站
中央区
森下站
清澄白河站
菊川站
住吉站
江东区
西大岛站
大岛站
东大岛站
锦系町站
吾妻桥站
押上站
东京晴空塔
东武龟户线
墨田区
钟渊站
曳舟站
京成曳舟站
向岛百花园
ONE@Tokyo
小村井站
东Azuma站
平井站
龟户天神社
龟户水神站
龟户站
八广站
四木站
京成立石站
葛饰区
京成本线
花茶屋站
青砥站
京成高砂站
柴又站
葛饰柴又寅次郎纪念馆
新柴又站
山田洋次博物馆
京成小岩站
江户川站
小岩站
JR总武线
新小岩站
江户川区
京叶道路
小松川JCT
船堀站
一之江站
新宿线
曙汤
龟有站
JR常磐线
金町站
京成金町站
此龟铜像
水元公园
千叶县
松户市
三乡南
北岭濑
东向岛站
堀切菖蒲园站
京成关屋站
京成押上线
千代田线
绫濑站
绫濑川
中川
旧中川
荒川
隅田川
新中川
半藏门线
埼玉县
东京东北部
东京都
山梨县
神奈川县
p.10-11

1:10,400
200m
中浦和站
浦和区
大宫站
东川口站
川口JCT
川口东
川口中央
川口西
外环浦和
武藏浦和站
JR武藏野线
南浦和站
埼玉市
南区
新井宿站
鸠谷站
首都高速川口线
户田东
北户田站
美女木JCT
蕨站
蕨市
埼玉县
川口市
户田西
户田站
户田市
户田公园站
西川口站
南鸠谷站
p.4-5
户田划艇场
户田公园
板桥区立儿童动物园
川口站
川口元乡站
川口公共高尔夫球场
三田线
首都高速5号池袋线
赤羽八幡神社
赤羽岩渊站
志茂站
赤羽站
志村坂上站
三丁目站
板桥区
北区
本莲沼站
王子神谷站
江北JCT
明治堂
练马区
十条站
板桥本町站
王子站
都电荒川线
南长崎花开公园
常盘庄英雄的纪念碑
冰川台站
天然温泉 久松汤
东京中心图北 p.12-13
大山駅
新板桥站
板桥站
西原站
尾久站
丰岛园站
西武池袋线
JR山手线
田端站
西日暮里站
Sunshine 60
丰岛区
文京区
常盘庄
目白站
新宿区立林芙美子纪念馆
下落合站
印染之乡 落合
中野区
中野百老汇
中井站
高田马场站
后乐园站
春日站
东京巨蛋
水道桥站
高圆寺站
杉并区
JR中央线
丸之内线
新宿区
饭田桥站
新高圆寺站
新中野站
西新宿站
新大久保站
神保町站
市谷站
千代田区
东京都厅
新宿站
新宿御苑
四谷站
皇居
大宫八幡宫
方南町站
涩谷区
代代木站
初台站
涩谷站
东京站
原宿ALTER
神宫前塔大厦
竹下街
Galaxy Harajuku
太田纪念美术馆
猫街
竹下口
Newwave原宿
H&M
ABC MART
LINE FRIENDS FLAGSHIP STORE HARAJUKU
Laforet原宿
YM SQUARE原宿
东急PLAZA
神宫前
原宿Piazza大厦
儿童乐园
神宫前小学
原宿便士巷
神宫前六局
Paul Stuart
MISSONI
路易威登
burberry
Dior表参道
表参道HILLS
圣罗兰
东京central
伊藤医院
Anniversaire表参道
ONE表参道
OAK表参道
kawai
LaChiara表参道
Palacio塔
表参道站
瑞穗
涩谷区
IL CENTRO SERENO
表参道TERRACE
纪国屋International
武村医院
AO
SPIRAL
SPIRAL HALL
MaxMara
青山rise-square
comme des garcons
PRADA青山店
东京women's大厦
TBS housing涩谷
国际联合大学本部
青山通邮局
学生会馆
纪念馆
IVY HALL
H&M
kewpie
aiia
UONNZU INN酒店
青山学院
青空
宫益坂上
涩谷邮局
间岛纪念馆
青山学院女子短大
图书馆
Sakura fleur青山
NTT
中等部
涩谷hikarie
日本医药学会长井纪念馆
高等部
涩谷CROSS TOWER
六本木道
青山通
涩谷
涩谷二
实践女子大学
东福寺
金王八幡宫
涩谷金王大厦
实践女子学园中·高中
城南信用银行
青山学院初等部
劳动银行
NBF涩谷EAST
金王神社前
学术媒体中心
涩谷图书馆
国学院大学前
乡土博物馆·文学馆
吸江寺
涩谷三局
常盘松小学
国学院
trans-cosmos
井木桥
代官山站
冰川神社
妙元寺
长安寺
巴西大使馆
原宿幼儿园前
持法寺
青山suncrest
WATARI-UM美术馆
表参道花园
南青山三
Sharumanshina TOKYO
善光寺
Avex大厦
绮罗星银行
港区
313南青山
事业构想大学院
THREE大厦
三宅一生
MIUMIU
COS
青南小学
YOKU MOKU
Nikka blender's bar
摩洛哥大使馆
NIKKA WHISKY大厦
104Barbizon
冈本太郎纪念馆
青山·六本木 p.42-43
南青山七
岛根INN青山
日本可口可乐
东四
广尾三
上野
新宿
东京
品川
涩谷·原宿·表参道

1：110,000 2km

熊野神社
高德寺
橄榄球场前
秩父宫橄榄球场
青山道
CORNES
涩谷区
体育场
体育场路
日本运动振兴中心
伊藤忠青山ART SQUARE
A-PLACE青山
SOHO北青山
伊藤忠商事
青山2
第一法规大厦
涩谷·原宿·表参道 p.40-41
OM-SQUARE
青山
Hotel Allamanda青山
雷克萨斯
Unimat青山大厦
巴西大使馆
实相寺
原宿幼儿园前
持法寺
旅行图书馆
WATARI-UM美术馆
城南信用银行
外苑前站
BMW
TESLA
青山小学
玉窗寺
KIRAR通
SUNCREST
青山
外苑前
南青山BRIGHT SQUARE
梅窗院
青山运动场
南青山三
外苑前局
IKIIKI PLAZA
龙泉寺
瑞穗
STAY青山premier
青山特别支援学校
Supurainn青山东急大厦
管理事务所
Premier大厦
René
NBF南青山大厦
RIVIERAS青山
BoConcept
青山儿童馆
Avex大厦
墓地中央道
南青山东急大厦
青山迎宾馆
青山墓地
BERUTE PLAZA
绮罗星银行
新青山东急大厦
南青山大家诊所
清水私汤
青南IKIIKI PLAZA
JASMAC AOYAMA
外苑西道
港区
表参道站
H BEAUTY & YOUTH
ISSEY MIYAKE
MIU MIU
千代田线
comme des garcons
COS
PRADA青山店
青山墓地立山墓地
MARC JACOBS
YOKU MOKU
青南小学
Aristote
ACNES TUDIOS
根津美术馆前
摩洛哥大使馆
根津美术馆
Nikka blenders bar
冈本太郎纪念馆
SHINKOH西麻布大厦
长谷寺（永平寺别院）
大安寺
IKIIKI PLAZA西麻布
大库院
WEST大厦
THREE F南青山大厦
高树町
富士FILM
笄坂
Faith南青山
六本木道
首都高速3号涩谷站

多磨站
西武多摩川线
大泽山 龙源寺
近藤勇故居
神代植物公园
三鹰市
中央机动车道
高井户
杉井区
白糸台站
调布机场
深大寺
味之素体育场
飞田给站
京王线
雀之宿
武藏野台站
咯咯咯的鬼太郎妖怪雕塑
调布
千岁乌山站
芦花公园站
八幡山站
上北泽站
樱上水站
明大前站
仙川站
杜鹃丘站
柴崎站
稻城
西调布站
国领站
布田站
调布站
世田谷区
东京都
调布市乡土博物馆
京王多摩川站
狛江市
小田急小田原线
下北泽站
千岁船桥站
矢野口站
调布市
喜多见站
祖师谷大藏站
成城学园前站
狛江站
多摩川
JR南武线
京王稻田堤站
稻田堤站
中野岛站
和泉多摩川站
砧公园
用贺站
涩谷站
东京
京王读卖园站
读卖园
二子玉川站
自由丘站
生田站
登户站
向丘游园站
宿河原站
二子新地站
东急大井町线
生田绿地
久地站
高津站
读卖园前站
川崎市多摩区
沟之口站
百合丘站
新百合丘站
津田山站
武藏沟之口站
JR南武线
宫前区
梶谷站
高津区
京滨川崎
东名川崎
宫前平站
宫崎台站
武藏新城站
中原区
多摩广场站
鹭沼站
厚木街道
第三京滨
浅见野站
神奈川县
横滨市
中川站
北山田站
p.10-11
江田站
东山田站
青叶区
横滨市营地铁线
市尾站
东名高速道路
日吉本町站
高田站
中心北站
青叶台站
藤丘站
中心南站
日吉站
东急田园都市线
横滨青叶
都筑
都筑区
港北区
仲町台站
纲岛站
都筑接触区站
横滨市营地铁蓝线
十日市场站
川和町站
新羽站
大仓山站
港北
横滨港北JCT
北新横滨站
JR横滨线
绿区
中山站
鹤见川
日产体育场
横滨体育场
新横滨站
小机站
鸭居站
菊名站
东横线

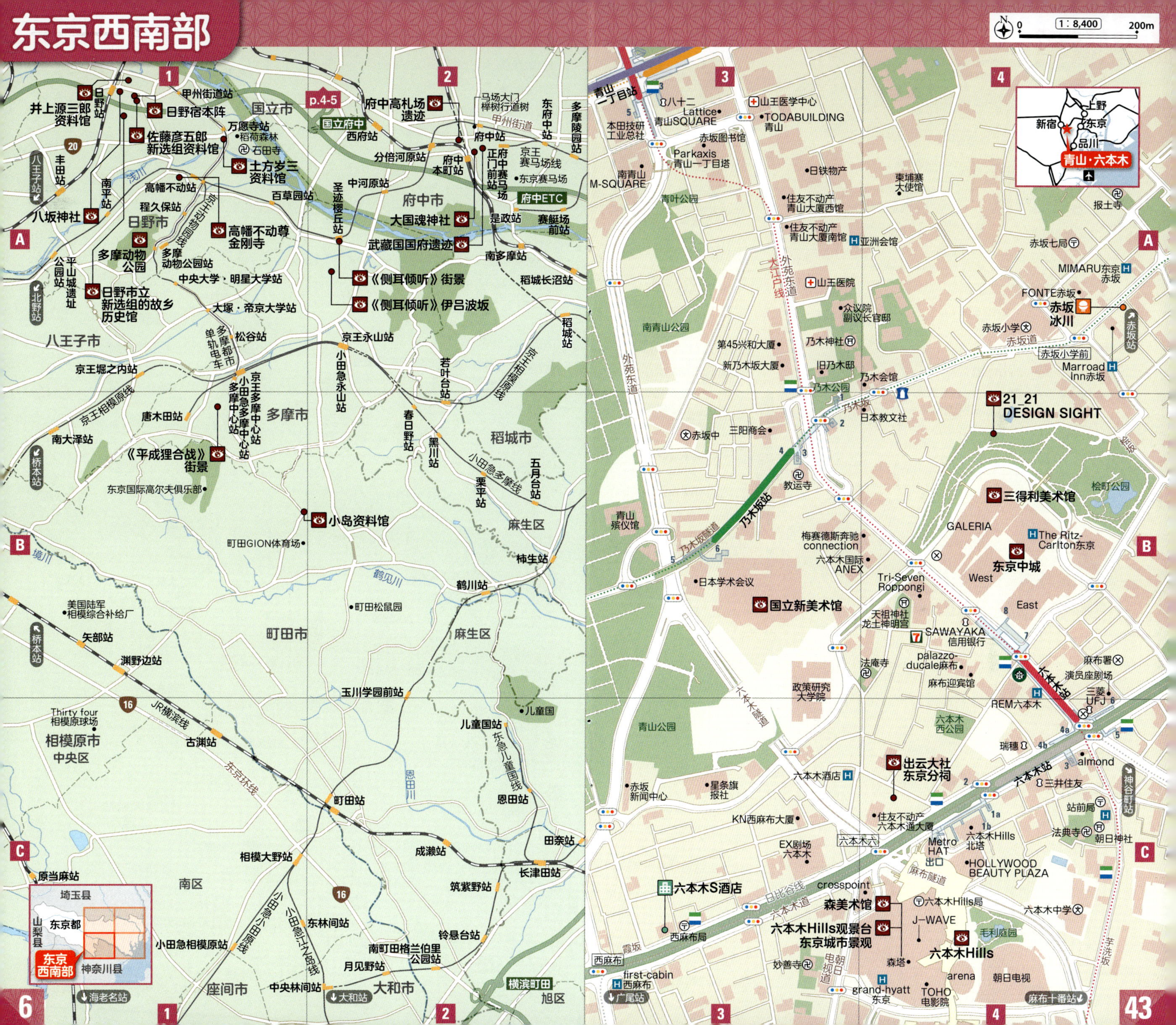
东京西南部
1:8,400
200m
井上源三郎资料馆
日野宿本阵
佐藤彦五郎新选组资料馆
土方岁三资料馆
高幡不动站
高幡不动尊金刚寺
多摩动物公园
日野市立新选组的故乡历史馆
八坂神社
日野市
国立市
八王子市
府中市
府中高札场遗迹
大国魂神社
武藏国国府遗迹
《侧耳倾听》街景
《侧耳倾听》伊吕波坂
多摩市
稻城市
《平成狸合战》街景
东京国际高尔夫俱乐部
小岛资料馆
町田市
麻生区
相模原市
中央区
南区
座间市
大和市
旭区
町田站
京王永山站
小田急永山站
鹤川站
玉川学园前站
古渊站
矢部站
渊野边站
相模大野站
町田GION体育场
町田松鼠园
美国陆军相模综合补给厂
Thirty four相模原球场
东京都
埼玉县
山梨县
神奈川县
东京西南部
青山一丁目站
青山SQUARE
M-SQUARE
南青山公园
山王医学中心
TODABUILDING青山
赤坂图书馆
乃木神社
旧乃木邸
乃木坂站
日本学术会议
国立新美术馆
东京中城
The Ritz-Carlton东京
三得利美术馆
21_21 DESIGN SIGHT
檜町公园
赤坂冰川
赤坂站
MIMARU东京赤坂
FONTE赤坂
Marroad Inn赤坂
政策研究大学院
青山公园
出云大社东京分祠
六本木站
六本木Hills
六本木Hills观景台
东京城市景观
森美术馆
六本木S酒店
西麻布
毛利庭园
HOLLYWOOD BEAUTY PLAZA
TOHO电影院
grand-hyatt东京
朝日电视
麻布十番站
青山·六本木
新宿
上野
东京
品川
p.4-5
6
43

1:110,000
2km
永田町站
国立国会图书馆
东京总馆
参议院第二别馆
国会图书馆前
众议院议长官邸
参议院议长官邸
赤坂见附
青山一丁目站
BERUBI赤坂
赤坂Excel Hotel东急
石油会馆
参议院分馆
参议院别馆
墨西哥大使馆
药业保健会馆
星陵会馆
参议院议员会馆
瑞穗
The b 东京赤坂见附
赤坂见附站
赤坂不动明王
One-本通邮局
山王Groudn大厦
日比谷高中
千代田区
三菱UFJ
Prudential塔
南北线
众议院第二议员会馆
BAR DECE
SUPER HOTEL
赤坂Granbell酒店
三井住友
外堀通
日枝神社
山王坂
众议院会馆前
众议院第一别馆
国会内邮局
佐佐木医院
RISVEGLIO赤坂
净土寺
The centurion酒店 Classic赤坂
东急国会大厦
众议院第一议员会馆
Nine Hours
Felice酒店赤坂
山王下(日枝神社入口)
国会议事堂前站
总理官邸前
TBS赤坂ACT theater
赤坂Bizi塔
first-cabin
赤坂通邮局
S-GATE赤坂山王
山王公园塔
东急卡皮托尔酒店
赤坂sacas
溜池山王站
The capitol bar
首相官邸
Mynavi BLITZ赤坂
赤坂站
H·THE·M innsomnia
HENNA酒店东京赤坂
赤坂urban酒店
银座线
TBS
京王presso-inn
NBF赤坂山王SQUARE
相铁fresa-inn东京赤坂
赤坂溜池塔
东京STAR银行
理索纳
小松大厦内
溜池
乃木坂站
冰川公园
鹿岛建设
ICI HOTEL赤坂
MYSTAYS PREMIER酒店赤坂
Medical Square赤坂
赤坂Intercity AIR
港区
NTT
赤坂冰川神社
赤坂归燕
赤坂INTER CITY
ARK Hills前塔
美国大使馆
ANA InterContinental
正福寺
ARK Hills
浅野士佐守邸旧址
久国神社
美国大使官邸
阳泉寺
永昌寺
成城石井
ARC森大厦
Suntory Hall
密克罗尼西亚联邦大使馆
大仓集古馆
THE okura东京
六本木二
朝日电视ARC演播中心
六本木D SQUARE
谷町JCT
Okura酒店东京别馆
妙像寺
道源寺
六本木T-CUBE
Volks wagen
六本木Grand plaza
首都高速3号涩谷线
六本木一丁目站
ARK Hills南塔
西班牙大使馆
川越站
富士见野市
鹤濑站
富士见市
志木市
埼玉市樱区
中浦和站
秋濑公园
西浦和站
武藏浦和站
南区
三芳町
瑞穗台站
东武东上线
柳濑川站
新河岸川
荒川
彩湖
户田市
户田西
志木站
北朝霞站
朝霞台站
朝霞市
JR武藏野线
所泽
新座站
和光北
朝霞站
埼玉县新座市
东所泽站
陆上自卫队朝霞驻屯地
和光市
和光市站
清濑市
和光
池袋站
成增站
清濑站
西武池袋线
练马区
光丘公园
东久留米站
大泉JCT
光丘站
东京都
东久留米市
大泉学园站
保谷站
云雀丘站
大泉
练马
西东京市
小料理 石井
石神井公园站
练马高野台站
富士见台站
和食器 法式餐厅 Komorebi
石神井公园
新青梅街道
西武柳泽站
田无站
上石神井站
上井草站
千寻美术馆·东京
下井草站
中野区
花小金井站
东伏见站
武藏关站
井荻站
西武新宿线
青梅街道
江户东京建筑园
武藏野市
荻洼中国面条 春木屋
井之头自然文化园
国木田独步诗碑
武藏境站
三鹰站
口琴横丁
吉祥寺站
荻洼站
珍珍亭
JR中央线
西荻洼站
东小金井站
太宰治文学沙龙
禅林寺
井之头恩赐公园
杉并区
新小金井站
武藏小金井站
井之头公园站
无赖布鲁斯(井之头公园)
三鹰市
三鹰市山本有三纪念馆
三鹰台站
三鹰之森吉卜力美术馆
久我山站
多摩陵园
大泽山龙源寺
富士见丘站
高井户站
京王井之头线
明大前站
是政站
滨田山站
p.8-9

东京西北部
1:8,300
200m
埼玉县
东京都
山梨县
神奈川县
狭山市
川越市
入间市
所泽市
东村山市
东大和市
武藏村山市
立川市
国分寺市
小平市
小金井市
昭岛市
国立市
日野市
府中市
瑞穗町
入曾站
武藏藤泽站
狭山丘站
小手指站
新所泽站
航空公园站
西所泽站
所泽站
新秋津站
秋津站
下山口站
西武球场前站
游园地西站
西武园站
西武游园地站
东村山站
武藏大和站
八坂站
上北台站
樱街道站
玉川上水站
东大和市站
小川站
萩山站
小平站
青梅街道站
新小平站
鹰之台站
一桥学园站
砂川七番站
泉体育馆站
立飞站
高松站
恋洼站
国分寺站
西国分寺站
立川北站
立川站
立川南站
西国立站
柴崎体育馆站
矢川站
谷保站
日野站
北府中站
《龙猫》龙猫森林
山口蓄水池（狭山湖）
村山蓄水池（多摩湖）
国营昭和纪念公园
真姿之池涌水群
武藏国分寺遗迹资料馆
美军所泽通信基地
所泽圣地陵园
所泽航空纪念公园
丰岛屋酒造
小平陵园
东京都药用植物园
三芳ETC
西武新宿线
西武池袋线
西武狭山线
西武山口线
西武多摩湖线
西武拜岛线
西武国分寺线
JR中央线
JR青梅线
JR南武线
所泽入间分流道路
宪政纪念馆
国会前庭（北庭）洋风庭园
国会前庭（南庭）和风庭园
国会议事堂
国会议事堂前站
参议院
众议院
外樱田门
樱田门
樱田门站
樱田河
警署综合厅
警视厅
海上保安厅
国土交通部
中央联合厅2号馆
总务省
国家公安委员会
警察厅
东京高等法院
东京高等法院内邮局
东京简易法院
东京家庭法院
律师会馆
霞关站
霞关站邮局
中央联合厅1号馆
农林水产部
林野厅
厚生劳动省
中央联合厅5号馆
环境省
人事院
日比谷公园
大音乐堂
外务省
财务省
国税厅
复兴厅
内阁府
中央联合厅第8号馆
尚友会馆
新霞关大厦
金融厅
文部科学省
文化厅
运动厅
霞关COMMON GATE
霞关大厦
特许厅
东京俱乐部大厦
经济产业省
资源能源厅
中小企业厅
首都高速道路总社
饭野大厦
日比谷park front
日比谷国际大厦
虎之门站
虎之门三井大厦
兴银RISU
虎之门邮局
三菱UFJ
金刀比罗宫
日本酒情报馆
西新桥邮局
三井住友信托
西新桥SQUARE
芝信用银行
日立High-Technologies
THE B 东京新桥
kikkoman
MAKURAITO
Kokusai AeroMarine
虎之门HILLS站
虎之门HILLS
日立爱宕别馆
爱宕神社
真福寺
JT大厦
共同通信会馆
虎之门医院
Nissho hall
虎之门双子大厦
虎之门30森大厦
虎之门37森大厦
虎之门36森大厦
日本财团
皇居周边 p.46
p.6-7
上野
东京
新宿
品川
赤坂・霞关
4
45

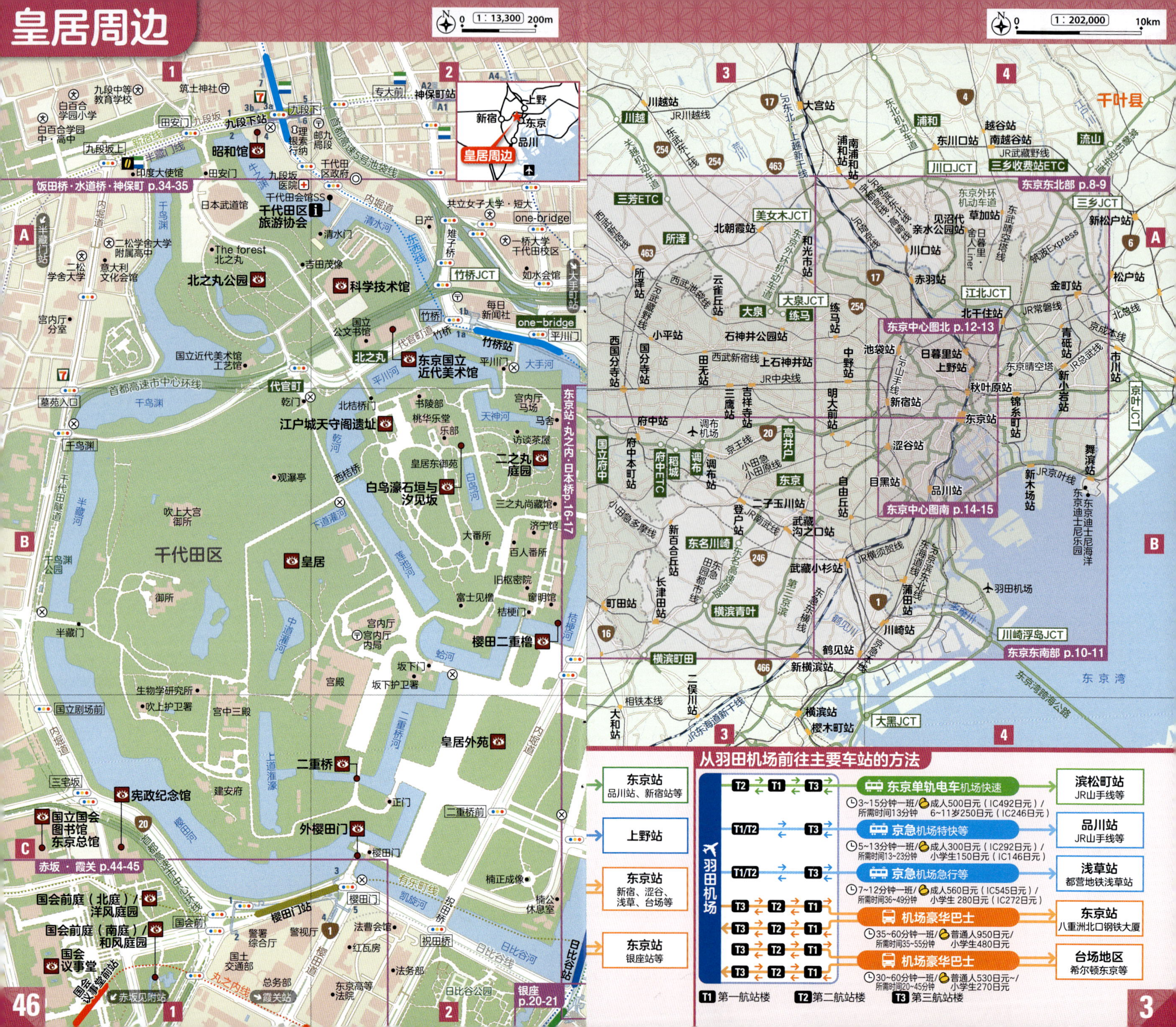

皇居周边
1：13,300 200m
1：202,000 10km
上野
新宿
东京
品川
皇居周边
九段中等教育学校
白百合学园小学
白百合学园中·高中
筑土神社
九段下站
九段坂上
昭和馆
印度大使馆
田安门
九段坂医院
千代田区政府
专大前
神保町站
饭田桥·水道桥·神保町 p.34-35
千代田会馆SS
千代田区旅游协会
日本武道馆
共立女子大学·短大
one-bridge
一桥大学千代田校区
二松学舍大学附属高中
二松学舍大学
意大利文化会馆
The forest 北之丸
清水门
吉田茂像
北之丸公园
科学技术馆
竹桥JCT
如水会馆
大手町站
宫内厅分室
国立公文书馆
每日新闻社
竹桥
平川门
竹桥站
国立近代美术馆工艺馆
北之丸
代官町道
东京国立近代美术馆
大手濠
首都高速市中心环线
代官町
乾门
北桔桥门
书陵部
桃华乐堂
宫内厅马场
墓苑入口
千鸟渊
江户城天守阁遗址
天神濠
乐部
访谈茶屋
千鸟渊
皇居本御苑
二之丸庭园
观瀑亭
西桔桥
白鸟濠石垣与汐见坂
三之丸尚藏馆
东京站·丸之内·日本桥 p.16-17
吹上大宫御所
大番所
济宁馆
千代田区
百人番所
皇居
旧枢密院
富士见橹
窗明馆
千鸟渊公园
御所
桔梗门
半藏门
宫内厅
宫内厅
蛤濠
樱田二重橹
坂下门
宫殿
坂下护卫署
生物学研究所
吹上护卫署
宫中三殿
国立剧场前
皇居外苑
二重桥
宪政纪念馆
建安府
正门
二重桥前
国立国会图书馆
东京总馆
外樱田门
樱田门
赤坂·霞关 p.44-45
楠正成像
有乐町线
国会前庭（北庭）/洋风庭园
国会前庭（南庭）/和风庭园
国会事堂
国会议事堂前站
樱田门站
国会前
警视厅
法曹会馆
红瓦房
祝田桥
日比谷站
日比谷公园
银座 p.20-21
赤坂见附站
霞关站
丸之内线
法务部
东京高等法院
总务部
国土交通部
警署综合厅
川越站
JR川越线
大宫站
浦和
越谷站
南越谷站
东川口站
川口JCT
三乡收费站ETC
流山
千叶县
三芳ETC
美女木JCT
东京东北部 p.8-9
三乡JCT
新松户站
北朝霞站
所泽
川口站
见沼代亲水公园站
草加站
和光市站
赤羽站
江北JCT
金町站
松户站
大泉JCT
大泉
练马
石神井公园站
北千住站
东京中心图北 p.12-13
上石神井站
池袋站
日暮里站
上野站
秋叶原站
青砥站
市川站
京叶JCT
西国分寺站
国分寺站
小平站
田无站
中野站
新宿站
东京站
府中站
调布机场
三鹰站
吉祥寺站
明大前站
高井户
涩谷站
锦系町站
新小岩站
舞滨站
新木场站
国立府中
府中本町站
府中ETC
稻城
调布
京王线
东京
目黑站
品川站
自由丘站
二子玉川站
东京中心图南 p.14-15
东京迪士尼度假区
东名川崎
新百合丘站
武藏沟之口站
武藏小杉站
羽田机场
横滨青叶
长津田站
町田站
川崎站
川崎浮岛JCT
东京东南部 p.10-11
横滨町田
新横滨站
鹤见站
东京湾
大和站
二俣川站
横滨站
樱木町站
大黑JCT
从羽田机场前往主要车站的方法
东京站 品川站、新宿站等
上野站
东京站 新桥、涩谷、浅草、台场等
东京站 银座站等
羽田机场
东京单轨电车机场快速
3~15分钟一班/成人500日元（IC492日元）/6~11岁250日元（IC246日元）
所需时间13分钟
京急机场特快等
5~13分钟一班/成人300日元（IC292日元）/小学生150日元（IC146日元）
所需时间13~23分钟
京急机场急行等
7~12分钟一班/成人560日元（IC545日元）/小学生280日元（IC272日元）
所需时间36~49分钟
机场豪华巴士
35~60分钟一班/普通人950日元/小学生480日元
所需时间35~55分钟
机场豪华巴士
30~60分钟一班/普通人530日元~/小学生270日元
所需时间20~45分钟
滨松町站 JR山手线等
品川站 JR山手线等
浅草站 都营地铁浅草站
东京站 八重洲北口钢铁大厦
台场地区 希尔顿东京等
T1 第一航站楼
T2 第二航站楼
T3 第三航站楼
46
3

1 : 6,700
500m
埼玉县
东京都
山梨县
神奈川县
云取山
奥多摩湖
大岳山
三头山
名栗湖
宫泽湖
狭山湖
多摩湖
相模湖
津久井湖
宫濑湖
丹泽山
奥多摩站
JR青梅线
御岳站
青梅站
青梅
高丽川站
JR川越线
西武秩父线
饭能站
东饭能站
狭山日高
入间
西武球场前站
武藏五日市站
日之出
秋留野
JR五日市线
拜岛站
玉川上水站
立川站
JR青梅线
JR八高线
八王子西
八王子
八王子JCT
八王子站
中央机动车道
高尾站
高尾山
相模湖站
JR中央线
桥本站
相模原
高幡不动站
多摩动物公园站
京王相模原线
多摩中心站
JR横滨线
相模原爱川
圈央厚木
海老名站
东京西北部 p.4-5
东京西南部 p.6-7
池西袋武线
圈央道
凡例
本书所载场所
体验
景点
美食
商店
酒吧
酒店
旅游咨询处
便利店
7-11
全家
罗森
快餐店
麦当劳
肯德基
摩斯汉堡
Freshness汉堡
咖啡馆
罗多伦
星巴克
Veloce
符号
都道府县厅
市役所
住宿设施
学校
邮局
警察署/警务站
消防署
银行
寺
神社
医院
机场
山顶
交通信号灯
铁路
新干线
JR
民营铁路
地铁
中央口 A1 铁路车站出口
公路
高速·收费道路
国道
普通道路
从成田机场前往各主要车站的方法
成田机场
成田Express
25~30分钟一班/所需时间59~80分钟
普通人3070日元/小学生1530日元
京成Skyliner
40分钟一班/所需时间41分钟
普通人2520日元（IC2507日元）/小学生1270日元（IC1258日元）
机场豪华巴士
30~60分钟一班/所需时间70~110分钟
普通人2800日元/12~25岁&65岁以上1900日元/小学生1400日元
机场巴士东京·成田
20~30分钟一班/所需时间60~75分钟
普通人1000日元（深夜及清晨2000日元）/小学生500日元（深夜及清晨1000日元）
T1 第一航站楼
T2 第二航站楼
T3 第三航站楼
涩谷站
旧朝仓家住宅
代官山地址
代官山站
东急东横线
Cave de Champagne divin
九十九拉面 惠比寿总店
惠比寿站
Atre惠比寿
涩谷区
惠比寿啤酒纪念馆
惠比寿花园广场
威斯汀酒店东京
惠比寿花园广场塔大楼观景台 SKY LOUNGE
东京都写真美术馆
港区
自然教育园
东京都庭园美术馆
目黑区
目黑区美术馆
目黑区居民中心
目黑站
Atre目黑2
大鸟神社
目黑寄生虫馆
目黑不动尊（泰叡山护国院 泷泉寺）
五百罗汉寺
品川区
中目黑站
中目黑公园
东京共济医院
首都高速中央环状线
首都高速2号目黑线
JR山手线
JR埼京线
Sky Walk
山手通
明治通
驹泽通
目黑通
南北线
三田线
目黑川
东京印度尼西亚共和国学校
雅叙园酒店东京
princess garden酒店
巴布亚新几内亚大使馆
林试之森公园
不动前站
五反田
上野
新宿
东京
品川
惠比寿·目黑

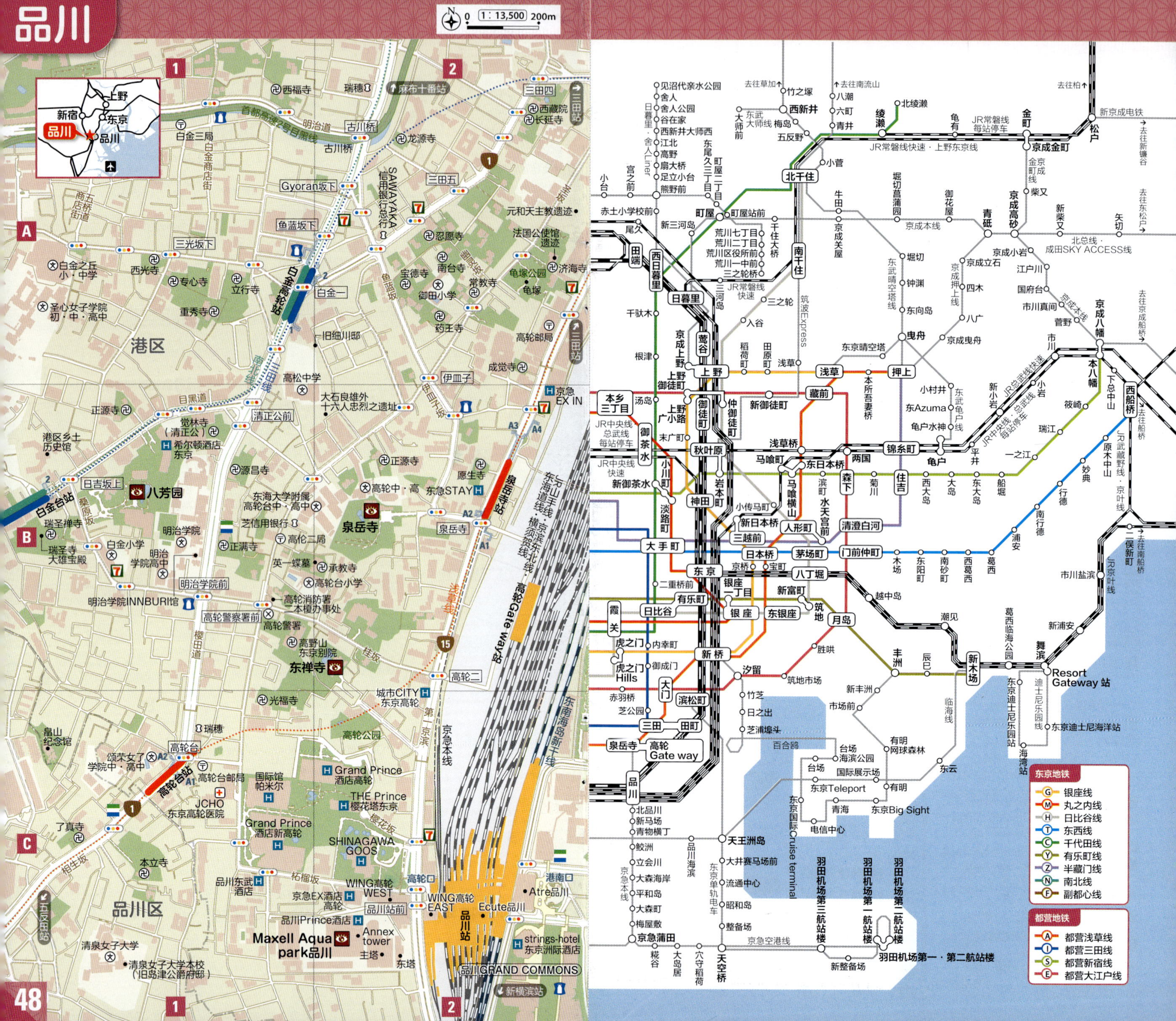

品川
1 : 13,500
200m
48
上野
新宿
东京
品川
白金台站
白金高轮站
泉岳寺站
高轮台站
高轮Gateway站
品川站
港区
品川区
八芳园
泉岳寺
东禅寺
Maxell Aqua park品川
Grand Prince 酒店高轮
THE Prince 樱花塔东京
Grand Prince 酒店新高轮
SHINAGAWA GOOS
WING高轮 WEST
WING高轮 EAST
Atre品川
Ecute品川
品川GRAND COMMONS
strings-hotel 东京洲际酒店
京急EX IN
东急STAY
城市CITY 东京高轮
希尔顿酒店东京
品川东武酒店
京急EX酒店 高轮
品川Prince酒店
明治学院
高轮消防署二本榎办事处
高轮警察署前
高轮警署
明治学院INNBURI馆
清泉女子大学
清泉女子大学本校（旧岛津公爵府邸）
港区乡土历史馆
正源寺
觉林寺（清正公）
源昌寺
瑞圣禅寺
瑞圣寺大雄宝殿
光福寺
瑞穗
高轮公园
畠山纪念馆
颂荣女子学院中・高中
高轮台邮局
国际馆帕米尔
JCHO 东京高轮医院
本立寺
了真寺
高轮邮局
成觉寺
药王寺
御田小学
宝德寺
常教寺
南台寺
忍愿寺
元和天主教殉道迹
法国公使馆遗迹
龟塚公园
济海寺
龙源寺
西福寺
瑞穗
西藏院
长延寺
白金三局
立行寺
专心寺
西光寺
白金之丘小・中学
圣心女子学院初・中・高中
重秀寺
旧细川邸
高松中学
大石良雄外十六人忠烈之遗址
东海大学附属高轮台中・高中
芝信用银行
高轮二局
正满寺
英一蝶墓
承教寺
高轮台小学
高轮中・高
高野山东京别院
正源寺
原生寺
白金小学
明治学院高中
首都高速2号目黑线
明治道
古川桥
白金商店街
三光坂下
鱼蓝坂下
白金一
Gyoran坂下
三田五
三田四
麻布十番站
三田站
伊皿子
泉岳寺
清正公前
日吉坂上
目黑道
高轮二
高轮台
明治学院前
樱田通
第一京滨
京急本线
东海道新干线
东海道本线
山手线
京滨东北线
横须贺线
浅草线
三田线
南北线
品川站前
高轮口
港南口
新横滨站
五反田站
JR常磐线快速・上野东京线
京成本线
北总线・成田SKY ACCESS线
JR中央・总武线每站停车
JR中央线快速
JR中央线总武线每站停车
JR京叶线
JR武藏野线・京叶线
东京地铁
银座线
丸之内线
日比谷线
东西线
千代田线
有乐町线
半藏门线
南北线
副都心线
都营地铁
都营浅草线
都营三田线
都营新宿线
都营大江户线
西日暮里
日暮里
田端
北千住
南千住
上野
京成上野
御徒町
上野御徒町
仲御徒町
新御徒町
上野广小路
末广町
秋叶原
岩本町
浅草
浅草桥
藏前
本所吾妻桥
押上
锦糸町
龟户
两国
森下
住吉
马喰町
马喰横山
东日本桥
小传马町
新日本桥
人形町
水天宫前
清澄白河
三越前
日本桥
茅场町
门前仲町
大手町
东京
京桥
宝町
八丁堀
银座一丁目
银座
东银座
新富町
筑地
月岛
有乐町
日比谷
霞关
虎之门
虎之门Hills
内幸町
御成门
新桥
汐留
大门
滨松町
三田
田町
泉岳寺
高轮Gateway
品川
北品川
新马场
青物横丁
鲛洲
立会川
大森海岸
平和岛
大森町
梅屋敷
京急蒲田
天王洲岛
大井赛马场前
流通中心
昭和岛
整备场
天空桥
羽田机场第三航站楼
羽田机场第一航站楼
羽田机场第二航站楼
羽田机场第一・第二航站楼
新整备场
京急空港线
东京单轨电车
东京国际Cruise terminal
东京Teleport
台场
东京Big Sight
有明
有明网球森林
东云
新丰洲
丰洲
辰巳
新木场
葛西临海公园
舞滨
Resort Gateway站
东京迪士尼乐园站
东京迪士尼海洋站
新浦安
市川盐滨
二俣新町
西船桥
京成八幡
市川真间
本八幡
青砥
京成高砂
京成金町
金町
松户
新柴又
北绫濑
绫濑
龟有
西新井
竹之塚
八潮
六町
青井
五反野
梅岛
町屋
荒川区役所前
三之轮桥
东京晴空塔
曳舟
京成曳舟
新小岩
小岩
平井
一之江
船堀
葛西
西葛西
南砂町
东阳町
木场
潮见
越中岛
去往草加
去往南流山
去往柏
去往新镰谷
去往东松户
去往京成船桥
去往船桥
去往南船桥

线路图
台场·丰洲
1 : 23,100
0
500m
49
去往武藏浦和
去往东川口
赤羽
赤羽岩渊
十条
东十条
王子
驹込
大塚
池袋
巢鸭
目白
高田马场
新大久保
新宿
代代木
原宿
涩谷
惠比寿
目黑
五反田
大崎
品川
饭田桥
市谷
四谷
赤坂见附
永田町
国会议事堂前
溜池山王
六本木
麻布十番
白金高轮
后乐园
春日
神保町
九段下
北朝霞
朝霞台
和光市
成增
练马
丰岛园
中野
中野坂上
荻洼
吉祥寺
三鹰
下北泽
明大前
笹塚
都厅前
新宿西口
东中野
大久保
武藏小杉
日吉
菊名
新横滨
横滨
东神奈川
川崎
八丁畷
蒲田
大井町
旗之口
自由丘
沟之口
武藏沟之口
三轩茶屋
JR山手线
JR京滨东北线
JR中央线·总武线
JR横须贺线
JR南武线
京王线
小田急小田原线
东急田园都市线
东急东横线
京急本线
临海线
西武池袋线
西武新宿线
东武东上线
Mariners' Court酒店 东京
Hot plaza 晴海
朝潮运河
中央区
晴海大桥
丰洲大桥
筑地·月岛 p.22-23
晴海码头公园
晴海客船码头
IHI Stage around
丰洲站
燃油气科学馆
芝浦工业大学附属中·高中
新丰洲站
TEBUCO 丰洲大厦
丰洲
丰洲6公园
市场前站
东京都中央批发市场丰洲市场
丰洲市场 水产仲卸卖场栋
丰洲市场 水产批发市场栋 (批发零售市场)
东云运河
有明arena
江东区
有明网球之森站前
有明西学园
有明花园
有明剧场
有明
有明网球之森公园
国际展示场站
东京湾有明华盛顿
首都高速11号台场线
彩虹大桥
小中一贯校台场学园
台场
YAMATO 运输
台场公园
台场彩虹公园
有明运动中心
TOC有明
有明三
TFT
港区
台场海滨公园
SIIRIA前
有明JCT
富士电视台
Decks 东京海岸
台场海上巴士车站
台场海滨公园站
有明桥西
东京都水科学馆
梦想大桥
有明桥
Trusty酒店东京湾
东京Big Sight站
有明客船码头
东京Big Sight (国际展览中心)
Sky Duck 台场
Mediage aquacity 台场
东京joypolis
台场
东京Teleport站
东京Big Sight 青海展示楼
Symbol Promenade公园
有明西码头公园
东京湾岸UNDER出口
台场站前
希尔顿东京台场
临海城市副中心
MEGAWEB
teamLab无界美术馆
台场站
DIVERSITY 东京
palette town
调色板城大观览车
Grand Nikko东京台场
潮风公园北
潮风公园
潮风公园南
West Promenade
青海一
青海站
实物大独角兽高达像
芝浦埠头站
天王洲岛站
东京国际邮轮码头
船只科学馆入口
日本财团BARAARINA
国际研究交流大学村
日本科学未来馆
品川区
船舶科学馆
宗谷
技术研究组合
东京湾岸警署
东京国际邮轮枢纽
通讯中心站前
通讯中心站
东京港隧道
青海中央码头公园
上野
新宿
东京
品川
台场·丰洲

主要车站 乘车一览表

	东京站	上野站	银座站	涩谷站	新宿站	池袋站
东京站		东京站 JR 山手线 上野站 4站/8分钟 160日元	东京站 东京地铁 丸之内线 银座站 1站/2分钟 170日元	东京站 JR 山手线 涩谷站 11站/26分钟 200日元	东京站 JR 中央线 快速 新宿站 4站/16分钟 200日元	东京站 东京地铁 丸之内线 池袋站 8站/17分钟 200日元
上野站	上野站 JR 山手线 东京站 4站/8分钟 160日元		上野站 东京地铁 银座线 银座站 7站/13分钟 170日元	上野站 东京地铁 银座线 涩谷站 15站/29分钟 200日元	上野站 JR 山手线 新宿站 12站/26分钟 200日元	上野站 JR 山手线 池袋站 8站/17分钟 170日元
银座站	银座站 东京地铁 丸之内线 东京站 1站/2分钟 170日元	银座站 东京地铁 银座线 上野站 7站/13分钟 170日元		银座站 东京地铁 银座线 涩谷站 8站/16分钟 200日元	银座站 东京地铁 丸之内线 新宿站 8站/15分钟 200日元	银座站 东京地铁 丸之内线 池袋站 9站/19分钟 200日元
涩谷站	涩谷站 JR 山手线 东京站 11站/26分钟 200日元	涩谷站 东京地铁 银座线 上野站 15站/29分钟 200日元	涩谷站 东京地铁 银座线 银座站 8站/16分钟 200日元		涩谷站 JR 山手线 新宿站 3站/7分钟 160日元	涩谷站 JR 山手线 池袋站 7站/16分钟 170日元
新宿站	新宿站 JR 中央线 快速 东京站 4站/16分钟 200日元	新宿站 JR 山手线 上野站 12站/26分钟 200日元	新宿站 东京地铁 丸之内线 银座站 8站/15分钟 200日元	新宿站 JR 山手线 涩谷站 3站/7分钟 160日元		新宿站 JR 山手线 池袋站 4站/9分钟 160日元
池袋站	池袋站 东京地铁 丸之内线 东京站 8站/17分钟 200日元	池袋站 JR 山手线 上野站 8站/17分钟 170日元	池袋站 东京地铁 丸之内线 银座站 9站/19分钟 200日元	池袋站 JR 山手线 涩谷站 7站/16分钟 170日元	池袋站 JR 山手线 新宿站 4站/9分钟 160日元	

走遍全球 GLOBE-TROTTER TRAVEL GUIDEBOOK

CONTENTS

取下后随身携带

别册 MAP

GLOBE-TROTTER TRAVEL GUIDEBOOK

日本《走遍全球》编辑室